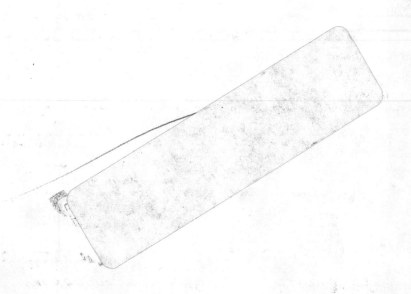

ALLYN AND BACON, INC.
Newton, Massachusetts

Jenney's

SECOND YEAR
L A T I N

Charles Jenney, Jr.
Belmont Hill School
Belmont, Massachusetts

Rogers V. Scudder
Groton School
Groton, Massachusetts

Eric C. Baade
Brooks School
North Andover, Massachusetts

David D. Coffin
Phillips Exeter Academy
Exeter, New Hampshire

Illustration: The contest between
the Horatii and the Curiatii that
decided the outcome of the war
between the Romans and the Albans.
(See paragraph 6, pages 95–96.)

Cover: Roman officer
reviewing troops
From the MGM release *Ben Hur*
© 1959 Loew's Incorporated

KEY FEATURES OF *SECOND YEAR LATIN*

(Page references are given for selected examples of each feature.)

- Review of vocabulary, forms and structure *(pp. 1–76)*
  The first twelve lessons present a thorough review of the material presented in FIRST YEAR LATIN.
- Representative readings from a variety of literary genres

  Mythology—THE STORY OF HERCULES *(pp. 4, 13, 25, 31. . . .)*
  (The twelve labors performed by Hercules to atone for his crimes)
  THE ARGONAUTS *(p. 77)*
  (Jason's journey to try to obtain the Golden Fleece)

  History —THE STORY OF ROME *(p. 92)*
  (Selections describing Rome from its legendary founding to the time of Julius Caesar)

  Prose —THE GALLIC WARS *(p. 127)*
  (Selections from the seven books describing Caesar's campaign in Gaul)

  Poetry —METAMORPHOSES *(p. 252)*
  (Six selections from Ovid's great epic of the many transformations in ancient myth)

  Comedy —POT OF GOLD / AMPHITRYON
  (Two selections from Plautus, Rome's most popular writer of comedy)

  Biography —ALCIBIADES
  (A touch of Greek culture from *Dē Virīs Illūstribus* by Cornelius Nepos)

- Enrichment features
  Background material on key authors and their work *(pp. 121, 252, 284)*
  Exercises to assist review of reading selections *(pp. 118, 265, 310)*
  Detailed maps and battle plans *(pp. 128–129, 147, 151)*
- Supplementary Aids
  Teacher's Resource Guide with Testing Program
  Workbook

ISBN 0-205-08726-4

Printed in the United States of America

1 2 3 4 5 6 7 8 9 94 93 92 91 90 89 88 87 86

PREFACE

In this edition of *Second Year Latin*, the features that have been wel-
comed by teachers in the past and have proven to be successful, have
been retained. Because of the wide difference in background and preparation of students beginning their second year of study, it is essential
that a second-year text begin with a comprehensive review of the ba-
sics of Latin grammar. The course should begin with a thorough review of the material covered during the first-year program and in
many cases, it should be devoted to completing the study of basic
forms and syntax. In *Second Year Latin* ample provision has been made
for this variation in background. The first twelve lessons are devoted
to a complete review of the forms, syntax and vocabulary of *First Year
Latin*. All the review material is cross-referenced to the Appendix so
students can locate the material easily and study it in a logical and
efficient manner. Additional drill material supplementing the twelve
review lessons is also available in the accompanying *Workbook*. Included with the grammatical review is the connected story of the *Labors of Hercules*. Helpful explanatory notes for each selection have been
added in this edition. The reading can be presented as part of each
review lesson or as a separate item.

The goal of the text is to guide students as soon as possible to the
reading of Latin authors, but with the realization that a true ability to
read with understanding requires a thorough knowledge of the language itself. When the students have acquired a mastery of the language, they should then be introduced to reading selections graded
according to level of difficulty. In accordance with this plan, after the
first twelve lessons, *Second Year Latin* becomes an anthology of Latin
readings, and teachers are encouraged to choose among the wide variety of authors those that would be most interesting and relevant to
their particular classroom situations. It is not the intention of the authors to have every class read every selection. The authors include
Livy, Eutropius (adapted), Caesar, Ovid, Plautus and Nepos.

The selections include *The Argonauts, Stories of Early Rome,* an exten-
sive coverage of *Caesar's Campaigns in Gaul* (also accompanied by workbook lessons), poetic selections from the *Metamorphoses*, scenes from
Roman comedy, *Pot of Gold* and *Amphitryon*, and a touch of Greek
culture, with a new feature, *The Life of Alcibiades*.

There are photos depicting the early history of Rome, detailed maps
and battle plans of Caesar's campaigns, scenes depicting Roman theatre and illustrations referring to the life of Alcibiades and Greek civilization.

A *Teacher's Resource Guide* including suggestions for classroom pres-
entation, translations of the readings, a testing program in black line
master form and answers to exercises in the text, workbook and tests,
is also available.

CONTENTS

At left: Triumph of Marcus Aurelius

ix

ITALIA

Roman Roads

0   50   100   150
Scale of Miles

Danuvius Fl.

Lacus Venetus

Helvetii

RHAETIA

NORICUM

L. Lemannus

GALLIA TRANSALPINA

Salassi Lepontii Venonetes

Euganei

VENETIA

Carni

ISTRIA

PANNONIA

Dravus Fl.

Mediolanum

GALLIA

Ligures

Placentia

CISALPINA

Padus Fl.

Savus Fl.

ILLYRICUM

Rubicon Fl.

Florentia

Athesis

Metaurus

UMBRIA

Picentes

Mare Adriaticum

CYRNOS
(CORSICA)

Etrusci

Lacus Trasumenus

Sabini

Tarquinii

Veii

Cures

Asculi

Aequi

Alba

ROMA

Praeneste

Marsi

SARDOS
(SARDINIA)

Ostia

Alba Longa

Ardea

M.Albanus

LATIUM

VOLSCI

CAMPANIA

Samnites

APULIA

Cannae

Herculaneum

Caudium

VIA APPIA

Mare
Tyrrhenum

Pompeii

M. Vesuvius

Lucani

Brundisium

Bruti i

NUMIDIA

Bagradas

Carthago

Sicani

SICILIA

M. Aetna

Sicali

COSSURA

Syracusae

AFRICA

Zama

M A R E   N O S T R U M

MELITA

1

Nouns; Uses of Nominative, Vocative, and Accusative Cases

Early red-figure amphora showing Hercules bringing Cerberus to Eurystheus

Vivat res publica.
Long live the republic.

— *Forms* —

In the Appendix, on pages 328–331, study the following declensions:
1. Regular nouns of the five declensions, including the vocative and locative.
2. The irregular nouns **vīs** and **deus.**
3. The irregular forms of the nouns **fīlia** and **dea.**
4. i-stems of the third declension.

— *Syntax* —

The Nominative Case. The nominative case has the following uses:
Subject of a finite verb.

> Virī currunt.   *The men are running.*

Predicative Nominative, used with the verbs **sum, fīō,** and **videor.**

> Caesar erat imperātor.   *Caesar was the general.*
> Cicerō factus est cōnsul.   *Cicero was made consul.*

The Vocative Case. The vocative case is used for the person or thing addressed. It is usually postpositive, i.e., not the first word in the sentence.

> Portā, Mārce, hōs librōs.   *Marcus, carry these books.*

The Accusative Case. The accusative case has the following uses:
Direct object of a transitive verb.

> Auxilium mittent.   *They will send help.*

Subject of an infinitive.

> Scīmus virōs vēnisse   *We know that the men have come.*

Duration of time (no preposition).

> Multōs diēs manēbant.   *They stayed for many days.*

Extent of Space.

> Multa mīlia passuum currēbat. *He ran for many miles.*

Place to which, usually with **ad** or **in**. With **domus, rūs,** and the names of towns and small islands, the preposition is omitted.

> Ad Ītaliam vēnit. *He came to Italy.*
> Rōmam vēnit. *He came to Rome.*

With prepositions. Consult the appendix, page 364, for the complete list of prepositions which govern the accusative.

— *Vocabulary* —

Learn the genitive and gender, as well as the meanings, of the following nouns:

aestās *(summer)* dea *(goddess)* fuga *(flight)* oculus *(eye)* rēx *(king)*
ager *(field)* deus *(god)* gladius *(sword)* palūs *(swamp)* scūtum *(shield)*
agricola *(farmer)* diēs *(day)* hiems *(winter)* pars *(prepare)* sella *(secret)*
animal *(animal)* domus *(house)* hostis *(enemy)* pater *(father)* servus *(serve)*
aqua *(water)* dux *(leader)* imperātor *(command)* pāx *(peace)* spēs *(hope)*
auxilium *(trans)* eques *(horsemen)* īnfāns *(speechless)* pedes *(people)* tēlum *(weapon)*
bellum *(war)* equus *(horse)* īnsula *(island)* pēs *(foot)* turris *(tower)*
caput *(head)* exercitus *(army)* locus *(local)* pōns *(bridge)* urbs *(city)*
cīvis *(people)* exitus *(death)* magister *(master)* porta *(carry)* via *(life)*
cīvitās *(state)* fēmina *(women)* manus *(hand)* puella *(girl)* vīlla *(village)*
clāmor *(shout)* fenestra *(window)* mare *(sea)* puer *(boy)* vir *(man)*
cōnsul *(council)* fīlia *(daughter)* mīles *(soldiers)* pugna *(fight)* vīs *(strength)*
cōpia *(plenty)* fīlius *(son)* mōns *(mountain)* rēgīna *(king)* vox *(voice)*
cornū *(horn)* fīnis *(finish)* nāvis *(ship)* rēgnum *(kingdom)* vulnus *(wound)*
corpus *(body)* flūmen *(river)* nox *(night)* rēs *(thing)*

— *Exercises* —

A. Give the following forms:

1. *genitive singular:* eques, spēs, cornū, mare, (vīs) 2. *dative singular:* pōns, (palūs) exercitus, rēs, caput. 3. *accusative singular:* diēs, corpus, vir, pēs, fenestra. 4. *ablative singular:* pāx, mare, manus, spēs, cornū. 5. *nominative plural:* pedes, flūmen, ager, vulnus, (vīs.) 6. *genitive plural:* pōns, rēs, manus, cornū, fīnis. 7. *dative*

plural: pēs, exitus, dea, (turris) diēs. 8. *accusative plural:* cīvis, caput, cornū, rēgnum, mare. 9. *vocative singular:* dux, fīlius, servus, rēgīna, eques. 10. *locative:* Rōma, domus, Athēnae, Carthāgō, Genāva.

B. Translate:

1. The men were sent to Rome. 2. They lived in Italy for many years. 3. Marcus, carry the books to the ships. 4. The farmers are working in the field behind the farmhouse. 5. The horseman led the horse from the forest to the city. 6. We have come many miles to the lands of our friends. 7. Boys, look at the citizens on the bridge. 8. Many cities in Italy are built on hills.

— The Story of Hercules —

Hercules was one of the great Greek heroes, celebrated for his remarkable strength. As a youth, he performed many marvellous feats. Throughout his life, he was pursued by the zealous hatred of Juno, wife of Jupiter, for he was the son of Jupiter and Alcmene. In a fit of madness sent by Juno, he killed his own children, and then was ordered by the Delphic oracle to serve Eurystheus, the king of Tiryns, for twelve years, and perform whatever labors were assigned to him. These extraordinary feats are known as the Labors of Hercules.

Hercules Strangles Two Serpents

Herculēs, Alcmēnae fīlius, in Graeciā habitābat. Hic omnium hominum fortissimus fuisse dīcitur. At Iūnō, rēgīna deōrum, Alcmēnam ōderat, et Herculem etiam tum īnfantem interficere voluit. Itaque duās serpentēs ferissimās mīsit; hae in cubiculum Alcmēnae
5   mediā nocte vēnērunt, ubi Herculēs cum frātre in scūtō magnō dormiēbat. Serpentēs appropinquāvērunt, et scūtum movērunt; ita puerī ē somnō excitātī sunt.

    Īphiclēs, frāter Herculis, magnā vōce clāmāvit. Sed Herculēs ipse, fortissimus puer, nōn territus est. Parvīs manibus serpentēs statim
10 prehendit, et colla eārum magnā vī compressit. Tālī modō serpentēs ā

3. **ōderat:** from **ōdī, ōdisse,** *hated.* 4. **cubiculum:** *bedroom.* 10. **prehendit:** *grasped.* **colla:** *necks.*

puerō interfectae sunt. Alcmēna autem, māter puerōrum, clāmōrem
audīvit et marītum suum ē somnō excitāvit. Ille lūmen accendit et
gladium suum rapuit; tum ad puerōs cucurrit. Sed ubi ad locum vēnit,
rem mīram vīdit; Herculēs enim rīdēbat et serpentēs mortuās dēmōn-
strābat.   15

Herculēs ā puerō corpus suum dīligenter exercēbat; magnam partem
diēī in palaestrā cōnsūmēbat. Didicit etiam tēla conicere. Hīs exer-
citātiōnibus vīrēs eius cōnfirmātae sunt. In mūsicā etiam ā Linō
quōdam docēbātur; huic artī autem minus dīligenter studēbat. Linus
Herculem unō diē obiūrgābat, quod nōn studiōsus erat; puer īrātus   20
subitō citharam rapuit, et omnibus vīribus caput magistrī percussit. Ille
ictū prōstrātus est, et paulō post mortuus est.

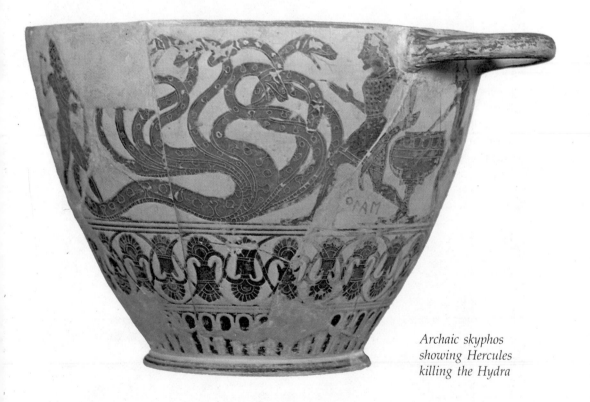

*Archaic skyphos
showing Hercules
killing the Hydra*

12. **marītum:** *husband.* 17. **palaestrā:** *gymnasium.* **Didicit:** from **disco,** *he
learned.* 20. **obiūrgābat:** *scolded.* 21. **citharam:** *cithara, a four-stringed musical
instrument.* 22. **ictū:** *by the blow.* **prōstrātus est:** from **prōsternō,** *was thrown to the
ground.*

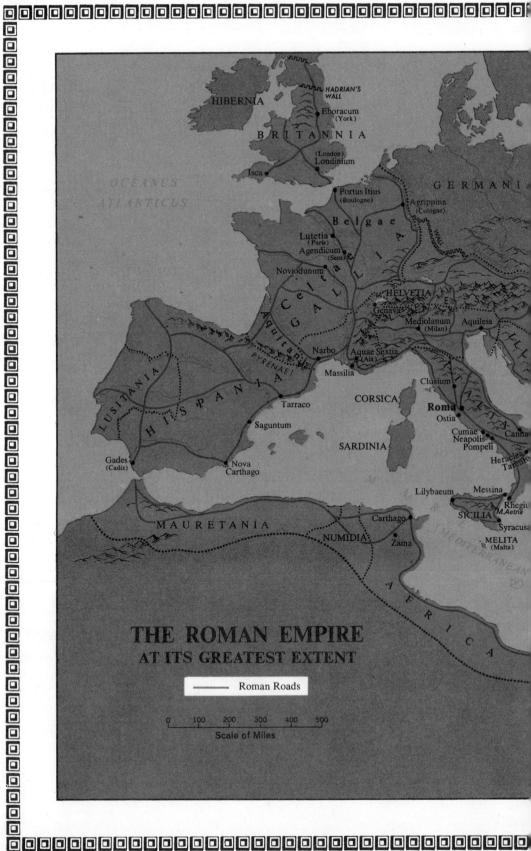

THE ROMAN EMPIRE
AT ITS GREATEST EXTENT

——— Roman Roads

0   100   200   300   400   500
Scale of Miles

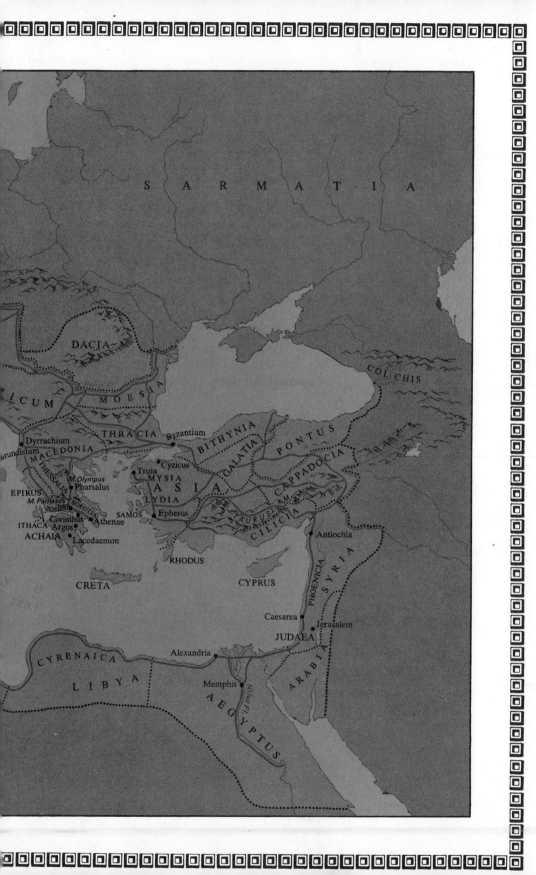

2

Adjectives and Adverbs; Uses of Genitive and Dative Cases

Attic black-figure amphora showing Hercules fighting the Geryon

Mens sana in corpore sano.
A sound mind in a sound body.—JUVENAL

—— *Forms* ——

Declension of Adjectives. Adjectives of the first and second declension are declined like **malus,** page 332; adjectives of the third declension are declined like **celer, brevis,** and **audāx,** on page 332. Third declension adjectives may have three endings in the nominative singular, like **celer, celeris, celere;** or two endings, like **brevis, breve;** or one ending, like **audāx.** Note that the ablative singular of all adjectives of the third declension ends in **-ī,** the nominative and accusative neuter plural ends in **-ia,** and the genitive plural ends in **-ium.**

Irregular Adjectives. The following adjectives are irregular in their declension in the genitive and dative singular only: **alius, alter, neuter, nūllus, sōlus, tōtus, ūllus, ūnus, uter,** and **uterque.** The genitive singular of these adjectives ends in **-īus** and the dative in **-ī.**

Comparison of Adjectives. Regular adjectives are compared like **fortis** and **lātus,** page 333, the adjectives **facilis, difficilis, similis, dissimilis,** and **humilis,** are compared like **facilis,** on page 333. Learn also the comparison of the irregular adjectives **bonus, malus, magnus, parvus,** and **multus,** page 333, and adjectives ending in **-er.**

Declension of Comparatives. Comparatives are all declined like **lātior,** page 334. Note that the ablative singular ends in **-e,** the nominative and accusative neuter plural ends in **-a,** and the genitive plural ends in **-um.**

Formation of Adverbs. Adverbs are formed regularly from adjectives of the first and second declension by adding **-ē** to the base of the corresponding adjective. Third declension adjectives regularly add **-ter** or **-iter** to the base to form the adverb. Study the comparison of adverbs on page 334 in the Appendix.

— *Syntax* —

Agreement of Adjectives. An adjective agrees with the noun or pronoun it modifies in gender, number, and case.

> nautae fortissimī, *the bravest sailors*

With two or more nouns, the adjective is regularly plural.

> Mārcus fīliusque erant fortēs.   *Marcus and his son were brave.*

A predicate adjective, used with two or more nouns of different gender, is usually masculine plural if the nouns denote living beings, and neuter if they denote things without life.

> Ager silvaque erant magna.   *The field and forest were large.*

Adjectives are often used as substantives:

> omnia,   *all things, everything*
> nostrī,   *our men*

The Genitive Case has the following uses:

Possession. The genitive case is used to denote possession.

> puellae librī,   *the girl's books*

Description. The genitive with a modifying adjective is used to describe a person or thing.

> virī magnae virtūtis,   *men of great courage*

Partitive or *Genitive of the Whole.* Words denoting a part are followed by the genitive of the whole to which the part belongs.

> pars mīlitum,   *a part of the soldiers*

But with cardinal numbers, and **paucī,** the ablative with **dē** or **ex** is regularly used.

> decem ex puerīs,   *ten of the boys*

With Adjectives. The genitive is used with adjectives denoting desire, knowledge, memory, fullness, power, sharing, guilt, and their opposites. In general, adjectives followed by the word *of* will take the genitive, while those followed by the word *to* or *for* will take the dative.

> memor suī amīcī,   *mindful of his friend*

Objective Genitive. Some nouns of action may govern the genitive of the object.

> amor patriae,   *love of country*
> timor bellī,   *fear of war*

The Dative Case has the following uses:

Indirect object. The indirect object of a verb is in the dative case, frequently with verbs of giving or saying.

> Puerīs librōs dedit.   *He gave the books to the boys.*

With Special Verbs. Many verbs meaning favor, help, please, trust, and their opposites, and also believe, persuade, command, obey, serve, resist, envy, threaten, pardon, and spare, take the dative. Because of many exceptions, however, the vocabulary is a better guide than the rule.

> Patrī paruit.   *He obeyed his father.*

With Compounds. Many verbs compounded with **ad, ante, con, in, inter, ob, post, prae, pro, sub,** and **super,** usually take the dative.

> Brūtus classī praeerat.   *Brutus was in command of the fleet.*

Purpose. The dative is used to denote the purpose of an action, often with another dative of the person affected.

> Magnō usuī nostrīs fuit.   *It was of great use to our men.*

Reference. The dative is often used to denote the person to whom an act refers. When the dative of reference is used with a dative of purpose, the construction is called a "double dative."

> Legiō auxiliō Caesarī fuit.   *The legion served as an aid to Caesar.*

Possessor. The dative is used with the verb **sum** to denote the possessor.

> Est mihi liber.   *I have a book.*

With Adjectives. Adjectives denoting fitness, nearness, likeness, friendliness, and their opposites, take the dative.

> Nōbīs sunt amīcī.   *They are friendly to us.*

— Vocabulary —

Learn the meanings of the following adjectives:

ācer *sharp/fierce* dissimilis *dissimilar* malus *bad* parātus *prepared* sōlus *alone*
adulēscēns *youth* facilis *easy* meus *my* parvus *small* summus *highest*
alius *other* ferus *fierce* multus *many* posterus *following* suus *his/theirs*
alter *the other* fidēlis *faithful* neuter *neither* potēns *powerful* tantus *so great*
altus *high* finitimus *neighboring* niger *black* prīmus *first* tertius *third*
audāx *bold* fortis *brave* nōbilis *noble* pulcher *pretty* tōtus *all*
bonus *good* grātus *grateful* nōnus *ninth* quantus *how many* tūtus *safe*
brevis *short* gravis *heavy* noster *our* quārtus *fourth* tuus *your(s)*
celer *swift* idōneus *suitable* novus *new* quīntus *fifth* ūllus *any*
clārus *clear* lātus *wide* nūllus *no* secundus *second* ūnus *one*
decimus *tenth* levis *light* octāvus *eighth* septimus *seventh* ūtilis *useful*
difficilis *difficult* līber *free* omnis *all* sextus *sixth* vehemēns *strong*
dīligēns *diligent* longus *long* pār *equal* similis *similar* vester *your (pl)* vetus *old*

— Exercises —

A. Give the Latin for the following:

1. *genitive singular:* the small body, the braver king, the heaviest shield, the only citizen.   2. *dative singular:* one horn, the largest island, a very beautiful woman, the higher tower.   3. *accusative singular:* a very wide river, a very deep swamp, a very bad son, the seventh day.   4. *ablative singular:* a very wretched girl, the brave soldier, a noble king, the strongest farmer.   5. *nominative plural:* many horses, very diligent leaders, our generals, equal strength.   6. *genitive plural:* powerful men, wild animals, higher ships, very many mountains.   7. *dative plural:* our enemies, most difficult roads, longer bridges, very good boys.   8. *accusative plural:* very fierce foot soldiers, severe wounds, happier girls, light hands.

B. Translate into Latin:

1. A very large ship was sailing very quickly to a small island.   2. The windows in our farmhouse are very small.   3. There is much water in the river at the bridge.   4. Who has seen the king's very beautiful daughters?   5. Our general is lead-

ing the very brave troops to war.   6. The farmer's only slave was working very diligently in the field behind the farmhouse.   7. The kingdom of the queen is very large and beautiful.   8. Very many large houses were seen in the city.

—— *The Story of Hercules* ——

Hercules Leads the Thebans to Victory

Dē Hercule haec etiam nārrantur. Quondam dum iter facit, in fīnēs Aegyptiōrum vēnit. Ibi rēx quīdam, nōmine Būsīris, illō tempore rēgnābat. Hic autem vir crūdēlissimus hominēs immolāre cōnsuēverat. Herculem igitur rapuit et in vincula coniēcit. Tum nūntiōs dīmīsit et diem sacrificiō dīxit. Iam ea diēs aderat, et omnia parāta sunt. Manūs Herculis catēnīs vīnctae sunt, et mola salsa in caput eius posita est. Iam Herculēs ad āram stābat; iam sacerdōs cultrum sūmpserat. Subitō tamen Herculēs magnō cōnātū vincula rūpit. Tum alterō ictū sacerdōtem, alterō rēgem ipsum occīdit. 5

Herculēs iam adulēscēns Thēbīs habitābat. Rēx Thēbārum Creōn appellābātur. Minyae, gēns bellicosissima, Thēbānīs erant fīnitimī. Lēgātī autem ā Minyīs ad Thēbānōs mittēbantur. Hī Thēbās veniēbant et centum bovēs postulābant. Thēbānī enim, quoniam ā Minyīs superātī erant, tribūtum rēgī Minyārum pendēbant. At Herculēs cīvēs suōs tribūtō līberāre cōnstituit; itaque lēgātōs comprehendit atque aurēs eōrum abscīdit. Lēgātī autem apud omnēs gentēs sānctī habentur. 10 15

Ergīnus, rēx Minyārum, ob haec vehementer īrātus statim cum omnibus cōpiīs in fīnēs Thēbānōrum contendit. Creōn dē adventū eius per explōrātōrēs cognōvit. Itaque Thēbānī Herculem imperātōrem creāvērunt. Ille nūntiōs in omnēs partēs dīmīsit et cōpiās coēgit; tum proximō diē cum magnō exercitū profectus est. Locum idōneum dēlēgit et aciem īnstrūxit. Tum Thēbānī ē superiōre locō impetum in hostēs fēcērunt. Illī autem impetum sustinēre nōn potuērunt; ita aciēs hostium in fugam conversa est. 20

1. **Quondam:** *Once upon a time.* 3. **immolāre:** *sacrifice.* 4. **vincula:** *chains.* 5. **sacrificiō:** dative, *for the sacrifice.* 6. **catēnīs:** ablative of means, *with chains.* **vīnctae sunt:** from **vīnciō,** *were bound.* **mola salsa:** *salted meal,* used in sacrifices. 7. **āram:** *altar.* **sacerdōs:** *priest.* **cultrum:** *knife.* 8. **alterō ictū:** *with one blow.* 9. **alterō:** *with another* (blow). 14. **pendēbant:** *were paying.* 16. **abscīdit:** *cut off.* **sānctī:** *sacred.* 17. **īrātus:** *angry.* 20. **creāvērunt:** *elected.* **coēgit:** *collected.* 24. **conversa est:** *was turned.*

3

Pronouns and Numerals; Uses of the Ablative and Locative Cases

Attic black-figure amphora showing Hercules carrying the Erymanthian Boar

Suum cuique.

To everyone his own.—CICERO

— *Forms* —

Personal Pronouns. Study the declensions of the personal pronouns of the first and second persons, page 337. The third person pronoun, *he, she,* or *it,* is generally the same as the demonstrative **is, ea, id,** page 337.

Reflexive Pronoun. The reflexive pronoun, **-suī, sibi, sē** or **sēsē, sē** or **sēsē,** is the same in the singular and plural. See page 337.

Demonstrative Pronouns. The demonstrative pronouns and adjectives, **hic, haec, hoc,** and **ille, illa, illud,** and **is, ea, id,** are declined in full on page 337. Learn also the declension of the intensive pronoun **ipse, ipsa, ipsum.**

Relative Pronoun. Learn the complete declension of the relative pronoun, **quī, quae, quod,** on page 338.

Interrogative Pronoun. The interrogative pronoun, **quis, quid,** is declined on page 338. The plural is declined like the relative. The interrogative adjective is declined like the relative pronoun.

Numerals. Learn the cardinal numbers from one to twenty, and **centum, mīlle, mīlia. Ūnus, duo, trēs,** and **mīlia** are declined; see page 335, the others are indeclinable.

— *Syntax* —

Personal Pronouns are usually not expressed in Latin, except for emphasis.

> Sciō, *I know.*
> Ego sciō, sed illī nesciunt. *I know, but they do not know.*

Reflexive Pronouns and **Adjectives** are used to refer to the subject of the clause in which they stand; in a subordinate clause, they may refer to the subject of the main verb.

> Mīles sē vulnerāvit.   *The soldier wounded himself.*
> Lēgātō imperāvit ut sibi nūntiāret.
> *He ordered the lieutenant to report to him.*

The reflexive pronoun **sē,** and the reflexive adjective, **suus, sua, suum,** are used only in the third person.

The Relative Pronoun agrees with the antecedent in gender, number, and person, but the case depends on its use in its own clause.

> Decem puerōs, quī in arbore sedēbant, vīdī.
> *I saw ten boys, who were sitting in a tree.*

The Interrogative Pronoun and Adjective is used in both direct and indirect questions.

> Quis venit?   *Who is coming?*
> Sciō quis veniat.   *I know who is coming.*

The Noun Mīlia, *thousands,* is regularly followed by another noun in the genitive plural.

> Mīlia mīlitum iter faciunt.   *Thousands of soldiers are marching.*

The Ablative Case is used to express three different relations, *from* (showing separation), *where,* (showing location), and *with* (showing instrument or circumstances). See pages 20–21 and pages 365–367 for the complete list of the uses of the ablative.

The Locative Case is used to express place where, with the names of towns, small islands, and **domus** and **rūs.** Prepositions are not used with this case. The form of the locative case is like the genitive in the singular of nouns of the first and second declensions, otherwise like the ablative. The locative of **domus** is **domī. Rūs** always, and other third declension nouns occasionally, have a locative in **-ī: rūrī,** *in the country,* **Carthāginī,** at *Carthage.*

Prepositions. Learn which of the prepositions in the following vocabulary govern the accusative, and which the ablative. A few, like **in** and **sub,** have one meaning for the accusative, and another for the ablative.

— Vocabulary —

Learn the meanings of the following words:

ā, ab	diū	ipse	propter	sex
ad	duo	is	quam	sī
ante	duodecim	mīlle	quattuor	sine
apud	duodēvīgintī	mox	quattuordecim	sub
at	ē, ex	nam	quī	tamen
atque	ego	neque	quīndecim	tandem
aut	enim	novem	quīnque	trāns
autem	etiam	ob	quis	tredecim
centum	hic	octō	quod	trēs
circum	hūc	per	sed	tū
contrā	ille	post	sēdecim	ūndecim
cum	in	postquam	septem	ūndēvīgintī
dē	inter	prō	septendecim	vīgintī
decem				

— Exercises —

A. Give the following forms:

1. *genitive singular:* ego, tū, is, quis, ille. 2. *dative singular:* hic, quī, is, suī, ūnus. 3. *accusative singular:* hic, quī, ille, tū. 4. *ablative singular:* suī, ego, tū, quis, ūnus. 5. *nominative plural:* quī, hic, duo, trēs, mīlia. 6. *genitive plural:* duo, tū, ille, trēs, mīlia. 7. *dative plural:* hic, quis, trēs, mīlia, duo. 8. *accusative plural:* ego, quī, trēs, mīlia, ille.

B. Translate the following:

1. Quis venit? 2. Quōs vīdistī? 3. Peditēs quī currunt . . . 4. Nāvēs quae nāvigant . . .   5. Quōrum equī veniunt? 6. Cui librum dedit? 7. Agricolae quōs laudō . . . 8. Quod flūmen in Ītaliā est? 9. Eōrum amīcī sciunt . . . 10. Suās cōpiās dūcunt.

C. Give the Latin for the words in italics:

1. The sailors *to whom* we spoke . . . 2. The girls *with whom* I walked . . . 3. *What* did you see? 4. *Whose brother* is that? 5. The state *in which* we live . . . 6. *Whom* did you see?

7. *Which house* is yours?   8. The general's sons, *who* are fighting . . .   9. An animal *which* is running . . .   10. *What* will he say?   11. Brutus saw *his friends*.   12. I saw *his friends*.   13. We gave money *to them*.   14. *Their house* is on a hill.   15. They sent *their slaves* . . .   16. He stayed *at home*.   17. We live *in Rome*.   18. They were seen *by his son*.   19. I stood *with them*.   20. *One of the horsemen* fell.   21. He ran *for three miles*.   22. He fought *with very great courage*.   23. Come *at night*.   24. He was wounded *by a javelin*.   25. I stayed *for many years*.

—— The Story of Hercules ——

The Maddened Hercules Kills His Own Children

Post hoc proelium Herculēs cōpiās suās ad urbem redūxit. Omnēs Thēbānī hāc victōriā maximē gaudēbant; Creōn autem fīliam suam in mātrimōnium Herculī dedit. Herculēs cum suā uxōre vītam beātam agēbat. Sed subitō in furōrem incidit, atque līberōs suōs ipse suā manū
5   occīdit. Paulō post ad sānitātem reductus est, et magnō dolōre affectus est. Brevī tempore ex urbe fūgit et in silvās sē recēpit; cīvēs enim sermōnem cum eō habēre nōlēbant.

Herculēs tantum maleficium expiāre magnopere cupiēbat, atque ad ōrāculum Delphicum īre cōnstituit. Hoc erat nōtissimum omnium
10 ōrāculōrum. Ibi erat templum Apollinis plūrimīs dōnīs ōrnātum. Hōc in templō sedēbat fēmina quaedam nōmine Pȳthia, et cōnsilium dabat eīs quī ad ōrāculum vēnerant. Haec fēmina ab Apolline docēbātur, et voluntātem deī hominibus nūntiābat. Herculēs igitur, quī Apollinem maximē colēbat, hūc vēnit. Tum rem tōtam exposuit.
15   Ubi Herculēs fīnem fēcit, Pȳthia prīmō tacēbat; tandem tamen eum iussit ad urbem Tīryntha īre, et rēgis Eurystheī omnia iussa facere. Herculēs ubi haec audīvit, ad urbem illam contendit, et Eurystheō sē in servitūtem trādidit. Duodecim annōs crūdēlissimō Eurystheō servīvit, et duodecim labōrēs, quōs ille imperāverat, cōnfēcit; hōc enim modō
20 tantum maleficium expiārī potuit. Dē hīs labōribus plūrima ā poētīs scrīpta sunt. Multa tamen quae poētae nārrant crēdibilia nōn sunt.

2. **gaudēbant:** *rejoiced.* 4. **incidit:** *fell into.* 5. **occīdit:** *killed.* 6. **sermōnem:** *conversation.* 8. **expiāre:** *to atone for.* 10. **ōrnātum:** *adorned.* 14. **colēbat:** *worshipped.* 15. **tacēbat:** *was silent.* 18. **servīvit:** *served,* with dative **Eurystheō.**

Summary of Case Uses

Nominative
1. Subject of a verb
   Puerī currunt. *The boys are running.*
2. Predicate Nominative (or Subjective Complement)
   Caesar erat consul. *Caesar was consul.*
   Hī virī dēbent esse cīvēs. *These men ought to be citizens.*
   Puer appellātur Mārcus. *The boy is called Marcus.*

Vocative
1. Direct address
   Venī, Lūcī, ad vīllam. *Come to the farmhouse, Lucius.*

Genitive
1. Of possession
   Mātrēs puellārum adsunt. *The girls' mothers are here.*
2. Objective
   Noster timor bellī est magnus. *Our fear of the war is great.*
3. Of the whole (Partitive)
   Pars urbis est pulchra. *Part of the city is beautiful.*
4. Of description and (5.) of measure
   Est vir magnae auctōritātis. *He is a man of great authority.*
   Vīdī turrim centum pedum. *I saw a hundred-foot tower.*

Dative
1. Of the indirect object
   Equitibus equōs dat. *He is giving horses to the horsemen.*
2. Of reference
   Vōbīs hoc fēcī. *I did this for you.*
3. Of purpose
   Hae rēs ūsuī sunt ad bellum. *These things are useful for war.*
4. Double dative
   Tū cūrae mihi es. *You are a worry to me.*
5. With adjectives
   Utrum oppidum propius marī est? *Which town is nearer to the sea?*
6. Of possession
   Mārcō erat gladius. *Marcus had a sword.*
7. With intransitives
   Placetne tibi? *Does it please you?*

8. With compounds
   Castrīs praeest.   *He is in charge of the camp.*
9. Of agent
   Nōbīs currendum est.   *We must run.*

Accusative

1. Of direct object
   Exercitum videō.   *I see an army.*
2. Of place to which
   Ad oppidum veniunt.   *They are coming to the town.*
3. Predicate Accusative (Objective Complement)
   Fīlium meum vocāvī Lūcium.   *I have called my son Lucius.*
4. Of extent of space
   Tria mīlia passuum cucurrī.   *I ran three miles.*
5. Of duration of time
   Duās horās mānsit.   *He waited two hours.*
6. Subject of an infinitive
   Coēgit virōs discēdere.   *He forced the men to leave.*
7. Subjective complement in an infinitive phrase.
   Prohibet servum esse cīvem.   *He keeps the slave from being a citizen.*
8. Accusative as adverb
   Vos multum amat.   *He loves you much.*
9. Of place to which without a preposition
   Domum it.   *He goes home.*

Ablative

Showing separation
1. Of place from which
   Ab īnsulā nāvigāmus.   *We are sailing from the island.*
2. Partitive place from which
   Duo dē puerīs absunt.   *Two of the boys are absent.*
3. Of separation
   Cīvēs timōre līberāvit.   *He freed the citizens from fear.*
4. Of personal agent
   Hoc factum est ā Caesare.   *This was done by Caesar.*
5. Of place from which without a preposition
   Rūre venit.   *He comes from the country.*
6. Of cause
   Timōre fūgit.   *He fled because of fear.*
7. Of comparison
   Fortiōrem Mārcō numquam vīdī.   *I never saw a braver man than Marcus.*

Showing location
1. Of place where
   In urbe manet.   *He is staying in the city.*

2. Of time when
   Tertiā hōrā discessērunt.   *They left at the third hour.*
3. Of time within which
   Tribus diēbus discēdēmus.   *We shall leave within three days.*

Showing instrument or circumstances
1. Of means or instrument
   Tēlō vulnerātus est.   *He was wounded by a weapon.*
2. Of accompaniment
   Vēnī cum meīs amīcīs.   *I came with my friends.*
3. Of manner
   Dōnum magnō gaudiō accēpit.   *He received the gift with great joy.*
4. Of description
   Mūrum magnā altitūdine adībat.   *He was approaching a wall of great height.*
5. Of specification
   Flūmen es vīgintī pedum altitūdine.   *The river is twenty feet in depth.*
6. Of degree of difference
   Multō maior est quam tū.   *He is much bigger than you.*
7. Ablative absolute
   Litterīs acceptīs profectī sunt.   *Having received the letter, they set out.*

Locative
1. To show place where
   Domī manēbunt.   *They will stay at home.*

Gray limestone fragment of a relief of Hercules and the Cretan Bull Egyptian, 300–350 A.D.

4

Verbs; The Indicative

Hercules, accompanied by Mercury, bringing Cerberus from the underworld

Labor omnia vincit.
Work conquers everything—VERGIL

— *Forms* —

Review the six tenses of the indicative, active and passive, of the four regular conjugations, pages 340–350.

Learn the six tenses of the indicative of **sum, possum, volō, nōlō, mālō, ferō,** and **eō,** pages 353–357.

Deponent Verbs, which are passive in form but active in meaning, are conjugated like the passive forms of the regular verbs. See pages 350–352.

— *Vocabulary* —

Learn the principal parts and meanings:

agō	currō	iubeō	pōnō	sequor
amō	dēbeō	labōrō	portō	solvō
arbitror	dēficiō	laudō	possum	stō
audiō	dīcō	loquor	premō	sum
cadō	dō	mālō	prōgredior	tangō
caedō	doceō	maneō	prohibeō	teneō
capiō	dūcō	mittō	pugnō	terreō
cēdō	eō	moneō	quaerō	timeō
coepī	ferō	morior	referō	trādō
cognōscō	gerō	moror	regō	trahō
cōnferō	habeō	moveō	retineō	veniō
cōnor	habitō	mūniō	rīdeō	videō
cōnsequor	hortor	nōlō	sciō	vincō
cōnstituō	intellegō	parō	scrībō	vocō
crēdō	interficiō	petō	sentiō	volō

— *Exercises* —

A. Translate the following verb forms:

1. cognōscunt 2. audiēbāmus 3. māvult 4. tāctum est 5. moriēbātur 6. dedistis 7. arbitrāmur 8. ceciderat 9. cucurrimus

10. loquēbantur 11. mānserās 12. vīsus sum 13. vultis 14. po-
suistī 15. iussī erant 16. euntne? 17. missa est 18. cōn-
ābimur 19. cessī 20. potuērunt

B. Translate:

1. I shall lead. 2. He has been seen. 3. We urged. 4. They
will go. 5. She had touched. 6. Did he fall? 7. You (sing.)
were trying. 8. He will be able. 9. They were laughing. 10. I
delayed. 11. Will they come? 12. We prefer. 13. She was
taught. 14. They understand. 15. I had followed. 16. They
will hear. 17. Do you wish? 18. It was moved. 19. I shall have
prepared. 20. You (pl.) will send.

C. Give a synopsis in the third person singular, active, with meanings
of **volō.**

D. Give a synopsis in the first person plural, with meanings of **arbitror.**

E. Give a synopsis in the third person plural, active and passive, with
meanings of **tangō.**

F. Translate:

1. Multī mīlitēs ad Ītaliam prīmā aestāte mittentur. 2. Puerī malī
animal parvum in silvam secūtī sunt. 3. Cīvēs miserrimī rēgīnae
loquī nōlēbant. 4. In vīllā nostrā sunt duodēvīgintī fenes-
trae. 5. Agricola manūs in flūmine lavābat. 6. Multī montēs al-
tissimī in fīnibus Helvētiōrum sunt. 7. Multōs diēs in nostrīs
vīllīs hieme manēbāmus. 8. Peditēs Rōmānōrum ex palūde in
castra ā duce dūctī sunt. 9. Equus niger ex agrō ad vīllam agricolae currēbat. 10. Imperātor audācissimus suōs mīlitēs in
pugnam dūcet.

G. Translate:

1. We were unwilling to touch the animals in the field. 2. Many
things were seen in the sea near the island. 3. The supply of
water in our city is very small. 4. The small boys will run to
the top of the high hill. 5. It is more useful to listen than to talk.
6. Did you see many foot soldiers on the long bridge?
7. The army of our brave general is preparing to fight. 8. The

highest tower fell onto the houses in the city.   9. We built a new higher tower the following year.   10. The farmer's sons are boys of great strength.

—— *The Story of Hercules* ——

Hercules Performs His First Three Labors

Prīmum Herculēs ab Eurystheō iussus est leōnem caedere quī illō tempore vallem Nemeaeam et omnēs incolās terrēbat. Itaque in silvās in quibus leō habitābat statim contendit. Ubi leōnem vīdit, arcum quem sēcum portāverat intendit; eius pellem tamen, quae dūrissima erat, trāicere nōn poterat. Tum clāvā magnā quam semper gerēbat leōnem   5
frūstrā percussit; neque enim hōc modō eum interficere poterat. Tum dēmum mōnstrum bracchiīs suīs complexus est, et collum eius omnibus vīribus compressit. Hōc modō leōnem tandem interfēcit. Tum cadāver ad oppidum rettulit; posteā pellem quam dētrāxerat prō veste gerēbat. Omnēs incolae maximā cum laetitiā gaudēbant.   10

Paulō post ab Eurystheō Hydram interficere iussus est. Hoc autem erat mōnstrum cui erant novem capita. Herculēs igitur profectus est ad palūdem Lernaeam, in quā Hydra habitābat. Brevī tempore mōnstrum invēnit; et quamquam rēs erat magnī perīculī, id sinistrā manū prehendit. Tum dextrā manū capita novem caedere coepit; quotiēns   15
tamen hoc fēcerat, nova capita oriēbantur. Diū frūstrā labōrābat; tandem hōc cōnātū dēstitit. Deinde ignem incendere cōnstituit. Hoc celeriter fēcit; tum ārdente face colla adussit unde capita oriēbantur. Hōc modō mōnstrum interficere poterat.

Postquam Eurystheō caedēs Hydrae nūntiāta est, magnus timor   20
animum eius occupāvit. Itaque Herculem cervum quendam ad sē referre iussit; virum enim tantae audāciae in urbe manēre nōlēbat. Hic autem cervus fuit incrēdibilī celeritāte. Herculēs igitur in silvam prīmō eum sequēbātur; deinde omnibus vīribus currere coepit. Ūsque ad vesperum currēbat, neque nocturnum tempus sibi ad quiētem relin-   25
quēbat. Tandem, postquam tōtum annum cucurrit (ita trāditur) cervum cursū exanimātum cēpit, et vīvum ad Eurystheum rettulit.

3. **arcum:** *a bow.* object of **intendit,** *he stretched.* 4. **pellem:** *hide.* 5. **trāicere:** *to pierce.* **clāvā:** *a club.* 7. **brachiīs:** *arms.* **complexus est:** *embraced.* 9. **cadāver:** *corpse.* **dētrāxerat:** *removed.* 14. **sinistrā:** *left.* 15. **quotiēns:** *as often as.* 16. **oriēbantur:** *arose.* 17. **dēstitit:** from **dēsistō,** *stopped.* 18. **ārdente face:** *with a burning torch.* **adussit:** *he scorched.* 21. **cervum:** *stag, deer.* 27. **exanimātum:** *out of breath.*

5

Verbs; Infinitives and Imperatives; Licet and Oportet

Hercules driving a bull to sacrifice

Errare est humanum.
To err is human.—SENECA

—— *Forms* ——

Infinitives. There are five infinitives which are regularly used in Latin—the present active and passive, the perfect active and passive, and the future active. The future passive was used so rarely that it is not included here. Infinitives are formed as follows:

ACTIVE	PASSIVE
PRESENT	
vocāre	vocārī
monēre	monērī
regere	reḡī
capere	capī
audīre	audīrī
PERFECT	
vocāvisse	vocātus esse
monuisse	monitus esse
rēxisse	rēctus esse
cēpisse	captus esse
audīvisse	audītus esse
FUTURE	
vocātūrus esse	——
monitūrus esse	
rēctūrus esse	
captūrus esse	
audītūrus esse	

Imperatives. Regular verbs form their present active imperatives as follows:

	SINGULAR	PLURAL
FIRST CONJ.	vocā	vocāte
SECOND CONJ.	monē	monēte
THIRD CONJ.	rege	regite
	cape	capite
FOURTH CONJ.	audī	audīte

The verbs **dīcō, dūcō, faciō,** and **ferō,** drop the final vowel in the singular; **ferō** drops the i in the plural. Imperatives of deponent verbs, passive and future imperatives are rarely used in Caesar. They are listed with the verbs in the Appendix for reference—pages 341–352.

— *Syntax* —

The infinitive has the following common uses:

Subjective.

> Vidēre est crēdere.   *To see is to believe.*

Objective, sometimes with a subject accusative.

> Nōluit pugnāre.   *He did not want to fight.*
> Nōluit nōs pugnāre.   *He did not want us to fight.*

The verbs **iubeō, cōgō, patior,** and **prohibeō** are especially common with the objective infinitive.

> Prohibuit puerōs loquī.   *He prevented the boys from speaking.*

Complementary Infinitive. Many verbs in Latin are used with another verb to complete their meaning. The commonest are: **cōnor, constituō, cupiō, dēbeō, dubitō, parō, possum, temptō,** and **videor.**

> Nōn potuit intellegere.   *He could not understand.*

Indirect Statements. After verbs of saying, thinking, knowing, and perceiving, the main verb in indirect discourse is in the infinitive, with the subject in the accusative case.

> Scīmus puerōs venīre.   *We know that the boys are coming.*

The Tense of the Infinitive in Latin depends on the time of the main verb. The present infinitive is used when the time of both verbs is the same.

> Dīcit sē velle . . . *He says that he wants* . . .
> Dīxit sē velle . . . *He said that he wanted* . . .

The perfect infinitive is used to denote time before that of the main verb.

> Dīcit sē vīdisse . . . *He says that he has seen* . . .
> Dīxit sē vīdisse . . . *He said that he had seen* . . .

The future infinitive denotes time after that of the main verb.

> Sciō eōs ventūrōs esse.   *I know that they will come.*
> Scīvī eōs ventūrōs esse.   *I knew that they would come.*

Licet and **oportet** are impersonal verbs, i.e., the subject must always be *it*. **Licet** normally takes the dative for the person, and the infinitive; **oportet** takes the accusative and the infinitive.

> Licet puerīs currere.   *The boys are allowed to run.*
> Oportet puerōs stāre
> *The boys must stand. (It is necessary for the boys to stand.)*

— Vocabulary —

aciēs	cōnficiō	fugiō	mēnsa	sedeō
adferō	cōnsuēscō	gēns	nūntiō	servō
aedificium	contendō	homō	nūntius	speciēs
aperiō	cupiō	hōra	obtineō	spērō
arma	dēsistō	iaciō	occāsus	suscipiō
audeō	dōnum	iānua	occupō	tempus
avis	dubitō	iter	oportet	trādūcō
beneficium	edō	iungō	oppidum	trānseō
campus	epistula	lēgātus	polliceor	tuba
castra	existimō	līberō	proficīscor	vāstō
celeritās	exspectō	lībertās	putō	vēndō
cēna	fābula	licet	rapiō	ventus
cōgō	faciō	lūna	sagitta	videor
colloquium	frūstrā	lūx	saxum	vigilia
				vīnum

— Exercises —

A. Give the following infinitives:

1. *present passive:* cōgō, līberō, rapiō, nūntiō.   2. *perfect active:* iungō, fugiō, trānseō, aperiō.   3. *perfect passive:* vēndō, cōgō, iaciō, occupō.   4. *future active:* trādūcō, labōrō, sedeō, proficīscor.

B. Translate:

1. Nōlēbant contendere.   2. Id facere nōn poterimus.   3. Cōnsuēscit vēndere . . .   4. Putō eōs labōrāre.   5. Coāctus est

fugere. 6. Nōbīs manēre nōn licuit. 7. Cōnstituimus docēre
. . . 8. Sē missūrum esse pollicitus est. 9. Oportet puerōs
currere. 10. Crēdidī cīvēs monitōs esse.

C. Translate:

1. We hesitate to speak. 2. They were not able to fight. 3. He
will decide to join . . . 4. They were forced to kill. 5. We are
not permitted to say. 6. Do you dare to follow them? 7. She
promised that she would work. 8. You ought not to cross.
9. He seems to think . . . 10. He is afraid to die.

D. Translate:

1. I think that the king dares . . . 2. We know that you are following . . . 3. He said that he would set out. 4. They hear that
the citizens are brave. 5. I do not think that the army is being
led. 6. Does he understand that I do not want to say? 7. He ordered the foot soldiers to cross. 8. He knew that she would
go. 9. He says that he cannot remain. 10. The messenger reported that the army had been defeated.

E. Translate:

1. Lēgātī castra movēre prīmā lūce cōnstituērunt. 2. Nūntius
dīxit hostium cōpiās iam victās esse. 3. Spērāvī eōs nōbīscum
multōs annōs mānsūrōs esse. 4. Agricolae dīxērunt sē vīdisse
plūrimōs peditēs in colle. 5. Dīcit sibi nōn licēre nōbīscum in silvam prōgredī. 6. Scīsne mē iussum esse sequī illōs equitēs?
7. Imperātor arbitrātus est suōs mīlitēs castra hostium occupātūrōs
esse. 8. Cognōvimus decem miserrimōs servōs in palūdem
dūcī. 9. Potesne mihi dīcere nōmina omnium rēgum Germāniae? 10. Omnēs putābant mē fenestram claudere dēbēre.

F. Translate:

1. He said that he had not seen the consul's son. 2. Do you think
that I can learn the names of your friends? 3. I understand that
you do not want to send these things. 4. The queen knew that
the citizens were standing near the bridge. 5. I hear that the
army thinks that your kingdom can be conquered in war. 6. After two years in Rome, he decided to live at home. 7. The little
boy was not allowed to sit with his father; he was forced to stand

with the slaves. 8. Who ordered the girls to write those letters? 9. I know a diligent boy who wants to read books.
10. The citizens thought that I would speak to them about the
battle.

— *The Story of Hercules* —

Hercules Performs Three More Labors

Tum Eurystheus Herculī dīxit, "Refer ad mē vīvum aprum, quī hōc
tempore agrōs Erymanthiōs vastat, et incolās huius regiōnis magnopere terret." Herculēs respondit sē susceptūrum esse negōtium, et in
Arcadiam statim profectus est. Postquam in silvam paulum prōgressus est, aprō occurrit. Ille autem simul atque Herculem appropin-   5
quāre vīdit, statim refūgit et in altam fossam sē prōiēcit. Herculēs
laqueum quem attulerat iēcit, et summā cum difficultāte aprum ē fossā
extrāxit. Ille etsī fortiter pugnābat, tamen nūllō modō sē līberāre posse
sēnsit; itaque ab Hercule ad Eurystheum vīvus relātus est.

Deinde Eurystheus dīxit sē velle Herculem alium graviōrem labōrem   10
suscipere. Nam Augēās, quī illō tempore rēgnum in Ēlide obtinēbat,
tria mīlia boum habēbat. Hī in stabulō ingentis magnitūdinis inclūsī
erant. Stabulum autem squālōre erat obsitum, neque ad id tempus
umquam pūrgātum erat. Itaque Eurystheus dīxit: "Hodiē, Herculēs,
stabulum pūrgā." Putāvit eum nōn posse hoc cōnficere unō diē. Sed   15
Herculēs, quamquam rēs erat maximī labōris, negōtium suscēpit.
Prīmum magnō labōre fossam duodēvīgintī pedum dūxit, per quam
flūminis aquam dē montibus ad mūrum stabulī dūxit. Tum, postquam
mūrum rūpit, aquam in stabulum immīsit; et tālī modō contrā
opīniōnem omnium opus cōnfēcit.   20

1. **aprum:** from **aper,** *boar.* 5. **simul atque:** *as soon as.* 6. **fossam:** *ditch.*
7. **laqueum:** *noose.* 12. **boum:** genitive plural of **bōs,** *bull, cow.* **stabulō:** *stable.*
ingentis: *huge.* **inclūsī:** *enclosed.* 13. **squālōre erat obsitum:** *was covered with*
filth. 14. **umquam pūrgātum erat:** *had it ever been cleaned.* 17. **dūxit:** *he dug.*
19. **rūpit:** from **rumpō,** *he broke down.* **immīsit:** *he let in.* **tālī modō:** *in this way.*

Post paucōs diēs Herculēs ad oppidum Stymphālum iter fēcit; iusserat enim Eurystheus eum avēs Stymphālidēs interficere. Hae avēs
rostra aēnea habēbant, et carne hominum vescēbantur. Ille postquam
ad locum pervēnit, lacum vīdit; avēs in hōc lacū, quī nōn procul erat ab
oppidō, habitābant. Lacus autem nōn ex aquā, sed ē līmō cōnstitit.   25
Herculēs igitur neque pedibus neque nāve prōgredī potuit. Ubi magnam partem diēī frūstrā cōnsūmpsit, hoc cōnātū dēstitit; ad Minervam
sē contulit et auxilium ab eā petīvit. Illa eī crotalum dedit, quod Vol-
cānum fēcisse dīxit. Hōc crotalō Herculēs ācrem crepitum fēcit, et avēs
perterritae ab eō locō volāvērunt. Ille autem magnum numerum eārum   30
volantium sagittīs trānsfīxit.

Infinitives

*Bronze statue
of the child Hercules
strangling
the serpents*

Complementary Infinitive. The following verbs may require an infinitive to complete their meaning:

cōnor, *try*	dēbeō, *ought*	possum, *be able*
cōnstituō, *decide*	dubitō, *hesitate*	temptō, *try*
contendō, *hasten*	parō, *prepare*	videor, *seem*

Infinitive with Subject Accusative. An infinitive phrase is used with
the following verbs:

cōgō, *compel*	polliceor, *promise*	verbs of saying, think-
iubeō, *order*	prohibeō, *prevent*	ing, knowing, perceiving
patior, *allow*	spērō, *hope*	(indirect statement)

28. **crotalum:** *rattle* 29. **crepitum:** *din*

6

Participles; Gerunds; Gerundives; Ablative Absolute

Attic black-figure amphora showing Hercules strangling the Nemeaean Lion

Docendo discitur.
One learns by teaching.—SENECA

— Forms —

Participles. There are three participles in Latin—the present active, the perfect passive, and the future active. They are formed as follows:

ACTIVE		PASSIVE
	PRESENT	
vocāns		
monēns		
regēns		
capiēns		
audiēns		
	PERFECT	
		vocātus
		monitus
		rēctus
		captus
		audītus
	FUTURE	
vocātūrus		
monitūrus		
rēctūrus		
captūrus		
audītūrus		

Declension of Participles. The present participle is declined like adjectives of the third declension; see page 332. The perfect and future participles are declined like **malus;** see page 332.

Gerunds. The gerund is a verbal noun, and has only four forms, the genitive, dative, accusative, and ablative singular.

NOM.	——	——	——	——	——
GEN.	vocandī	monendī	regendī	capiendī	audiendī
DAT.	vocandō	monendō	regendō	capiendō	audiendō
ACC.	vocandum	monendum	regendum	capiendum	audiendum
ABL.	vocandō	monendō	regendō	capiendō	audiendō

35

Gerundives. The gerundive is a verbal adjective. It has the same stem as the gerund, but it has all of the endings of **malus, mala, malum—vocandus, -a, -um,** etc., *to be called.*

— *Syntax* —

Participles. The participle is a verbal adjective, denoting a time relationship. As a verb, it may take an object; as an adjective, it agrees with the noun or pronoun it modifies in gender, number, and case. It is translated:

> vocāns *calling,* or *while calling*
> vocātus *called,* or *having been called*
> vocātūrus *about to call,* or *intending to call*

Participles bear the same relationship to the time of the main verb as infinitives—i.e., the present participle denotes the same time as the main verb; the perfect denotes time before the main verb; and the future denotes time after the main verb. Frequently a relative clause is the best translation for a participle.

> mīlitēs vulnerātī, *the wounded soldiers,*
> or, *the soldiers who had been wounded*

The Ablative Absolute. The ablative absolute consists of a noun and a participle, or a noun and another noun, or a noun and an adjective, both in the ablative case. 'Absolute' means that it is independent of the rest of the sentence. The construction is particularly common with a noun and a perfect passive participle, chiefly because there is no perfect active participle in Latin. When we say in English, 'The soldiers, having pitched camp, prepared for battle', the Latin must use the passive participle 'having been pitched', and so the ablative absolute construction is used:

> Mīlitēs, castrīs positīs, proelium parābant.

The translation of the absolute construction may vary. In the above example, we may say, 'When camp had been pitched', or 'After camp had been pitched', or 'having pitched camp'. When two nouns are used, as in **Caesare duce,** we may translate 'when Caesar was leader', or 'under Caesar's leadership'. With a noun and an adjective, or present participle, as in **deō volente,** we may translate 'God being willing', or 'if God is willing'.

Caution. The ablative absolute is not used when the participle modifies the subject or object of the verb.

> Peditēs vulnerātī ad castra remissī sunt.
> *The wounded foot soldiers were sent back to camp.*

Note that the perfect participle of a deponent verb has an active meaning.

> Puerī, secūtī animalia, domum cucurrērunt.
> *The boys ran home, after following the animals.*

Gerunds and Gerundives. There are three common uses of the gerund and gerundives.

Genitive with causā (and grātiā), for the sake of:

> Gerund: pugnandī causā, *for the sake of fighting*
> Gerundive: bellī gerendī causā, *for the sake of waging war*

Accusative with ad:

> Gerund: ad pugnandum, *for fighting*
> Gerundive: ad bellum gerendum, *for waging war*

Ablative of means:

> Gerund: pugnandō, *by fighting*
> Gerundive: bellīs gerendīs, *by waging wars*

—— *Vocabulary* ——

amīcitia	custōs	frūmentum	ōrō	spectō
annus	dēfendō	genus	ōs	studeō
antīquus	dēligō	ignis	ostendō	subitō
appellō	ēgredior	impetus	pānis	superō
appropinquō	ēripiō	incendō	passus	tempestās
augeō	exeō	incolō	perīculum	temptō
calamitās	explōrātor	inopia	perterreō	terra
canis	facultās	īnstruō	portus	timor
classis	fāma	inveniō	prīnceps	vadum
collis	ferrum	lavō	redeō	vehō
colloquor	fidēs	lītus	relinquō	vertō
cōnscendō	fluctus	mēnsis	respondeō	vīvō
cōnscrībō	fortūna	nauta	senātus	volō (1)
cōnservō	fossa	nāvigō	signum	vulnerō
cursus	frāter	nōmen	sōl	

— Exercises —

A. Name and identify the three participles, with meaning of each, of **appellō, augeō, dēfendō, ēripiō,** and **referō.**

B. Decline the present participle of **vertō.**

C. Give all forms of the gerund of **spectō, studeō, ēripiō.**

D. Translate:

1. canis vulnerātus 2. explorātor fugiēns 3. Frāter meus relic-
tūrus . . . 4. Eques, secūtus canem fugientem . . . 5. Eīs rēbus
factīs . . . 6. Sē currendō celerrimē ēripuit. 7. Nautae nā-
vigātūrī erant. 8. Prīnceps morandō superāvit. 9. Avis volā-
tūra est. 10. Custōdibus vulnerātīs, castra capta sunt.

E. Translate:

1. We are about to sail. 2. The dogs, terrified by the noises . . .
3. For the sake of calling the names . . . 4. The camp, having
been defended very bravely by the guards . . . 5. The lieutenant
was about to set out. 6. The slave, not daring to follow . . . 7. For the sake of burning the town . . . 8. They were
captured while fleeing. 9. The birds, having found the bread,
flew . . . 10. Our soldiers, having followed the defeated enemy
for many miles, returned.

F. Translate:

1. Agricola, servīs līberātīs, in suīs agrīs labōrāre coāctus est.
2. Caesar, tribus legiōnibus in Galliā cōnscrīptīs, exercitum trāns
Alpēs septem diēbus trādūxit. 3. Mīlitēs captī gladiōs in manibus tenentēs redūcēbantur. 4. Gallī, hīs nūntiīs permōtī, pācem
petere cōnstituērunt. 5. Mariō cōnsule, Rōmānī multās gentēs
superāvērunt. 6. Puerī territī, animālī interfectō, domum redīre
nōn ausī sunt. 7. Multīs obsidibus acceptīs, uterque imperātor
suōs fīnēs sine pugnā dēfendēbat. 8. Meus frater, ad silvam ap-
propinquāns, animal territum per arborēs currēns vīdit. 9.
Classis post īnsulam nocte nāvigandō sē ēripuit. 10. Hīs rēbus
cōnstitūtīs, castra in summō colle posita sunt.

38

G. Translate:

1. We were about to sail to Italy, but our friends decided not to go with us. 2. A Roman general, called Fabius Maximus, defeated Hannibal by delaying. 3. Did you see the children playing behind the farmhouse? 4. The scouts, having seen the guards near the camp, did not want to advance. 5. The messenger, standing on a large stone, reported the victory to the citizens. 6. After peace was made, very many soldiers were sent home. 7. By running very fast, I was able to reach the city before noon. 8. The letter, having been opened by the girls, was thrown into the fire. 9. Caesar, having received the hostages, sailed home from Britain. 10. The wretched farmer, his house having been burned and his son killed, set out for Rome with his wife.

— *The Story of Hercules* —

Hercules Captures the Cretan Bull and the Horses of Diomedes

Hīs rēbus factīs, Eurystheus Herculem iussit taurum quendam ferum ex īnsulā Crētā vīvum referre. Ille nāvem cōnscendit, et ventō idoneō statim ex portū nāvigāvit. Ubi autem īnsulae iam appropinquābat, magna tempestās subitō orta est, et nāvis cursum tenēre nōn potuit.
5 Magnus timor animōs nautārum occupāvit quī paene omnem spem salūtis dēpōnēbant. Herculēs etsī navigandī imperītus erat, tamen fluctibus nullō modō territus est. Paulō post summa tranquillitās secūta est, et nautae, quī sē ex timōre iam recēperant, nāvem incolumem ad terram appulērunt. Herculēs, ē nāve ēgressus, ad rēgem Crētae vēnit,
10 et causam veniendī docuit. Deinde, omnibus rēbus parātīs, ad eam regionem contendit quam taurus vastābat. Brevī tempore taurum vīdit; et quamquam rēs erat magnī perīculī, cornua eius prehendit. Tum mōnstrō ad nāvem tractō, Herculēs cum praedā in Graeciam rediit.
    Postquam ex īnsulā Crētā reversus est, Herculēs ab Eurystheō in
15 Thrāciam missus est equōrum Diomēdis redūcendōrum causā. Hī equī carne hominum vescēbantur; Diomēdēs autem, vir crūdēlissimus, eīs

---

1. **taurum:** *a bull.* 4. **orta est:** from **orior,** *arose.* 6. **imperītus:** *unskilled.* 8. **incolumem:** *unharmed.* 9. **appulērunt:** from **appellō, -ere,** *brought, sailed.* **ēgressus:** *having disembarked.* 13. **praedā:** *booty, spoils.* 16. **carne:** from **caro, carnis,** *flesh.* **vescēbantur:** *fed on,* with the ablative. 17. **viātōrēs:** *travelers.*

obiciēbat omnēs viātōrēs quī in eam regionem vēnerant. Herculēs
igitur magnā celeritāte in Thrāciam contendit, et ab Diomēde postulāvit: "Equōs tuōs mihi trāde." Rēx tamen hoc facere nōluit, et
Herculēs, īrā commōtus, eum interfēcit; etiam cadāver eius equīs obicī   20
iussit. Hōc nūntiātō, omnēs quī eam regiōnem incolēbant maximā
laetitiā gaudēbant, et Herculī magnam grātiam rettulērunt. Nōn modo
honōrēs et praemia eī dedērunt, sed etiam ōrābant: "Rēgnum nostrum
tū suscipe." Ille tamen hoc facere nōluit, et ad mare prōgressus nāvem
cōnscendit. Omnibus ad nāvigandum parātīs, equōs in nāve locāvit;   25
deinde, idōneam tempestātem nactus, sine morā ex portū nāvigāvit, et
paulō post equōs in lītus Argolicum exposuit.

*Two views of a Roman sarcophagus on which are pictured several labors of Hercules and
the death of Nessus*

18. **postulāvit:** *demanded.* 20. **obicī:** *to be thrown.* 26. **nactus:** from **nanciscor,**
having found. **morā:** *delay.*

7

The Subjunctive

Attic black-figure amphora showing Hercules killing the Stymphalian Birds

Cedant arma togae.
Let arms yield to the toga.
—MOTTO OF THE STATE OF WYOMING

— *Forms* —

There are four tenses of the subjunctive in Latin—the present, imperfect, perfect, and pluperfect. They are formed as follows:

Present

vocem	moneam	regam	capiam	audiam
vocēs	moneās	regās	capiās	audiās
vocet	moneat	regat	capiat	audiat
vocēmus	moneāmus	regāmus	capiāmus	audiāmus
vocētis	moneātis	regātis	capiātis	audiātis
vocent	moneant	regant	capiant	audiant

Imperfect. The imperfect subjunctive is formed by adding the personal endings to the present infinitive—**vocārem, vocārēs,** etc.; **monērem, monērēs,** etc.; **regerem, regerēs,** etc.; **caperem, caperēs,** etc.; **audīrem, audīrēs**; etc. The final **-e** of the infinitive becomes long in the second person singular, the first person plural, and the second person plural.

Perfect. The perfect active subjunctive is formed by adding **-erim, -erīs, -erit, -erīmus, -erītis, -erint** to the perfect stem—**vocāverim, monuerim, rēxerim, cēperim,** etc.

Pluperfect. The pluperfect active subjunctive is formed by adding the personal endings to the perfect active infinitive—**vocāvissem, vocāvissēs,** etc.; **monuissem, monuissēs; rēxissem, rēxissēs.**

Subjunctive Passives. The present and imperfect passives are formed by using the passive personal endings for the active, as in the indicative. The perfect passive is formed by using the forms **sim, sīs, sit, sīmus, sītis, sint,** for the forms **sum, es, est,** etc. of the perfect passive indicative. The pluperfect passive subjunctive is formed by using **essem, essēs, esset, essēmus, essētis,** and **essent,** for **eram, erās, erat, erāmus, erātis,** and **erant** of the pluperfect indicative passive. Check the model verbs in the Appendix.

Irregular Verbs. The present subjunctive of the following irregular verbs should be learned. The other tenses are formed regularly.

sum	possum	volō	nōlō	mālō	eō
sim	possim	velim	nōlim	mālim	eam
sīs	possīs	velīs	nōlīs	mālīs	eās
sit	possit	velit	nōlit	mālit	eat
sīmus	possīmus	velīmus	nōlīmus	mālīmus	eāmus
sītis	possītis	velītis	nōlītis	mālītis	eātis
sint	possint	velint	nōlint	mālint	eant

— *Syntax* —

The Hortatory Subjunctive. In independent clauses, an idea that is willed, usually translated by *let* or *may*, is expressed in Latin by the hortatory subjunctive. The present tense is used; it may be active or passive. The negative is introduced by **nē**.

> Omnēs adsint. *Let all be present.*
> Nē puerī mittantur. *May the boys not be sent!*

— *Vocabulary* —

adventus	committō	īnferō	nisi	salus
aedēs	cōnfirmō	itaque	*noceō	senātor
agmen	cōnsilium	iūdicō	omnīnō	socius
aliquis	conveniō	iūs	opus	surgō
ambulō	dēmōnstrō	iuvō	orior	tegō
āmittō	dīmittō	latus (noun)	*parcō	tollō
ascendō	doleō	laus	patria	tribuō
auctor	equitātus	lectus	paucī	turpis
bibō	fēlix	medius	perturbō	ubi
caedēs	frangō	mīlitāris	potior	uter
caelum	gaudium	mīrus	praeter	uterque
cāsus	hīberna	mora	quīdam	uxor
causa	hospes	mulier	quisque	vel
cēterī	impediō	multitūdō	reliquus	vērō
cibus	imperō	nāscor	rēmus	virtūs
				voluntās

*takes dative

— Drill —

A. Give the third person singular, present subjunctive active: **ambulō, doleō, parcō, impediō, nōlō.**

B. Give the first person plural, imperfect subjunctive active: **iuvō, noceō, frangō, impediō, possum.**

C. Give the second person plural, perfect subjunctive active: **imperō, augeō, tollō, referō, mālō.**

D. Give the third person plural, pluperfect subjunctive active: **nāvigō, respondeō, āmittō, ēripiō, sum.**

E. Give the first person singular, perfect subjunctive passive: **iūdicō, moneō, iaciō, ferō, trādūcō.**

F. Give the third person plural, pluperfect subjunctive passive: **līberō, augeō, tollō, ēripiō, inveniō.**

G. Translate:

1. Nē iūdicent. 2. Aliquis oriātur. 3. Quisque iuvet suōs fīliōs. 4. Nē hunc virum audiāmus. 5. Tria mīlia passuum ambulet. 6. Nē rēmōs frangant. 7. Omnēs aquam bibāmus. 8. Senātōrēs colloquantur. 9. Nē saxa in flūmen iaciant. 10. Uterque cōnsul in pāce vīvat.

H. Translate:

1. May he not fly. 2. Let the messenger announce. 3. May the lieutenant not be killed. 4. Let us help the guests. 5. May they not suffer. 6. Let him try to do it. 7. May the others send gifts. 8. Let's open the doors. 9. Let each man speak. 10. May we not be forced to go out.

I. Translate:

1. Nē putet mē nōlle eōs iuvāre. 2. Portēmus nostrōs mīlitēs vulnerātōs in medium oppidum. 3. Polliceantur sē nōn ex hibernīs profectūrōs esse. 4. Nē puerī parvī vīnum bibant quod est in nostrā vīllā. 5. Quīdam rēx dīxit sē mālle Rōmae quam in

suīs fīnibus vīvere. 6. Quisque sit fortis; nē ex castrīs turpiter fugiat. 7. Uterque cōnsul rem pūblicam servāre cupīvit. 8. Putāsne explōrātōrēs castra hostium inventūrōs esse? 9. Nē nautae audeant nostrīs animālibus nocēre. 10. Equitēs sequantur hostēs victōs ad silvam fugientēs.

J. Translate:

1. May the boys find a place on the hill suitable for a camp. 2. Let someone tell me the names of those small boys. 3. May they not find the bird that fell from the high tree. 4. Let us go with our wives to the hills near the town. 5. Let him be brave; he is the leader of our fighting foot soldiers. 6. Each boy was permitted to carry his own food. 7. Help the senator's wife, Lucius; she fell while walking through the field. 8. Let them not drink that wine; the water is much better. 9. May the horsemen, wounded by the arrows while standing near the gate, not hesitate to follow us. 10. May he reach the harbor quickly, by sailing through the night.

— The Story of Hercules —

The Battle with the Amazons

Gēns Amāzonum omnīnō ex mulieribus cōnstitisse dīcitur. Hae summam scientiam reī mīlitāris habēbant, et cum virīs proelium committere audēbant. Hippolytē, rēgīna Amāzonum, balteum nōtissimum habuit, quem Mārs eī dederat. Admētē autem, fīlia Eurystheī, dē hōc
5   balteō audīverat, et eum possidēre vehementer cupiēbat. Patrī igitur, "Balteus", inquit, "ab Hercule capiātur et mihi dōnum dētur." Itaque Eurystheus Herculem iussit cōpiās cōgere et bellum Amāzonibus īnferre. Ille nūntiōs in omnēs partēs mīsit; et ubi magna multitūdō convēnit, eōs dēlēgit quī maximum ūsum in rē mīlitārī habēbant.
10   Herculēs, causā itineris nūntiātā, fortissimīs virīs "Iter", inquit, "magnā cum virtūte faciāmus." Tum cum omnibus sociīs nāvem cōnscendit; paucīs post diēbus ventus idōneus ad ōstium flūminis Thermōdontis appulit. Postquam in fīnēs Amāzonum vēnit, nūntium ad

1. **cōnstitisse:** *to have consisted.* 3. **balteum:** *a belt.* 9. **ūsum:** *experience.* 12. **ōstium:** *mouth.*

Hippolytēn mīsit ad docendam causam veniendī. Hippolytē ipsa balteum trādere volēbat, quod fama dē virtūte Herculis ad eam allāta erat,   15
sed reliquae Amāzonēs id facere nōlēbant. Herculēs, hīs rēbus nūn-
tiātīs, bellī fortūnam temptāre cōnstituit. Proximō diē, cōpiīs ēductīs,
locum idōneum dēlēgit, et hostēs ad pugnam vocāvit. Amāzonēs nōn
magnō intervāllō ab Hercule aciem īnstrūxērunt.

Palūs erat nōn magna inter duōs exercitūs; neutrī tamen initium   20
trānseundī facere volēbant. Tandem Herculēs signum dedit et
proelium commissum est. Amāzonēs impetum virōrum fortissimē
sustinuērunt, et magnam virtūtem praestitērunt; multōs etiam in
fugam coniēcērunt. Virī enim novō genere pugnae perturbābantur,
nec magnam virtūtem praestābant. Herculēs autem, hōc vīsō, dē suīs   25
fortūnīs dēspērāre coepit. Mīlitibus suīs clāmāvit: "Prīstinae virtūtis
memoriam teneāmus; hostium impetum fortiter sustineamus."
Quibus verbīs animōs omnium cōnfīrmāvit. Diū et ācriter pugnātum
est. Tandem tamen ad sōlis occāsum magna commūtātiō rērum facta
est. Mulierēs terga vertērunt et fugā salūtem petīvērunt. Multae captae   30
sunt, in quō numerō erat ipsa Hippolytē. Herculēs summam clēmentiam praestitit, et lībertātem omnibus captīvīs dedit. Post longum
iter ad Troiam, ad Eurystheum cum balteō revertit.

*Amphora showing
Hercules and the
Centaur Nessus*

20. **Palūs:** *a swamp.* 23. **praestitērunt:** *they showed.* 26. **Prīstinae:** *former.*
29. **commūtātiō:** *change.* 30. **terga vertērunt:** *turned their backs.* 31. **clēmentiam:**
mercy. 33. **revertit:** *returned.*

8

Purpose Clauses;
Result Clauses;
Clauses of Fearing

Silver tetradrachm showing Antiochus III

Crescat scientia.
May knowledge increase.
—MOTTO OF UNIVERSITY OF CHICAGO

— *Syntax* —

The Hortatory Subjunctive, discussed in Lesson 7, is used only in independent clauses—i.e., the main verb of the sentence. The following uses of the subjunctive, explained in Lessons 8–11, are for subordinate clauses only.

Purpose Clauses.

Pure Purpose Clauses. Pure purpose clauses, also called adverbial, are introduced by **ut** in the affirmative, and **nē** in the negative. They are translated *in order that,* and in the negative, *in order that . . . not,* or *lest.*

> Currēbant ut ignem vidērent.
> *They ran in order that they might see the fire.* (or, *They ran to see the fire.*)
> Currēbant nē caperentur.
> *They ran in order that they would not be captured.*

Indirect Commands, also called *Substantive Clauses of Purpose,* follow verbs denoting something 'willed' or 'desired'. The most common of these are **imperō, mandō, persuadeō** (which take the dative of the person, in addition to the purpose clause), **hortor, moneō, orō,** and **rogō** (which take the accusative of the person), and **petō, postulō, quaerō** (which take the ablative with **ā** or **ab** in addition to the purpose clause).

> Mihi imperāvit ut venīrem.   *He ordered me to come.*
> Puerōs rogat ut maneant.   *He asks the boys to remain.*
> Ā suā mātre petīvit nē dāret . . . *She asked her mother not to give . . .*

Relative Clause of Purpose. When the main clause contains an antecedent, the relative pronoun is regularly used to introduce a purpose clause.

> Explōrātōrēs mīsit quī cognōscerent . . . *He sent scouts to find out . . .*

When the purpose clause contains a comparative, it is regularly introduced by **quō.**

> Collem ascendit quō facilius vidēret . . .
> *He climbed a hill so that he could see more easily.*

Sequence of Tenses. In clauses of purpose, only the present and imperfect tenses of the subjunctive are used. The present is used when the verb in the main clause expresses present or future time, and the imperfect is used when the verb in the main clause expresses past time.

> Hortātur nōs ut maneāmus.   *He urges us to remain.*
> Hortātus est nōs ut manērēmus.   *He urged us to remain.*

Cattle from an Athenian black-figure vase painting

This is called the rule for 'Sequence of Tenses,' because the subordinate clause 'follows' that of the verb in the main clause.

Result Clauses. Clauses of result take the subjunctive, introduced by **ut,** and **ut . . . non (nullus, numquam,** etc.) in the negative. The main clause usually contains a word like **tam, sic, ita, tantus,** etc. The rule for sequence of tenses applies.

> Currēbat tam celeriter ut eum capere nōn possem.
> *He ran so fast that I was not able to catch him.*

Substantive clauses of result follow a few verbs like **accidit,** *it happened,* and **evēnit,** *the result was.*

> Accidit ut esset lūna plena.
> *It happened that there was a full moon.*

Verbs of Fearing. Verbs and expressions of fearing take the subjunctive, introduced by **nē** in the affirmative, and **ut** in the negative.

> Timeō nē veniat. *I am afraid that he will come.*
> Timeō ut veniat. *I am afraid that he will not come.*

— *Vocabulary* —

absum	cūr	labor	officium	redūcō
accipiō	dēlectō	lapis	opīniō	reperiō
adsum	difficultās	legiō	paene	rideō
albus	discēdō	lēx	patior	rogō
animus	dominus	liber (noun)	pecūnia	saepe
auctōritās	dormiō	littera	*persuādeō	semper
audācia	excēdō	lūdus	perveniō	sīc
aureus	expellō	māter	poena	soror
barbarus	ferē	mīror	populus	superior
bene	hortus	nārrō	posteā	tālis
carmen	iam	nātūra	praemium	tam
clāmō	inimīcus	necesse	praesidium	tot
coniciō	iniūria	negōtium	proelium	tum
coniungō	interim	numerus	prōvincia	verbum
convocō	ita	nunc	reddō	vereor

*takes dative

— *Exercises* —

A. Conjugate the present subjunctive active of **dēlectō, persuadeō, redūcō, accipiō, adsum.**

B. Conjugate the present subjunctive passive of **nārrō, doleō, expellō, conveniō, ferō.**

C. Conjugate the imperfect subjunctive active of **ambulō, noceō, parcō, dormiō, volō.**

D. Conjugate the imperfect subjunctive passive of **iudicō, augeō, deligō, impediō, ēripiō.**

E. Translate:

1. Rogat nōs nē iūdicēmus. 2. Currēbat celerrimē nē caperētur. 3. Currēbat tam celeriter ut nōn caperētur. 4. Timēbat nē caperētur. 5. Accidit ut īre nōllem. 6. Persuāsit suō fīliō ut progrederētur. 7. Tam fortiter pugnāvit ut nōn superārētur. 8. Veniet ut mē videat. 9. Mē rogābant nē hoc dīcerem. 10. Veniant ut nōbīscum colloquantur. 11. Timeō ut superēmus. 12. Monuit cīvēs ut audīrent. 13. Canis erat tam territus ut fugeret. 14. Ā mātre quaesīvit ut sibi eam iuvāre licēret. 15. Avis tam altē volāvit ut eam nōn vidēre possēmus.

F. Translate:

1. We will persuade them to make . . . 2. He is coming to see us. 3. They sent scouts to find out . . . 4. I am afraid that he cannot come. 5. It happens that we all know. 6. He is so strong that he can break . . . 7. He begged his mother not to leave. 8. I urge you not to be absent. 9. The birds flew so fast that we could not see them. 10. Will you ask them to go back? 11. He sailed so quickly that he reached . . . 12. The chief ordered (use **imperō**) the guards to remain. 13. They were sent to capture . . . 14. Let him come to speak. 15. He asked his friends not to harm . . .

G. Translate:

1. Imperātor mīlitēs hortātus est nē in silvā tōtam noctem manērent. 2. Omnēs currāmus ad oppidum ut videāmus mīlitēs re-

deuntēs ā bellō. 3. Tantam cōpiam armōrum habēmus ut nūllī nostra castra oppugnāre audeant. 4. Per agrōs tam celeriter currēbat ut ante noctem domum pervenīret. 5. Nostra pīla ita iēcimus ut mīlia hostium interficerentur. 6. Iūdex imperāvit ut pecūnia auctōrī redderētur. 7. Puer tam territus est ut in vīllam fūgeret. 8. Quaeque fīlia ā mātre quaesīvit nē ab urbe discēderet. 9. Tam diū sōlem spectābāmus ut nihil posteā vidēre possēmus. 10. Ad mare appropinquāvimus quō facilius nāvēs ab īnsulā discēdentēs vidēre possēmus.

H. Translate:

1. Will you come to see our farmhouse? 2. He persuaded his mother to make bread. 3. He lived in Rome so long that he knew all the citizens. 4. He works very diligently in order to finish the books. 5. It happens that we do not know the name of your wife. 6. He begged us not to harm the animals in the field. 7. A certain sailor was sent to find a harbor suitable for very large ships. 8. Let us fight bravely in order to defend our country. 9. He warned the citizens not to drink the water from the river. 10. We wandered for three hours through the forest, in order to look at the birds.

—— *The Story of Hercules* ——

Hercules Travels to Africa to Bring Back the Cattle of Geryon

Tum vērō missus est Herculēs ad īnsulam Erythēam ut bovēs Gēryonis redūceret. Rēs erat summae difficultātis, quod bovēs ā quōdam Eurytiōne et ā cane bicipite custōdiēbantur. Ipse autem Gēryōn horribilem speciem praebēbat; tria enim corpora inter sē coniūncta habēbat. Herculēs, quī timēbat nē perīculōsum esset, tamen negōtium   5
suscēpit. Tam celeriter per multās terrās iter fēcit, ut brevī tempore ad eam partem Āfricae pervenīret quae est Eurōpae proxima. Ibi in utrōque lītore maris quod Eurōpam ab Āfricā dīvidit columnās cōnstituit, quae posteā Herculis Columnae appellābantur.

1. **bovēs:** *cattle.* 3. **cane bicipite:** *a two-headed dog.* **custōdiēbantur:** *were being guarded.* 4. **speciem:** *appearance.* **praebēbat:** *presented.* 5. **perīculōsum:** *dangerous.* 8. **columnās cōnstituit:** *set up columns.*

10   Dum hīc morātur, Herculēs magnum incommodum calōre sōlis accipiēbat. Īrā sīc commōtus est ut arcum intenderet et sōlem sagittīs
peteret. Sōl tamen audāciam virī tantum admīrātus est ut nāvem auream daret. Herculēs hoc dōnum libentissimē accēpit; nūllam enim
nāvem in hīs regiōnibus invenīre potuerat. Tum ventum idōneum
15   nactus paucīs post diēbus ad īnsulam pervēnit. Ubi ex incolīs cognōvit
bovēs esse in eā regiōne, statim profectus est, et ā rēge Gēryone petīvit
ut bovēs sibi trāderentur. Ille tamen hoc facere nōluit. Itaque Herculēs
et rēgem ipsum et Eurytiōnem interfēcit.

Tum Herculēs bovēs per Hispāniam et Liguriam agere cōnstituit.
20   Omnibus parātīs, bovēs ex īnsulā ad continentem trānsportāvit. Ligurēs autem, gēns bellicōsissima, dum ille per fīnēs suōs iter facit,
magnās cōpiās coēgērunt, atque eum longius prōgredī prohibēbant.
Haec rēs Herculī magnam difficultātem attulit; barbarī enim in locīs
superiōribus cōnstiterant, et lapidēs tēlaque in eum coniciēbant. Ille
25   quidem paene omnem spem salūtis dēposuerat, sed brevī tempore
Iuppiter imbrem lapidum ē caelō dēmīsit. Hī tantā vī cecidērunt ut
magnus numerus Ligurum interficerētur.

Postquam Ligurēs hōc modō superātī sunt, Herculēs quam celerrimē
prōgressus est, et brevī tempore ad Alpēs pervēnit. Necesse erat hās
30   trānsīre, ut in Ītaliam bovēs ageret; rēs autem summae difficultātis
erat. Hī montēs, quī Galliam ab Ītaliā dīvidunt, nive perennī teguntur.
Herculēs igitur priusquam ascendere coepit, magnam cōpiam frūmentī
parāvit, et hōc bovēs onerāvit. Itaque maximō cum labōre contrā omnium opīniōnem bovēs incolumēs per Alpēs in Ītaliam trādūxit.

Fish mosaic

10. **incommodum:** *suffering.* **calōre:** *heat.* 11. **arcum:** *bow.* **intenderet:** *he
stretched.* 13. **libentissimē:** *very gladly.* 14. **invenīre:** *to find.* 15. **incolīs:**
inhabitants. 20. **continentem:** *the continent* (i.e. Spain). 21. **bellicōsissima:**
very warlike. **dum:** *while.* 24. **cōnstiterant:** *had taken a stand.* **lapidēs:** *stones.*
25. **dēposuerat:** *had given up.* 26. **imbrem:** *a shower, rainstorm.* 31. **nive
perennī:** *with perpetual snow.* 33. **onerāvit:** *loaded down.*

Review of Expressions of Purpose

As you have seen in your study of first-year Latin, **purpose** may be expressed in Latin in several ways. For example, the sentence *Men came to look for money* may be translated (with different shades of meaning) by:

A final clause of purpose

> Virī vēnērunt ut pecūniam quaererent.
> *Men came in order to look for the money.*

A relative clause of purpose

> Virī vēnērunt quī pecūniam quaererent.
> *Men came who were to look for the money.*

A future active participle

> Virī vēnērunt pecūniam quaesītūrī.
> *Men came intending to look for the money.*

The gerundive construction in the genitive

> Virī vēnērunt pecūniae quaerendae causā.
> *Men came for the sake of looking for the money.*

The gerundive construction in the accusative

> Virī vēnērunt ad pecūniam quaerendam.
> *Men came for looking for the money.*

The supine

> Virī vēnērunt pecūniam quaesītum.
> *Men came to look for the money.*

9

Questions, Direct and Indirect; Sequence of Tenses

6th century B.C. pyxis showing Hercules

> Quot homines, tot sententiae.
> *As many opinions as people.* — TERENCE

— *Syntax* —

Direct Questions. Interrogative Pronouns and Adjectives. A direct question is introduced by the interrogative pronoun, **quis, quid,** or interrogative adjective, **quī, quae, quod,** or by an interrogative adverb, like **cūr,** *why,* or **ubi,** *where.* The verb is normally in the indicative. **Quantus,** *how large,* and **quot,** *how many,* are also interrogative adjectives. **Quot** is indeclinable.

> Quis venit?   *Who is coming?*
> Quem vīdistī?   *Whom did you see?*
> Cūr id fēcistī?   *Why did you do it?*

Nōnne, num, and **-ne.** When a question has no interrogative word introducing it, the sentence is introduced by **Nōnne,** if an affirmative answer is expected; by **Num,** if a negative answer is expected; and by adding **-ne** to the first word, if the question may be answered by either *Yes* or *No.*

> Nōnne pecūniam cupis?   *Don't you want the money?*
> Num punīrī cupis?   *You do not want to be punished, do you?*
> Vīsne domī manēre?   *Do you want to stay at home?*

Indirect Questions. An indirect question is a subordinate clause, used as the object of a verb of knowing, asking and the like. It is introduced by an interrogative pronoun, adjective, or adverb, and the verb is in the subjunctive.

DIRECT QUESTION
Quis venit?   *Who is coming?*

INDIRECT QUESTION
Sciō quis veniat.   *I know who is coming.*

Sequence of Tenses. The tense of the verb in indirect questions depends on the tense of the main verb, as it does in purpose and result clauses. All four tenses of the subjunctive may be used in indirect questions.

The complete rule for the sequence of tenses is as follows:

Primary Tenses. When the main verb expresses present or future time, the verb in the subjunctive is in the present tense if the time is the same as that of the main verb, or time after the main verb. The perfect tense of the subjunctive is used when the time in the subordinate clause is before that of the main verb.

> Scīmus quis veniat.
>   *We know who is coming* or *We know who will come.*
> Scīmus quis vēnerit.   *We know who has come.*

Secondary Tenses. When the main verb expresses past time, the verb in the subjunctive is in the imperfect tense if the time is the same as or after that of the main verb. The pluperfect tense is used when the time in the subordinate clause is before that of the main verb.

> Rogāvit quid facerem.   *He asked what I was doing.*
> Rogāvit quid fēcissem.   *He asked what I had done.*

The Chimera (Etruscan bronze)

— Vocabulary —

addūcō	cōnsistō	īdem	occīdō	rumor
adeō	cōnspiciō	īnferior	opprimō	rumpō
aequus	crēscō	īnsidiae	oppugnō	rūrsus
altitūdō	dexter	integer	*pareō	sanguis
amplus	dolor	intereā	perficiō	subsidium
ancora	efficiō	lātitūdō	pertineō	sustineō
apertus	exerceō	līberī	*placeō	taceō
armō	explōrō	mandō	potestās	tribūnus
calidus	flōs	mercātor	prīmum	ubi
certus	frigidus	mūrus	quō	umquam
claudō	herba	nesciō	quot	ūsus
complūrēs	hiemō	nōndum	recipiō	vallēs
condiciō	iaceō	nōtus	rīpa	vāllum

— Exercises —

A. Give a synopsis in the first person singular, subjunctive only, active and passive, of **exerceō** and **perficiō**.

B. Give a synopsis in the third person singular, subjunctive only, active and passive of **opprimō** and **suscipiō**.

C. Give a synopsis in the third person plural, subjunctive only, active and passive, of **cōnferō** and **occīdō**.

D. Translate:

1. Clausistīne fenestram? 2. Num in Ītaliā hiemant? 3. Nōnne volāre vultis? 4. Quō iter faciēmus? 5. Quot mīlitēs vulnerātī sunt? 6. Quōs Rōmae vīdistis? 7. Quid auctōrī dedērunt? 8. Quōrum equī in agrō currunt? 9. Quem rīdentem audiō? 10. Quae fēminae tacent? 11. Rogāvī quid facerent. 12. Scīsne quem vīderim? 13. Scīmus quī veniant. 14. Scīmus quī vēnerint. 15. Cognōveram cūr nōndum factum esset. 16. Rogā puerōs quid facere mālint. 17. A mātre quaesīvit quot librōs lēgisset. 18. Cognōscent quis missus sit. 19. Rogābant ubi nāvēs essent. 20. Nesciō cūr taceant.

*takes dative

58

E. Translate:

1. When did it happen? 2. Who has seen the merchants?
3. Where is the largest valley? 4. Why are you silent? 5. Do
you hear a noise? 6. Don't you love children? 7. You do not
want to be sent from school, do you? 8. When will you finish the
book? 9. How many boys are coming? 10. How large is the
largest white horse? 11. He asked me why I had come. 12. I do
not know what I ought to do. 13. Did you find out whose children they were? 14. He asks who is lying there. 15. He does
not understand why the grass is not growing. 16. We found
out what had happened. 17. They asked who had closed the
gates. 18. She will ask to whom we gave the money. 19. We
do not know where we ought to go. 20. Does he know why I am
departing?

F. Translate:

1. Tribūnī cognōscere nōn poterant quid cīvēs facere māllent.
2. Iūdex nōtissimus rogāvit cūr bellum gerere nōllent.
3. Agricola nescīvit quōrum equī in suum agrum vēnissent.
4. Suam fīliam mīsit quae cognōsceret quid in urbe accidisset.
5. Mercātor mihi persuāsit ut rogārem ubi essent portūs optimī.
6. Scīsne quibus mea uxor illās litterās dederit? 7. Nōn invenīre
possum quid tribūnō nōn placeat. 8. Quī senātor quaesīvit cūr
cīvēs nōn reciperentur? 9. Nēscit quae sit lātitūdō flūminis. 10. Possumne cognōscere quae sint condiciōnēs pācis?

G. Translate:

1. The children want to know when they can exercise the horses.
2. Did he ask how many kinds of flowers we had seen in the valley? 3. He was not able to decide how much money he ought to
give. 4. The same merchant wanted to find out where our ships
were. 5. They will learn in a short time what we have carried
home. 6. How large an army ought we to send to the war in
Gaul? 7. You do not know, do you, who climbed the rampart? 8. They want to know why there is blood on the grass.
9. The general asked the scouts to find out the width and depth of
the river. 10. There were so many children playing in the road
that I could not cross.

— The Story of Hercules —

The Golden Apples of the Hesperides

Eurystheus postquam bovēs Gēryonis accēpit, labōrem ūndecimum Herculī imposuit, graviōrem quam eōs quōs suprā nārrāvimus. Mandāvit enim eī ut aurea māla ex hortō Hesperidum referret. Hesperidēs autem nymphae pulcherrimae erant, quae in terrā longinquā habitābant, quibus aurea quaedam māla ā Iūnōne commissa erant. Multī 5
hominēs aurī cupiditāte adductī haec māla auferre anteā cōnātī erant. Rēs tamen difficillima erat; nam hortus in quō erant mūrō altō undique circumdatus erat. Praetereā dracō quīdam, cui centum erant capita, portam hortī dīligenter custōdiēbat. Opus igitur quod Eurystheus Herculī imperāverat erat summae difficultātis, quod Herculēs ig- 10
nōrābat quō in locō hortus esset.

Herculēs Eurystheō pārēre cōnstituit; et simul atque eius iūssa accēpit, profectus est. Ā multīs mercātōribus quaesīvit quō in locō Hesperidēs habitārent; nihil tamen certum reperīre poterat. Frūstrā per multās terrās iter fēcit, et multa perīcula subiit. Tandem, totō annō in 15
hīs itineribus cōnsūmptō, ad extrēmam partem orbis terrārum, quae proxima est Ōceanō, pervēnit. Hīc stābat vir quīdam, nōmine Atlās, homō magnīs vīribus, quī caelum umerīs suīs sustinēbat, nē in terram caderet. Herculēs tantās vīrēs magnopere admīrātus est. Causā itineris mōnstrātā, auxilium ab eō petīvit. 20

Atlās autem Herculem maximē iuvāre potuit; nam ipse erat pater Hesperidum, itaque sciēbat quō in locō esset hortus. Postquam igitur audīvit quam ob rem Herculēs vēnisset, "Ipse", inquit, "ad hortum ībō et fīliābus meīs persuādēbō ut māla suā sponte trādant." Hōc audītō, Herculēs magnopere gāvīsus est, et auxilium oblātum accipere cōn- 25
stituit. Atlās tamen imperāvit ut, dum ipse abesset, Herculēs caelum umerīs sustinēret. Hoc negōtium Herculēs libenter suscēpit. Quamquam rēs erat summī labōris, tōtum pondus caelī complūrēs diēs sōlus sustinuit.

3. **aurea māla:** *golden apples.* 5. **commissa erant:** *had been entrusted.* 6. **auferre:** *to carry away.* 7. **hortus:** *garden.* 8. **dracō:** *dragon.* 9. **Opus:** *work.* 18. **umerīs suīs:** *on his shoulders.* 19. **admīrātus est:** *a deponent,* admired. 22. **Hesperidum:** genitive plural; *the Hesperides were the guardians of the golden apples.* 23. **quam ob rem:** *why.* 24. **suā sponte:** *voluntarily, of their own accord.* 25. **gāvīsus est:** from **gaudeō,** *rejoiced.* **oblātum:** *that had been offered.* 28. **pondus:** accusative, *weight.*

10

Cum Clauses; Dum; Postquam; Ubi

Silver tetradrachm showing Mithridates

Dum spiro, spero.
While I breathe, I hope.
—MOTTO OF STATE OF SOUTH CAROLINA

— *Syntax* —

Ubi, Postquam, Simul atque. Clauses introduced by **ubi,** *when,* **postquam,** *after,* and **simul atque,** *as soon as,* take the indicative, usually the perfect.

Ubi pervēnit, vēnit ut mē vidēret. *When he arrived, he came to see me.*

Dum, *while,* regularly takes the present indicative, to denote continued action in past time.

Dum iter faciunt, . . . *While they were marching, . . .*

Dum, *until,* and **antequam** and **priusquam,** *before,* take the indicative to state a fact, and the subjunctive to imply expectancy. The latter is sometimes called the "subjunctive of anticipation."

Exspectābāmus dum pervēnit. *We waited until he arrived.*
Exspectābāmus dum pervenīret.
We waited for him to arrive (until he might arrive).

Cum, *when,* normally takes the indicative when the action is in the present or future time. It may take the indicative in past time, to define the time at which the action of the main verb took place. This is sometimes called "cum temporal." More often, **cum,** *when,* in past time takes the subjunctive to describe the circumstances that accompanied the main verb. This is called "cum circumstantial."

Cum vēnerit, eum vidēbō. *When he comes, I shall see him.*
Tum cum urbem condidit . . . *Then when he founded the city . . .*
Cum id nūntiātum esset, . . . *When this had been announced, . . .*

Cum, *since,* always takes the subjunctive.

Cum esset aeger, venīre nōn poterat.
Since he was sick, he could not come.

Cum, *although,* always takes the subjunctive.

> Cum esset aeger, tamen ad urbem ambulāvit.
> *Although he was sick, nevertheless he walked to the city.*

Sequence of Tenses. The rule for sequence of tenses, as given in Lesson 9, applies for all subordinate clauses described above. The tense of the main verb determines the tense of the subjunctive in the subordinate clause.

—— *Vocabulary* ——

accēdō	cupiditās	item	*praeficiō	reiciō
aeger	dēferō	iūdicium	*praesum	repellō
aetās	dēfessus	laetus	praetereā	*resistō
aurum	dēscendō	magistrātus	prior	sacer
commoveō	errō	mereor	prīvātus	simul atque
commūnis	fīō	mūnītiō	*prōvideō	suprā
comparō	immortālis	nihil	prūdēns	ultimus
*cōnfīdō	impedītus	ōrdō	quiēs	unde
congredior	inde	pīlum	quisquam	undique
contineō	īnstituō	plēbs	ratiō	vix
		postulō		

—— *Exercises* ——

A. Give a synopsis in the third person singular, subjunctive only, active and passive, of **contineō.**

B. Give a synopsis in the third person plural, subjunctive only, active and passive, of **perturbō.**

C. Translate:

1. Dum mīlitēs conveniunt, . . . 2. Postquam legiōnī praefectus est, . . . 3. Cum adulēscentēs dēfessī essent, tamen pugnāre volēbant. 4. Ubi mūnītiōnēs perfectae sunt . . . 5. Cum vāllum cōnscenderint, vidēbunt . . . 6. Simul atque omnēs congressī

*takes the dative

sunt, . . .   7. Exspectābō dum perveniat.   8. Cum perīculum maximum esset, omnēs cīvēs discessērunt.   9. Cum venīret ad urbem, vīdit . . .   10. Cum deī sint immortālēs, numquam morientur.

D. Translate into Latin the italicized words:

1. *Since you are very brave,* you will not hesitate . . .   2. *While we were climbing the hill,* we saw . . .   3. *Since the children were very sick,* they could not . . .   4. *After he came to the winter camp,* he met . . .   5. *Although the fortifications were very high,* we were able . . .   6. We were waiting *until they might come,* but they never came.   7. *Although I have no gold,* I can give . . .   8. *As soon as the sun rose,* we broke camp.   9. *Since he is in charge of the camp,* he must decide . . .   10. *When you finish* (use future perfect) *your work,* put the papers . . .

E. Translate:

1. Cum nesciās quid accidat, id tibi nārrābō.   2. Dum duae legiōnēs conveniunt, ab hostibus vīsae sunt.   3. Postquam bellum cōnfectum est, lēgātī ad nōs venērunt quī pācem peterent.   4. Cum peditēs ā sinistrō cornū essent dēfessī, tamen acerrimē pugnābant.   5. Simul atque ad lītus pervēnērunt, ē nāvibus ēgressī sunt.   6. Plūrima pīla dē mūnītiōne iaciēbāmus cum prīmum hostēs accessērunt.   7. Brūtus classī Rōmānae praefectus est, cum adulēscēns maximae virtūtis esset.   8. Ubi magistrātūs congressī sunt, condiciōnēs pācis accipere cōnstituērunt.   9. Senātuī nōn placēbat cum ille senātor surrēxisset ut loquerētur.   10. Adulēscentēs magistrātum orāvērunt ut sibi licēret cum peditibus hiemāre.

F. Translate:

1. After I had seen the wounded animal, I asked my son to carry it home.   2. While we were climbing the hill, we became tired.   3. The teacher was so sick that he was not able to walk.   4. Since they could not trust the tribune, they gave the gold to the magistrates.   5. Caesar put Antonius in charge of the infantry, although he had been wounded.   6. As soon as I reached the shore, I ran very quickly to the fortifications.   7. Since he does not know who is in charge of this ship, I will inform him.   8. Although the

danger of war was very great, nevertheless the common people were not afraid.   9. Since the children were very happy, I did not want to tell them about the dangers.   10. We all know that greed for gold has compelled some citizens to do bad things.

— *The Story of Hercules* —

The Twelfth and Last Labor of Hercules

Mercury

Postquam Atlās discessit, ad hortum Hesperidum, quī pauca mīlia passuum aberat, quam celerrimē sē contulit. Eō cum vēnisset, causam veniendī exposuit, fīliāsque suās vehementer hortātus est ut māla trāderent. Illae diū dubitābant; nōlēbant hoc facere, quod ab ipsā
5   Iūnōne, ita ut ante dictum est, hoc dōnum accēperant. Atlās tamen eīs persuāsit ut sibi pārērent, et māla ad Herculem rettulit. Herculēs intereā, cum complūrēs diēs exspectāvisset, neque ūllum nūntium dē reditū Atlantis accēpisset, hāc morā graviter commōtus est. Tandem quīntō diē vīdit Atlantem redeuntem, et brevī tempore magnō cum
10 gaudiō māla accēpit; tum, postquam grātiās prō tantō beneficiō ēgit, ad Graeciam revertit.

Postquam aurea māla ad Eurystheum relāta sunt, ūnus modo labor relinquēbātur ē duodecim quōs Pȳthia Herculī imperāverat. Eurystheus autem cum Herculem maximē timēret, eum in aliquem locum
15 mittere volēbat unde numquam redīre posset. Itaque negōtium eī dedit ut canem Cerberum ex Orcō in lūcem traheret. Hoc erat opus difficillimum; nēmō enim umquam ex Orcō redierat. Praetereā Cerberus mōnstrum erat horribilī speciē, cui erant tria capita serpentibus cīncta. Sed hōc tempore nōn aliēnum vidētur pauca dē regiōne Orcī prōpō-
20 nere.

---

3. **exposuit:** *he explained.* **māla:** *the apples.* 5. **ita ut:** *just as.* 6. **rettulit:** from **refero.** 10. **gaudiō:** *joy.* 12. **modo:** *only.* 16. **canem:** *dog.* **Orcō:** *Orcus, the underworld.* 18. **serpentibus cīncta:** *surrounded with serpents.* 19. **aliēnum:** *out of place.* **prōpōnere:** *to set forth.*

Dē regiōne mortuōrum, quam poētae Orcum appellant, haec trāduntur. Postquam quisque dē vītā dēcessit, mānēs eius ad Orcum ā deō Mercuriō dēdūcēbantur. Huius regiōnis, quae sub terrā fuisse dīcitur, rēx erat Plūtōn, cui uxor erat Prōserpina, Iovis et Cereris fīlia. Mānēs igitur ā Mercuriō dēductī prīmum ad rīpam Stygis veniēbant, quō flūmine rēgnum Plūtōnis continēbātur. Hoc trānsīre necesse erat priusquam in Orcum venīre possent⟋ Cum tamen in hōc flūmine nūllus pōns factus esset, mānēs portābantur ā Charonte, quī cum parvā nāve ad rīpam exspectābat. Charōn prō hōc officiō pecūniam postulābat, neque quemquam trānsportāre volēbat, nisi quī hanc prius dederat. Quam ob causam, mōs erat apud antīquōs nummum in ōre mortuī pōnere eō cōnsiliō, ut cum ad Styga vēnisset, pretium trāiectūs solvere posset. Eī autem quī post mortem in terrā nōn sepultī erant Styga trānsīre nōn poterant, sed in rīpā per centum annōs errāre cōgēbantur; tum dēmum Orcum intrāre licēbat. 25 30 35

Attic black-figured pyris showing man wrestling with a boar

21. **mortuōrum:** *of the dead.* 22. **trāduntur:** *are related.* **quisque:** *each person.* **mānēs:** *departed spirits.* 26. **continēbātur:** *was bounded.* 31. **mōs:** *custom.* **antīquōs:** *early peoples.* **nummum:** *a coin.* 33. **solvere:** *to pay.* **sepultī erant:** *had been buried.* 34. **errāre:** *to wander.* 35. **dēmum:** *finally.* **intrāre:** *to enter.*

11

Periphrastics

Mosaic medallion of an Amazon—Roman, first to second century A.D.

Quod erat demonstrandum
Which was to be proved.—EUCLID

— *Syntax* —

The Active Periphrastic. The active periphrastic, combining the future active participle with the verb **sum,** denotes a future or intended action. The participle agrees with the subject in gender, number, and case.

Nāvis nāvigātūra erat.   *The ship was about to sail.*

The Passive Periphrastic. The passive periphrastic combines the gerundive with **sum.** It denotes necessity, or that which must be done. The gerundive agrees with the subject in gender, number, and case. The construction is always passive in Latin; in English, it may be active or passive. The dative case is used to denote the doer of the action. This is called the Dative of Agent.

Ager agricolae arandus est.
The field must be ploughed by the farmer or *The farmer must plough the field.*

The normal translation of the future of the above example would be: *The farmer will have to plough the field.* For the past tenses, the normal translation is: *The farmer had to plough the field.*

— *Vocabulary* —

accidō	dēsum	īra	ōrātiō	statim
aggredior	dīligentia	iūdex	orbis	stella
amīcus	extrēmus	iūstus	probō	studium
arbor	glōria	lingua	propinquus	tergum
auris	ibi	magnitūdō	regiō	ūtor
compleō	impedīmentum	magnopere	rūs	valeō
cōnsuētūdō	imperium	memoria	satis	validus
cotīdiē	incitō	mēns	senex	vestis
cupidus	inīquus	nēmō	sententia	victōria
cūra	initium	numquam	silva	vīta
deinde	intermittō	obses	sinister	

—— Exercises ——

A. Form the future active participles of: **incitō, compleō, intermittō, cōnficiō, perveniō.**

B. Form the gerundives of: **probō, sustineō, īnferō, suscipiō, conveniō.**

C. *Translate:*

1. Exercitum ductūrus sum. 2. Nēmō perventūrus est. 3. Ōrātiōnem cōnfectūrus erat. 4. Mulierēs congressūrae erant. 5. Līberī sunt destitūrī. 6. Obsidēs redūcendī sunt. 7. Adulescentēs lēgātō exercendī erunt. 8. Arborēs nōn rescindendī sunt. 9. Brūtus classī praeficiendus est. 10. Senex nōbīs servandus est.

D. Translate:

1. The foot soldiers are about to march. 2. The judge was about to interrupt . . . 3. The children were intending to run. 4. We are about to explore the valley. 5. His mother was about to ask . . . 6. Our allies must be defended. 7. The army had to be led through a swamp. 8. Those windows must be opened at once. 9. The hill had to be defended by our army. 10. The general will have to lead the troops to war.

E. Translate:

1. Cōnsilia hostium explōrātōrī hodiē cognoscenda sunt. 2. Multa Caesarī ūnō tempore agenda erant. 3. Plūrimī peditēs castrōrum oppugnandōrum causā imperātōrī mittendī sunt. 4. Vōbīs dē obsidibus statim cōnstituendum est. 5. Explōrātōrēs ignium videndōrum causā dē colle cursūrī erant. 6. Scīmus flūmen lātissimum nostrīs equitibus trānseundum esse. 7. Nescīvit quid sibi faciendum esset. 8. Cīvibus nūntiāvit sē urbem dēfendere temptātūrum esse. 9. Classis nostra ad Asiam ad sociōs nostrōs dēfendendōs mittenda est. 10. Ācerrimē pugnandō, hostēs in Galliā superāre poterāmus.

F. The dog had to be carried home, since it was very sick. 2. The woman was about to send the children to the shore. 3. The general is about to lead the hostages into the city.   4. Much gold had to be given to the chief, in order that he would spare the children.   5. Caesar learned that a very wide river had to be crossed by the whole army.   6. Do you know what the scouts will have to do?   7. The number of ships must be increased if we want to defend our shores.   8. We must learn the names of these children who have been sent to us from Italy.   9. The friendly king is about to send gifts to our magistrates.   10. The enemy's troops had to be thrown back by our infantry.

—— *The Story of Hercules* ——

The Trip to the Underworld

Postquam mānēs Styga hōc modō trānsiērunt, ad alterum flūmen vēnērunt quod Lēthē appellābatur. Aqua ex hōc flūmine eīs bibenda erat; quod cum fēcissent, rēs omnēs in vītā gestās ex memoriā dēpōnēbant. Dēnique ad sēdem ipsīus Plūtōnis vēnērunt, cuius introitus ā cane Cerberō custōdiēbātur. Ibi Plūtōn cum uxōre Prōserpinā in soliō   5
sedēbat. Tria alia solia nōn procul ab eō locō stābant, in quibus sedēbant Mīnōs, Rhadamanthus, et Aeacus, iūdicēs apud īnferōs. Hī iūs dīcēbant, et praemia poenāsque cōnstituēbant. Bonī enim in campōs Ēlysiōs, sēdem beatōrum ventūrī erant; improbī autem mittendī erant in Tartarum, ac multīs et variīs suppliciīs ibi puniendī erant.   10

Herculēs postquam imperia Eurystheī accēpit, in Lacōniam ad Taenarum statim sē contulit; ibi enim spēlunca erat ingentī magnitūdine per quam hominibus ad Orcum dēscendendum erat. Eō cum vēnisset, ex incolīs quaesīvit quō in locō spēlunca illa esset; quod cum cognōvisset, sine morā dēscendendum esse sibi cōnstituit. Nec tamen   15
sōlus iter fēcit; Mercurius enim et Minerva sē eī sociōs adiūnxerant. Ubi ad rīpam Stygis vēnit, Herculēs ad rīpam ulteriōrem trānseundī causā nāvem cōnscendit. Cum tamen esset ingentī magnitūdine corporis, Charōn nāvigāre nōluit; magnopere enim verēbātur nē nāvis in mediō flūmine mergerētur. Tandem, minīs Herculis territus, Charon   20
nāvigāvit, et eum incolumem ad ulteriōrem ripam trānsportāvit.

---

1. **mānēs:** *departed spirits.* **Styga:** *accusative, the Styx.* 2. **eīs:** *dative of agent, by them.* 4. **sēdem:** *abode, home.* **introitus:** *entrance.* 7. **īnferōs:** *the dead.* 9. **beatōrum:** *the blessed.* **improbī:** *the wicked.* 10. **suppliciīs:** *punishments.* 12. **spēlunca:** *cave.* **ingentī:** *huge.* 20. **mergerētur:** *be sunk.* **minīs:** *by threats.* 21. **incolumem:** *safe.*

70

Postquam Styga hōc modō trānsiit, Herculēs ad sēdem Plūtōnis ipsīus vēnit; tum causam veniendī docuit, atque ab eō petīvit ut Cerberum sibi auferre licēret. Plūtōn, quī dē Hercule audīverat, eum be-
25 nignē excēpit, et facultātem quam ille petēbat libenter dedit. Postulāvit tamen ut Herculēs ipse, cum iussa Eurystheī fēcisset, Cerberum in Orcum rūrsus redūceret. Herculēs hoc pollicitus est, et Cerberum, quem nōn sine magnō perīculō manibus prehenderat, summō cum labōre ex Orcō in lūcem ad urbem Eurystheī trāxit. Eō cum vēnisset, tan-
30 tus timor animum Eurystheī occupāvit ut ex aedificiō statim refugeret. Cum autem paulum sē ex timōre recēpisset, multīs cum lacrimīs ab Hercule ōrāvit ut mōnstrum sine morā in Orcum redūceret. Sīc contrā opīniōnem omnium duodecim labōrēs quōs Pȳthia iusserat intrā duodecim annōs cōnfectī sunt. Quae cum ita essent, Herculēs tandem
35 servitūte līberātus magnō cum gaudiō Thēbās rediit.

*The Greeks
and Amazons
doing battle*

24. **auferre:** *to carry away.* **benignē:** *courteously.* 25. **libenter:** *willingly.* 31. **sē**
. . . recēpisset: *he had recovered.* **lacrimīs:** *tears.* 33. **intrā:** *within.*

12

Conditions; Subordinate Clauses in Indirect Discourse

Head of Hercules

Si quaeris peninsulam amoenam, circumspice.
If you seek a beautiful peninsula, look around.
—MOTTO OF STATE OF MICHIGAN

— Syntax —

Conditions. There are three kinds of conditional sentences in Latin—conditions of fact, should-would conditions, and contrary to fact conditions.

Conditions of Fact. The verb in the clause containing the condition, and the verb in the clause containing the conclusion, are both in the indicative in conditions of fact. The tense of the verb in English is the same as the tense in Latin.

> Sī vēnit, eum vidēbō.   *If he has come, I shall see him.*
> Sī in silvam ambulābis, multās avēs vidēbis.
> *If you (will) walk into the forest, you will see many birds.*

Should-would Conditions, sometimes called less vivid future conditions, use the present subjunctive in both clauses.

> Sī veniat, eum videam.   *If he should come, I would see him.*

Contrary to Fact Conditions. The imperfect subjunctive is used for contrary to fact conditions in present time, and the pluperfect subjunctive for past time.

> Sī Caesar hodiē vīveret, mīrārētur . . .
> *If Caesar were living today, he would wonder at . . .*
> Sī dē lūdō scīvissem, īvissem.
> *If I had known about the game, I would have gone.*

Subordinate Clauses in Indirect Discourse. The verb in a subordinate clause in indirect discourse is in the subjunctive; the tense follows the rule for Sequence of Tenses.

> Dīcit virōs quī pugnent fortissimōs esse.
> *He says that the men who are fighting are very brave.*
> Dīxit virōs quī pugnārent fortissimōs esse.
> *He said that the men who were fighting were very brave.*

— Vocabulary —

bis	discō	incipiō	paulum	recēns
captīvus	dūrus	ineō	pellō	reficiō
carrus	ēgregius	inquit	permittō	remittō
centuriō	emō	lacrima	permoveō	removeō
circiter	ēnūntiō	legō	poēta	renūntiō
circumveniō	ergō	lūdō	praeda	repente
cohors	expōnō	maritimus	procul	revertor
cōnsīdō	forum	modus	prōdūcō	simul
*cōnsulō	herī	mōs	prope	spatium
crās	hodiē	necessārius	pūblicus	sūmō
dēdūco		ōlim	quidem	vērus

— Exercises —

A. Translate:

1. Sī mihi imperet, eī pāream. 2. Sī hunc librum legēs, discēs . . . 3. Sī nōn interfectus esset, vīdisset . . . 4. Sī nōbīs pāruisses, nōn vūlnerātus essēs. 5. Si hunc lapidem iēcissēs, vidēre potuissēs . . . 6. Si nunc Rōmae habitārēs, vidērēs . . . 7. Si hoc herī fēcissēs, hodiē lūdere possēs. 8. Ea cohors nōn circumventa esset, sī centūriō lēgātō pāruisset. 9. Praedam multam capiēmus, sī illam urbem occupābimus. 10. "Eme hunc librum", inquit, "sī dē mōribus Germānōrum cognōscere vīs."

B. Translate:

1. If you wander in the woods, you will see . . . 2. If they return to camp, they will begin . . . 3. If we had played in the game yesterday, we would not have been defeated. 4. If the poet should come here today, I would ask him . . . 5. If the stones are very heavy, we will not be able to move them. 6. If they will come to the forum tomorrow, they will be able to hear . . . 7. If you obey your father, you will please him. 8. I would have bought a gift, if I had known. 9. If the judge had listened to me, he would have approved. 10. If you were in Africa today, you would see many animals.

*takes the dative

C. Translate:

1. Sī ille senex vīxisset diūtius, multās rēs ēgregiās vīdisset. 2. Spērāmus puerum quī vulnerātus sit brevī tempore domum reversūrum esse. 3. Renūntiāvit sē vulnerātum esse lapidibus quōs puerī coniēcissent. 4. Putāsne līberōs quī in lūdō lūdant nōs vīdisse? 5. "Hī librī vōbīs hodiē legendī sunt," inquit, "sī mēcum ad lūdōs īre vultis." 6. "Aut disce aut discēde," inquit magister puerō in nostrō lūdō. 7. Putō captīvōs quī carrō portentur ad castra crās perventūrōs esse. 8. Mōs erat poētae suōs librōs populō legere.

D. Translate:

1. If I had not been very sick, I would have gone to see you. 2. If you see any captives on the shore, come and report to me at once. 3. If he should ask me what they are doing, I would tell him. 4. He thinks that the cart which I bought is very good. 5. They said that the centurion who was in charge of the foot soldiers had been sent back. 6. He believes that the forum, which is filled with people, ought to be surrounded with soldiers. 7. I want to know where you were yesterday, and when you are coming home. 8. Far off in a small valley many animals were seen by the children.

—— *The Story of Hercules* ——

Hercules Dies and Is Deified

Posteā Herculēs multa alia praeclāra perfēcit, quae perscrībere longum est. Tandem Dēianīram in mātrimōnium dūxit. Tribus post annīs accidit ut puerum quendam occīderet, cui nōmen erat Eunomus. Mōs erat ut, sī quis cāsū hominem occīdisset, in exsilium īret; itaque Herculēs cum uxōre suā ē fīnibus cīvitātis exīre contendit. Dum iter faciunt, ad flūmen quoddam pervēnērunt in quō nūllus pōns erat.

5

1. **praeclāra:** *brilliant things.* **perscrībere:** *to report.* 4. **sī quis:** *if anyone.* **cāsū:** *by accident.*

Dum quaerunt quō modō flūmen trānsīre possent, accurrit centaurus
Nessus, quī viātōribus auxilium obtulit. Herculēs uxōrem suam in tergum eius imposuit; tum ipse flūmen trānāvit. At Nessus paulum in
aquam prōgressus ad rīpam subitō revertit, ac Dēianīram auferre cō- 10
nātus est. Quod cum animadvertisset Herculēs, graviter commōtus
arcum intendit et pectus Nessī sagittā trānsfīxit.

Itaque Nessus sagittā Herculis trānsfīxus moriēns humī iacēbat; sed
nē occāsiōnem suī ulcīscendī āmitteret, ita locūtus est: "Tū, Dēianīra,
verba morientis audī. Sī amōrem tuī marītī cōnservāre vīs, nunc san- 15
guinem qui ē pectore meō effunditur sūme ac repōne; tum si Herculēs
umquam in suspīciōnem tibi vēnerit, vestem eius hōc sanguine tinguēs." Haec locūtus, Nessus mortuus est; Dēianīra autem nihil malī
suspicāns eius iussa fēcit.

Paulō post Herculēs bellum contrā Eurytum rēgem suscēpit. Cum 20
rēgem ipsum cum fīliīs interfēcisset, Iolēn eius fīliam sēcum redūxit.
Sed priusquam domum pervēnit, nāvem ad Cēnaeum appulit, et in
terram ēgressus, āram cōnstituit ut Iovī sacrificium faceret. Dum sacrificium parat, Licham socium suum domum mīsit quī vestem albam
referret; mōs erat apud antīquōs, cum sacrificia facerent, albam vestem 25
gerere. At Dēianīra, verita nē Herculēs amōrem ergā Iolēn habēret,
vestem priusquam Lichae dedit, sanguine Nessī tīnxit.

Herculēs nihil malī suspicāns vestem quam Lichās attulerat statim
induit. Paulō post magnum dolōrem sēnsit, et quae causa esset eius reī
magnopere mīrābātur. Dolōre paene exanimātus vestem dētrahere 30
cōnātus est; illa tamen in corpore haesit, neque ullō modō dētrahī
potuit. Tum dēmum Herculēs in montem sē contulit, atque in rogum,
quem summā celeritāte exstrūxit, sē imposuit. Hoc cum fēcisset, ab eīs

7. **centaurus:** *a centaur,* a mythological creature, half man and half horse.
8. **viātōribus:** *to the travellers.* **obtulit:** from **offerō,** *offered.* 9. **trānāvit:** *swam
across.* 12. **pectus:** accusative, *heart.* **trānsfīxit:** *pierced.* 13. **humī:** *on the ground.*
14. **suī ulcīscendī:** *for avenging himself.* 15. **morientis:** *of a dying man.* **audī:**
imperative. **marītī:** *husband.* **vīs:** from **volō,** *you wish.* **sanguinem:** *blood.*
16. **sūme:** *take.* **repōne:** *put it away.* 17. **tinguēs:** *you will soak.* 19. **suspicāns:**
suspecting. 22. **appulit:** *landed.* 23. **ēgressus:** *having disembarked.* **āram:** *altar.*
24. **quī:** *in order to,* a purpose clause. 25. **referret:** *bring back.* 26. **gerere:** *to wear.*
ergā: *toward, for.* 28. **nihil malī:** *nothing bad;* **malī** is a partitive genitive.
29. **induit:** *put on.* **dolōrem:** *pain.* 30. **exanimātus:** *exhausted.* **dētrahere:** *to take
off.* 31. **illa:** *it,* the robe. **haesit:** *clung.* 32. **rogum:** *a pyre.* 33. **exstrūxit:** *he built.*

quī circumstābant petīvit ut rogum quam celerrimē incenderent.
35 Omnēs diū recūsābant; tandem pastor quīdam ad misericordiam inductus ignem incendit. Tum, dum omnia fūmō occultantur, Herculēs
densā nūbe tēctus ā Iove in Olympum sublātus est.

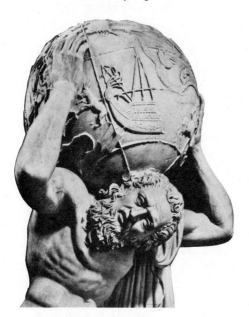

Atlas

— *Exercise for Review* —

Complete the following sentences:

1. Hercules' father was named _____; his mother _____.
2. Juno was the wife of _____.
3. Eurystheus was the king of _____.
4. Hercules was ordered by _____ to serve Eurystheus.
5. This was his punishment for having _____.
6. Eurystheus ordered Hercules to perform _____ labors.
7. On his trip to the Underworld, Hercules dragged out _____.
8. Nessus was a _____.
9. Dejanira was ordered by Nessus to _____ the cloak of Hercules
_____.
10. After Hercules died, he became a _____.

34. **incenderent:** *to set fire.* 35. **recūsābant:** *refused.* **pastor:** *shepherd.* **misericordiam:** *pity.* 37. **nūbe tēctus:** *covered by a cloud.*

THE ARGONAUTS

The story of the Argonauts tells of Jason's journey from Thessaly in Greece, to Colchis, a province of Asia, east of the Black Sea. He was sent there by King Pelias to try to obtain the Golden Fleece, a seemingly impossible task. He was helped by Medea, the daughter of the king in Colchis, and he took her back with him to Thessaly. This version of the story was adapted from Ritchie's *Fabulae Faciles*, by John C. Kirtland.

The Wicked Uncle

1.   Erant ōlim in Thessaliā duo frātrēs, quōrum alter Aesōn, alter Peliās appellātus est. Aesōn prīmum rēgnum obtinuerat; at post paucōs annōs Peliās, rēgnī cupiditāte adductus, nōn modo frātrem suum expulit, sed etiam in animō habēbat Iāsonem, Aesonis fīlium, interficere. Quīdam tamen ex amīcīs Aesonis, ubi sententiam Peliae intellēxērunt, puerum ē tantō perīculō ēripere cōnstituērunt. Noctū igitur Iāsonem ex urbe abstulērunt et, cum posterō diē ad rēgem redissent, eī renūntiāvērunt puerum mortuum esse. Peliās cum haec audīvisset, etsī rē vērā magnum gaudium percipiēbat, speciem tamen dolōris praebuit, et quae causa esset mortis quaesīvit. Illī tamen, cum bene intellegerent dolōrem eius falsum esse, nēsciō quam fābulam dē morte puerī fīnxērunt.

Post breve tempus Peliās, veritus nē rēgnum suum tantā vī et dolō occupātum āmitteret, amīcum quendam Delphōs mīsit, quī ōrāculum cōnsuleret. Ille igitur quam celerrimē Delphōs sē contulit, et, quam ob causam vēnisset, dēmōnstrāvit. Respondit ōrāculum nūllum esse in praesentia perīculum; monuit tamen Peliam ut, sī quis venīret calceum ūnum gerēns, eum cavēret. Post paucōs annōs accidit ut Peliās magnum sacrificium factūrus esset; nūntiōs in omnēs partēs dīmīserat, et

---

1. **4. in animō habēbat:** *planned.* **11. nēsciō quam fābulam:** *some story or other.* **13. veritus nē:** *fearing that* (from vereor). **14. Delphōs:** *to Delphi;* a city in Greece, famed for its Temple of Apollo and oracle. **quī . . . cōnsuleret:** a relative clause of purpose—*to consult.* **16. in praesentia (tempora):** *for the present.* **18. gerēns:** *wearing.* **19. factūrus esset:** *was about to make.*

20   certam diem conveniendī dīxerat. Diē cōnstitūtā, magnus numerus hominum undique ex agrīs convēnit; inter aliōs autem vēnit etiam Iāsōn, quī ā puerō apud centaurum quendam vīxerat. Dum tamen iter facit, calceum alterum in trānseundō nēsciō quō flūmine āmīsit.

The Golden Fleece

2.   Iāsōn, igitur, cum calceum āmissum nūllō modō recipere posset, ūnō pede nūdō in rēgiam pervēnit. Quem cum Peliās vīdisset, subitō timōre affectus est; intellēxit enim hunc esse hominem, quem ōrāculum dēmōnstrāvisset. Hoc igitur iniit cōnsilium. Rēx erat quīdam
5 nōmine Aeētēs, quī rēgnum Colchidis illō tempore obtinēbat. Huic commissum erat vellus illud aureum, quod Phrixus ōlim ibi relīquerat. Cōnstituit igitur Peliās Iāsonī negōtium dare, ut hōc vellere potīrētur; cum enim rēs esset magnī perīculī, spērābat eum in itinere peritūrum esse. Iāsonem igitur ad sē arcessīvit, et quid fierī vellet dēmōnstrāvit.
10 Iāsōn autem, etsī bene intellegēbat rem esse difficillimam, negōtium libenter suscēpit.

     Cum tamen Colchis multōrum diērum iter ab eō locō abesset, nōluit Iāsōn sōlus proficīscī; dīmīsit igitur nūntiōs in omnēs partēs, quī causam itineris docērent et diem certam conveniendī dīcerent. Intereā,
15 postquam omnia, quae sunt ūsuī ad armandās nāvēs, comportārī iussit, negōtium dedit Argō cuidam, quī summam scientiam rērum nauticārum habēbat, ut nāvem aedificāret. In hīs rēbus circiter decem diēs cōnsūmptī sunt; Argus enim, quī operī praeerat, tantam dīligentiam praebēbat, ut nē nocturnum quidem tempus ad labōrem intermit-
20 teret. Ad multitūdinem hominum trānsportandam nāvis paulō erat lātior quam quibus in nostrō marī ūtī cōnsuēvimus, et ad vim tempestātum perferendam tōta ē rōbore facta est.

20. **conveniendī:** *for coming together;* a gerund. 22. **vīxerat:** from vīvō. **Dum:** *while;* usually it takes the present tense in Latin, but it should be translated, *While he was making the journey.* 23. **trānseundō:** *crossing;* a gerundive, modifying flūmine.

2. 2. **Quem cum** = Et cum eum. 5. **Colchidis:** *Colchis* was a province of Asia, east of the Black Sea. 6. **vellus . . . aureum:** *the golden fleece.* This had been sacrificed to Zeus after Phrixus had reached Colchis safely, and Aeetes had hung it up in the grove of Ares. 12. **iter:** accusative of extent of space. 13. **quī docērent:** a relative clause of purpose—*to show.* 14. **conveniendī:** a gerund—*for coming together.* 16. **Argō cuidam:** *to a certain man called Argus.* 21. **quibus:** sc. eae, *those which.* **nostrō marī:** the Mediterranean.

Building the Argo: Argus (r.) at work with Minerva (1.) assisting in the preparation of mast and sail

The Anchor Is Weighed

3. Intereā ea diēs appetēbat, quam Iāsōn per nūntiōs ēdīxerat, et ex omnibus regiōnibus Graeciae multī, quōs aut reī novitās aut spēs glōriae movēbat, undique conveniēbant. Trādunt autem in hōc numerō fuisse Herculem, Orpheum, citharoedum clārissimum, Thēseum, Castorem et multōs aliōs, quōrum nōmina omnēs sciunt. Ex   5
hīs Iāsōn, quōs arbitrātus est ad omnia subeunda perīcula parātissimōs esse, eōs ad numerum quīnquāgintā dēlēgit, et sociōs sibi adiūnxit; tum, paucōs diēs commorātus, ut ad omnēs cāsūs subsidia comparāret, nāvem dēdūxit et, tempestātem ad nāvigandum idōneam nactus, magnō cum favōre omnium solvit.   10

3. 1. **appetēbat:** *was drawing near.* Note the tense of the verb; also conveniēbant. 3. **Trādunt:** *They say.* 4. **Orpheum:** *Orpheus,* a mythical poet and musician, who is said to have tamed wild beasts with his music. 5. **Thēseum:** *Theseus,* the national hero of Athens, who performed labors rivalling those of Hercules. **Castorem:** *Castor,* twin brother of Pollux, famous for his skill in handling horses. 6. **quōs:** the antecedent is **eōs** in line 7. 9. **nāvem dēdūxit:** *he launched the ship.* The ship was called the Argo, from the name of its builder. **tempestātem:** *weather.* 10. **nactus:** *finding;* from nancīscor.

Haud multō post Argonautae (ita enim appellātī sunt quī in istā nāve vehēbantur) īnsulam quandam nōmine Cȳzicum attigērunt, et ē nāve ēgressī, ā rēge illīus regiōnis hospitiō exceptī sunt. Paucās hōrās ibi commorātī, ad sōlis occāsum rūrsus solvērunt; at, postquam pauca
15 mīlia passuum prōgressī sunt, tanta tempestās subitō coorta est, ut cursum tenēre nōn possent, et in eandem partem īnsulae, unde nūper profectī erant, magnō cum perīculō dēicerentur. Incolae tamen, cum nox esset obscūra, Argonautās nōn agnōscēbant, et nāvem inimīcam vēnisse arbitrātī, arma rapuērunt, et eōs ēgredī prohibēbant. Ācriter in
20 lītore pugnātum est, et rēx ipse, quī cum aliīs dēcucurrerat, ab Argonautīs occīsus est. Mox tamen, cum iam lūx orīrētur, sēnsērunt incolae sē errāre et arma abiēcērunt; Argonautae autem, cum vidērent rēgem occīsum esse, magnum dolōrem percēpērunt.

The Loss of Hylas

4. Postrīdiē eius diēī Iāsōn, tempestātem satis idōneam esse arbitrātus (summa enim tranquillitās iam cōnsecūta erat), ancorās sustulit, et pauca mīlia passuum prōgressus, ante noctem Mȳsiam attigit. Ibi paucās hōrās in ancorīs exspectāvit; ā nautīs enim cognōverat aquae
5 cōpiam, quam sēcum habērent, iam dēficere; quam ob causam quīdam ex Argonautīs, in terram ēgressī, aquam quaerēbant. Hōrum in numerō erat Hylās quīdam, puer fōrmā praestantissimā; quī dum aquam quaerit, ā comitibus paulum sēcesserat. Nymphae autem, quae rīvum colēbant, cum iuvenem vīdissent, eī persuādēre cōnātae sunt ut sēcum
10 manēret; et cum ille negāret sē hoc factūrum esse, puerum vī abstulērunt.

Comitēs eius postquam Hylam āmissum esse sēnsērunt, magnō dolōre affectī, diū frūstrā quaerēbant. Herculēs autem et Polyphēmus,

---

11. **Argonautae:** *the Argonauts*—from Argo and nautae. 12. **Cȳzicum:** *Cyzicus,* an island situated off the south shore of the Sea of Marmora. 19. **ēgredī:** *from disembarking;* prohibeō takes the infinitive with subject accusative. **prohibēbant:** *tried to prevent.*

4. 1. **Postrīdiē eius diēī:** *The following day.* 2. **sustulit:** from tollō. 3. **Mȳsiam:** *Mysia,* a country in northwestern Asia Minor. 6. **ēgressī:** *having disembarked.* 7. **Hylās:** *Hylas,* a beautiful youth, son of a king in Thessaly. 7. **dum quaerit:** *while he was searching;* the Latin uses the present tense with dum, for the English imperfect. 9. **colēbant:** *dwelt in;* they were water nymphs. **eī:** *him;* dative after persuādēre. 10. **negāret:** *said that he would not.* 13. **Polyphēmus:** one of the Argonauts.

Jason and the Golden Fleece: In one version of the story the dragon engorges Jason and by Medea's aid, disgorges him. Picture is on an Athenian kylix.

quī vēstīgia puerī longius secūtī erant, ubi tandem ad lītus rediērunt, Iāsonem solvisse cognōvērunt.   15

Post haec Argonautae ad Thrāciam cursum tenuērunt, et postquam ad oppidum Salmydessum nāvem appulērunt, in terram ēgressī sunt. Ibi cum ab incolīs quaesīssent, quis rēgnum eius regiōnis obtinēret, certiōrēs factī sunt Phīneum quendam tum rēgem esse. Cognōvērunt etiam hunc caecum esse et dīrō quōdam suppliciō afficī, quod ōlim sē   20 crūdēlissimum in fīliōs suōs praebuisset. Cuius suppliciī hoc erat genus. Missa erant ā Iove mōnstra quaedam speciē horribilī, quae capita virginum, corpora volucrum habēbant. Hae volucrēs quae Harpȳiae appellābantur, Phīneō summam molestiam afferēbant; quotiēs enim ille accubuerat, veniēbant et cibum appositum statim auferēbant.   25 Quae cum ita essent, haud multum āfuit quīn Phīneus famē morerētur.

14. **longius:** *too far.* 16. **Thrāciam:** *Thrace,* a country in northern Greece. 18. **quaesīssent** = quaesīvissent. 19. **certiōrēs factī sunt:** *they were informed.* **Phīneum:** *Phineus,* who put out his sons' eyes because of a false charge brought against them by their stepmother. 20. **caecum:** *blind.* 21. **Cuius** = Et eius. 24. **quotiēs:** *as often as.* 26. **haud . . . morerētur:** *Phineus came very near dying of hunger.*

The Argonauts Save Phineas

5.   Rēs igitur in hōc locō erant, cum Argonautae nāvem appulērunt. Phīneus autem, simul atque audīvit eōs in suōs fīnēs ēgressōs esse, magnopere gāvīsus est. Sciēbat enim quantam opīniōnem virtūtis Argonautae habērent, nec dubitābat quīn sibi auxilium ferrent. Nūntium

5   igitur ad nāvem mīsit, quī Iāsonem sociōsque ad rēgiam vocāret. Eō cum vēnissent, Phīneus dēmōnstrāvit quantō in perīculō suae rēs essent, et prōmīsit sē magna praemia datūrum esse, sī illī eī reī auxilium repperissent. Argonautae negōtium libenter suscēpērunt, et ubi hōra vēnit, cum rēge accubuērunt; at simul ac cēna apposita est, Harpȳiae

10   domum intrāvērunt, et cibum auferre cōnābantur. Argonautae prīmum gladiīs volucrēs petiērunt; cum tamen vidērent hoc nihil prōdesse, Zētēs et Calais, quī ālīs īnstrūctī sunt, in āera sē sublevāvērunt, ut dēsuper impetum facerent. Quod cum sēnsissent Harpȳiae, reī novitāte perterritae statim aufūgērunt, neque posteā umquam rediē-

15   runt.
   Hōc factō, Phīneus, ut prō tantō beneficiō meritam grātiam referret, Iāsonī dēmōnstrāvit, quā ratiōne Symplēgadēs vītāre posset. Symplēgadēs autem duae erant rūpēs ingentī magnitūdine, quae ā Iove in marī positae erant eō cōnsiliō, nē quis ad Colchida pervenīret. Hae

20   parvō intervāllō natābant et, sī quid in medium spatium vēnerat, incrēdibilī celeritāte concurrēbant. Postquam igitur ā Phīneō doctus est quid faciendum esset, Iāsōn, sublātīs ancorīs, nāvem solvit, et lēnī ventō prōvectus, mox ad Symplēgadēs appropinquāvit. Tum in prōrā stāns, columbam, quam in manū tenēbat, ēmīsit. Illa rēctā viā per

25   medium spatium volāvit et, priusquam rūpēs cōnflīxērunt, incolumis ēvāsit, caudā tantum āmissā. Tum rūpēs utrimque discessērunt; an-

5. 1. **locō:** *state, condition.* **appulērunt:** *landed.* 3. **gāvīsus est:** *rejoiced;* from gaudeō. 4. **quīn:** verbs of doubting, when negative or interrogative, are followed by quīn and the subjunctive. Translate—*he did not doubt that . . .* 5. **quī vocāret:** *to call;* a relative clause of purpose. 9. **simul ac** = simul atque. 11. **petiērunt:** *attacked.* 12. **Zētēs et Calais:** winged youths, sons of Boreas, the north wind, **īnstrūctī sunt:** *were provided.* **in āera:** *into the air:* āera is accusative singular. 16. **ut grātiam referret:** *to show gratitude.* 17. **Symplēgadēs:** two fabulous rocky islands in the Black Sea. 19. **nē quis:** *lest anyone.* After sī, nisi, nē, and num, quis is used for quisquam. **Hae:** sc. īnsulae. 20. **natābant:** *were floating.* 22. **quid faciendum esset:** *what had to be done;* the passive periphrastic is used here in an indirect question. 24. **rēctā viā:** *straight.* **per medium spatium:** i.e., between the two islands. 26. **caudā . . . āmissā:** *losing only its tail feathers.*

tequam tamen rūrsus concurrerent, Argonautae, bene intellegentēs omnem spem salūtis in celeritāte positam esse, summā vī rēmīs contendērunt, et nāvem incolumem perdūxērunt. Hōc factō, dīs grātiās libenter ēgērunt, quōrum auxiliō ē tantō perīculō ēreptī essent; bene enim sciēbant nōn sine auxiliō deōrum rem ita fēlīciter ēvēnisse.

30

A Difficult Task

6.   Brevī intermissō spatiō, Argonautae ad flūmen Phāsim vēnērunt, quod in fīnibus Colchōrum erat. Ibi cum nāvem appulissent et in terram ēgressī essent, statim ad rēgem Aeētem sē contulērunt, et ab eō postulāvērunt ut vellus aureum sibi trāderētur. Ille cum audīvisset quam ob causam Argonautae vēnissent, īrā commōtus est et diū negābat sē vellus trāditūrum esse. Tandem tamen, quod sciēbat Iāsonem nōn sine auxiliō deōrum hoc negōtium suscēpisse, mūtātā sententiā, prōmīsit sē vellus trāditūrum, sī Iāsōn labōrēs duōs difficillimōs prius perfēcisset; et cum Iāsōn dīxisset sē ad omnia perīcula subeunda parātum esse, quid fierī vellet ostendit. Prīmum iungendī erant duo taurī speciē horribilī, quī flammās ex ōre ēdēbant; tum, hīs iūnctīs, ager quīdam arandus erat, et dentēs dracōnis serendī. Hīs rēbus audītīs, Iāsōn, etsī rem esse summī perīculī intellegēbat, tamen, nē hanc occāsiōnem reī bene gerendae āmitteret, negōtium suscēpit.

5

10

At Mēdēa, rēgis fīlia, Iāsonem adamāvit, et ubi audīvit eum tantum perīculum subitūrum esse, rem aegrē ferēbat. Intellegēbat enim patrem suum hunc labōrem prōposuisse eō ipsō cōnsiliō, ut Iāsōn morerētur. Quae cum ita essent, Mēdēa (quae summam scientiam medicīnae habēbat) hoc cōnsilium iniit. Mediā nocte, īnsciente patre, ex urbe ēvāsit, et postquam in montēs fīnitimōs vēnit, herbās quāsdam lēgit; tum, sūcō expressō, unguentum parāvit, quod vī suā corpus aleret nervōsque cōnfīrmāret. Hōc factō, Iāsonī unguentum dedit;

15

20

27. **antequam rūrsus concurrerent:** *before they could come together again;* a clause of anticipation. 28. **positam esse:** *depended on.* 29. **grātiās ēgērunt:** *they gave thanks.*

6.   1. **intermissō:** *having passed* (lit., *having been allowed to intervene*). **Phāsim:** *the Phasis River,* flowing into the Black Sea. 10. **iungendī erant:** *had to be yoked;* the passive periphrastic. 12. **serendī: sc. erant**—*had to be sowed.* 15. **Mēdēa:** a celebrated sorceress. **adamāvit:** *fell in love with.* 16. **rem . . . ferēbat:** *she was greatly troubled.* 19. **īnsciente patre:** *without her father knowing;* an ablative absolute. 21. **lēgit:** *she gathered.* **sūcō:** *juice,* of the herbs. **quod . . . aleret:** *which would nourish his body with its power.*

praecēpit autem, ut eō diē, quō istī labōrēs cōnficiendī essent, corpus
suum et arma māne oblineret. Iāsōn, etsī paene omnēs magnitūdine et
25 vīribus corporis antecēdebat (vīta enim omnis in vēnātiōnibus atque in
studiīs reī mīlitāris cōnstiterat), tamen hoc cōnsilium nōn neglegen-
dum esse cēnsēbat.

The Sowing of the Dragon's Teeth

7. Ubi ea diēs vēnit, quam rēx ad arandum agrum ēdīxerat, Iāsōn, ortā
lūce, cum sociīs ad locum cōnstitūtum sē contulit. Ibi stabulum ingēns
repperit, in quō taurī inclūsī erant; tum, portīs apertīs, taurōs in lūcem
trāxit, et summā cum difficultāte iugum imposuit. At Aeētēs, cum vi-
5 dēret taurōs nihil contrā Iāsonem valēre, magnopere mīrātus est; nēs-
ciēbat enim filiam suam auxilium eī dedisse. Tum Iāsōn, omnibus
aspicientibus, agrum arāre coepit; quā in rē tantam dīligentiam
praebuit, ut ante merīdiem tōtum opus cōnficeret. Hōc factō, ad
locum, ubi rēx sedēbat, adiit, et dentēs dracōnis postulāvit; quōs ubi
10 accēpit, in agrum quem arāverat, magnā cum dīligentiā sparsit. Hōrum
autem dentium nātūra erat tālis, ut in eō locō, ubi sparsī essent, virī
armātī mīrō quōdam modō gignerentur.

Nōndum tamen Iāsōn tōtum opus cōnfēcerat; imperāverat enim eī
Aeētēs, ut armātōs virōs, quī ē dentibus gignerentur, sōlus interficeret.
15 Postquam igitur omnēs dentēs in agrum sparsit, Iāsōn, lassitūdine
exanimātus, quiētī sē trādidit, dum virī istī gignerentur. Paucās hōrās
dormiēbat; sub vesperum tamen ē somnō subitō excitātus, rem ita
ēvēnisse ut praedictum erat, cognōvit; nam in omnibus agrī partibus
virī ingentī magnitūdine corporis, gladiīs galeīsque armātī, mīrō modō
20 ē terrā oriēbantur. Hōc cognitō, Iāsōn cōnsilium, quod Mēdēa dedisset, nōn omittendum esse putābat; saxum igitur ingēns (ita enim
Mēdēa praecēperat) in mediōs virōs coniēcit. Illī undique ad locum
concurrērunt, et, cum quisque sibi id saxum (nēsciō cūr) habēre vellet,
magna contrōversia orta est. Mox, strictīs gladiīs, inter sē pugnāre
25 coepērunt, et cum hōc modō plūrimī occīsī essent, reliquī, vulneribus
cōnfectī, ā Iāsone nūllō negōtiō interfectī sunt.

23. praecēpit: *she ordered him.* **25. vīribus:** *in strength;* abl. of specification.
26. cōnstiterat: *had been spent.*

7. 1. ortā lūce: *at sunrise.* **9. quōs ubi** = et ubi eōs. **10. sparsit:** sc. eōs.
16. quiētī sē trādidit: *went to sleep.* **dum:** *until;* a clause of anticipation, with
the subjunctive. **18. ut:** *as,* with the indicative. **19. magnitūdine;** ablative of
description. **22. ad locum:** i.e., *the place where the stone fell.* **26. negōtiō:**
difficulty.

Medea shows Pelias how to rejuvenate a ram. From a late 6th century Attic vase in the British Museum.

The Flight of Medea

8.   At rēx Aeētēs, ubi cognōvit Iāsonem labōrem prōpositum cōn-
fēcisse, īrā graviter commōtus est; intellegēbat enim id per dolum factum esse, nec dubitābat quīn Mēdēa auxilium eī tulisset. Mēdēa
autem, cum intellegeret sē in magnō fore perīculō, sī in rēgiā mānsis-
set, fugā salūtem petere cōnstituit. Omnibus igitur rēbus ad fugam   5
parātīs, mediā nocte, īnsciente patre, cum frātre Absyrtō ēvāsit, et
quam celerrimē ad locum, ubi Argō subducta erat, sē contulit. Eō cum
vēnisset, ad pedēs Iāsonis sē prōiēcit, et multīs cum lacrimīs obsecrāvit
eum, nē in tantō perīculō mulierem dēsereret, quae eī tantum prōfuisset. Ille, quod memoriā tenēbat sē per eius auxilium ē magnō perīculō   10
ēvāsisse, libenter eam excēpit, et postquam causam veniendī audīvit,
hortātus est nē patrem timēret. Prōmīsit autem sē quam prīmum eam
in nāve suā ablātūrum esse.

Postrīdiē eius diēī Iāsōn cum sociīs ortā lūce nāvem dēdūxērunt, et
tempestātem idōneam nactī, ad eum locum rēmīs contendērunt, quō   15
in locō Mēdēa vellus cēlātum esse dēmōnstrāvit. Eō cum vēnissent,
Iāsōn in terram ēgressus est, et sociīs ad mare relictīs, quī praesidiō

8.   2. **per dolum:** *by a trick.* 4. **fore** = futurum esse. 6. **Absyrtō:** *Absyrtus,*
Medea's brother, a small child. 9. **Quae . . . prōfuisset:** *who had been so helpful
to him.* 13. **ablātūrum esse:** from auferō. 15. **quō in locō:** *where.* 17. **quī . . . essent:** *to guard the ship;* a relative clause of purpose, containing a double dative.

nāvī essent, ipse cum Mēdēā in silvās contendit. Pauca mīlia passuum per silvam prōgressus, vellus, quod quaerēbat, in arbore quādam vīdit.
20   Id tamen auferre rēs erat summae difficultātis; nōn modo enim locus ipse ēgregiē et nātūrā et arte mūnītus erat, sed etiam dracō quīdam speciē terribilī arborem custōdiēbat. Tum Mēdēa, quae, ut suprā dē-mōnstrāvimus, medicīnae summam scientiam habuit, rāmum, quem ex arbore proximā dēripuerat, venēnō īnfēcit. Hōc factō, ad locum ap-
25   propinquāvit, et dracōnem, quī faucibus apertīs eius adventum exspectābat, venēnō sparsit; deinde, cum dracō somnō oppressus es-set, Iāsōn vellus aureum ex arbore dēripuit, et cum Mēdēā quam celer-rimē pedem rettulit.

The Return of the Argo

9. Dum autem ea geruntur, Argonautae, quī ad mare relictī erant, animō ānxiō reditum Iāsonis exspectābant; bene enim intellegēbant id negōtium summī esse perīculī. Postquam igitur ad occāsum sōlis frūstrā exspectāvērunt, dē eius salūte dēspērāre coepērunt, nec
5   dubitābant quīn aliquī cāsus accidisset. Quae cum ita essent, mātūran-dum sibi cēnsuērunt, ut auxilium ducī ferrent; sed, dum proficīscī pa-rant, lūmen quoddam subitō cōnspiciunt mīrum in modum inter silvās refulgēns, et magnopere mīrātī, quae causa esset eius reī, ad locum concurrunt. Quō cum vēnissent, Iāsonī et Mēdēae advenientibus oc-
10   currērunt, et vellus aureum lūminis eius causam esse cognōvērunt./ Omnī timōre sublātō, magnō cum gaudiō ducem suum excēpērunt, et deīs grātiās summās ēgērunt, quod rēs ita fēlīciter ēvēnisset.
       Hīs rēbus gestīs, omnēs sine morā nāvem rūrsus cōnscendērunt, et, sublātīs ancorīs, prīmā vigiliā solvērunt; neque enim satis tūtum esse
15   arbitrātī sunt in eō locō manēre. At rēx Aeētēs, quī iam ante inimīcō in eōs fuerat animō, ubi cognōvit fīliam suam nōn modo ad Argonautās sē recēpisse, sed etiam ad vellus auferendum auxilium tulisse, hōc do-lōre gravius exārsit. Nāvem longam quam celerrimē dēdūcī iussit, et, mīlitibus impositīs, fugientēs īnsecūtus est. Argonautae, quī bene
20   sciēbant rem in discrīmine esse, summīs vīribus rēmīs contendēbant; cum tamen nāvis, quā vehēbantur, ingentī esset magnitūdine, nōn

20. **auferre:** a subjective infinitive. 28. **pedem rettulit:** *departed.*

9. 5. **aliquī:** *some;* an adj., modifying cāsus. **mātūrandum sibi:** sc. esse; *that they ought to make haste.* 8. **refulgēns:** *shining;* accusative neuter singular, modifying lūmen. 9. **Quō:** *there;* translate after cum vēnisset. 15. **in:** *towards.* 16. **animō:** abl. of description. 20. **rem . . . esse:** *that the situation was critical.*

eādem celeritāte, quā Colchī, prōgredī poterant. Quae cum ita essent, minimum āfuit quīn ā Colchīs sequentibus caperentur; neque enim longius intererat quam quō tēlum adicī posset. At Mēdēa, cum vīdisset quō in locō rēs essent, paene omnī spē dēpositā, īnfandum hoc cōn- 25 silium cēpit.

A Fearful Expedient

10. Erat in nāve Argonautārum fīlius quīdam rēgis Aeētae, nōmine Absyrtus, quem, ut suprā dēmōnstrāvimus, Mēdēa, ex urbe fugiēns, sēcum abdūxerat. Hunc puerum Mēdēa cōnstituit interficere, eō cōn- siliō, ut membrīs eius in mare coniectīs, cursum Colchōrum impedīret; sciēbat enim Aeētem, cum membra fīlī vīdisset, nōn longius prō- 5 secūtūrum esse. Neque opīniō eam fefellit; omnia enim ita ēvēnērunt, ut Mēdēa spērāverat. Aeētēs ubi prīmum membra vīdit, ad ea col- ligenda nāvem tenērī iussit. Dum tamen ea feruntur, Argonautae, nōn intermissō rēmigandī labōre, mox ē cōnspectū hostium auferēbantur, neque prius fugere dēstitērunt quam ad flūmen Ēridanum pervēnē- 10 runt. At Aeētēs, nihil sibi prōfutūrum esse arbitrātus, sī longius prōgressus esset, animō dēmissō domum revertit, ut fīlī corpus ad sepultūram daret. Tandem post multa perīcula Iāsōn in eundem locum pervēnit, unde ōlim profectus erat. Tum ē nāve ēgressus, ad rēgem Peliam (quī rēgnum adhūc obtinēbat), statim sē contulit, et vellere 15 aureō mōnstrātō, ab eō postulāvit ut rēgnum sibi trāderētur; Peliās enim pollicitus erat, sī Iāsōn vellus rettulisset, sē rēgnum eī trā- ditūrum. Postquam Iāsōn quid fierī vellet ostendit, Peliās prīmum nihil respondit, sed diū in eādem trīstitiā tacitus permānsit; tandem ita locūtus est: "Vidēs mē aetāte iam esse cōnfectum, neque dubium est 20 quīn diēs suprēmus mihi adsit. Liceat igitur mihi, dum vīvam, hoc rēgnum obtinēre; cum autem ego ē vītā discesserō, tū in meum locum veniēs." Hāc ōrātiōne adductus, Iāsōn respondit sē id factūrum quod ille rogāsset.

22. **quā Colchī:** *as the Colchians.* 23. **minimum āfuit quīn:** *they came near be- ing . . .*

10. 4. **membrīs . . . coniectīs:** *by throwing his limbs into the sea;* an ablative absolute. 6. **Neque . . . fefellit:** *And she was not mistaken in so thinking.* 7. **ubi prīmum:** *as soon as.* 10. **prius,** to be taken with quam: *until.* **Ēridanum:** the mythical and poetical name for the Po. 17. **rettulisset:** for the future perfect in direct discourse. 20. **neque . . . quīn:** *there is no doubt that.* 21. **Liceat mihi:** *May I be allowed.* 24. **rogāsset** = rogāvisset.

Magic Arts

11.   Hīs rēbus cognitīs, Mēdēa rem aegrē tulit, et rēgnī cupiditāte adducta, mortem rēgī per dolum īnferre cōnstituit. Hōc cōnstitūtō, ad fīliās rēgis vēnit atque ita locūta est: "Vidētis patrem vestrum aetāte iam esse cōnfectum, neque ad labōrem rēgnandī perferendum satis

5   valēre. Vultisne eum rūrsus iuvenem fierī?" Tum fīliae rēgis ita respondērunt: "Num hoc fierī potest? Quis enim umquam ē sene iuvenis factus est?" At Mēdēa respondit: "Mē medicīnae summam habēre scientiam scītis. Nunc igitur vōbīs dēmōnstrābō, quō modō haec rēs fierī possit." Hīs dictīs, cum arietem aetāte iam cōnfectum interfēcisset,

10   membra eius in vās aēneum coniēcit, et igne suppositō, aquae herbās quāsdam īnfūdit. Tum, dum aqua effervēsceret, carmen magicum cantābat. Post breve tempus ariēs ē vāse dēsiluit et, vīribus refectīs, per agrōs currēbat.

Dum fīliae rēgis hoc mīrāculum stupentēs intuentur, Mēdēa ita

15   locūta est: "Vidētis quantum valeat medicīna. Vōs igitur, sī vultis patrem vestrum in adulēscentiam redūcere, id quod fēcī, ipsae faciētis. Vōs patris membra in vās conicite; ego herbās magicās praebēbō." Hīs verbīs audītīs, fīliae rēgis cōnsilium, quod dedisset Mēdēa, nōn omittendum putāvērunt. Patrem igitur Peliam necāvērunt, et membra eius

20   in vās aēneum coniēcērunt; nihil enim dubitābant quīn hoc maximē eī prōfutūrum esset. At rēs omnīnō aliter ēvēnit ac spērāverant; Mēdēa enim nōn eāsdem herbās dedit, quibus ipsa ūsa erat. Itaque postquam diū frūstrā exspectāvērunt, patrem suum rē vērā mortuum esse intellēxērunt. Hīs rēbus gestīs, Mēdēa spērābat sē cum coniuge suō rēg-

25   num acceptūram esse. At cīvēs, cum intellegerent quō modō Peliās perisset, tantum scelus aegrē tulērunt; itaque, Iāsone et Mēdēā rēgnō expulsīs, Acastum rēgem creāvērunt.

A Fatal Gift

12.   Post haec Iāsōn et Mēdēa, ē Thessaliā expulsī, ad urbem Corinthum vēnērunt, cuius urbis Creōn quīdam rēgnum tum obtinēbat. Erat autem Creontī fīlia ūna, nōmine Glaucē; quam cum vīdisset, Iāsōn

11.   1. **rem aegrē tulit:** *was greatly vexed.* 11. **dum . . . effervēsceret:** *until the water should boil;* a clause of anticipation. 17. **Vōs:** emphatic, by its position, and in contrast with ego. 21. **ac:** *than.* 22. **quibus:** ablative with ūtor. 27. **Acastum:** *Acastus* was the son of Pelias.

12.   2. **Erat Creontī:** *Creon had;* dative of possession with the verb sum.

The Harpies from an early Attic vase in the National Museum in Berlin

cōnstituit Mēdēam uxōrem suam repudiāre, eō cōnsiliō, ut Glaucēn in
mātrimōnium dūceret. At Mēdēa, ubi intellēxit quae ille in animō 5
habēret, īrā graviter commōta, iūre iūrandō cōnfīrmāvit sē tantam iniūriam ultūram. Hoc igitur cōnsilium cēpit. Vestem parāvit summā arte
contextam et variīs colōribus tīnctam; hanc quōdam īnfēcit venēnō,
cuius vīs tālis erat ut, sī quis eam vestem induisset, corpus eius quasi
igne ūrerētur. Hōc factō, vestem ad Glaucēn mīsit; illa autem, nihil 10
malī suspicāns, dōnum libenter accēpit, et vestem novam (mōre
fēminārum) statim induit.

Vix vestem induerat Glaucē, cum dolōrem gravem per omnia membra sēnsit, et paulō post crūdēlī cruciātū affecta, ē vītā excessit. Hīs
rēbus gestīs, Mēdēa furōre atque āmentiā impulsa, fīliōs suōs necāvit; 15
tum magnum sibi fore perīculum arbitrāta, sī in Thessaliā manēret, ex
eā regiōne fugere cōnstituit. Hōc cōnstitūtō, Sōlem ōrāvit ut in tantō
perīculō auxilium sibi praebēret. Sōl autem, hīs precibus commōtus,
currum mīsit, cui dracōnēs ālīs īnstrūctī iūnctī erant. Mēdēa nōn omit-
tendam tantam occāsiōnem arbitrāta, currum cōnscendit, itaque per 20
āera vecta, incolumis ad urbem Athēnās pervēnit. Iāsōn autem post
breve tempus mīrō modō occīsus est. Ille enim (sīve cāsū sīve cōnsiliō
deōrum) iūxtā nāvem suam, quae in lītus subducta erat, quiētī sē trā-
diderat. At nāvis, quae adhūc ērēcta steterat, in eam partem, ubi Iāsōn
iacēbat, subitō dēlapsa virum īnfēlīcem oppressit. 25

6. **iūre iūrandō:** *by oath.* 7. **ultūram (esse);** from ulciscor. 9. **sī quis:** *if anyone;*
quis is used for quisquam after sī, nisi, nē, num. 17. **Sōlem:** *The Sun God* was
Medea's grandfather, Aeetes' father. 24. **in eam partem:** *on that side.*

— *Exercise for Review* —

Complete the following sentences:

1. Jason was the son of _____.
2. The brother of Pelias, the king of Thessaly, was _____.
3. The oracle at Delphi warned Pelias that he should beware of _____.
4. Jason lost a shoe while he was _____.
5. Pelias gave Jason the task of getting possession of _____.
6. The builder of Jason's ship was named _____.
7. The sailors on Jason's ship were called _____.
8. King Aeetes had a daughter named _____.
9. King Aeetes promised Jason that he could have the _____ if he would first _____.
10. Medea helped Jason perform this task by giving him _____.
11. Medea escaped from her kingdom with her brother named _____.
12. Medea helped Jason kill the dragon by _____.
13. When King Aeetes learned that Medea had fled with Jason, he decided to _____.
14. When Medea saw her father following Jason's boat, she _____ her brother, and then _____.
15. After Jason returned to Greece, King Pelias begged Jason to allow him to _____.
16. Medea persuaded the daughters of King Pelias to _____ their father.
17. Medea had previously _____ a ram and _____.
18. King Creon in Corinth had a daughter named _____.
19. Medea sent _____ to the king's daughter for a wedding present.
20. Medea _____ her own sons because _____.

Important Events in Roman History

Legendary (Traditional Dates)

Date B.C.

753	Founding of Rome
753–510	The Seven Kings

The Republic

First Period—Conquest of Italy

509	Establishment of the Republic
494	Secession of the Plebs
493	First Plebeian Tribunes
451–449	The Decemvirs and the Laws of the Twelve Tables
390	Capture of Rome by the Gauls
343–290	Three Samnite Wars
287	Plebeians Finally Win Equal Rights with Patricians
280–275	War with Pyrrhus

Second Period—Expansion beyond Italy

264–241	First Punic War—Carthage Loses Sicily
218–201	Second Punic War—Hannibal and Scipio
200–197	War with Philip V of Macedon
192–189	War with Antiochus the Great of Syria
171–168	War with Perseus of Macedon
149–146	Third Punic War—Scipio Destroys Carthage
146	Mummius Destroys Corinth

Third Period—The Decadent Republic

133–44	
112–106	War with Jugurtha, King of Numidia
102–101	Marius Defeats the Cimbri and Teutones
90–88	War with the Italian Allies
88–84	Sulla's First War with Mithridates
88–86	Civil War between Sulla and Marius
82–79	Sulla Rules as Dictator at Rome

THE STORY OF ROME

This story of Rome, from the legendary founding of the city (753 B.C.) to the time of Julius Caesar, is adapted from the Latin of Livy and Eutropius, Roman historians respectively of the first and fourth centuries A.D.

Aeneas Lands in Latium

1. Antīquissimīs temporibus Sāturnus in Ītaliam vēnisse dīcitur. Ibi haud procul ā Iāniculō arcem condidit, eamque Sāturniam appellāvit. Hic prīmus Ītalōs agrī cultūram docuit.

Posteā Latīnus in illīs regiōnibus imperāvit. Eō tempore Trōia in Asiā
5   ā Graecīs ēversa est. Hinc Aenēās, Anchīsae fīlius et Veneris deae, cum multīs Trōiānīs, quī ex eō bellō superfuērunt, aufūgit, et in Ītaliam pervēnit. Ibi Latīnus rēx eum benignē recēpit atque eī fīliam Lāvīniam in mātrimōnium dedit. Aenēās urbem condidit, quam in coniugis honōrem Lāvīnium appellāvit.

The Alban Kings

2. Post Aenēae mortem Ascanius, Aenēae fīlius, rēgnum accēpit. Hic sēdem rēgnī in alium locum trānstulit, urbemque condidit in monte Albānō, eamque Albam Longam appellāvit. Ascaniō successit Silvius, quī post Aenēae mortem ā Lāvīniā genitus erat. Eius posterī omnēs in
5   urbe Albā rēgnāvērunt, dum Rōma condita est. Ūnus ex hīs rēgibus, Rōmulus Silvius, sē maiōrem esse quam Iovem dīcēbat, et, cum tonāret, mīlitēs hastīs clipeōs percutere iussit, dīcēbatque hunc sonum

1. 1. **Sāturnus:** *Saturn*, an early king who founded a settlement on the Capitoline Hill. He was reported to be the father of Jupiter. 2. **Iāniculō:** *the Janiculum*, a hill on the west side of the Tiber. 4. **Eō tempore:** *At that time;* the war between the Greeks and the Trojans was believed to be in the twelfth century B.C. 5. **Hinc:** *From this place;* i.e., Troy. 6. **superfuērunt:** *survived;* from supersum.

2. 2. **sēdem:** *the seat.* **monte Albānō:** a few miles southeast of Rome. 5. **dum:** *until.* **ex hīs rēgibus:** *of these kings*—who ruled at Alba Longa. 6. **cum tonāret:** *when it thundered.*

Romulus and Remus

multō clāriōrem esse quam tonitrum. Fulmine ictus in Albānum lacum praecipitātus est.

Silvius Proca, rēx Albānōrum, duōs fīliōs relīquit, Numitōrem et Amūlium. Numitōrī, quī erat maior nātū, rēgnum lēgāvit. Tamen Amūlius, frātre per vim expulsō, rēgnum obtinuit.   10

Romulus and Remus

3.   Amūlius, ut rēgnum fīrmissimē possidēret, Numitōris fīlium per īnsidiās interēmit, et fīliam frātris, Rheam Silviam, Vestālem virginem fēcit. Nam hīs Vestae sacerdōtibus nōn licet nūbere. Sed haec ā Mārte geminōs fīliōs Rōmulum et Remum peperit. Hoc cum Amūlius comperisset, mātrem in vincula coniēcit, puerōs autem in Tiberim abicī iussit.   5

8. **clāriōrem:** *louder.* **ictus:** *struck.* 11. **maior nātū:** *the older.*

3. 2. **Vestālem virginem:** The Vestal virgins were priestesses of Vesta, goddess of the hearth. 3. **haec:** Rhea Silvia.

Forte Tiberis aqua ultrā rīpam sē effūderat, et cum puerī in vadō essent positī, aqua refluēns eōs in siccō relīquit. Ad eōrum vāgītum lupa accurrit, eōsque nūtrīvit. Quod vidēns Faustulus quīdam, pāstor illīus
10 regiōnis, puerōs abstulit, et uxōrī Accae Lārentiae eōs dedit.

Sīc Rōmulus et Remus pueritiam inter pāstōrēs trānsēgērunt. Cum adolēvissent, et forte comperissent, quis avus, quae māter fuisset, Amūlium interfēcērunt, et Numitōrī avō rēgnum restituērunt. Tum urbem condidērunt in monte Palātīnō, quam Rōmulus ā suō nōmine
15 Rōmam vocāvit. Dum urbs moenibus circumdatur, Remus frātrem inrīdēns moenia trānsiluit. Inde Rōmulus īrātus Remum occīdit.

War with the Sabines

4. Rōmulus, ut cīvium numerum augēret, asȳlum patefēcit, ad quod multī ex cīvitātibus suīs pulsī accurrērunt. Sed novae urbis cīvibus coniugēs deerant. Itaque fēstum Neptūnī et lūdōs īnstituit. Ad hōs multī ex finitimīs populīs cum mulieribus et līberīs vēnērunt. Cum spectāculī
5 tempus vēnisset et omnēs lūdōs spectārent, subitō iuvenēs Rōmānī discurrērunt et virginēs rapuērunt.

Populī illī, quōrum virginēs raptae erant, bellum adversus raptōrēs suscēpērunt. Cum ad urbem appropinquārent, forte in Tarpeiam virginem incidērunt, quae in arce sacra prōcūrābat. Hanc rogābant, ut
10 viam in arcem mōnstrāret, eīque permīsērunt, ut mūnus sibi posceret. Illa postulāvit ōrnāmenta, quae in sinistrīs manibus gerēbant, ānulōs aureōs et armillās significāns. At hostēs in arcem ab eā perductī scūtīs Tarpeiam obruērunt; nam et haec in sinistrīs manibus gerēbant.

Tum Rōmulus cum hoste, quī montem Tarpeium tenēbat, pugnam
15 cōnseruit in eō locō, ubi nunc Forum Rōmānum est. In mediā caede

---

8. **Ad eōrum vāgītum:** *at their crying.* 9. **Quod vidēns:** *Seeing this.* 12. **quis avus fuisset:** *who their grandfather had been;* an indirect question depending on comperissent. 15. **frātrem inrīdēns:** *laughing at his brother*—Romulus.

4. 1. **asȳlum:** *a place of refuge.* 2. **pulsī:** *who had been expelled.* **cīvibus:** dative after deerant (from dēsum). 6. **rapuērunt:** *carried off.* 7. **adversus raptōrēs:** *against the robbers,* i.e., the Roman youths. 9. **incidērunt:** *they happened to meet;* omit in. **quae . . . prōcūrābat:** *who was attending to the sacred rites in the citadel.* Tarpeia was the daughter of the Roman commander. As a Vestal Virgin, she had come down to draw water for the sacrifices. 11. **gerēbant:** *they wore.* 12. **perductī:** *when they had been led.* 14. **montem Tarpeium:** *the Tarpeian Rock*—on the south side of the Capitoline Hill. Traitors were hurled from this cliff to their death—80 feet below.

mulierēs raptae prōcessērunt, et hinc patrēs, hinc coniugēs et socerōs complectēbantur et ōrābant, ut caedis fīnem facerent. Utrīque hīs precibus commōtī sunt. Rōmulus foedus īcit, et Sabīnōs in urbem recēpit.

Death of Romulus

5. Posteā cīvitātem dēscrīpsit. Centum senātōrēs lēgit, eōsque cum ob aetātem tum ob reverentiam eīs dēbitam "patrēs" appellāvit. Plēbem in trīgintā cūriās distribuit, eāsque mulierum raptārum nōminibus appellāvit.

Annō rēgnī trīcēsimō septimō, cum exercitum lūstrāret, repente   5
inter violentissimam tempestātem oculīs hominum subductus est. Hinc aliī eum ā senātōribus interfectum esse, aliī ad deōs sublātum esse exīstimāvērunt.

Post Rōmulī mortem ūnīus annī interrēgnum fuit. Deinde Numa Pompilius, quī in urbe Curibus habitābat, rēx creātus est. Hic vir bel-   10
lum quidem nūllum gessit; nec minus tamen cīvitātī prōfuit. Nam et lēgēs dedit, et sacra plūrima īnstituit, ut populī barbarī et bellicōsī mōrēs mollīret. Omnia autem, quae faciēbat, sē nymphae Ēgeriae, coniugis suae, iussū facere dīcēbat. Morbō dēcessit quadrāgēsimō tertiō imperī annō.   15

Tullus Hostilius

6. Numae successit Tullus Hostīlius, cuius avus sē in bellō adversus Sabīnōs fortem et strēnuum virum praestiterat. Rēx creātus Albānīs bellum indīxit. Tum forte in utrōque exercitū erant trigeminī frātrēs, et aetāte et vīribus parēs. Trēs Horātiī erant Rōmānī; trēs Cūriātiī, Albānī.

---

16. **hinc . . . hinc:** *on this side . . . on that* **patrēs:** i.e., the Sabines. **coniugēs et socerōs:** i.e., the Romans. 17. **Utrīque:** *Both sides.* 18. **foedus īcit:** *made a treaty.*

5. 1. **cīvitātem dēscrīpsit:** *he divided the citizens into classes.* **cum . . . tum:** *not only . . . but also.* 3. **cūriās:** *the curiae,* or divisions, of the original three Roman tribes, each one named after the Sabine women who intervened in the battle between Roman husbands and Sabine fathers. 5. **cum . . . lūstrāret:** *when he was reviewing the army.* 6. **oculīs:** dative of separation. 7. **aliī . . . aliī:** *some . . . others.* 10. **Curibus:** *Cures,* a Sabine town northeast of Rome. 11. **quidem:** *to be sure;* i.e., he waged no wars, but was useful in other ways. 14. **quadrāgēsimō tertiō:** *forty-third.*

6. 1. **sē praestiterat:** *had shown himself.* 3. **trigeminī:** *triplet.* 4. **aetāte:** *in respect to age;* ablative of specification.

5   Inter duōs populōs foedus ictum est eā condiciōne, ut Horātiī cum
Cūriātiīs ferrō dīmicārent atque id certāmen bellum fīnīret.
    Duo exercitūs utrimque prō castrīs cōnsīdunt. Inde trigeminī arma
capiunt et in medium inter duās aciēs prōcēdunt. Signum datur et
ternī iuvenēs micantibus gladiīs concurrunt. Prīmō concursū duo
10   Horātiī exspīrantēs cadunt, quam ob rem Albānī magnō gaudiō conclāmant. Forte tertius Horātius erat integer, sed trēs Cūriātiī vulneribus erant tardī. Itaque Horātius, ut trēs hostēs distraheret, fugam
capit. Iam aliquantum spatī aufūgerat ubi respiciēns videt ūnum haud
procul ab sēsē abesse. In eum magnō impetū redit et eum facile
15   superat. Tum alterum hostem caedit priusquam eī frāter auxilium ferre
posset. Superest tertius; sed hic, cursū et vulnere dēfessus, facile ab
Horātiō interficitur. Tum Rōmānī ovantēs Horātium accipiunt et
domum dēdūcunt.
    Tullus Hostīlius propter Mettī Fūfetī perfidiam Albam dīruit. Cum
20   trīgintā duōs annōs rēgnāvisset, fulmine ictus cum domō suā ārsit.

Ancus Marcius

7.   Post hunc Ancus Mārcius, Numae ex fīliā nepōs, suscēpit imperium. Hic vir aequitāte et religiōne avō similis, Latīnōs bellō domuit,
urbem ampliāvit, et eī nova moenia circumdedit. Carcerem prīmus
aedificāvit. Ad Tiberis ōstia urbem condidit, Ōstiamque vocāvit. Vī-
5   cēsimō quārtō annō imperī morbō obiit.
    Deinde rēgnum Lūcius Tarquinius Prīscus accēpit, fīlius Dēmarātī,
quī tyrannōs patriae Corinthī fugiēns in Etrūriam vēnerat. Ipse Tarquinius, quī nōmen ab urbe Tarquiniīs accēpit, aliquandō Rōmam profectus erat. Dum ad urbem appropinquat, aquila eī pilleum abstulit, et
10   postquam altē ēvolāvit, capitī aptē reposuit. Hinc Tanaquil coniux,
mulier auguriōrum perīta, rēgnum eī portendī intellēxit.

12. **distraheret:** *separate.* 13. **aliquantum spatī:** *some distance.* 19. **perfidiam:**
treachery; after the battle, which the Romans won, Mettius Fufetius, though
bound by a treaty of allegiance to the Romans, raised a revolt against them
among the inhabitants of Veii and Fidenae.

7. 3. **Carcerem:** *prison;* the Mamertine prison, or Tullianum, near the northwest corner of the Forum. 4. **Vīcēsimō quārtō:** *twenty-fourth.* 6. **Deinde:** i.e.,
after the death of Ancus Marcius. 8. **ab urbe Tarquiniīs:** *from the city of
Tarquinii*—forty-five miles northwest of Rome. 10. **aptē:** *neatly.* **Hinc:** *Because
of this.* He had been crowned by an eagle, the symbol of Rome. 11.
auguriōrum perīta: *skilled in augury.* **portendī:** present passive infinitive.

Sword and scabbard of the Augustan period said to have belonged to the Emperor Tiberius (British Museum)

Cum in urbe commorārētur, Ancī rēgis familiāritātem cōnsecūtus est, quī eum fīliōrum suōrum tūtōrem relīquit. Sed is pūpillīs rēgnum intercēpit. Senātōribus, quōs Rōmulus creāverat, centum aliōs addidit, quī "patrēs minōrum gentium" sunt appellātī. Plūra bella fēlīciter ges- sit, ac multōs agrōs, hostibus adēmptōs, urbis territōriō adiūnxit. Prīmus triumphāns urbem intrāvit. Cloācās fēcit; Capitōlium in- cohāvit. Trīcēsimō octāvō imperī annō per Ancī fīliōs, quibus rēgnum ēripuerat, occīsus est.

Servius Tullius

8. Post hunc Servius Tullius suscēpit imperium, genitus ex nōbilī fēminā, captīvā tamen et famulā. Cum in domō Tarquinī Prīscī ēducārētur, flamma in eius capite vīsa est. Hōc prōdigiō Tanaquil eī summam dignitātem portendī intellēxit, et coniugī persuāsit, ut eum sīcutī līberōs suōs ēducāret. Cum adolēvisset, rēx eī fīliam in māt- rimōnium dedit.

13. **pūpillīs:** *from his pupils;* dative of separation. 16. **hostibus adēmptōs:** *taken from the enemy.* 17. **triumphāns:** *in triumph;* i.e., in a triumphal procession, with captives and spoils ahead of him, and his own troops following. **Cloācās:** *sewers;* one is still in existence today. They emptied into the Tiber. **Capitōlium:** the temple of Jupiter on the Capitoline Hill. 18. **Trīcēsimō oc- tāvō:** *thirty-eighth.*

Cum Prīscus Tarquinius occīsus esset, Tanaquil dē superiōre parte domūs populum allocūta est, dīcēns rēgem grave quidem sed nōn lētāle vulnus accēpisse; eum petere, ut populus, dum convaluisset,
10 Serviō Tulliō oboedīret. Sīc Servius rēgnāre coepit, sed bene imperium administrāvit. Montēs trēs urbī adiūnxit. Prīmus omnium cēnsum ōrdināvit. Sub eō Rōma habuit capitum octōgintā tria mīlia cīvium Rōmānōrum cum hīs, quī in agrīs erant.

Hic rēx interfectus est scelere fīliae Tulliae et Tarquinī Superbī, fīlī
15 eius rēgis, cui Servius successerat. Nam ab ipsō Tarquiniō dē gradibus cūriae dēiectus, cum domum fugeret, interfectus est. Tullia in Forum properāvit, et prīma coniugem rēgem salūtāvit. Cum domum redīret, aurīgam super patris corpus in viā iacēns carpentum agere iussit.

Tarquinius Superbus

9. Tarquinius Superbus cognōmen mōribus meruit. Bellō tamen strēnuus plūrēs fīnitimōrum populōrum vīcit. Templum Iovis in Capitōliō aedificāvit.

Posteā, dum Ardeam, urbem Latī, oppugnat, imperium perdidit.
5 Nam cum eius fīlius Lucrētiae, nōbilissimae fēminae, coniugī Collātīnī, vim fēcisset, haec ipsa sē occīdit in cōnspectū marītī, patris, et amīcōrum, postquam eōs obtestāta est, ut hanc iniūriam ulcīscerentur.

Hanc ob causam L. Brūtus, Collātīnus, aliīque nōnnūllī in exitium rēgis coniūrāvērunt, populōque persuāsērunt, ut eī portās urbis
10 clauderet. Exercitus quoque, quī cīvitātem Ardeam cum rēge oppugnābat, eum relīquit. Fūgit igitur cum uxōre et līberīs suīs. Ita in urbe Rōmā rēgnātum est per septem rēgēs annōs ducentōs quadrāgintā trēs.

8. 9. **dum convaluisset:** *until he recovered.* 10. **Sīc:** i.e., in this way. 11. **Montēs trēs:** the Viminal, Esquiline, and Caelian hills. The other four were the Palatine, Capitoline, Aventine, and Quirinal. **cēnsum:** *census;* the registering of all Roman citizens into six classes, according to the amount of their property. 13. **cum:** *together with.* 18. **super:** *over.* **iacēns:** modifies corpus. **carpentum:** carriage; a richly decorated two-wheeled vehicle, with an awning.

9. 1. **cognōmen:** *surname,* i.e., **Superbus,** *overbearing.* **mōribus:** ablative of cause. 2. **Templum:** the temple of Jupiter was begun by Tarquinius Priscus, and finished by Tarquinius Superbus. 5. **eius:** i.e., of Tarquinius. **Lucrētiae:** dative, indirect object of fēcisset; translate: *had dishonored Lucretia.* 7. **obtestāta est:** *she implored;* a deponent verb. 8. in **exitium:** *for the death.* 12. **rēgnātum . . .rēgēs:** *seven kings ruled;* the translation in the passive would be clumsy.

The Early Republic

10.   Tarquiniō expulsō, duo cōnsulēs prō ūnō rēge creārī coeptī sunt
ut, sī ūnus malus esset, alter eum coercēret. Eīs annuum imperium tribūtum est, nē per diūturnitātem potestātis īnsolentiōrēs redderentur.
Fuērunt igitur annō prīmō, expulsīs rēgibus, cōnsulēs L. Iūnius
Brūtus, ācerrimus lībertātis vindex, et Tarquinius Collātīnus, marītus   5
Lucrētiae. Sed Collātīnō paulō post dignitās sublāta est. Placuerat
enim, nē quis ex Tarquiniōrum familiā Rōmae manēret. Ergō cum
omnī patrimōniō suō ex urbe migrāvit, et in eius locum Valerius Pūblicola cōnsul factus est.

   Commōvit bellum urbī rēx Tarquinius. In prīmā pugnā Brūtus cōn-   10
sul et Arrūns, Tarquinī fīlius, sēsē invicem occīdērunt. Rōmānī tamen
ex eā pugnā victōrēs discessērunt. Brūtum, quasi commūnem patrem,
Rōmānae mātrōnae per annum lūxērunt. Valerius Pūblicola Sp. Lu-
crētium, Lucrētiae patrem, collēgam sibi fēcit; quī cum morbō
exstīnctus esset, Horātium Pulvīllum sibi collēgam sūmpsit. Ita prīmus   15
annus quīnque cōnsulēs habuit.

War with Porsena

11.   Secundō quoque annō iterum Tarquinius Rōmānīs bellum intulit,
Porsenā, rēge Etrūscōrum, auxilium eī ferente. In illō bellō Horātius
Cocles sōlus pontem ligneum dēfendit et hostēs cohibuit, dōnec pōns ā
tergō ruptus esset. Tum sē cum armīs in Tiberim coniēcit et ad suōs
trānāvit.   5
   Dum Porsena urbem obsidet, C. Mūcius Scaevola, iuvenis fortis

10.   1. **coeptī sunt:** the passive form of coepī is sometimes used for the
active, when the dependent infinitive is passive. 2. **annuum:** *for one year.*
5. **Brūtus:** a nephew of the king, and leader of the rebellion against the tyrant.
6.   **Collātīnō:** dative of separation. **sublāta est:** from tollō. **Placuerat:** *it was resolved.* 7. **nē quis:** *that no one.* 11. **sēsē invicem:** *each other.* 13.
lūxērunt: *mourned;* from lūgeō. 15. **prīmus annus:** *the first year* of the republic
was 509 B.C. **quīnque cōnsulēs:** Brutus, Collatinus, Valerius Publicola, Lucretius, and Pulvillus.

11.   1. **secundō annō:** i.e., 508 B.C. 2. **Etrūscōrum:** the Etruscans were a
highly civilized people north of Rome. 3. **pontem ligneum:** *the wooden bridge;*
also called the Pons Sublicius, from the piles (sublicae) on which it was built.
dōnec: *until*—with the subjunctive in a clause of anticipation. 5. **trānāvit:**
swam across. Read the story of Horatius in Macaulay's "Lays of Ancient
Rome."

animī, in hostis castra sē contulit eō cōnsiliō, ut rēgem occīderet. At ibi scrībam rēgis prō ipsō rēge interfēcit. Tum ā rēgiīs satellitibus comprehēnsus et ad rēgem dēductus, cum Porsena eum ignibus allātīs ter-

10   rēret, dextram ārae accēnsae imposuit, dōnec flammīs cōnsūmpta est. Hoc facinus rēx mīrātus iuvenem dīmīsit incolumem. Tum hic quasi beneficium referēns ait, trecentōs aliōs iuvenēs in eum coniūrāvisse. Hāc rē territus Porsena pācem cum Rōmānīs fēcit. Tarquinius autem Tusculum sē contulit, ibique prīvātus cum uxōre cōnsenuit.

Secession of the Plebs

12.   Sextō decimō annō post rēgēs exāctōs populus Rōmae sēditiōnem fēcit, quod tribūtīs et mīlitiā ā senātū exhauriēbātur. Magna pars plēbis urbem relīquit, et in montem trāns Aniēnem amnem sēcessit. Tum patrēs turbātī Menēnium Agrippam mīsērunt ad plēbem, quī eam

5   senātuī conciliāret. Hic eīs inter alia fābulam nārrāvit dē ventre et membrīs hūmānī corporis; quā populus sīc commōtus est, ut in urbem redīret. Tum prīmum tribūnī plēbis creātī sunt, quī plēbem adversum nōbilitātis superbiam dēfenderent.

Octāvō decimō annō post exāctōs rēgēs, C. Mārcius, dictus

10   *Coriolānus* ab urbe Volscōrum *Coriolīs*, quam bellō cēperat, plēbī invīsus factus est. Quā rē urbe expulsus ad Volscōs, ācerrimōs Rōmānōrum hostēs, contendit, et ab eīs dux exercitūs factus Rōmānōs saepe vīcit. Iam ūsque ad quīntum mīliārium urbis accesserat, nec ūllīs cīvium suōrum lēgātiōnibus flectī poterat, ut patriae parceret. Dēnique

7. **animī:** genitive of description. **hostis:** i.e., of Porsena, since Scaevola was a Roman. 8. **prō:** *instead of.* 9. **terrēret:** *tried to frighten.* 10. **dextram:** *right hand.* 12. **ait:** *said,* a defective verb. 14. **Tusculum:** an ancient town of Latium, about fifteen miles southeast of Rome. **cōnsenuit:** *grew old;* from the perfect tense of cōnsenēscō.

12.   1. **annō:** i.e., 494 B.C. **post . . . exāctōs:** *after the expulsion of the kings.* 3. **in montem:** *to a mountain*—the Mōns Sacer, northeast of Rome. **Aniēnem:** *the Anio,* a tributary of the Tiber. 5. **fābulam:** *the story;* the fable told of the complaints of the limbs of the human body. They complained that the belly did no work, so they decided to stop their work, too. They then found that this weakened them as well as the whole body. 7. **tribūnī plēbis:** *tribunes of the people;* these magistrates gained great power in the state, since they could veto almost any acts of the other magistrates. 9. **dictus:** *called.* 11. **invīsus factus est:** *became unpopular.* 13. **mīliārium:** *milestone;* reckoned from the center of the Forum. 14. **flectī:** *to be persuaded;* the present passive infinitive.

Veturia māter et Volumnia uxor ex urbe ad eum vēnērunt; quārum   15
flētū et precibus commōtus est, ut exercitum removēret. Quō factō, ā
Volscīs ut prōditor occīsus esse dīcitur.

The Story of Cincinnatus

13.   Annō quīnquāgēsimō secundō post rēgēs exāctōs, cum exercitus
Rōmānus in Algidō monte ab Aequīs obsidērētur, senātuī placuit ut L.
Quīnctius Cincinnātus dictātor dīcerētur. Is tum trāns Tiberim agrum
quattuor iūgerum manibus suīs colēbat. Ibi, cum arāret, ab lēgātīs in-
ventus est, quī rogāvērunt ut senātūs mandāta audīret. Maximē ad-   5
mirātus, uxōrem ē tuguriō togam prōferre iubet. Deinde, pulvere ac
sūdōre absterso, togātus ad lēgātōs prōcēdit, quī eum dictātōrem cōn-
salūtant.

Proximā nocte Cincinnātus ad Algidum montem exercitum dūcit
atque ipse hostem obsidet. Paulisper Aequī ancipitī proeliō pugnant,   10
sed brevī tempore, omnī spē dēpositā, pācem petunt. Eōs Cincinnātus
sub iugum mīsit. Sextō decimō diē postquam *togam praetextam* accēpit,
dictātūrā sē abdicāvit atque ad agrum suum rediit.

Annō trecentēsimō et alterō ab urbe conditā decemvirī creātī sunt,
quī cīvitātī lēgēs scrīberent. Hī prīmō annō bene ēgērunt; secundō   15
autem dominātiōnem exercēre coepērunt. Sed cum ūnus ex eīs Appius
Claudius virginem ingenuam, Verginiam, Verginī centuriōnis fīliam,
corrumpere cōnārētur pater eam occīdit. Tum ad mīlitēs profūgit,
eōsque ad sēditiōnem commōvit. Sublāta est decemvirīs potestās
ipsīque omnēs aut morte aut exsiliō pūnītī sunt.   20

17. **ut prōditor:** *as a traitor.*

13.   2. **Algidō monte:** a mountain southeast of Rome. **senātuī placuit:** *the
senate resolved;* an impersonal construction in Latin. 4. **iūgerum:** *a iugerum* was
⅝ of an acre; the genitive plural is also iūgerum. **colēbat:** *was cultivating.*
6. **pulvere . . . absterso:** *after wiping off the dust and sweat.* 7. **togātus:** *wearing
his toga.* 10. **ancipitī proeliō:** *in a battle on two fronts.* 12. **sub iugum:** *under the
yoke;* this was a humiliation sometimes imposed on a defeated army. The
beaten soldiers were compelled to bend over, and march under a
horizontal spear, resting on two other spears fixed in the ground. **togam
praetextam:** *the purple-bordered toga;* i.e., that worn by the dictator. 14. **Annō . . . conditā:** i.e., in 452 B.C., the three hundred and first year after the
founding of the city in 753 B.C. **decemvirī:** *the decemvirs,* a board of ten men
with consular powers. 18. **pater:** Verginius, who realized that he could not
win the case, as it was being tried before Appius Claudius himself, who was
acting as judge.

The Story of Camillus

14.   In bellō contrā Veientānōs M. Fūrius Camillus urbem Falēriōs ob-
sidēbat. In quā obsidiōne cum lūdī litterāriī magister prīncipum fīliōs
ex urbe in castra hostium dūxisset, Camillus hoc dōnum nōn accēpit,
sed scelestum hominem, manibus post tergum vinctīs, puerīs Falēriōs
5 redūcendum trādidit; virgāsque eīs dedit, quibus prōditōrem in urbem
agerent. Hāc tantā animī nōbilitāte commōtī Faliscī urbem Rōmānīs
trādidērunt. Ita Rōmam rediit Camillus īnsignis multō meliōre laude
quam cum albī equī eum triumphantem per urbem vexerant. Nam
hostēs iūstitiā fidēque vīcerat.
10   Camillō autem Rōmānī crīmen intulērunt, quod albīs equīs trium-
phāvisset, et praedam inīquē dīvīsisset. Ob eam causam damnātus et
cīvitāte expulsus est.
    Paulō post Gallī Senonēs ad urbem vēnērunt, apud flūmen Alliam
Rōmānōs vīcērunt, et urbem etiam occupāvērunt. Iam nihil praeter
15 Capitōlium dēfendī potuit. Et iam praesidium famē labōrābant, et in eō
erant, ut pācem ā Gallīs aurō emerent, cum Camillus cum manū
mīlitum superveniēns hostēs magnō proeliō superāret.

The Samnite Wars

15.   Posteā Rōmānī cum Samnītibus bellum gessērunt, ad quod L.
Papīrius Cursor cum honōre dictātōris profectus est. Quī cum negōtī
cuiusdam causā Rōmam īvisset, praecēpit Q. Fabiō Rulliānō, magistrō
equitum, quem apud exercitum relīquit, nē pugnam cum hoste com-
5 mitteret. Sed ille occāsiōnem nactus fēlīcissimē dīmicāvit et Samnītēs

---

14.   1. **Falēriōs:** *Falerii,* the capital city of the Faliscī, about 28 miles from
Rome. 4. **manibus . . . vinctīs:** *with his hands bound* (from vinciō). 5. **redūcendum:** *to be led back.* 6. **Faliscī:** *the Faliscans,* the inhabitants of Falerii. 8.
cum . . . vexerant: i.e., when he was celebrating his triumph over the inhabitants of Veii. 10. **albīs equīs:** *with white horses;* normally used only by the
gods, especially Jupiter and Apollo. 13. **Alliam:** *the River Allia,* a small river
flowing into the Tiber, north of Rome. 14. **Rōmānōs vīcērunt:** a disastrous defeat for the Romans, in 390 B.C. 15. **famē labōrābant:** *were suffering from
hunger:* the subject is praesidium, here used collectively. **in eō erant, ut . . .
emerent:** *they were on the point of buying.*

15.   1. **Samnītibus:** *the Samnites,* a warlike tribe, southeast of Rome.
2. **honōre:** *office.* **Quī cum:** *And when he.* 3. **magistrō equitum:** *master of the
horse;* i.e., the commander of the cavalry, second in command to the dictator.

Statue of a parade chariot

dēlēvit. Ob hanc rem ā dictātōre capitis damnātus est. At ille in urbem cōnfūgit, et ingentī favōre mīlitum et populī līberātus est; in Papīrium autem tanta sēditiō exorta est, ut paene ipse interficerētur.

    Duōbus annīs post, T. Veturius et Spurius Postumius cōnsulēs bellum adversum Samnītēs gerēbant. Hī ā Pontiō, duce hostium, in īnsidiās inductī sunt. Nam ad Furculās Caudīnās Rōmānōs pellexit in angustiās, unde sēsē expedīre nōn poterant. Ibi Pontius patrem suum Hērennium rogāvit, quid faciendum esse putāret. Ille respondit, aut omnēs occīdendōs esse, ut Rōmānōrum vīrēs frangerentur, aut omnēs dīmittendōs esse, ut beneficiō obligārentur. Pontius utrumque cōnsilium improbāvit, omnēsque sub iugum mīsit. Samnītēs dēnique post bellum ūndēquīnquāgintā annōrum superātī sunt.

10

15

6. **capitis:** *to death.* 7. **ingentī favōre:** *because of the great good will.* **in:** *against.* 9. **Duōbus annīs post:** i.e., in 321 B.C. 11. **ad Furculās Caudīnās:** *at the Caudine Forks,* a narrow pass through the mountains near the town of Caudium. 12. **sēsē expedīre:** *to extricate themselves.* 13. **Ille:** *He.*

War with Pyrrhus

16. Dēvictīs Samnītibus, Tarentīnīs bellum indictum est, quia lēgātīs
Rōmānōrum iniūriam fēcissent. Hī Pyrrhum, Ēpīrī rēgem, contrā
Rōmānōs auxilium rogāvērunt. Is mox in Ītaliam vēnit, tumque
prīmum Rōmānī cum trānsmarīnō hoste pugnāvērunt. Missus est con-
5   trā eum cōnsul P. Valerius Laevīnus. Hic, cum explōrātōrēs Pyrrhī
cēpisset, iussit eōs per castra dūcī, tumque dīmittī, ut renūntiārent
Pyrrhō, quaecumque ā Rōmānīs agerentur.
      Pugnā commissā, Pyrrhus auxiliō elephantōrum vīcit. Nox proeliō
fīnem dedit. Laevīnus tamen per noctem fūgit. Pyrrhus Rōmānōs mīlle
10   octingentōs cēpit, eōsque summō honōre trāctāvit. Cum eōs, quī in
proeliō interfectī erant, omnēs adversīs vulneribus et trucī vultū etiam
mortuōs iacēre vidēret, tulisse ad caelum manūs dīcitur cum hāc vōce,
"Ego cum tālibus virīs brevī orbem terrārum subigerem."

War with Pyrrhus (cont.)

17. Posteā Pyrrhus Rōmam perrēxit; omnia ferrō igneque vāstāvit;
Campāniam dēpopulātus est, atque ad Praeneste vēnit mīliāriō ab urbe
octāvō decimō. Mox terrōre exercitūs, quī cum cōnsule sequēbātur, in
Campāniam sē recēpit. Lēgātī ad Pyrrhum dē captīvīs redimendīs

---

16. 1. **Tarentīnīs:** *the inhabitants of Tarentum.* **lēgātīs . . . fēcissent:** The people of Tarentum were angered when ten Roman ships sailed into the port of
Tarentum, in violation of a treaty. After they attacked and sank several
Roman ships, Postumius, the Roman leader, sent envoys to demand restitution. The envoys were ridiculed, and Postumius himself was mocked. This
was the cause of the invasion of Southern Italy by the Romans. 2. **Pyrrhum:**
Pyrrhus, king of Epirus, across the Adriatic Sea from southern Italy. 4. **trānsmarīnō:** *from across the sea.* Up to this time, the Romans had fought exclusively
with tribes in Italy. 7. **quaecumque:** *whatever things;* nominative plural neuter.
Pyrrhus brought over from Epirus twenty elephants, in addition to an army of
20,000 infantry and 3000 cavalry. 11. **adversīs vulneribus:** *with wounds received
in front*—indicating bravery, for only cowards, running away, would have
wounds in their backs. **trucī . . . mortuōs:** *with fierce expressions on their faces
even in death.* 13. **brevī:** *in a short time.* **subigerem:** *I could conquer;* potential
subjunctive.

17. 1. **Rōmam:** *towards Rome.* 2. **Campāniam:** *Campania,* a fertile district
southeast of Rome. **Praeneste:** a fortified town eighteen miles east of Rome.
Ad is used with the names of towns to indicate *to the vicinity of.* 3. **exercitūs:**
objective genitive; i.e., he was afraid of the army. 4. **dē . . . redimendīs:**
concerning the ransoming of prisoners.

missī honōrificē ab eō receptī sunt; captīvōs sine pretiō reddidit. Ūnum   5
ex lēgātīs, Fabricium, sīc admīrātus est, ut eī quārtam partem rēgnī suī
prōmitteret, sī ad sē trānsīret; sed ā Fabriciō contemptus est.

Cum iam Pyrrhus ingentī Rōmānōrum admīrātiōne tenērētur,
lēgātum mīsit Cīneam, praestantissimum virum, quī pācem peteret eā
condiciōne, ut Pyrrhus eam partem Ītaliae, quam armīs occupāverat,   10
retinēret. Rōmānī respondērunt, eum cum Rōmānīs pācem habēre nōn
posse, nisi ex Ītaliā recessisset. Cīneās cum redisset, Pyrrhō eum in-
terrogantī, quālis urbs ipsī Rōma vīsa esset, respondit sē rēgum patriam vīdisse.

End of the War with Pyrrhus

18.   Posterō annō cōnsulēs Pūblius Sulpicius et Decius Mūs contrā
Pyrrhum missī sunt. Proeliō commissō, rēx vulnerātus est et vīgintī
mīlia hostium caesa sunt. Hīc iterum Pyrrhus elephantōrum auxiliō
vīcit, sed brevī tempore Tarentum sē recipere coāctus est.

Annō interiectō, Fabricius contrā eum missus est. Tum, cum ipse et   5
rēx vīcīna castra habērent, medicus Pyrrhī ad eum nocte vēnit, prōmit-
tēns sē Pyrrhum venēnō occīsūrum esse, sī mūnus sibi darētur. Sed
Fabricius hunc vinctum ad dominum redūcī iussit. Tunc rēx, admīrātus illum, dīxisse fertur: "Ille est Fabricius, quī difficilius ab hones-
tāte āvertī potest quam sōl ā suō cursū!"   10

Inde rēx in Siciliam profectus est, ut ibi Graecīs contrā hostēs
auxilium daret. Duōbus annīs post in Ītaliam rediit. Dēnique Pyrrhus,
tertiō proeliō fūsus, ā Tarentō recessit, atque, cum in Graeciam redisset, apud Argos, Peloponnēsī urbem, interfectus est.

8. **Rōmānōrum:** objective genitive; i.e., Pyrrhus greatly admired the Romans.
9. **Cīneam:** *Cineas,* an eloquent envoy, who almost persuaded the Roman
senate to accept Pyrrhus's terms. 11. **eum:** *that he* (Pyrrhus). 12. **Pyrrhō:** indirect object of respondit. 13. **rēgum patriam:** *a city of kings;* i.e., every man
was kingly in his bearing.

18.   1. **Posterō annō:** 279 B.C. 2. **rēx:** i.e., Pyrrhus. 4. **vīcit:** *conquered;* but Pyrrhus exclaimed after the battle, "One more such victory and we shall be
ruined." Hence the saying 'Pyrrhic victory.' 6. **vīcīna castra:** *neighboring
camps.* 8. **vinctum . . . redūcī:** *bound and led back to his master.* 13. **fūsus:** *routed.*
This third battle was fought at Beneventum in 275 B.C. Several of Pyrrhus's
elephants were captured, and paraded through the streets of Rome in the
triumphal procession of the victorious Roman general, Dentatus. 14. **apud
Argos:** *near Argos.* Pyrrhus was fighting in the streets with his men, when he
was struck and killed by a tile thrown from a housetop.

*Warrior with wreath
of victory sometimes
identified with Pyrrhus*

The First Punic War

19.   Annō quadringentēsimō nōnāgēsimō post urbem conditam
Rōmānōrum exercitūs prīmum in Siciliam trāiēcērunt, atque superāvērunt Hierōnem, rēgem Syrācūsārum, et Poenōs, quī multās cīvitātēs in
eā īnsulā occupāverant. Quīntō annō huius bellī, quod contrā Poenōs
5   gerēbātur, prīmum Rōmānī, C. Duīliō et Cn. Cornēliō Asinā cōnsulibus, in marī dīmicāvērunt. Duīlius Carthāginiēnsēs vīcit, trīgintā
nāvēs occupāvit, quattuordecim mersit, septem mīlia hostium cēpit,
tria mīlia occīdit: nūlla victōria Rōmānīs grātior fuit. Duīliō concessum
est, ut, cum ā cēnā redīret, puerī fūnālia gestantēs et tībīcen eum comi-
10   tārentur.
    Quattuor annīs interiectīs, bellum in Āfricam trānslātum est.
Carthāginiēnsēs pugnā nāvālī contrā Ecnomum superātī sunt atque
sexāgintā quattuor nāvibus perditīs sē recēpērunt; Rōmānī vīgintī duās

---

19.   1. **Annō . . . conditam:** i.e., in 264 B.C. 3. **Hierōnem:** *Hiero,* king of Syracuse, on the eastern shore of Sicily. **Poenōs:** *the Carthaginians,* who came orig-
inally from Phoenicia. 3. **in eā īnsulā:** i.e., Sicily. 5. **C. Duīliō . . . cōnsulibus:**
in the consulship of Duilius and Asina; an ablative absolute. The Romans dated
events by the names of the consuls for that year. 6. **in marī dīmicāvērunt:**
fought on the sea, for the first time. The Carthaginians were a strong sea power,
and the Romans were inexperienced, but the Roman commander, Duilius,
scored a spectacular triumph. 9. **fūnālia gestantēs:** *carrying torches.* **tībīcen:** *a
flute player;* nominative singular. 12. **contrā Ecnomum:** *off Ecnomus,* on the
southern shore of Sicily. 13. **vīgintī duās:** sc. nāvēs.

āmīsērunt. Cum in Āfricam vēnissent, Poenōs in plūribus proeliīs vīcē- 15
runt, multitūdinem hominum cēpērunt, septuāgintā quattuor cīvitātēs
in fidem accēpērunt. Tum victī Carthāginiēnsēs pācem ā Rōmānīs
petiērunt. Quam cum M. Atīlius Rēgulus, Rōmānōrum dux, dare nōllet nisi dūrissimīs condiciōnibus, Carthāginiēnsēs auxilium petiērunt ā
Lacedaemoniīs. Hī Xanthippum mīsērunt, quī Rōmānum exercitum
magnō proeliō vīcit. Rēgulus ipse captus et in vincula coniectus est. 20

The Story of Regulus

20.   Nōn tamen ubīque fortūna Carthāginiēnsibus fāvit. Cum aliquot
proeliīs victī essent, Rēgulum rogāvērunt ut Rōmam proficīscerētur, et
pācem captīvōrumque permūtātiōnem ā Rōmānīs peteret. Ille cum
Rōmam vēnisset, inductus in senātum dīxit, sē dēsiisse Rōmānum esse
ex illā diē, quā in potestātem Poenōrum vēnisset. Tum Rōmānīs suāsit, 5
nē pācem cum Carthāginiēnsibus facerent: illōs enim tot cāsibus
frāctōs spem nūllam nisi in pāce habēre; tantī nōn esse, ut tot mīlia
captīvōrum propter sē ūnum et paucōs, quī ex Rōmānīs captī essent,
redderentur. Haec sententia obtinuit. Regressus igitur in Āfricam
crūdēlissimīs suppliciīs exstīnctus est. 10
    Tandem, C. Lutātiō Catulō, A. Postumiō cōnsulibus, annō bellī
Pūnicī vīcēsimō tertiō magnum proelium nāvāle commissum est contrā
Lilybaeum, prōmontōrium Siciliae. In eō proeliō septuāgintā trēs Carthāginiēnsium nāvēs captae, centum vīgintī quīnque mersae, trīgintā
duo mīlia hostium capta, tredecim mīlia occīsa sunt. Statim Carthā- 15
giniēnsēs pācem petiērunt, eīsque pāx tribūta est. Captīvī Rōmānōrum, quī tenēbantur ā Carthāginiēnsibus, redditī sunt. Poenī Siciliā,
Sardiniā, et cēterīs īnsulīs, quae inter Ītaliam Āfricamque iacent, dē-
cessērunt, omnemque Hispāniam, quae citrā Ibērum est, Rōmānīs
permīsērunt. 20

16. **in fidem accēpērunt:** *they received under their protection.*
19. **Lacedaemoniīs:** *the Spartans.* **quī . . . vīcit:** Xanthippus used his elephants
and cavalry to rout the Romans, killing 30,000 men in a great battle in 255 B.C.

20. 1. **Carthāginiēnsibus:** dative with **fāvit. aliquot:** *several.* 4. **sē . . . esse:**
that he had ceased to be a Roman—(because he was a prisoner of war). 6. **illōs:**
(saying that) *they;* i.e., the Carthaginians. 7. **tantī nōn esse:** *that it was not worth*
while. 8. **propter:** *in return for;* it governs **paucōs** as well as **sē.** 9. **obtinuit:**
prevailed. 11. **Tandem:** *at last*—i.e., in 242 B.C. The Romans had built their fifth
new fleet since the beginning of the war. 12. **contrā:** *off.*

Hannibal

The Second Punic War

21. Paulō post Pūnicum bellum renovātum est per Hannibalem, Carthāginiēnsium ducem, quem novem annōs nātum pater Hamilcar ārīs admōverat, ut odium perenne in Rōmānōs iūrāret. Hic agēns annum vīcēsimum septimum aetātis Saguntum, Hispāniae cīvitātem,
5 Rōmānīs amīcam, oppugnāre aggressus est. Huic Rōmānī per lēgātōs dēnūntiavērunt, ut bellō abstinēret. Quī cum lēgātōs admittere nōllet, Rōmānī Carthāginem mīsērunt, ut mandārētur Hannibalī, nē bellum contrā sociōs populī Rōmānī gereret. Dūra respōnsa ā Carthāginiēnsibus reddita sunt. Saguntīnīs intereā fame victīs, Rōmānī Carthāginiēn-
10 sibus bellum indīxērunt.

Hannibal, frātre Hasdrubale in Hispāniā relictō, Pyrēnaeōs et Alpēs trānsiit. Trāditur in Ītaliam octōgintā mīlia peditum, et vīgintī mīlia

---

21. 1. **Paulō post:** i.e., in 218 B.C. **per:** *by;* i.e., through the action of. 2. **novem . . . nātum:** *when he was nine years old.* 3. **ārīs:** *altars*—where he was forced to swear undying hatred for the Romans. **agēns . . . aetātis:** *in his twenty-seventh year.* 5. **aggressus est:** *started to.* **Huic:** *him;* i.e., Hannibal. 6. **Quī cum:** *Since he.* 8. **sociōs:** *allies,* the city of Saguntum had formed an alliance with the Romans. 11. **Alpēs trānsiit:** probably through the Mont Cenis pass—a remarkable undertaking. He was constantly attacked by mountain tribes, and heavy snows added to the dangers, particularly in the descent. Losses were extremely heavy, of men and pack animals, but he finally reached Italy safely, and was immediately supported by friendly tribes in northern Italy.

equitum, septem et trīgintā elephantōs addūxisse. Intereā multī Ligurēs et Gallī Hannibalī sē coniūnxērunt. Prīmus eī occurrit P. Cornēlius Scīpiō, quī, proeliō ad Tīcīnum commissō, superātus est, et, 15
vulnere acceptō, in castra rediit. Tum Semprōnius Longus cōnflīxit ad
Trebiam amnem. Is quoque vincitur. Multī populī sē Hannibalī dēdidērunt. Inde in Etrūriam prōgressus Flāminium cōnsulem ad Trasumēnum lacum superat. Ipse Flāminius interēmptus est; Rōmānōrum
vīgintī quīnque mīlia caesa sunt. 20

Battle of Cannae

22. Quīngentēsimō et duodēquadrāgēsimō annō post urbem conditam L. Aemilius Paulus et P. Terentius Varrō contrā Hannibalem
mittuntur. Quamquam Quīntus Fabius Maximus ambō cōnsulēs
monuerat Hannibalem nōn aliter vincī posse quam morā, Varrō tamen
morae impatiēns apud vīcum, quī Cannae appellātur, in Apuliā pug- 5
nāvit; ambō cōnsulēs victī sunt, atque Paulus interēmptus est. In eā
pugnā virī cōnsulārēs aut praetōriī vīgintī, senātōrēs trīgintā captī aut
occīsī sunt; mīlitum quadrāgintā mīlia, equitum tria mīlia et quīngentī
periērunt. In hīs tantīs malīs nēmō tamen pācis mentiōnem facere dignātus est. Servī, quod numquam ante factum erat, manūmissī et 10
mīlitēs factī sunt.

Post eam pugnam multae Ītaliae cīvitātēs, quae Rōmānīs pāruerant,
sē ad Hannibalem trānstulērunt. Hannibal Rōmānīs obtulit, ut captīvōs redimerent; sed respōnsum est ā senātū, eōs cīvēs nōn esse
necessāriōs, quī armātī capī potuissent. Hōs omnēs captīvōs ille posteā 15
variīs suppliciīs interfēcit, et trēs modiōs aureōrum ānulōrum Carthā-

---

15. **ad Tīcīnum:** *at the Ticinus,* a river flowing into the Po. 17. **Trebiam:** *the Trebia,* which flowed northwest into the Po. In this battle, the Roman forces were ambushed near the banks of the icy river, and completely annihilated.

22. 1. **Quīngentēsimō . . . annō:** i.e., in 216 B.C. 3. **Quīntus Fabius Maximus:** later called 'Cunctator', the 'delayer,' because he advocated a policy of delay, rather than engaging in battles with Hannibal—a recognized military genius. **ambō:** accusative plural. It is declined like duo. 4. **nōn aliter . . . quam:** *not otherwise than.* 6. **In eā pugnā:** Hannibal was outnumbered almost two to one, but his brilliant encircling tactics destroyed nearly all of the eighty thousand Romans. 9. **dignātus est:** *deigned.* 10. **quod:** *a thing which.* 12. **cīvitātēs:** i.e., of southern Italy. 13. **obtulit:** *offered an opportunity.* 16. **trēs modiōs:** *three pecks,* or *measures,* suggesting the large numbers of Romans killed.

Roman Republican bust identified with Scipio Africanus Maior

ginem mīsit, quōs manibus equitum Rōmānōrum et senātōrum dētrāxerat. Intereā in Hispāniā frāter Hannibalis, Hasdrubal, quī ibi
remānserat cum magnō exercitū, ā duōbus Scīpiōnibus vincitur, per-
20 ditque in pugnā trīgintā quīnque mīlia hominum.

The Victory of Marcellus

23. Annō quārtō postquam Hannibal in Ītaliam vēnit, M. Claudius
Mārcellus cōnsul apud Nōlam, cīvitātem Campāniae, contrā Hannibalem bene pugnāvit. Illō tempore Philippus, Dēmētrī fīlius, rēx
Macedoniae, ad Hannibalem lēgātōs mittit, eīque auxilia contrā
5 Rōmānōs pollicētur. Quī lēgātī cum ā Rōmānīs captī essent, M. Valerius Laevīnus cum nāvibus missus rēgem cōpiās in Ītaliam trāicere
prohibuit. Īdem in Macedoniam penetrāvit et rēgem Philippum vīcit.
    In Siciliā quoque rēs prōsperē gesta est. Mārcellus magnam huius
īnsulae partem cēpit, quam Poenī occupāverant; Syrācūsās, nōbilis-
10 simam urbem, expugnāvit, et inde ingentem praedam Rōmam mīsit.
Laevīnus in Macedoniā cum multīs Graeciae populīs amīcitiam fēcit; et
in Siciliam profectus Hannōnem, Poenōrum ducem, apud Agrigentum
cēpit; quadrāgintā cīvitātēs in dēditiōnem accēpit, vīgintī sex expugnāvit. Ita omnī Siciliā receptā, cum ingentī glōriā Rōmam regressus est.

19. **ā duōbus Scīpiōnibus:** i.e., the two Cornelius Scipio brothers—Publius
and Gnaeus.

23. 2. **apud Nōlam:** *near Nola;* a town in the central part of Campania. This
was Hannibal's first military defeat in Italy. 3. **bene:** *successfully.*

Scipio's First Campaign

24. Intereā in Hispāniam, ubi duo Scīpiōnēs ab Hasdrubale interfectī erant, missus est P. Cornēlius Scīpiō, vir Rōmānōrum omnium et suā aetāte et posteriōre tempore ferē prīmus. Hic, puer duodēvīgintī annōrum, in pugnā ad Tīcīnum, patrem singulārī virtūte servāverat. Deinde post clādem Cannēnsem, cum multī nōbilissimōrum iuvenum Ītaliam dēserere cuperent, eōs auctōritāte suā ab hōc cōnsiliō dēterruit. Vīgintī quattuor annōrum iuvenis in Hispāniam missus, Carthāginem Novam cēpit, in quā omne aurum et argentum et bellī apparātum Poenī habēbant, nōbilissimōs quoque obsidēs, quōs ab Hispānīs accēperant. Hōs obsidēs parentibus reddidit. Quā rē omnēs ferē Hispāniae cīvitātēs ad eum ūnō animō trānsiērunt. 5 ... 10

Ab eō tempore rēs Rōmānōrum in diēs laetiōrēs factae sunt. Hasdrubal ā frātre ex Hispāniā in Ītaliam ēvocātus, ad Metaurum in īnsidiās incidit, et strēnuē pugnāns occīsus est. Plūrimae autem cīvitātēs, quae in Bruttiīs ab Hannibale tenēbantur, Rōmānīs sē trādidērunt. 15

Battle of Zama

25. Annō decimō tertiō postquam in Ītaliam Hannibal vēnit, Scīpiō cōnsul creātus est, et posterō annō in Āfricam missus est. Ibi contrā Hannōnem, ducem Carthāginiēnsium, prōsperē pugnat, tōtumque eius exercitum dēlet. Secundō proeliō ūndecim mīlia hominum occīdit, et castra cēpit cum quattuor mīlibus et quīngentīs mīlitibus. 5 Syphācem, Numidiae rēgem, quī sē cum Poenīs coniūnxerat, cēpit, eumque cum nōbilissimīs Numidīs et īnfīnītīs spoliīs Rōmam mīsit.

24. 1. **duo Scīpiōnēs:** *the two Scipios,* who had defeated Hasdrubal in Spain were killed by Hasdrubal in separate battles in 212 B.C. 2. **P. Cornēlius Scīpiō:** a mere youth, led an army into Spain to avenge the death of his father and uncle. 6. **ab hōc cōnsiliō:** *from this plan;* i.e., to desert Italy. 12. **in diēs:** *from day to day.* 13. **ad Metaurum:** *near the Metaurus*—a small river flowing into the Adriatic. Hasdrubal had crossed the Alps in the spring of 207 B.C., following the same route Hannibal had taken eleven years earlier. Fortunately for the Romans, a message from Hasdrubal to Hannibal was intercepted, so the Roman generals surprised and overwhelmed Hasdrubal. Hannibal learned of this when his brother's head was thrown into his camp. 15. **in Bruttiīs:** *in the lands of the Brutii*—a mountainous district in southern Italy.

25. 1. **Annō:** i.e., in 205 B.C. 6. **Syphācem:** *Syphax,* who had earlier sided with the Romans, but later joined the Carthaginians. After his capture, the Numidian cavalry fought with the Romans instead of against them.

Quā rē audītā, omnis ferē Ītalia Hannibalem dēserit. Ipse ā Carthāginiēnsibus in Āfricam redīre iubētur. Ita annō decimō septimō Ītalia
10 ab Hannibale līberāta est.

Post plūrēs pugnās, cum pāx plūs quam semel frūstrā temptata esset, pugna ad Zamam committitur, in quā eī perītissimī ducēs cōpiās
suās ad bellum ēdūcēbant. Scīpiō victor discēdit; Hannibal cum paucīs
equitibus ēvāsit. Post hoc proelium pāx cum Carthāginiēnsibus facta
15 est. Scīpiō, cum Rōmam redisset, ingentī glōriā triumphāvit, atque *Āfricānus* appellātus est. Sīc secundum Pūnicum bellum fīnem habuit
annō ūndēvīcēsimō postquam susceptum est.

War with Philip V

26. Fīnītō Pūnicō bellō, secūtum est bellum Macedonicum contrā
Philippum rēgem. Superātus est rēx ā T. Quīnctiō Flāminīnō apud
Cynoscephalās, pāxque eī data est hīs lēgibus: nē Graeciae cīvitātibus,
quās Rōmānī contrā eum dēfenderant, bellum īnferret; ut captīvōs et
5 trānsfugās redderet; quīnquāgintā sōlum nāvēs habēret; reliquās
Rōmānīs daret; mīlle talenta praestāret, et obsidem daret fīlium Dē-
mētrium. T. Quīnctius etiam Lacedaemoniīs intulit bellum, et ducem
eōrum Nābidem vīcit.

Fīnītō bellō Macedonicō, secūtum est bellum Syriacum contrā An-
10 tiochum rēgem, cum quō Hannibal sē iūnxerat. Missus est contrā eum
L. Cornēlius Scīpiō cōnsul, cui frāter eius Scīpiō Āfricānus lēgātus est
additus. Hannibal nāvālī proeliō victus est. Antiochus autem ad Mag-
nēsiam, Asiae cīvitātem, ā Cornēliō Scīpiōne cōnsule ingentī proeliō
fūsus est. Tum rēx Antiochus pācem petiit. Data est eī hāc lēge, ut ex
15 Eurōpā et Asiā recēderet, atque intrā Taurum sē continēret, decem

8. **Quā rē audītā:** *on hearing this;* i.e., the capture of Syphax. 10. **ab:** *from* (not
by). 11. **plūs quam semel:** *more than once.* 12. **ducēs:** Hannibal and Scipio. 14.
pāx . . . facta est: i.e., in 201 B.C. The terms were: (1) that Carthage should
surrender to the Romans all of her territory in Spain and her Mediterranean
islands; (2) that she should hand over all of her fleet and elephants; (3) she
should pay 200 talents annually for fifty years; and (4) that she would wage no
wars without Roman permission.

26. 2. **Philippum:** *Philip V,* king of Macedonia; he had attacked Athens, and
indicated that he wanted to conquer all of Greece. The Greeks then asked the
Romans for help against him, and so in 200 B.C. Flamininus was sent against
him; this was in 197 B.C. 6. **praestāret:** *furnish.* 9. **Antiochum:** *Antiochus the
Great,* who ruled over a large part of Asia Minor as well as Syria.

mīlia talentōrum et vīgintī obsidēs praebēret, Hannibalem, concitōrem bellī, dēderet. Scīpiō Rōmam rediit, et ingentī glōriā triumphāvit. Ipse ad imitātiōnem frātris nōmen *Asiāticī* accēpit.

The Third Punic War

27. Tertium deinde bellum contrā Carthāginem susceptum est sescentēsimō et quīntō annō ab urbe conditā, annō quīnquāgēsimō quārtō postquam secundum bellum Pūnicum trānsāctum erat. L. Mārcius Cēnsōrīnus et M'. Mānīlius cōnsulēs in Āfricam trāiēcērunt, et oppugnāvērunt Carthāginem. Multa ibi praeclārē gesta sunt per Scīpiōnem, 5 Scīpiōnis Āfricānī nepōtem, quī tribūnus in Āfricā mīlitābat. Apud omnēs ingēns erat metus et reverentia Scīpiōnis, neque quidquam magis Carthāginiēnsium ducēs vītābant, quam contrā eum proelium committere.

Cum iam magnum esset Scīpiōnis nōmen, tertiō annō postquam 10 Rōmānī in Āfricam trāiēcerant, cōnsul est creātus, et contrā Carthāginem missus. Is hanc urbem ā cīvibus ācerrimē dēfēnsam cēpit ac dīruit. Ingēns ibi praeda facta est, plūrimaque inventa sunt, quae dē multārum cīvitātum excidiīs Carthāgō collēgerat. Haec omnia Scīpiō cīvitātibus Ītaliae, Siciliae, Āfricae reddidit. Ita Carthāgō dēlēta est sep- 15 tingentēsimō annō postquam condita erat. Scīpiō *Āfricānus Minor* vocātus est.

16. **Hannibalem . . . dēderet:** Antiochus agreed to surrender Hannibal, but the latter escaped to Bithynia, where King Prusias protected him. When the Romans finally discovered where he was, and sent troops to capture him, he took poison, which he always had with him, rather than suffer punishment at the hands of the Romans.

27. 1. **Tertium bellum:** After the Second Punic War ended, Carthage slowly regained her commercial prosperity. The Romans realized that she would be a constant threat to their growing empire, and became convinced that she must be completely destroyed. It was Cato, the statesman, who ended every speech he made in the Roman Senate with the words, "Dēlenda est Carthāgō". When the Carthaginians went to war with Masinissa, king of Numidia, in violation of the terms of the treaty signed at the end of the Second Punic War, the Romans sailed to Carthage with an army. This was in 149 B.C. 6. **nepōtem:** *the grandson* (of the famous Scipio Africanus). 12. **cēpit ac dīruit:** When the Carthaginians were finally beaten, after a long and frightful siege, the city was then levelled to the ground, its site plowed carefully, and its soil cursed.

114

Three Great Triumphs in 146 B.C.

28.   Interim in Macedoniā quīdam Pseudophilippus arma mōvit, et
P. Iuventium, Rōmānōrum ducem, ad internec. iōnem vīcit. Post eum
Q. Caecilius Metellus dux ā Rōmānīs contrā Pseudophilippum missus
est, et, vīgintī quīnque mīlibus ex mīlitibus eius occīsīs, Macedoniam
5   recēpit; ipsum etiam Pseudophilippum in potestātem suam redēgit.

Corinthiīs quoque bellum indictum est, nōbilissimae Graeciae cīvitātī, propter iniūriam Rōmānīs lēgātīs illātam. Hanc Mummius cōnsul
cēpit ac dīruit.

Trēs igitur Rōmae simul celeberrimī triumphī fuērunt: Scīpiōnis ex
10   Āfricā, ante cuius currum ductus est Hasdrubal; Metellī ex Macedoniā,
cuius currum praecessit Āndriscus, quī et Pseudophilippus dīcitur;
Mummī ex Corinthō, ante quem signa aēnea et pīctae tabulae et alia
urbis clārissimae ōrnāmenta praelāta sunt.

Wars in Spain

29.   Annō sescentēsimō decimō post urbem conditam Viriāthus in
Lūsītāniā bellum contrā Rōmānōs excitāvit. Pāstor prīmo fuit, mox lat-
rōnum dux; postrēmō tantōs ad bellum populōs concitāvit, ut vindex
lībertātis Hispāniae exīstimārētur. Dēnique ā suīs interfectus est. Cum
5   eius interfectōrēs praemium ā Caepiōne cōnsule peterent, respōnsum est, numquam Rōmānīs placuisse, imperātōrem ā mīlitibus suīs
interficī.

Deinde bellum exortum est cum Numantīnīs, opulentissimā cīvitāte
Hispāniae. Ab hīs superātus, Q. Pompeius pācem ignōbilem fēcit. Post
10   eum C. Hostīlius Mancīnus cōnsul iterum cum eīs fēcit īnfāmem
pācem, quam populus et senātus iussit īnfringī, atque ipsum Man-
cīnum hostibus trādī. Tum P. Scīpiō Āfricānus in Hispāniam missus
est. Is prīmum mīlitem ignāvum et corruptum corrēxit; tum multās
Hispāniae cīvitātēs partim bellō cēpit, partim in dēditiōnem accēpit.
15   Postrēmō ipsam Numantiam fame ad dēditiōnem coēgit, urbemque
ēvertit; reliquam prōvinciam in fidem accēpit.

28.   1. **Pseudophilippus:** *Pseudo-Philip,* or *False Philip,* whose real name was
Andriscus. **arma mōvit:** *started a war.* 2. **ad internecionem:** *to the point of annihilation.* 6. **Corinthiīs:** *on the Corinthians;* dative after indīcō. 7. **iniūriam:**
The houses of the Roman envoys were forcibly entered, in violation of the
rights of ambassadors. 9. **Scīpiōnis:** *that of Scipio.* 12. **signa aēnea:** *bronze
statues.* **pīctae tabulae:** *paintings.*

29.   1. **Annō . . . conditam:** i.e., 144 B.C. 3. **vindex:** *protector.* Viriathus defeated the Romans in several battles between 144 and 140 B.C. 8. **Numantīnīs:**
the Numantines. 11. **īnfringī:** *to be broken off.*

War with Jugurtha, King of Numidia

30. P. Scīpiōne Nāsīcā et L. Calpurniō Bēstiā cōnsulibus, Iugurthae, Numidārum rēgī, bellum illātum est, quod Adherbalem et Hiemp- salem, Micipsae fīliōs, patruēlēs suōs interēmisset. Adversus eum cōn- sul Calpurnius Bēstia missus est, sed corruptus rēgis pecūniā pācem cum eō flāgitiōsissimam fēcit, quae ā senātū improbāta est. 5

Dēnique Q. Caecilius Metellus cōnsul Iugurtham variīs proeliīs vīcit, elephantōs eius occīdit vel cēpit, multās cīvitātēs in dēditiōnem ac- cēpit. Eī successit C. Marius, quī bellō terminum posuit, ipsumque Iugurtham cēpit. Ante currum triumphantis Marī vinctus Iugurtha cum duōbus fīliīs ductus est, et mox iussū cōnsulis in carcere stran- 10 gulātus est.

The Cimbri and Teutones

31. Dum bellum in Numidiā contrā Iugurtham geritur, Cimbrī et Teutonēs aliaeque Germānōrum et Gallōrum gentēs Ītaliae mināban- tur, plūrēsque Rōmānōrum exercitūs fūdērunt. Ingēns fuit Rōmae timor, nē iterum Gallī urbem occupārent. Ergō Marius cōnsul est creātus bellumque eī contrā Cimbrōs et Teutonēs dēcrētum est; bel- 5 lōque prōtrāctō, eī tertius et quārtus cōnsulātus dēlātus est. In proeliō cum Teutonibus ad Aquās Sextiās ducenta mīlia hostium cecīdit, oc- tōgintā mīlia cēpit, eōrumque rēgem Teutobodum; propter quod meritum absēns quīntum cōnsul creātus est. Intereā Cimbrī in Ītaliam trānsiērunt. Iterum ā C. Mariō et Q. Catulō contrā eōs dīmicātum est 10 ad Vercellās. Centum et quadrāgintā mīlia aut in pugnā aut in fugā caesa sunt; sexāgintā mīlia capta sunt. Tria et trīgintā signa Cimbrīs sublāta sunt.

---

30. 1. **Iugurthae:** *Jugurtha,* the grandson of Masinissa. 3. **Micipsae:** *Micipsa:* he succeeded Masinissa. When he died, he left the throne to his two sons and his nephew Jugurtha in common; Jugurtha then killed his two cousins. 7. **elephantōs:** i.e., he killed some elephants and captured the rest. 9. **vinctus:** *bound.* 10. **in carcere:** *in the prison*—the Mamertine prison, where Jugurtha is said to have remarked, "By Hercules, how cold your bath is!"

31. 1. **Cimbrī et Teutonēs:** German tribes which were migrating southward. 2. **Ītaliae:** dative with minor. 4. **iterum:** *a second time;* the first time was in 390 B.C. See Chapter 14. 7. **ad Aquās Sextiās:** in southern Gaul, the modern Aix- en-Provence. 8. **Teutobodum:** *Teutobodus,* king of the Teutons—a giant who it is said could jump over six horses. 9. **absēns:** *though absent.* Candidates for the consulship were normally required to be in Rome. **quīntum:** *for the fifth time.* 12. **Cimbrīs:** *from the Cimbri;* dative of separation.

War with Italian Allies

32.   Sescentēsimō sexāgēsimō quārtō annō ab urbe conditā in Ītaliā
gravissimum bellum exārsit. Nam Pīcentēs, Mārsī, Paelignīque, quī
multōs annōs populō Rōmānō oboedierant, aequa cum illīs iūra sibi
darī postulābant. Perniciōsum admodum hoc bellum fuit; P. Rutīlius
5   cōnsul in eō occīsus est; plūrēs exercitūs sunt fūsī fugātīque.

Tandem L. Cornēlius Sulla nōn sōlum alia ēgregiē gessit, sed etiam
Cluentium, hostium ducem, cum magnīs cōpiīs fūdit. Rōmānī tamen,
bellō fīnītō, iūs cīvitātis, quod prius negāverant, sociīs tribuērunt.

Annō urbis conditae sescentēsimō sexāgēsimō sextō prīmum Rōmae
10   bellum cīvīle exortum est; eōdem annō etiam bellum Mithridāticum.
Causam bellō cīvīlī C. Marius dedit. Nam cum Sullae bellum adversus
Mithridātem, rēgem Pontī, dēcrētum esset, Marius eī hunc honōrem
ēripere cōnātus est. Sed Sulla quī adhūc cum legiōnibus suīs in Ītaliā
morābātur, cum exercitū Rōmam vēnit, et adversāriōs cum interfēcit,
15   tum fugāvit. Tum rēbus Rōmae utcumque compositīs, in Asiam profectus est, plūribusque proeliīs Mithridātem coēgit ut pācem ā
Rōmānīs peteret, et, Asiā quam invāserat relictā, rēgnī suī fīnibus contentus esset.

Civil War between Marius and Sulla

33.   Sed dum Sulla in Graeciā et Asiā Mithridātem vincit, Marius, quī
fugātus erat, et L. Cornēlius Cinna, ūnus ex cōnsulibus, bellum in
Ītaliā reparāvērunt, et ingressī Rōmam nōbilissimōs ex senātū et cōnsulārēs virōs interfēcērunt; multōs prōscrīpsērunt; ipsīus Sullae domō

32.   1. **Sescentēsimō . . . conditā:** i.e., 90 B.C. 2. **bellum:** the Social War, so
named from socii, the allies of Rome who revolted. 9. **Annō . . . sextō,** i.e., 88
B.C. 10. **bellum Mithridāticum:** *the war with Mithridates,* which lasted for more
than twenty years. Mithridates was king of Pontus, in Asia Minor, and
proved to be a formidable foe for the Romans until he was finally beaten by
Pompey. 12. **Marius . . . cōnātus est:** Sulla, as consul-elect, was appointed to
command the expedition against Mithridates, but Marius felt that he should
have the honor. 14. **morābātur:** *he was delaying,* because of the war with the
Italian allies, which was not yet finished. **cum . . . tum:** *either . . . or;* i.e., he
killed some, and put others to flight. 15. **utcumque:** *in one way or another.*

33.   4. **prōscrīpsērunt:** *proscribed;* lit., *advertised for sale,* i.e., a reward was offered to anyone who would kill a 'proscribed' man. This led to a five day
massacre of many of Rome's leading citizens. Finally, Marius and Cinna announced that they were the new consuls. Marius, however, died shortly afterwards.

Bust of Sulla in the Vatican Museum

ēversā, fīliōs et uxōrem ad fugam compulērunt. Ūniversus reliquus   5
senātus ex urbe fugiēns ad Sullam in Graeciam vēnit, ōrāns ut patriae
subvenīret.

    Sulla in Ītaliam trāiēcit, hostium exercitūs vīcit, mox etiam urbem in-
gressus est, quam caede et sanguine cīvium replēvit. Quattuor mīlia
inermium cīvium, quī sē dēdiderant, interficī iussit; duo mīlia equitum   10
et senātōrum prōscrīpsit. Tum dē Mithridāte triumphāvit. Duo haec
bella fūnestissima, bellum Ītalicum, quod et sociāle dictum est, et bellum cīvīle, cōnsūmpsērunt ultrā centum et quīnquāgintā mīlia hominum, virōs cōnsulārēs vīgintī quattuor, praetōriōs septem, aedīliciōs
sexāgintā, senātōrēs ferē ducentōs.   15

12. **fūnestissima:** *very destructive.* 13. **ultrā:** *more than.* 14. **aedīliciōs:** *ex-aediles.*

118

— *Exercise for Review* —

Complete the following sentences.

1. The Roman historian Livy lived in the _____ century A.D.
2. The legendary date for the founding of Rome is _____ . The legendary date for the establishment of the Republic is _____.
3. The city which Aeneas first built on the Tiber River was called _____.
4. The son of Aeneas was named _____.
5. Romulus and Remus were the twin sons of _____ and _____.
6. In order to procure wives for the Romans, Romulus invited the _____ to a festival at Rome.
7. After Romulus died he was _____.
8. The last of the early kings was named _____.
9. In the new Republic, the Romans elected two _____ to hold the highest office.
10. These men held office for _____.
11. A famous Roman who was taken from his farm to become dictator was named _____.
12. Pyrrhus was the king of _____ in _____.
13. Pyrrhus defeated the Romans with the aid of his _____.
14. Pyrrhus was finally defeated by the Romans in the year _____.
15. The first two Punic wars were fought in the _____ century B.C.
16. The first Punic war lasted for _____ years.
17. Hannibal was the Carthaginian leader in the _____ Punic War.
18. Hannibal was finally defeated by the Roman general _____ in a battle at _____ in the year _____.
19. Regulus was greatly admired by later Romans because he had _____.
20. Carthage was finally destroyed by the Romans in the year _____.
21. The successful Roman general in the third Punic war was _____.
22. Jugurtha was the king of _____ in _____.
23. Marius was elected consul _____ times.
24. Teutobodus was the king of the _____.
25. A Civil War was fought in Italy in 88–86 B.C. by _____ and _____.

Hannibal crossing the Rhone

GAIUS JULIUS CAESAR

Gaius Julius Caesar was born in 102 B.C. (though if one follows Suetonius, 100 is possible). The Julii, one of the oldest Roman families, claimed descendance from Ascanius, the son of Aeneas and grandson of Anchises and Venus. 102 was significant also as the year in which Caesar's uncle Marius annihilated the Teutones at Aquae Sextiae and inaugurated the period of struggle between the popular and aristocratic parties which led to the rise of military dictatorships and the overthrow of the Republican constitution.

In 91 when Caesar was still a boy the Social War between Rome and the Italian allies broke out. After several years of warfare Rome succeeded in defeating the Italians, but as part of the peace settlement in 88 Roman citizenship was conferred on all the Italian towns south of the Po. In 88 began the bitter conflict between the popular party of Marius and Cinna and the senatorial party led by Sulla. Caesar probably received the **toga virīlis,** the mark of Roman manhood, in 87 B.C. So Caesar's boyhood was passed in a period of violent party strife, and at an early age he showed unswerving partiality for the cause of popular government as against the Senate. In 84 he married Cornelia, the daughter of Cinna, who became leader of the popular party at Marius's death in 86.

On Sulla's triumphal return to Rome in 82 and the restoration of Senatorial power Caesar refused Sulla's command to put away Cinna's daughter and sought refuge in the mountains of Samnium, having lost his property in the Sullan confiscations. Reluctantly pardoned by Sulla, he returned to Rome and, with no political prospects opened to him under the dictator, he set sail in 81 for Asia Minor, where he saw military service in Cilicia, in 80 winning the 'civic crown' for saving the life of a fellow-soldier at the siege of Mitylene, the last town to hold out for Mithridates. In 78 he joined the fleet of Servilius Isauricus operating against the Cilician pirates, but shortly at the news of Sulla's death in 78 he returned to Rome to begin an active career in politics.

He commenced his legal activities by appearing for the prosecution in the trial of Dolabella for extortion in 77. Showing great promise as a lawyer, he decided to learn the art of rhetoric from one of the greatest teachers of the time, Molo of Rhodes, who was also Cicero's teacher.

According to some, Caesar became one of the greatest orators of the day, second only to Cicero.

In 69 Caesar stood for the quaestorship of 68 and was elected. It fell to his lot to go to Farther Spain. Just about this time his wife Cornelia died. With this tour of duty began his acquaintance with the Celtic and Gallic peoples of the west, where in 58–50 he was to consolidate his political power. In 67 he married Pompeia, Sulla's granddaughter. In 65 he was elected Curule Aedile and in the prodigality of his spending on shows and games went deeply into debt. In 63 he was elected Pontifex Maximus and in 62 Praetor. Thus there remained only the consulship to complete his **cursus honōrum.** In 61 he divorced Pompeia.

In 62 Pompey returned from his triumphal progress in the east, where he had set out in 67 to subdue the pirates and Mithridates. He ended by reorganizing Asia Minor and emerging as the strongest political figure in Rome. On his return Pompey fell out with the senatorial party over the Senate's failure to ratify his eastern settlements and to provide land for his veteran soldiers. Caesar, meanwhile, having passed his propraetorship (61 B.C.) in Farther Spain, had returned to Rome in the summer of 60. He gave up a triumph to stand for the consulship. In seeking this office he had allied himself in the First Triumvirate of 60 with Pompey, whose immense reputation was essential in furthering his aims, and with Crassus, one of the richest men of that day, to whom Caesar was still deeply in debt from the expenses of his aedileship. In spite of senatorial opposition Caesar was elected. He entered on his consular duties in 59 and in the same year cemented his alliance with Pompey by giving him his daughter Julia in marriage. He himself married Calpurnia in this same year. By the Lex Vatinia the usual senatorial arrangements for proconsular provinces were set aside and Caesar was given Cisalpine Gaul and adjoining Illyria for five years. To Caesar's government the Gallic provinces beyond the Alps together with an army were added on Pompey's motion. In 58 Caesar set out for his conquest of Gaul (58–50), the account of which he has left us in his Commentaries.

In 56 the triumvirs met at Lucca to renew the Triumvirate and to extend their proconsular **imperia** for another five years. However the alliance soon showed signs of breaking up. Caesar's success sat ill with Pompey, and in 54 Julia died, thus removing another bond between the two men. In 53 Crassus was killed in the Parthian campaign, and increasingly the two remaining triumvirs grew apart, Pompey inclining more and more to the senatorial side.

On the termination of Caesar's command in November, 49, Cato and a clique of senators had resolved to prosecute him for treason or extortion. Caesar proposed to stand for the elections held in 49. If elected he would be immune from prosecution. Pompey joined with Caesar's opposition in a measure to recall him before the expiration of his command so that they might prosecute. Thus the break between the two most powerful men of Rome was effected. Caesar crossed the Rubicon on 11 January, 49 B.C., and the Civil War began. After the Civil War, Caesar returned to Rome and was just beginning his reconstruction of the Roman world when he was struck down by Brutus and Cassius and their fellow-conspirators on the Ides of March, 44 B.C.

After this bare recital of the outstanding events in the life of one of history's greatest men, one must make some evaluation of the man. Of his place in history there is no question. He must be considered as important in the development of the western world as Alexander the Great. Caesar's Gallic campaigns not only made faction-torn Gaul into one of the richest and most important provinces of the Empire, but also gave Caesar command of a powerful army with whose loyal support Caesar undertook to build an empire. At his death Octavian, his legal heir and adopted son, inherited also the loyalty of Caesar's legions, without which he could not have succeeded against his enemies. The foundations of the Roman Empire and all that that implies in the development of the political and social institutions of the western world were the work of Caesar and his legions.

What sort of man was he? We have varying evidence from antiquity. His military genius is clear on every page of the Gallic War. He was personally courageous and inspired the deep loyalty of his men. In strategy and tactics he was swift and decisive. On campaign he could be as simple and enduring as any Spartan. In his friendships we have Cicero's witness to his warmth and charm. He had a mind of great power and cultivation, and was a speaker of eminent distinction. Yet his outstanding characteristic was political ambition. He sought power, not exercised in the modest confines of Italy, but over the whole Hellenistic world. To achieve his aims Caesar brought to bear the powerful resources of a mind remarkably flexible and unencumbered by preconceived notions. He could be ruthless if it suited him or humane and magnanimous for the same reason. Inherent were political cynicism and more than a trace of opportunism. In sum he was a complex and compelling character. In Shakespeare's words: "he doth bestride the narrow world like a Colossus."

Life of Julius Caesar

102 (100?) B. C.	Birth
83–82	Marries Cornelia and Defies Sulla
80–78	First Military Service in Asia
68	Quaestor in Spain
65	Curule Aedile
62	Praetor
60	Forms First Triumvirate
59	Consul
58–50	Proconsul.—Conquest of Gaul and Britain
48, Aug. 9	Defeats Pompey at Battle of Pharsalus
47	Conquers Ptolemy, King of Egypt
47	Defeats Pharnaces, King of Pontus
46	Defeats Scipio and Juba at Thapsus
45	Defeats the Sons of Pompey at Munda
45–44	Rules as Dictator at Rome
44, March 15	Assassinated

Caesar's Army

The troops of Caesar's army consisted mainly of infantry and cavalry. There were also divisions of archers and slingers. The artillery was also effective in siege operations, and was under a separate detachment of soldiers. There were scouts, spies, and engineers, all taken from the ranks of soldiers.

The infantry consisted of Roman citizens, of whom some were called up for service, and others were volunteers. A legion at full strength consisted of 6,000 infantrymen, but in Caesar's campaigns in Gaul, there were generally not more than 3,600 men in a legion. Each legion had ten cohorts (360 men); each cohort had three maniples (120 men); each maniple had two centuries (60 men).

The cavalry was composed of foreigners — Germans, Gauls, and Spaniards. The cavalry force consisted of a troop (30 men), and a squadron, of ten troops. The squadron was commanded by a cavalry prefect (**praefectus equitum**).

The auxiliaries consisted of light-armed foot soldiers, slingers, and bowmen, chiefly recruited from the Balearic Islands, Crete, and Numidia.

The officers in Caesar's army consisted of the following:

1. The Commander in Chief, called **dux** until he had won his first important victory, after which he was called **imperātor.**
2. Lieutenant Generals, **lēgātī,** the staff officers of the commander.
3. Quartermaster general, **quaestor,** in charge of supplies, etc.
4. Military Tribunes, six to a legion, whose duties were of minor importance.
5. Prefects, who commanded the cavalry squadrons and auxiliaries.
6. Centurions, non-commissioned officers, promoted from the ranks.

The armor consisted of a **pīlum,** or javelin, and **gladius,** or sword, on the offence; and a **galea,** or helmet, and **scūtum,** or shield, on the defence. The legionary soldier wore a tunic, and a thick woolen cloak, and heavy sandals made of leather, fastened to the feet by heavy straps.

The Romans used three kinds of artillery, the catapult, which shot large arrows horizontally; the scorpion, a small catapult; and the ballista, which hurled large stones at an angle.

The word **agmen** was used to describe the army on the march, and **aciēs** the army in battle formation. The **prīmum agmen** was the van, or front of the marching column, and **novissimum agmen** was the rear. The **aciēs** was generally drawn up for battle in three lines, with the second line filling in the gaps of the front line, and the third line held in reserve.

The Romans always constructed a fortified camp at the end of each day's march. This was rectangular in shape, and surrounded by a trench, and a rampart 5–6 feet high and 6–8 feet wide at the top. The interior of the camp was laid out systematically, with a main street running the full length of the camp, crossed at right angles by the **via praetōria;** there were four main gates at the ends of these streets.

The illustration on pages 126–127 is a detail from "Fame", one of a series of tapestries called "The Honors", woven in Brussels in the 16th century for the Hapsburg Rulers of Spain. The tapestry is woven with threads of silk, gold, and silver and is about 40 by 16 feet. It is filled with a crowd of figures from mythology, legend and history. Every age has had its own interpretation of Caesar and the Renaissance admired his political acumen and saw in him the epitome of the statesman king. This is not a portrait, but rather an ideal depiction of the majesty of royal power. According to Suetonius, the biographer of Caesar, his horse's hooves looked like human feet. The single horn was perhaps added because of Caesar's description of unicorns in the Black Forest.

The Gallic War
Commentāriī dē Bellō Gallicō
C. Iūlī Caesaris

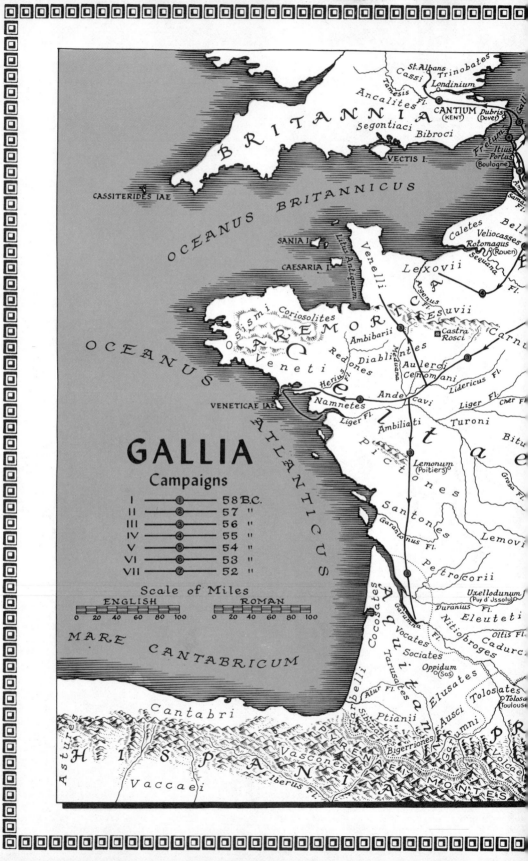

GALLIA

Campaigns

I	——①——	58	B.C.
II	——②——	57	"
III	——③——	56	"
IV	——④——	55	"
V	——⑤——	54	"
VI	——⑥——	53	"
VII	——⑦——	52	"

Scale of Miles

ENGLISH

0 20 40 60 80 100

ROMAN

0 20 40 60 80 100

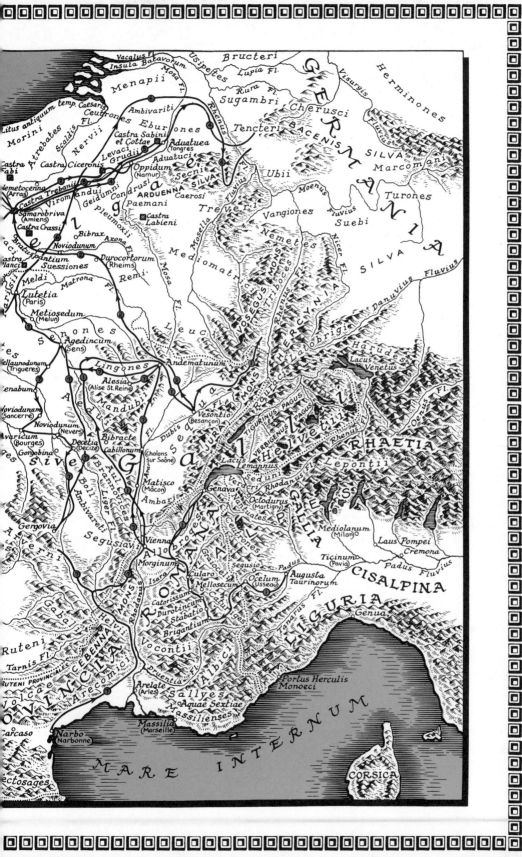

BOOK 1

The Helvetian Campaign

The Divisions and Peoples of Gaul

1.   Gallia est omnis dīvīsa in partēs trēs, quārum ūnam incolunt Belgae, aliam Aquītānī, tertiam, quī ipsōrum linguā Celtae, nostrā Gallī appellantur. Hī omnēs linguā, īnstitūtīs, lēgibus inter sē differunt. Gallōs ab Aquītānīs Garumna flūmen, ā Belgīs Matrona et Sēquana dīvidit.   5

Hōrum omnium fortissimī sunt Belgae, proptereā quod ā cultū atque hūmānitāte Prōvinciae longissimē absunt, minimēque saepe mercātōrēs ad eōs commeant, atque ea, quae ad effēminandōs animōs pertinent, important; proximīque sunt Germānīs, quī trāns Rhēnum incolunt, quibuscum continenter bellum gerunt. Quā dē causā Helvētiī   10 quoque reliquōs Gallōs virtūte praecēdunt, quod ferē cotīdiānīs proeliīs cum Germānīs contendunt, cum aut suīs fīnibus eōs prohibent, aut ipsī in eōrum fīnibus bellum gerunt.

Orgetorix

2.   Apud Helvētiōs longē nōbilissimus fuit et dītissimus Orgetorīx. Is, M. Messālā et M. Pīsōne cōnsulibus, rēgnī cupiditāte inductus coniūrātiōnem nōbilitātis fēcit, et cīvitātī persuāsit, ut dē fīnibus suīs cum omnibus cōpiīs exīrent.

Id facilius eīs persuāsit, quod undique locī nātūrā Helvētiī continen-   5 tur: ūnā ex parte flūmine Rhēnō, lātissimō atque altissimō, quī agrum Helvētium ā Germānīs dīvidit; alterā ex parte monte Iūrā altissimō, quī

1.   1. **omnis**: *as a whole.* **dīvīsa**: a participle, here used as a predicate adjective with **est**—*is divided.* **trēs**: the three geographical divisions of Gaul were (1) Aquitania, in the southwest; (2) Belgium, in the northeast; and (3) the large central area occupying what is now most of modern France. 2. **Aquītānī**: sc. incolunt. **(eī) quī**: *those who.* **ipsōrum**: *their own.* **nostrā**: sc. linguā. 3. **linguā**: ablative of specification—i.e., *in respect to language,* etc. **inter sē**: *among themselves.* 4. **Garumna flūmen**: *the Garonne*; **Matrona**: *the Marne.* 6. **proptereā quod**: *because.* 7. **mercātōrēs**: Roman merchants had penetrated into nearly every part of Gaul. 8. **ea**: *those things.* **animōs**: *courage.* 10. **Quā dē causā**: *For this reason.* 11. **praecēdunt**: *surpass.* 12. **suīs . . . eōs . . . ipsī . . . eōrum**: Note Caesar's use of pronouns. The Helvetians keep them (eōs) i.e., the rest of the Germans, from their (suīs) lands, or they themselves (ipsī) wage war in their (eōrum) lands.

2.   2. **Messālā . . . cōnsulibus**: i.e., in 61 B.C. 3. **nōbilitātis**: *among the nobility.* **ut exīrent**: *to emigrate;* an indirect command. 5. **id**: *(to do) this;* a pronominal direct object. 7. **monte Iūrā**: *the Jura range.*

est inter Sēquanōs et Helvētiōs; tertiā, lacū Lemannō et flūmine
Rhodanō, quī Prōvinciam nostram ab Helvētiīs dīvidit. Hīs rēbus
10 fiēbat, ut et minus lātē vagārentur et minus facile fīnitimīs bellum
īnferre possent; quā ex parte hominēs bellandī cupidī magnō dolōre
afficiēbantur. Prō multitūdine autēm hominum et prō glōriā bellī atque
fortitūdinis angustōs sē fīnēs habēre arbitrābantur, quī in longitūdinem mīlia passuum CCXL, in lātitūdinem CLXXX patēbant.

Orgetorix Forms a Conspiracy

3. Hīs rēbus adductī et auctōritāte Orgetorīgis permōtī cōnstituērunt
comparāre ea quae ad proficīscendum pertinērent, iūmentōrum et car-
rōrum quam maximum numerum coemere, sēmentēs quam maximās
facere, ut in itinere cōpia frūmentī suppeteret, cum proximīs
5 cīvitātibus pācem et amīcitiam cōnfīrmāre. Ad eās rēs cōnficiendās
biennium sibi satis esse exīstimāvērunt; in tertium annum profectiōnem lēge cōnfīrmant.

Ad eās rēs cōnficiendās Orgetorīx dēligitur. Is sibi lēgātiōnem ad
cīvitātēs suscēpit. In eō itinere persuādet Casticō, Catamantāloedis
10 fīliō, Sēquanō, ut rēgnum in cīvitāte suā occupāret, quod pater ante
habuerat; itemque persuādet Dumnorīgī Aeduō, frātrī Dīviciācī, quī eō
tempore prīncipātum in cīvitāte obtinēbat ac maximē plēbī acceptus
erat, ut idem cōnārētur, eīque fīliam suam in mātrimōnium dat.

8. **lacū Lemannō:** *Lake Geneva.* 10. **ut . . . vagārentur:** a substantive result
clause, after fiēbat. **fīnitimīs:** dative with īnferre—*on their neighbor.* 11. **quā ex
parte:** *for this reason.* **bellandī:** a gerund; genitive case with cupidī. 12. **Prō . . .
hominum:** *Considering the large number of people.* It is estimated that there were
about 263,000 people in Switzerland at that time. Today there are over two
million. 14. **CLXXX:** sc. mīlia passuum—The actual distance is about 80 miles.
The error may be due to a mistake on the part of a scribe in copying the
manuscript.

3. 1. **cōnstituērunt:** sc. Helvētiī as subject, modified by the participles adductī and permōtī. 2. **ea:** *those things;* object of comparāre. **pertinērent:** sub-
junct. in a relative clause of characteristic—*such things as would have to do with
their departure.* 4. **ut . . . suppeteret:** a purpose clause. 6. **in . . . annum:** *for the
third year;* i.e., 59 B.C. 7. **cōnfīrmant:** historical present; translate by the
perfect—*they set.* 8. **ad cīvitātēs:** i.e., to the neighboring states—the Sequani
and the Aedui. Orgetorix wanted to secure the power in the state of the
Helvetians, and persuade Casticus and Dumnorix to do the same in their
states. 12. **plēbī acceptus:** *popular with the common people.* 13. **idem cōnārētur:**
to make the same attempt.

Íllīs cōnfīrmat sē suae cīvitātis imperium obtentūrum, atque suīs cōpiīs suōque exercitū illīs rēgna conciliātūrum. Hāc ōrātiōne adductī,   15
inter sē fidem et iūs iūrandum dant, et rēgnō occupātō per trēs potentissimōs ac fīrmissimōs populōs sēsē tōtīus Galliae imperium obtinēre posse spērant.

The Conspiracy Fails

4.   Ea rēs est Helvētiīs per indicium ēnūntiāta. Mōribus suīs Orgetorīgem ex vinculīs causam dīcere coēgērunt; oportēbat eum damnātum igne cremārī.

Diē cōnstitūtā Orgetorīx ad iūdicium omnem suam familiam, ad hominum mīlia decem, undique coēgit, et omnēs clientēs obaerātōsque suōs, quōrum magnum numerum habēbat, eōdem condūxit; per   5
eōs, nē causam dīceret, sē ēripuit. Cum cīvitās ob eam rem incitāta armīs iūs suum exsequī cōnārētur, multitūdinemque hominum ex agrīs magistrātūs cōgerent, Orgetorīx mortuus est. Helvētiī autem arbitrantur ipsum sē interfēcisse.   10

The Helvetians Prepare to Migrate

5.   Post eius mortem nihilō minus Helvētiī id, quod cōnstituerant, facere cōnantur, ut ē fīnibus suīs exeant. Ubi iam sē ad eam rem parātōs esse arbitrātī sunt, oppida sua omnia, numerō ad duodecim, vīcōs ad quadringentōs, reliqua prīvāta aedificia incendunt. Frūmentum omne, praeter quod sēcum portātūrī erant, combūrunt, ut domum reditiōnis   5
spē sublātā parātiōrēs ad omnia perīcula subeunda essent; trium mēn-

---

14. **Illīs:** *to them*—i.e., to Casticus and Dumnorix. **obtentūrum:** sc. esse; Caesar frequently omits esse in fut. act. and perf. pass. infin. 16. **inter . . . dant:** i.e., *they swore mutual fidelity.*

4.   1. **per indicium:** i.e., through informers. **Mōribus suīs:** *according to their customs.* 2. **damnātum:** *if condemned.* 4. **Diē:** diēs is usually masculine, except when it means an appointed time, as it does here. **familiam:** *household,* including slaves. 5. **clientēs obaerātōsque:** these persons were in various ways under obligation to Orgetorix, and bound to support him. 7. **nē . . . dīceret:** *from pleading his case.* 8. **iūs . . . exsequī:** *to assert its rights*—i.e., bring Orgetorix to trial. 9. **mortuus est:** *died.* 10. **ipsum sē:** ipsum is the subject, and sē the object of interfēcisse.

5.   2. **ut . . . exeant:** a substantive clause in apposition with id. 5. **portātūrī erant:** *they intended to take.* 6. **subeunda:** gerundive of subeō. **trium . . . cibāria:** *a three month's supply of ground grain.*

sium molita cibāria sibi quemque domō efferre iubent. Persuādent
Rauracīs et Tulingīs et Latobrīgīs finitimīs utī, oppidīs suīs vīcīsque
exūstīs, ūnā cum eīs proficīscantur. Boiōs, quī trāns Rhēnum incolue-
10   rant et in agrum Nōricum trānsierant Nōreiamque oppugnārant, ad sē
sociōs recipiunt.

The Helvetians Decide to Go through the Roman Province

6.   Erant omnīnō itinera duo, quibus itineribus domō exīre possent:
ūnum per Sēquanōs, angustum et difficile, inter montem Iūram et
flūmen Rhodanum, quā vix singulī carrī dūcerentur; mōns autem altis-
simus impendēbat, ut facile perpaucī eōs prohibēre possent; alterum
5   per Prōvinciam nostram, multō facilius atque expedītius, proptereā
quod inter fīnēs Helvētiōrum et Allobrogum, quī nūper pācātī erant,
Rhodanus fluit, isque nōn nūllīs locīs vadō trānsītur.

Extrēmum oppidum Allobrogum proximumque Helvētiōrum finibus
est Genāva. Ex eō oppidō pōns ad Helvētiōs pertinet. Allobrogibus
10   sēsē vel persuāsūrōs exīstimābant, vel vī coāctūrōs, ut per suōs fīnēs
eōs īre paterentur. Omnibus rēbus ad profectiōnem comparātīs diem
dīcunt, quā diē ad rīpam Rhodanī omnēs conveniant. Is diēs erat a. d.
v. Kal. Apr., L. Pīsōne, A. Gabīniō cōnsulibus.

8. **utī** = ut: *that.* 9. **eīs:** i.e., the Helvetians. 10. **agrum Noricum:** *The territory of the Norici,* in what is now part of Austria. 11. **sociōs:** in apposition with Boiōs.

6.   1. **omnīnō:** *only,* literally, *in all.* **itineribus:** need not be translated. **possent:** subjunctive in a relative clause of characteristic—*by which they would be able.* 2. **unum** (iter): through the Pas de l'Ecluse and the Jura Range. 3. **quā:** *by which way.* **dūcerentur:** subjunctive in a relative clause of characteristic—*could be drawn.* 4. **ut . . . possent:** a result clause. 5. **per Prōvinciam nostram:** the Roman province south of Gaul, which had belonged to Rome for over sixty years. By this route, the migration of the Helvetians would be through a comparatively level and peaceful country. **facilius atque expedītius:** both mean *easier,* modifying iter, understood. 6. **nūper:** *recently;* three years before this, the Allobroges had rebelled against the Romans and been subdued. 7. **isque:** *and this* (the Rhone). 9. **Genāva:** the old part of Geneva today is on the south side of the Rhone; the modern city is on the north. 10. **suōs:** i.e., of the Allobroges. 11. **eōs:** the Helvetians. **paterentur:** *they would allow;* from patior. 12. **dīcunt:** *they fixed.* **quā diē:** *on which.* 13. **a.d. V. Kal. Apr.:** ante diem quīntum Kalendās Aprīlēs—*the fifth day before the Kalends of April,* i.e., *March 28,* 58 B.C.

Caesar Hurries to Geneva

7.   Caesarī cum id nūntiātum esset, eōs per Prōvinciam nostram iter facere cōnārī, mātūrat ab urbe proficīscī et, quam maximīs potest itineribus, in Galliam ulteriōrem contendit et ad Genāvam pervenit. Prōvinciae tōtī quam maximum potest mīlitum numerum imperat (erat omnīnō in Galliā ulteriōre legiō ūna); pontem, quī erat ad Genāvam,   5 iubet rescindī.

   Ubi dē eius adventū Helvētiī certiōrēs factī sunt, lēgātōs ad eum mittunt nōbilissimōs cīvitātis, quī dīcerent, sibi esse in animō sine ūllō maleficiō iter per Prōvinciam facere, proptereā quod nūllum aliud iter habērent; sē rogāre, ut sibi licēret eius voluntāte id facere. Caesar,   10 quod memoriā tenēbat, L. Cassium cōnsulem occīsum exercitumque eius ab Helvētiīs pulsum et sub iugum missum, concēdendum nōn putābat; neque exīstimābat hominēs inimīcō animō, datā facultāte per Prōvinciam itineris faciendī, ab iniūriā et maleficiō temperātūrōs. Tamen, ut spatium intercēdere posset, dum mīlitēs, quōs imperāverat,   15 convenīrent, lēgātīs respondit, diem sē ad dēliberandum sūmptūrum; sī quid vellent, ad Īd. Aprīl. reverterentur.

Caesar Fortifies the South Bank of the Rhone

8.   Intereā eā legiōne, quam sēcum habēbat, mīlitibusque, quī ex Prōvinciā convēnerant, ā lacū Lemannō, quī in flūmen Rhodanum īnfluit, ad montem Iūram, quī fīnēs Sēquanōrum ab Helvētiīs dīvidit,—mīlia passuum xix—mūrum in altitūdinem pedum sēdecim fossamque

7.   1. **Caesarī:** Caesar was in Rome when he heard that the Helvetians planned to migrate through the Roman province. He arrived in the vicinity of Geneva in 8 days. 2. **quam . . . itineribus:** *as fast as he could travel;* literally, *by the longest possible marches.* 3. **ad:** *to the vicinity of.* 4. **imperat:** *he levied upon.* 5. **legiō:** the famous Tenth. **ad:** *at.* 6. **rescindī:** *to be cut down.* It was a wooden bridge; today a stone bridge spans the Rhone at about the same place. 8. **quī dīcerent:** a relative clause of purpose. **sibi . . . animō:** *that it was their intention.* 11. **occīsum:** sc. esse; also with pulsum, missum, and concedendum. 14. **temperātūrōs** (esse): *would refrain from.* 15. **ut . . . posset:** *in order to gain time.* **dum:** *until;* introducing a clause of anticipation. 16. **diem:** *time;* literally, *a day or two;* actually they had to wait for two weeks for his reply; this gave Caesar time to strengthen his defenses. 17. **ad Īd. Aprīl.:** *about the Ides (13th) of April.* **reverterentur:** subjunctive in an indirect command.

8.   1. **legiōne, mīlitibus:** ablative of means.

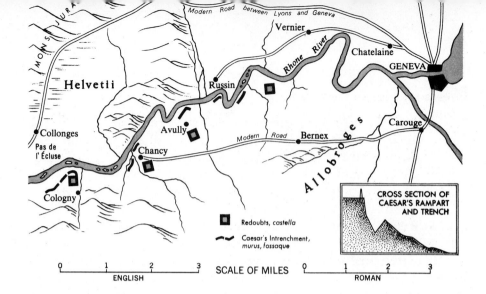

Rhone Fortifications

5   perdūcit. Eō opere perfectō praesidia dispōnit, castella commūnit, ut
Helvētiōs trānsīre cōnantēs prohibēre possit.

Ubi ea diēs, quam cōnstituerat cum lēgātīs, vēnit, et lēgātī ad eum
revertērunt, negat sē mōre et exemplō populī Rōmānī posse iter ūllī
per Prōvinciam dare; et, sī vim facere cōnentur, sē eōs prohibitūrum
10 ostendit. Helvētiī, eā spē dēiectī, aliī, nāvibus iūnctīs ratibusque complūribus factīs, flūmen trānsīre cōnantur; aliī vadīs Rhodanī, quā
minima altitūdō flūminis erat, nōn numquam interdiū, saepius noctū,
perrumpere cōnantur. Sed operis mūnītiōne et mīlitum concursū et
tēlīs repulsī hōc cōnātū dēstitērunt.

The Sequani Allow the Helvetians to Pass

9.   Relinquēbātur ūna via per Sēquanōs, quā, Sēquanīs invītīs, propter angustiās īre nōn poterant. Hīs cum suā sponte persuādēre nōn
possent, lēgātōs ad Dumnorīgem Aeduum mittunt, ut, eō dēprecātōre,
ā Sēquanīs impetrārent. Dumnorīx grātiā et largītiōne apud Sēquanōs

---

5. **castella:** *redoubts.* 8. **negat sē . . . posse:** *he said that he could not.* 10. **spē:** ablative of separation. **aliī . . . aliī:** *some . . . others.* 12. **nōn numquam:** *sometimes.*

9. 1. **ūna via:** this was along the north bank of the Rhone. **Sēquanīs invītīs:** *if the Sequani were unwilling.* 2. **suā sponte:** *by their own efforts.* They did not themselves possess sufficient influence, so it was necessary to use Dumnorix, an Aeduan, as mediator. 3. **eō dēprecātōre:** ablative absolute. 4. **impetrārent:** *they might gain their request.*

plūrimum poterat, et Helvētiīs erat amīcus, quod ex eā cīvitāte   5
Orgetorīgis fīliam in mātrimōnium dūxerat. Ille autem cupiditāte rēgnī
adductus novīs rēbus studēbat, et quam plūrimās cīvitātēs suō beneficiō obstrictās habēre volēbat. Itaque rem suscipit, et ā Sēquanīs
impetrat, ut per fīnēs suōs Helvētiōs īre patiantur, atque perficit ut obsidēs inter sēse dent: Sēquanī, nē itinere Helvētiōs prohibeant; Hel-   10
vētiī, ut sine maleficiō et iniūriā trānseant.

Caesar Crosses the Alps

10.   Caesarī renūntiātur, Helvētiīs esse in animō per agrum Sēquanōrum et Aeduōrum iter in Santonum fīnēs facere, quī nōn longē ā
Tolōsātium fīnibus absunt, quae cīvitās est in Prōvinciā. Id sī fieret,
intellegēbat magnō cum perīculō Prōvinciae futūrum, ut hominēs bellicōsōs, populī Rōmānī inimīcōs, locīs patentibus maximēque frūmen-   5
tāriīs fīnitimōs habēret. Ob eās causās eī mūnītiōnī, quam fēcerat, T.
Labiēnum lēgātum praefēcit; ipse in Ītaliam magnīs itineribus contendit duāsque ibi legiōnēs cōnscrībit, et trēs, quae circum Aquileiam
hiemābant, ex hībernīs ēdūcit et, quā proximum iter in ulteriōrem Galliam per Alpēs erat, cum hīs quīnque legiōnibus īre contendit. Ibi   10
Ceutronēs et Graiocelī et Caturīgēs locīs superiōribus occupātīs itinere
exercitum prohibēre cōnantur. Hīs pulsīs complūribus proeliīs, ab
Ocelō, quod est oppidum citeriōris prōvinciae extrēmum, in fīnēs Vo-

5. **plūrimum poterat:** *was very powerful;* plūrimum is here used as an adverb.
7. **novīs rēbus:** *a revolution;* dative with studeō. 8. **obstrictās:** *under obligation.*
9. **obsidēs:** *hostages*—usually prominent people, men, women, or children,
who were held as a guarantee of good faith.

10.   1. **Helvētiīs . . . animō:** *that the Helvetians intended.* 2. **Santonum:** *the
Santones* were a people in southwestern Gaul. The Helvetians planned to settle in their lands. 3. **Tolōsātium:** *the Tolosates* were part of the Provincia
Romana, about 120 miles away from the Santones. 4. **hominēs bellicōsōs:**
i.e., the Helvetians. 6. **mūnītiōnī:** dative with praefēcit. 7. **Labiēnum:**
Labienus, one of Caesar's ablest officers in the whole Gallic campaign. **contendit:** *hastened;* Caesar realized that he could not stop the Helvetians with his
small army, so he hurried back to Cisalpine Gaul, enlisted two new legions,
and brought back three others that had wintered near Aquileia. The two new
legions were the XIth and XIIth; the other three were the VIIth, VIIIth, and
IXth. These, with the Xth that was near Geneva, gave him six full legions. 10.
per Alpēs: probably through the Mt. Genèvre pass. 13. **extrēmum (oppidum):**
from the point of view of Rome.

15   contiōrum ulteriōris prōvinciae diē septimō pervenit; inde in Allobrogum fīnēs, ab Allobrogibus in Segūsiāvōs exercitum dūcit. Hī sunt
extrā Prōvinciam trāns Rhodanum prīmī.

The Aedui Ask for Protection

11.   Helvētiī iam per angustiās et fīnēs Sēquanōrum suās cōpiās
trādūxerant, et in Aeduōrum fīnēs pervēnerant eōrumque agrōs
populābantur. Aeduī, cum sē suaque ab eīs dēfendere nōn possent,
lēgātōs ad Caesarem mittunt quī auxilium rogent: Ita sē omnī tempore
5   dē populō Rōmānō meritōs esse, ut, paene in cōnspectū exercitūs
nostrī, agrī eōrum vāstārī, līberī in servitūtem abdūcī, oppida expugnārī nōn dēbuerint. Eōdem tempore Ambarrī, necessāriī et cōnsan-
guineī Aeduōrum, Caesarem certiōrem faciunt, sēsē, dēpopulātīs
agrīs, nōn facile ab oppidīs vim hostium prohibēre. Item Allobrogēs,
10   quī trāns Rhodanum vīcōs possessiōnēsque habēbant, fugā sē ad
Caesarem recipiunt, et dēmōnstrant, sibi praeter agrī solum nihil esse
reliquī. Quibus rēbus adductus Caesar sibi nōn exspectandum esse
statuit, dum, omnibus fortūnīs sociōrum cōnsūmptīs, in Santonōs
Helvētiī pervenīrent.

Caesar Destroys One Division of the Helvetians

12.   Flūmen est Arar, quod per fīnēs Aeduōrum et Sēquanōrum in
Rhodanum īnfluit, incrēdibilī lēnitāte, ita ut oculīs iūdicārī nōn possit
in utram partem fluat. Id Helvētiī ratibus ac lintribus iūnctīs trānsībant.

11.   1. **iam:** It took Caesar about 50 days to go to Cisalpine Gaul, obtain reen-
forcements, and overtake the Helvetians. Meanwhile the emigrants had
crawled slowly along a distance of 100 miles from the Pas de l'Ecluse. It was
now about June 7th. 2. **eōrum:** i.e., the fields of the Aedui. 3. **sē suaque:** *themselves and their property.* 4. **Ita . . . esse:** (saying that) *they had always deserved so
well of the Roman people.* 7. **dēbuerint:** the perfect tense is sometimes used in
clauses of result to emphasize the result; the regular sequence would subordinate it. 8. **dēpopulātīs:** *having been laid waste;* in this case the deponent verb
has a passive meaning in the ablative absolute. 11. **sibi . . . reliquī:** *that they
had nothing left except the bare ground.* 12. **sibi . . . esse:** *that he ought not to wait;*
a passive periphrastic.

12.   1. **Arar:** *the Saône,* which flows into the Rhone at the modern city of
Lyons. 2. **lēnitāte:** ablative of description. 3. **partem:** *direction.* **trānsībant.**
When Caesar arrived, the Helvetians were still crossing the river. It is esti-
mated that it took them twenty days to cross.

Ubi per explōrātōrēs Caesar certior factus est, Helvētiōs iam trēs partēs
cōpiārum id flūmen trādūxisse, et quārtam ferē partem citrā flūmen   5
Ararim reliquam esse, dē tertiā vigiliā cum legiōnibus tribus ē castrīs
profectus, ad eam partem pervēnit, quae nōndum flūmen trānsierat.
Eōs impedītōs et inopīnantēs aggressus, magnam partem eōrum con-
cīdit; reliquī sēsē fugae mandārunt atque in proximās silvās abdidērunt. Is pāgus appellābātur Tigurīnus; nam omnis cīvitās Helvētia in   10
quattuor pāgōs dīvīsa est.

Hic pāgus ūnus, cum domō exīsset, patrum nostrōrum memoriā L.
Cassium cōnsulem interfēcerat et eius exercitum sub iugum mīserat.
Ita sīve cāsū sīve cōnsiliō deōrum immortālium, ea pars cīvitātis Hel-
vētiae, quae īnsignem calamitātem populō Rōmānō intulerat, prīnceps 15
poenās persolvit. Quā in rē Caesar nōn sōlum pūblicās, sed etiam
prīvātās iniūriās ultus est, quod Tigurīnī eōdem proeliō eius socerī L.
Pīsōnis avum, L. Pīsōnem lēgātum, interfēcerant.

Chapters 13–20

Caesar then built a bridge over the Saône, and led his army across. The
Helvetians sent envoys to him, but Caesar refused their suggestions for peace.
The Aedui, who were supposedly friendly to Caesar, and were to supply him
with much grain, secretly held back their provisions. Thereafter the Helvetians
marched westward, and Caesar followed them about five miles behind, building
a new camp each night.

Caesar Plans an Attack on the Helvetians

21. Eōdem diē ab explōrātōribus certior factus hostēs sub monte
cōnsēdisse mīlia passuum ab ipsīus castrīs octō, mīsit explōrātōrēs, quī
cognōscerent quālis esset nātūra montis et quālis in circuitū ascēnsus.
Renūntiātum est ascēnsum esse facilem. Dē tertiā vigiliā Titum

---

5. **citrā:** i.e., on the east side of the river. 9. **mandārunt** = mandāvērunt. 10. **Is**
pāgus: i.e., the quarta pars, which Caesar annihilated. 13. **interfēcerat:** in 107
B.C. See chapter 7. 15. **prīnceps . . . persolvit:** *was the first to pay the penalty.*
17. **ultus est:** *avenged;* from ulciscor.

21. 1. **Eōdem diē:** probably about June 17—*the same day* that Caesar had held
interviews with Dumnorix and Diviciacus about grain supplies. **sub:** *at the foot*
of. The hill was near Bibracte in the Loire valley. 3. **in circuitū:** *on the other side;*
he hoped to be able to attack the enemy camp from two sides at the same
time.

5   Labiēnum lēgātum cum duābus legiōnibus et eīs ducibus, quī iter cognōverant, summum iugum montis ascendere iubet; quid suī cōnsilī sit,
ostendit. Ipse dē quārtā vigiliā eōdem itinere, quō hostēs ierant, ad eōs
contendit equitātumque omnem ante sē mittit. P. Cōnsidius, quī reī
mīlitāris perītissimus habēbātur et in exercitū L. Sullae et posteā in M.
10   Crassī fuerat, cum explōrātōribus praemittitur.

Caesar's Plan Fails

22.   Prīmā lūce, cum summus mōns ā Labiēnō tenērētur, ipse ab hostium castrīs nōn longius mīlle et quīngentīs passibus abesset, neque (ut
posteā ex captīvīs comperit) aut ipsīus adventus aut Labiēnī cognitus
esset, Cōnsidius equō admissō ad eum accurrit, dīcit montem, quem ā
5   Labiēnō occupārī voluerit, ab hostibus tenērī; id sē ā Gallicīs armīs
atque īnsignibus cognōvisse. Caesar suās cōpiās in proximum collem
subdūcit, aciem īnstruit.

Labiēnus, ut eī erat praeceptum ā Caesare, nē proelium committeret,
nisi ipsīus cōpiae prope hostium castra vīsae essent, ut undique ūnō
10   tempore in hostēs impetus fieret, monte occupātō nostrōs exspectābat
proeliōque abstinēbat. Multō dēnique diē per explōrātōrēs Caesar cognōvit, et montem ā suīs tenērī et Helvētiōs castra mōvisse et Cōn-
sidium timōre perterritum, quod nōn vīdisset, prō vīsō renūntiāsse. Eō
diē, quō cōnsuērat intervāllō, hostēs sequitur et mīlia passuum tria ab
15   eōrum castrīs castra pōnit.

---

5. **ducibus:** *as guides.* 6. **cōnsilī:** a partitive genitive; translate: *what his plan
was.* 7. **dē quārtā vigiliā:** i.e., about 3 A.M. 9. **habēbātur:** *was considered.*

22.   1. **Prīmā lūce:** 4 A.M. **tenērētur:** Labienus was above and in back of the
Helvetian camp, unknown to the enemy. 2. **passibus:** ablative of comparison
with longius. 4. **equō admissō:** *at full gallop.* 5. **voluerit:** subj. in indirect discourse; perfect tense. **id sē:** id is object, and sē subject of cognōvisse in indirect discourse after dīcit. 7. **subdūcit:** *withdrew.* He still did not know that
Considius was mistaken. 8. **eī . . . praeceptum:** *he had been ordered.* 9. **ipsīus:**
i.e., Caesar's. 11. **Multō diē:** *late in the day*—after the Helvetians had continued their march to the west. 13. **prō vīsō:** *as if seen.* 14. **quō . . . intervāllō:**
at the usual distance—about five or six miles. **cōnsuērat** = cōnsuēverat.

Caesar Turns toward Bibracte

23.   Postrīdiē eius diēī, quod omnīnō bīduum supererat, cum exercituī frūmentum mētīrī oportēret, et quod ā Bibracte, oppidō Aeduōrum longē maximō et cōpiōsissimō, nōn amplius mīlibus passuum xviii aberat, reī frūmentāriae prōspiciendum exīstimāvit; iter ab Helvētiīs āvertit ac Bibracte īre contendit.   5

Ea rēs per fugitīvōs L. Aemilī, decuriōnis equitum Gallōrum, hostibus nūntiātur. Helvētiī, seu quod timōre perterritōs Rōmānōs discēdere ā sē exīstimārent, seu quod eōs rē frūmentāriā interclūdī posse cōnfīderent, commūtātō cōnsiliō atque itinere conversō, nostrōs ā novissimō agmine īnsequī ac lacessere coepērunt.   10

Both Sides Prepare to Fight

24.   Postquam id animum advertit, cōpiās suās Caesar in proximum collem subdūcit equitātumque, quī sustinēret hostium impetum, mīsit. Ipse interim in colle mediō triplicem aciem īnstrūxit legiōnum quattuor veterānārum. In summō iugō duās legiōnēs, quās in Galliā citeriōre proximē cōnscrīpserat, et omnia auxilia collocāvit. Intereā sarcinās in   5

23.   1. **Postrīdiē eius diēī:** *On the following day.* **supererat:** *was left;* from supersum. 2. **Bibracte:** ablative singular; most names of towns ending in -e have the ablative singular in -e, as well as the nominative and accusative singular. Bibracte was the capital city of the Aedui, situated on a high plateau, now called Mt. Beuvray. It is generally believed that Caesar wrote up the accounts of the Gallic war in this town in the winter of 52–51 b.c., after defeating Vercingetorix in the climactic battle described in Book VII. 4. **prōspiciendum** (esse): *that he ought to provide for.* 6. **fugitīvōs:** *deserters*—from a squadron of cavalry commanded by Aemilius. 7. **seu, seu:** *either, or.* 8. **existimārent:** quod causal clauses take the indicative when the reason is given on the authority of the speaker, and the subjunctive when the reason is given on the authority of another.

24.   1. **id:** *this,* i.e., that the Helvetians were now pursuing him. **animum advertit** = animadvertit. 2. **collem:** the hill above Armecy, about eighteen miles south of Bibracte. 3. **in . . . mediō:** *halfway up the hill.* **triplicem:** *triple;* the four legions were drawn up in three lines, the first and second to do the fighting, and the third held in reserve. The veterans were put in the first line. 4. **veterānārum:** i.e., the VII, VIII, IX, and Xth legions. 5. **auxilia:** *the auxiliaries,* usually non-Roman archers and slingers. **sarcinās:** *packs,* which each soldier carried on the march. They contained personal belongings, food rations, and cooking utensils. They were tied up in a bundle, and fastened to a pole, which was carried over the shoulder.

ūnum locum cōnferrī et eum locum ab hīs, quī in superiōre aciē cōnstiterant, mūnīrī iussit. Helvētiī cum omnibus suīs carrīs secūtī, impedīmenta in ūnum locum contulērunt; ipsī cōnfertissimā aciē, reiectō
nostrō equitātū, phalange factā, sub prīmam nostram aciem succes-
10   sērunt.

The Helvetians Are Forced Back

25.   Caesar, prīmum suō equō deinde equīs omnium ex cōnspectū
remōtīs,—ut, aequātō omnium perīculō, spem fugae tolleret—
cohortātus suōs, proelium commīsit. Mīlitēs, ē locō superiōre pīlīs
missīs, facile hostium phalangem perfrēgērunt. Eā disiectā, gladiīs dē-
5   strictīs in eōs impetum fēcērunt.

Gallīs magnō ad pugnam erat impedīmentō, quod, plūribus eōrum
scūtīs ūnō ictū pīlōrum trānsfixīs et colligātīs, cum ferrum sē īnflexis-
set, neque pīla ēvellere neque, sinistrā impedītā, satis commodē
pugnāre poterant. Itaque multī, diū iactātō bracchiō, scūtum manū
10   ēmittere et nūdō corpore pugnāre praeoptābant. Tandem vulneribus
dēfessī, pedem referre, et, quod mōns suberat circiter mīlle passuum
spatiō, eō sē recipere coepērunt.

Captō monte et succēdentibus nostrīs, Boiī et Tulingī, quī hominum
mīlibus circiter xv agmen hostium claudēbant et novissimīs praesidiō
15   erant, ex itinere nostrōs ab latere apertō aggressī sunt. Id cōnspicātī
Helvētiī, quī in montem sēsē recēperant, rūrsus īnstāre et proelium
redintegrāre coepērunt. Rōmānī bipertītō signa intulērunt; prīma et
secunda aciēs, ut victīs ac summōtīs resisteret; tertia, ut venientēs
sustinēret.

7. **impedīmenta:** *the heavy baggage,* of the whole army. 9. **phalange:** *the
phalanx,* or close formation in which those in front held their shields in front of
them, overlapping each other, and those behind held their shields over their
heads.

25.   1. **suō equō:** sc. remōtō: **omnium:** *of all (the officers).* 2. **spem . . . tolleret:**
i.e., they had to fight or die; there could be no escape on horseback.
3. **superiōre:** *higher;* the Roman missiles fell with more force, since the enemy
was advancing up the hill. The **pīlīs,** *javelins,* could be hurled effectively from
fifty to sixty feet. 4. **Eā:** sc. phalange. **disiectā:** *broken up.* 6. **Gallīs:** dative of
reference. **impedīmentō:** dative of purpose. 7. **trānsfixīs et colligātīs:** *pierced
and pinned together.* 8. **sinistrā:** sc. manū. 10. **ēmittere:** *to let go.* **nūdō:** *unprotected.* 11. **pedem referre:** *to retreat.* 13. **Captō:** *reached.* 14. **agmen claudēbant:**
were bringing up the rear. **novissimīs praesidiō:** double dative. 15. **ex itinere:**
i.e., without stopping to rest or reform their lines. **apertō:** *exposed.*

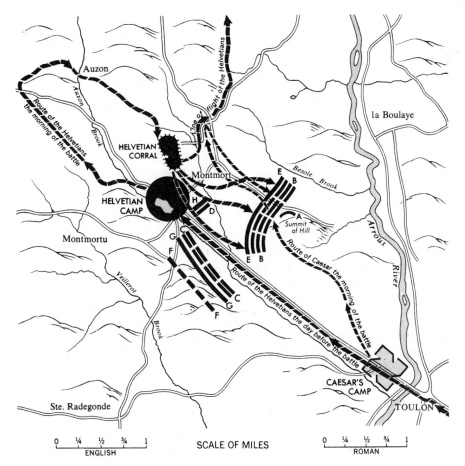

Helvetian Campaign

The Helvetians Are Defeated

26. Ita ancipitī proeliō diū atque ācriter pugnātum est. Diūtius cum sustinēre nostrōrum impetūs nōn possent, alterī sē, ut coeperant, in montem recēpērunt, alterī ad impedīmenta et carrōs suōs sē contulērunt. Nam hōc tōtō proeliō, cum ab hōrā septimā ad vesperum pugnātum esset, āversum hostem vidēre nēmō potuit. Ad multam noctem etiam ad impedīmenta pugnātum est, proptereā quod prō vāllō carrōs obiēcerant et ē locō superiōre in nostrōs venientēs tēla coniciēbant, et nōn nūllī inter carrōs rotāsque matarās ac trāgulās subiciēbant nostrōs- 5

26. 2. **alterī, alterī:** *the one division* (the Helvetians), *the other* (the Boii and Tulingi). 5. **āversum:** *turned in flight.* **Ad . . . noctem:** *until late at night.* 7. **ē locō superiōre:** i.e., from the top of the rampart of carts.

que vulnerābant. Diū cum esset pugnātum, impedīmentīs castrīsque
10 nostrī potītī sunt. Ibi Orgetorīgis filia atque ūnus ē filiīs captus est.

Ex eō proeliō circiter hominum mīlia cxxx superfuērunt, quī nūllam
partem noctis itinere intermissō, in finēs Lingonum diē quārtō
pervēnērunt. Nam nostrī et propter vulnera mīlitum et propter sepultūram occīsōrum trīduum morātī, eōs sequī nōn potuērunt. Caesar ad
15 Lingonēs litterās nūntiōsque mīsit, nē eōs frūmentō nēve aliā rē iuvārent. Ipse trīduō intermissō cum omnibus cōpiīs eōs sequī coepit.

The Helvetians Ask for Peace

27.   Helvētiī omnium rērum inopiā adductī lēgātōs dē dēditiōne ad
eum mīsērunt. Quī cum eum in itinere convēnissent sēque eius ad
pedēs prōiēcissent flentēsque pācem petīssent, eōs in eō locō, quō tum
erant, suum adventum exspectāre iussit. Eō postquam Caesar per-
5 vēnit, obsidēs, arma, servōs, quī ad eōs perfūgerant, poposcit.

Dum ea conquīruntur et cōnferuntur, nocte intermissā, circiter
hominum mīlia vi eius pāgī, quī Verbigenus appellātur, sīve timōre
perterritī, sīve spē salūtis inductī, prīmā nocte ē castrīs Helvētiōrum
ēgressī ad Rhēnum finēsque Germānōrum contendērunt.

The Terms of Surrender

28.   Quod ubi Caesar resciit, imperāvit hīs, quōrum per finēs ierant,
utī eōs conquīrerent et redūcerent; eōs reductōs in hostium numerō
habuit; reliquōs omnēs, obsidibus, armīs, perfugīs trāditīs, in dēditiōnem accēpit. Helvētiōs, Tulingōs, Latobrīgōs in finēs suōs, unde
5 erant profectī, revertī iussit; et, quod omnibus frūgibus āmissīs domī
nihil erat, quō famem tolerārent, Allobrogibus imperāvit, ut eīs frūmentī cōpiam facerent; ipsōs oppida vīcōsque, quōs incenderant,
restituere iussit.

---

9. **impedīmentīs castrīsque:** ablative with potior. 11. **superfuērunt:** *survived.*
12. **Lingonum:** *the Lingones,* about seventy miles north of the battle site. 15. **nē
iuvārent:** *(ordering them) not to help them.*

27.   2. **Quī cum:** *When these* (envoys). 3. **eōs:** i.e., the Helvetians. 6. **ea:** i.e.,
the obsidēs, arma, and servī. 9. **ēgressī:** *setting out.*

28.   1. **Quod:** *this;* i.e., that some of the Helvetians had fled to the Rhine.
2. **utī** = ut. **eōs reductōs:** *those who were brought back* (to Caesar). **in . . .
habuit:** *he treated as enemies*—by selling them off into slavery. 5. **frūgibus
āmissīs:** They had destroyed their grain before leaving home. 7. **facerent:** *provide.* **ipsōs:** (the Helvetians) *themselves.*

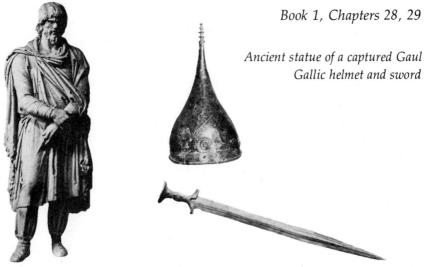

Ancient statue of a captured Gaul
Gallic helmet and sword

Id eā maximē ratiōne fēcit, quod nōluit eum locum, unde Helvētiī
discesserant, vacāre, nē propter bonitātem agrōrum Germānī, quī   10
trāns Rhēnum incolunt, ē suīs fīnibus in Helvētiōrum fīnēs trānsīrent
et finitimī Galliae prōvinciae Allobrogibusque essent. Aeduīs permīsit,
ut in fīnibus suīs Boiōs collocārent; quibus illī agrōs dedērunt, quōsque
posteā in parem iūris lībertātisque condiciōnem recēpērunt.

The Helvetian Roster

29.   In castrīs Helvētiōrum tabulae, litterīs Graecīs cōnfectae, repertae
sunt et ad Caesarem relātae, quibus in tabulīs nōminātim ratiō cōnfecta
erat, quī numerus domō exīsset eōrum, quī arma ferre possent, et item
sēparātim puerī, senēs mulierēsque. Quōrum omnium summa erat
Helvētiōrum mīlia CCLXIII, Tulingōrum mīlia XXXVI, Latobrīgōrum XIV,   5
Rauracōrum XXIII, Boiōrum XXXII; ex hīs, quī arma ferre possent, ad
mīlia nōnāgintā duo.
    Summa omnium fuit ad mīlia CCCLXVIII. Eōrum, quī domum rediē-
runt, cēnsū habitō, ut Caesar imperāverat, repertus est numerus
mīlium C et X.   10

9. **eā . . . ratiōne:** *for this reason especially.* 10. **vacāre:** *to be unoccupied.* 13.
ut . . . collocārent: The Aedui wanted to bring the Boii into their state to
strengthen them against the rival Sequani. 14. **in parem . . . condiciōnem:**
i.e., the Boii would have equal legal rights with the Aedui.

29.   1. **tabulae:** *lists.* **cōnfectae:** *written.* 2. **nōminātim:** *by name.* 4. **sēparātim:**
under separate heads. **summa:** *total;* a noun. Also in line 8. 9. **cēnsū habitō:** *a
census having been taken.* According to Caesar's figures, less than one third of
the original number returned home.

Chapters 30–48

After the defeat of the Helvetians, Caesar marched north to negotiate with a tribe of Germans, under their king Ariovistus, who had recently crossed into Gaul, and threatened to seize a large part of the Gallic territory. After negotiations failed, the two armies made camp, and prepared to fight a battle, near modern Ostheim. Each day, for five successive days, Caesar led out his troops to offer battle, but the Germans stayed in camp.

Caesar Builds Another Camp beyond Ariovistus

49.   Ubi Ariovistum castrīs sē tenēre Caesar intellēxit, nē diūtius commeātū prohibērētur, ultrā eum locum, quō in locō Germānī cōnsēderant, circiter passūs sescentōs ab hīs, castrīs idōneum locum dēlēgit aciēque triplicī īnstrūctā ad eum locum vēnit. Prīmam et secun-
5   dam aciem in armīs esse, tertiam castra mūnīre iussit. Hic locus ab hoste circiter passūs sescentōs, utī dictum est, aberat. Eō circiter hominum sēdecim mīlia expedīta cum omnī equitātū Ariovistus mīsit, quae cōpiae nostrōs perterrērent et mūnītiōne prohibērent. Nihilō sētius Caesar, ut ante cōnstituerat, duās aciēs hostem prōpulsāre, tertiam
10   opus perficere iussit. Mūnītīs castrīs, duās ibi legiōnēs et partem auxiliōrum relīquit, quattuor reliquās in castra maiōra redūxit.

The Germans Avoid Battle

50.   Proximō diē īnstitūtō suō Caesar ē castrīs utrīsque cōpiās suās ēdūxit paulumque ā maiōribus castrīs prōgressus aciem īnstrūxit, hostibus pugnandī potestātem fēcit. Ubi nē tum quidem eōs prōdīre intellēxit, circiter merīdiem exercitum in castra redūxit. Tum dēmum
5   Ariovistus partem suārum cōpiārum, quae castra minōra oppugnāret, mīsit. Ācriter utrimque ūsque ad vesperum pugnātum est. Sōlis occāsū, multīs vulneribus et illātīs et acceptīs, Ariovistus suās cōpiās in castra redūxit.

49.   2. **ultrā:** *beyond;* about a half mile to the south of the German camp. By building this second camp, Caesar was able to re-open communications with *his source of supplies.* 6. **Eō:** *there;* i.e., to this place 7. **expedīta:** *light-armed.* **quae cōpiae** = ut eae cōpiae. 8. **Nihilō sētius:** *nevertheless.*

50.   1. **īnstitūtō suō:** *according to his custom.* 7. **et illātīs et acceptīs:** *both inflicted and received;* i.e., both sides suffered heavy casualties.

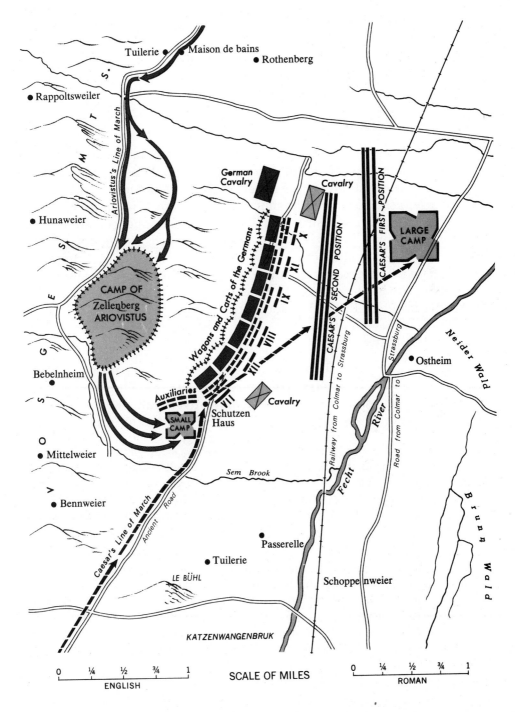

The Battle with Ariovistus

Cum ex captīvīs quaereret Caesar, quam ob rem Ariovistus proeliō
10   nōn dēcertāret, reperiēbat apud Germānōs esse cōnsuētūdinem, ut
mātrēs familiae sortibus et vāticinātiōnibus dēclārārent, utrum proelium ex ūsū esset necne; eās ita dīcere: Nōn esse fās Germānōs superāre, sī ante novam lūnam proeliō contendissent.

Caesar Forces a Battle

51.   Postrīdie eius diēī Caesar praesidiō utrīsque castrīs relīquit quod
satis esse vīsum est, et in cōnspectū hostium prō castrīs minōribus
omnēs ālāriōs cōnstituit, ut ad speciem eīs ūterētur; ipse, triplicī īnstrūctā aciē, ūsque ad castra hostium accessit. Tum dēmum necessāriō
5   Germānī suās cōpiās castrīs ēdūxērunt generātimque cōnstituērunt
paribus intervāllīs, Harūdēs, Marcomanōs, Tribocēs, Vangionēs, Nemetēs, Sedusiōs, Suēbos; et nē qua spēs in fugā relinquerētur, omnem
aciem suam raedīs et carrīs circumdedērunt. Eō mulierēs imposuērunt,
quae, passīs manibus, mīlitēs in proelium proficīscentēs implōrābant,
10   nē sē in servitūtem Rōmānīs trāderent.

A Desperate Battle

52.   Caesar legiōnibus lēgātōs et quaestōrem praefēcit, utī eōs testēs
suae quisque virtūtis habēret; ipse ā dextrō cornū, quod hostium aciem
ā sinistrō cornū minimē fīrmam esse animadverterat, proelium commīsit. Ita ācriter nostrī signō datō in hostēs impetum fēcērunt, itaque

---

11. **sortibus et vāticinātiōnibus:** *by their lots and divinations*—bits of twigs scattered on a white cloth, and chosen at random by the women, to be inter-
preted. **utrum:** *whether.* 12. **ex ūsū:** *of advantage.* 13. **ante novam lūnam:** It has
been determined that in the year 58 B.C., the new moon appeared on September 18th, so the exact date of the battle can be very nearly determined.

51.   1. **praesidiō . . . castrīs:** double dative. **quod . . . est:** *what seemed to be
enough.* 3. **ālāriōs:** *auxiliary troops,* so named because they were posted on the
wings (ālae) of the army. On this occasion, Caesar posted them in front of the
smaller camp to make it appear that they were legionary troops.
4. **necessāriō:** *of necessity*—in spite of their superstitions. 5. **generātim:** *by
tribes.* 8. **raedīs:** *four-wheeled wagons,* with covered tops; the carrī were two-
wheeled carts. 9. **passīs:** from pandō. 10 **sē:** *them,* the women; an indirect reflexive.

52.   1. **lēgātōs et quaestōrem:** *his lieutenant generals and a quaestor.* Caesar had
five lieutenant generals, and six legions, so the quaestor was put in command
of the sixth legion. 2. **quisque:** *each soldier.*

repente celeriterque hostēs prōcurrērunt, ut spatium coniciendī pīla in   5
hostēs nōn darētur. Reiectīs pīlīs, comminus gladiīs pugnātum est. At
Germānī, celeriter ex cōnsuētūdine suā phalange factā, impetūs
gladiōrum excēpērunt. Repertī sunt complūrēs nostrī, quī in phalanga
īnsilīrent et scūta manibus revellerent et dēsuper vulnerārent. Cum
hostium aciēs ā sinistrō cornū pulsa atque in fugam conversa esset, ā   10
dextrō cornū vehementer multitūdine suōrum nostram aciem premē-
bant. Id cum animadvertisset Pūblius Crassus adulēscēns, quī
equitātuī praeerat, quod expedītior erat quam eī, quī inter aciem versābantur, tertiam aciem labōrantibus nostrīs subsidiō mīsit.

The Germans Are Defeated

53.   Ita proelium restitūtum est, atque omnēs hostēs terga vertērunt
neque fugere dēstitērunt, prius quam ad flūmen Rhēnum, mīlia passuum ex eō locō circiter quīndecim, pervēnērunt. Ibi perpaucī aut,
vīribus cōnfīsī, trānāre contendērunt aut, lintribus inventīs, sibi salūtem repperērunt. In hīs fuit Ariovistus, quī, nāviculam dēligātam ad   5
rīpam nactus, eā profūgit; reliquōs omnēs cōnsecūtī equitēs nostrī
interfēcērunt.
    C. Valerius Procillus, cum ā cūstōdibus in fugā, trīnīs catēnīs vinc-
tus, traherētur, in ipsum Caesarem, hostēs equitātū īnsequentem,
incidit. Quae quidem rēs Caesarī nōn minōrem quam ipsa victōria vo-   10
luptātem attulit, quod hominem honestissimum prōvinciae Galliae,
suum familiārem et hospitem, ēreptum ē manibus hostium et sibi

5. **spatium:** *time;* i.e., both sides ran forward so quickly that the Romans did
not have a chance to hurl their javelins. They quickly threw these aside and
drew their swords. 8. **quī . . . īnsilīrent:** Several Romans were found who
would jump up on the top of the German phalanx, lift the shields which were
being held over the soldiers' heads, and jab down with their swords. 12. **Pūblius Crassus,** son of the triumvir, Marcus Licinius Crassus. 13. **expedītior:**
freer to act. **versābantur:** *were occupied.* 14. **labōrantibus:** *struggling*—i.e., hard
pressed. **nostrīs subsidiō:** double dative.

53.   1. **restitūtum est:** *was renewed.* The Germans were pushed back on the
Roman left wing, which had been hard pressed before Crassus sent in the
third line. 4. **cōnfīsī:** *relying on;* with the ablative vīribus. **lintribus:** *small boats,*
or *skiffs.* 5. **In hīs:** *among these.* 6. **profūgit:** *escaped;* Ariovistus apparently got
away safely. He was never heard of again. **cōnsecūtī:** *after overtaking.* 8. **trīnīs
. . . vinctus:** *bound in triple chains.* 10. **Quae rēs:** *this fact*—i.e., that he had
found his friend Procillus again.

restitūtum vidēbat. Is, sē praesente, dē sē ter sortibus cōnsultum esse dīcēbat, utrum igne statim necārētur an in aliud tempus reservārētur; sortium beneficiō sē esse incolumem. Item M. Metius repertus et ad eum reductus est.

15

End of the Campaign

54.   Caesar, ūnā aestāte duōbus maximīs bellīs cōnfectīs, mātūrius paulō quam tempus annī postulābat, in hīberna in Sēquanōs exercitum dēdūxit; hībernīs Labiēnum praeposuit; ipse in citeriōrem Galliam ad conventūs agendōs profectus est.

—— *Exercise for Review* ——

Complete the following sentences.

1. Julius Caesar lived from _____ to _____.
2. Caesar was proconsul in Gaul from _____ to _____.
3. The First Triumvirate in Rome was in the year _____.
4. About _____ men made up a legion in Caesar's army.
5. Each legion had _____ cohorts, with about _____ men in each.
6. The Roman soldiers normally carried a _____ and a _____ for offensive warfare, and a _____ and a _____ for defensive.
7. The word *agmen* was used by Caesar to describe the army while it was _____, and *acies* while it was _____.
8. Caesar's 1st campaign was against the _____ in _____ B.C.
9. Caesar defeated the enemy in a battle near _____.
10. After defeating the Helvetians, Caesar marched north to fight against the _____.
11. Caesar's enemies avoided battle because they were waiting for _____.
12. When he had defeated the Germans, Caesar put the army in the territory of the _____ for their winter camp; he himself went to _____ to govern the province.

13. **Is:** Procillus. **sē praesente:** *in his presence.* **ter . . . cōnsultum esse:** *that they had consulted the lots three times.* 14. **utrum:** *as to whether.*

54.   1. **duōbus:** i.e., with the Helvetians and the Germans. 2. **tempus annī:** i.e., at the end of September. 3. **ad . . . agendōs:** *to hold court.* One of the governor's duties was to administer justice in his province.

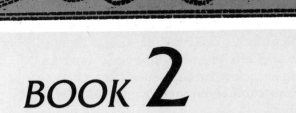

BOOK 2

The Campaign against the Belgians 57 B.C.

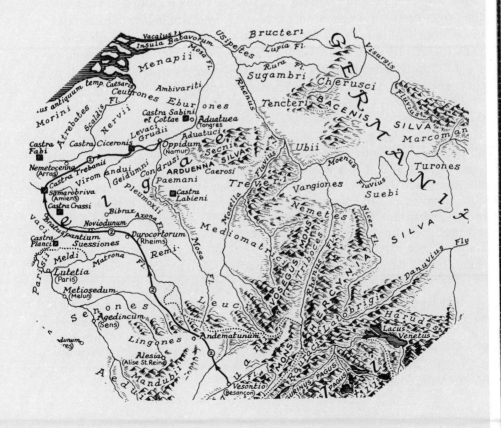

The Belgians Form a Conspiracy

1. Cum esset Caesar in citeriōre Galliā, ita utī suprā dēmōnstrāvimus, crēbrī ad eum rūmōrēs afferēbantur, litterīsque item Labiēnī certior fīēbat, omnēs Belgās (quam tertiam esse Galliae partem
dīxerāmus) contrā populum Rōmānum coniūrāre obsidēsque inter sē
5   dare.

Coniūrandī hae erant causae: prīmum, quod verēbantur nē, omnī
pācātā Galliā, ad eōs exercitus noster addūcerētur; deinde, quod ab
nōn nūllīs Gallīs sollicitābantur. Ex hīs aliī, ut Germānōs diūtius in
Galliā versārī nōluerant, ita populī Rōmānī exercitum hiemāre atque
10   inveterāscere in Galliā molestē ferēbant; aliī mōbilitāte et levitāte animī
novīs imperiīs studēbant. Ab nōn nūllīs etiam sollicitābantur, quod in
Galliā ā potentiōribus atque eīs, quī ad condūcendōs hominēs facul-
tātēs habēbant, vulgō rēgna occupābantur, quī minus facile eam rem
imperiō nostrō cōnsequī poterant.

Caesar Marches towards Belgium

2. Hīs nūntiīs litterīsque commōtus, Caesar duās legiōnēs in citeriōre
Galliā novās cōnscrīpsit, et, initā aestāte, Q. Pedium lēgātum mīsit, quī
in ulteriōrem Galliam eās dēdūceret. Ipse, cum prīmum pābulī cōpia
esse inciperet, ad exercitum vēnit. Dat negōtium Senonibus reliquīs-
5   que Gallīs, quī fīnitimī Belgīs erant, utī ea, quae apud eōs gerantur,
cognōscant sēque dē hīs rēbus certiōrem faciant.

1. 1. **Cum . . . Galliā:** Caesar spent the winter of 58–57 B.C. in Cisalpine
Gaul, performing administrative duties. **ita utī:** *just as.* **suprā:** *above;* i.e., at
the end of Book I. 2. **Labiēnī:** *from Labienus,* who was in command of the
winter camp near Vesontio. 3. **quam:** refers to Belgās, but is in the singular on
account of partem. 4. **dīxerāmus:** in the first chapter of Book I. **inter sē:** *to each
other.* 6. **verēbantur:** *they* (the Belgians) *were afraid.* A verb of fearing is followed by the subjunctive with nē, *that* (*lest*), and ut, *that . . . not.*
7. **Galliā:** Celtic Gaul is meant here, not Gaul as a whole. 10. **molestē
ferēbant:** *they were annoyed.* 11. **imperiīs:** dative with studeō. 12.
quī . . . habēbant: *who had the means of hiring men.* 13. **rēgna:** *power.*

2. 1. **duās legiōnēs:** the XIIIth and XIVth. Caesar now had a total of eight legions, or about 30,000 men. 2. **initā aestāte:** i.e., of 57 B.C. 3. **cum prīmum:** *as
soon as.* The indicative is more common with cum prīmum; the subjunctive
here emphasizes the circumstances. 5. **ea:** *those things;* object of cognōscant. 6. **sē:** Caesar. The reflexive in an indirect command refers to the subject of the verb governing it.

Hī cōnstanter omnēs nūntiāvērunt manūs cōgī, exercitum in ūnum locum condūcī. Tum vērō exīstimāvit sē dēbēre ad eōs statim proficīscī. Rē frūmentāriā comparātā, castra movet diēbusque circiter quīndecim ad fīnēs Belgārum pervenit.

10

The Remi Declare Their Friendship

3. Eō cum dē imprōvīsō celeriusque omnī opīniōne vēnisset, Rēmī, quī proximī Galliae ex Belgīs sunt, ad eum lēgātōs Iccium et Andecumborium, prīmōs cīvitātis, mīsērunt, quī dīcerent:

Sē in fidem atque in potestātem populī Rōmānī sē suaque omnia permittere; neque sē cum Belgīs reliquīs cōnsēnsisse neque contrā populum Rōmānum coniūrāvisse, parātōsque esse et obsidēs dare et imperāta facere et eum in oppida recipere et frūmentō cēterīsque rēbus iuvāre.

5

Reliquōs omnēs Belgās in armīs esse, Germānōsque, quī cis Rhēnum incolerent, sēsē cum hīs coniūnxisse. Tantum esse eōrum omnium furōrem, ut nē Suessiōnēs quidem, frātrēs cōnsanguineōsque suōs (quī eōdem iūre et īsdem lēgibus ūterentur, ūnum imperium ūnumque magistrātum cum ipsīs habērent), ab hāc coniūrātiōne dēterrēre possent.

10

The Origins of the Belgians

4. Cum ab hīs quaereret, quae cīvitātēs quantaeque in armīs essent et quid in bellō possent, sīc reperiēbat:

Plērōsque Belgās esse ortōs ā Germānīs, atque Rhēnum antīquitus trāductōs, propter locī fertilitātem ibi cōnsēdisse, Gallōsque, quī ea loca incolerent, expulisse. Eōs esse sōlōs quī patrum nostrōrum memoriā, omnī Galliā vexātā, Teutonōs Cimbrōsque intrā suōs fīnēs

5

---

7. **cōnstanter:** *repeatedly, consistently.*

3. 1. **Eō:** *there*—i.e., to the territory of the Belgians. **Rēmī:** a state loyal to the Romans. 3. **dīcerent:** The remainder of the chapter is in indirect discourse after dīcerent. 4. **sē suaque omnia:** *themselves and all their possessions;* direct object of permittere. 9. **cis:** *on this side of;* i.e., the west. 12. **īsdem** = eīsdem. 13. **ipsīs:** the Remi.

4. 1. **hīs** = Remis. **quaereret:** sc. Caesar. 2. **quid possent:** *what strength they had.* 3. **ortōs ā Germānīs:** The Belgians were of both German and Celtic stock. 6. **Teutonōs . . . prohibērent:** *kept the Teutons and Cimbri from invading their country.*

ingredī prohibērent; quā ex rē fierī, utī eārum rērum memoriā magnam sibi auctōritātem magnōsque spīritūs in rē mīlitārī sūmerent.

Dē eōrum numerō sē omnia comperisse Rēmī dīcēbant, proptereā
10   quod, propinquitātibus affīnitātibusque coniūnctī, quantam quisque multitūdinem in commūnī Belgārum conciliō ad id bellum pollicitus esset, cognōscerent.

Bellovacōs et virtūte et auctōritāte et hominum numerō plūrimum valēre; hōs posse cōnficere centum mīlia armātōrum, pollicitōs esse ex
15   eō numerō sexāgintā mīlia, tōtīusque bellī imperium sibi postulāre.

Suessiōnēs suōs esse fīnitimōs; eōs fīnēs lātissimōs ferācissimōsque agrōs possidēre. Apud eōs fuisse rēgem nostrā etiam memoriā Dīviciācum, tōtīus Galliae potentissimum, quī cum magnae partis hārum regiōnum, tum etiam Britanniae imperium obtinuisset; nunc
20   esse rēgem Galbam; ad hunc propter iūstitiam prūdentiamque summam tōtīus bellī omnium voluntāte dēferrī; eōs oppida habēre numerō XII, pollicērī quīnquāgintā mīlia armātōrum; totidem pollicērī Nerviōs, quī maximē ferī inter ipsōs habērentur longissimēque abessent; quīndecim mīlia pollicērī Atrebātēs, Ambiānōs decem mīlia, Morinōs xxv
25   mīlia, Menapiōs VII mīlia, Caletōs x mīlia, Veliocassēs et Viromanduōs totidem, Aduatucōs XVIIII mīlia; Condrūsōs, Eburōnēs, Caerōsōs, Paemānōs (quī ūnō nōmine Germānī appellantur), arbitrārī sē posse cōnficere ad XL mīlia.

Caesar Camps North of the Aisne River

5.   Caesar, Rēmōs cohortātus, omnem senātum ad sē convenīre prīncipumque līberōs obsidēs ad sē addūcī iussit. Quae omnia ab hīs dīligenter ad diem facta sunt.

Ipse Dīviciācum Aeduum magnopere cohortātus docet, quantō

---

7. **fierī:** *the result was.* **memoriā:** ablative of cause. 8. **spīritūs:** *pride;* accusative plural. 10. **propinquitātibus affīnitātibusque:***by the ties of blood relationship and intermarriage.* 11. **ad:** *for.* 13. **virtūte:** ablative of specification. 14. **cōnficere:** *muster.* 18. **cum, tum:** *not only, but also.* 20. **summam:** a noun, *the chief command.* 21. **eōs:** the Suessiones. 22. **totidem:** *the same number*—50,000 armed men. 23. **ipsōs:** i.e., the Belgians. **habērentur:** *were considered.* 26. **totidem:** i.e., 10,000 men. 27. **ūnō:** *the same.* **arbitrārī sē:** i.e., the Remi thought that the Condrusi, etc., would furnish about 40,000 men. The total number of men promised for the war was just under 300,000.

5.   2. **Quae omnia:** *All of these things.* 3. **ad diem:** *on time.* 4. **Dīviciācum:** *Diviciacus,* the Aeduan, not the other one (line 18). **quantō opere:** *how greatly.*

opere necesse sit manūs hostium distinērī, nē cum tantā multitūdine   5
ūnō tempore cōnflīgendum sit. Id fierī posse, sī suās cōpiās Aeduī in
fīnēs Bellovacōrum intrōdūxerint et eōrum agrōs populārī coeperint.
Hīs mandātīs eum ab sē dīmittit.

Postquam omnēs Belgārum cōpiās in ūnum locum coāctās ad sē venīre vīdit, atque ab eīs quōs mīserat explōrātōribus et ab Rēmīs cog-   10
nōvit, eās iam nōn longē abesse, exercitum flūmen Axonam, quod est
in extrēmīs Rēmōrum fīnibus, trādūcere mātūrāvit atque ibi castra
posuit. Quae rēs et latus ūnum castrōrum rīpīs flūminis mūniēbat, et
ea, quae post eum erant, tūta ab hostibus reddēbat, et efficiēbat ut
commeātūs ab Rēmīs reliquīsque cīvitātibus sine perīculō ad eum por-   15
tārī possent.

In eō flūmine pōns erat. Ibi praesidium pōnit et in alterā parte
flūminis Quīntum Titūrium Sabīnum lēgātum cum sex cohortibus
relinquit; castra in altitūdinem pedum duodecim vāllō fossāque
duodēvīgintī pedum mūnīrī iubet.   20

The Belgians Attack the Town of Bibrax

6.   Ab hīs castrīs oppidum Rēmōrum, nōmine Bibrax, aberat mīlia
passuum octō. Id ex itinere magnō impetū Belgae oppugnāre coepērunt. Aegrē eō diē sustentātum est.

Gallōrum eadem atque Belgārum oppugnātiō est haec: Ubi, circum-
iectā multitūdine hominum tōtīs moenibus, undique in mūrum lapidēs   5
iacī coeptī sunt, mūrusque dēfēnsōribus nūdātus est, testūdine factā

---

5. **distinērī:** *to be kept apart.* **nē cōnflīgendum sit:** *so that he would not have to
fight.* 11. **Axonam:** *the Aisne River.* 12. **in extrēmīs fīnibus:** about eight miles
north of modern Rheims. 13. **Quae rēs:** *This maneuver.* **latus:** accusative, object of mūniēbat. 17. **in alterā parte:** *on the other* (or south) *side.* 19. **in altitūdinem:** *to a height.* Translate with vāllō. **vāllō:** *the rampart,* about 12 feet
high. **fossā:** *the ditch,* about 18 feet wide at the top.

6. 1. **hīs castrīs:** this camp of Caesar's on the north bank of the Aisne River
has been excavated. Much of our information about the size and shape of
Caesar's camps has been obtained from this site. 2. **ex itinere:** *on the march;*
i.e., they expected to capture the town quickly without much interruption to
their march towards the Romans. 3. **sustentātum est:** impersonal passive; *the
defense was maintained.* 4. **eadem atque:** *the same as.* **oppugnātiō:** *the method of
storming.* 6. **coeptī sunt:** the passive form is used, instead of coepērunt, when
the complementary infinitive is passive. **testūdine:** *a testudo,* literally, *tortoise*—a close formation of men holding their shields over their heads.

portās succēdunt mūrumque subruunt. Quod tum facile fīēbat. Nam cum tanta multitūdō lapidēs ac tēla conicerent, in mūrō cōnsistendī potestās erat nūllī.

10   Cum fīnem oppugnandī nox fēcisset, Iccius Rēmus, summā nōbilitāte et grātiā inter suōs, quī tum oppidō praeerat, ūnus ex eīs, quī lēgātī dē pāce ad Caesarem vēnerant, nūntium ad eum mittit: nisi subsidium sibi summittātur, sēsē diūtius sustinēre nōn posse.

The Belgians March toward Caesar

7.   Eō dē mediā nocte Caesar, īsdem ducibus ūsus, quī nūntiī ab Icciō vēnerant, Numidās et Crētās sagittāriōs et funditōrēs Baleārēs subsidiō oppidānīs mittit; quōrum adventū et Rēmīs cum spē dēfēnsiōnis studium prōpugnandī accessit, et hostibus eādem dē causā spēs
5   potiendī oppidī discessit.

Itaque paulisper apud oppidum morātī agrōsque Rēmōrum dēpopulātī, omnibus vīcīs aedificiīsque, quō adīre potuerant, incēnsīs, ad castra Caesaris omnibus cōpiīs contendērunt et ā mīlibus passuum minus duōbus castra posuērunt; quae castra, ut fūmō atque ignibus
10   significābātur, amplius mīlibus passuum octō in lātitūdinem patēbant.

Caesar Strengthens His Position

8.   Caesar prīmō et propter multitūdinem hostium et propter eximiam opīniōnem virtūtis proeliō abstinēre statuit; cotīdiē tamen equestribus proeliīs, quid hostis virtūte posset et quid nostrī audērent, experiēbātur.

---

7. **subruunt:** *undermine.* 8. **in mūrō . . . nūllī:** *no one had a chance of standing on the wall;* nūllī is dative of possession with erat. 10. **Rēmus:** one of the Remi. 12. **nisi etc.:** (saying that) *unless help was sent.*

7.   1. **Eō:** *there;* i.e., to Bibrax. **dē:** *just after, during.* 2. **Numidās:** *Numidian* from Numidia, in northern Africa. **Crētās:** *Cretan,* from the island of Crete. **Baleārēs:** *Balearic,* from the Balearic Islands east of Spain. 4. **prōpugnandī:** *for taking the offensive.* **accessit:** *was added.* **hostibus:** dative of separation with **discessit.** 6. **morātī:** sc. **hostēs.** 8. **cōpiīs:** sc. **cum;** with the ablative of accompaniment, **cum** is sometimes omitted in military expressions. **ā mīlibus . . . duōbus:** *less than two miles away.*

8.   1. **eximiam opīniōnem:** *excellent reputation.* 3. **quid hostis—posset:** *what the enemy could do.*

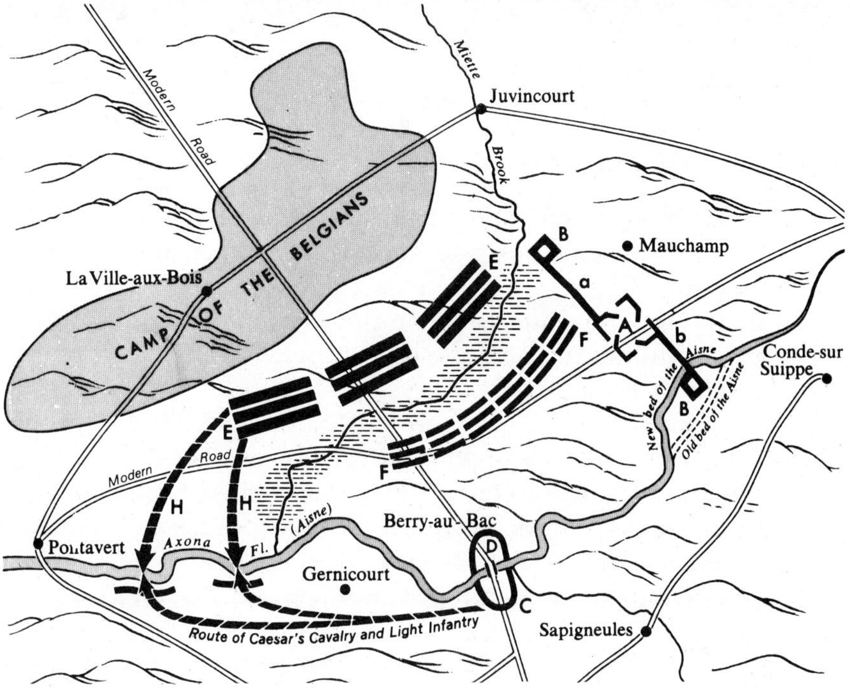

Battle of Aisne. A. Caesar's camp (Chap. 5; Chap. 7; Chap. 8). a, b. Trenches, **fossae** *(Chap. 8). B, B. Redoubts,* **castella** *(Chap. 8). C. Redoubt at the south end of the bridge,* **castellum,** *held by Q. Titurius Sabinus (Chap. 5; Chap. 9). D. Guard at the north end of the bridge,* **praesidium** *(Chap. 5). E–E. The Belgians in battle order (Chap. 8). F–F. The six legions in battle order (Chap. 8) H–H. Probable routes taken by the Belgians to the fords at the Aisne, where they were met by Caesar's light-armed troops and cavalry (Chap. 9).*

Ubi nostrōs nōn esse īnferiōrēs intellēxit, locō prō castrīs ad aciem īnstruendam nātūrā opportūnō atque idōneō, ab utrōque latere eius collis, ubi castra posita erant, trānsversam fossam obdūxit circiter passuum quadringentōrum, et ad extrēmās fossās castella cōnstituit, ibique tormenta collocāvit. Eās mūnītiōnēs īnstituit nē, cum aciem īnstrūxisset, hostēs propter multitūdinem ab lateribus pugnantēs suōs circumvenīre possent.

Hōc factō, duābus legiōnibus quās proximē cōnscrīpserat in castrīs relictīs, ut, sī opus esset, subsidiō dūcī possent, reliquās sex legiōnēs prō castrīs in aciē cōnstituit. Hostēs item suās cōpiās ex castrīs ēductās īnstrūxerant.

5. **locō . . . idōneō:** *since the place was naturally well suited,* etc. **prō:** *in front of:* 8. **ad . . . fossās:** *at the ends of the trenches.* 9. **tormenta:** The term tormenta (*tension machines*) includes the catapult, which shot long arrows, and the ballista, which hurled stones. 13. **subsidiō:** dative of purpose.

The Belgians Try to Cross the River

9.   Palūs erat nōn magna inter nostrum atque hostium exercitum. Hanc sī nostrī trānsīrent, hostēs exspectābant; nostrī autem, sī ab illīs initium trānseundī fieret, ut impedītōs aggrederentur, parātī in armīs erant. Interim proeliō equestrī inter duās aciēs contendēbātur. Ubi
5   neutrī trānseundī initium faciunt, secundiōre equitum proeliō nostrīs, Caesar suōs in castra redūxit.

Hostēs prōtinus ex eō locō ad flūmen Axonam contendērunt, quod esse post nostra castra dēmōnstrātum est. Ibi, vadīs repertīs, partem suārum cōpiārum trādūcere cōnātī sunt, eō cōnsiliō, ut, sī possent, cas-
10   tellum, cui praeerat Quīntus Titūrius lēgātus, expugnārent pontemque interscinderent; sī minus potuissent, agrōs Rēmōrum populārentur, quī magnō nōbīs ūsuī ad bellum gerendum erant, commeātūque nostrōs prohibērent.

Caesar Stops the Belgians

10.   Caesar, certior factus ab Titūriō, omnem equitātum et levis armātūrae Numidās, funditōrēs sagittāriōsque pontem trādūcit atque ad eōs contendit. Ācriter in eō locō pugnātum est. Hostēs impedītōs nostrī in flūmine aggressī magnum eōrum numerum occīdērunt; per
5   eōrum corpora reliquōs audācissimē trānsīre cōnantēs multitūdine tēlōrum reppulērunt; prīmōs, quī trānsierant, equitātū circumventōs interfēcērunt.

Hostēs, ubi et dē expugnandō oppidō et dē flūmine trānseundō spem sē fefellisse intellēxērunt, neque nostrōs in locum inīquiōrem
10   prōgredī pugnandī causā vīdērunt, atque ipsōs rēs frūmentāria dēfi-

---

9.   1. **Palūs:** *a swamp,* or *marshy ground* near the Miette Brook, about two miles below the bridge. Caesar's lines faced north towards this marsh; the Belgians were encamped on higher ground on the other side of the marsh. 2. **illīs:** the Belgians. 5. **neutrī:** *neither side;* plural because it refers to both the Belgians and Romans. **secundiōre:** *more favorable.* **nostrīs:** dative with secundiōre. 9. **eō cōnsiliō:** *with this plan;* i.e. to encircle and capture the bridge. **sī possent,** and **sī . . . potuissent,** represent respectively a future and future perfect in direct discourse. 11. **minus** = nōn.

10.   1. **Titūriō:** Quintus Titūrius Sabinus, who was in command of Caesar's garrison at the bridge. 9. **spem . . . fefellisse:** *that they had been disappointed in their hope*—of both capturing the town and crossing the river. **in locum inīquiōrem:** i.e., the marshy ground. 10. **ipsōs:** *them* (the Belgians).

cere coepit, concilium convocāvērunt. In eō conciliō cōnstituērunt, optimum esse, domum suam quemque revertī, et, quōrum in fīnēs
prīmum Rōmānī exercitum intrōdūxissent, ad eōs dēfendendōs undique convenīre, ut potius in suīs quam in aliēnīs finibus dēcertārent et
domesticīs cōpiīs reī frūmentāriae ūterentur. Ad eam sententiam cum   15
reliquīs causīs haec quoque ratiō eōs dēdūxit, quod Dīviciācum atque
Aeduōs fīnibus Bellovacōrum appropinquāre cognōverant. Hīs per-
suādērī, ut diūtius morārentur neque suīs auxilium ferrent, nōn
poterat.

The Belgians Retreat

11.   Eā rē cōnstitūtā, secundā vigiliā magnō cum strepitū ac tumultū
castrīs ēgressī, nūllō certō ōrdine neque imperiō, cum sibi quisque
prīmum itineris locum peteret et domum pervenīre properāret, fēcērunt ut cōnsimilis fugae profectiō vidērētur. Hāc rē statim Caesar per
speculātōrēs cognitā, īnsidiās veritus, quod, quā dē causā discēderent,   5
nōndum perspexerat, exercitum equitātumque castrīs continuit. Prīmā
lūce cōnfirmātā rē ab explōrātōribus, omnem equitātum, quī novissimum agmen morārētur, praemīsit.
His Quīntum Pedium et Lūcium Aurunculeium Cottam lēgātōs
praefēcit; Titum Labiēnum lēgātum cum legiōnibus tribus subsequī   10
iussit. Hī novissimōs adortī et multa mīlia passuum prōsecūtī, magnam multitūdinem eōrum fugientium concīdērunt. Nam cum eī ab ex-
trēmō agmine cōnsisterent fortiterque impetum nostrōrum mīlitum
sustinērent, priōrēs, exaudītō clāmōre, perturbātīs ōrdinibus, omnēs
in fugā sibi praesidium pōnēbant. Ita sine ūllo perīculō tantam eōrum   15
multitūdinem nostrī interfēcērunt, quantum fuit diēī spatium; sub occāsum sōlis dēstitērunt sēque in castra, ut erat imperātum, recēpērunt.

---

11. **optimum esse:** *that it was best.* 12. **quemque:** *for each (state).* **quōrum:** *the
antecedent is eōs in the next line.* 15. **ūterentur:** *they could make use of.*

11.   1. **strepitū:** *noise;* ablative of manner. 2. **ēgressī:** *leaving.* **nūllō . . . imperiō:** i.e., they did not march out in line, or in any particularly military order,
and no officers were giving orders. 3. **fēcērunt . . . vidērētur:** *they made their
departure seem* etc. 5. **speculātōrēs:** *spies;* Caesar had scouts constantly watch-
ing the enemy. 12. **cum:** *whereas.* 13. **cōnsisterent:** *were making a stand.* 14.
priōrēs: *the ones in front.* 15. **tantam multitūdinem quantum:** *as large a multitude as.*

Noviodunum Surrenders to Caesar

12.   Postrīdiē eius diēī Caesar, prius quam sē hostēs ex terrōre ac fugā recipent, in fīnēs Suessiōnum, quī proximī Rēmīs erant, exercitum dūxit et magnō itinere ad oppidum Noviodūnum contendit. Id ex itinere oppugnāre cōnātus, quod vacuum ab dēfēnsōribus esse audiēbat,
5   propter lātitūdinem fossae mūrīque altitūdinem, paucīs dēfendentibus, expugnāre nōn potuit. Castrīs mūnītīs, vīneās agere, quaeque ad oppugnandum ūsuī erant, comparāre coepit.

Interim omnis ex fugā Suessiōnum multitūdō in oppidum proximā nocte convēnit. Celeriter vīneīs ad oppidum āctīs, aggere iactō tur-
10   ribusque cōnstitūtīs, magnitūdine operum, quae neque vīderant ante Gallī neque audīverant, et celeritāte Rōmānōrum permōtī lēgātōs ad Caesarem dē dēditiōne mittunt et, petentibus Rēmīs ut cōnservārentur, impetrant.

The Bellovaci Surrender to Caesar

13.   Caesar, obsidibus acceptīs prīmīs cīvitātis atque ipsīus Galbae rēgis duōbus fīliīs, armīsque omnibus ex oppidō trāditīs, in dēditiōnem Suessiōnēs accēpit exercitumque in Bellovacōs dūcit. Quī cum sē suaque omnia in oppidum Brātuspantium contulissent, atque ab eō
5   oppidō Caesar cum exercitū circiter mīlia passuum quīnque abesset, omnēs maiōrēs nātū, ex oppidō ēgressī, manūs ad Caesarem tendere et vōce significāre coepērunt, sēsē in eius fidem ac potestātem venīre neque contrā populum Rōmānum armīs contendere. Item, cum ad oppidum accessisset castraque ibi pōneret, puerī mulierēsque ex mūrō,
10   passīs manibus, suō mōre pācem ab Rōmānīs petiērunt.

---

12.   1. **prius quam . . . recipent:** *before the enemy could recover from their terror and flight;* a clause of anticipation. 3. **Noviodūnum:** the capital city of the Suessiones, near the modern Soissons. 6. **vīneās:** *movable sheds,* so-called because of their resemblance to vinecovered arbors. 9. **aggere iactō:** *an agger having been thrown up,* i.e., a roadway to the town wall, made by throwing earth and brush into the trenches. **turribus:** *towers,* also movable, and affording an elevation from which weapons could be thrown. 12. **petentibus Rēmīs:** *at the request of the Remi.*

13.   1. **obsidibus:** *as hostages*—in apposition with **prīmīs** and **fīliīs.** 6. **maiōrēs nātū:** *the older men.* 7. **vōce significāre:** i.e., they did not speak Latin, but they made their meaning clear. 10. **passīs:** *outstretched;* from **pandō, -ere, pandī, passum.**

Diviciacus Confers with Caesar

14. Prō hīs Dīviciācus (nam post discessum Belgārum, dīmissīs Aeduōrum cōpiīs, ad eum reverterat) facit verba:

Bellovacōs omnī tempore in fidē atque amīcitiā cīvitātis Aeduae fuisse; impulsōs ab suīs prīncipibus,—quī dīcerent, Aeduōs ā Caesare in servitūtem redāctōs omnēs indignitātēs contumēliāsque per- 5 ferre,—et ab Aeduīs dēfēcisse et populō Rōmānō bellum intulisse. Quī eius cōnsilī prīncipēs fuissent, quod intellegerent quantam calamitātem cīvitātī intulissent, in Britanniam profūgisse.

Nōn sōlum Bellovacōs, sed etiam prō hīs Aeduōs petere, ut suā clēmentiā ac mānsuētūdine in eōs ūtātur. Quod sī fēcerit, eum 10 Aeduōrum auctōritātem apud omnēs Belgās amplificātūrum quōrum auxiliīs atque opibus, sī qua bella inciderint, sustinēre cōnsuērint.

Caesar Spares the Bellovaci

15. Caesar, honōris Dīviciācī atque Aeduōrum causā, sēsē eōs in fidem receptūrum et cōnservātūrum dīxit; et quod erat cīvitās magnā inter Belgās auctōritāte atque hominum multitūdine praestābat, ses- centōs obsidēs poposcit. Hīs trāditīs omnibusque armīs ex oppidō col- lātīs, ab eō locō in fīnēs Ambiānōrum pervēnit; quī sē suaque omnia 5 sine morā dēdidērunt.

Eōrum fīnēs Nerviī attingēbant; quōrum dē nātūrā mōribusque Caesar cum quaereret, sīc reperiēbat:

Nūllum aditum esse ad eōs mercātōribus; nihil patī vīnī reliquārum- que rērum ad lūxuriam pertinentium īnferrī, quod hīs rēbus relanguēs- 10 cere animōs eōrum et remittī virtūtem exīstimārent; esse hominēs ferōs magnaeque virtūtis; increpitāre atque incūsāre reliquōs Belgās, quī sē

14. 1. **Prō:** *in behalf of.* **hīs:** the Bellovaci. **Dīviciācus:** the Aeduan. 2. **eum:** Caesar. **facit verba:** *spoke.* The rest of the chapter is in indirect discourse. 6. **dēfēcisse:** the subject is Bellovacōs, modified by impulsōs. **quī:** *Those who.* 7. **prīncipēs:** *ring-leaders.* 10. **clēmentiā ac mānsuētūdine:** ablative with ūtor. **eum:** Caesar. 12. **sī qua:** *if any, whatsoever.* **cōnsuērint:** contracted form of cōn- suēverint.

15. 1. **eōs:** the Bellovaci. 4. **collātīs:** from cōnferō. 7. **quōrum:** i.e., of the Nervii. 9. **mercātōribus:** dative of possession. **patī:** sc. eōs (Nerviōs) as sub- ject. **vīnī,** and **rērum,** partitive genitive with nihil. 10. **pertinentium:** agrees with rērum; translate, *which pertain to.* **rēbus:** ablative of cause. 11. **eōrum:** i.e., *of the other Gauls.* 12. **(eōs) increpitāre atque incūsāre:** they (the Nervii) *reproach and accuse.*

populō Rōmāno dēdidissent patriamque virtūtem prōiēcissent; cōn-
firmāre, sēsē neque lēgātōs missūrōs neque ūllam condiciōnem pācis
15   acceptūrōs.

Caesar Marches against the Nervii

16.   Cum per Nerviōrum fīnēs trīduum iter fēcisset, inveniēbat ex
captīvīs, Sabim flūmen ā castrīs suīs nōn amplius mīlibus passuum x
abesse; trāns id flūmen omnēs Nerviōs cōnsēdisse, adventumque ibi
Rōmānōrum exspectāre ūnā cum Atrebātibus et Viromanduīs, fīnitimīs
5   suīs; ab hīs etiam Aduatucōrum cōpiās exspectārī atque esse in itinere;
mulierēs, eōsque quī per aetātem ad pugnam inūtilēs vidērentur, in
eum locum coniectōs esse, quō propter palūdēs exercituī aditus nōn
esset.

The Nervii Plan to Attack

17.   Hīs rēbus cognitīs, explōrātōrēs centuriōnēsque praemittit, quī
locum idōneum castrīs dēligant. Eō tempore complūrēs ex dēditīciīs
Belgīs reliquīsque Gallīs ūnā cum Caesare iter faciēbant. Quīdam ex
hīs, ut posteā ex captīvīs cognitum est, cōnsuētūdine itineris nostrī
5   exercitūs perspectā, nocte ad Nerviōs pervēnērunt, atque hīs dēmōnstrārunt, inter singulās legiōnēs impedīmentōrum magnum numerum
intercēdere; neque esse quicquam negōtī, cum prīma legiō in castra
vēnisset reliquaeque legiōnēs magnum spatium abessent, hanc sub
sarcinīs adorīrī; quā pulsā impedīmentīsque dīreptīs, futūrum esse ut
10   reliquae cōnsistere nōn audērent.
Adiuvābat etiam eōrum prōpositum quī rem dēferēbant, quod

---

13.   **patriam:** adjective

16.   2. **Sabim:** *the Sambre;* Caesar was approaching from the north side of this
river. 3. **trāns id flūmen:** i.e., *on the south side.* 4. **ūnā cum:** *together with.* 6. **per
aetātem:** *by reason of their age.* 7. **quō** = ad quem locum.

17.   4. **cōnsuētūdine . . . . perspectā:** *having observed the order of marching of
our army.* 5. **dēmōnstrārunt** = dēmōnstrāvērunt. 7. **neque . . . negōtī:** *and
that there would be no difficulty.* 8. **hanc:** *this* (first legion). **sub sarcinīs:** i.e.,
while the men were still carrying their marching packs. 9. **quā** = hāc legiōne.
futūrum esse ut: *the result would be that;* followed by a substantive clause of
result. 11. **Adiuvābat,** etc.,; the subject is the quod clause, and prōpositum is
the object. Translate: *The proposal . . . was favored by the circumstance that . . . .*
eōrum: the antecedent of quī.

(left) Roman armor
(right) Ceremonial breastplate

Nerviī antīquitus, cum equitātū nihil possent, quō facilius fīnitimōrum equitātum impedīrent, sī praedandī causā ad eōs vēnissent, eius modī cōnsilium cēperant: Tenerīs arboribus incīsīs atque īnflexīs, et·rubīs sentibusque interiectīs, saepēs dēnsās fēcerant, quae firmissimum   15 mūnīmentum praebērent. Hīs rēbus cum iter agminis nostrī impedīrētur, nōn omittendum sibi cōnsilium Nerviī exīstimāvērunt.

The Romans Camp on a Hill

18.   Locī nātūra quem nostrī castrīs dēlēgerant, erat haec. Collis, ab summō aequāliter dēclīvis, ad flūmen Sabim, quod suprā nōminā vimus, vergēbat. Ab eō flūmine parī acclīvitāte collis nāscēbātur adversus huic et contrārius, passūs circiter ducentōs īnfimus

---

12. **cum . . . possent:** *since their cavalry was not strong.* **quō:** used to introduce a purpose which contains a comparative (facilius). 14. **cēperant:** *had formed.* **tenerīs:** *young.* The trees were cut into on one side, and then bent over. The branches grew out thickly, forming a hedge. **rubīs sentibusque:** *brambles and briar bushes*—planted in between the branches of the bent trees, to provide a thicker hedge.

18.   2. **aequāliter:** *evenly.* 3. **parī acclīvitāte:** *with like slope.* **nāscēbātur:** *arose.*

5   apertus, ab superiōre parte silvestris, ut nōn facile intrōrsus perspicī
posset. Intrā eās silvās hostēs in occultō sēsē continēbant; in apertō
locō secundum flūmen paucae statiōnēs equitum vidēbantur. Flūminis
erat altitūdō pedum circiter trium.

The Nervii Make a Sudden Attack

19.   Caesar, equitātū praemissō, subsequēbātur omnibus cōpiīs; sed
ratiō ōrdōque agminis aliter sē habēbat, ac Belgae ad Nerviōs dētule-
rant. Nam quod hostibus appropinquābat, cōnsuētūdine suā Caesar
sex legiōnēs expedītās dūcēbat; post eās tōtīus exercitūs impedīmenta
5   collocārat; inde duae legiōnēs, quae proximē cōnscrīptae erant, tōtum
agmen claudēbant praesidiōque impedīmentīs erant.
⌠Equitēs nostrī cum funditōribus sagittāriīsque flūmen trānsgressī,
cum hostium equitātū proelium commīsērunt. Illī identidem in silvās
sē recipiēbant, ac rūrsus ex silvā in nostrōs impetum faciēbant⌡ Nostrī
10   autem longius quam ad silvās hostēs cēdentēs īnsequī nōn audēbant.
Interim legiōnēs sex, quae prīmae vēnerant opere dīmēnsō castra mūnīre coepērunt.
Ubi prīma impedīmenta nostrī exercitūs ab eīs, quī in silvīs abditī
latēbant, vīsa sunt, subitō omnibus cōpiīs prōvolāvērunt impetumque
15   in nostrōs equitēs fēcērunt. Hīs facile pulsīs ac prōturbātīs, incrēdibilī
celeritāte ad flūmen dēcucurrērunt, ut paene ūnō tempore et ad silvās
et in flūmine et iam in manibus nostrīs hostēs vidērentur. Eādem

---

5. **apertus:** *open;* i.e., cleared for about 200 paces from the river; above this it
was thickly wooded. 7. **secundum flūmen:** *along the river;* secundum is a
preposition. **statiōnēs:** *pickets.*

19.   1. **equitātū praemissō:** i.e., for a preliminary testing skirmish. 2. **ratiō
ōrdōque:** *the marching order.* Because they were nearing the enemy, Caesar
changed the arrangement of his march, leading off with the six legions, following this with the heavy baggage of the whole army, and finally placing the
two new legions at the rear. He had previously put the baggage of each legion
directly behind that legion, and that is what the escaped prisoners had reported to the Nervii. **aliter . . . ac:** *was different from that which.* 5. **collocārat:**
contracted form for **collocāverat;** see page 341. **duae legiōnēs:** the XIIIth and
XIVth. 8. **Illī:** the enemy's cavalry. 11. **dīmēnsō:** *laid out*—from dīmetior. The
deponent verb sometimes has a passive meaning in an ablative absolute.
13. **prīma impedīmenta:** *the first part of the heavy baggage*—appearing behind
the six legions. The enemy mistook this for the baggage of the leading legion.
14. **latēbant:** *were hiding.* 15. **Hīs:** i.e., the Roman cavalry. 17. **in manibus
nostrīs:** *upon us.*

autem celeritāte adversō colle ad nostra castra atque eōs, quī in opere occupātī erant, contendērunt.

Caesar Acts Quickly

20. Caesarī omnia ūnō tempore erant agenda: vēxillum prōpōnendum (quod erat īnsigne, cum ad arma concurrī oportēret); mīlitēs ab opere revocandī; eī, quī paulō longius aggeris petendī causā prōcesserant, arcessendī; aciēs īnstruenda; mīlitēs cohortandī; signum tubā dandum. Quārum rērum magnam partem temporis brevitās et incursus hostium impediēbat.   5

Hīs difficultātibus duae rēs erant subsidiō: scientia atque ūsus mīlitum, quī, superiōribus proeliīs exercitātī, sibi praescrībere poterant quid fierī oportēret; et quod Caesar ab opere singulīsque legiōnibus singulōs lēgātōs discēdere, nisi mūnītīs castrīs, vetuerat. Hī propter   10
propinquitātem et celeritātem hostium nihil iam Caesaris imperium exspectābant, sed per sē, quae vidēbantur, administrābant.

Caesar Encourages His Men

21. Caesar, necessāriīs rēbus imperātīs, ad cohortandōs mīlitēs dēcucurrit et forte ad legiōnem decimam dēvēnit. Mīlitēs nōn longiōre ōrātiōne cohortātus est quam utī suae prīstinae virtūtis memoriam retinērent, neu perturbārentur animō, hostiumque impetum fortiter sustinērent. Deinde, quod nōn longius hostēs aberant quam quō tēlum   5
adigī posset, proelī committendī signum dedit. Atque in alteram par-

---

18. **adversō colle:** *up the opposite hill,* where the Romans were building their camp.

20. 1. **erant agenda:** *had to be done.* The situation was serious for the Romans, who were caught completely by surprise. **prōpōnendum:** sc. erat; also erat (or erant) with the following gerundives—revocandī, arcessendī, īnstruenda, cohortandī, and dandum. The best translation for these passive periphrastics in past time is, *had to be . . .* The omission of the verb erat suggests the emphasis on speed. **vēxillum:** *the flag;* i.e., the signal for arming. 3. **aggeris:** *material* (for the rampart). 4. **signum:** *the signal,* to begin fighting. 7. **scientia atque ūsus:** *the knowledge and experience.* 8. **superiōribus:** *earlier.* 9. **singulīs:** *respective.* 10. **singulōs:** *the individual.* **nisi . . . castrīs:** *until the camp was finished.* 11. **nihil** = nōn.

21. 3. **quam utī** etc.: *than that they should remember . . .* 5. **quō . . . posset:** *as far as a javelin could be thrown.*

tem item cohortandī causā profectus, pugnantibus occurrit. Temporis
tanta fuit exiguitās hostiumque tam parātus ad dīmicandum animus,
ut nōn modo ad īnsignia accommodanda, sed etiam ad galeās induen-
10 dās scūtīsque tegimenta dētrahenda tempus dēfuerit. Quam quisque
ab opere in partem cāsū dēvēnit et quae prīma signa cōnspexit, ad haec
cōnstitit, nē in quaerendīs suīs pugnandī tempus dīmitteret.

The Romans Are Taken by Surprise

22.   Quibus ex rēbus īnstrūctus est exercitus magis ut locī nātūra
dēiectusque collis et necessitās temporis, quam ut reī mīlitāris ratiō
atque ōrdō postulābat. Dīversae legiōnēs, aliae aliā in parte, hostibus
resistēbant, atque, saepibus dēnsissimīs interiectīs, prōspectus im-
5 pediēbātur. Neque certa subsidia collocārī, neque quid in quāque parte
opus esset prōvidērī, neque ab ūnō omnia imperia administrārī poterant. Itaque in tantā rērum inīquitāte ēventūs variī sequēbantur.

The Roman Camp Is Left Unprotected

23.   Legiōnis nōnae et decimae mīlitēs, ut in sinistrā parte aciēī cōnstiterant, Atrebātēs cursū exanimātōs ac lassitūdine oppressōs celeriter
ex locō superiōre in flūmen compulērunt, et eōs trānsīre cōnantēs īnsecūtī, gladiīs magnam partem eōrum impedītam interfēcērunt. Ipsī
5 trānsīre flūmen nōn dubitāvērunt et, in locum inīquum prōgressī, rūrsus resistentēs hostēs in fugam coniēcērunt.
Item aliā in parte dīversae duae legiōnēs, ūndecima et octāva, prō-
flīgātīs Viromanduīs ex locō superiōre, in ipsīs flūminis rīpīs
proeliābantur.

---

7. **pugnantibus:** sc. **suīs;** *dative with* **occurrō.** 10. **dēfuerit:** *the perfect tense is
sometimes used in a result clause, instead of the more regular imperfect, to
emphasize the actuality of the result.* **Quam in partem:** *to whatever place.*
11. **quae signa:** *whatever standards.* 12. **suīs:** sc. **signīs;** *i.e., there was not time
enough to find their regular places, so they could not afford to lose any time.*

22.   1. **Quibus ex rēbus:** *For these reasons.* 3. **aliae . . . parte:** *some in one place,
others in another.* 5. **certa:** *at fixed points;* on account of the thick hedges, Caesar
could not see where reinforcements were needed.

23.   4. **impedītam:** *hindered,* in trying to cross the river. **Ipsī:** the Romans on
the left wing. 5. **inīquum:** the Romans were now pursuing the enemy uphill.
8. **in ipsīs rīpīs:** *right on the banks.*

At tōtīs ferē castrīs ā fronte et ā sinistrā parte nūdātīs, cum in dextrō   10
cornū legiō duodecima et, nōn magnō ab eā intervāllō, septima cōn-
stitisset, omnēs Nerviī cōnfertissimō agmine duce Boduognātō, quī
summam imperī tenēbat, ad eum locum contendērunt; quōrum pars
ab apertō latere legiōnēs circumvenīre, pars summum castrōrum
locum petere coepit.   15

The Situation Is Desperate

24.   Eōdem tempore equitēs nostrī levisque armātūrae peditēs, quī
cum eīs ūnā fuerant (quōs prīmō hostium impetū pulsōs dīxeram),
cum sē in castra reciperent, adversīs hostibus occurrēbant ac rūrsus
aliam in partem fugam petēbant. Itemque cālōnēs, quī ab decumānā
portā ac summō iugō collis nostrōs victōrēs flūmen trānsīsse cōnspex-   5
erant, praedandī causā ēgressī, cum respexissent et hostēs in nostrīs
castrīs versārī vīdissent, praecipitēs fugae sēsē mandābant. Simul
eōrum, quī cum impedīmentīs veniēbant, clāmor fremitusque oriē-
bātur, aliīque aliam in partem perterritī ferēbantur.

Quibus omnibus rēbus permōtī sunt equitēs Trēverī, quōrum inter   10
Gallōs virtūtis opīniō est singulāris, quī auxilī causā ā cīvitāte ad
Caesarem missī vēnerant. Cum enim multitūdine hostium castra
nostra complērī, legiōnēs premī et paene circumventās tenērī, cālōnēs,
equitēs, funditōrēs, Numidās dissipātōs in omnēs partēs fugere vīdissent, dēspērātīs nostrīs rēbus, domum contendērunt; Rōmānōs pulsōs   15
superātōsque, castrīs impedīmentīsque eōrum hostēs potītōs, cīvitātī
renūntiāvērunt.

---

10. **nūdātīs:** *exposed;* or unprotected. As the IXth and Xth legions on the left
wing, and the VIIIth and XIth in the center, had followed the retreating
enemy down to the river, the camp was left with few defenders. 12. **cōnfertissimō:** *very compact.* 13. **summam imperī:** *the chief command.* **quōrum:** i.e., the
Nervii.

24.   1. **armātūrae:** genitive of description. 2. **pulsōs:** sc. esse. 3. **adversīs:** *face
to face.* 4. **cālōnēs:** *the camp-servants*—drivers, servants of the officers, etc.,
many of them slaves. **decumānā portā:** *the rear gate,* of the Roman camp. 6.
ēgressī: *coming out*—thinking that the Romans had won the battle, and that
they could collect booty. 7. **versārī:** *moving about.* 9. **ferēbantur:** *fled.* 10. **Trēverī:** a Belgian tribe; most of Caesar's cavalry came from this state. When they
saw the Romans losing the battle on the right wing, they took off for home.
11. **opīniō:** *reputation.* 13. **legiōnēs premī:** the VIIth and XIIth were being hard
pressed. 14. **Numidās:** African archer in the Roman army.

Difficulties on the Right Wing

25.   Caesar ab decimae legiōnis cohortātiōne ad dextrum cornū profectus est, ubi suōs urgērī atque, signīs in ūnum locum collātīs,
duodecimae legiōnis cōnfertōs mīlitēs sibi ipsōs ad pugnam esse impedīmentō vīdit. Quārtae cohortis omnēs centuriōnēs occīsī erant,
5   signiferōque interfectō, signum āmissum erat; reliquārum cohortium
omnēs ferē centuriōnēs aut vulnerātī aut occīsī erant, atque in hīs
prīmipīlus P. Sextius Baculus, fortissimus vir, multīs gravibusque vulneribus erat cōnfectus, ut iam sē sustinēre nōn posset. Reliquī erant
tardiōrēs et nōn nūlli ab novissimīs, dēsertō locō, proeliō excēdēbant
10   ac tēla vītābant. Hostēs neque ā fronte ex īnferiōre locō subeuntēs in-
termittēbant et ab utrōque latere īnstābant. Caesar ubi rem esse in angustō vīdit, neque ūllum esse subsidium, quod summittī posset,—
scūtō ab novissimīs ūnī mīlitī dētrāctō, quod ipse eō sine scūtō vēnerat,
in prīmam aciem prōcessit et, centuriōnibus nōminātim appellātīs, re-
15   liquōs cohortātus, mīlitēs signa īnferre et manipulōs laxāre iussit, quō
facilius gladiīs ūtī possent. Cuius adventū, spē illātā mīlitibus ac red-
integrātō animō, cum prō sē quisque in cōnspectū imperātōris etiam in
extrēmīs suīs rēbus operam nāvāre cuperet, paulum hostium impetus
tardātus est.

Help from the Tenth Legion

26.   Caesar, cum septimam legiōnem, quae iūxtā cōnstiterat, item
urgērī ab hoste vīdisset, tribūnōs mīlitum monuit, ut paulātim legiōnēs
sēsē coniungerent et conversa signa in hostēs īnferrent. Quō factō,

---

25.   1. **decimae legiōnis:** i.e., on the left wing. 2. **urgērī:** *hard pressed.* **collātīs:**
from cōnferō. 3. **sibi esse impedīmentō:** i.e., they were getting in each other's
way. 5. **signum:** *standard.* 7. **prīmipīlus:** *the chief centurion.* 8. **cōnfectus:**
exhausted. 9. **novissimīs:** *the rear.* 11. **in angustō:** *in a critical condition.* 13.
scūtō . . . dētrāctō: *taking a shield from a soldier at the rear;* we see Caesar rush-
ing into the fight to inspire the soldiers to fight more fiercely. 14. **nōminātim:**
by name; Caesar knew the names of all the officers in the army. 15. **signa
īnferre:** *to advance.* **manipulōs laxāre:** *to open up the ranks;* they had been too
crowded together to fight effectively with swords. 18. **operam nāvāre:** i.e., to
give a good account of himself, in the sight of the general.

26.   1. **septimam legiōnem:** on the extreme right wing. 3. **sēsē coniungerent:**
the two legions on the right wing had been fighting separately. **conversa . . . īnferrent:** *to face about and charge the enemy.*

cum aliīs aliī subsidium ferrent, neque timērent nē āversī ab hoste circumvenīrentur, audācius resistere ac fortius pugnāre coepērunt.   5

Interim mīlitēs legiōnum duārum, quae in novissimō agmine
praesidiō impedīmentīs fuerant, proeliō nūntiātō, cursū incitātō, in
summō colle ab hostibus cōnspiciēbantur; et Titus Labiēnus castrīs
hostium potītus et ex locō superiōre cōnspicātus quae rēs in nostrīs
castrīs gererentur, decimam legiōnem subsidiō nostrīs mīsit. Quī cum   10
ex equitum et cālōnum fugā cognōvissent quō in locō rēs esset, quantōque in perīculō et castra et legiōnēs et imperātor versārētur, nihil ad
celeritātem sibi reliquī fēcērunt.

The Nervii Are Wiped Out

27.   Hōrum adventū tanta rērum commūtātiō est facta, ut nostrī,
etiam quī vulneribus cōnfectī prōcubuissent, scūtīs innīxī proelium
redintegrārent; cālōnēs, perterritōs hostēs cōnspicātī, etiam inermēs
armātīs occurrerent; equitēs vērō, ut turpitūdinem fugae virtūte dēlē-
rent, omnibus in locīs pugnandō sē legiōnāriīs mīlitibus praeferrent.   5

At hostēs etiam in extrēmā spē salūtis tantam virtūtem praestitērunt,
ut, cum prīmī eōrum cecidissent, proximī iacentibus īnsisterent atque
ex eōrum corporibus pugnārent. Hīs dēiectīs et coacervātīs cada-
veribus, quī supererant, ut ex tumulō, tēla in nostrōs coniciēbant et
pīla intercepta remittēbant. Nōn nēquīquam tantae virtūtis hominēs   10
ausī sunt trānsīre lātissimum flūmen, ascendere altissimās rīpās,
subīre inīquissimum locum; quae facilia ex difficillimīs animī magnitūdō redēgerat.

---

4. **aliīs aliī:** *each to the other.* **āversī:** *from the rear.* 6. **legiōnum duārum:** the
XIIIth and XIVth, which were bringing up the rear of the marching column. 9.
potītus: *after gaining possession of;* with the ablative. Labienus looked back and
saw the Nervii in the Roman camp. 10. **Quī:** *These soldiers* (of the Tenth Legion). 12. **nihil . . . fēcērunt:** literally, *they left themselves nothing undone in regard to speed;* i.e., they returned with all possible speed. reliquī is partitive
genitive with nihil.

27.   2. **etiam quī:** *even those who.* **scūtīs innīxī:** *leaning on their shields.* 3. **etiam
inermēs:** *even though unarmed.* 4. **armātīs:** sc. hostibus. 5. **sē praeferrent:** *out-
did;* with the dative. 6. **praestitērunt:** *displayed.* 7. **iacentibus:** *those who had
fallen.* 9. **quī supererant:** *those who survived.* **ut ex tumulō:** *as from a mound* (of
dead bodies). 10. **intercepta;** *which they picked up.* **Nōn nēquīquam:** *not in vain;*
i.e., because of their great courage. 12. **ex:** *instead of.*

Fresco from Pompeii showing Roman warships

The Nervii Surrender

28.   Hōc proeliō factō et prope ad internec002B4onem gente ac nōmine
Nerviōrum redāctō, maiōrēs nātū, quōs ūnā cum puerīs mulieribusque
in aestuāria ac palūdēs coniectōs dīxerāmus, hāc pugnā nūntiātā, cum
victōribus nihil esse impedītum, victīs nihil tūtum arbitrārentur, om-
5   nium quī supererant cōnsēnsū lēgātōs ad Caesarem mīsērunt sēque eī
dēdidērunt. In commemorandā cīvitātis calamitāte ex sescentīs ad trēs
senātōrēs, ex hominum mīlibus sexāgintā vix ad quīngentōs, quī arma
ferre possent, sēsē redāctōs esse dīxērunt. Quōs Caesar, ut in miserōs
ac supplicēs ūsus misericordiā vidērētur, dīligentissimē cōnservāvit,
10   suīsque finibus atque oppidīs ūtī iussit, et finitimīs imperāvit, ut ab iniūriā et maleficiō sē suōsque prohibērent.

Chapters 29–35

*After the surrender of the Nervii, many other states of northern and north-
western Gaul surrendered to him. Also some envoys came to him from the
German states across the Rhine. In Rome, when the news of these conquests
reached the people, a thanksgiving was proclaimed for fifteen days.*

28.   1. **interneciōnem:** *annihilation.* 4. **victōribus . . . tūtum:** *that there was no
obstacle in the way of the victors, and no safety for the conquered.* 6. **commemorandā:** *telling.* 9. **ūsus misericordiā:** *to have shown pity.*

— *Exercise for Review* —

Complete the following sentences.

1. Caesar's second campaign, in the year _____, started off against the _____.
2. When Caesar left his winter quarters, he marched in a _____ direction.
3. The tribe that assured Caesar that they would remain friendly to him were called the _____.
4. Caesar had with him _____ legions for the second campaign; this was _____ more than he had the previous year.
5. The total number of men promised for the war against Caesar was about _____ thousand.
6. Caesar built his camp on the _____ bank of the Aisne River.
7. The Belgian camp extended for a distance of about _____ miles.
8. After the surrender of the Bellovaci, Caesar marched to the north-east to fight against the _____.
9. This tribe was considered especially fierce because they _____, and also because they _____.
10. The Nervii reproached the other Belgians because they had _____.

Storage room in a house in a Roman village in Gaul.

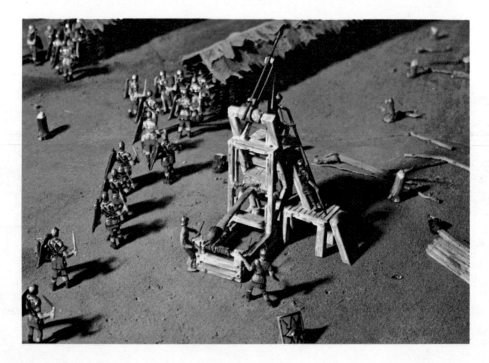

CAESAR'S SIEGE WORKS

p. 172 (above) Vineae and various hurling engines (below) a catapult
p. 173 (top) Detail of the besieger tower (bottom) The wall of the town with the besieger tower and sheds (vineae)

BOOK 3

The Campaign against the Veneti

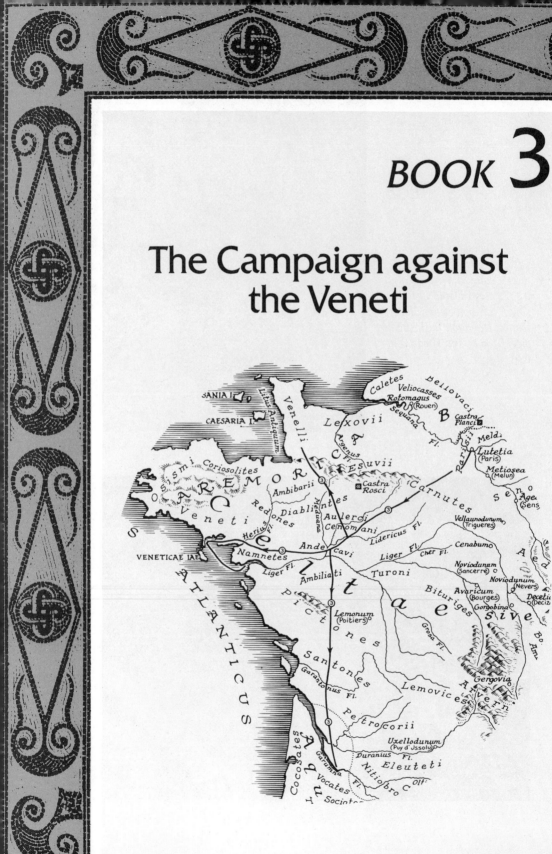

Chapters 1–13

Among the states which surrendered to Caesar in the fall of 57 B.C., *were the Veneti, on the western coast of what is now Brittany. These people were sea-faring, and had a large fleet of ships. Caesar made preparations during the winter to assemble and build a fleet of his own. In the spring of 56B.C. he led his main army across the northern part of Gaul to attack the Veneti, who had surrendered, but then revolted. As soon as Caesar approached, his enemy disappeared, and sailed away to another garrison.*

Caesar's Fleet Arrives

14.   Complūribus expugnātīs oppidīs, Caesar, ubi intellēxit frūstrā tantum labōrem sūmī, neque hostium fugam, captīs oppidīs, reprimī posse, statuit exspectandam esse classem. Quae ubi convēnit ac prīmum ab hostibus vīsa est, circiter CCXX nāvēs eōrum parātissimae atque omnī genere armōrum ōrnātissimae, profectae ex portū nostrīs   5
adversae cōnstitērunt. Neque satis Brūtō, quī classī praeerat, vel tribūnīs mīlitum centuriōnibusque, quibus singulae nāvēs erant at-tribūtae, cōnstābat quid agerent aut quam ratiōnem pugnae īnsiste-rent. Rōstrō enim nocērī nōn posse cognōverant; turribus autem excitātīs, tamen hās altitūdō puppium ex barbarīs nāvibus superābat,   10
ut neque ex īnferiōre locō satis commodē tēla adigī possent et missa ā Gallīs gravius acciderent.

Ūna rēs praeparāta ā nostrīs erat magnō ūsuī,—falcēs praeacūtae īn-sertae affīxaeque longuriīs, nōn absimilī fōrmā mūrālium falcium. Hīs cum fūnēs, quī antemnās ad mālōs dēstinābant, comprehēnsī adduc-   15
tīque erant, nāvigiō rēmīs incitātō, praerumpēbantur. Quibus abscīsīs, antemnae necessāriō concidēbant; ut, cum omnis Gallicīs nāvibus spēs

---

14.   1. **expugnātīs:** *taken by storm;* but this availed him little, since the resi-dents of the town fled. **oppidīs:** i.e., of the Veneti. 2. **sūmī:** *was being expended;* present passive infinitive. 3. **Quae ubi** = Et ubi ea (classis). 6. **Neque satis Brūtō cōnstābat:** *Nor was it clear to Brutus.* 9. **Rōstrō:** *with the beak*—of the ship; i.e., by ramming. **nocērī nōn posse:** *that no harm could be done;* nocērī is used impersonally. **turribus:** *towers,* which the Romans erected on the decks of their ships, but even these were lower than the decks of the enemy ships. 11. **missa:** (the weapons) *hurled.* 12. **gravius:** *with greater force*—because they were thrown from a higher position. 13. **falcēs:** *sharp pointed hooks,* or *curved blades,* which were fastened to the ends of long poles. 14. **mūrālium falcium:** *wall hooks*—used for pulling down walls in the siege of a town. 15. **adductī erant:** *drawn taut.* 16. **praerumpēbantur:** *were severed.*

in vēlīs armāmentīsque cōnsisteret, hīs ēreptīs, omnis ūsus nāvium
ūnō tempore ēriperētur. Reliquum erat certāmen positum in virtūte,
20   quā nostrī mīlitēs facile superābant, atque eō magis, quod in cōnspectū
Caesaris atque omnis exercitūs rēs gerēbātur, ut nūllum paulō fortius
factum latēre posset; omnēs enim collēs ac loca superiōra, unde erat
propinquus dēspectus in mare, ab exercitū tenēbantur.

Victory of the Romans

15.   Dēiectīs, ut dīximus, antemnīs, cum singulās bīnae ac ternae
nāvēs circumsteterant, mīlitēs summā vī trānscendere in hostium
nāvēs contendēbant. Quod postquam barbarī fierī animadvertērunt,
expugnātīs complūribus nāvibus, cum eī reī nūllum reperīrētur aux-
5   ilium, fugā salūtem petere contendērunt. Ac iam conversīs in eam
partem nāvibus quō ventus ferēbat, tanta subitō malacia ac tranquillitās exstitit, ut sē ex locō movēre nōn possent. Quae quidem rēs ad
negōtium cōnficiendum maximē fuit opportūna; nam singulās nostrī
cōnsectātī expugnāvērunt, ut perpaucae ex omnī numerō noctis inter-
10   ventū ad terram pervēnerint, cum ab hōrā ferē quārtā ūsque ad sōlis
occāsum pugnārētur.

Surrender of the Veneti

16.   Quō proeliō bellum Venetōrum tōtīusque ōrae maritimae cōnfectum est. Nam cum omnis iuventūs, omnēs etiam graviōris aetātis, in
quibus aliquid cōnsilī aut dignitātis fuit, eō convēnerant, tum, nāvium
quod ubīque fuerat, in ūnum locum coēgerant; quibus āmissīs, reliquī
5   neque quō sē reciperent, neque quem ad modum oppida dēfenderent,
habēbant. Itaque sē suaque omnia Caesarī dēdidērunt. In quōs eō
gravius Caesar vindicandum statuit, quō dīligentius in reliquum tem-

---

18. **cōnsisteret:** *depended on.* 22. **latēre:** *escape his* (Caesar's) *notice.*

15.   1. **bīnae ac ternae:** two or three ships of the Romans would surround
single (singulās) ships of the Veneti. 4. **eī reī:** *for this situation.* 8. **opportūna:**
for the Romans. 9. **cōnsectātī:** *overtaking them.*

16.   2. **iuventūs:** *youth;* i.e., the men of military age. 3. **aliquid cōnsilī:** *any
wisdom;* cōnsilī is a genitive of the whole. **nāvium . . . fuerat:** *whatever ships
they had anywhere.* nāvium is genitive of the whole with quod. 5. **quō:** *a place to
which.* 7. **gravius vindicandum** (esse): *That he ought to punish them more severely.* **quō:** *so that;* introducing a purpose clause with a comparative.

pus ā barbarīs iūs lēgātōrum cōnservārētur. Itaque, omnī senātū necātō, reliquōs sub corōnā vēndidit.

Chapters 17–29

Further operations during this campaign were conducted by Sabinus and Crassus, two of Caesar's generals, against the Venelli and the Aquitanians. Caesar also proceeded against the Morini, in the extreme north. After this highly successful campaign, he established his legions in winter quarters among the coast states which he had conquered during the summer.

— Exercise for Review —

Complete the following sentences.

1. The Veneti were located in the _____ part of Gaul, which is now called _____.
2. Caesar's third campaign was in the year _____.
3. In the first naval battle, the Veneti had about _____ ships.
4. The commander of Caesar's fleet was named _____.
5. For the battle against the Veneti, the Romans had prepared _____.
6. The Romans were helped in the sea battle by a sudden _____.
7. Caesar's treatment of the defeated Veneti was _____; this was because they had _____.
8. After the battle with the Veneti, two of Caesar's generals marched south to fight in _____.
9. Caesar also sent an army to the north to fight against the _____.
10. At the end of the third campaign, the soldiers were put into winter quarters in the _____ states.

8. **iūs lēgātōrum:** *the rights of envoys.* The Veneti had imprisoned the ambassadors that had been sent to them by Caesar. 9. **sub corōnā:** *as slaves;* when slaves were offered for sale, garlands were put on their heads.

ROMAN RUINS AROUND THE WORLD

p. 178 (top) Jordan
(bottom) Spain-Amphitheatre
p. 179 (top) England—
Hadrian's Wall
(bottom) Lebanon

BOOK 4

The First Expedition to Britain

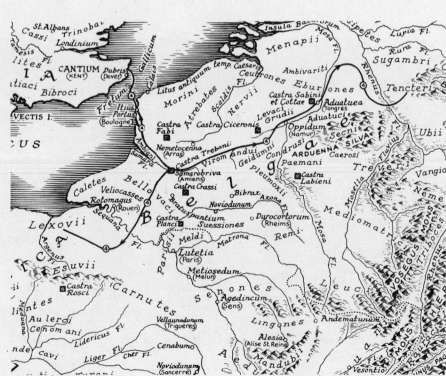

Chapters 1–19

Caesar's next move was against the Germans, some of whom had crossed the Rhine, and were settling in states of Gaul. To prevent them from continuing this practice, he decided to cross the Rhine by a bridge. He completed this bridge in ten days, and devastated the lands of the Sugambri. He returned across his bridge, and destroyed it.

Caesar Prepares to Invade Britain

20.   Exiguā parte aestātis reliquā, Caesar, etsī in hīs locīs (quod omnis Gallia ad septentriōnēs vergit) mātūrae sunt hiemēs, tamen in Britanniam proficīscī contendit, quod omnibus ferē Gallicīs bellīs hostibus nostrīs inde sumministrāta auxilia intellegēbat; et, sī tempus annī ad bellum gerendum dēficeret, tamen magnō sibi ūsuī fore arbitrābātur, sī   5
modo īnsulam adīsset, genus hominum perspexisset, loca, portūs, aditūs cognōvisset; quae omnia ferē Gallīs erant incognita. Neque enim temerē, praeter mercātōrēs, illō adit quisquam, neque eīs ipsīs quidquam praeter ōram maritimam atque eās regiōnēs, quae sunt contrā Galliās, nōtum est. Itaque vocātīs ad sē undique mercātōribus,   10
neque quanta esset īnsulae magnitūdo, neque quae aut quantae nātiōnēs incolerent, neque quem ūsum bellī habērent aut quibus īnstitūtīs ūterentur, neque quī essent ad maiōrum nāvium multitūdinem idōneī portūs, reperīre poterat.

Volusenus Is Sent to Get Information

21.   Ad haec cognōscenda, prius quam perīculum faceret, idōneum esse arbitrātus Gaium Volusēnum cum nāve longā praemittit. Huic mandat, ut, explōrātīs omnibus rēbus, ad sē quam prīmum revertātur. Ipse cum omnibus cōpiīs in Morinōs proficīscitur, quod inde erat brevissimus in Britanniam trāiectus. Hūc nāvēs undique ex finitimīs re-   5

20.   1. **Exiguā . . . reliquā:** it was late July, 55 B.C. **omnis . . . vergit:** *all of Gaul lies to the north.* 3. **quod . . . intellegēbat:** The real reason may have been Caesar's desire to invade Britain for the first time. The recorded history of Britain virtually begins with this account. 4. **sī:** *even though.* 8. **illō:** *there, to that place.* 9. **contrā:** *opposite.* 11. **quanta esset:** This and the following indirect questions depend on reperīre, line 14.

21.   2. **nāve longā:** *a galley,* or *warship* propelled by oars. 5. **trāiectus:** *crossing.* The place Caesar sailed from was probably Portus Itius, the modern Boulogne. The crossing is about 30 miles at this point.

giōnibus et, quam superiōre aestāte ad Veneticum bellum effēcerat classem, iubet convenīre.

Interim cōnsiliō eius cognitō et per mercātōrēs perlātō ad Britannōs, ā complūribus īnsulae cīvitātibus ad eum lēgātī veniunt, quī polliceantur obsidēs dare atque imperiō populī Rōmānī obtemperāre. Quibus audītīs, līberāliter pollicitus hortātusque, ut in eā sententiā permanērent, eōs domum remittit; et cum eīs ūnā Commium, quem ipse, Atrebātibus superātīs, rēgem ibi cōnstituerat, cuius et virtūtem et cōnsilium probābat et quem sibi fidēlem esse arbitrābātur, cuiusque auctōritās in hīs regiōnibus magnī habēbātur, mittit. Huic imperat, quās possit, adeat cīvitātēs hortēturque, ut populī Rōmānī fidem sequantur, sēque celeriter eō ventūrum nūntiet.

Volusēnus, perspectīs regiōnibus omnibus, quantum eī facultātis darī potuit, quī nāve ēgredī ac sē barbarīs committere nōn audēret, quīntō diē ad Caesarem revertitur, quaeque ibi perspexisset, renūntiat.

The Morini Surrender

22. Dum in hīs locīs Caesar nāvium parandārum causā morātur, ex magnā parte Morinōrum ad eum lēgātī vēnērunt, quī sē dē superiōris temporis cōnsiliō excūsārent, quod, hominēs barbarī et nostrae cōnsuētūdinis imperītī, bellum populō Rōmānō fēcissent, sēque ea, quae imperāsset, factūrōs pollicērentur. Hoc sibi Caesar satis opportūnē accidisse arbitrātus, quod neque post tergum hostem relinquere volēbat, neque bellī gerendī propter annī tempus facultātem habēbat, neque hās tantulārum rērum occupātiōnēs Britanniae antepōnendās iūdicābat, magnum eīs numerum obsidum imperat. Quibus adductīs, eōs in fidem recēpit.

Nāvibus circiter LXXX onerāriīs coāctīs contrāctīsque, quot satis esse ad duās trānsportandās legiōnēs exīstimābat, quod praetereā nāvium

---

6. **quam:** the antecedent is classem, line 7. 10. **imperiō:** dative after obtemperāre, obey. 12. **Commium:** direct object of mittit. 15. **magnī:** *of great importance.* **Huic:** *him* (Commius).

16. **adeat:** sc. ut. 18. **quantum . . . potuit:** *as far as opportunity could be provided to one . . .* 19. **quī . . . audēret:** criticism of the way Volusenus carried out his mission. He was expected to land in Britain and bring back information.

22. 2. **dē cōnsiliō:** *for their conduct*—i.e., in the previous year, described in Book III. 4. **imperītī:** *unfamiliar with;* taking the genitive. 7. **facultātem:** *opportunity.* 8. **tantulārum rērum:** *such trifling matters*—as waging war with the Morini. when he was about to sail to Britain. 12. **quod . . . nāvium longārum:** *the warships which.*

longārum habēbat, quaestōrī, lēgātīs praefectīsque distribuit. Hūc accēdēbant xviii onerāriae nāvēs, quae ex eō locō ā mīlibus passuum viii
ventō tenēbantur, quō minus in eundem portum venīre possent; hās   15
equitibus distribuit. Reliquum exercitum Q. Titūriō Sabīnō et L. Au-
runculeiō Cottae lēgātīs in Menapiōs atque in eōs pāgōs Morinōrum, ā
quibus ad eum lēgātī nōn vēnerant, dūcendum dedit; P. Sulpicium
Rūfum lēgātum cum eō praesidiō, quod satis esse arbitrābātur, portum
tenēre iussit.   20

Caesar Sails to Britain

23.   Hīs cōnstitūtīs rēbus, nactus idōneam ad nāvigandum tempestātem, tertiā ferē vigiliā nāvēs solvit, equitēsque in ulteriōrem portum
prōgredī et nāvēs cōnscendere et sē sequī iussit. Ā quibus cum paulō
tardius esset administrātum, ipse hōrā diēī circiter quārtā cum prīmīs
nāvibus Britanniam attigit atque ibi in omnibus collibus expositās hos-   5
tium cōpiās armātās cōnspexit. Cuius locī haec erat nātūra, atque ita
montibus angustīs mare continēbātur, utī ex locīs superiōribus in lītus
tēlum adigī posset. Hunc ad ēgrediendum nēquāquam idōneum locum
arbitrātus, dum reliquae nāvēs eō convenīrent, ad hōram nōnam in ancorīs exspectāvit.   10

Interim lēgātīs tribūnīsque mīlitum convocātīs, et quae ex Volusēnō
cognōvisset, et quae fierī vellet, ostendit, monuitque ut ad nūtum et ad
tempus omnēs rēs ab eīs administrārentur. Hīs dīmissīs, et ventum et
aestum ūnō tempore nactus secundum, datō signō et sublātīs ancorīs,
circiter mīlia passuum septem ab eō locō prōgressus, apertō ac plānō   15
lītore nāvēs cōnstituit.

13. **Hūc accēdēbant.** *There were in addition to these.* 14. **ā:** adverb, *away.* 15. **quō
minus . . . possent:** *from being able to reach the same port.* The cavalry transports
were held up by the wind at Ambleteuse, eight Roman miles up the coast. 18.
dūcendum: *to be led.*

23.   1. **nactus:** *finding;* from **nancīscor. tempestātem:** *weather.* 2. **nāvēs solvit:**
he set sail; this was on the night of August 25, 55 b.c. **ulteriōrem portum:** i.e.,
the port of Ambleteuse; see note on line 15, chapter 22. 3. **Ā quibus, etc.:** The
cavalry were slow in carrying out Caesar's orders. 4. **tardius:** *too slowly.* **esset
administrātum:** impersonal. **hōrā . . . quārtā:** at about 9 A.M., August 26th.
5. **collibus:** i.e., the Dover cliffs. The natives had heard of Caesar's preparations, and were waiting for him in large numbers. 9. **ad hōram nōnam:** until
about three o'clock in the afternoon. 12. **ad nūtum:** i.e., instantly. 14. **secundum:** *favorable.* **sublātīs ancorīs:** *weighing anchors.* 15. **apertō lītore:** There was
a level beach here suitable for landing.

The Britons Resist His Landing

24.   At barbarī, cōnsiliō Rōmānōrum cognitō, praemissō equitātū et essedāriīs, quō plērumque genere in proeliīs ūtī cōnsuērunt, reliquīs cōpiīs subsecūtī nostrōs nāvibus ēgredī prohibēbant. Erat ob hās causās summa difficultās, quod nāvēs propter magnitūdinem nisi in altō cōnstituī nōn poterant; mīlitibus autem, ignōtīs locīs, impedītīs manibus, magnō et gravī onere armōrum oppressīs simul et dē nāvibus dēsiliendum et in fluctibus cōnsistendum et cum hostibus erat pugnandum; cum illī aut ex āridō aut paulum in aquam prōgressī, omnibus membrīs expedītīs, nōtissimīs locīs, audācter tēla conicerent et equōs īnsuēfactōs incitārent. Quibus rēbus nostrī perterritī, atque huius omnīnō generis pugnae imperītī, nōn eādem alacritāte ac studiō, quō in pedestribus ūtī proeliīs cōnsuērant, ūtēbantur.

The Romans Succeed in Landing

25.   Quod ubi Caesar animadvertit, nāvēs longās, quārum speciēs erat barbarīs inūsitātior, paulum removērī ab onerāriīs nāvibus et rēmīs incitārī et ad latus apertum hostium cōnstituī, atque inde fundīs, sagittīs, tormentīs hostēs prōpellī ac summovērī iussit; quae rēs magnō ūsuī nostrīs fuit. Nam et nāvium figūrā et rēmōrum mōtū et inūsitātō genere tormentōrum permōtī barbarī cōnstitērunt ac paulum modo pedem rettulērunt.

Atque nostrīs mīlitibus cunctantibus, maximē propter altitūdinem maris, quī decimae legiōnis aquilam ferēbat, obtestātus deōs, ut ea rēs legiōnī fēlīciter ēvenīret, "Dēsilīte," inquit, "commīlitōnēs, nisi vultis aquilam hostibus prōdere; ego certē meum reī pūblicae atque imperātōrī officium praestiterō." Hoc cum vōce magnā dīxisset, sē ex

---

24.   2. **essedāriīs:** *charioteers;* the method of fighting from chariots is described in Chapter 33. **quō genere:** *a kind of warfare which.* 5. **mīlitibus:** dative of agent with **dēsiliendum (erat):** i.e., the soldiers had to jump. 6. **oppressīs:** agrees with **mīlitibus.** 8. **cum illī:** *while they* (the Britons). 9. **expedītīs:** *light armed;* contrasting with the Romans (impedītīs manibus). 10. **īnsuēfactōs:** *well trained*—to go into the water.

25.   1. **Quod:** *this;* i.e., that his men were holding back.   2. **inūsitātior:** *quite unfamiliar.* The **nāvēs longae** were longer and narrower, and propelled by oars. 3. **latus apertum:** i.e., the enemy's right flank. 4. **tormentīs:** *artillery* on the Roman ships. 9. **quī:** sc. **is**—*he who;* i.e., the standard bearer. 12. **praestiterō:** *I shall have performed* (my duty).

nāve prōiēcit atque in hostēs aquilam ferre coepit. Tum nostrī cohortātī inter sē, nē tantum dēdecus admitterētur, ūniversī ex nāve dēsiluērunt. Hōs item ex proximīs nāvibus cum cōnspexissent, subsecūtī hostibus appropinquārunt.   15

The Romans Rout the Enemy

26.   Pugnātum est ab utrīsque ācriter. Nostrī tamen, quod neque ōrdinēs servāre neque fīrmiter īnsistere neque signa subsequī poterant, atque alius aliā ex nāve, quibuscumque signīs occurrerat, sē aggregābat, magnopere perturbābantur; hostēs vērō, nōtīs omnibus vadīs, ubi ex lītore aliquōs singulārēs ex nāve ēgredientēs cōnspexerant, incitātīs   5 equīs, impedītōs adoriēbantur, plūrēs paucōs circumsistēbant, aliī ab latere apertō in ūniversōs tēla coniciēbant.

Quod cum animadvertisset Caesar, scaphās longārum nāvium, item speculātōria nāvigia mīlitibus complērī iussit et, quōs labōrantēs cōnspexerat, hīs subsidia summittēbat. Nostrī simul in āridō cōnstitērunt,   10 suīs omnibus cōnsecūtīs, in hostēs impetum fēcērunt atque eōs in fugam dedērunt; neque longius prōsequī potuērunt, quod equitēs cursum tenēre atque īnsulam capere nōn potuerant. Hoc ūnum ad prīstinam fortūnam Caesarī dēfuit.

The Britons Ask for Peace

27.   Hostēs proeliō superātī, simul atque sē ex fugā recēpērunt, statim ad Caesarem lēgātōs dē pāce mīsērunt; obsidēs sēsē datūrōs, quaeque imperāsset, factūrōs pollicitī sunt. Ūnā cum hīs lēgātīs Commius Atrebās vēnit, quem suprā dēmōnstrāveram ā Caesare in Britanniam praemissum. Hunc illī ē nāve ēgressum, cum ad eōs ōrātōris modō   5 Caesaris mandāta dēferret, comprehenderant atque in vincula coniē

14. **dēdecus:** *disgrace;* i.e., losing the standard to the enemy. 15. **ex . . . nāvibus:** *those on the nearest ships.*

26.   1. **ōrdinēs servāre:** *to keep the ranks.* 2. **īnsistere:** *to stand up* (in the water). 3. **quibuscumque signīs:** *whatever standards.* **sē aggregābat:** *joined.* 5. **aliquōs singulārēs:** *some* (of the Romans) *by themselves.* 8. **scaphās:** the small boats, carried on the galleys. 9. **speculātōria nāvigia:** *spy-boats;* both these and the scaphae were small, and could come in close to shore. **quōs:** the antecedent is hīs. 10. **simul** = simul atque, *as soon as.* 13. **capere:** *reach.*

27.   3. **Atrebās:** one of the Atrebates. 5. **Hunc:** Commius. **illī:** the Britons. **ōrātōris modō:** *in the manner of an envoy,* or *pleader.*

cerant; tum proeliō factō remīsērunt. In petendā pāce, eius reī culpam in multitūdinem contulērunt et propter imprūdentiam ut ignōscerētur petīvērunt.

10   Caesar questus, quod, cum ultrō (in continentem lēgātīs missīs) pācem ab sē petīssent, bellum sine causā intulissent, ignōscere sē imprūdentiae dīxit obsidēsque imperāvit; quōrum illī partem statim dedērunt, partem ex longinquiōribus locīs arcessītam paucīs diēbus sēsē datūrōs dīxērunt. Intereā suōs remigrāre in agrōs iussērunt, prīncipēs-

15   que undique convenīre et sē cīvitātēsque suās Caesarī commendāre coepērunt.

Chariot with shield,
spears, and battle-ax

Caesar's Cavalry Transports Are Driven Back

28.   Hīs rēbus pāce cōnfīrmātā, diē quārtō postquam est in Britanniam ventum, nāvēs XVIII (dē quibus suprā dēmōnstrātum est), quae equitēs sustulerant, ex superiōre portū lēnī ventō solvērunt. Quae cum appropinquārent Britanniae et ex castrīs vidērentur, tanta tempestās

5   subitō coorta est, ut nūlla eārum cursum tenēre posset, sed aliae eōdem, unde erant profectae, referrentur, aliae ad īnferiōrem partem

7. **remīsērunt:** sc. eum. 8. **in multitūdinem contulērunt:** *they laid upon the people.* **ut ignōscerētur:** *that they be forgiven;* impersonal in Latin. 10. **questus:** *complaining;* from queror.

28.   1. **est ventum:** *they came*—an impersonal use of veniō. 3. **superiōre portū:** Ambleteuse, where the cavalry was still trying to sail in order to join Caesar. 4. **castrīs:** i.e., the Roman camp in Britain. This happened on the morning of August 30. 5. **nūlla:** sc. **nāvis.** 6. **īnferiōrem partem:** *lower part;* i.e., to the southwest.

īnsulae, quae est propius sōlis occāsum, magnō cum perīculō dēicerentur; quae tamen, ancorīs iactīs, cum fluctibus complērentur, necessāriō
adversā nocte in altum prōvectae continentem petiērunt.

Caesar's Fleet Is Damaged by a Storm

29.   Eādem nocte accidit ut esset lūna plēna, quī diēs maritimōs aestūs maximōs in Ōceanō efficere cōnsuēvit, nostrīsque id erat incognitum. Ita ūnō tempore et longās nāvēs, quibus Caesar exercitum
trānsportandum cūrāverat, quāsque in āridum subdūxerat, aestus
complēverat, et onerāriās, quae ad ancorās erant dēligātae, tempestās   5
afflīctābat, neque ūlla nostrīs facultās aut administrandī aut auxiliandī
dabātur.

Complūribus nāvibus frāctīs, reliquae cum essent (fūnibus, ancorīs
reliquīsque armāmentīs āmissīs) ad nāvigandum inūtilēs, magna, id
quod necesse erat accidere, tōtīus exercitūs perturbātiō facta est.   10
Neque enim nāvēs erant aliae, quibus reportārī possent, et omnia
deerant, quae ad reficiendās nāvēs erant ūsuī; et, quod omnibus cōnstābat, hiemārī in Galliā oportēre, frūmentum in hīs locīs in hiemem
prōvīsum nōn erat.

The Britons Plan to Revolt

30.   Quibus rēbus cognitīs, prīncipēs Britanniae, quī post proelium ad
Caesarem convēnerant, inter sē collocūtī, cum equitēs et nāvēs et
frūmentum Rōmānīs dēesse intellegerent, et paucitātem mīlitum ex

---

7. **dēicerentur:** *were driven.* 8. **cum:** *since.* After they had dropped anchors,
they found that they were being swamped, so they weighed anchors again,
and sailed back to the continent. 9. **adversā nocte:** *in the face of the* (coming)
night.

29.   1. **quī diēs:** *a time* (of the month) *which.* 2. **nostrīs . . . incognitum:** The
Romans apparently knew little about the connection between high tides and
the full moon. There is very little tide in the Mediterranean. 3. **longās nāvēs:**
object of complēverat. 4. **cūrāverat:** *had arranged for.* **āridum:** *dry land.* 8.
frāctīs: *wholly wrecked.* 10. **perturbātiō:** *panic.* The soldiers were not prepared
for spending the winter in Britain, and there seemed to be no way to get the
army back to the continent. 12. **omnibus cōnstābat:** *it was clear to all.* 13. **in hīs
locīs:** i.e., in Britian. No grain supply had been provided, since they had expected to winter in Gaul.

30.   1. **prīncipēs:** subject of dūxērunt, line 6.

castrōrum exiguitāte cognōscerent (quae hōc erant etiam angustiōra,
5   quod sine impedīmentīs Caesar legiōnēs trānsportāverat), optimum
esse dūxērunt, rebelliōne factā, frūmentō commeātūque nostrōs prohibēre et rem in hiemem prōdūcere; quod, hīs superātīs aut reditū
interclūsīs, nēminem posteā bellī īnferendī causā in Britanniam trān-
sitūrum cōnfidēbant. Itaque rūrsus, coniūrātiōne factā, paulātim ex
10   castrīs discēdere ac suōs clam ex agrīs dēdūcere coepērunt.

Caesar Suspects the Britons

31.   At Caesar, etsī nōndum eōrum cōnsilia cognōverat, tamen et ex
ēventū nāvium suārum et ex eō, quod obsidēs dare intermīserant, fore
id, quod accidit, suspicābātur. Itaque ad omnēs cāsūs subsidia com-
parābat. Nam et frūmentum ex agrīs cotīdiē in castra cōnferēbat et,
5   quae gravissimē afflīctae erant nāvēs, eārum māteriā atque aere ad reliquās reficiendās ūtēbātur et, quae ad eās rēs erant ūsuī, ex continentī
comportārī iubēbat. Itaque, cum summō studiō ā mīlitibus administrārētur, xii nāvibus āmissīs, reliquīs ut nāvigārī commodē posset, effēcit.

The Britons Attack the VIIth Legion

32.   Dum ea geruntur, legiōne ex cōnsuētūdine ūnā frūmentātum
missā, quae appellābātur septima, neque ūllā ad id tempus bellī suspīciōne interpositā, cum pars hominum in agrīs remanēret, pars etiam

---

4. **hōc:** *for this reason.* 5. **optimum . . . dūxērunt:** *thought that the best thing to do was.* 6. **rebelliōne factā:** *to renew hostilities;* they had agreed to peace terms (chapter 27), but changed their minds after the storm. 7. **rem:** *campaign.* **hīs:** i.e., the Romans now in Britain. 10. **castrīs:** i.e., *the Roman camp.* **suōs:** i.e., those Britons who had been sent back to the fields.

31.   2. **ēventū:** i.e., what had happened. **ex eō, quod:** *from the fact that.* **fore** = futurum esse . . . 3. **suspicābātur:** *he suspected that that would happen which did happen*—the Britons did not surrender after seeing Caesar's damaged fleet. **ad omnēs cāsūs:** *for every emergency.* 5. **quae nāvēs, eārum** = eārum nāvium quae. **afflīctae:** *damaged.* **māteriā:** *timber.* **aere:** *bronze*—used for the beaks and part of the frame of the ships, **reliquās:** *the rest* of the ships, which were not so badly damaged.

32.   1. **frūmentātum:** *to get grain;* a supine, used with a verb of motion (missā) to express purpose. 2. **neque . . . interpositā:** There had been no reason so far for Caesar to be suspicious of the good faith of the Britons.

in castra ventitāret,—eī, quī prō portīs castrōrum in statiōne erant, Caesarī nūntiāvērunt, pulverem maiōrem quam cōnsuētūdō ferret in eā parte vidērī, quam in partem legiō iter fēcisset. Caesar id, quod erat, suspicātus, aliquid novī ā barbarīs initum cōnsilī, cohortēs, quae in statiōnibus erant, sēcum in eam partem proficīscī, ex reliquīs duās in statiōnem cohortēs succēdere, reliquās armārī et cōnfestim sēsē subsequī iussit.

Cum paulō longius ā castrīs prōcessisset, suōs ab hostibus premī atque aegrē sustinēre et, cōnfertā legiōne, ex omnibus partibus tēla conicī animadvertit. Nam quod, omnī ex reliquīs partibus dēmessō frūmentō, pars ūna erat reliqua, suspicātī hostēs hūc nostrōs esse ventūrōs, noctū in silvīs dēlituerant; tum dispersōs, dēpositīs armīs, in metendō occupātōs subitō adortī, paucīs interfectīs, reliquōs incertīs ōrdinibus perturbāverant, simul equitātū atque essedīs circumdederant.

The War Chariots of the Britons

33.   Genus hoc est ex essedīs pugnae. Prīmō per omnēs partēs perequitant et tēla coniciunt, atque ipsō terrōre equōrum et strepitū rotārum ōrdinēs plērumque perturbant; et cum sē inter equitum turmās īnsinuāvērunt, ex essedīs dēsiliunt et pedibus proeliantur. Aurīgae interim paulātim ex proeliō excēdunt, atque ita currūs collocant, ut, sī illī ā multitūdine hostium premantur, expedītum ad suōs receptum habeant. Ita mōbilitātem equitum, stabilitātem peditum in proeliīs praestant, ac tantum ūsū cotīdiānō et exercitātiōne efficiunt, utī in dēclīvī ac praecipitī locō incitātōs equōs sustinēre et brevī

---

4. ventitāret: *kept coming;* the frequentative form of veniō. **eī:** the soldiers of the Xth legion. **5. maiōrem . . . ferret:** *more than usual.* **6. partem:** *direction.* **7. aliquid novī cōnsilī:** *namely that some new plan.* cōnsilī is a partitive genitive. **initum:** sc. esse. **9. reliquās:** sc. cohortēs. Caesar ordered the two cohorts which were on guard duty to go immediately to help the seventh legion; two others were to take their places on guard duty, and the remaining six cohorts were to arm themselves and follow quickly. **armārī:** middle voice.

33.   **2. equōrum:** i.e., caused by the horses. **3. ōrdinēs:** *ranks of the enemy.* **5. Aurīgae:** *the drivers.* Each chariot had a driver and several warriors. After the warriors had thrown their weapons, they dismounted, and the drivers withdrew the chariots to a safe distance, and waited to pick up any warriors who were having difficulty. **8. praestant:** *exhibit.* **9. incitātōs:** *at full speed.* **sustinēre:** *to control.* **brevī:** *quickly.*

10   moderārī ac flectere, et per tēmōnem percurrere et in iugō īnsistere, et
sē inde in currūs citissimē recipere cōnsuēverint.

The Britons Prepare to Attack

34.   Quibus rēbus perturbātīs nostrīs tempore opportūnissimō Caesar
auxilium tulit; namque eius adventū hostēs cōnstitērunt, nostrī sē ex
timōre recēpērunt. Quō factō, ad lacessendum hostem et ad commit-
tendum proelium aliēnum esse tempus arbitrātus, suō sē locō con-
5   tinuit et, brevī tempore intermissō, in castra legiōnēs redūxit.

Dum haec geruntur, nostrīs omnibus occupātīs, quī erant in agrīs
reliquī, discessērunt. Secūtae sunt continuōs complūrēs diēs tem-
pestātēs, quae et nostrōs in castrīs continērent et hostem ā pugnā
prohibērent.

10   Interim barbarī nūntiōs in omnēs partēs dīmīsērunt paucitātemque
nostrōrum mīlitum suīs praedicāvērunt et, quanta praedae faciendae
atque in perpetuum suī līberandī facultās darētur, sī Rōmānōs castrīs
expulissent, dēmōnstrāvērunt. Hīs rēbus celeriter magnā multitūdine
peditātūs equitātūsque coāctā, ad castra vēnērunt.

The Britons Are Routed

35.   Caesar, etsī idem, quod superiōribus diēbus acciderat, fore vidēbat, ut, sī essent hostēs pulsī, celeritāte perīculum effugerent, tamen
nactus equitēs circiter xxx, quōs Commius Atrebās, dē quō ante dictum
est, sēcum trānsportāverat, legiōnēs in aciē prō castrīs cōnstituit.
5   Commissō proeliō, diūtius nostrōrum mīlitum impetum hostēs ferre
nōn potuērunt ac terga vertērunt. Quōs tantō spatiō secūtī, quantum
cursū et vīribus efficere potuērunt, complūrēs ex eīs occīdērunt; deinde, omnibus longē lātēque aedificiīs incēnsīs, sē in castra recēpērunt.

36.   Eōdem diē lēgātī ab hostibus missī ad Caesarem dē pāce vēnērunt. Hīs Caesar numerum obsidum, quem ante imperāverat, dup-
licāvit, eōsque in continentem addūcī iussit, quod, propinquā diē

---

34.   1. **rēbus:** *ablative of means.* 4. **aliēnum:** *unfavorable.* 6. **quī:** *those who.*
12. **suī līberandī:** *of freeing themselves,* from Roman domination.

35.   1. **idem fore:** *that the same thing would happen.* 6. **tantō spatiō quantum:** *as
far as.* **secūtī:** sc. nostrī.

36.   3. **propinquā diē aequinoctī:** *the period of the equinox being near.* Caesar
sailed back to the continent about the middle of September.

aequinoctī, īnfīrmīs navibus hiemī nāvigātiōnem subiciendam nōn
exīstimābat.   5

Ipse, idōneam tempestātem nactus, paulō post mediam noctem
nāvēs solvit; quae omnēs incolumēs ad continentem pervēnērunt; sed
ex eīs onerāriae duae eōsdem portūs, quōs reliquae, capere nōn potuērunt, et paulō īnfrā dēlātae sunt.

Roman Soldiers Attacked by the Morini

37.   Quibus ex nāvibus cum essent expositī mīlitēs circiter trecentī
atque in castra contenderent, Morinī, quōs Caesar in Britanniam pro-
ficīscēns pācātōs relīquerat, spē praedae adductī, prīmō nōn ita magnō
suōrum numerō circumstetērunt ac, sī sēsē interficī nōllent, arma pōnere iussērunt. Cum illī, orbe factō, sēsē dēfenderent, celeriter ad   5
clāmōrem hominum circiter mīlia sex convēnērunt. Quā rē nūntiātā,
Caesar omnem ex castrīs equitātum suīs auxiliō mīsit.

Interim nostrī mīlitēs impetum hostium sustinuērunt atque amplius
hōrīs quattuor fortissimē pugnāvērunt, et, paucīs vulneribus acceptīs,
complūrēs ex hīs occīdērunt. Posteā vērō quam equitātus noster in   10
cōnspectum vēnit, hostēs, abiectīs armīs, terga vertērunt magnusque
eōrum numerus est occīsus.

Caesar Punishes the Morini

38.   Caesar posterō diē Titum Labiēnum lēgātum cum eīs legiōnibus,
quās ex Britanniā redūxerat, in Morinōs, quī rebelliōnem fēcerant,
mīsit. Quī cum propter siccitātēs palūdum, quō sē reciperent, nōn
habērent, omnēs ferē in potestātem Labiēnī pervēnērunt.

At Q. Titūrius et L. Cotta lēgātī, quī in Menapiōrum fīnēs legiōnēs   5
dūxerant, omnibus eōrum agrīs vāstātīs, frūmentīs succīsīs, aedificiīs
incēnsīs, quod Menapiī sē omnēs in dēnsissimās silvās abdiderant, sē

---

4. **hiemī:** *stormy weather;* dative after subiciendam. **subiciendam (esse):** *ought
to be exposed.* 6. **tempestātem:** *weather.* 8. **eōsdem portūs:** *the same harbors—*
Portus Itius, from which they had sailed. **quōs:** *as.* 9. **īnfrā:** i.e., down the
coast to the west.

37.   1. **Quibus ex nāvibus:** the two onerāriae mentioned in line 8, chapter 36.
expositī: *landed.* 4. **pōnere:** *lay down.* 5. **illī:** i.e., the Romans. 10. **ex hīs:** i.e., of
the enemy. **Posteā quam** = Postquam.

38.   3. **siccitātēs:** *dryness;* plural form with singular meaning. **quō sē reciperent:** *a place to which they might retreat.*

ad Caesarem recēpērunt. Caesar in Belgīs omnium legiōnum hīberna cōnstituit.

10   Hīs rēbus gestīs, ex litterīs Caesaris diērum vīgintī supplicātiō ā senātū dēcrēta est.

— *Exercise for Review* —

Complete the following sentences.

1. At the beginning of the fourth campaign, Caesar built a bridge across the _____ river.
2. After a successful invasion of Germany, Caesar decided to invade _____.
3. Very little was known about this land, because _____.
4. Caesar decided to take with him _____ legions, on about _____ ships.
5. The time that Caesar set sail was _____.
6. The landing in Britain was very difficult because of _____.
7. Caesar had not expected the Britons to resist his landing, because they had _____.
8. Caesar's cavalry transports were prevented from sailing because of _____.
9. Caesar was surprised to find that the Britons used a strange kind of _____ in their attacks.
10. When the news of Caesar's success in Britain reached Rome, a thanksgiving of _____ was decreed.

10. **diērum vīgintī supplicātiō:** After the second campaign in Gaul, a fifteen day thanksgiving had been decreed.

BOOK 5

The Second Expedition to Britain

Chapters 1–7

During the winter of 55–54 Caesar employed his legions in building 600 transports for the coming expedition to Britain. They were built a little shallower than usual, so that they could be more easily beached. They were also wider, which enabled them to carry heavier cargoes and more horses. When Caesar reached the army in the spring, these transports together with 28 war galleys were almost ready to be launched.

Caesar Sails to Britain

8.   Hīs rēbus gestīs, Labiēnō in continentī cum tribus legiōnibus et equitum mīlibus duōbus relictō, ut portūs tuērētur et rem frūmentāriam prōvidēret, quaeque in Galliā gererentur, cognōsceret, cōnsiliumque prō tempore et prō rē caperet, ipse cum quīnque legiōnibus
5   et parī numerō equitum, quem in continentī relīquerat, ad sōlis occāsum nāvēs solvit; et lēnī Āfricō prōvectus, mediā circiter nocte ventō intermissō, cursum nōn tenuit et, longius dēlātus aestū, ortā lūce sub sinistrā Britanniam relictam cōnspexit. Tum rūrsus aestūs commūtātiōnem secūtus, rēmīs contendit, ut eam partem īnsulae caperet,
10   quā optimum esse ēgressum superiōre aestāte cognōverat. Quā in rē admodum fuit mīlitum virtūs laudanda, quī vectōriīs gravibusque nāvigiīs, nōn intermissō rēmigandī labōre, longārum nāvium cursum adaequārunt.

Accessum est ad Britanniam omnibus nāvibus merīdiānō ferē tempore, neque in eō locō hostis est vīsus; sed, ut posteā Caesar ex captīvīs
15   cognōvit, cum magnae manūs eō convēnissent, multitūdine nāvium perterritae, quae cum annōtinīs prīvātīsque, quās suī quisque commodī causā fēcerat, amplius octingentae ūnō erant vīsae tempore, ā lītore discesserant ac sē in superiōra loca abdiderant.

---

8. 1. **Hīs rēbus:** The chief of the Aedui, Dumnorix, had caused Caesar trouble for several years, so Caesar decided to take him with him to Britain. Dumnorix refused to go, and escaped with a few horsemen, but he was overtaken and put to death. 3. **quaeque** = et ea quae. 4. **prō:** *according to.* Labienus was trusted by Caesar to make correct decisions. **quīnque legiōnibus:** over 20,000 men. 5. **parī numerō equitum:** i.e., 2,000 horsemen, the same number that he was leaving with Labienus. 6. **nāvēs solvit:** This was on July 6. **Āfricō:** *southwest wind.* 11. **admodum fuit laudanda:** *was to be greatly praised.* 13. **adaequārunt:** *equaled;* i.e., because they rowed with so much energy, they made their heavily loaded transports keep up with the galleys. 14. **Accessum est:** *They reached.* 16. **cum:** *although.* 17. **annōtinīs prīvātīsque:** *ships built the year before, and private ships.*

Reconstruction of a British homestead

Caesar Lands in Britian

9.   Caesar, expositō exercitū et locō castrīs idōneō captō, ubi ex captīvīs cognōvit, quō in locō hostium cōpiae cōnsēdissent, cohortibus x ad mare relictīs et equitibus ccc, quī praesidiō nāvibus essent, dē tertiā vigiliā ad hostēs contendit, eō minus veritus nāvibus, quod in lītore mollī atque apertō dēligātās ad ancorās relinquēbat; eī praesidiō   5
nāvibusque Q. Ātrium praefēcit. Ipse, noctū prōgressus mīlia passuum circiter xii, hostium cōpiās cōnspicātus est.

Illī, equitātū atque essedīs ad flūmen prōgressī, ex locō superiōre nostrōs prohibēre et proelium committere coepērunt. Repulsī ab equitātū sē in silvās abdidērunt, locum nactī ēgregiē et nātūrā et opere   10
mūnītum, quem domesticī bellī, ut vidēbātur, causā iam ante praeparāverant; nam crēbrīs arboribus succīsīs omnēs introitūs erant praeclūsī. Ipsī ex silvīs rārī prōpugnābant, nostrōsque intrā mūnītiōnēs ingredī prohibēbant. At mīlitēs legiōnis septimae, testūdine factā et aggere ad mūnītiōnēs adiectō, locum cēpērunt eōsque ex silvīs expu-   15
lērunt, paucīs vulneribus acceptīs. Sed eōs fugientēs longius Caesar prōsequī vetuit, et quod locī nātūram ignōrābat, et quod, magnā parte diēī cōnsūmptā, mūnītiōnī castrōrum tempus relinquī volēbat.

9. 1. **expositō:** *landed.* 4. **eō quod:** *for this reason, that.* **minus veritus:** *fearing less,* than the year before, when the storm damaged many of his ships. 8. **equitātū:** sc. cum. 11. **bellī:** depends on causā. 13. **rārī:** *in small groups.*

Roman bireme with soldiers preparing to board an enemy vessel. Note that the rowers are protected.

A Storm Damages Caesar's Fleet

10.   Postridiē eius diēī māne tripertītō mīlitēs equitēsque in expedītiōnem mīsit, ut eōs, quī fūgerant, persequerentur. Hīs aliquantum itineris prōgressīs, cum iam extrēmī essent in prōspectū, equitēs ā Q. Ātriō ad Caesarem vēnērunt, quī nūntiārent, superiōre nocte maximā coortā tempestāte, prope omnēs nāvēs afflīctās atque in lītus ēiectās esse, quod neque ancorae fūnēsque subsisterent, neque nautae gubernātōrēsque vim tempestātis patī possent; itaque ex eō concursū nāvium magnum esse incommodum acceptum.

Caesar Repairs the Damaged Ships

11.   Hīs rēbus cognitīs, Caesar legiōnēs equitātumque revocārī atque in itinere resistere iubet, ipse ad nāvēs revertitur; eadem ferē, quae ex nūntiīs litterīsque cognōverat, cōram perspicit, sīc ut, āmissīs circiter XL nāvibus, reliquae tamen reficī posse magnō negōtiō vidērentur.

10.   2. **aliquantum itineris:** *for some distance.* 3. **extrēmī:** *those at the rear*—of the division ordered to pursue the fleeing Britons. 6. **subsisterent:** *held.* 7. **concursū:** *colliding.*

11.   1. **equitātum:** *the cavalry* pursuing the Britons. 2. **in itinere resistere:** *to defend themselves while on the march.* 3. **cōram:** *in person.* 4. **magnō negōtiō:** *with a good deal of trouble.*

Itaque ex legiōnibus fabrōs dēligit et ex continentī aliōs arcessī iubet;   5
Labiēnō scrībit, ut, quam plūrimās posset, eīs legiōnibus, quae sint
apud eum, nāvēs īnstituat. Ipse, etsī rēs erat multae operae ac labōris,
tamen commodissimum esse statuit omnēs nāvēs subdūcī et cum
castrīs ūnā mūnītiōne coniungī. In hīs rēbus circiter diēs x cōnsūmit,
nē nocturnīs quidem temporibus ad labōrem mīlitum intermissīs.   10

Subductīs nāvibus castrīsque ēgregiē mūnītīs, eāsdem cōpiās, quās
ante, praesidiō nāvibus relinquit, ipse eōdem unde redierat proficīscitur. Eō cum vēnisset, maiōrēs iam undique in eum locum cōpiae
Britannōrum convēnerant, summā imperī bellīque administrandī
commūnī cōnsiliō permissā Cassivellaunō; cuius fīnēs ā maritimīs   15
cīvitātibus flūmen dīvidit, quod appellātur Tamesis, ā marī circiter
mīlia passuum lxxx. Huic superiōre tempore cum reliquīs cīvitātibus
continentia bella intercesserant; sed, nostrō adventū permōtī, Britannī
hunc tōtī bellō imperiōque praefēcerant.

The Geography and Inhabitants of Britian

12.   Britanniae pars interior ab eīs incolitur, quōs nātōs in īnsulā ipsā
dīcunt; maritima pars ab eīs, quī praedae ac bellī īnferendī causā ex
Belgiō trānsiērunt (quī omnēs ferē eīs nōminibus cīvitātum appellantur, quibus ortī ex cīvitātibus eō pervēnērunt), et, bellō illātō, ibi
permānsērunt atque agrōs colere coepērunt. Hominum est īnfīnīta   5
multitūdō, crēberrimaque aedificia ferē Gallicīs cōnsimilia, pecorum
magnus numerus. Ūtuntur aut aere aut nummō aureō aut tāleīs ferreīs
ad certum pondus exāminātīs prō nummō.

Nāscitur ibi plumbum album in mediterrāneīs regiōnibus, in mari-

7. **īnstituat:** *build.* **etsī . . . labōris:** *although the matter involved much trouble and labor.* 8. **commodissimum:** *best.* 10. **nē . . . temporibus:** *not even at night time.* By working around the clock, the damaged ships were repaired in a relatively short time. 14. **summā imperī:** *the chief command.* 16. **Tamesis:** *the Thames;* the country of Cassivellaunus lay on the north side of the river. 17. **Huic inter-cesserant:** *This man had been engaged in.*

12. 1. **nātōs (esse):** *originated.* 3. **trānsiērunt:** *migrated;* the coastal tribes in Britain came from the mainland. There were tribes called Atrebates and Bel-gae on both sides of the channel. 4. **cīvitātibus:** need not be translated. 7. **Ūtuntur . . . ferreīs:** *They use bronze or gold coins or iron bars.* 8. **exāminātīs:** *measured.* 9. **Nāscitur:** *is found.* **plumbum album:** *tin.* Britain was the chief source of this metal in antiquity. **mediterrāneīs:** *inland* (of Britain).

10   timīs ferrum, sed eius exigua est cōpia; aere ūtuntur importātō. Māteria cuiusque generis, ut in Galliā, est praeter fāgum atque abietem.
Leporem et gallīnam et ānserem gustāre fās nōn putant; haec tamen
alunt animī voluptātisque causā. Loca sunt temperātiōra quam in Galliā, remissiōribus frīgoribus.

The Coast of Britain

13.   Īnsula nātūrā triquetra, cuius ūnum latus est contrā Galliam.
Huius lateris alter angulus, quī est ad Cantium, quō ferē omnēs ex Galliā nāvēs appelluntur, ad orientem sōlem, īnferior ad merīdiem spectat. Hoc pertinet circiter mīlia passuum quīngenta.

5   Alterum vergit ad Hispāniam atque occidentem sōlem; quā ex parte
est Hibernia, dīmidiō minor (ut exīstimātur) quam Britannia, sed parī
spatiō trānsmissūs atque ex Galliā est in Britanniam. In hōc mediō
cursū est īnsula, quae appellātur Mona; complūrēs praetereā minōrēs
subiectae īnsulae exīstimantur; dē quibus īnsulīs nōn nūllī scrīpsērunt,
10   diēs continuōs xxx sub brūmā esse noctem. Nōs nihil dē eō percon-
tātiōnibus reperiēbāmus, nisi certīs ex aquā mēnsūrīs breviōrēs esse
quam in continentī noctēs vidēbāmus. Huius est longitūdō lateris, ut
fert illōrum opīniō, ᴅᴄᴄ mīlium.
Tertium est contrā septentriōnēs; cui partī nūlla est obiecta terra, sed
15   eius angulus lateris maximē ad Germāniam spectat. Hoc mīlia passuum ᴅᴄᴄᴄ in longitūdinem esse exīstimātur. Ita omnis īnsula est in
circuitū vīciēs centum mīlium passuum.

The Natives in Britain

14.   Ex hīs omnibus longē sunt hūmānissimī, quī Cantium incolunt
(quae regiō est maritima omnis), neque multum ā Gallicā differunt
cōnsuētūdine. Interiōrēs plērīque frūmenta nōn serunt, sed lacte et

---

10. **aere:** *copper.* **Māteria:** *timber.* 11. **praeter fāgum atque abietem:** *except for
beech and fir.* Caesar was incorrect in this statement. 13. **animī . . . causā:** *as
pets;* (lit. *for the sake of affection and pleasure*).

13.   2. **Cantium:** the modern *Kent.* 3. **īnferior:** sc. angulus—*the lower* or
southwestern corner. **spectat:** *faces.* 4. **Hoc:** sc. latus; the actual distance is about
350 miles. 5. **Alterum** (latus): *A second side.* **vergit ad:** *faces.* The idea that Spain
was to the west of Britain prevailed for many years. 6. **parī atque:** *the same as.*
8. **Mona:** *the Isle of Man.* 10. **brūmā:** *the winter solstice.* 11. **nisi:** *except that.* **ex
aquā:** *with a water clock.* 14. **est contrā:** *faces.*

14.   1. **hūmānissimī:** *most civilized.* 3. **Interiōrēs:** *Those who live in the interior.*

carne vīvunt pellibusque sunt vestītī. Omnēs vērō sē Britannī vitrō īn-
ficiunt, quod caeruleum efficit colōrem, atque hōc horridiōrēs sunt in   5
pugnā aspectū; capillōque sunt prōmissō.

Uxōrēs habent dēnī duodēnīque inter sē commūnēs, et maximē
frātrēs cum frātribus parentēsque cum līberīs; sed, quī sunt ex eīs nātī,
eōrum habentur līberī, quō prīmum virgō quaeque dēducta est.

The Britons Resist

15.   Equitēs hostium essedāriīque ācriter proeliō cum equitātū nostrō
in itinere cōnflīxērunt, ita tamen, ut nostrī omnibus partibus superiōrēs fuerint atque eōs in silvās collēsque compulerint; sed, complūribus
interfectīs, cupidius īnsecūtī nōn nūllōs ex suīs āmīsērunt.

At illī, intermissō spatiō, imprūdentibus nostrīs atque occupātīs in   5
mūnītiōne castrōrum, subitō sē ex silvīs ēiēcērunt, impetūque in eōs
factō, quī erant in statiōne prō castrīs collocātī, ācriter pugnāvērunt;
duābusque missīs subsidiō cohortibus ā Caesare—atque hīs prīmīs legiōnum duārum—, cum hae perexiguō intermissō locī spatiō inter sē
cōnstitissent, novō genere pugnae perterritīs nostrīs, per mediōs au-   10
dācissimē perrūpērunt sēque inde incolumēs recēpērunt. Eō diē Q.
Laberius Dūrus, tribūnus mīlitum, interficitur. Illī, plūribus summissīs
cohortibus, repelluntur.

Advantages of the Britons' Tactics

16.   Tōtō hōc in genere pugnae, cum sub oculīs omnium ac prō castrīs
dīmicārētur, intellēctum est, nostrōs propter gravitātem armōrum,
quod neque īnsequī cēdentēs possent neque ab signīs discēdere audērent, minus aptōs esse ad huius generis hostem; equitēs autem magnō

---

4. **vitrō:** *woad;* A blue dye came from this plant. Britons painted themselves
with it, to look fierce in battle. 6. **capillō sunt prōmissō** *they have long hair.* 8.
parentēs cum līberīs: *fathers with sons*—share wives in common! 9. **habentur:**
are considered. **quō** = ad quōs. The prevalence of this system, called polyan-
dry, has been called into question.

15.   4. **nōn nūllōs:** *some.* 5. **illī:** the enemy. **intermissō spatiō:** *after a little
time.* 8. **prīmīs:** sc. cohortibus. 9. **hae:** sc. cohortēs. **perexiguō . . . spatiō:** *a
very short distance away.* 10. **novō genere pugnae:** Since these soldiers had not
been in Britain the year before, they were unfamiliar with the Britons' method
of fighting from chariots.

16.   3. **cēdentēs:** *the retreating enemy.*

5   cum perīculō proeliō dīmicāre, proptereā quod illī etiam cōnsultō
plērumque cēderent et, cum paulum ab legiōnibus nostrōs remōvis-
sent, ex essedīs dēsilīrent et pedibus disparī proeliō contenderent. Accēdēbat hūc, ut numquam cōnfertī, sed rārī magnīsque intervāllīs
proeliārentur statiōnēsque dispositās habērent, atque aliōs aliī dein-
10   ceps exciperent, integrīque et recentēs dēfatīgātīs succēderent.

The Britons Are Routed

17.   Posterō diē procul ā castrīs hostēs in collibus cōnstitērunt, rārīque
sē ostendere et lēnius, quam prīdiē, nostrōs equitēs proeliō lacessere
coepērunt. Sed merīdiē, cum Caesar pābulandī causā trēs legiōnēs
atque omnem equitātum cum C. Trebōniō lēgātō mīsisset, repente ex
5   omnibus partibus ad pābulātōrēs advolāvērunt sīc, utī ab signīs le-
giōnibusque nōn absisterent.

Nostrī, ācriter in eōs impetū factō, reppulērunt neque fīnem se-
quendī fēcērunt, quoad subsidiō cōnfīsī equitēs, cum post sē legiōnēs
vidērent, praecipitēs hostēs ēgērunt, magnōque eōrum numerō inter-
10   fectō, neque suī colligendī neque cōnsistendī aut ex essedīs dēsiliendī
facultātem dedērunt.

Ex hāc fugā prōtinus, quae undique convēnerant, auxilia discessērunt, neque post id tempus umquam summīs nōbīscum cōpiīs
hostēs contendērunt.

Caesar Marches Inland

18.   Caesar, cognitō cōnsiliō eōrum, ad flūmen Tamesim in fīnēs Cas-
sivellaunī exercitum dūxit; quod flūmen ūnō omnīnō locō pedibus—
atque hōc aegrē—trānsīrī potest. Eō cum vēnisset, animadvertit ad alteram flūminis rīpam magnās esse cōpiās hostium īnstrūctās. Rīpa

---

5. **illī:** the Britons. **cōnsultō:** *purposely.* 7. **Accēdēbat hūc:** *Added to this was the
fact that.* 9. **statiōnēs:** *reserves.* **dispositās:** *scattered around.*

17.   1. **castrīs:** i.e., the Roman camp. **rārī:** *in small groups.* 5. **pābulātōrēs:** *the
foraging parties.* **utī . . . absisterent;** *that they did not stop short of the legions
drawn up for battle.* 8. **subsidiō:** *the support of the legions.*   12. **Ex:** *After—*
implying *as a result of* **auxilia:** *reserves* (of the Britons); antecedent of *quae.*

18.   2. **ūnō . . . locō:** possibly near Brentford, a short distance up the
Thames River from London.

autem erat acūtīs sudibus praefīxīs mūnīta, eiusdemque generis sub   5
aquā dēfīxae sudēs flūmine tegēbantur.

His rēbus cognitīs ā captīvīs perfugīsque, Caesar, praemissō equitātū, cōnfestim legiōnēs subsequī iussit. Sed eā celeritāte atque eō
impetū mīlitēs iērunt, cum capite sōlō ex aquā exstārent, ut hostēs
impetum legiōnum atque equitum sustinēre nōn possent rīpāsque   10
dīmitterent ac sē fugae mandārent.

Guerrilla Tactics

19.   Cassivellaunus, ut suprā dēmōnstrāvimus, omnī dēpositā spē
contentiōnis, dīmissīs ampliōribus cōpiīs, mīlibus circiter quattuor
essedāriōrum relictīs, itinera nostra servābat; paulumque ex viā ex-
cēdēbat locīsque impedītīs ac silvestribus sēsē occultābat, atque eīs regiōnibus, quibus nōs iter factūrōs cognōverat, pecora atque hominēs   5
ex agrīs in silvās compellēbat; et cum equitātus noster līberius praedandī vāstandīque causā sē in agrōs ēiēcerat, omnibus viīs sēmitīsque
essedāriōs ex silvīs ēmittēbat, et magnō cum perīculō nostrōrum
equitum cum eīs cōnflīgēbat atque hōc metū lātius vagārī prohibēbat.

Relinquēbātur ut neque longius ab agmine legiōnum discēdī Caesar   10
paterētur, et tantum in agrīs vastandīs, incendiīsque faciendīs hostibus nocerētur, quantum labōre atque itinere legiōnāriī mīlitēs efficere
poterant.

The Britons Attack Caesar's Camp

22.   Dum haec in hīs locīs geruntur, Cassivellaunus ad Cantium,
quod esse ad mare suprā dēmōnstrāvimus, quibus regiōnibus quattuor
rēgēs praeerant, Cingetorīx, Carvilius, Taximagulus, Segovax, nūntiōs
mittit atque hīs imperat, utī, coāctīs omnibus cōpiīs, castra nāvālia dē
imprōvīsō adoriantur atque oppugnent. Eī cum ad castra vēnissent,   5

---

5. **acūtīs sudibus praefīxīs:** *sharpened stakes driven in* along the edge of the
bank, and projecting out into the river. 6. **tegēbantur:** *were covered.* 8. **eā:** *such*
9. **cum:** *although.*

19.   1. **omnī . . . contentiōnis:** *having given up all hope of fighting* (in the
open). 5. **iter factūrōs** (esse): *were intending to march.* 6. **līberius:** *too carelessly.*
10. **Relinquēbatur:** impersonal; the substantive clause is the subject. Translate: *Caesar did not allow the cavalry to stray too far.* 11. **tantum, quantum:** *only as
much as.*

nostrī, ēruptiōne factā, multīs eōrum interfectīs, captō etiam nōbilī
duce Lugotorīge, suōs incolumēs redūxērunt.

Cassivellaunus, hōc proeliō nūntiātō, tot dētrīmentīs acceptīs, vāstātīs fīnibus, maximē etiam permōtus dēfectiōne cīvitātum, lēgātōs per
10   Atrebātem Commium dē dēditiōne ad Caesarem mittit. Caesar, cum
cōnstituisset hiemāre in continentī propter repentīnōs Galliae mōtūs,
neque multum aestātis superesset, atque id facile extrahī posse intellegeret, obsidēs imperat et, quid in annōs singulōs vectīgālis populō
Rōmānō Britannia penderet, cōnstituit; imperat Cassivellaunō, nē Tri-
15   nobantibus noceat.

Caesar Returns to Gaul

23.   Obsidibus acceptīs, exercitum redūcit ad mare, nāvēs invenit re-
fectās. Hīs dēductīs, quod et captīvōrum magnum numerum habēbat
et nōn nūllae tempestāte dēperierant nāvēs, duōbus commeātibus
exercitum reportāre īnstituit. Ac sīc accidit, utī ex tantō nāvium nu-
5   merō, tot nāvigātiōnibus, neque hōc neque superiōre annō ūlla omnīnō nāvis, quae mīlitēs portāret, dēsīderārētur; at ex eīs, quae inānēs
ex continentī ad eum remitterentur, numerō LX, perpaucae locum
caperent, reliquae ferē omnēs reicerentur. Quās cum aliquamdiū
Caesar frūstrā exspectāsset, nē annī tempore ā nāvigātiōne ex-
10   clūderētur, quod aequinoctium suberat, necessāriō angustius mīlitēs
collocāvit ac, summā tranquillitāte cōnsecūtā, secundā initā cum sol-
visset vigiliā, prīmā lūce terram attigit omnēsque incolumēs nāvēs
perdūxit.

Chapters 24–29

*In the fall of 54 B.C., Caesar distributed his legions in widely separated winter
camps in northern Gaul. One lēgion under Labienus was quartered among the
Treveri. Another, under Quintus Cicero, was quartered among the Nervii.
Another was stationed among the Eburones, under the joint command of Cotta
and Sabinus. This camp was first attacked by Ambiorix, the chief of the*

---

22.   12. **neque . . . superesset:** *not much of the summer was left.* 13. **quid
vectīgālis:** *what tribute;* vectīgālis is a partitive genitive. **in annōs singulōs:**
yearly. 14. **Trinobantibus:** who had surrendered previously.

23.   2. **dēductīs:** *launched.* 3. **commeātibus:** *trips.* 7. **locum caperent:** *reached
their destination,* Britain. 11. **secundā initā . . . vigiliā:** *about 9 P.M.*

Eburones, who had been a friend of Caesar's three years before. Cotta and Sabinus disagreed as to what the Romans should do, Sabinus arguing that they should leave their camp and join another one,—and Cotta strongly opposing this idea. A council of officers was called, and various opinions stated.

Sabinus Forces Cotta to Yield

30. Hāc in utramque partem disputātiōne habitā, cum ā Cottā prīmīsque ōrdinibus ācriter resisterētur,

"Vincite," inquit, "sī ita vultis," Sabīnus, et id clāriōre vōce, ut magna pars mīlitum exaudīret; "neque is sum," inquit, "quī gravissimē ex vōbīs mortis perīculō terrear.   5

"Hī sapient: sī gravius quid acciderit, abs tē ratiōnem poscent; quī, sī per tē liceat, perendinō diē cum proximīs hībernīs coniūnctī, commūnem cum reliquīs bellī cāsum sustineant,—nōn, reiectī et relēgātī longē ā cēterīs, aut ferrō aut fame intereant."

31. Cōnsurgitur ex cōnsiliō; comprehendunt utrumque et ōrant nē suā dissēnsiōne et pertināciā rem in summum perīculum dēdūcant: facilem esse rem, seu maneant seu proficīscantur, sī modo ūnum omnēs sentiant ac probent; contrā in dissēnsiōne nūllam sē salūtem perspicere. Rēs disputātiōne ad mediam noctem perdūcitur. Tandem   5
dat Cotta permōtus manūs; superat sententia Sabīnī. Prōnūntiātur prīmā lūce itūrōs. Cōnsūmitur vigiliīs reliqua pars noctis, cum sua quisque mīles circumspiceret quid sēcum portāre posset, quid ex īnstrūmentō hībernōrum relinquere cōgerētur. Prīmā lūce ex castrīs proficīscuntur longissimō agmine maximīsque impedīmentīs.   10

The Romans Are Ambushed

32. At hostēs, posteā quam ex nocturnō fremitū vigiliīsque dē profectiōne eōrum sēnsērunt, collocātīs īnsidiīs bipertītō in silvīs opportūnō atque occultō locō ā mīlibus passuum circiter duōbus, Rōmānōrum ad-

---

30. 1. **in . . . partem:** *on both sides.* 2. **prīmīs ōrdinibus:** i.e., the senior centurions. 3. **Vincite:** *Have your way.* 4. **neque . . . terrear:** *"I am not the man,"* he said, *"to feel the most serious alarm of all of you at the danger of death."* 6. **Hī:** *These troops*—pointing to the men.

31. 1. **Cōnsurgitur ex cōnsiliō:** *The council rose.* 3. **sī modo:** *provided.* 4. **contrā:** *on the contrary.* 6. **dat manūs:** *yielded.* 7. (sē) **itūrōs** (esse): *that they would leave.*

ventum exspectābant; et cum sē maior pars agminis in magnam con-
5   vallem dēmīsisset, ex utrāque parte eius vallis subitō sē ostendērunt,
novissimōsque premere et prīmōs prohibēre ascēnsū atque inīquis-
simō nostrīs locō proelium committere coepērunt.

33.   Tum dēmum Titūrius, quī nihil ante prōvīdisset, trepidābat et
concursābat cohortēsque dispōnēbat,—haec tamen ipsa timidē atque
ut eum omnia dēficere vidērentur; quod plērumque eīs accidere cōnsuēvit quī in ipsō negōtiō cōnsilium capere cōguntur. At Cotta, quī
5   cōgitāsset haec posse in itinere accidere atque ob eam causam pro-
fectiōnis auctor nōn fuisset, nūllā in rē commūnī salūtī deerat, et in
appellandīs cohortandīsque mīlitibus imperātōris et in pugnā mīlitis
officia praestābat.

Cum propter longitūdinem agminis minus facile per sē omnia agere,
10   et quid quōque locō faciendum esset prōvidēre possent, iussērunt
prōnūntiārī ut impedīmenta relinquerent atque in orbem cōnsisterent.
Quod cōnsilium, etsī in eius modī cāsū reprehendendum nōn est,
tamen incommodē accidit; nam et nostrīs mīlitibus spem minuit et
hostēs ad pugnam alacriōrēs effēcit, quod nōn sine summō timōre et
15   dēspērātiōne id factum vidēbātur. Praetereā accidit (quod fierī necesse
erat) ut vulgō mīlitēs ab signīs discēderent, quaeque quisque eōrum
cārissima habēret ab impedīmentīs petere atque arripere properāret,
clāmōre et flētū omnia complērentur.

The Romans Fight Desperately

34.   At barbarīs cōnsilium nōn dēfuit. Nam ducēs eōrum tōtā aciē
prōnūntiārī iussērunt nē quis ab locō discēderet: illōrum esse praedam
atque illīs reservārī quaecumque Rōmānī relīquissent; omnia in victōriā
posita exīstimārent. Nostrī tametsī ab duce et ā Fortūnā dēserēbantur,
5   tamen omnem spem salūtis in virtūte pōnēbant; et quotiēs quaeque

---

32.   6. **novissimōs, prīmōs:** i.e., the Romans were cut off in the front and at
the rear of their marching column, and attacked on both flanks.

33.   1. **Titūrius:** Sabinus. **prōvīdisset,** and **cōgitāsset** (1.5): the subjunctives
are causal. 3. **omnia:** i.e., all his wits. 4. **quī cōgitāsset:** *who had realized*—that
these things might happen. 8. **praestābat:** *he performed.* 11. **in orbem cōnsisterent:** i.e., to form a (hollow) circle. 15. **quod . . . erat:** *which was an inevit-
able result.* Caesar must have forgiven the men for this unmilitary action.

34.   4. **ā Fortūnā:** ablative of agent, because Fortūnā is personified. 5.
quaeque: *any.*

cohors prōcurrerat, ab eā parte magnus numerus hostium cadēbat. Quā rē animadversā, Ambiorīx prōnūntiārī iubet ut procul tēla coniciant neu propius accēdant, et quam in partem Rōmānī impetum fēcerint cēdant, rūrsus sē ad signa recipientēs īnsequantur.

35. Quō praeceptō ab eīs dīligentissimē observātō, cum quaepiam cohors ex orbe excesserat atque impetum fēcerat, hostēs vēlōcissimē refugiēbant. Interim eam partem nūdārī necesse erat et ab latere apertō tēla recipere. Rūrsus, cum in eum locum, unde erant ēgressī, revertī coeperant, et ab eīs quī cesserant, et ab eīs quī proximī steterant, circumveniēbantur; sīn autem locum tenēre vellent, nec virtūtī locus relinquēbātur, neque ab tantā multitūdine coniecta tēla cōnfertī vītāre poterant. 5

Tamen tot incommodīs cōnflīctātī, multīs vulneribus acceptīs, resistēbant; et magnā parte diēī cōnsūmptā, cum ā prīmā lūce ad hōram octāvam pugnārētur, nihil, quod ipsīs esset indignum, committēbant. Tum T. Balventius, quī superiōre annō prīmum pīlum dūxerat, vir fortis et magnae auctōritātis, trāgulā trāicitur; Q. Lūcānius, eiusdem ōrdinis, fortissimē pugnāns, dum circumventō fīliō subvenit, interficitur; L. Cotta lēgātus omnēs cohortēs ōrdinēsque adhortāns in adversum ōs fundā vulnerātur. 10

15

The Romans Are Annihilated

36. Hīs rēbus permōtus Q. Titūrius, cum procul Ambiorīgem suōs cohortantem cōnspexisset, interpretem suum Cn. Pompeium ad eum mittit quī roget ut sibi mīlitibusque parcat. Ille appellātus respondet: Sī velit sēcum colloquī, licēre; spērāre ā multitūdine impetrārī posse, quod ad mīlitum salūtem pertineat; ipsī vērō nēminem nocitūrum esse, inque eam rem sē suam fidem interpōnere. 5

Ille cum Cottā sauciō commūnicat, sī videātur, pugnā ut excēdant et cum Ambiorīge ūnā colloquantur: spērāre ab eō dē suā ac mīlitum sa-

---

35. 1. **quaepiam:** *any;* feminine of quispiam. 3. **ab latere apertō:** *on the exposed flank;* i.e., the right. 6. **locum tenēre:** *to hold their ground;* i.e., in the hollow circle. 9. **cōnflīctātī:** *handicapped.* 11. **ipsīs:** ablative with indignum. 14: **fīliō:** dative with subvenit. 15. **in adversum ōs:** *full in the face.*

36. 2. **eum:** Ambiorix, 3. **sibi:** Sabinus: dative with parcat. 5. **quod:** *as to that which.* **ipsī:** Sabinus. 6. **sē . . . interpōnere:** *he pledged his honor.* 7. **sī videātur:** i.e., if he agreed.

Military surveyor using groma to establish levels

lūte impetrārī posse. Cotta sē ad armātum hostem itūrum negat, atque
10   in eō persevērat.

37.   Sabīnus, quōs in praesentia tribūnōs mīlitum circum sē habēbat
et prīmōrum ōrdinum centuriōnēs, sē sequī iubet; et, cum propius
Ambiorīgem accessisset, iussus arma abicere, imperātum facit, suīsque, ut idem faciant, imperat. Interim, dum dē condiciōnibus inter sē
5   agunt, longiorque cōnsultō ab Ambiorīge īnstituitur sermō, paulātim
circumventus interficitur.

Tum vērō suō mōre ''Victōriam'' conclāmant, impetūque in nostrōs
factō ōrdinēs perturbant. Ibi L. Cotta pugnāns interficitur cum maximā parte mīlitum. Reliquī sē in castra recipiunt unde erant ēgressī.
10   Ex quibus L. Petrosidius aquilifer, cum magnā multitudine hostium
premerētur, aquilam intrā vāllum prōicit; ipse prō castrīs fortissimē
pugnāns occīditur. Illī aegrē ad noctem oppugnātiōnem sustinent;
noctū ad ūnum omnēs, dēspērātā salūte, sē ipsī interficiunt.

37.   1. **quōs:** the antecedent is tribūnōs. 5. **agunt:** *they discussed.* 13. **ad
ūnum:** *to a man.*

Paucī, ex proeliō ēlāpsī, incertīs itineribus per silvās ad T. Labiēnum lēgātum in hīberna perveniunt atque eum dē rēbus gestīs certiōrem faciunt.   15

Ambiorix Incites the Nervians to Revolt

38. Hāc victōriā sublātus, Ambiorīx statim cum equitātū in Aduatucōs, quī erant eius rēgnō fīnitimī, proficīscitur; neque noctem neque diem intermittit, peditātumque sēsē subsequī iubet. Rē dēmōnstrātā Aduatucīsque concitātīs, posterō diē in Nerviōs pervenit hortāturque, nē suī in perpetuum līberandī atque ulcīscendī Rōmānōs prō eīs, quās   5
accēperint, iniūriīs occāsiōnem dīmittant; interfectōs esse lēgātōs duōs magnamque partem exercitūs interīsse dēmōnstrat; nihil esse negōtī, subitō oppressam legiōnem, quae cum Cicerōne hiemet, interficī; sē ad eam rem profitētur adiūtōrem. Facile hāc ōrātiōne Nerviīs persuādet.

The Nervii Ask for Help from Their Neighbors

39. Itaque cōnfestim dīmissīs nūntiīs ad Ceutronēs, Grudiōs, Levācōs, Pleumoxiōs, Geidumnōs, quī omnēs sub eōrum imperiō sunt, quam maximās possunt manūs cōgunt, et dē imprōvīsō ad Cicerōnis hīberna advolant, nōndum ad eum fāmā dē Titūrī morte perlātā.

Huic quoque accidit, quod fuit necesse, ut nōn nūllī mīlitēs, quī   5
lignātiōnis mūnītiōnisque causā in silvās discessissent, repentīnō equitum adventū interciperentur. Hīs circumventīs, magnā manū Eburōnēs, Nerviī, Aduatucī atque hōrum omnium sociī et clientēs legiōnem oppugnāre incipiunt. Nostrī celeriter ad arma concurrunt, vāllum cōnscendunt. Aegrē is diēs sustentātur, quod omnem spem   10
hostēs in celeritāte pōnēbant atque, hanc adeptī victōriam, in perpetuum sē fore victōrēs cōnfīdēbant.

14. **Labiēnum:** The camp of Labienus was about a 100 miles to the south.

38. 1. **Hāc victōriā sublātus:** *Elated by this victory*—over Sabinus and Cotta. 3. **Rē:** i.e., what they had achieved at the other camp. 5. **ulcīscendī Rōmānōs:** *of punishing the Romans;* a rare use of the gerund with an object. 6. **lēgātōs:** *lieutenant generals*—Sabinus and Cotta. 7. **nihil . . . negōtī:** *that there would be no difficulty.*

39. 4. **Titūrī:** Sabinus. His full name was Quintus Titurius Sabinus. 5. **Huic quoque:** *to him* (Cicero) *also;* just as had happened to Sabinus and Cotta. 6 **lignātiōnis . . . causā:** *for the sake of getting timber for the fortification.*   10. **sustentātur:** *they held out.* 11. **adeptī:** *if they gained;* from adipiscor.

The Romans Fight All Day and Work All Night

40.   Mittuntur ad Caesarem cōnfestim ā Cicerōne litterae, magnīs
prōpositīs praemiīs, sī pertulissent; obsessīs omnibus viīs, missī inter-
cipiuntur. Noctū ex māteriā, quam mūnītiōnis causā comportāverant,
turrēs admodum cxx excitantur incrēdibilī celeritāte; quae deesse operī
5   vidēbantur, perficiuntur. Hostēs posterō diē, multō maiōribus coāctīs
cōpiīs, castra oppugnant, fossam complent. Eādem ratiōne, quā prīdiē,
ā nostrīs resistitur.

Hoc idem reliquīs deinceps fit diēbus. Nūlla pars nocturnī temporis
ad labōrem intermittitur; nōn aegrīs, nōn vulnerātīs facultās quiētis
10   datur. Quaecumque ad proximī diēī oppugnātiōnem opus sunt, noctū
comparantur; multae praeūstae sudēs, magnus mūrālium pīlōrum
numerus īnstituitur; turrēs contabulantur, pinnae lōrīcaeque ex crātibus attexuntur. Ipse Cicerō, cum tenuissimā valētūdine esset, nē nocturnum quidem sibi tempus ad quiētem relinquēbat, ut ultrō mīlitum
15   concursū ac vōcibus sibi parcere cōgerētur.

The Nervii Propose a Conference

41.   Tunc ducēs prīncipēsque Nerviōrum, quī aliquem sermōnis aditum causamque amīcitiae cum Cicerōne habēbant, colloquī sēsē velle
dīcunt. Factā potestāte, eadem, quae Ambiorīx cum Titūriō ēgerat,
commemorant: omnem esse in armīs Galliam; Germānōs Rhēnum
5   trānsīsse; Caesaris reliquōrumque hīberna oppugnārī. Addunt etiam
dē Sabīnī morte; Ambiorīgem ostentant fideī faciendae causā. Errāre
eōs dīcunt, sī quidquam ab hīs praesidī spērent, quī suīs rēbus diffī-
dant; sēsē tamen hōc esse in Cicerōnem populumque Rōmānum
animō, ut nihil nisi hīberna recūsent, atque hanc inveterāscere cōn-

---

40.   1. **ad Caesarem:** Caesar was at this time at Samarobriva, the modern
Amiens. 2. **sī pertulissent:** *if they reached him.* **missī:** *the messengers.* 11. **praeūstae:** *burned at the ends*—to harden them. 12. **contabulantur:** *were provided
with platforms.* **pinnae . . . crātibus:** screens of interwoven branches—for the
protection of the men hurling weapons. 13. **cum . . . esset:** *although he was in
very poor health.* 14. **ultrō:** *actually.*

41.   1. **aliquem . . . aditum:** *some claim to talk with him,* since they had met
him before. 6. **ostentant:** *point to.* 7. **hīs quī:** *men who.* 8. **in:** *towards.* 9. **nihil
nisi hīberna:** The Nervii claim that they will do anything for Caesar and the
Romans except allow them to keep their winter camps in their lands.

suētūdinem nōlint; licēre illīs per sē incolumibus ex hībernīs discēdere   10
et, quāscumque in partēs velint, sine metū proficīscī.

Cicerō ad haec ūnum modo respondit: Nōn esse cōnsuētūdinem
populī Rōmānī, accipere ab hoste armātō condiciōnem; sī ab armīs discēdere velint, sē adiūtōre ūtantur lēgātōsque ad Caesarem mittant;
spērāre, prō eius iūstitiā, quae petierint, impetrātūrōs.   15

The Enemy Renew the Attack

42.   Ab hāc spē repulsī Nerviī vāllō pedum x et fossā pedum xv
hīberna cingunt. Haec et superiōrum annōrum cōnsuētūdine ā nōbīs
cognōverant et, quōsdam dē exercitū nactī captīvōs, ab hīs docēbantur;
sed nūllā ferrāmentōrum cōpiā, quae esset ad hunc ūsum idōnea,
gladiīs caespitēs circumcīdere, manibus sagulīsque terram exhaurīre   5
cōgēbantur. Quā quidem ex rē hominum multitūdō cognōscī potuit;
nam minus hōrīs tribus mīlium passuum iii in circuitū mūnītiōnem
perfēcērunt. Reliquīs diēbus turrēs ad altitūdinem vāllī, falcēs testūdinēsque, quās īdem captīvī docuerant, parāre ac facere coepērunt.

The Enemy Set Fire to the Huts in the Roman Camp

43.   Septimō oppugnātiōnis diē, maximō coortō ventō, ferventēs fū-
silī ex argillā glandēs fundīs et fervefacta iacula in casās, quae mōre
Gallicō strāmentīs erant tēctae, iacere coepērunt. Hae celeriter ignem
comprehendērunt et ventī magnitūdine in omnem locum castrōrum
distulērunt. Hostēs maximō clāmōre, sīcutī partā iam atque explōrātā   5
victōriā, turrēs testūdinēsque agere et vāllum ascendere coepērunt.

At tanta mīlitum virtūs atque ea praesentia animī fuit ut, cum undique flammā torrērentur maximāque tēlōrum multitūdine premerentur,

---

10. **per sē:** *as far as they are concerned.*

42.   1. **pedum X:** *ten feet high;* genitive of measure. **pedum XV:** *fifteen feet wide*
(at the top). 3. **exercitū:** sc. Rōmānō. 4. **nūllā cōpiā:** *there being no supply;* ablative absolute. 5. **caespitēs:** *sods.* **sagulīs:** *in their cloaks.* **exhaurīre:** *to carry out.*
8. **falcēs:** wooden poles, or beams, with a hook-shaped iron in the end, used
to tear down the enemy's walls. **testūdinēs:** *movable sheds,* under which the
soldiers might work in safety.

43.   1. **ferventēs . . . glandēs:** *red hot balls of molded clay*—thrown with slings
(fundīs) which must have been lined with metal. 2. **casās:** *huts.* 3. **strāmentīs
. . . tēctae:** *were thatched.* They would catch fire very quickly. **Hae:** *These huts.*
5. **partā:** *gained;* from pariō. 8. **torrērentur:** *they were being scorched.*

10   suaque omnia impedīmenta atque omnēs fortūnās cōnflagrāre intellegerent, nōn modo dēmigrandī causā dē vāllō dēcēderet nēmō, sed
paene nē respiceret quidem quisquam, ac tum omnēs ācerrimē fortis-
simēque pugnārent.

Hic diēs nostrīs longē gravissimus fuit; sed tamen hunc habuit ēven-
tum, ut eō diē maximus numerus hostium vulnerārētur atque inter-
15   ficerētur, ut sē sub ipsō vāllō cōnstīpāverant, recessumque prīmīs
ultimī nōn dabant.

Paulum quidem intermissā flammā, et quōdam locō turrī adāctā et
contingente vāllum, tertiae cohortis centuriōnēs ex eō, quō stābant,
locō recessērunt suōsque omnēs remōvērunt, nūtū vōcibusque hostēs,
20   sī introīre vellent, vocāre coepērunt; quōrum prōgredī ausus est nēmō.
Tum ex omnī parte lapidibus coniectīs dēturbātī, turrisque succēnsa
est.

Two Brave Centurions

44. Erant in eā legiōne fortissimī virī, centuriōnēs, quī prīmīs ōrdinibus appropinquārent, T. Pullō et L. Vorēnus. Hī perpetuās inter sē
contrōversiās habēbant, uter alterī anteferrētur, omnibusque annīs dē
locō summīs simultātibus contendēbant. Ex hīs Pullō, cum ācerrimē ad
5   mūnītiōnēs pugnārētur, "Quid dubitās," inquit, "Vorēne? Aut quem
locum tuae probandae virtūtis exspectās? Hic diēs dē nostrīs contrōversiīs iūdicābit." Haec cum dīxisset, prōcēdit extrā mūnītiōnēs,
quaeque pars hostium cōnfertissima est vīsa, in eam irrumpit.

Nē Vorēnus quidem sēsē vāllō continet, sed omnium veritus exīs-
10   timātiōnem, subsequitur. Mediocrī spatiō relictō, Pullō pīlum in hostēs
immittit atque ūnum ex multitūdine prōcurrentem trāicit; quō per-
cussō et exanimātō, hunc scūtīs prōtegunt hostēs, in illum ūniversī tēla
coniciunt neque dant prōgrediendī facultātem. Trānsfīgitur scūtum
Pullōnī et verūtum in balteō dēfīgitur. Āvertit hic cāsus vāgīnam et
15   gladium ēdūcere cōnantī dextram morātur manum, impedītumque

---

9. **fortūnās**: *their personal possessions.* 15. **ut**: *since.* **cōnstīpāverant**: *they had crowded in.* 17. **turrī**: *an enemy tower.*

44. 1. **quī . . . appropinquārent**: *were getting close to the first rank.* (of Centurions). 3. **uter**: *as to which of the two.* **dē locō**: *for the position—of first centurion.* 5. **quem locum**: i.e., *what better opportunity.* 9. **Nē Vorēnus quidem**:
Nor did Vorenus either. **exīstimātiōnem**: *opinion;* i.e., *what everyone would
think of him, if he let Pullo go and he stayed behind.*

hostēs circumsistunt. Succurrit inimīcus illī Vorēnus et labōrantī subvenit.

Ad hunc sē cōnfestim ā Pullōne omnis multitūdō convertit; illum verūtō trānsfīxum arbitrantur. Gladiō comminus rem gerit Vorēnus atque ūnō interfectō reliquōs paulum prōpellit; dum cupidius īnstat, in 20
locum dēiectus īnferiōrem concidit. Huic rūrsus circumventō subsidium fert Pullō, atque ambō incolumēs, complūribus interfectīs, summā cum laude sēsē intrā mūnītiōnēs recipiunt.

Sīc fortūna in contentiōne et certāmine utrumque versāvit, ut alter alterī inimīcus auxiliō salūtīque esset, neque dīiūdicārī posset, uter utrī 25
virtūte anteferendus vidērētur.

A Message Reaches Caesar

45.   Quantō erat in diēs gravior atque asperior oppugnātiō,—maximē quod, magnā parte mīlitum cōnfectā vulneribus, rēs ad paucitātem dēfēnsōrum pervēnerat,—tanto crēbriōrēs litterae nūntiīque ad Caesarem mittēbantur; quōrum pars dēprehēnsa, in cōnspectū nostrōrum mīlitum cum cruciātū necābātur. 5

Erat ūnus intus Nervius, nōmine Verticō, locō nātus honestō, quī ā prīmā obsidiōne ad Cicerōnem perfūgerat suamque eī fidem praestiterat. Hic servō spē lībertātis magnīsque persuādet praemiīs, ut litterās ad Caesarem dēferat. Hās ille in iaculō illigātās effert et Gallus inter Gallōs sine ūllā suspīciōne versātus ad Caesarem pervenit. Ab eō 10
dē perīculīs Cicerōnis legiōnisque cognōscitur.

Caesar Acts Quickly

46.   Caesar, acceptīs litterīs hōrā circiter ūndecimā diēī, statim nūntium in Bellovacōs ad M. Crassum quaestōrem mittit, cuius hīberna aberant ab eō mīlia passuum xxv; iubet mediā nocte legiōnem proficīscī

---

21. **dēiectus:** *stumbling.* 24. **alter alterī:** *each . . . to the other.*

45.   1. **Quantō gravior, tantō crēbriōrēs** *The more desperate, the more frequently.*
4. **quōrum:** *of these* (messengers). **dēprehēnsa:** *intercepted.* 6. **intus:** *in the camp* (of Cicero). 7. **praestiterat:** *had shown.* 8. **Hic:** *This man* (Vertico). **servō:** *a slave of his.* 9. **illigātās:** *tied,* or concealed in some way on the javelin. The plan succeeded, and Caesar was informed of the attack on Cicero's camp. 10. **versātus:** *moving about.*

46.   1. **hōrā . . . ūndecimā** *about 5 P.M.* 3. **aberant:** Crassus' camp was 25 miles south of Samarobriva; Fabius' was the same distance to the north.

Roman cavalryman of the early empire

celeriterque ad sē venīre. Exit cum nūntiō Crassus. Alterum ad C.
5   Fabium lēgātum mittit, ut in Atrebātium fīnēs legiōnem addūcat, quā
sibi iter faciendum sciēbat. Scrībit Labiēnō, sī reī pūblicae commodō
facere posset, cum legiōne ad fīnēs Nerviōrum veniat. Reliquam partem exercitūs, quod paulō aberat longius, nōn putat exspectandam;
equitēs circiter cccc ex proximīs hībernīs cōgit.

Help Arrives from Other Winter Camps

47.   Hōrā circiter tertiā ab antecursōribus dē Crassī adventū certior
factus, eō diē mīlia passuum xx prōcēdit. Crassum Samarobrīvae
praeficit legiōnemque eī attribuit, quod ibi impedīmenta exercitūs, obsidēs cīvitātum, litterās pūblicās frūmentumque omne, quod eō to-
5   lerandae hiemis causā dēvexerat, relinquēbat. Fabius, ut imperātum
erat, nōn ita multum morātus, in itinere cum legiōne occurrit.

4. **cum nūntiō:** i.e., as soon as the message reached him. 6. **sī . . . posset:** i.e.,
if consistent with the best interest of the state. 7. **veniat:** indirect command,
that he should come.

47.   1. **antecursōribus:** *scouts,* who ran ahead. Caesar had left Samarobriva
without waiting for Crassus to arrive, but he left orders for him to stay there
and guard the supplies. 6. **occurrit:** *met him* (Caesar), as arranged.

Labiēnus, interitū Sabīnī et caede cohortium cognitā, cum omnēs ad
eum Trēverōrum cōpiae vēnissent, veritus nē, sī ex hībernīs fugae
similem profectiōnem fēcisset, hostium impetum sustinēre nōn
posset,—praesertim quōs recentī victōriā efferrī scīret,—litterās   10
Caesarī remittit, quantō cum perīculō legiōnem ex hībernīs ēductūrus
esset; rem gestam in Eburōnibus perscrībit; docet omnēs equitātūs
peditātūsque cōpiās Trēverōrum tria mīlia passuum longē ab suīs
castrīs cōnsēdisse.

Cicero Receives a Message from Caesar

48.   Caesar, cōnsiliō eius probātō, etsī opīniōne trium legiōnum dēiectus ad duās redierat, tamen ūnum commūnis salūtis auxilium in celeritāte pōnēbat. Vēnit magnīs itineribus in Nerviōrum fīnēs. Ibi ex
captīvīs cognōscit, quae apud Cicerōnem gerantur, quantōque in
perīculō rēs sit. Tum cuidam ex equitibus Gallīs magnīs praemiīs per-   5
suādet, utī ad Cicerōnem epistulam dēferat.

Hanc Graecīs cōnscrīptam litterīs mittit, nē, interceptā epistulā,
nostra ab hostibus cōnsilia cognōscantur. Sī adīre non possit, monet ut
trāgulam cum epistulā ad āmentum dēligātā intrā mūnītiōnem castrōrum abiciat. In litterīs scrībit, sē cum legiōnibus profectum celeriter   10
affore; hortātur, ut prīstinam virtūtem retineat. Gallus perīculum veritus, ut erat praeceptum, trāgulam mittit.

Haec cāsū ad turrim adhaesit, neque ā nostrīs bīduō animadversa
tertiō diē ā quōdam mīlite cōnspicitur, dēmpta ad Cicerōnem dēfertur.
Ille perlēctam in conventū mīlitum recitat maximāque omnēs laetitiā af-   15
ficit. Tum fūmī incendiōrum procul vidēbantur; quae rēs omnem
dubitātiōnem adventūs legiōnum expulit.

7. **Labiēnus:** Caesar had advised Labienus that he should decide for himself
whether or not he should try to help Cicero, and Labienus decided that it was
too risky. 10. **quōs . . . scīret:** causal, *since he knew that they.* 11. **quantō, etc.:**
explaining how dangerous it would be. 12. **perscrībit:** *he described in detail*—the
things that had happened to Cotta and Sabinus. When Caesar heard this, he
let his hair and beard grow long, swearing not to shave again until he had
avenged this defeat.

48.   1. **dēiectus:** *disappointed;* he had hoped for three legions, but Labienus
did not come with his. 7. **Hanc;** *this letter.* **Graecīs litterīs:** *in Greek letters;* but
the contents of the letter were in Latin. 8. **adīre:** *get through* (to Cicero). 9.
āmentum: *thong,* or *strap,* for hurling the javelin. 13. **Haec:** *this javelin,* which
was lodged in the wood of a tower. 14. **dēmpta:** *when taken down.* 16. **fūmī:** of
villages burned by Caesar.

The Gauls Turn on Caesar

49. Gallī, rē cognitā per explōrātōrēs, obsidiōnem relinquunt, ad Caesarem omnibus cōpiīs contendunt. Haec erant armāta circiter mīlia LX. Cicerō, datā facultāte, Gallum ab eōdem Verticōne, quem suprā dēmōnstrāvimus, repetit, quī litterās ad Caesarem dēferat; hunc ad-
5   monet, iter cautē dīligenterque faciat; perscrībit in litterīs, hostēs ab sē discessisse omnemque ad eum multitūdinem convertisse. Quibus lit- terīs circiter mediā nocte Caesar allātīs suōs facit certiōrēs, eōsque ad dīmicandum animō cōnfirmat.

Posterō diē lūce prīmā movet castra; et circiter mīlia passuum quat-
10   tuor prōgressus, trāns vallem et rīvum multitūdinem hostium cōn- spicātur. Erat magnī perīculī rēs, tantulīs cōpiīs inīquō locō dīmicāre; tum, quoniam obsidiōne līberātum Cicerōnem sciēbat, aequō animō remittendum dē celeritāte exīstimābat. Cōnsēdit et, quam aequissimō potest locō, castra commūnit, atque haec, (etsī erant exigua per sē, vix
15   hominum mīlium septem, praesertim nūllīs cum impedīmentīs), tamen angustiīs viārum, quam maximē potest, contrahit, eō cōnsiliō, ut in summam contemptiōnem hostibus veniat. Interim, speculā- tōribus in omnēs partēs dīmissīs, explōrat, quō commodissimē itinere vallem trānsīre possit.

Caesar Plans a Surprise

50. Eō diē parvulīs equestribus proeliīs ad aquam factīs, utrīque sēsē suō locō continent: Gallī, quod ampliōrēs cōpiās, quae nōndum con- vēnerant, exspectābant; Caesar, sī forte timōris simulātiōne hostēs in suum locum ēlicere posset, ut citrā vallem prō castrīs proeliō conten-
5   deret; sī id efficere nōn posset, ut, explōrātīs itineribus, minōre cum perīculō vallem rīvumque trānsīret.

---

49. 1. **rē:** i.e., Caesar's approach. 3. **Gallum:** i.e., *another slave.* 5. **sē:** *him* (Cicero). 6. **eum:** *him* (Caesar); notice how much clearer the Latin is than the English. 11. **tantulīs cōpiīs:** *with such small forces;* he had about 7,000 men, whereas the enemy had 60,000. 14. **haec contrahit:** Caesar reduced the width of the streets, and made the whole camp as small as possible, in order to make the enemy think that he had fewer men than he did.

50. 2. **ampliōrēs cōpiās:** *more troops;* even though they outnumbered Caesar by more than eight to one! 4. **suum locum:** *his own ground.*

Prīma lūce hostium equitātus ad castra accēdit proeliumque cum nostrīs equitibus committit. Caesar cōnsultō equitēs cēdere sēque in castra recipere iubet; simul ex omnibus partibus castra altiōre vāllō mūnīrī portāsque obstruī atque in hīs administrandīs rēbus quam   10 maximē concursārī et cum simulātiōne agī timōris iubet.

The Gauls Are Routed

51.   Quibus omnibus rēbus hostēs invītātī cōpiās trādūcunt aciemque inīquō locō cōnstituunt; nostrīs vērō etiam dē vāllō dēductīs, propius accēdunt et tēla intrā mūnītiōnem ex omnibus partibus coniciunt, praecōnibusque circummissīs prōnūntiārī iubent, seu quis Gallus seu Rōmānus velit ante hōram tertiam ad sē trānsīre, sine perīculō licēre;   5 post id tempus nōn fore potestātem.

Ac sīc nostrōs contempsērunt, ut, obstrūctīs in speciem portīs singulīs ōrdinibus caespitum, quod eā nōn posse intrōrumpere vidēbantur, aliī vāllum manū scindere, aliī fossās complēre inciperent. Tum Caesar, omnibus portīs ēruptiōne factā equitātūque ēmissō, celeriter   10 hostēs in fugam dat, sīc utī omnīnō pugnandī causā resisteret nēmō, magnumque ex eīs numerum occīdit atque omnēs armīs exuit.

Caesar Inspects Cicero's Camp

52.   Longius prōsequī veritus, quod silvae palūdēsque intercēdēbant neque etiam parvulō dētrīmentō illōrum locum relinquī vidēbat, omnibus suīs incolumibus cōpiīs eōdem diē ad Cicerōnem pervēnit. Īnstitūtās turrēs, testūdinēs mūnītiōnēsque hostium admīrātur; legiōne prōductā cognōscit, nōn decimum quemque esse reliquum mīlitem   5 sine vulnere; ex hīs omnibus iūdicat rēbus, quantō cum perīculō et quantā cum virtūte rēs sint administrātae. Cicerōnem prō eius meritō legiōnemque collaudat; centuriōnēs singillātim tribūnōsque mīlitum

8. **cōnsultō:** *on purpose.* 11. **concursārī:** *to rush around*—to give the enemy the impression that they were panic-stricken.

51.   1. **invītātī:** *lured on.* 3. **(hostēs) accēdunt:** *came nearer;* after the Romans came down from their walls. 7. **in speciem:** *for show, merely.* **singulīs . . . caespitum:** *each with a single thickness of sod.* 10. **ēruptiōne:** *a sally;* the slight barrier of sod was flung aside, and the Romans burst out of the gates, surprising the enemy.

52.   2. **neque . . . relinquī:** *and that no opportunity remained for (inflicting) even a trifling loss upon them.* 5. **nōn decimum quemque:** *not one in ten—had escaped without injuries.*

appellat, quōrum ēgregiam fuisse virtūtem testimōniō Cicerōnis cog-
10   nōverat. Dē cāsū Sabīnī et Cottae certius ex captīvīs cognōscit.

Posterō diē, cōntiōne habitā, rem gestam prōpōnit, mīlitēs cōn-
sōlātur et cōnfirmat; quod dētrīmentum culpā et temeritāte lēgātī sit
acceptum, hōc aequiōre animō ferendum docet, quod, beneficiō deōrum immortālium et virtūte eōrum expiātō incommodō, neque hos-
15   tibus diūtina laetitia neque ipsīs longior dolor relinquātur.

— *Exercise for Review* —

Complete the following sentences.

1. In his second invasion of Britain, Caesar took with him _____ legions, leaving behind on the continent _____ legions, under the
   command of _____.
2. Caesar set sail at _____.
3. Caesar took _____ horsemen with him.
4. After landing, Caesar marched north about _____ miles, leaving
   _____ in command of the port and the camp.
5. After the storm damaged his fleet, Caesar spent _____ days re-
   pairing the ships.
6. He then marched north about _____ miles to the _____ River.
7. The name of the commander of the Britons was _____.
8. In describing the geography of the island, Caesar reported that
   Britain was about _____ miles on the south side, _____ miles on
   the west side, facing "Hibernia", and about _____ miles on the
   east, facing Germany.
9. As in their attacks the year before, the Britons effectively used
   their _____ to harass the Romans.
10. After defeating the Britons, Caesar returned to Gaul with all of his
    troops and _____ ships.
11. After he put his troops in widely separated winter camps in north-
    ern Gaul, the camp of _____ and _____ was suddenly attacked
    by _____, the chief of the _____.

9. **appellat:** *called by name;* he apparently knew many of the soldiers by name,
and praised them individually. 12. **dētrīmentum:** *the defeat*—i.e., at the camp
of Sabinus and Cotta. This was not a defeat for the army as much as poor
judgment on the part of one general, Sabinus. 14. **eōrum:** i.e., the soldiers to
whom he is speaking. 15. **ipsīs:** *to them* (the Romans).

12. The Roman general _____ urged the Romans to stay in camp, and the general _____ urged them to join another camp. As it turned out, _____ was the wiser of the two.
13. _____ was in command of the second Roman camp to be attacked.
14. Caesar was informed of the attack by _____.
15. After the battle, when Caesar inspected the camp, he found that _____ had escaped without injury.

Archer

BOOK 6

Expedition to Germany

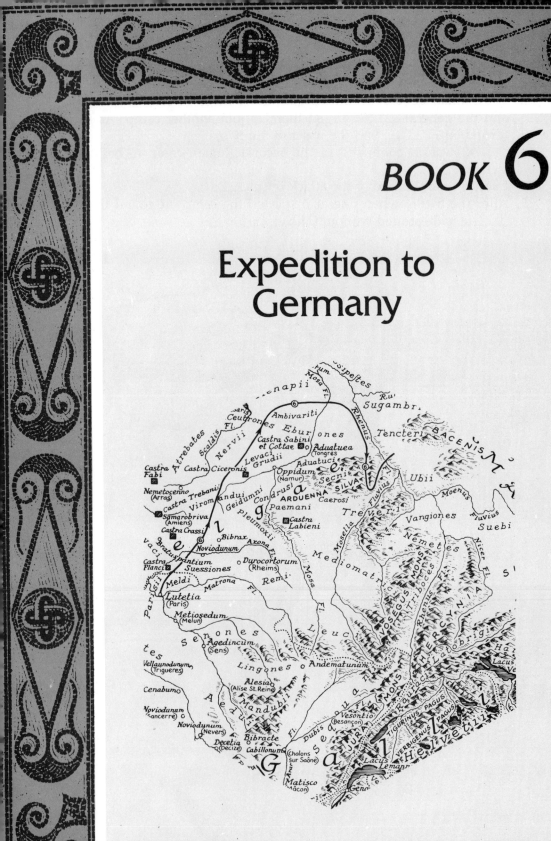

Chapters 1–10

During the winter Caesar more than made up for the losses he had sustained by recruiting two new legions and obtaining the loan of another from Pompey. He took the field earlier than usual, and by his rapid movements quickly stamped out revolts among the Nervii, Senones, and Carnutes. He then ravaged the country of the Menapii and reduced them to submission.

Meanwhile Labienus was again attacked by the Treveri, but by the pretense of fear he drew them into an unfavorable position and defeated them. Caesar now joined forces with him and at once started on a second expedition into Germany.

Party Strife among the Gauls

11. Quoniam ad hunc locum perventum est, nōn aliēnum esse vidētur dē Galliae Germāniaeque mōribus et, quō differant hae nātiōnēs inter sēsē, prōpōnere.

In Galliā nōn sōlum in omnibus cīvitātibus atque in omnibus pāgīs partibusque, sed paene etiam in singulīs domibus factiōnēs sunt, 5
eārumque factiōnum prīncipēs sunt quī summam auctōritātem eōrum iūdiciō habēre exīstimantur, quōrum ad arbitrium iūdiciumque summa omnium rērum cōnsiliōrumque redeat.

Idque eius reī causā antiquitus īnstitūtum vidētur, nē quis ex plēbe contrā potentiōrem auxilī egēret; suōs enim quisque opprimī et cir- 10
cumvenīrī nōn patitur, neque, aliter sī faciat, ūllam inter suōs habet auctōritātem. Haec eadem ratiō est in summā tōtīus Galliae; namque omnēs cīvitātēs in partēs dīvīsae sunt duās.

Changes in Leadership among the Gauls

12. Cum Caesar in Galliam vēnit, alterīus factiōnis prīncipēs erant Aeduī, alterīus Sēquanī. Hī cum per sē minus valērent, quod summa auctōritās antiquitus erat in Aeduīs magnaeque eōrum erant clientēlae, Germānōs atque Ariovistum sibi adiūnxerant eōsque ad sē magnīs iactūrīs pollicitātiōnibusque perdūxerant. 5

---

11. 1. **perventum est:** *we have reached*—in the narrative. **nōn aliēnum:** *not out of place.* 7. **summa . . . rērum:** *the final decision in all matters.* 8. **redeat:** *is referred.* 9. **antiquitus:** an adverb. 10. **auxilī:** genitive with egeō, which normally takes the ablative—*be in want of help.* 12. **ratiō:** *system.*

12. 3. **clientēlae:** *dependencies*—i.e., the states that were subject to them.

Proeliīs vērō complūribus factīs secundīs, atque omnī nōbilitāte Aeduōrum interfectā, tantum potentiā antecesserant, ut magnam partem clientium ab Aeduīs ad sē trādūcerent, obsidēsque ab eīs prīncipum filiōs acciperent, et pūblicē iūrāre cōgerent, nihil sē contrā
10   Sēquanōs cōnsilī initūrōs, et partem finitimī agrī per vim occupātam possidērent, Galliaeque tōtīus prīncipātum obtinērent. Quā necessitāte adductus, Dīviciācus auxilī petendī causā Rōmam ad senātum profectus, īnfectā rē, redierat.

Adventū Caesaris factā commūtātiōne rērum, obsidibus Aeduīs
15   redditīs, veteribus clientēlīs restitūtīs, novīs per Caesarem comparātīs, quod hī, quī sē ad eōrum amīcitiam aggregāverant, meliōre condiciōne atque aequiōre imperiō sē ūtī vidēbant, reliquīs rēbus eōrum grātiā dignitāteque amplificātā, Sēquanī prīncipātum dīmīserant.

In eōrum locum Rēmī successerant; quōs quod adaequāre apud
20   Caesarem grātiā intellegēbātur, eī, quī propter veterēs inimīcitiās nūllō modō cum Aeduīs coniungī poterant, sē Rēmīs in clientēlam dicābant. Hōs illī dīligenter tuēbantur; ita et novam et repente collēctam auctōritātem tenēbant. Eō tum statū rēs erat, ut longē prīncipēs habērentur Aeduī, secundum locum dignitātis Rēmī obtinērent.

Classes of People in Gaul

13.   In omnī Galliā eōrum hominum, quī aliquō sunt numerō atque honōre, genera sunt duo; nam plēbs paene servōrum habētur locō, quae nihil audet per sē, nūllī adhibētur cōnsiliō. Plērīque, cum aut aere aliēnō aut magnitūdine tribūtōrum aut iniūriā potentiōrum premun-
5   tur, sēsē in servitūtem dicant nōbilibus; quibus in hōs eadem omnia sunt iūra quae dominīs in servōs.

Sed dē hīs duōbus generibus alterum est druidum, alterum equitum. Illī rēbus dīvīnīs intersunt, sacrificia pūblica ac prīvāta prōcūrant, religiōnēs interpretantur; ad eōs magnus adulēscentium
10   numerus disciplīnae causā concurrit, magnōque hī sunt apud eōs

---

7. **antecesserant:** *they* (the Sequani) *had surpassed them* (the Aedui). 12. **Dīviciācus:** the leader of the Aedui. 13. **īnfectā rē:** *without accomplishing his purpose.* 16. **eōrum:** i.e., of the Aedui. 19. **quōs . . . intellegēbātur:** *because it was realized that they stood equally high* (with the Aedui) *in Caesar's favor.* 21. **Dicābant:** i.e., pledged.

13.   1. **aliquō numerō:** *of any account.* 5. **quibus sunt:** *they have.* **in hōs:** *over them.* 8. **Illī:** *They,* the Druids.

honōre. Nam ferē dē omnibus contrōversiīs pūblicīs prīvātīsque cōnstituunt; et, sī quod est admissum facinus, sī caedēs facta, sī dē hērēditāte, dē fīnibus contrōversia est, īdem dēcernunt, praemia poenāsque cōnstituunt; sī quī aut prīvātus aut populus eōrum dēcrētō nōn stetit, sacrificiīs interdīcunt. Haec poena apud eōs est gravissima.   15
Quibus ita est interdictum, hī numerō impiōrum ac scelerātōrum habentur, hīs omnēs dēcēdunt, aditum sermonemque dēfugiunt, nē quid ex contāgiōne incommodī accipiant, neque hīs petentibus iūs redditur neque honōs ūllus commūnicātur.

His autem omnibus druidibus praeest ūnus, quī summam inter eōs   20
habet auctōritātem. Hōc mortuō, aut, sī quī ex reliquīs excellit dignitāte, succēdit, aut, sī sunt plūrēs parēs, suffrāgiō druidum dēligitur; nōn numquam etiam armīs dē prīncipātū contendunt. Hī certō annī tempore in fīnibus Carnutum, quae regiō tōtīus Galliae media habētur, cōnsīdunt in locō cōnsecrātō. Hūc omnēs undique quī contrōversiās   25
habent conveniunt eōrumque dēcrētīs iūdiciīsque pārent.

Disciplīna in Britanniā reperta atque inde in Galliam trānslāta esse exīstimātur; et nunc quī dīligentius eam rem cognōscere volunt plērumque illō discendī causā proficīscuntur.

Beliefs of the Druids

14.   Druidēs ā bellō abesse cōnsuērunt neque tribūta ūnā cum reliquīs pendunt; mīlitiae vacātiōnem, omniumque rērum habent immūnitātem. Tantīs excitātī praemiīs, et suā sponte multī in disciplīnam conveniunt et ā parentibus propinquīsque mittuntur. Magnum ibi numerum versuum ēdiscere dīcuntur. Itaque annōs nōn nūllī vīcēnōs   5
in disciplīnā permanent. Neque fās esse exīstimant ea litterīs mandāre, cum in reliquīs ferē rēbus, pūblicīs prīvātīsque ratiōnibus, Graecīs litterīs ūtantur. Id mihi duābus dē causīs īnstituisse videntur, quod neque in vulgus disciplīnam efferrī velint, neque eōs quī discunt,

---

12. **sī quod facinus:** *if any crime.* 15. **interdīcunt:** *they exclude him.* 16. **numerō:** sc. *in.* 18. **incommodī:** genitive of the whole with quid. 27. **reperta:** *to have originated.* Caesar is wrong in this statement, though at the time of Caesar, the Druids were stronger in Britain than in Gaul.

14.   3. **praemiīs:** *privileges.* 5. **ēdiscere:** *to learn by heart.* 7. **cum:** *although.* **Graecīs litterīs:** i.e., Greek characters, in which they wrote their own (Celtic) language. Inscriptions of that kind have come down to us.

10   litterīs cōnfīsōs, minus memoriae studēre; quod ferē plērīsque accidit, ut praesidiō litterārum dīligentiam in perdiscendō ac memoriam
remittant.

In prīmīs hoc volunt persuādēre, nōn interīre animās, sed ab aliīs
post mortem trānsīre ad aliōs; atque hōc maximē ad virtūtem excitārī
15   putant, metū mortis neglēctō. Multa praetereā dē sīderibus atque
eōrum mōtū, dē mundī ac terrārum magnitūdine, dē rērum nātūrā, dē
deōrum immortālium vī ac potestāte disputant et iuventūtī trādunt.

The Knights

15.   Alterum genus est equitum. Hī, cum est ūsus atque aliquod bellum incidit (quod ante Caesaris adventum ferē quotannīs accidere
solēbat, utī aut ipsī iniūriās īnferrent aut illātās prōpulsārent), omnēs
in bellō versantur; atque eōrum ut quisque est genere cōpiīsque
5   amplissimus, ita plūrimōs circum sē ambactōs clientēsque habet. Hanc
ūnam grātiam potentiamque nōvērunt.

Human Sacrifices

16.   Nātiō est omnis Gallōrum admodum dēdita religiōnibus; atque
ob eam causam quī sunt affectī graviōribus morbīs, quīque in proeliīs
perīculīsque versantur, aut prō victimīs hominēs immolant aut sē im-
molātūrōs vovent, administrīsque ad ea sacrificia druidibus ūtuntur,
5   quod, prō vītā hominis nisi hominis vīta reddātur, nōn posse deōrum
immortālium nūmen plācārī arbitrantur; pūblicēque eiusdem generis
habent īnstitūta sacrificia. Aliī immānī magnitūdine simulācra habent,
quōrum contexta vīminibus membra vīvīs hominibus complent; quibus succēnsīs, circumventī flammā exanimantur hominēs. Supplicia
10   eōrum, quī in furtō aut in latrōciniō aut aliquā noxiā sint comprehēnsī,
grātiōra dīs immortālibus esse arbitrantur; sed cum eius generis cōpia
dēfēcit, etiam ad innocentium supplicia dēscendunt.

10. **minus . . . studēre:** *pay too little attention (to).* 16. **mundī:** *the universe.*

15.   1. **cum est ūsus:** *whenever there is need.* 3. **illātās:** sc. iniūriās—*attacks on
them.* 5. **ambactōs:** *retainers.* These retainers were hired servants, inferior to
the clientēs, who were dependents, or followers.

16.   3. **prō:** *as;* i.e., they sacrificed not animals, but humans. 7. **simulācra:**
figures, or *images* in human form, made out of wicker work (vīminibus), and
filled with living men.

Gods of the Gauls

17.   Deum maximē Mercurium colunt. Huius sunt plūrima simulācra; hunc omnium inventōrem artium ferunt, hunc viārum atque itinerum ducem, hunc ad quaestūs pecūniae mercātūrāsque habēre vim maximam arbitrantur. Post hunc Apollinem et Mārtem et Iovem et Minervam. Dē hīs eandem ferē, quam reliquae gentēs, habent opīniōnem: Apollinem morbōs dēpellere, Minervam operum atque artificiōrum initia trādere, Iovem imperium caelestium tenēre, Mārtem bella regere. Huic, cum proeliō dīmicāre cōnstituērunt, ea, quae bellō cēperint, plērumque dēvovent; cum superāvērunt, animālia capta immolant reliquāsque rēs in ūnum locum cōnferunt. Multīs in cīvitātibus hārum rērum exstrūctōs tumulōs locīs cōnsecrātīs cōnspicārī licet; neque saepe accidit ut quispiam, neglēctā religiōne, aut capta apud sē occultāre aut posita tollere audēret, gravissimumque eī reī supplicium cum cruciātū cōnstitūtum est.

Other Customs of the Gauls

18.   Gallī sē omnēs ab Dīte patre prōgnātōs praedicant idque ab druidibus prōditum dīcunt. Ob eam causam spatia omnis temporis nōn numerō diērum, sed noctium fīniunt; diēs nātālēs et mēnsium et annōrum initia sīc observant, ut noctem diēs subsequātur.

In reliquīs vītae īnstitūtīs hōc ferē ab reliquīs differunt, quod suōs līberōs, nisi cum adolēvērunt ut mūnus mīlitiae sustinēre possint, palam ad sē adīre nōn patiuntur, fīliumque puerīlī aetāte in pūblicō in cōnspectū patris assistere turpe dūcunt.

---

17.   1. **Mercurium:** *Mercury* and the other gods mentioned here were Celtic gods, with Gallic names whom Caesar identifies with the Roman gods of the same attributes. 2. **ferunt:** *they declare.* 4. **Post hunc:** sc. colunt. 7. **trādere** = docēre. 8. **quae ... cēperint:** *whatever spoils they may take in war—* they dedicate to Mars. 12. **capta:** *spoils,* object of occultāre. 13. **posita:** *things deposited.*

18.   1. **Dīte patre:** *father Pluto,* god of the Underworld. 2. **prōditum (esse):** *has been handed down.* 3. **noctium:** This seems logical to Caesar, because night, like all things black, belongs to the gods of the Lower World in Roman practice. Among the Gauls, the notion that night was the source of day probably corresponds to the idea that death was the source of life (chapt. 14). 8. **assistere:** *to appear.* **turpe dūcunt:** *they consider it disgraceful.*

Druids

Marriages and Funerals

19. Virī, quantās pecūniās ab uxōribus dōtis nōmine accēpērunt, tantās ex suīs bonīs, aestimātiōne factā, cum dōtibus commūnicant. Huius
omnis pecūniae coniūnctim ratiō habētur frūctūsque servantur; uter
eōrum vītā superāvit, ad eum pars utrīusque cum frūctibus superi-
5 ōrum temporum pervenit.

Virī in uxōrēs, sīcutī in līberōs, vītae necisque habent potestātem; et
cum pater familiae, illūstriōre locō nātus, dēcessit, eius propinquī conveniunt et, dē morte sī rēs in suspīciōnem venit, dē uxōribus in ser-
vīlem modum quaestiōnem habent et, sī compertum est, igne atque
10 omnibus tormentīs excruciātās interficiunt.

Fūnera sunt prō cultū Gallōrum magnifica et sūmptuōsa; omniaque
quae vīvīs cordī fuisse arbitrantur in ignem īnferunt, etiam animālia; ac
paulō suprā hanc memoriam servī et clientēs, quōs ab eīs dīlēctōs esse
cōnstābat, iūstīs fūneribus cōnfectīs, ūnā cremābantur.

19. 1. **pecūniās:** *property;* among primitive people, usually cattle. 2. **cum . . .
commūnicant:** *they add to the dowry.* 3. **frūctūs:** *profits,* or *income.* **uter . . .
superāvit:** *whichever of them outlives the other.* 8. **dē uxōribus questiōnem habent:** *they examine his wives under torture*—as was done among the Romans in
the case of slaves. 9. **sī compertum est:** *if they are found guity.* 12. **cordī fuisse:**
were dear to. 13. **suprā . . . memoriam:** *before our time.* 14. **iūstīs . . . cōnfectīs:**
after the regular funeral was finished.

Talking about the State Forbidden

20.   Quae cīvitātēs commodius suam rem pūblicam administrāre exīstimantur, habent lēgibus sānctum, sī quis quid dē rē pūblicā ā finitimīs rūmōre aut fāmā accēperit, utī ad magistrātum dēferat nēve cum quō aliō commūnicet, quod saepe hominēs temerāriōs atque imperītōs falsīs rūmōribus terrērī et ad facinus impellī et dē summīs rēbus cōn-   5
silium capere cognitum est. Magistrātūs, quae vīsa sunt, occultant, quaeque esse ex ūsū iūdicāvērunt, multitūdinī prōdunt. Dē rē pūblicā nisi per concilium loquī nōn concēditur.

Customs of the Germans

21.   Germānī multum ab hāc cōnsuētūdine differunt. Nam neque druidēs habent, quī rēbus dīvīnīs praesint, neque sacrificiīs student. Deōrum numerō eōs sōlōs dūcunt, quōs cernunt et quōrum apertē opibus iuvantur, Sōlem et Vulcānum et Lūnam; reliquōs nē fāmā qui-   5
dem accēpērunt.

Vīta omnis in vēnātiōnibus atque in studiīs reī mīlitāris cōnsistit; ā parvīs labōrī ac dūritiae student.

No Private Property

22.   Agrī cultūrae nōn student, maiorque pars eōrum vīctūs in lacte, cāseō, carne cōnsistit. Neque quisquam agrī modum certum aut finēs habet propriōs; sed magistrātūs ac prīncipēs in annōs singulōs gentibus cognātiōnibusque hominum, quīque ūnā coiērunt, quantum et quō locō vīsum est agrī attribuunt atque annō post aliō trānsīre cōgunt.   5
Eius reī multās afferunt causās: nē, assiduā cōnsuētūdine captī, studium bellī gerendī agrī cultūrā commūtent; nē lātōs finēs parāre studeant, potentiōrēsque humiliōrēs possessiōnibus expellant; nē accūrātius ad frīgora atque aestūs vītandōs aedificent; nē qua oriātur pecūniae cupiditās, quā ex rē factiōnēs dissēnsiōnēsque nāscuntur; ut   10
animī aequitāte plēbem contineant, cum suās quisque opēs cum potentissimīs aequārī videat.

---

20.   1. **commodius:** *to greater advantage* (than the rest). 2. **habent . . . sānctum:** i.e., have laws that provide. **sī quis quid:** *if anyone (hears) anything.*
6. **quae vīsa sunt:** *what seems best.* 7. **ex ūsū:** *of advantage.*

21.   3. **dūcunt:** *they reckon.*

22.   3. **gentibus . . . hominum:** *to clans and groups of kinsmen.* 5. **annō post:** *a year later.* 8. **accūrātius:** *with too great care.* 11. **aequitāte:** *contentment.*

Chapters 23 and 24 deal with German Frontiers.

The Hercynian Forest

25.   Huius Hercyniae silvae, quae suprā dēmōnstrāta est, lātitūdō
novem diērum iter expedītō patet; nōn enim aliter fīnīrī potest, neque
mēnsūrās itinerum nōvērunt. Orītur ab Helvētiōrum et Nemetum et
Rauracōrum fīnibus, rēctāque flūminis Dānuvī regiōne pertinet ad
5   fīnēs Dācōrum et Anartium; hinc sē flectit sinistrōrsus, dīversīs ā flūmine regiōnibus, multārumque gentium fīnēs propter magnitūdinem
attingit; neque quisquam est huius Germāniae quī sē aut adīsse ad initium eius silvae dīcat, cum diērum iter LX prōcesserit, aut, quō ex locō
oriātur, accēperit; multaque in eā genera ferārum nāscī cōnstat, quae
10   reliquīs in locīs vīsa nōn sint; ex quibus quae maximē differant ā cēterīs
et memoriae prōdenda videantur, haec sunt.

Strange Kinds of Animals

26.   Est bōs cervī figūrā, cuius ā mediā fronte inter aurēs ūnum cornū
exsistit, excelsius magisque dērēctum hīs, quae nōbīs nōta sunt, cornibus; ab eius summō sīcut palmae rāmīque lātē diffunduntur. Eadem
est fēminae marisque nātūra, eadem fōrma magnitūdōque cornuum.

27.   Sunt item quae appellantur alcēs. Hārum est cōnsimilis caprīs
figūra et varietās pellium, sed magnitūdine paulō antecēdunt muti-
laeque sunt cornibus et crūra sine nōdīs articulīsque habent, neque
quiētis causā prōcumbunt, neque, sī quō afflīctae cāsū concidērunt,
5   ērigere sēsē aut sublevāre possunt. Hīs sunt arborēs prō cubīlibus; ad
eās sē applicant, atque ita paulum modo reclīnātae quiētem capiunt.
Quārum ex vēstīgiīs cum est animadversum ā vēnātōribus, quō sē

---

25.   1. **lātitūdō:** *width,* from north to south. 2. **expedītō:** *for a man traveling light*
(without luggage). **fīnīrī:** *be measured.* 3. **Orītur:** *It starts.* 4. **rēctā . . . regiōne:**
straight along the Danube. 7. **huius Germāniae:** *of this part of Germany.*
11. **memoriae prōdenda** (esse): *ought to be recorded.*

26.   1. **bōs:** This has been thought by some to be the reindeer, glimpsed from
the side, so that its two antlers (which grow quite close together) appear to be
one. **fronte:** *forehead.* 2. **hīs cornibus:** *than those horns;* ablative of comparison.
3. **sīcut:** *so to speak.* 4. **fēminae marisque:** *of the female and the male.*

27.   1. **alcēs:** *elk.* 2. **mutilae:** *broken-looking.* 3. **crūra . . . articulīs:** *legs without*
nodes or joints. 4. **quiētis:** *sleep.* 5. **Hīs sunt:** *They use.* 6. **sē applicant:** *they lean*
against.

Tombstone relief: boar hunt

recipere cōnsuērint, omnēs eō locō aut ab rādīcibus subruunt aut accīdunt arborēs, tantum ut summa speciēs eārum stantium relinquātur. Hūc cum sē cōnsuētūdine reclīnāvērunt, īnfirmās arborēs pondere afflīgunt.   10

28.   Tertium est genus eōrum, quī ūrī appellantur. Hī sunt magnitūdine paulō īnfrā elephantōs, speciē et colōre et figūrā taurī. Magna vīs eōrum est et magna vēlōcitās, neque hominī neque ferae quam cōnspexērunt parcunt. Hōs studiōsē foveīs captōs interficiunt. Hōc sē labōre dūrant adulēscentēs atque hōc genere vēnātiōnis exercent; et quī   5
plūrimōs ex hīs interfēcērunt, relātīs in pūblicum cornibus, quae sint testimōniō, magnam ferunt laudem. Sed assuēscere ad hominēs et mānsuēfierī nē parvulī quidem exceptī possunt. Amplitūdō cornuum et figūra et speciēs multum ā nostrōrum boum cornibus differt. Haec studiōsē conquīsīta ab labrīs argentō circumclūdunt atque in amplissimīs epulīs prō pōculīs ūtuntur.   10

---

8. **subruunt:** *they uproot.* 9. **tantum ut:** *only in such a way that.* **summa speciēs:** *the exact appearance.*

28.   1. **ūrī:** *aurochs (bos primigenius), the wild ancestor of domestic cattle. It was finally hunted to extinction in the 17th century.* 4. **foveīs:** *in pits.* 8. **nē . . . exceptī:** *not even if caught when young.* 10. **ab labrīs:** *at the edges, or rims.* 11. **prō pōculīs:** *for drinking horns.*

— *Exercise for Review* —

Complete the following sentences.

1. Caesar's second invasion of Germany was in the year _____; the first invasion was in the year _____.
2. When Caesar first went to Gaul, the leaders of the two main parties were the _____ and the _____.
3. The _____ had asked the Germans to come into Gaul to help them against the _____.
4. _____ was the leader of the invading German forces.
5. The result of the German invasion was that the _____ gained superiority in Gaul.
6. In Gaul, the Druids did not believe that the common people should learn to write, because they would then _____.
7. The Druids wrote in the _____ language, but they used _____ characters.
8. The Druids believed that after death the souls of men _____.
9. The Gauls believed that _____ was the greatest of the Gods.
10. They also believed that they were all descended from _____.
11. The gods of the Germans were only those that they could see like _____ and _____ and _____.
12. Caesar reported that the life of the Germans consisted entirely of _____ and _____.
13. Caesar described the width of the Hercynian Forest from north to south as a _____.
14. Among the many strange animals found in the Hercynian Forest was the _____ and the _____.
15. The Germans captured the aurochs by _____.

BOOK 7

Final Struggle for Gallic Freedom under Vercingetorix

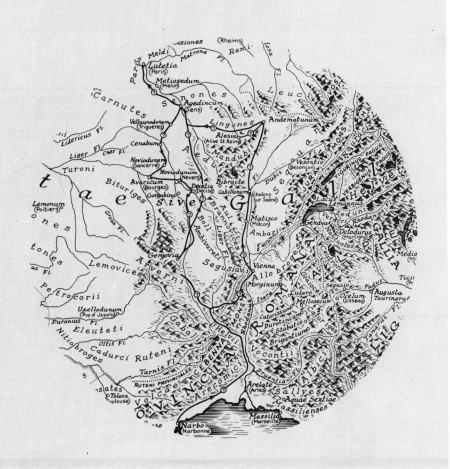

Vercingetorix

Caesar had been in Gaul six years. He had conquered the country and annexed it as a province of Rome. Yet he had by no means won the allegiance of the Gallic states. Hitherto he had succeeded in holding them under control by shrewdly playing faction against faction and by suppressing scattered revolts through the superiority of his army. But the Gauls had not lost all hope of expelling the Roman invader. What they had lacked thus far was a truly great commander, under whom they could unite to do battle against a common enemy. Now at last in the seventh year there appeared among them an inspiring leader, who combined unusual military ability with great personal magnetism. This was the Arvernian nobleman, Vercingetorix.

Chapters 1–62

During the winter of B. C. 53–52 the city of Rome was greatly disturbed by political dissensions and street riots. Thinking that these troublous conditions would detain Caesar in Northern Italy, many chiefs of Gaul secretly met and conspired against him. The Carnutes began the rebellion by massacring the Roman citizens at Cenabum. News of this outbreak soon reached Gergovia, capital city of the Arverni, the home of Vercingetorix. He at once appealed to the patriotism of his people and persuaded them to take part in this movement for the freedom of Gaul. Numerous other states quickly followed the example set by the Arverni. A large army was assembled and the supreme command was given to Vercingetorix. His first step was to send a force to invade the Roman Province and attack Narbo.

Roused by these alarming reports, Caesar moved with lightning speed. He first went to Narbo and provided for the protection of the Province. Then with a small force he crossed the Cévennes Mountains through snow six feet deep, and suddenly descended upon the Arverni. He thereby forced Vercingetorix, who was farther north among the Bituriges, to return for the relief of his own people. Now came Caesar's opportunity. Leaving his forces in command of Brutus to devastate the Arvernian district, he dashed to the river Rhone, up the Saône, through the Aedui, into the country of the Lingones, where two of his legions were wintering. Then stationing two legions at Agedincum to guard the heavy baggage, in quick succession he captured Vellaunodunum, Cenabum, and Noviodunum, and marched toward Avaricum.

These disasters convinced Vercingetorix that there was only one way to cope with the Romans. He called a council and set forth his plan. It called for the utmost self-sacrifice on the part of his countrymen. They must burn their houses, their barns, their villages,—even their towns, and thus cut off Caesar's supplies. The only alternative was to be conquered, and that meant death for the warriors and captivity for their wives and children. To this stag-

gering appeal the Gauls responded in a spirit of noble patriotism, and soon the countryside was ablaze in every direction. But the Bituriges could not bear to see their splendid capital Avaricum destroyed. They insisted that it was impregnable, and pled so piteously that at last Vercingetorix yielded against his better judgment.

Dispatching Labienus with four legions to put down a revolt in the valley of the Seine, Caesar with the six remaining legions laid siege to Gergovia. But the Aedui were threatening to rebel, and he hurried away to win them back to their allegiance. In his absence Vercingetorix made a furious attack upon the Roman camp, and Caesar returned just in time to save it from capture.

The situation now caused Caesar deep anxiety, for his forces were widely separated, and the rebellion was rapidly gaining in strength. He attempted to surprise the enemy, but the attack—though successful at first—was eventually repulsed with severe losses. A few days later Caesar abandoned the siege and marched north into the country of the Aedui, only to find that they too had joined the rebellion. He was hemmed in on every side, and his supplies were falling short. Marching day and night, at length he reached the Loire, and having crossed its swollen stream, once more confounded his enemies by his speed. Labienus, who had defeated the Parisii and returned to Agedincum, was summoned, and with the arrival of his legions Caesar's united army resumed operations in more hopeful spirit.

But the disaster to the Romans at Gergovia had already had its effect. All the states of Celtic and Belgic Gaul except three, the Remi, Lingones, and Treveri, were now included in the Great Rebellion.

Vercingetorix Is Made Commander-In-Chief

63. Dēfectiōne Aeduōrum cognitā, bellum augētur. Lēgātiōnēs in omnēs partēs circummittuntur; quantum grātiā, auctōritāte, pecūniā valent, ad sollicitandās cīvitātēs nītuntur; nactī obsidēs quōs Caesar apud eōs dēposuerat, hōrum suppliciō dubitantēs territant. Petunt ā Vercingetorīge Aeduī, ut ad sē veniat ratiōnēsque bellī gerendī commūnicet. Rē impetrātā, contendunt ut ipsīs summa imperī trādātur, et, rē in contrōversiam dēductā, tōtīus Galliae concilium Bibracte indīcitur. Eōdem conveniunt undique frequentēs. Multitūdinis suf-

5

---

63. 2. **quantum valent:** *so far as they were able.* 4. **hōrum:** *of these* (hostages). 6. **Rē impetrātā:** *When this was granted.* 7. **Bibracte:** locative case; most names of towns ending in -e have the ablative and locative in -e, not -ī. 8. **Multitūdinis:** refers to the members of the council, not the common people.

Reconstructed view of Caesar's circumvallation of Alesia

frāgiīs rēs permittitur; ad ūnum omnēs Vercingetorīgem probant
imperātōrem.   10

Ab hōc conciliō Rēmī, Lingonēs, Trēverī āfuērunt: illī, quod
amīcitiam Rōmānōrum sequēbantur; Trēverī, quod aberant longius et ā
Germānīs premēbantur, quae fuit causa, quārē tōtō abessent bellō et
neutrīs auxilia mitterent. Magnō dolōre Aeduī ferunt sē dēiectōs prīncipātū, queruntur fortūnae commūtātiōnem et Caesaris in sē indul-   15
gentiam requīrunt, neque tamen, susceptō bellō, suum cōnsilium ab
reliquīs sēparāre audent. Invītī summae speī adulēscentēs, Eporēdorīx
et Viridomārus, Vercingetorīgī pārent.

Vercingetorix Assembles His Army

64.   Ille imperat reliquīs cīvitātibus obsidēs itemque eī reī cōnstituit
diem; omnēs equitēs, xv mīlia numerō, celeriter convenīre iubet.
Peditātū quem anteā habuerit sē fore contentum dīcit, neque fortūnam
temptātūrum aut in aciē dīmicātūrum; sed, quoniam abundet equitātū,
perfacile esse factū frūmentātiōnibus pābulātiōnibusque Rōmānōs   5
prohibēre; aequō modo animō sua ipsī frūmenta corrumpant aedi-

---

11. **illī:** *the former,* including the Remi and Lingones. 16. **requīrunt:** *they
miss*—i.e., feel the loss of. 17. **summae speī:** *of the highest promise.*

64.   5. **perfacile . . . factū:** *it was a very easy thing to do;* **factū** is a supine, used
with adjectives. 6. **aequō animō:** *cheerfully.* **corrumpant:** *destroy.*

Model of bridges constructed by Caesar

ficiaque incendant, quā reī familiāris iactūrā perpetuum imperium
lībertātemque sē cōnsequī videant.

His cōnstitūtīs rēbus, Aeduīs Segusiāvīsque, quī sunt fīnitimī Prō-
10   vinciae, decem mīlia peditum imperat; hūc addit equitēs octingentōs. Hīs praeficit frātrem Eporēdorīgis bellumque īnferrī Allobrogibus
iubet. Alterā ex parte Gabalōs proximōsque pāgōs Arvernōrum in Hel-
viōs, item Rutēnōs Cadūrcōsque ad fīnēs Volcārum Arecomicōrum
dēpopulandōs mittit. Nihilō minus clandestīnīs nūntiīs lēgātiōnibus-
15   que Allobrogas sollicitat, quōrum mentēs nōndum ab superiōre bellō
resēdisse spērābat. Hōrum prīncipibus pecūniās, cīvitātī autem imperium tōtīus Prōvinciae pollicētur.

Caesar Obtains Cavalry from Germany

65.   Ad hōs omnēs casūs prōvīsa erant praesidia cohortium duārum et
vīgintī, quae, ex ipsā coācta Prōvinciā ab L. Caesare lēgātō, ad omnēs
partēs oppōnēbantur. Helviī suā sponte cum fīnitimīs proeliō congressī pelluntur et (C. Valeriō Donnotaurō, Cabūrī filiō, prīncipe cīvitā-

---

7. **reī familiāris:** *property.* 10. **hūc:** *to these* (foot soldiers). 12. **Alterā ex parte:**
i.e., on the western side. 15. **Allobrogas:** Greek accusative. **superiōre bellō:**
i.e., in 61 B.C.

65. 1. **cāsūs:** *emergencies.* 2. **L. Caesare:** a distant relative of Julius Caesar. He
was consul in 64 B.C.

tis, complūribusque aliīs interfectīs) intrā oppida mūrōsque compel-   5
luntur. Allobrogēs, crēbrīs ad Rhodanum dispositīs praesidiīs, magnā
cum cūrā et dīligentiā suōs fīnēs tuentur.

Caesar, quod hostēs equitātū superiōrēs esse intellegēbat et, interclūsīs omnibus itineribus, nūllā rē ex Prōvinciā atque Italiā sublevārī
poterat, trāns Rhēnum in Germāniam mittit ad eās cīvitātēs quās   10
superiōribus annīs pācāverat, equitēsque ab hīs arcessit et levis armātūrae peditēs, quī inter eōs proeliārī cōnsuērant. Eōrum adventū,
quod minus idōneīs equīs ūtēbantur, ā tribūnīs mīlitum reliquīsque
equitibus Rōmānīs atque ēvocātīs equōs sūmit Germānīsque distribuit.

Vercingetorix Plans an Attack

66.   Intereā, dum haec geruntur, hostium cōpiae ex Arvernīs equitēsque quī tōtī Galliae erant imperātī conveniunt. Magnō hōrum coāctō
numerō, cum Caesar in Sēquanōs per extrēmōs Lingonum fīnēs iter
faceret, quō facilius subsidium Prōvinciae ferrī posset, circiter mīlia
passuum decem ab Rōmānīs trīnīs castrīs Vercingetorix cōnsēdit, con-   5
vocātīsque ad concilium praefectīs equitum, vēnisse tempus victōriae
dēmōnstrat:

Fugere in Prōvinciam Rōmānōs Galliāque excēdere. Id sibi ad prae-
sentem obtinendam lībertātem satis esse; ad reliquī temporis pācem
atque ōtium parum prōficī; maiōribus enim coāctīs cōpiīs reversūrōs   10
neque fīnem bellandī factūrōs.

Proinde in agmine impedītōs adoriantur. Sī peditēs suīs auxilium
ferant atque in eō morentur, iter facere nōn posse; sī (id quod magis
futūrum cōnfīdat), relictīs impedīmentīs suae salūtī cōnsulant, et ūsū
rērum necessāriārum et dignitāte spoliātum īrī. Nam dē equitibus hos-   15

---

7. **tuentur:** *protected.* 9. **sublevārī poterat:** *he could be assisted.* 11. **superiōribus**
annīs: i.e., three years before. 13. **minus idōneīs:** The German horses were
smaller than those of the Romans, and less suitable for warfare, so he
mounted the experienced German horsemen on the superior horses of the
Roman tribunes and knights.

66.   4. **quō:** used for ut in a purpose clause containing a comparative. 5.
trīnīs castrīs: *in three camps;* trīnīs is used for tribus, because castra, which is
usually used in the plural in Latin for the singular in English, is here used in
the plural. 10. **parum prōficī:** *little was being accomplished.* **reversūrōs:** i.e.,
Rōmānōs reversūrōs esse. 15. **spoliātum īrī:** a rare use of the future passive
infinitive—*they would be deprived.* **dē:** *concerning;* i.e., as far as they were concerned.

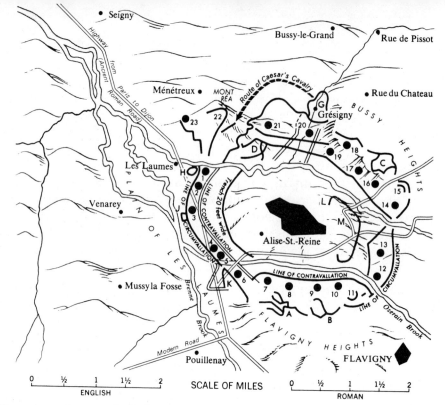

Caesar's works around Alesia. A, B, C, D—Infantry Camps; G, H, I, J—Cavalry Camps; L—6-foot defense wall of Gallic Camp; M—Gallic Camp; 1–23 redoubts, castella.

tium, quīn nēmo eōrum prōgredī modo extrā agmen audeat, nē ipsōs quidem dēbēre dubitāre.

Id quō maiōre faciant animō, cōpiās sē omnēs prō castrīs habitūrum et terrōrī hostibus futūrum.

20   Conclāmant equitēs, sānctissimō iūre iūrandō cōnfirmārī oportēre, nē tēctō recipiātur, nē ad līberōs, nē ad parentēs, nē ad uxōrem aditum habeat, quī nōn bis per agmen hostium perequitārit.

The Gallic Cavalry Defeated

67.   Probātā rē atque omnibus iūre iūrandō adāctīs, posterō diē, in trēs partēs distribūtō equitātū, duae sē aciēs ab duōbus lateribus ostendunt, ūna ā prīmō agmine iter impedīre coepit. Quā rē nūntiātā, Caesar suum quoque equitātum, tripertītō dīvīsum, contrā hostem īre
5   iubet.

16. **quīn, etc.:** depends on dubitāre. 18. **quō:** see note 4 above. **sē:** Vercingetorix. 21. **nē tēctō recipiātur:** *that no man would be received beneath a roof*— part of their oath. 22. **perequitārit** = perequitāverit.

67.   3. **iter:** sc. Rōmānōrum.

Pugnātur ūnā omnibus in partibus. Cōnsistit agmen; impedīmenta intrā legiōnēs recipiuntur. Sī quā in parte nostrī labōrāre aut gravius premī vidēbantur, eō signa īnferrī Caesar aciemque convertī iubēbat; quae rēs et hostēs ad īnsequendum tardābat et nostrōs spē auxilī cōn- firmābat. 10

Tandem Germānī ab dextrō latere summum iugum nactī hostēs locō dēpellunt; fugientēs ūsque ad flūmen, ubi Vercingetorīx cum pedes- tribus cōpiīs cōnsēderat, persequuntur complūrēsque interficiunt. Quā rē animadversā reliquī, nē circumīrentur veritī, sē fugae mandant. Omnibus locīs fit caedēs. 15

Trēs nōbilissimī Aeduī captī ad Caesarem perdūcuntur: Cotus, prae- fectus equitum, quī contrōversiam cum Convictolitāve proximīs comi- tiīs habuerat, et Cavarillus, quī post dēfectiōnem Litaviccī pedestribus cōpiīs praefuerat, et Eporēdorīx, quō duce ante adventum Caesaris Aeduī cum Sēquanīs bellō contenderant. 20

Vercingetorix Takes Refuge in Alesia

68. Fugātō omnī equitātū, Vercingetorīx cōpiās suās, ut prō castrīs collocāverat, redūxit prōtinusque Alesiam, quod est oppidum Man- dubiōrum, iter facere coepit, celeriterque impedīmenta ex castrīs ēdūcī et sē subsequī iussit. Caesar, impedīmentīs in proximum collem dē- ductīs, duābus legiōnibus praesidiō relictīs, secūtus hostēs, quantum 5 diēī tempus est passum, circiter tribus mīlibus ex novissimō agmine interfectīs, alterō diē ad Alesiam castra fēcit. Perspectō urbis sitū per- territīsque hostibus, quod equitātū, quā maximē parte exercitūs cōn- fīdēbant, erant pulsī, adhortātus ad labōrem mīlitēs circumvāllāre īnstituit. 10

Description of Alesia's Defences

69. Ipsum erat oppidum Alesia in colle summō, admodum ēditō locō, ut nisi obsidiōne expugnārī non posse vidērētur; cuius collis rādicēs duo duābus ex partibus flūmina subluēbant. Ante oppidum plānitiēs

---

7. **intrā:** *within:* i.e., they formed a hollow square around the heavy baggage. 11. **nactī:** *having gained.* 12. **fugientēs:** sc. Gallōs.

68. 5. **quantum:** *as long as.* 6. **est passum:** *allowed;* from patior. 7. **alterō** = posterō. 9. **circumvāllāre:** sc. oppidum.

69. 3. **flūmina:** the Ose on the north side, and the Oserain on the south. **plānitiēs:** now called the plain of Les Laumes.

circiter mīlia passuum tria in longitūdinem patēbat; reliquīs ex om-
5   nibus partibus collēs, mediocrī interiectō spatiō, parī altitūdinis fastīgiō
oppidum cingēbant. Sub mūrō, quae pars collis ad orientem sōlem
spectābat, hunc omnem locum cōpiae Gallōrum complēverant, fossamque et māceriam sex in altitūdinem pedum praedūxerant.

Eius mūnītiōnis, quae ab Rōmānīs īnstituēbātur, circuitus xi mīlia
10   passuum tenēbat. Castra opportūnīs locīs erant posita ibique castella
xxiii facta; quibus in castellīs interdiū statiōnēs pōnēbantur, nē qua
subitō ēruptiō fieret; haec eadem noctū excubitōribus ac firmīs praesidiīs tenēbantur.

Defeat of the Gallic Cavalry

70.   Opere īnstitūtō, fit equestre proelium in eā plānitiē, quam—
intermissam collibus—tria mīlia passuum in longitūdinem patēre
suprā dēmōnstrāvimus. Summā vī ab utrīsque contenditur. Labōrantibus nostrīs Caesar Germānōs summittit, legiōnēsque prō castrīs cōn-
5   stituit, nē qua subitō irruptiō ab hostium peditātū fiat.

Praesidiō legiōnum additō, nostrīs animus augētur; hostēs, in fugam
coniectī, sē ipsī multitūdine impediunt atque, angustiōribus portīs relictīs, coartantur. Germānī ācrius ūsque ad mūnītiōnēs sequuntur. Fit
magna caedēs; nōn nūllī, relictīs equīs, fossam trānsīre et māceriam
10   trānscendere cōnantur. Paulum legiōnēs Caesar, quās prō vāllō cōnstituerat, prōmovērī iubet. Nōn minus, quī intrā mūnītiōnēs erant,
Gallī perturbantur; venīrī ad sē cōnfestim exīstimantēs, ad arma conclāmant; nōn nūllī perterritī in oppidum irrumpunt. Vercingetorīx
iubet portās claudī, nē castra nūdentur. Multīs interfectīs, complūribus
15   equīs captīs, Germānī sēsē recipiunt.

Vercingetorix Sends His Cavalry to Get Help

71.   Vercingetorīx, prius quam mūnītiōnēs ab Rōmānīs perficiantur,
cōnsilium capit, omnem ab sē equitātum noctū dīmittere. Discēdentibus mandat, ut suam quisque eōrum cīvitātem adeat omnēsque, quī

---

5. **parī fastīgiō:** *of equal height*—as the hill of Alesia.

70.   1. **Opere:** the Roman siege-works. **īnstitūtō:** *begun.* 7. **angustiōribus:** *too
narrow;* i.e., all of the fleeing horsemen tried to get through the narrow gates
at the same time. 9. **nōn nūllī:** *some (Gauls).* 12. **venīrī:** *that the enemy were
coming.*

71.   2. **Discēdentibus:** i.e., the Gallic cavalry as they were departing.

per aetātem arma ferre possint, ad bellum cōgant. Sua in illōs merita
prōpōnit obtestāturque, ut suae salūtis ratiōnem habeant, neu sē, op-   5
timē dē commūnī lībertāte meritum, hostibus in cruciātum dēdant.
Quod sī indīligentiōrēs fuerint, mīlia hominum dēlēcta LXXX ūnā sēcum
interitūra dēmōnstrat; ratiōne initā, sē exiguē diērum XXX habēre
frūmentum, sed paulō etiam longius tolerārī posse parcendō.

His datīs mandātīs, quā erat nostrum opus intermissum, secundā   10
vigiliā silentiō equitātum dīmittit. Frūmentum omne ad sē referrī iubet;
capitis poenam eīs, quī nōn pāruerint, cōnstituit; pecus, cuius magna
erat cōpia ā Mandubiīs compulsa, virītim distribuit; frūmentum parcē
et paulātim mētīrī īnstituit. Cōpiās omnēs, quās prō oppidō collocāverat, in oppidum recēpit. Hīs ratiōnibus auxilia Galliae exspectāre   15
et bellum parat administrāre.

Caesar Strengthens His Fortifications

72.   Quibus rēbus cognitīs ex perfugīs et captīvīs, Caesar haec genera
mūnītiōnis īnstituit.

Fossam pedum XX dērēctīs lateribus dūxit, ut eius fossae solum tantundem patēret, quantum summae fossae labra distārent. Reliquās
omnēs mūnītiōnēs ab eā fossā pedēs CCCC redūxit, id hōc cōnsiliō,—   5
quoniam tantum esset necessāriō spatium complexus, nec facile tōtum
opus corōnā mīlitum cingerētur,—nē dē imprōvīsō aut noctū ad mūnītiōnēs multitūdō hostium advolāret, aut interdiū tēla in nostrōs
opere dēstinātōs conicere possent.

Hōc intermissō spatiō, duās fossās XV pedēs lātās, eādem altitūdine,   10
perdūxit; quārum interiōrem, campestribus ac dēmissīs locīs, aquā ex
flūmine dērīvātā complēvit.

---

5. **sē:** *him,* i.e., Vercingetorix. 6. **in:** *for.* 7. **mīlia . . . LXXX:** the picked soldiers
of Vercingetorix at Alesia. Caesar had an army of about 50,000 men. 8. **ratiōne
initā:** *an inventory having been taken.* **exiguē:** *barely enough* (grain for thirty
days).

72.   3. **Fossam:** *a trench,* crossing the plain between the Ose and the Oserain.
pedum XX: in width, with vertical (dērēctīs) sides. **solum:** *bottom.* 4. **labra:**
edges; ordinarily Roman trenches were V shaped, but this one was U shaped.
5. **pedēs . . . redūxit:** *he built, 400 feet back* (from this trench). 6. **complexus
esset, cingerētur:** potential subjunctive—*would have taken in, would be surrounded.* 7. **corōnā mīlitum:** *with a ring of soldiers;* i.e., he did not have enough
troops to encircle the whole town, without the high fortifications described. 9.
opere dēstinātōs: *busy with the work* (of fortification).

Post eās aggerem ac vāllum xɪɪ pedum exstrūxit. Huic lōrīcam pinnāsque adiēcit, grandibus cervīs ēminentibus ad commissūrās plu-
15   teōrum atque aggeris, quī ascēnsum hostium tardārent; et turrēs tōtō
opere circumdedit, quae pedēs ʟxxx inter sē distārent.

Caesar's Elaborate Defences

73. Erat eōdem tempore et māteriārī et frūmentārī et tantās
mūnītiōnēs fierī necesse, dēminūtīs nostrīs cōpiīs, quae longius ā
castrīs prōgrediēbantur; ac nōn numquam opera nostra Gallī temptāre
atque ēruptiōnem ex oppidō plūribus portīs summā vī facere cōnāban-
5   tur. Quā rē ad haec rūrsus opera addendum Caesar putāvit, quō minōre numerō mīlitum mūnītiōnēs dēfendī possent.

Itaque, truncīs arborum aut admodum firmīs rāmīs abscīsīs, atque
hōrum dēlibrātīs ac praeacūtīs cacūminibus, perpetuae fossae quīnōs
pedēs altae dūcēbantur. Hūc illī stīpitēs dēmissī, et ab īnfimō revinctī
10   nē revellī possent, ab rāmīs ēminēbant. Quīnī erant ōrdinēs, coniūnctī
inter sē atque implicātī; quō quī intrāverant, sē ipsī acūtissimīs vāllīs
induēbant. Hōs cippōs appellābant.

Ante hōs, oblīquīs ōrdinibus in quīncuncem dispositīs, scrobēs in altitūdinem trium pedum fodiēbantur, paulātim angustiōre ad īnfimum
15   fastīgiō. Hūc teretēs stīpitēs feminis crassitūdine, ab summō praeacūtī
et praeūstī, dēmittēbantur ita, ut nōn amplius digitīs quattuor ex terrā
ēminērent; simul, cōnfirmandī et stabiliendī causā, singulī ab īnfimō
solō pedēs terrā exculcābantur; reliqua pars scrobis ad occultandās īnsidiās vīminibus ac virgultīs integēbātur. Huius generis octōnī ōrdinēs
20   ductī ternōs inter sē pedēs distābant. Id ex similitūdine flōris līlium
appellābant.

---

13. **lōrīcam pinnāsque:** *breastwork and battlements*—made of branches. 14.
cervīs: *forked branches,* like a stag's horn. **ad commissūrās pluteōrum:** *at the
junctions of the screens.*

73. 1. **māteriārī:** *to procure timber,* for the works. 8. **dēlibrātīs . . .
cacūminibus:** *the tops being stripped of bark and sharpened.* 9. **stīpitēs:** *stakes,* or
stumps of trees. 10. **Quīnī ōrdinēs:** *five rows,* in each trench. 12. **cippōs:** *boundary posts.* 13. **in quīncuncem:** *into a quincunx arrangement*—like the five spots
on dice. **scrobēs:** *pits;* many of these have been found in recent excavations.
15. **teretēs . . . crassitūdine:** *tapering stakes as thick as a man's thigh.* 17. **singulī
. . . exculcābantur:** *each trunk was packed with earth to a depth of a foot from the
bottom.* 19. **vīminibus . . . integēbātur:** *was covered with twigs and brush wood.*

Ante haec tāleae, pedem longae, ferreīs hāmīs īnfīxīs, tōtae in terram īnfodiēbantur, mediocribusque intermissīs spatiīs, omnibus locīs disserēbantur; quōs stimulōs nōminābant.

Caesar Builds Another Line of Defences

74.   Hīs rēbus perfectīs, regiōnēs secūtus quam potuit aequissimās prō locī nātūrā, xiv mīlia passuum complexus, parēs eiusdem generis mūnītiōnēs, dīversās ab hīs, contrā exteriōrem hostem perfēcit, ut nē magnā quidem multitūdine, sī ita accidat, mūnītiōnum praesidia circumfundī possent; ac nē cum perīculō ex castrīs ēgredī cōgātur, diē-   5
rum xxx pābulum frūmentumque habēre omnēs convectum iubet.

The Gauls Muster a Large Army of Relief

75.   Dum haec ad Alesiam geruntur, Gallī, conciliō prīncipum indictō, nōn omnēs, quī arma ferre possent, ut cēnsuit Vercingetorīx, convocandōs statuunt, sed certum numerum cuique cīvitātī imperandum, nē tantā multitūdine cōnfūsā nec moderārī nec discernere suōs nec frūmentandī ratiōnem habēre possent.   5

Imperant Aeduīs atque eōrum clientibus, Segusiāvīs, Ambivaretīs, Aulercīs Brannovīcibus, mīlia xxxv; parem numerum Arvernīs, adiūnctis Elecutetīs, Cadūrcīs, Gabalīs, Vellaviīs, quī sub imperiō Arvernōrum esse cōnsuērunt; Sēquanīs, Senonibus, Biturīgibus, Santonīs, Rutēnīs, Carnutibus duodēna mīlia; Bellovacīs x; totidem Lemovīcibus;   10
octōna Pictonibus et Turonīs et Parīsiīs et Helvētiīs; sēna Andibus, Ambiānīs, Mediomatricīs, Petrocoriīs, Nerviīs, Morinīs, Nitiobrogibus; quīna mīlia Aulercīs Cēnomanīs; totidem Atrebātibus; iiii Veliocassīs;

---

22. **tāleae . . . īnfīxīs:** *blocks of wood a foot long, into which spikes were driven.* 24. **stimulōs:** *spurs.*

74.   2. **parēs mūnītiōnēs:** *similar fortifications;* these were facing away from the town, but built like those facing in toward the town. They were to protect the Romans from the army of relief, which they knew was coming. 3. **dīversās:** *facing outwards.* This has been called the line of 'circumvallation', while the one facing in, to keep Vercingetorix in the town, has been called the line of 'contravallation'. Caesar's army was encamped between these two lines. 6. **pābulum frūmentumque:** In spite of these precautions, Caesar's army suffered from lack of supplies at the end of the siege.

75.   3. **imperandum (esse):** *should be levied.* 10. **duodēna:** *12,000 each.* 11. **octōna:** *8,000 each.* **sēna:** *6,000 each.* 13. **quīna:** *5,000 each.*

Aulercīs Eburovīcibus III; Rauracīs et Boiīs bīna; XXX ūniversīs
15   cīvitātibus, quae Ōceanum attingunt quaeque eōrum cōnsuētūdine
Aremoricae appellantur, quō sunt in numerō Coriosolitēs, Redonēs,
Ambibariī, Caletēs, Osismī, Venetī, Lexoviī, Venellī.

Ex hīs Bellovacī suum numerum nōn complēvērunt, quod sē suō
nōmine atque arbitriō cum Rōmānīs bellum gestūrōs dīcerent neque
20   cuiusquam imperiō obtemperātūrōs; rogātī tamen ā Commiō, prō eius
hospitiō duo mīlia ūnā mīsērunt.

The Army of Relief Starts for Alesia

76.   Huius operā Commī, ut anteā dēmōnstrāvimus, fidēlī atque ūtilī
superiōribus annīs erat ūsus in Britanniā Caesar; quibus ille prō meritīs
cīvitātem eius immūnem esse iusserat, iūra lēgēsque reddiderat atque
ipsī Morinōs attribuerat. Tanta tamen ūniversae Galliae cōnsēnsiō fuit
5   lībertātis vindicandae, et prīstinae bellī laudis recuperandae, ut neque
beneficiīs neque amīcitiae memoriā movērentur, omnēsque et animō et
opibus in id bellum incumberent.

Coāctīs equitum mīlibus VIII et peditum circiter CCL, haec in Aeduōrum fīnibus recēnsēbantur, numerusque inībātur, praefectī cōn-
10   stituēbantur. Commiō Atrebātī, Viridomārō et Eporēdorīgī Aeduīs,
Vercassivellaunō Arvernō, cōnsobrīnō Vercingetorīgis, summa imperī
trāditur. Hīs dēlēctī ex cīvitātibus attribuuntur, quōrum cōnsiliō bellum administrārētur.

Omnēs alacrēs et fīdūciae plēnī ad Alesiam proficīscuntur, neque
15   erat omnium quisquam, quī aspectum modo tantae multitūdinis sus-
tinērī posse arbitrārētur, praesertim ancipitī proeliō, cum ex oppidō
ēruptiōne pugnārētur, forīs tantae cōpiae equitātūs peditātūsque cer-
nerentur.

Critognatus Addresses the Council

77.   At eī, quī Alesiae obsidēbantur praeteritā diē, quā auxilia suōrum
exspectāverant, cōnsūmptō omnī frūmentō, īnsciī quid in Aeduīs
gererētur, conciliō coāctō dē exitū suārum fortūnārum cōnsultābant.

---

14. **bīna:** *2,000 each.* 15. **quaeque** = et quae. The total levy, according to this
list, was 279,000. The number actually sent, according to a later count, was
258,000.

76.   2. **ille:** Caesar. 3. **cīvitātem eius:** i.e., the Atrebates. 9. **numerus inībātur:** *a muster was taken.* 16. **ancipitī proeliō:** *in a two-sided engagement.* 17.
forīs: *on the outside.*

Ac variīs dictīs sententiīs, quārum pars dēditiōnem, pars dum vīrēs
suppeterent ēruptiōnem cēnsēbat, nōn praetereunda ōrātiō Critognātī   5
vidētur propter eius singulārem et nefāriam crūdēlitātem. Hic summō
in Arvernīs ortus locō et magnae habitus auctōritātis, "Nihil," inquit,
"dē eōrum sententiā dictūrus sum, quī turpissimam servitūtem dēditiōnis nōmine appellant, neque hōs habendōs cīvium locō neque ad
concilium adhibendōs cēnseō. Cum hīs mihi rēs sit quī ēruptiōnem   10
probant; quōrum in cōnsiliō omnium vestrum cōnsēnsū prīstinae resi-
dēre virtūtis memoria vidētur. Animī est ista mollitia, nōn virtūs, paulisper inopiam ferre nōn posse. Quī sē ultrō mortī offerant facilius
reperiuntur quam quī dolōrem patienter ferant. Atque ego hanc sententiam probārem (tantum apud mē dignitās potest), sī nūllam   15
praeterquam vītae nostrae iactūram fierī vidērem: sed in cōnsiliō
capiendō omnem Galliam respiciāmus, quam ad nostrum auxilium
concitāvimus. Quid hominum mīlibus LXXX ūnō locō interfectīs, pro-
pinquīs cōnsanguineīsque nostrīs animī fore exīstimātis, sī paene in
ipsīs cadāveribus proeliō dēcertāre cōgentur? Nōlīte hōs vestrō auxiliō   20
exspoliāre, quī vestrae salūtis causā suum perīculum neglēxērunt, nec
stultitiā ac temeritāte vestrā aut animī imbēcillitāte omnem Galliam
prōsternere et perpetuae servitūtī subicere.

"An, quod ad diem nōn vēnērunt, dē eōrum fidē cōnstāntiāque
dubitātis? Quid ergō? Rōmānōs in illīs ulteriōribus mūnītiōnibus   25
animīne causā cotīdiē exercērī putātis? Sī illōrum nūntiīs cōnfirmārī
nōn potestis omnī aditū praesaeptō, hīs ūtiminī testibus appropinquāre eōrum adventum; cuius reī timōre exterritī diem noctemque in
opere versantur.

"Quid ergō meī cōnsilī est? Facere, quod nostrī maiōrēs nēquāquam   30
parī bellō Cimbrōrum Teutonumque fēcērunt; quī in oppida compulsī
ac similī inopiā subāctī eōrum corporibus quī aetāte ad bellum inūtilēs
vidēbantur vītam tolerāvērunt neque sē hostibus trādidērunt. Cuius
reī sī exemplum nōn habērēmus, tamen lībertātis causā īnstituī et pos-
terīs prōdī pulcherrimum iūdicārem. Nam quid illī simile bellō fuit?   35

---

77. **7. habitus:** *considered.* **10. Cum . . . sit:** *Let my business be with those.* **12.**
Animī mollitia: *faint-heartedness.* **15. probārem:** *I would approve;* a contrary to
fact condition in present time. **18. mīlibus LXXX:** the 80,000 soldiers of Vercingetorix in Alesia. **19. animī:** partitive genitive with **Quid.** **20. Nōlīte**
exspoliāre: *Do not deprive;* a negative imperative. **26. animī causā:** *for mere*
amusement. **illōrum:** i.e., the relief army of Gauls; so also eōrum, line 28. **27.**
hīs: the Romans. **ūtiminī:** imperative of ūtor. **33. vītam tolerāvērunt:** *sustained*
life. **34. habērēmus, iūdicārem:** a contrary to fact condition in present time.

Dēpopulātā Galliā Cimbrī magnāque illātā calamitāte fīnibus quidem
nostrīs aliquandō excessērunt atque aliās terrās petiērunt; iūra, lēgēs,
agrōs, lībertātem nōbīs relīquērunt. Rōmānī vērō quid petunt aliud aut
quid volunt, nisi invidiā adductī, quōs fāmā nōbilēs potentēsque bellō
40   cognōvērunt, hōrum in agrīs cīvitātibusque cōnsīdere atque hīs aeter-
nam iniungere servitūtem? Neque enim ūllā aliā condiciōne bella gessērunt. Quod sī ea quae in longinquīs nātiōnibus geruntur ignōrātis,
respicite fīnitimam Galliam, quae in prōvinciam redācta iūre et lēgibus
commūtātīs secūribus subiecta perpetuā premitur servitūte."

Fate of the Inhabitants of Alesia

78.   Sententiīs dictīs cōnstituunt, ut eī, quī valētūdine aut aetāte inūtilēs sint bellō, oppidō excēdant, atque omnia prius experiantur,
quam ad Critognātī sententiam dēscendant; illō tamen potius ūtendum
cōnsiliō, sī rēs cōgat atque auxilia morentur, quam aut dēditiōnis aut
5   pācis subeundam condiciōnem.
Mandubiī, quī eōs oppidō recēperant, cum līberīs atque uxōribus
exīre cōguntur. Hī, cum ad mūnītiōnēs Rōmānōrum accessissent,
flentēs omnibus precibus ōrābant, ut sē in servitūtem receptōs cibō iuvārent. At Caesar, dispositīs in vāllō cūstōdiīs, recipī prohibēbat.

The Army of Relief Arrives

79.   Intereā Commius reliquīque ducēs, quibus summa imperī per-
missa erat, cum omnibus cōpiīs ad Alesiam perveniunt, et, colle exteriōre occupātō, nōn longius mīlle passibus ab nostrīs mūnītiōnibus
cōnsīdunt. Posterō diē, equitātū ex castrīs ēductō, omnem eam
5   plānitiem, quam in longitūdinem tria mīlia passuum patēre dēmōnstrāvimus, complent; pedestrēsque cōpiās paulum ab eō locō abditās in
locīs superiōribus cōnstituunt. Erat ex oppidō Alesiā dēspectus in

44. secūribus subiecta: *subjected beneath the axes,* i.e., of the Roman lictors.

78.   3. **dēscendant:** *resort to.* **illō ūtendum cōnsiliō:** *that they should adopt that plan*—rather than surrender. 6. **Mandubiī:** i.e., the residents of the town. The soldiers took over. 9. **recipī prohibēbat:** Caesar was unwilling to let the civilians escape through his lines, and relieve the pressure of famine in Alesia.

79.   1. **ducēs:** i.e., of the army of relief. 2. **colle exteriōre:** the hill to the west of the town, now called Mussy-la-Fosse. 7. **dēspectus:** *a view;* i.e., it was possible to see across the Roman walls onto the plain. At this point on the hillside at Alesia, Napoleon III erected a huge statue of Vercingetorix.

campum. Concurrunt, hīs auxiliīs vīsīs; fit grātulātiō inter eōs atque
omnium animī ad laetitiam excitantur. Itaque, prōductīs cōpiīs, ante
oppidum cōnsīdunt et proximam fossam crātibus integunt atque   10
aggere explent sēque ad ēruptiōnem atque omnēs cāsūs comparant.

A Cavalry Battle Is Fought in the Plain

80.   Caesar, omnī exercitū ad utramque partem mūnītiōnum dispo-
sitō, ut, sī ūsus veniat, suum quisque locum teneat et nōverit, equitātum ex castrīs ēdūcī et proelium committī iubet. Erat ex omnibus
castrīs, quae summum undique iugum tenēbant, dēspectus, atque
omnēs mīlitēs intentī pugnae prōventum exspectābant. Gallī inter   5
equitēs rārōs sagittāriōs expedītōsque levis armātūrae interiēcerant,
quī suīs cēdentibus auxiliō succurrerent et nostrōrum equitum impetūs
sustinērent. Ab hīs complūrēs dē imprōvīsō vulnerātī proeliō excēdēbant.

Cum suōs pugnā superiōrēs esse Gallī cōnfīderent et nostrōs mul-   10
titūdine premī vidērent, ex omnibus partibus et eī, quī mūnītiōnibus
continēbantur, et hī, quī ad auxilium convēnerant, clāmōre et ululātū
suōrum animōs cōnfīrmābant. Quod in cōnspectū omnium rēs gerēbātur neque rēctē aut turpiter factum cēlārī poterat, utrōsque et laudis
cupiditās et timor ignōminiae ad virtūtem excitābat.   15

Cum ā merīdiē prope ad sōlis occāsum dubiā victōriā pugnārētur
Germānī ūnā in parte cōnfertīs turmīs in hostēs impetum fēcērunt eōsque prōpulērunt; quibus in fugam coniectīs, sagittāriī circumventī in-
terfectīque sunt. Item ex reliquīs partibus nostrī, cēdentēs ūsque ad
castra īnsecūtī, suī colligendī facultātem nōn dedērunt. At eī, quī ab   20
Alesiā prōcesserant, maestī, prope victōriā dēspērātā, sē in oppidum
recēpērunt.

8. **Concurrunt:** the besieged Gauls in Alesia. 10. **proximam:** i.e., the ditch
nearest to the town.

80.   1. **utramque partem:** i.e., on both sides of the fortifications, facing in
towards the town, and out towards the army of relief. 2. **sī ūsus veniat:** *if the
need should arise.* 6. **rārōs:** *here and there.* 8. **complūrēs:** *several (of the Romans).*
12. **ululātū:** *with yells*—like the warwhoops of the American Indians! 14.
neque . . . factum: *and no brave or cowardly deed.* **utrōsque:** *both sides*—Gauls
and Romans. 17. **Germānī:** i.e., Caesar's cavalry. 19. **cēdentēs:** sc. Gallōs.

The Gauls Attack at Night

81. Ūnō diē intermissō, Gallī, atque hōc spatiō magnō crātium, scālārum, harpagōnum numerō effectō, mediā nocte silentiō ex castrīs ēgressī, ad campestrēs mūnītiōnēs accēdunt. Subitō clāmōre sublātō, quā significātiōne, quī in oppidō obsidēbantur, dē suō adventū cog-
5   nōscere possent, crātēs prōicere, fundīs, sagittīs, lapidibus nostrōs dē vāllō prōturbāre reliquaque, quae ad oppugnātiōnem pertinent, parant administrāre. Eōdem tempore, clāmōre exaudītō, dat tubā signum suīs Vercingetorīx atque ex oppidō ēdūcit.

Nostrī, ut superiōribus diēbus suus cuique erat locus attribūtus,
10   ad mūnītiōnēs accēdunt; fundīs lībrīlibus sudibusque, quās in opere disposuerant, ac glandibus Gallōs prōterrent. Prōspectū tenebrīs adēmptō, multa utrimque vulnera accipiuntur. Complūra tormentīs tēla coniciuntur. At M. Antōnius et C. Trebōnius lēgātī, quibus hae partēs ad dēfendendum obvēnerant, quā ex parte nostrōs premī in-
15   tellēxerant, hīs auxiliō ex ulteriōribus castellīs dēductōs summittēbant.

The Night Attack Fails

82.   Dum longius ā mūnītiōne aberant Gallī, plūs multitūdine tēlōrum prōficiēbant; posteā quam propius successērunt, aut sē stimulīs in- opīnantēs induēbant aut in scrobēs dēlātī trānsfodiēbantur aut ex vāllō ac turribus trāiectī pīlīs mūrālibus interībant. Multīs undique vul-
5   neribus acceptīs, nūllā mūnītiōne perruptā, cum lūx appeteret, veritī nē ab latere apertō ex superiōribus castrīs ēruptiōne circumvenīrentur, sē ad suōs recēpērunt. At interiōrēs, dum ea, quae ā Vercingetorīge ad ēruptiōnem praeparāta erant, prōferunt, priōrēs fossās explent, diūtius in hīs rēbus administrandīs morātī, prius suōs discessisse cog-
10   nōvērunt, quam mūnītiōnibus appropinquārent. Ita rē īnfectā in op- pidum revertērunt.

81. 1. **magnō:** modifies numerō. **crātium:** *hurdles,* used to cross over the trenches. 2. **harpagōnum:** *grappling hooks,* used to attach climbing ropes to the top of the Roman walls. 3. **campestrēs:** *those facing the plain.* **sublātō:** from tollō; as it was night, the Gauls on the outside tried to alert those in the town. 7. **exaudītō:** i.e., in the town. 10. **fundīs lībrīlibus:** *with slings throwing pound missiles.* 13. **M. Antōnius:** the famous Marc Antony. 14. **quā ex parte:** *wher- ever.*

82. 2. **inopīnantēs:** *unsuspecting;* on account of the darkness the Gauls could not see the traps. 4. **pīlīs mūrālibus:** especially heavy javelins used for fight- ing from walls. 8. **priōrēs:** the trenches nearer the town. 9. **prius:** translate with **quam.**

The Gauls Make a Third Attack

83.   Bis magnō cum dētrīmentō repulsī Gallī, quid agant, cōnsulunt; locōrum perītōs adhibent; ex hīs superiōrum castrōrum situs mūnī- tiōnēsque cognōscunt. Erat ā septentriōnibus collis, quem propter magnitūdinem circuitūs opere circumplectī nōn potuerant nostrī; necessāriō paene inīquō locō et lēniter dēclīvī castra fēcerant. Haec C.   5
Antistius Rēgīnus et C. Canīnius Rebilus lēgātī cum duābus legiōnibus obtinēbant.

Cognitīs per explōrātōrēs regiōnibus, ducēs hostium LX mīlia ex omnī numerō dēligunt eārum cīvitātum, quae maximam virtūtis opīniōnem habēbant; quid quōque pactō agī placeat, occultē inter sē   10
cōnstituunt; adeundī tempus dēfīniunt, cum merīdiēs esse videātur. Hīs cōpiīs Vercassivellaunum Arvernum, ūnum ex quattuor ducibus, propinquum Vercingetorīgis, praeficiunt. Ille ex castrīs prīmā vigiliā ēgressus, prope cōnfectō sub lūcem itinere, post montem sē occultāvit, mīlitēsque ex nocturnō labōre sēsē reficere iussit. Cum iam merīdiēs   15
appropinquāre vidērētur, ad ea castra, quae suprā dēmōnstrāvimus, contendit; eōdemque tempore equitātus ad campestrēs mūnītiōnēs ac- cēdere et reliquae cōpiae prō castrīs sēsē ostendere coepērunt.

Vercingetorix Tries to Break through the Roman Lines

84.   Vercingetorīx, ex arce Alesiae suōs cōnspicātus, ex oppidō ēgreditur; crātēs, longuriōs, mūsculōs, falcēs reliquaque, quae ērup- tiōnis causā parāverat, prōfert. Pugnātur ūnō tempore omnibus locīs, atque omnia temptantur; quae minimē vīsa pars firma est, hūc concur- ritur. Rōmānōrum manus tantīs mūnītiōnibus distinētur nec facile   5
plūribus locīs occurrit. Multum ad terrendōs nostrōs valet clāmor, quī post tergum pugnantibus exsistit, quod suum perīculum in aliēnā vid- ent virtūte cōnstāre; omnia enim plērumque, quae absunt, vehemen- tius hominum mentēs perturbant.

---

83.   2. **locōrum perītōs:** i.e., those familiar with the terrain. 3. **collis:** Mont Rea, north of the town. 5. **inīquō:** *unfavorable;* i.e., sloping up the hill. The Gauls decided to attack this camp secretly from the upper side of the hill. 10. **quid . . . placeat:** *what they want done and how.*

84.   2. **mūsculōs:** *movable sheds*—used to protect the soldiers who were filling in the trenches. 5. **distinētur:** *was stretched thin*—extending fourteen miles around the town, and facing enemies on both sides of their walls. 8. **cōnstāre:** *depended on.*

A Major Battle at the Higher Camp

85.   Caesar idōneum locum nactus, quid quāque in parte gerātur, cognōscit; labōrantibus subsidium summittit. Utrīsque ad animum occurrit, ūnum esse illud tempus, quō maximē contendī conveniat: Gallī, nisi perfrēgerint mūnītiōnēs, dē omnī salūte dēspērant; Rōmānī,
5 sī rem obtinuerint, fīnem labōrum omnium exspectant. Maximē ad superiōrēs mūnītiōnēs labōrātur, quō Vercassivellaunum missum dēmōnstrāvimus. Inīquum locī ad dēclīvitātem fastīgium magnum habet mōmentum. Aliī tēla coniciunt, aliī testūdine factā subeunt; dēfatīgātīs in vicem integrī succēdunt. Agger ab ūniversīs in mūnītiōnem
10 coniectus et ascēnsum dat Gallīs et ea, quae in terrā occultāverant Rōmānī, contegit; nec iam arma nostrīs nec vīrēs suppetunt.

Caesar Sends Help Just in Time

86.   Hīs rēbus cognitīs, Caesar Labiēnum cum cohortibus sex subsidiō labōrantibus mittit; imperat, sī sustinēre nōn possit, dēductīs cohortibus ēruptiōne pugnet; id nisi necessāriō nē faciat.

Ipse adit reliquōs; cohortātur, nē labōrī succumbant; omnium superi-
5 ōrum dīmicātiōnum frūctum in eō diē atque hōrā docet cōnsistere.

Interiōrēs, dēspērātīs campestribus locīs propter magnitūdinem mūnītiōnum, loca praerupta ex ascēnsū temptant; hūc ea, quae parāverant, cōnferunt. Multitūdine tēlōrum ex turribus prōpugnantēs dēturbant, aggere et crātibus fossās explent, falcibus vāllum ac lōrīcam
10 rescindunt.

---

85.   2. **labōrantibus:** *to any that were hard pressed.* 5. **rem:** *their position.* 7. **Inīquum:** *unfavorable;* i.e., because they were downhill from the attacking Gauls. **magnum . . . mōmentum:** *greatly affected the situation*—unfavorably for the Romans. 8. **Aliī:** *Some* (of the enemy). 11. **contegit:** *covered over* the traps which the Romans had hidden. **suppetunt:** *held out.*

86.   2. **labōrantibus:** i.e., the Romans at the camp on Mont Rea under Reginus and Rebilus. They were being fiercely attacked by the Gauls under Vercassivellaunus. 4. **Ipse:** Caesar. 5. **cōnsistere:** *depended on.* 6. **Interiōrēs:** Vercingetorix's troops in Alesia. 7. **loca praerupta:** *the steeper places*—probably the Flavigny heights to the south of the town. The defences here had not been completed. 8. **prōpugnantēs:** the Romans (accusative).

Caesar Enters the Battle Himself

87. Mittit prīmō Brūtum adulēscentem cum cohortibus Caesar, post cum aliīs C. Fabium lēgātum; postrēmō ipse, cum vehementius pugnārētur, integrōs subsidiō addūcit.

Restitūtō proeliō ac repulsīs hostibus, eō quō Labiēnum mīserat, contendit; cohortēs quattuor ex proximō castellō dēdūcit, equitum partem sē sequī, partem circumīre exteriōrēs mūnītiōnēs et ā tergō hostēs adorīrī iubet. Labiēnus, postquam neque aggerēs neque fossae vim hostium sustinēre poterant, coāctīs ūnā XI cohortibus, quās ex proximīs praesidiīs dēductās fors obtulit, Caesarem per nūntiōs facit certiōrem, quid faciendum exīstimet. Accelerat Caesar ut proeliō intersit. 10

The Romans Win; Flight of the Gauls

88. Eius adventū ex colōre vestītūs cognitō, quō īnsignī in proeliīs ūtī cōnsuērat, turmīsque equitum et cohortibus vīsīs, quās sē sequī iusserat, ut dē locīs superiōribus haec dēclīvia et dēvexa cernēbantur, hostēs proelium committunt. Utrimque clāmōre sublātō, excipit rūrsus ex vāllō atque omnibus mūnītiōnibus clāmor. Nostrī, omissīs pīlīs, 5 gladiīs rem gerunt.

Repente post tergum equitātus cernitur; cohortēs aliae appropinquant. Hostēs terga vertunt; fugientibus equitēs occurrunt. Fit magna caedēs. Sedulius, dux et prīnceps Lemovīcum, occīditur; Vercassivellaunus Arvernus vīvus in fugā comprehenditur; signa mīlitāria LXXIV 10 ad Caesarem referuntur; paucī ex tantō numerō sē incolumēs in castra recipiunt. Cōnspicātī ex oppidō caedem et fugam suōrum, dēspērātā salūte, cōpiās ā mūnītiōnibus redūcunt.

Fit prōtinus, hāc rē audītā, ex castrīs Gallōrum fuga. Quod nisi crēbrīs subsidiīs ac tōtīus diēī labōre mīlitēs essent dēfessī, omnēs 15 hostium cōpiae dēlērī potuissent. Dē mediā nocte missus equitātus novissimum agmen cōnsequitur; magnus numerus capitur atque interficitur, reliquī ex fugā in cīvitātēs discēdunt.

87. 1. **Brūtum:** Decimus Junius Brutus, destined to be one of Caesar's assassins in 44 B.C. 4. **eō:** *there*—i.e., to Mont Rea. 9. **fors obtulit:** *by chance presented themselves.*

88. 1. **ex colōre vestītūs:** Caesar wore the scarlet cloak of a Roman general. **īnsignī:** *distinguishing mark;* ablative after ūtī. 4. **excipit:** *is taken up.* 5. **omissīs:** *discarding.* 12. **Cōnspicātī:** those in the town under Vercingetorix. 14. **Quod nisi:** *And if . . . not.* 15. **mīlitēs.** sc. Rōmānī.

Vercingetorix Surrenders

89.   Posterō diē Vercingetorīx, conciliō convocātō, id bellum sē suscēpisse nōn suārum necessitātum, sed commūnis lībertātis causā dēmōnstrat; et quoniam sit fortūnae cēdendum, ad utramque rem sē illīs
offerre, seu morte suā Rōmānīs satis facere seu vīvum trādere velint.

5   Mittuntur dē hīs rēbus ad Caesarem lēgātī. Iubet arma trādī, prīncipēs
prōdūcī. Ipse in mūnītiōne prō castrīs cōnsēdit; eō ducēs prōdūcuntur.
Vercingetorīx dēditur, arma prōiciuntur. Reservātīs Aeduīs atque Arvernīs, sī per eōs cīvitātēs recuperāre posset, ex reliquīs captīvīs tōtī
exercituī capita singula praedae nōmine distribuit.

Roman Legions Assigned to Winter Quarters

90.   Hīs rēbus cōnfectīs in Aeduōs proficīscitur; cīvitātem recipit. Eō
lēgātī ab Arvernīs missī, quae imperāret, sē factūrōs pollicentur. Imperat magnum numerum obsidum. Legiōnēs in hīberna mittit. Captīvōrum circiter xx mīlia Aeduīs Arvernīsque reddit.

5   T. Labiēnum duābus cum legiōnibus et equitātū in Sēquanōs proficīscī iubet; huic M. Semprōnium Rutilum attribuit. C. Fabium
lēgātum et Lūcium Minucium Basilum cum legiōnibus duābus in
Rēmīs collocat, nē quam ā fīnitimīs Bellovacīs calamitātem accipiant. C.
Antistium Rēgīnum in Ambivaretōs, T. Sextium in Biturīgēs, C.

10   Canīnium Rebilum in Rutēnōs cum singulīs legiōnibus mittit. Q. Tul-
lium Cicerōnem et P. Sulpicium Cabillōnī et Matiscōne in Aeduīs
ad Ararim reī frūmentāriae causā collocat. Ipse Bibracte hiemāre
cōnstituit.

Hīs rēbus ex Caesaris litterīs cognitīs, Rōmae diērum vīgintī sup-
15   plicātiō redditur.

89.   2. **necessitātum:** *advantage;* genitive with causā. 3. **ad utramque rem:** *for
either alternative.* 9. **capita singula:** one prisoner, as booty, to each soldier.

90.   1. **recipit:** i.e., he recovered their loyalty. 12. **Bibracte:** *at Bibracte:* locative. This was the capital of the state of the Aedui.

Conclusion

Plutarch describes the scene at Vercingetorix's surrender. Caesar was seated on a tribunal erected well within his fortified lines when forth from the city gate came Vercingetorix, clad in armor, mounted upon a splendidly adorned horse. Riding round the tribunal, he dismounted, put off his armor, and then took his place at the feet of his conqueror. For a time there was profound silence. At length Caesar gave an order, and a guard quietly led the Gallic chieftain away.

Vercingetorix was sent to Rome, where he remained a prisoner for six years. At Caesar's triumph in 46 B.C. he marched in the procession, and then with several other noble captives was slain in sacrifice to the gods of Rome. Yet, in spite of this sad fate, he won a glorious name in history as a high-minded patriot and martyr to the cause of Gallic freedom. Today his statue crowns the heights of ancient Alesia, and the people of France respect and honor him as the first of their great national heroes.

— *Exercise for Review* —

Complete the following sentences.

1. The seventh campaign of Caesar took place in the year _____.
2. _____ was chosen leader of the Gallic armies.
3. The last major battle was fought at _____.
4. The army of the Gauls in the town of the Mandubii numbered _____.
5. The Gauls figured that they had food enough to last them for _____ days, after Caesar had encircled their camp.
6. Caesar's line of contravallation extended for _____ miles.
7. When the Gallic army of relief arrived, Caesar had to build a second line, called the line of _____.
8. There were about _____ men in the Gallic army of relief.
9. Critognatus, in a meeting in Alesia, suggested that the men could survive longer by _____.
10. The inhabitants of the town were forced to _____.
11. After two unsuccessful attacks, the Gauls decided to make a major attack on _____.
12. The Gauls sent _____, with _____ picked troops, to make this attack.
13. The Romans had only about _____ men to defend their two lines.
14. After the battle, _____ military standards were brought to Caesar.

OVID

Publius Ovidius Naso was born in 43 B.C., and so came of age at about the time that the Emperor Augustus was setting about his tasks of reconstructing the Roman government and reforming Roman religion and morals. The Roman constitution, shaky since the second century B.C., had collapsed completely during the bloody civil wars of the first century. Family life, among the upper classes, had suffered almost as seriously: the birth rate had declined, divorce was common, social life was gay but vicious. The traditional Roman religion, the bulwark of the state, no longer commanded the devotion of the educated class. To support his program of reconstruction and reform, Augustus enlisted the support of the writers of his time—and they were great writers: among them were Vergil, Horace, and Livy.

Hence Ovid lived and wrote at a time which marked the height of Roman literary achievement, but though he was a brilliant poet himself he was not drawn into the group of writers whose work bolstered the new regime. Much as he admired their work, his literary tastes and his talents were quite different. He described the brilliant but corrupt and frivolous society of his day, praising the polish and cultivation of urban life, and scorning the old-fashioned rustic gravity and simplicity which Augustus was trying to foster. His *Amores*, a group of love poems, and particularly the *Ars Amatoria*, three books of instruction in the Art of Love, treated flirtations and adulteries in a lighthearted manner very much out of tune with the emperor's program of reform. And in the *Heroides* (a series of letters from heroines of mythology to their lovers), the *Metamorphoses* (an epic of the many transformations in ancient myth), and the *Fasti* (an almanac containing many stories from Roman history and legend) he did almost as much harm to Augustus' religious policies. Ovid had a marvelous understanding of human nature, and particularly of feminine psychology—see, for example, the soliloquy in which Atalanta tries to convince herself that she is not in love (*Atalanta's Race*, lines 611–635): *amat et non sentit amorem.* But when he applied these insights into human motivation to the old myths, the stories became—oddly enough—incredible. Myths, to be believable, must have an aura of remoteness and mystery; the amazing doings of gods and heroes cannot be taken seriously if the gods and heroes act and talk like everyday people. The characters in these poems often seem to be Roman contemporaries of Ovid disguised as the heroes of old.

In A.D. 8 Augustus banished Ovid to a remote town on the shores of the Black Sea, where the climate was cold and inhospitable, and where the barbarian inhabitants spoke no Latin and little Greek. From here Ovid wrote the *Tristia*, a series of poems addressed to the imperial family begging for pardon, and *Epistulae ex Ponto*, verse letters to various friends at Rome. He died in exile in A.D. 17.

His epic, the *Metamorphoses*, was his greatest work. It is the story of all the transformations of gods or humans to other forms, from the creation of the universe to the deification of Julius Caesar in 42 B.C. The construction of the poem is very complex—many of the stories are told by characters in other stories or presented in the form of flashbacks—and the mood constantly shifts from grave to happy; but it is so expertly put together that the smooth flow of the narrative is never broken.

Fresco—Still life

LATIN VERSE

Latin verse differs from most English verse in two respects: it is not rhymed, and its rhythms depend primarily on arrangements of long and short syllables rather than on recurring patterns of accented and unaccented syllables. It is difficult for us to hear this rhythm when we read Latin verse aloud, since our ears are trained to follow the accents of words rather than the length of syllables; but it is important for us to grasp the principles of Latin versification if we are to understand the techniques and stylistic variations of Latin poetry.

The various kinds of Latin poetry had their own appropriate rhythms, or *meters*. For example, epic (like Ovid's *Metamorphoses*) was written in the meter called *dactylic hexameter*: that is, each line has six (Greek *hexa*) divisions, called *feet*, and the recurring pattern is that of the foot called a *dactyl*, a long syllable followed by two short syllables.

Length of syllables

1. A syllable is long *by nature* if it contains a dipthong (*ae, au, ei, eu, oe,* or *ui*) or a long vowel
   An *i* between two vowels, as in *eius*, really represents two *i*'s (*ei-ius*), so that the syllable before it becomes a diphthong and is long by nature.
2. A syllable is long *by position* if its vowel is followed by two or more consonants.
   a. *H* is not considered to be a consonant.
   b. An initial *i* followed by a vowel is a consonant.
   c. *Qu* and *Gu* are counted as one consonant.
   d. *X* is treated as two consonants (*ks*); likewise *z* (= *dz*).
   e. The two consonants which follow the vowel need not be in the same word: *et* is a short syllable in *et amat*, a long syllable in *et portat*.
3. All other syllables are short.
   B, c, d, f, g, p, or *t* followed by *l* or *r* may be treated as either two consonants or one consonant. Thus if a short vowel is followed by one of these combinations the syllable may be either long by position or short, whichever the meter requires. Such a syllable is called a *common syllable*.

Elision

A vowel (or a vowel followed by *m*) at the end of a word is normally omitted if the following word begins with a vowel (or an *h*). This omission is called *elision*.

Scansion

The analysis of meter is called *scansion*, or *scanning*. It consists of marking elisions with an elision mark (‿), marking long syllables with a macron (—) and short syllables with a breve (˘), and separating the feet by vertical lines.

Metrical Feet

Only three kinds of feet occur in dactylic hexameter:
1. The *dactyl:* a long syllable followed by two short syllables
   (— ˘ ˘)
2. The *spondee:* two long syllables (— —)
3. The *trochee:* a long syllable followed by a short syllable (— ˘)

Dactylic Hexameter

Dactylic hexameter has six feet in each line. Each of the first four may be either a dactyl or a spondee; the fifth is always a dactyl; and the sixth is either a spondee or a trochee. A pause in the sense usually occurs in the middle of the third foot (sometimes in the fourth). This is called the caesura; it is marked by two vertical lines. Thus the pattern of dactylic hexameter is

$$— \, \underset{—}{\overset{\smile\smile}{}} \,\Big|\, — \, \underset{—}{\overset{\smile\smile}{}} \,\Big|\, \underset{—}{\overset{—}{}} \,\Big\|\, \overset{\smile\smile}{}\,\Big|\, — \, \underset{—}{\overset{\smile\smile}{}} \,\Big|\, — \, \overset{\smile\smile}{}\,\Big|\, — \, \underset{\smile}{\overset{—}{}}$$

Lines 193–196 of *Daedalus and Icarus* are scanned as follows:

$$\overset{——}{\text{Tum lī}}\Big|\overset{—\ \smile\ \smile}{\text{nō me di}}\Big|\overset{—}{\text{ās}}\Big\|\overset{—}{\text{et}}\Big|\overset{——}{\text{cē rīs}}\Big|\overset{—\ \smile\ \smile}{\text{ad li gat}}\Big|\overset{—\ —}{\text{ī mās,}}$$

$$\overset{—\ \smile\ \smile}{\text{at que i ta}}\Big|\overset{—\ \smile\ \smile}{\text{com po si}}\Big|\overset{—}{\text{tās}}\Big\|\overset{—}{\text{par}}\Big|\overset{—\ —}{\text{vō cur}}\Big|\overset{—\ \smile\ \smile}{\text{vā mi ne}}\Big|\overset{—\ \smile}{\text{flec tit,}}$$

$\bar{\text{ut}}$ $\bar{\text{vē}}$ | $\bar{\text{rās}}$ $\breve{\text{i}}$ $\breve{\text{mi}}$ | $\bar{\text{tē}}$ $\breve{\text{tur}}$ $\breve{\text{a}}$ | $\bar{\text{vēs.}}$ ‖ $\breve{\text{Pu}}$ $\breve{\text{er}}$ | $\bar{\text{Ī}}$ $\breve{\text{ca}}$ $\breve{\text{rus}}$ | $\bar{\text{ū}}$ $\bar{\text{nā}}$

$\bar{\text{stā}}$ $\bar{\text{bat}}$ $\breve{\text{et,}}$ | $\bar{\text{ig}}$ $\bar{\text{nā}}$ | $\bar{\text{rus}}$ ‖ $\breve{\text{su}}$ $\breve{\text{a}}$ | $\bar{\text{sē}}$ $\bar{\text{trac}}$ | $\bar{\text{tā}}$ $\breve{\text{re}}$ $\breve{\text{pe}}$ | $\bar{\text{rī}}$ $\breve{\text{cla}}$

This quantitative form of meter was not natural to Latin, but was borrowed, in the third century B.C., from Greek poetry. This fact gives a certain artificiality to Latin poetry: the word order must often be distorted violently to fit the meter, and since there are some words which cannot be used at all in certain meters (e.g. *imperātor* in dactylic hexameter), a good deal of circumlocution becomes necessary.

Fresco—Sacred landscape—Pompeii

DAEDALUS AND ICARUS

King Minos of Crete had employed the Athenian Daedalus to build a Labyrinth, in which he kept the Minotaur. After Daedalus had shown Ariadne, the daughter of King Minos, how to help Theseus escape from the Labyrinth, Minos, in anger, would not allow him to return to Athens by ship. And so he made wings for himself and his son Icarus, to enable them to fly over the sea.

Daedalus intereā, Crētēn longumque perōsus
exsilium tāctusque locī nātālis amōre,
clausus erat pelagō. "Terrās licet," inquit, "et undās
obstruat, at caelum certē patet: ībimus illāc.   186
Omnia possideat, nōn possidet āera Mīnōs."
Dīxit, et ignōtās animum dīmittit in artēs,
nātūramque novat. Nam pōnit in ordine pennās,
ā minimā coeptās, longam breviōre sequente,   190
ut clīvō crēvisse putēs. Sīc rustica quondam
fistula disparibus paulātim surgit avēnīs.
Tum līnō mediās et cērīs adligat īmās,
atque ita compositās parvō curvāmine flectit,
ut vērās imitētur avēs. Puer Īcarus ūnā   195
stābat et, ignārus sua sē tractāre perīcla,
ōre renīdentī modo quās vaga mōverat aura
captābat plūmās, flāvam modo pollice cēram
mollībat, lūsūque suō mīrābile patris

183. **perōsus:** *hating,* [perōdī]. 184. **locī nātālis:** i.e., Athens. 185. **licet:** *although.* 186. **obstruat:** *he* (Minos) *may shut off.* 187. **possideat:** concessive subjunctive: *though he may hold.* **āera:** Greek accusative singular. 189. **novat:** *he makes anew;* i.e., he improves upon nature. 191. **ut . . . putēs:** *so that you might suppose they had grown on a slope.* 192. **fistula:** *the Pan's pipe,* made of reeds (avēnīs) of different lengths, so as to give tones of different pitch. 193. **līnō, cērīs:** he fastened the lower ends of the feathers with wax, and tied the broader part of the wings with thread. 195. **ūnā:** *nearby.* 196. **sua perīcla** (= perīcula): i.e., the means of his own destruction. 197. **ōre renīdentī:** *with beaming face.* **modo . . . modo:** *now . . . now.* 199. **mollībat:** old form of molliēbat.

impediēbat opus. Postquam manus ultima coeptō   200
imposita est, geminās opifex lībrāvit in ālās
ipse suum corpus, mōtāque pependit in aurā.
   Īnstruit et nātum, "Mediō" que "ut līmite currās,
Īcare," ait, "moneō, nē, sī dēmissior ībis,
unda gravet pennās, sī celsior, ignis adūrat.   205
Inter utrumque volā; nec tē spectāre Boōtēn
aut Helicēn iubeō strictumque Ōrīonis ēnsem.
Mē duce carpe viam." Pariter praecepta volandī
trādit et ignōtās umerīs accommodat ālās.
   Inter opus monitūsque genae maduēre senīlēs,   210
et patriae tremuēre manūs. Dedit oscula nātō
nōn iterum repetenda suō, pennīsque levātus
ante volat comitīque timet, velut āles, ab altō
quae teneram prōlem prōdūxit in āera nīdō;
hortāturque sequī damnōsāsque ērudit artēs,   215
et movet ipse suās et nātī respicit ālās.
Hōs aliquis, tremulā dum captat harundine piscēs,
aut pastor baculō stīvāve innīxus arātor,
vīdit et obstipuit, quīque aethera carpere possent
crēdidit esse deōs. Et iam Iūnōnia laevā   220
parte Samos (fuerant Dēlosque Parosque relictae),
dextra Lebinthos erat fēcundaque melle Calymnē,
cum puer audācī coepit gaudēre volātū,
dēseruitque ducem, caelīque cupīdine tāctus
altius ēgit iter. Rapidī vīcīnia sōlis   225
mollit odōrātās, pennārum vincula, cērās.
Tābuerant cērae: nūdōs quatit ille lacertōs,

---

200. **manus ultima:** i.e., the finishing touches. 201. **opifex:** i.e., Daedalus. 204. **dēmissior:** *too low.* 205. **ignis:** i.e., the sun. 206. **Boōtēn:** The constellations Bootes, the ploughman, Helice, the Big Dipper, and Orion, are the most striking groups of stars in the northern heavens. 208. **Pariter:** *at the same time.* 210. **maduēre** = maduērunt. 211. **tremuēre** = tremuērunt. 212. **nōn . . . repetenda:** *never again to be repeated.* 213. **comitī:** *for his companion,* i.e., Icarus. 215. **damnōsās artēs:** *the fatal art* (of flight). 217. **harundine:** i.e., fishing rod. 218. **innīxus:** *leaning on*—with both baculō and stīvā. 220. **Iūnōnia:** Samos was sacred to Juno. The course of their flight was towards Asia Minor; they had flown north over the Cyclades (Delos, etc.) before turning east. 225. **Rapidī:** *burning, consuming.* 226. **odōrātās:** i.e., from the melting. 227. **Tābuerant:** *began to melt.* **nūdōs** (alis): *stripped of his wings.*

rēmigiōque carēns nōn ullās percipit aurās;
ōraque caeruleā patrium clāmantia nōmen
excipiuntur aquā, quae nōmen trāxit ab illō.   230
At pater īnfēlix, nec iam pater, "Īcare," dīxit,
"Īcare," dīxit, "ubi es? quā tē regiōne requīram?
Īcare," dīcēbat. Pennās adspēxit in undīs;
dēvōvitque suās artēs, corpusque sepulcrō
condidit; et tellūs ā nōmine dicta sepultī.   235

Metamorphoses, viii. 183–235

— *Exercise for Review* —

Complete the following sentences.

1. The poet Ovid lived from the year _____ to _____.
2. Ovid was exiled by the Emperor _____ in the year _____.
3. The book from which these selections were taken was called the
   _____.
4. The meter of these poems is called _____ _____.
5. In this meter the fifth foot is always a _____.
6. Daedalus was employed in Crete by King _____ to build the
   _____.
7. Daedalus' only way of escaping from Crete was by _____.
8. A shepherd seeing Daedalus and Icarus flying, believed that they
   were _____.
9. Ovid says that Icarus' wings fell off because he flew _____.
10. The place where Icarus landed was called _____.

228. **rēmigiō carēns:** *lacking the 'oarage' (of his wings).* **percipit:** *catches,* in such a way as to be supported. 230. **nōmen:** the waters west and south of Samos were called the Icarian Sea. 231. **nec iam:** *no longer.* 234. **dēvōvit:** *cursed.* 235. **tellūs:** the island Icaria, west of Samos.

ATALANTA'S RACE

Atalanta, daughter of King Schoeneus of Boeotia, was both beautiful and very swift of foot. Warned by an oracle that she would never marry, she escaped her numerous suitors by challenging them to a foot-race, on the condition that they must die if they were beaten.

This story—a story of the young Hippomenes, who finally succeeded in defeating her by throwing the golden apples which were given to him by Venus—is told by Venus to Adonis.

Forsitan audierīs aliquam certāmine cursūs   560
vēlōcēs superasse virōs. Nōn fābula rūmor
ille fuit (superābat enim); nec dīcere possēs,
laude pedum fōrmaene bonō praestantior esset.
   Scītantī deus huic dē coniuge "Coniuge," dīxit,
"nīl opus est, Atalanta, tibi. Fuge coniugis ūsum.   565
Nec tamen effugiēs, tēque ipsā vīva carēbis."
Territa sorte deī, per opācās innuba silvās
vīvit, et īnstantem turbam violenta procōrum
condiciōne fugat, "Nec sum potienda, nisi," inquit,
"victa prius cursū. Pedibus contendite mēcum.   570
Praemia vēlōcī coniūnx thalamīque dabuntur:
mors pretium tardīs. Ea lēx certāminis estō."
Illa quidem immītis; sed (tanta potentia fōrmae est)
vēnit ad hanc lēgem temerāria turba procōrum.
   Sēderat Hippomenēs cursūs spectātor inīquī   575
et "Petitur cuiquam per tanta perīcula coniūnx?"
dīxerat, ac nimiōs iuvenum damnārat amōrēs.

560. **audierīs:** *you may have heard.* Venus is telling the story to Adonis. **aliquam:** *that some woman.* 561. **superasse** = superavisse. 562. **possēs:** *you would have been able;* potential subjunctive. 563. **laude . . . esset:** a double indirect question. 564. **Scītantī huic:** *to her when she consulted the oracle.* **Coniuge nīl opus est tibi:** *You have no need of a husband.* 566. **tē . . . carēbis:** *you will lose yourself while living;* i.e., your bodily form. Atalanta was transformed into a lioness for neglecting to give thanks to Venus. 569. **Nec sum potienda:** *I am not to be won.* 572. **estō:** *Let this be;* future imperative of sum. 573. **Illa** (erat): *She* (Atalanta). **immītis:** *relentless.* 577. **damnārat** = damnāverat.

Ut faciem et positō corpus vēlāmine vīdit,
quāle meum, vel quāle tuum, sī fēmina fīās,
obstipuit, tollēnsque manūs "Ignōscite," dīxit,   580
"quōs modo culpāvī. Nōndum mihi praemia nōta
quae peterētis erant." Laudandō concipit ignēs,
et nē quis iuvenum currat vēlōcius optat,
invidiāque timet. "Sed cūr certāminis huius
intemptāta mihi fortūna relinquitur?" inquit.   585
"Audentēs deus ipse iuvat." Dum tālia sēcum
exigit Hippomenēs, passū volat ālite virgō.
Quae quamquam Scythicā nōn sēcius īre sagittā
Āoniō vīsa est iuvenī, tamen ille decōrem
mīrātur magis; et cursus facit ipse decōrem.   590
Aura refert ablāta citīs tālāria plantīs,
tergaque iactantur crīnēs per eburnea, quaeque
poplitibus suberant pīctō genuālia limbō;
inque puellārī corpus candōre rubōrem
trāxerat, haud aliter quam cum super ātria vēlum   595
candida purpureum simulātās inficit umbrās.
Dum notat haec hospes, dēcursa novissima mēta est,
et tegitur festā victrīx Atalanta corōnā.
Dant gemitum victī penduntque ex foedere poenās.
    Nōn tamen ēventū iuvenis dēterritus hōrum,   600
cōnstitit in mediō, vultūque in virgine fīxō,
"Quid facilem titulum superandō quaeris inertēs?
Mēcum cōnfer!" ait. "Seu mē Fortūna potentem

---

578. **Ut:** *But when,* **vēlāmine:** *her wrap,* or outer garment she would run in a light tunic. 579. **meum:** i.e., of Venus. **tuum:** i.e., of Adonis. 581. **quōs:** *you whom*—the suitors. 582. **peterētis:** *the kind of rewards you were seeking;* subjunctive in a relative clause of characteristic. 583. **nē quis:** *that no one;* after optat. 584. **invidiā:** *because of jealousy.* 585. **mihi:** dative of agent with intemptāta. 588. **nōn sēcius:** *not otherwise than,* i.e., like. 589. **Āoniō iuvenī:** Hippomenes was a Boeotian. 591. **tālāria:** *the ankle-bands*—like the winged sandals of Mercury. 592. **quaeque** (= et quae) . . . **limbō:** *the bright bordered ribbons at her knees were fluttering.* 594. **puellārī candōre:** *of maidenly whiteness.* **in corpus rubōrem trāxerat:** *it* (the running) *had brought a flush.* 595. **cum . . . umbrās:** (*as*) *when a crimson awning, drawn over a marble hall, stains it with borrowed hues.* 597. **hospes:** Hippomenes. **novissima:** *last.* 599. **pendunt poenās:** *they pay the penalties;* i.e., they are put to death. 603. **cōnfer:** i.e., race. **potentem:** *victorious.*

fēcerit, ā tantō nōn indīgnābere vincī—
namque mihi genitor Megareus Onchestius, illī   605
est Neptūnus avus: pronepōs ego rēgis aquārum;
nec virtūs citrā genus est:—seu vincar, habēbis,
Hippomenē victō, magnum et memorābile nōmen."
    Tālia dīcentem mollī Schoenēïa vultū
adspicit, et dubitat superārī an vincere mālit.   610
Atque ita "Quis deus hunc fōrmōsīs," inquit, "inīquus
perdere vult, cāraeque iubet discrīmine vītae
coniugium petere hōc? Nōn sum, mē iūdice, tantī.
Nec fōrmā tangor (poteram tamen hāc quoque tangī),
sed quod adhūc puer est; nōn mē movet ipse, sed aetās.   615
Quid quod inest virtūs et mēns interrita lētī?
Quid quod ab aequoreā numerātur orīgine quartus?
Quid quod amat, tantīque putat cōnūbia nostra
ut pereat, sī mē Fors illī dūra negārit?
Dum licet, hospes, abī, thalamōsque relinque cruentōs.   620
Coniugium crūdēle meum est. Tibi nūbere nūlla
nōlet, et optārī potes ā sapiente puellā.
Cūr tamen est mihi cūra tuī, tot iam ante peremptīs?
Vīderit! Intereat, quoniam tot caede procōrum
admonitus nōn est, agiturque in taedia vītae.   625
Occidet hic igitur, voluit quia vīvere mēcum,
indignamque necem pretium patiētur amōris?
Nōn erit invidiae victōria nostra ferendae.
Sed nōn culpa mea est. Utinam dēsistere vellēs!
aut, quoniam es dēmēns, utinam vēlōcior essēs!   630
A, quam virgineus puerīlī vultus in ōre est!
A, miser Hippomenē, nōllem tibi vīsa fuissem!

604. **indīgnābere** (indīgnāberis): *you will not be ashamed.* 605. **Onchestius:** *son of Onchestus,* who was the son of Neptune. 609. **Schoenēia:** *Atalanta, daughter of Schoeneus.* 611. **fōrmōsīs inīquus:** *hostile to the beautiful.* 613. **Nōn sum tantī:** *I am not worth so much.* tantī is the genitive of indefinite value. 616. **Quid quod:** *What of the fact that;* i.e., *what good does it do?* 617. **aequoreā:** i.e., *as great grandson of Neptune.* 621. **nūlla:** *no woman.* 623. **tot peremptīs:** ablative absolute. 624. **Vīderit:** a rare use of the perfect subjunctive in a hortatory sense—*let him look out for himself.* 628. **Non . . . ferendae:** *My victory will bring me unendurable hatred.* 632. **Hippomenē:** vocative. **nōllem . . . fuissem:** *Would that I had not been seen by you.*

Vīvere dignus erās. Quod sī fēlīcior essem,
nec mihi coniugium fāta importūna negārent,
ūnus erās cum quō sociāre cubīlia vellem."   635
Dīxerat; utque rudis prīmōque Cupīdine tācta,
quid facit ignōrāns, amat et nōn sentit amōrem.
    Iam solitōs poscunt cursūs populusque paterque,
cum mē sollicitā prōlēs Neptūnia vōce
invocat Hippomenēs, "Cytherēaque," "comprecor ausīs   640
adsit," ait, "nostrīs, et quōs dedit adiuvet ignēs!"
Dētulit aura precēs ad mē nōn invida blandās;
mōtaque sum, fateor. Nec opis mora longa dabātur.
Est ager (indigenae Tamasēnum nōmine dīcunt),
tellūris Cypriae pars optima, quam mihi prīscī   645
sacrāvēre senēs, templīsque accēdere dōtem
hanc iussēre meīs. Mediō nitet arbor in arvō,
fulva comās, fulvō rāmīs crepitantibus aurō.
Hinc tria forte meā veniēns dēcerpta ferēbam
aurea pōma manū; nullīque videnda nisi ipsī   650
Hippomenēn adiī, docuīque quis ūsus in illīs.
    Signa tubae dederant, cum carcere prōnus uterque
ēmicat, et summam celerī pede lībat arēnam.
Posse putēs illōs siccō freta rādere passū,
et segetis cānae stantēs percurrere aristās.   655
Adiciunt animōs iuvenī clāmorque favorque
verbaque dīcentum: "Nunc, nunc incumbere tempus!
Hippomenē, properā! nunc vīribus ūtere tōtīs!

635. **vellem:** *I would have wanted;* potential subjunctive. 636. **Dīxerat:** The pluperfect emphasizes the completion of the action—*she finished speaking.* **utque rudis:** *as inexperienced;* i.e., none of the other suitors had moved her. 637. **quid facit:** a rare use of the indicative in an indirect question—used only in poetry. 639. **mē:** Venus, who now tells her part in the story. 640. **Cytherēa:** *Venus,* so called from the island of Cythera, her birthplace. 641. **adsit:** *may she (Venus) be near.* **ignēs:** i.e., the love. 646. **sacrāvēre, iussēre** = sacrāvērunt, iussērunt. 648. **fulva comās:** *with gleaming foliage;* comās is accusative of specification. 650. **nullī, ipsī:** dative of agent with videnda. 651. **Hippomenēn:** Greek accusative form. **quis** = qui, modifying usus. **usus:** sc. esset. 652. **carcere:** *from the starting line.* 653. **summam:** i.e., they run so fast that their feet do not sink into the sand. 654. **putēs:** *you would think.* 655. **stantēs:** i.e., they would skim over the wheat ears without bending them over. 657. **dīcentum:** for dīcentium. **tempus:** sc. est. 658. **ūtere:** imperative.

pelle moram, vincēs!" Dubium, Megarēius hērōs
gaudeat an virgō magis hīs Schoenēïa dictīs.   660
O quotiēns, cum iam posset transīre, morāta est
spectātōsque diū vultūs invīta relīquit!

　Āridus ē lassō veniēbat anhēlitus ōre,
mētaque erat longē. Tum dēnique dē tribus ūnum
fētibus arboreīs prōlēs Neptūnia mīsit.   665
Obstipuit virgō, nitidīque cupīdine pōmī
dēclīnat cursūs aurumque volūbile tollit.
Praeterit Hippomenēs; resonant spectācula plausū.
Illa moram celerī cessātaque tempora cursū
corrigit, atque iterum iuvenem post terga relinquit.   670
Et rūrsus pōmī iactū remorāta secundī
cōnsequitur trānsitque virum. Pars ultima cursūs
restābat, "Nunc," inquit, "ades, dea mūneris auctor!"
inque latus campī, quō tardius illa redīret,
iēcit ab oblīquō nitidum iuvenāliter aurum.   675
An peteret virgō vīsa est dubitāre. Coēgī
tollere, et adiēcī sublātō pondera mālō,
impediīque oneris pariter gravitāte morāque.
Nēve meus sermō cursū sit tardior ipsō—
praeterita est virgō; dūxit sua praemia victor.

Metamorphoses, x. 560–680

659. **Dubium (est):** *It is doubtful whether.* 662. **invīta relīquit:** *unwillingly left him behind.* 665. **prōlēs Neptūnia:** i.e., Hippomenēs. 667. **volubile:** *rolling away.* 670. **corrigit:** *makes up for.* 673. **ades:** imperative of adsum. 675. **ab oblīquō:** *obliquely*—i.e., way off to the side. **iuvenāliter:** *with all his youthful strength.* 676. **Coēgī:** *I (Venus) compelled her.* 679. **Nēve:** *And in order that . . . not.*

— *Exercise for Review* —

Complete the following sentences.

1. _____ is telling the story of Atalanta.
2. Atalanta was equally famous for her _____ and _____.
3. Any suitor that Atalanta defeated in a footrace was _____.
4. Hippomenes asked for help from the goddess _____ to defeat Atalanta.
5. The goddess gave Hippomenes _____.
6. "Audentes deus ipse iuvat." is a famous saying, meaning _____.
7. When Hippomenes first saw the footrace, his feelings towards the suitors were _____.
8. After he saw Atalanta running by, his feelings changed to _____.
9. When the spectators were shouting "pelle moram", they were cheering for _____.
10. The winner of the race was _____; the prize was _____.

"Nitidīque cupīdine pōmī dēclīnat cursūs aurumque volūbile tollit. Praeterit Hippomenēs."

THE CREATION

In the following selections, the macrons have been omitted in order to train you to read without these aids. The standard examinations of the College Entrance Examination Board do not use macrons in any passages in the examinations.

Ante mare et terras et, quod tegit omnia, caelum   5
unus erat toto naturae vultus in orbe,
quem dixere Chaos, rudis indigestaque moles;
nec quicquam nisi pondus iners congestaque eodem
non bene iunctarum discordia semina rerum.
Nullus adhuc mundo praebebat lumina Titan,   10
nec nova crescendo reparabat cornua Phoebe,
nec circumfuso pendebat in aere tellus
ponderibus librata suis, nec bracchia longo
margine terrarum porrexerat Amphitrite.
Utque erat et tellus illic et pontus et aer,   15
sic erat instabilis tellus, innabilis unda,
lucis egens aer; nulli sua forma manebat
obstabatque aliis aliud, quia corpore in uno
frigida pugnabant calidis, umentia siccis,
mollia cum duris, sine pondere habentia pondus.   20
   Hanc deus et melior litem natura diremit;
nam caelo terras et terris abscidit undas
et liquidum spisso secrevit ab aere caelum.
Quae postquam evolvit caecoque exemit acervo,

6. **vultus:** *appearance*—of the universe. 7. **dixere** = dixerunt. **Chaos:** accusative singular. **indigesta:** *unordered;* i.e., formless. 8. **congesta semina:** *seeds heaped together.* 10. **Titan:** *the sun.* 11. **Phoebe:** *the moon.* 13. **ponderibus . . . suis:** *poised with her own weight.* 14. **Amphitrite:** *the ocean;* Amphitrite was the wife of Neptune. 15. **utque:** *although.* 16. **instabilis:** i.e., no one could stand on it. 17. **nulli . . . manebat:** i.e., nothing kept its own shape. 21. **litem:** *strife.* **diremit:** *composed.* 22. **abscidit:** the first **i** is shortened for metrical reasons. 23. **secrevit:** *he separated.* 24. **Quae:** *those things,* as antecedent, and direct object of ligavit. **evolvit:** *he released.* **caeco acervo:** *blind mass;* i.e., chaos.

dissociata locis concordi pace ligavit.   25
Ignea convexi vis et sine pondere caeli
emicuit summaque locum sibi fecit in arce;
proximus est aer illi levitate locoque,
densior his tellus elementaque grandia traxit
et pressa est gravitate sua, circumfluus umor   30
ultima possedit solidumque coercuit orbem.
   Sic ubi dispositam, quisquis fuit ille deorum,
congeriem secuit sectamque in membra redegit,
principio terram, ne non aequalis ab omni
parte foret, magni speciem glomeravit in orbis.   35
Tum freta diffundi rapidisque tumescere ventis
iussit et ambitae circumdare litora terrae.
Addidit et fontes et stagna immensa lacusque,
fluminaque obliquis cinxit declivia ripis
quae diversa locis partim sorbentur ab ipsa,   40
in mare perveniunt partim campoque recepta
liberioris aquae pro ripis litora pulsant.
Iussit et extendi campos, subsidere valles,
fronde tegi silvas, lapidosos surgere montes.
Utque duae dextra caelum totidemque sinistra   45
parte secant zonae, quinta est ardentior illis,
sic onus inclusum numero distinxit eodem
cura dei, totidemque plagae tellure premuntur.
Quarum quae media est, non est habitabilis aestu;
nix tegit alta duas; totidem inter utramque locavit   50
temperiemque dedit mixta cum frigore flamma.

26. **Ignea . . . caeli:** *The fiery weightless force that forms the vault of the sky.* 28. **levitate, loco:** ablative of specification. 29. **-que, et:** *both . . . and.* 33. **congeriem:** *the mass*—that had been chaos. **membra:** i.e., the four elements. 35. **foret** = esset. **in:** with speciem. **orbis:** The ancients thought of the European-African-Asian land mass as roughly circular in shape. 37. **ambitae:** *encircled.* **litore,** with ambitae. **terrae:** dative with compound verb circumdo. 39. **declivia:** *flowing.* 40. **ab ipsa:** *by the earth itself.* 41. **campo:** *expanse.* 42. **aquae:** genitive with campo. **pro:** instead of. **litora:** *shores*—of the ocean, not banks of the rivers. 45. **Ut:** *Just as;* the correlative **sic,** *so,* is in line 47. **dextra:** sc. parte. 46. **zonae:** the five zones of the heavens, two temperate, two cold, and one hot. 47. **onus inclusum:** i.e., the land mass. **numero:** sc. zonarum. 48. **premuntur:** *are printed.*

Imminet his aer, qui quanto est pondere terrae
pondus aquae levius, tanto est onerosior igne.
Illic et nebulas, illic consistere nubes
iussit et humanas motura tonitrua mentes   55
et cum fulminibus facientes fulgora ventos.
His quoque non passim mundi fabricator habendum
aera permisit; vix nunc obsistitur illis,
cum sua quisque regant diverso flamina tractu,
quin lanient mundum: tanta est discordia fratrum.   60
Eurus ad auroram Nabataeaque regna recessit
Persidaque et radiis iuga subdita matutinis;
vesper et occiduo quae litora sole tepescunt
proxima sunt Zephyro; Scythiam Septemque Triones
horrifer invasit Boreas; contraria tellus   65
nubibus assiduis pluvioque madescit ab Austro.
Haec super imposuit liquidum et gravitate carentem
aethera nec quicquam terrenae faecis habentem.
    Vix ita limitibus dissaepserat omnia certis,
cum, quae pressa diu fuerant caligine caeca,   70
sidera coeperunt toto effervescere caelo;
neu regio foret ulla suis animalibus orba,
astra tenent caeleste solum formaeque deorum,
cesserunt nitidis habitandae piscibus undae,
terra feras cepit, volucres agitabilis aer.   75
    Sanctius his animal mentisque capacius altae
deerat adhuc, et quod dominari in cetera posset.

52. **qui,** etc.: *which is as much heavier than fire as is the weight of water lighter than that of the earth.* 57. **His:** i.e., to these winds. **non passim:** i.e., each wind cannot blow everywhere, but has its own region. **habendum aera:** *air to be held by them* (the winds). 58. **vix . . . quin:** *As it is* (nunc), *though they rule, each one his own blasts in a separate region, they can scarcely be prevented from . . .* **obsistitur** is impersonal passive; **illis** its indirect object. 61. **Eurus:** *The east wind.* **Nabataea regna:** *Arabia.* 62. **Persida iuga:** *the Persian hills.* **subdita:** *placed beneath;* with dative. 64. **Zephyro:** *Zephyrus,* the west wind. **Septem Triones:** i.e., the seven stars of the Big Dipper. **Scythiam:** i.e., the northern regions beyond the Black Sea. 65. **Boreas:** *the north wind.* 66. **Austro:** *Auster,* the south wind. 68. **aethera:** accusative singular. **terrenae faecis:** *of earthly dregs.* 69. **dissaepserat:** *he had separated.* 70. **quae:** the antecedent is sidera. 72. **neu:** *and lest.* **orba:** *bereft* (*of*). 73. **astra:** *the constellations.* Even the sky is given inhabitants. 74. **piscibus:** dative. 75. **agitabilis:** *mobile.* 76. **capacius:** *more capable.* 77. **in:** *over.*

Natus homo est; sive hunc divino semine fecit
ille opifex rerum, mundi melioris origo,
sive recens tellus seductaque nuper ab alto   80
aethere cognati retinebat semina caeli;
quam satus Iapeto, mixtam pluvialibus undis,
finxit in effigiem moderantum cuncta deorum.
Pronaque cum spectent animalia cetera terram,
os homini sublime dedit caelumque videre   85
iussit et erectos ad sidera tollere vultus.
Sic, modo quae fuerat rudis et sine imagine, tellus
induit ignotas hominum conversa figuras.

Metamorphoses, I. 5–88

— *Exercise for Review* —

Complete the following sentences.

1. Before there was any sea or land, there was only a mass of things
   that men called _____.
2. _____ and _____ composed this disorderly strife.
3. The earth was first molded into a mighty _____.
4. The vault of the sky was cut into _____ zones on the right, _____
   zones on the left, and _____ in the middle.
5. The middle zone was not habitable because of the _____.
6. The creator made the air, in order to _____.
7. Zephyr had a place in the _____ and the setting _____ sun.
8. The sea was made as a home for the _____, and the air for the
   _____.
9. Man was made by the creator from _____.
10. Although all other animals were _____ and gazed at the _____,
    man alone turned his eyes to _____.

81. **cognati:** *kindred.* 82. **satus Iapeto:** i.e., Prometheus. 83. **moderantum** (=
moderantium): *controlling.* 85. **sublime:** *uplifted.* 87. **modo:** *just before.*

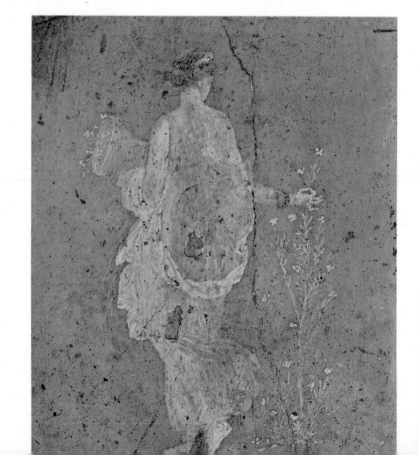

ROMAN ART AND ARCHITECTURE

(page 270) (top, left) Hadrian's Villa, Tivoli. (top, right) Livia, the wife of Augustus, mother of the emperor Tiberius, grandmother of the emperor Claudius, great-grandmother of the emperor Caligula, and great-great-grandmother of the emperor Nero. Black basalt portrait head circa 10. B.C. (bottom) "Flora",–fresco from Stabiae. (page 271) (top) Roman matron from the time of Hadrian. (bottom, left) "Perseus triumphant",–fresco from Pompeii. (bottom right), "Boy on a dolphin" Roman mosaic.

THE FLOOD

Iamque erat in totas sparsurus fulmina terras,
sed timuit ne forte sacer tot ab ignibus aether
conciperet flammas longusque ardesceret axis.   255
Esse quoque in fatis reminiscitur adfore tempus
quo mare, quo tellus correptaque regia caeli
ardeat, et mundi moles obsessa laboret.
Tela reponuntur manibus fabricata Cyclopum:
poena placet diversa: genus mortale sub undis   260
perdere et ex omni nimbos demittere caelo.
    Protinus Aeoliis Aquilonem claudit in antris,
et quaecumque fugant inductas flamina nubes,
emittitque Notum. Madidis Notus evolat alis,
terribilem picea tectus caligine vultum;   265
barba gravis nimbis, canis fluit unda capillis,
fronte sedent nebulae, rorant pennaeque sinusque;
utque manu late pendentia nubila pressit,
fit fragor; hinc densi funduntur ab aethere nimbi.
Nuntia Iunonis varios induta colores   270
concipit Iris aquas alimentaque nubibus adfert.
Sternuntur segetes et deplorata coloni
vota iacent, longique perit labor inritus anni.
    Nec caelo contenta suo est Iovis ira, sed illum
caeruleus frater iuvat auxiliaribus undis.   275

---

253. **erat sparsurus:** sc. Iuppiter; angered by the crimes of mortals, Jupiter planned to destroy the earth. 255. **axis:** i.e., of the heavens. 256. **adfore:** *that there would be.* 257. **correpta:** sc. flammis. 258. **mundi moles:** *the universe.* **laboret:** i.e., *would be destroyed.* 259. **Cyclopum:** *The Cyclopes* forged the thunderbolts of Jupiter. 262. **Aeoliis antris:** *the cave of Aeolus,* god of the winds. **Aquilonem:** *the north wind.* 263. **quaecumque flamina:** *whatsoever blasts (winds).* 264. **Notum:** *the south wind,* which brought rain. 265. **picea caligine:** *pitchy darkness.* **vultum:** accusative of specification. 269. **funduntur:** *pour forth;* middle voice. 270. **induta:** *clad in.* 271. **concipit:** *draws up*—in order to feed it to the clouds. 272. **deplorata:** *lie there lost;* predicate nominative. 273. **vota:** *the crops*—which have been the object of the farmers' prayers. 275. **caeruleus frater:** Neptune.

Convocat hic amnes, qui postquam tecta tyranni
intravere sui, "Non est hortamine longo
nunc", ait, "utendum; vires effundite vestras:
sic opus est. Aperite domos ac mole remota
fluminibus vestris totas immittite habenas."   280
Iusserat. Hi redeunt ac fontibus ora relaxant
et defrenato volvuntur in aequora cursu.
    Ipse tridente suo terram percussit, at illa
intremuit motuque vias patefecit aquarum.
Exspatiata ruunt per apertos flumina campos   285
cumque satis arbusta simul pecudesque virosque
tectaque cumque suis rapiunt penetralia sacris.
Si qua domus mansit potuitque resistere tanto
indeiecta malo, culmen tamen altior huius
unda tegit, pressaeque latent sub gurgite turres.   290
Iamque mare et tellus nullum discrimen habebant:
omnia pontus erant, deerant quoque litora ponto.
    Occupat hic collem, cumba sedet alter adunca
et ducit remos illic, ubi nuper arabat;
ille supra segetes aut mersae culmina villae   295
navigat, hic summa piscem deprendit in ulmo.
Figitur in viridi, si fors tulit, ancora prato,
aut subiecta terunt curvae vineta carinae;
et modo qua graciles gramen carpsere capellae,
nunc ibi deformes ponunt sua corpora phocae.   300
    Mirantur sub aqua lucos urbesque domosque
Nereides, silvasque tenent delphines et altis
incursant ramis agitataque robora pulsant.
Nat lupus inter oves, fulvos vehit unda leones,

277. **intravere** = intraverunt. **hortamine:** *harangue;* ablative with utor. 279. **opus est:** *there is need.* **mole:** *the barrier;* i.e., river banks, dykes, etc. 280. **immittite:** *let go*—i.e., drop the reins, a metaphorical phrase, as if the rivers were horses. The figure of speech is continued in defrenato cursu, line 282. 283. **Ipse:** Neptune. 285. **Exspatiata:** i.e., overflowing. 287. **rapiunt:** *they sweep away.* 289. **huius:** with culmen; the antecedent is domus. 290. **pressae:** *buried.* 291. **discrimen:** *distinction,* 293. **hic:** *one man.* **alter:** *another.* 295. **ille:** *one man.* 296. **hic:** *another.* 297. **si fors tulit:** *if it so happens.* 298. **subiecta terunt vineta:** *brush over the vineyard tops.* 299. **modo:** *just recently.* **carpsere** = carpserunt. 302. **Nereides:** *the Nereids,* daughters of Nereus, were sea-nymphs. 303. **incursant:** *brush against.*

unda vehit tigres; nec vires fulminis apro,   305
crura nec ablato prosunt velocia cervo.
Quaesitisque diu terris, ubi sistere possit,
in mare lassatis volucris vaga decidit alis.
Obruerat tumulos immensa licentia ponti,
pulsabantque novi montana cacumina fluctus.   310
Maxima pars unda rapitur; quibus unda pepercit,
illos longa domant inopi ieiunia victu.

Metamorphoses, I. 253–312

— *Exercise for Review* —

Complete the following sentences.

1. Jupiter planned to destroy the earth with his _____.
2. This was because the people on earth had been _____.
3. Jupiter decided not to hurl his *fulmina*, because he was afraid that it might _____.
4. The *fulmina* were made by _____.
5. The winds were released from the cave of _____ in order to bring _____.
6. Jupiter's sea-god brother was named _____.
7. The sea-god always carried with him his _____, with which he would _____ _____ _____.
8. The Nereids were _____.
9. During the flood, the wolves were seen swimming along and _____.
10. Those who went to the top of the mountains to escape the flood, were killed by _____.

305. **vires fulminis:** *the power of the lightning stroke;* i.e., his great strength. 306. **ablato:** agrees with both apro and cervo, which are dative with prosunt; translate: *swept away (by the flood)*. 307. **possit:** *where it may be able to perch;* subjunctive in a relative clause of characteristic. 308. **volucris vaga:** *the wandering bird;* nominative singular. 312. **longa ieiunia:** *slow starvation*. **inopi victu:** *food being lacking;* ablative absolute.

PYRAMUS AND THISBE

Pyramus and Thisbe lived in Babylon, in adjoining houses. They fell in love, but their parents forbade their marriage. The story is also parodied by Shakespeare in the Midsummer Night's Dream.

Pyramus et Thisbe, iuvenum pulcherrimus alter,   55
altera quas oriens habuit praelata puellis,
contiguas tenuere domos, ubi dicitur altam
coctilibus muris cinxisse Semiramis urbem.
Notitiam primosque gradus vicinia fecit;
tempore crevit amor. Taedae quoque iure coissent,   60
sed vetuere patres: quod non potuere vetare,
ex aequo captis ardebant mentibus ambo.
Conscius omnis abest: nutu signisque loquuntur;
quoque magis tegitur, tectus magis aestuat ignis.
Fissus erat tenui rima, quam duxerat olim   65
cum fieret, paries domui communis utrique.
Id vitium nulli per saecula longa notatum—
quid non sentit amor?—primi vidistis, amantes,
et vocis fecistis iter; tutaeque per illud
murmure blanditiae minimo transire solebant.   70
    Saepe, ubi constiterant hinc Thisbe, Pyramus illinc,
inque vices fuerat captatus anhelitus oris,
"Invide," dicebant, "paries, quid amantibus obstas?

---

56. **praelata:** *the loveliest;* i.e., preferred before. **puellis:** dative with compound, praefero. 57. **tenuere** = tenuerunt. 58. **coctilibus:** *of burnt brick.* **Semiramis:** the wife of Ninus, and the founder of Babylon. 60. **Taedae iure coissent:** *They would have joined in lawful wedlock.* 61. **(id) quod:** *that which.* 62. **ex aequo captis:** *equally enslaved.* 63. **Conscius:** *witness;* i.e., go-between. 64. **quoque** = et quo. **quo magis, magis:** *the more . . . the more;* quo is ablative of degree of difference. 65. **Fissus erat:** *had been cracked.* The wall (paries) was common to both houses. **duxerat:** *it had received.* 66. **fieret:** *it was being built.* 67. **Id vitium:** *this defect.* **nulli:** dative of agent. 68. **primi . . . amantes:** *you lovers were the first to see.* 69. **iter:** *a passage.* 73. **Invide:** *Hateful;* vocative.

Quantum erat, ut sineres toto nos corpore iungi,
aut, hoc si nimium, vel ad oscula danda pateres?   75
Nec sumus ingrati: tibi nos debere fatemur
quod datus est verbis ad amicas'transitus aures."
Talia diversa nequiquam sede locuti,
sub noctem dixere "Vale," partique dedere
oscula quisque suae non pervenientia contra.   80
    Postera nocturnos aurora removerat ignes,
solque pruinosas radiis siccaverat herbas:
ad solitum coiere locum. Tum murmure parvo
multa prius questi, statuunt ut nocte silenti
fallere custodes foribusque excedere temptent,   85
cumque domo exierint, urbis quoque tecta relinquant;
neve sit errandum lato spatiantibus arvo,
conveniant ad busta Nini lateantque sub umbra
arboris. Arbor ibi niveis uberrima pomis
ardua morus erat, gelido contermina fonti.   90
Pacta placent; et lux, tarde discedere visa,
praecipitatur aquis, et aquis nox exit ab isdem.
    Callida per tenebras, versato cardine, Thisbe
egreditur fallitque suos, adopertaque vultum
pervenit ad tumulum dictaque sub arbore sedit.   95
Audacem faciebat amor. Venit ecce recenti
caede leaena boum spumantes oblita rictus,
depositura sitim vicini fontis in unda.
Quam procul ad lunae radios Babylonia Thisbe
vidit, et obscurum trepido pede fugit in antrum,   100
dumque fugit, tergo velamina lapsa reliquit.
Ut lea saeva sitim multa compescuit unda,
dum redit in silvas, inventos forte sine ipsa
ore cruentato tenues laniavit amictus.
    Serius egressus, vestigia vidit in alto   105

---

74. **erat:** *it would be;* for the imperfect subjunctive. 75. **pateres:** *that you would open far enough.* 80. **non pervenientia:** (kisses) *that did not go through.* 83. **coiere:** *they came together.* 87. **neve sit errandum:** *so that they will not miss each other.* 88. **busta Nini:** *the tomb of Ninus.* 90. **contermina:** *near to.* 91. **lux:** *daylight.* 93. **Callida:** *slyly.* 94. **adoperta vultum:** *with her face covered.* 95. **dicta:** *agreed upon.* 96. **recenti . . . rictus:** *a lioness whose foaming jaws were smeared (oblita) from the recent slaughter of cattle.* 98. **depositura:** *in order to quench.* 103. **sine ipsa:** *without* (Thisbe) *herself.* 105. **Serius:** *too late.*

pulvere certa ferae totoque expalluit ore
Pyramus. Ut vero vestem quoque sanguine tinctam
repperit, "Una duos," inquit, "nox perdet amantes;
e quibus illa fuit longa dignissima vita,
nostra nocens anima est. Ego te, miseranda, peremi,   110
in loca plena metus qui iussi nocte venires,
nec prior huc veni. Nostrum divellite corpus,
et scelerata fero consumite viscera morsu,
O quicumque sub hac habitatis rupe leones!
Sed timidi est optare necem." Velamina Thisbes   115
tollit et ad pactae secum fert arboris umbram;
utque dedit notae lacrimas, dedit oscula vesti,
"Accipe nunc," inquit, "nostri quoque sanguinis haustus!"
    Quoque erat accinctus, demisit in ilia ferrum;
nec mora, ferventi moriens e vulnere traxit   120
et iacuit resupinus humo. Cruor emicat alte,
non aliter quam cum vitiato fistula plumbo
scinditur, et tenui stridente foramine longas
eiaculatur aquas atque ictibus aera rumpit.
Arborei fetus adspergine caedis in atram   125
vertuntur faciem, madefactaque sanguine radix
purpureo tingit pendentia mora colore.
    Ecce, metu nondum posito, ne fallat amantem,
illa redit iuvenemque oculis animoque requirit,
quantaque vitarit narrare pericula gestit.   130
Utque locum et visa cognoscit in arbore formam,
sic facit incertam pomi color: haeret an haec sit.
Dum dubitat, tremebunda videt pulsare cruentum

109. **e quibus:** *of whom.* 110. **nocens:** *guilty, at fault.* 111. **iussi venires:** *I bade you come;* prose construction would be an infinitive phrase. 113. **scelerata viscera:** *guilty flesh.* 115. **timidi:** *it is (the part) of a coward.* **Thisbes:** genitive singular. 117. **notae vesti:** *to (Thisbe's) well-known cloak.* 119. **Quoque** = Et quo. The antecedent of quo is ferrum. 120. **traxit:** the object is still ferrum. 121. **humo:** locative, for the more usual humi. 122. **vitiato . . . plumbo:** *a water-pipe with a weak spot in the lead.* 123. **tenui . . . foramine:** *by a small hissing opening.* 124. **ictibus . . . rumpit:** *cleaves the air with its spurtings.* 125. **Arborei fetus:** *the berries on the tree.* The myth explains the dark color of the mulberry. 128. **ne fallat amantem:** *lest she disappoint her lover.* 130. **vitarit** = vitaverit, **gestit:** *is eager.* 131. **Utque . . . sic:** *and though . . . yet.* 132. **haeret:** *she doubts.* 133. **tremebunda:** *the quivering (limbs).*

membra solum, retroque pedem tulit, oraque buxo
pallidiora gerens exhorruit aequoris instar,   135
quod tremit, exigua cum summum stringitur aura.
Sed postquam remorata suos cognovit amores,
percutit indignos claro plangore lacertos,
et laniata comas amplexaque corpus amatum
vulnera supplevit lacrimis, fletumque cruori   140
miscuit, et gelidis vultibus oscula figens,
"Pyrame," clamavit, "quis te mihi casus ademit?
Pyrame, responde! tua te carissima Thisbe
nominat: exaudi vultusque attolle iacentes!"
Ad nomen Thisbes oculos a morte gravatos   145
Pyramus erexit, visaque recondidit illa.
    Quae postquam vestemque suam cognovit et ense
vidit ebur vacuum, "Tua te manus," inquit, "amorque
perdidit, infelix! Est et mihi fortis in unum
hoc manus; est et amor: dabit hic in vulnera vires.   150
Persequar exstinctum, letique miserrima dicar
causa comesque tui. Quique a me morte revelli
heu sola poteras, poteris nec morte revelli!
Hoc tamen amborum verbis estote rogati,
O multum miseri, meus illiusque parentes,   155
ut quos certus amor, quos hora novissima iunxit,
componi tumulo non invideatis eodem.
At tu, quae ramis arbor miserabile corpus
nunc tegis unius, mox es tectura duorum,
signa tene caedis, pullosque et luctibus aptos   160
semper habe fetus, gemini monimenta cruoris."
    Dixit, et aptato pectus mucrone sub imum,

---

134. **ora . . . pallidiora:** *her face paler than boxwood.* 135. **exhorruit:** *she shivered.*
aequoris instar: *like the sea.* 136. **summum:** *its surface.* **stringitur:** *is ruffled.* 138.
indignos: *undeserving* (of the pain). 139. **laniata comas:** *tearing her hair.* 140.
vulnera: plural for singular; so also **vultibus** (141) and **vultus** (144). 142.
quis = qui, modifying casus. **mihi:** *from me.* 145. **Thisbes:** genitive singular.
146. **visa illa:** *having looked upon her.* **recondidit:** *closed them again.* 148. **ebur:**
ivory scabbard. 149. **in unum hoc:** *for this one deed.* 150. **in:** *for.* 151. **exstinctum:**
sc. te. 152. **Quique** = Et tu qui. 153. **nec:** *not even.* 154. **hoc . . . rogati:** *May you
be entreated by the prayers of both of us.* 155. **multum:** adverbial. 156. **novissima:**
final. 157. **non invideatis:** *do not begrudge.* 158. **quae arbor** = arbor quae. 159.
duorum: sc. corpora.

incubuit ferro, quod adhuc a caede tepebat.
Vota tamen tetigere deos, tetigere parentes;
nam color in pomo est, ubi permaturuit, ater,   165
quodque rogis superest, una requiescit in urna.

Metamorphoses, iv. 55–166

— *Exercise for Review* —

Complete the following sentences.

1. The story of Pyramus and Thisbe was later parodied by Shakespeare in the play _____.
2. The story takes place in the city of _____.
3. The houses of Pyramus and Thisbe were situated _____.
4. The lovers could speak to each other only by _____ and _____.
5. They would communicate through a _____.
6. They planned to steal away at night, and meet outside the city at _____.
7. Next to the meeting place there was a tree covered with _____ berries.
8. _____ arrived first at the meeting place.
9. When the lioness arrived, her jaws were dripping with blood, because she had just _____ _____.
10. When Pyramus discovered Thisbe's cloak, it was _____.
11. Pyramus then decided to _____.
12. Thisbe, on returning from the cave, did not recognize the place because _____.
13. When she saw what had happened to Pyramus, she decided to _____.
14. This was done by _____.
15. The ashes of both lovers were placed _____.

164. **tetigere** = tetigerunt. 165. **color ater:** The fruit of the common mulberry is black when ripe. 166. **rogis:** *from the funeral pyres.*

ORPHEUS AND EURYDICE

*Soon after Orpheus and Eurydice were married, Eurydice was bitten by a ser-
pent and died. Orpheus penetrated the shadows of the Lower World to bring
her back, and he moved Proserpine to grant his request, but only on the condition that he not look behind him until he reached the Upper World.*

Inde per immensum, croceo velatus amictu,
aethera digreditur Ciconumque Hymenaeus ad oras
tendit, et Orphea nequiquam voce vocatur.
Adfuit ille quidem, sed nec sollemnia verba
nec laetos vultus nec felix attulit omen.   5
Fax quoque quam tenuit lacrimoso stridula fumo
usque fuit, nullosque invenit motibus ignes.
Exitus auspicio gravior. Nam nupta per herbas
dum nova Naiadum turba comitata vagatur,
occidit, in talum serpentis dente recepto.   10
   Quam satis ad superas postquam Rhodopeïus auras
deflevit vates, ne non temptaret et umbras,
ad Styga Taenaria est ausus descendere porta,
perque leves populos simulacraque functa sepulcro
Persephonen adiit inamoenaque regna tenentem   15
umbrarum dominum; pulsisque ad carmina nervis
sic ait: "O positi sub terra numina mundi,

1. **inde:** from Crete, where the wedding of Iphis and Ianthe had just taken
place. 2. **aethera:** accusative singular, modified by immensum. **Ciconum:** *The
Cicones* were a people in Thrace. 3. **Orphea:** an adjective. **nequiquam:** *in
vain*—because the marriage ended in tragedy. 4. **ille:** Hymen. **quidem:** *to be
sure.* 6. **Fax:** *the torch,* an attribute of Hymen. **stridula:** *sputtering*—a bad
omen. 7. **motibus:** *by swinging.* 8. **nupta nova:** the nymph Eurydice.
11. **Rhodopeius vates:** Orpheus; Rhodope was a mountain in Thrace, the
home of Orpheus. 12. **ne non** = ut, *so as not to leave untried.* 13. **Styga:** accusative singular. **Taenaria porta:** a cavern on the promontory of Taenarus at the
southern end of the Peloponnesus. 14. **leves:** i.e., because they were mere
shadows, **simulacra . . . sepulcro:** *forms that have found a tomb* —i.e., been
buried. 16. **dominum:** Pluto. **nervis:** i.e., the strings of the lyre.

in quem recidimus, quicquid mortale creamur!
si licet et, falsi positis ambagibus oris,
vera loqui sinitis, non huc, ut opaca viderem   20
Tartara, descendi, nec uti villosa colubris
terna Medusaei vincirem guttura monstri.
Causa viae est coniunx, in quam calcata venenum
vipera diffudit, crescentesque abstulit annos.
Posse pati volui, nec me temptasse negabo: 25
vicit Amor. Supera deus hic bene notus in ora est:
an sit et hic, dubito. Sed et hic tamen auguror esse;
famaque si veteris non est mentita rapinae,
vos quoque iunxit Amor. Per ego haec loca plena timoris,
per Chaos hoc ingens vastique silentia regni,   30
Eurydices, oro, properata retexite fata!
Omnia debemus vobis, paulumque morati,
serius aut citius sedem properamus ad unam.
Tendimus huc omnes, haec est domus ultima; vosque
humani generis longissima regna tenetis.   35
Haec quoque, cum iustos matura peregerit annos,
iuris erit vestri: pro munere poscimus usum.
Quod si fata negant veniam pro coniuge, certum est
nolle redire mihi: leto gaudete duorum."
      Talia dicentem nervosque ad verba moventem   40
exsangues flebant animae; nec Tantalus undam
captavit refugam, iacuitque Ixionis orbis,
nec carpsere iecur volucres, urnisque vacarunt

---

18. **Quicquid . . . creamur** *all of us who are created mortal.* 19. **falsi oris:** *of deceptive speech.* 22. **Medusaei monstri:** i.e., the three-headed Cerberus; Hercules had bound Cerberus and taken him to the Upper World. 25. **pati:** *to endure* (the loss of Eurydice). 28. **rapinae:** refers to the carrying off of Proserpina by Pluto. 29. **vos:** Pluto and Persephone. **Per.** *By* (used in oaths). 31. **Eurydices:** genitive singular. **retexite:** *spin backwards*—referring to the Fates, who spin the threads of life. 36. **Haec quoque:** *She too.* 37. **iuris vestri:** *in your power . . .* **pro . . . usum:** i.e., I ask the enjoyment of her presence—as a loan, not a gift. 38. **veniam:** *favor.* **certum est mihi:** *I am resolved.* 41. **Tantalus:** His punishment was to be placed in water up to his chin; as soon as he stooped to take a drink, the water retreated. **Ixionis:** *Ixion* was bound to a revolving fiery wheel. 43. **iecur:** the *liver* of Tityus, fed upon by vultures, and growing again as fast as it was consumed. **urnis:** ablative of separation with vacarunt. **vacarunt** = vacaverunt.

Belides, inque tuo sedisti, Sisyphe, saxo.
Tunc primum lacrimis victarum carmine fama est   45
Eumenidum maduisse genas. Nec regia coniunx
sustinet oranti, nec qui regit ima, negare;
Eurydicenque vocant. Umbras erat illa recentes
inter, et incessit passu de vulnere tardo.
Hanc simul et legem Rhodopeïus accipit Orpheus,   50
ne flectat retro sua lumina, donec Avernas
exierit valles: aut irrita dona futura.
    Carpitur acclivis per muta silentia trames,
arduus, obscurus, caligine densus opaca.
Nec procul afuerunt telluris margine summae: 55
hic, ne deficeret metuens, avidusque videndi,
flexit amans oculos—et protinus illa relapsa est.
Bracchiaque intendens prendique et prendere captans,
nil nisi cedentes infelix arripit auras.
Iamque iterum moriens non est de coniuge quicquam   60
questa suo: quid enim nisi se quereretur amatam?
supremumque "Vale", quod iam vix auribus ille
acciperet, dixit, revolutaque rursus eodem est.

Metamorphoses, x. 1–63.

*Reconstruction of an
ancient lyre*

44. **Belides:** the grand-daughters of Belus, whose punishment was to carry water in a vase with holes in the bottom of it. **Sisyphe:** Sisyphus' punishment was to roll a huge stone up a hill. 46. **Eumenidum:** the Furies, implacable goddesses of vengeance. 48. **Eurydicen:** accusative singular. 50. **Hanc et legem:** *her and the condition.* 51. **lumina:** *eyes.* 52. **irrita:** *in vain.* 55. **afuerunt:** the **e** is short, though regularly long (systole). 56. **deficeret:** sc. Eurydice. 58. **captans:** *eagerly reaching.* 60. **non est quicquam questa:** *she made no complaint.* 62. **Vale:** *farewell;* treated as a noun.

— Exercise for Review —

Complete the following sentences.

1. Hymen was the god of _____.
2. The marriage torch at the wedding brought an unlucky omen, because it was _____.
3. Eurydice was bitten on the _____ by a _____.
4. Orpheus asked _____ for the return of his wife.
5. His request was granted on the condition that he would _____.
6. Orpheus had said that if Eurydice was not returned to him, he would _____.
7. Orpheus was a famous player of the _____.
8. After they took the path out of the underworld, Orpheus _____ because _____.
9. Then Eurydice _____.
10. The only word she said to Orpheus was _____, which means _____.

The maenads were female followers of Bacchus and were usually represented with their heads thrown backward and their hair disheveled to indicate wild enthusiasm. In their hands they carried a thyrsus, a staff entwined with ivy and a pine cone at the top. After Orpheus had lost his wife a second time, he scorned all women. The maenads, so maddened by his continued indifference to them, finally killed him.

PLAUTUS

Twenty-one plays of Rome's most popular writer of comedies, Titus Maccius Plautus (about 254–184 B.C.) have been preserved. These vary greatly in tone and treatment, but they are all **fabulae palliatae,** adaptations of Greek comedy. It is obvious however, from his masterful use of the Latin language that Plautus did more than merely translate his Greek models. In fact his plays differ in many ways from the few surviving examples of Athenian New Comedy and from the comedies of his Roman contemporary, Terence, who seems to have followed the Greek originals much more closely. In the Greek plays and in those of Terence the characters behave like real people in real situations; and so the plays have a serious tone not usually found in Plautus, who is usually willing to sacrifice plausibility for the sake of getting a laugh.

Although Plautus' plays all supposedly take place in Greek settings, he shows no interest in local color, and even pokes fun occasionally at playwrights who do try to make their plays authentically Greek. He frequently mentions purely Roman customs, and sometimes introduces references to current events. In fact, he does not seem to be much concerned with dramatic illusion. His characters actually interrupt the action to address the audience or individual spectators; they may also break into song.

Because of the use of masks in New Comedy, there is a tendency for the characters to become standardized; and Plautus carries this trend still further. The clever slave, the foolish old man, the braggart warrior, the love-sick youth, the saucy young girl, the cynical old maid-servant, etc., appear in play after play with little difference except a change of name. This use of stock characters undoubtedly helped to make Plautus' plays popular; the audience would be able to identify immediately what sort of person each character was, without the trouble of following subtleties of characterization. Plautus' characters do not really develop in the course of the play. For example, in the *Aulularia* when Euclio, a worthy but poor old gentleman, is made suddenly wealthy by finding a pot of gold, we are not shown any sympathetic details of the gradual effect such an event would have on his character; he merely suddenly becomes the typical Old Miser, a type to be laughed at. And if Sosia were a real person, and not merely the stock Foolish Slave, the scene in the *Amphitruo* where he becomes convinced that he is not himself would be impossible.

The frequent pathos of New Comedy is almost entirely absent from Plautus' plays; situations which in real life would be pathetic are funny in Plautus. We would undoubtedly feel some sympathy for an old man cheated by his own son or for an old woman whose husband has left her for a young girl; but in Plautus these characters are figures of fun.

Although Plautus' methods may sometimes shock our sense of dramatic convention, we cannot help but admire his use of the Latin language—in this he is unsurpassed. He is a master of witty invective and clever repartee, or epigrams and plays on words. His comedies are in verse, and hence the language is necessarily somewhat artificial; yet he nevertheless convincingly captures the tone and rhythm of real conversation. However unreal the characters may be, Plautus' dialogue must be close to the way the Romans really spoke.

You will find Plautus' Latin very different from that of Caesar. There is much more flexibility in his syntax: for example, words which normally govern the subjunctive may take an infinitive, and vice versa. And the conversations are, like real conversations, often somewhat elliptical: What do you think of my actions? becomes **Quid factis?** in context. Nevertheless Plautus is easy to read, because his language is much closer to a natural mode of expression than more formal Latin, and because the liveliness of his style holds the reader's attention.

Because of his early date, texts of Plautus show several differences in spelling from later Latin; in the following selections these have been made to conform with the forms which you are used to.

Scenes from
"THE POT OF GOLD," by Plautus

THE SETTING

The stage in Roman comedy represented a street running from the market-place (stage left) to the harbor or countryside (stage right); consequently it was wide but not deep. Along the back wall of the stage were three doorways, representing three houses, or two houses and a temple, on the other side of the street.

"The Pot of Gold," called 'Aulularia' in Latin, is the story of a miser, named Euclio, who discovers a pot of gold buried within his house, and is constantly worried that some one will find out that he has it. He has a daughter named Phaedria, who has been wronged by Lyconides, a young gentleman of Athens. In the following scene, the uncle of Lyconides, an old gentleman named Megadorus, asks Euclio for the hand of his daughter. Euclio is suspicious, thinking that Megadorus must have learned about his discovery. The scene is in Athens, a street on which are the houses of Euclio and Megadorus.

Bone theatre ticket of the Roman Period. It was pierced with a hole so that it could be strung and protected from loss.

— *Scene 1* —

MEGA. Salvus atque fortunatus, Euclio, semper sis.

EUCL. Di te ament, Megadore.

MEGA. Quid tu? rectene atque ut vis vales?

EUCL. *(aside)* Non temerarium est, ubi dives blande appellat
pauperem. Iam hic homo aurum scit me habere, eo me salutat 5
blandius.

MEGA. Aisne tu te valere?

EUCL. Pol ego haud perbene a pecunia.

MEGA. Pol si est animus aequus tibi, sat habes qui bene vitam colas.

EUCL. *(aside, frightened)* Anus hercle huic indicium fecit de auro, per- 10
spicue palam est, cui ego iam linguam abscidam atque oculos effodiam domi.

MEGA. Quid tu solus tecum loquere?

EUCL. Meam pauperiem queror. Virginem habeo grandem, dote cassam atque inlocabilem, neque eam queo locare cuiquam. 15

MEGA. Tace, bonum animum habe, Euclio. Dabitur, adiuvabere a me.
Dic, si quid est, impera.

EUCL. *(aside)* Nunc petit, cum pollicetur. Inhiat aurum ut devoret. Altera manu fert lapidem, panem ostentat altera. Nemini credo, qui
large blandus est dives pauperi. 20

MEGA. Paucis, Euclio, est quod te volo de communi re appellare mea et
tua.

EUCL. *(aside)* Ei misero mihi! Aurum mi intus harpagatum est. Nunc
eam rem vult, scio, mecum adire ad pactionem. Verum intervisam
domum. 25

Euclio hurries toward his house.

1. 1. **fortunatus:** *lucky.* 3. **Quid tu?:** i.e., What about you? 8. **Pol:** *By pollux, By
golly.* **a:** *with respect to.* 9. **sat** = satis. 10. **Anus:** *The old woman,* Euclio's slave
Staphyla. **perspicue:** *obviously.* 11. **palam est:** *it is well known.* **effodiam:** *I will
dig out.* 13. **loquere** = loqueris. 14. **virginem:** *unmarried daughter.* **dote cassam:**
without a dowry. 15. **inlocabilem:** *unable to be married,* because of a lack of a
dowry. **locare cuiquam:** i.e., find her a husband. 16. **adiuvabere** = au-
diuvaberis. 17. **si quid est:** i.e., if you need anything. 21. **Paucis:** sc. verbis.
est quod: *there is something which.* 23. **Ei:** *Ah, woe.* **mi** = mihi. **harpagatum:**
hooked. 24. **adire ad pactionem:** *to make a deal.* **intervisam:** *I'll go look.*

288

MEGA. Quo abis?

EUCL. Iam ad te revertar; nunc est quod visam domum. (*Exits*)

MEGA. Credo edepol, ubi mentionem fecero de filia, ut mihi despon-
30   deat, se a me derideri rebitur. Neque illo quisquam est alter hodie
       ex paupertate parcior.

Re-enter Euclio

EUCL. (*aside*) Di me servant, salva res est. Salvum est si quid non perit.
       Nimis male timui. Priusquam intro redii, exanimatus fui. (*To*
35   *Megadorus*) Redeo ad te, Megadore, si quid me vis.

MEGA. Habeo gratiam. Quaeso, quod te percontabor, ne te pigeat pro-
       loqui.

EUCL. Dum ne quid perconteris quod non lubeat proloqui.

MEGA. Dic mihi, quali me arbitraris genere prognatum?

40 EUCL. Bono.

MEGA. Quid fide?

EUCL. Bona.

MEGA. Quid factis?

EUCL. Neque malis neque improbis.

45 MEGA. Aetatem meam scis?

EUCL. Scio esse grandem, item ut pecuniam.

MEGA. Certe edepol te civem sine malitia semper sum arbitratus et
       nunc arbitror.

EUCL. (*aside*) Aurum huic olet.
50   (*aloud*) Quid nunc me vis?

MEGA. Quoniam tu me et ego te qualis sis scio, quae res recte vertat
       mihique tibique tuaeque filiae, filiam tuam mihi uxorem posco.
       Promitte hoc fore.

EUCL. (*whining*) Heia, Megadore, haud decorum facinus facis, ut in-
55   opem atque innoxium abs te atque abs tuis inrideas. Nam de te
       neque re neque verbis merui ut faceres quod facis.

---

28. **visam:** *I'll go see.* 30. **rebitur:** *he will think;* [reor]. **illo:** ablative of comparison. 33. **res:** i.e., the money. 34. **Nimis male:** *too much.* 36. **percontabor:** *I shall
ask.* **ne . . . proloqui:** *that you not be reluctant to speak out about;* piget, like lubeat
in the next line, is an impersonal verb. 38. **Dum:** *Provided.* **non lubeat:** *it does
not please me.* 49. **huic olet:** *smells to him;* i.e., he has got a whiff of. 51. **vertat:**
and may this matter turn out well; optative subjunctive. 53. **hoc fore:** *that this
will happen.* 54. **Heia:** *Now, now.* **haud decorum facinus:** *an unkind deed.* 55.
innoxiam abs te: i.e., who has never harmed you.

MEGA. Neque edepol ego te derisum venio, neque derideo, neque
  dignum arbitror.

EUCL. Cur igitur poscis meam natam tibi?

MEGA. Ut propter me tibi sit melius mihique propter te et tuos.   60

*Euclio finally agrees to the marriage, and the two men make plans to have the
marriage feast the same day. Megadorus undertakes to pay for the feast at Euclio's house, as well as his own, and he goes off to buy provisions and hire cooks.*

— *Scene 2* —

*An hour has elapsed, and the slave of Megadorus, named Pythodicus, comes in
bringing two cooks, Anthrax and Congrio, two music girls, attendants with
provisions, and two lambs.*

PYTHO. Postquam obsonavit erus et conduxit coquos tibicinasque has
  apud forum, edixit mihi ut dispertirem obsonium hic bifariam.

ANTHR. Me quidem hercle, dicam tibi, non divides. Si tu totum me vis
  ire, operam dabo.

PYTHO. Sed erus nuptias hodie faciet.   5

ANTHR. Cuius ducit filiam?

PYTHO. Vicini huius Euclionis senis e proximo. Ei adeo obsoni hinc
  iussit dimidium dari, cocum alterum itidemque alteram tibicinam.

ANTHR. Nempe huc dimidium dicis, dimidium domum?

PYTHO. Nempe sicut dicis.   10

ANTHR. Quid? Hic non poterat de suo senex obsonari filiae nuptiis?

PYTHO. Vah!

ANTHR. Quid negoti est?

PYTHO. Quid negoti sit rogas?
  Pumex non aeque est aridus atque hic est senex.   15

ANTHR. Aisne tandem?

---

57. **derisum:** *to make fun of;* supine, used with verbs of motion to express purpose. **neque dignum arbitror:** *nor do I think it fitting* (to make fun of you).

2. 1. **obsonavit:** *bought provisions.* **erus:** *my master* (Megadorus). 2. **dispertirem:** *divide.* 7. **e proximo:** *from next door.* 8. **alterum:** *one of the two.* 9. **huc:**
here—to Euclio's house. 11. **de suo:** *at his own expense.* 13. **negoti:** partitive
genitive with quid. 15. **Pumex:** *A pumice stone.* **atque:** *as.*

PYTHO. Ita est ut dixi. Tute existima:
    quin divum atque hominum clamat continuo fidem, suam rem
    periisse seque eradicari, de suo tigillo fumus si qua exit foras.
20   Quin cum it dormitum, follem obstringit ob gulam.
ANTHR. Cur?
PYTHO. Ne quid animae forte amittat dormiens. At scisne etiam
    quomodo? Aquam hercle plorat, cum lavat, profundere. Quin ipsi
    pridem tonsor ungues dempserat: collegit, omnia abstulit prae-
25   segmina. Sescenta sunt quae memorem, si otium sit. Sed uter ves-
    trorum est celerior?
ANTHR. Ego, et multo melior.
PYTHO. Cocum ego, non furem, rogo.
ANTHR. Cocum ergo dico.
30 PYTHO. (*to Congrio*) Quid tu ais?
CONGR. Sic sum ut vides.
PYTHO. (*to Anthrax*) Tace nunc iam tu, atque agnum hinc uter est pin-
    guior cape atque abi intro ad nos.

Theatre ticket showing
a serious young man,
one of the characters
from comedy.

17. **Tute:** Tu + the intensive enclitic **-te**—*you yourself.* 18. **quin:** *why he . . .* **di-vum:** *of the gods;* genitive plural, for divorum. 19. **si qua:** *if in any way;* Euclio hates to lose even the smoke from his fire. 20. **dormitum:** *to sleep;* supine. **fol-lem . . . gulam:** *he ties a bag over his jaws.* 23. **hercle:** *by Hercules.* **plorat:** *he objects to.* 25. **Sescenta:** 600 is used to mean a large number—*thousands of things.* **quae memorem:** *which I could tell you.* **sit:** the present subjunctive in a present contrary to fact condition, normally the imperfect. **uter:** here used as a relative (not interrogative) pronoun—*whichever of the two.*

ANTHR. Licet.

PYTHO. Tu, Congrio, quem reliquit agnum, eum sume, atque abi intro   35
    illuc, et vos illum sequimini. Vos ceteri ite huc ad nos.

CONGR. Hercle! iniuria dispertivisti:
    pinguiorem agnum isti habent.

PYTHO. At nunc tibi dabitur pinguior tibicina. I cum illo, Phrugia. Tu,
    autem, Eleusium, huc intro abi ad nos.   40

*Later in the play, Strobilus, the slave of Lyconides, who had wronged Euclio's
daughter, spies for his master to find out where Euclio hides his pot of gold. By
climbing a tree in the grove of Silvanus, he watches the old man while he is
trying to conceal the pot. Then after Euclio has gone, he digs up the pot to take
to his master. Then Euclio discovers its loss.*

— *Scene 3* —

EUCL. (*running wildly back and forth*)
    Perii, interii, occidi. Quo curram? Quo non curram?
    Tene, tene—Quem? Quis?
    Nescio, nil video, caecus eo, atque equidem quo eam aut ubi sim
    aut qui sim nequeo cum animo certum investigare.   5
    (*To the audience*) Obsecro vos ego, mi auxilio, oro, obtestor, sitis et
    hominem demonstretis, quis eam abstulerit?
    Quid est? Quid ridetis? Novi omnes, scio fures esse hic com-
    plures, qui vestitu et creta occultant sese atque sedent quasi sint
    frugi. Quid ais tu? (*pointing to a spectator*) Tibi credere certum est,   10
    nam esse bonum ex vultu cognosco.
    Hem, nemo habet horum? Occidisti. Dic igitur, quis habet? Nes-

34. **Licet:** used colloquially to indicate assent—*O.K.* 37. **iniuria:** *unfairly.* 39.
Phrugia, Eleusium: the names of the flute-girls.

3. 4. **caecus eo:** *I am going blind.* 5. **certum:** *for certain.* **investigare:** *to tell.* 7.
demonstretis: both the direct object, hominem, and the indirect question,
quis . . . abstulerit, depend on this verb—*show me the man, show me who stole
it.* 9. **vestitu et creta:** i.e., in dapper clothes. Chalk was rubbed on the woolen
toga to make it whiter. 10. **frugi:** *honest;* dative of purpose, used as an indeclinable adjective. **certum est:** *I have made up my mind.* 12. **nemo horum:** *none of
these*—the spectators. **Occidisti:** *You have killed me;* i.e., I'm done for.

cis? Heu, me miserum, misere perii, male perditus, pessime ornatus eo. Tantum gemiti et mali maestitiaeque hic dies mihi ob-
15   tulit, famem et pauperiem. Perditissimus ego sum omnium in terra. Nam quid mihi opus est vita, qui tantum auri perdidi, quod custodivi sedulo? Ego me defraudavi animumque meum ge-niumque meum. Nunc alii laetificantur meo malo et damno. Pati nequeo.

In the following scene, Lyconides has decided to confess to Euclio that he has wronged his daughter and wants to marry her.

There is much confusion over the latin word **illam** (line 26), which means *her* (*Phaedria*) to Lyconides, and *it* (*the pot*) to Euclio.

— *Scene 4* —

EUCL. (*hearing the sound of a voice*) Quis homo hic loquitur?
LYCO. (*stepping forward*) Ego sum miser.
EUCL. Immo ego sum, et misere perditus, cui tanta mala maestitu-
doque obtigit.
5   LYCO. Animo bono es.
EUCL. Quo, obsecro, pacto esse possum?
LYCO. Quia id facinus, quod tuum sollicitat animum, id ego feci, et fateor.
EUCL. Quid ego ex te audio?
10   LYCO. Id quod verum est.
EUCL. Quid ego de te merui, adulescens, mali, quam ob rem ita faceres meque meosque perditum ires liberos?

---

13. **me miserum:** *poor me!* accusative of exclamation. 14. **ornatus:** *rewarded.* 16. **opus est:** *is the need,* or *use.* 17. **sedulo:** *carefully.* **me defraudavi:** *I have deprived myself.* **genium:** *pleasures.* 18. **laetificantur:** *are making merry.* **damno:** *at (my) expense.*

4. 2. **Ego sum miser,** *It's I, an unhappy man.* But Euclio takes him to mean '*I am unhappy*'. 3. **mala,** neuter nominative plural, used as a noun. 4. **obtigit,** singular, agreeing with the nearest of two subjects. 5. **es,** *be* (imperative). 11. **mali,** partitive genitive with quid. **quam ob rem,** etc., a relative clause of characteristic. 12. **perditum ires,** eo, with a supine, *you would go to destroy;* freely, *you would try to ruin.*

LYCO. Deus impulsor mihi fuit, is me ad illam inlexit.

EUCL. Quo modo?

LYCO. Fateor peccavisse et me culpam commeritum scio. Id adeo te   15
oratum venio ut animo aequo ignoscas mihi.

EUCL. Cur id ausus es facere, ut id quod non tuum esset tangeres?

LYCO. Quid vis fieri? Factum est illud: fieri infectum non potest. Deos
credo voluisse; nam nisi vellent, non fieret, scio.

EUCL. Quid ergo meam me invito tetigisti?   20

LYCO. Quia vini vitio atque amoris feci.

EUCL. Homo audacissime! Nimis vile est vinum et amor, si ebrio atque
amanti impune facere quod lubeat licet.

LYCO. Quin tibi ultro supplicatum venio ob meam stultitiam.

EUCL. Non mihi homines placent qui quando male fecerunt purgant.   25
Tu illam sciebas non tuam esse. Non tactam oportuit.

LYCO. Ergo quia tangere ausus sum, haud causificor quin eam ego
habeam potissimum.

EUCL. Tune me invito habeas meam?

LYCO. Haud te invito postulo; sed meam esse oportere arbitror. Quin   30
tu iam invenies, inquam, meam illam esse, oportere, Euclio.

EUCL. Iam quidem, hercle, te ad praetorem rapiam nisi refers.

LYCO. Quid tibi ego referam?

EUCL. Quod rapuisti meum.

LYCO. Rapui ego tuum? unde? aut quid id est?   35

EUCL. Ita te amabit Iuppiter ut tu nescis.

LYCO. Nisi quidem tu mihi quid quaeras dixeris.

EUCL. Aulam auri, inquam, te reposco, quam tu confessus es mihi te
abstulisse.

LYCO. Neque edepol ego dixi neque feci.   40

EUCL. Negas?

LYCO. Pernego immo. Nam ego neque aurum neque aula quae sit scio
nec novi.

13. **Deus,** *A demon.* **impulsor,** *instigator.* **inlexit,** *lured (me) on.* 16. **oratum,** *supine, to beg.* 17. **ut . . . tangeres,** substantive clause in apposition with id. 20. **Quid,** *why?* 22. **audacissime,** vocative. **Nimis vile,** *too cheap.* 23. **impune,** *without punishment.* **quod lubeat,** *what he may please.* 24. **Quin,** *Why, even.* **supplicatum,** supine, *to entreat.* 26. (eam) **tactam** (esse). 27. **haud causificor,** *I have no objection.* 30. **Quin,** see line 24. 32. **ad praetorem,** *to the praetor;* i.e., the judge. 36. **Ita . . . nescis,** *As you are ignorant, so will Jupiter love you;* i.e., God bless your innocence. 37. sc. nescio, from nescis in line 36, *I am ignorant if you won't tell,* etc.

EUCL. Illam quam ex Silvani luco abstuleras, refer. Dimidium tecum
45   potius partem dividam. Tam etsi fur mihi es, molestus non ero. I
       vero, refer.

LYCO. Tu non sanus es qui furem me voces. Ego te, Euclio, de alia re
       rescisse censui quod ad me attinet. Magna est res quam ego tecum
       otiose, si otium est, cupio loqui.

50 EUCL. Age nunc loquere quid vis.

LYCO. Filiam ex te tu habes.

EUCL. Immo ecce illam domi.

LYCO. Audi nunc iam. Qui homo culpam admisit in se, nullus est tam
       parvi preti, cum pudeat, quin purget se. Nunc te obtestor, Euclio,
55   ut si quid ego erga te imprudens peccavi aut natam tuam, ut mihi
       ignoscas, eamque uxorem mihi des, ut leges iubent.

EUCL. Ei mihi, quod ego facinus ex te audio?

LYCO. Cur eiulas, quem ego avum feci ut esses filiae nuptiis? Nam tua
       nata peperit. Ea re repudium remisit avunculus causa mea.

60 EUCL. Perii oppido. Ita mihi ad malum malae res plurimae se adgluti-
       nant! Ibo intro, ut quid huius verum sit sciam.

                               Exit into house

LYCO. (*after a pause*) Haec propemodum iam esse in vado salutis res
       videtur.

65   (*looking around*) Nunc servum esse ubi dicam meum Strobilum
       non reperio. Etiam hic opperiar paulisper. Postea intro hunc sub-
       sequar. Nunc interim spatium ei dabo exquirendi meum factum ex
       natae nutrice anu. Ea rem novit.

                                 Enter Strobilus

70 STROB. Di immortales, quibus et quantis me donatis gaudiis! Quad-

---

44. **abstuleras,** from aufero. 45. **molestus non ero,** *I won't make any trouble.* **I,**
imperative of eo. 48. **rescisse** = rescivisse. **ad me attinet,** *concerns me.* 49.
otiose, i.e., when you have time. 51. **ex te,** *of your own;* i.e., not adopted. 53.
tam parvi preti, *of so little value.* 54. **cum pudeat,** *when he is ashamed.* **quin
purget se,** *unless he should,* etc. 55. **si quid . . . peccavi,** *if I have committed any
sin.* 58. **esses,** sc. avus. 59. **peperit,** from pario, *has borne (a child).* **Ea re etc.,**
This explains my uncle breaking the engagement,—(which he did) for my sake. 60.
oppido, adverb, *completely.* **se adglutinant,** *attach themselves.* 63. **Haec propemodum** etc., *It does look as if this matter is now almost in the shallow water of safety;*
i.e., we are getting out of trouble. 66. **opperiar,** *I'll wait.* 67. **spatium,** *time.* **ex-
quirendi,** i.e., to inquire about. 68. **nutrice anu,** *the old nurse.*

Stage building of the Theatre at Sabratha, Libya.

rilibrem aulam auro onustam habeo. Quis me est ditior? Quid me
Athenis nunc magis quisquam est homo cui di sint propitii?

LYCO. Certo enim ego vocem hic loquentis mihi audire visus sum.
(catching a glimpse of Strobilus' face)

75   STROB. *(aside)* Hem, erumne aspicio meum?

LYCO. *(aside)* Videone ego hunc servum meum?

STROB. *(aside)* Ipse est.

LYCO. *(aside)* Haud alius est.

STROB. *(aside)* Congrediar. *(moves toward Lyconides)*

80   LYCO. *(aside)* Contollam gradum. Credo ego illum, ut iussi, eam anum
adiisse, huius nutricem virginis.

STROB. *(aside)* Quin ego illi me invenisse dico hanc praedam? Igitur
orabo ut me manu emittat. Ibo atque eloquar. Repperi. . . .

LYCO. Quid repperisti?

85   STROB. Non quod pueri clamitant in faba se repperisse.

LYCO. Iamne autem ut soles? Deludis. *(pretends to start to leave)*

STROB. Ere, mane, loquar iam, ausculta.

LYCO. Age ergo loquere.

STROB. Repperi hodie, ere, divitias nimias.

90   LYCO. Ubinam?

STROB. Quadrilibrem, inquam, aulam auri plenam.

LYCO. Quod ego facinus audio ex te? Euclioni hic seni surripuit. Ubi id
est aurum?

STROB. In arca apud me. Nunc volo me emitti manu.

95   LYCO. Egone te emittam manu, scelerum cumulatissime?

STROB. *(crestfallen, then starting to laugh)* Abi, ere, scio quam rem geras.
Lepide hercle animum tuum temptavi. Iam ut eriperes parabas.
Quid faceres, si repperissem?

LYCO. Non potes probavisse nugas. I, redde aurum.

100   STROB. Reddam ego aurum?

LYCO. Redde, inquam, ut huic reddatur.

STROB. Unde?

---

80. **Contollam gradum.** *I'll go meet him.* 82. **Quin ego,** *Why do I not* . . . 83.
manu emittat, *set me free.* 85. **faba,** *a bean.* It is not clear just what boys found
in a bean. 86. **Deludis,** *You are fooling me.* 87. **ausculta,** imperative, *listen.* 90.
Ubinam = Ubi. 95. **cumulatissime,** vocative, *you heap (of crimes).* 98.
Quid . . . repperissem?, a contrary to fact condition, *What would you do if I had
found it?* 99. **probavisse nugas,** i.e., convince me that you were joking. 101.
huic, *to him (Euclio).*

LYCO. Quod modo confessus es esse in arca.
STROB. Soleo hercle ego garrire nugas.
LYCO. Non te habere dicis aurum?   105
STROB. Ita loquor.

*The rest of the play is lost, except for a few fragments. It can be assumed that
Strobilus returned the pot of gold to Lyconides, and that he in turn returned it
to Euclio. He then gave his daughter to Lyconides, together with the pot of
gold for a wedding present.*

Roman coin portrait

— *Exercise for Review* —

Complete the following sentences.

1. Plautus was born in the _____ century B.C.
2. In the POT OF GOLD, the central character was named _____.
3. The two houses at the rear of the stage were owned by _____ and
   _____.
4. Megadorus was the _____ of Lyconides.
5. The action takes place in the city of _____.
6. The slave of Megadorus was named _____.
7. The slave of Lyconides, who discovered the pot of gold, was
   named _____ .
8. Lyconides and Euclio had a misunderstanding about the words
   eam and **meam,** which to Lyconides meant _____ and to Euclio
   _____.
9. Strobilus hoped that he would be able to gain _____.
10. We can assume that in the end Lyconides married Euclio's daugh-
    ter. True _____ False _____.

104. **garrire nugas,** *to talk nonsense.*

AMPHITRYON

While Amphitryon, the commander of the Theban army, was away at the wars, Jupiter came down from Mt. Olympus and made love to Alcmena, the devoted wife of Amphitryon. She thought that it was her true husband, for Jupiter had taken on the guise of Amphitryon. Mercury also came along with Jupiter, and disguised himself as the slave Sosia, who was away with his master. On Amphitryon's return, there was much confusion about which was the real Amphitryon, and which was the real Sosia.

In the following scene, Sosia has just come from the harbor, and is making his way to Amphitryon's house, when he is confronted by Mercury, who pretends that he is the real Sosia.

Scene from a comedy of an angry father trying to chastise his son for his disgraceful behavior. The son is being assisted by his slave.

— *Scene 1* —

MERC. Quo ambulas, tu qui Vulcanum in cornu conclusum geris?

SOS. Quid id exquiris tu?

MERC. Servusne es an liber?

SOS. Utcumque animo conlibitum est meo.

MERC. Possum scire quo profectus, cuius sis, aut quid veneris?   5

SOS. Huc eo, eri iussu, eius sum servus. Numquid nunc es certior?

MERC. Ego tibi istam hodie, sceleste, comprimam linguam.

SOS. Haud potes; bene servatur.

MERC. Pergisne argutari? Quid apud has aedes negoti est tibi?

SOS. Immo quid est tibi?   10

MERC. Rex Creon vigiles nocturnos singulos semper locat.

SOS. Bene facit; quia nos eramus peregre, tuta est domus; at nunc abi
sane; pervenisse familiares dicito.

MERC. Nescio quam tu familiaris sis. Nisi actutum hinc abis, familiaris
accipieris fecero haud familiariter.   15

SOS. Hic inquam habito ego, atque horunc servus sum.

MERC. Vide sis quam mox vapulare vis, nisi actutum hinc abis.

SOS. Tune domo prohibere peregre me advenientem postulas?

MERC. Haecine tua domus est?

SOS. Ita inquam.   20

MERC. Quis erus est igitur tibi?

SOS. Amphitruo, qui nunc praefectus est Thebanis legionibus, quicum
nupta est Alcumena.

MERC. Quis ais? Quid nomen tibi est?

SOS. Sosiam vocant Thebani, Davo prognatum patre.   25

MERC. Nunc profecto vapula ob mendacium.

SOS. Non edepol volo profecto.

MERC. Tune te audes Sosiam esse dicere, qui ego sum? (*Mercury starts
to beat him*)

SOS. Perii.   30

---

1. 1. **Vulcanum:** *Vulcan;* i.e., *his lantern.* **conclusum:** *enclosed.* 4. **conlibitum
est:** *it pleases.* 6. **eri:** *of my master.* **Numquid:** *at all?* 7. **sceleste:** *rascal;* vocative.
comprimam: *I will make you hold.* 9. **Quid negoti:** *What business?* 12. **abi:** imperative of abeo. 13. **dicito:** future imperative. 14. **quam:** *how.* **actutum:** *at
once.* 15. **accipieris fecero:** *I will see to it that you are received.* 16. **horunc:** *of these
people here.* 17. **sis** = si vis—*please (if you will).* 18. **postulas:** *do you insist?* 19.
Haecine: *Is this?* 22. **quicum** = cum qua. 25. **Davo:** *of Davus;* ablative of origin.
27. **edepol:** *by Pollux!*

MERC. Etiam clamas, carnifex? Loquere, quid venisti?

SOS. Ut esset quem tu pugnis caederes.

MERC. Cuius es?

SOS. Amphitruonis, inquam, Sosia.

35 MERC. Ergo istoc magis, quia vaniloqueris, vapulabis. Ego sum, non tu, Sosia.

SOS. (half to himself) Quid, malum, non sum ego Amphitruonis Sosia?
Nonne hac noctu nostra navis huc ex portu Persico venit?
Nonne me huc erus misit meus?
40 Nonne ego nunc sto ante aedes nostras?
Nonne mi est lanterna in manu?
Non loquor, non vigilo?
Nonne hic homo me pugnis contudit?
Quid igitur ego dubito, aut cur non intro eo in nostram domum?

45 MERC. Quid, domum vestram?

SOS. Ita enim vero.

MERC. Quin quae dixisti modo omnia ementitus es. Equidem Sosia
Amphitruonis sum. Nam noctu hac soluta est navis nostra e portu
Persico, et ubi Pterela rex regnavit oppidum expugnavimus, et le-
50 giones Teloboarum vi pugnando cepimus, et ipse Amphitruo ob-
truncavit regem Pterelam in proelio.

SOS. (aside) Egomet mihi non credo, cum illaec autumare illum audio.
Hic certe quae sunt res gestae memorat memoriter. (aloud, to catch
him) Sed quid ais? Quid Amphitruoni doni a Telobois datum est?

55 MERC. Pterela rex qui potitare solitus est patera aurea.

SOS. (aside) Elocutus est. (aloud) Ubi patera nunc est?

MERC. Est in cistula; Amphitruonis signata signo est.

SOS. Signi dic quid est?

MERC. Cum quadrigis Sol oriens. Quid me captas, carnifex?

60 SOS. (aside) Argumentis vicit. Aliud nomen quaerendum est mihi.
Nescio unde haec hic spectavit. Iam hunc decipiam probe, nam

---

31. **carnifex:** *you scoundrel.* **Loquere:** imperative. 32. **pugnis:** *with your fists;* [pugnus]. **caederes:** *for you to murder;* subjunctive in a relative clause of charac- teristic. 35. **istoc:** *for this.* **vaniloqueris:** *you are talking nonsense.* 37. malum: *dash it.* 38. **hac noctu:** *tonight.* 42. **vigilo?:** *Am I now awake?* 43. **contudit:** *beat.* 47. **modo:** *just now.* **ementitus es:** *you lied.* 53. **memoriter:** *by heart.* 56. **Elocutus est** = locutus est. 57. **signata:** *sealed.* 58. **signi quid:** *what kind of seal?* 59. **captas:** *you try to catch.* 60. **Argumentis vicit:** *He has convinced me by his ar- guments* (that he is the real Sosia). 61. **decipiam probe:** *I will trick him properly.*

quod ego solus feci, neque quisquam alius adfuit, in tabernaculo,
id quidem numquam poterit dicere. (*aloud*) Si tu es Sosia, legiones
cum pugnabant maxime, quid in tabernaculo fecisti? Victus sum si
dixeris.   65

MERC. Cadus erat vini; inde implevi hirneam.

SOS. (*aside*) Ingressus est viam.

MERC. Eam ego, ut matre fuerat natum, vini eduxi meri.

SOS. (*aside*) Factum est illud, ut ego vini hirneam biberim. Mira sunt
nisi latuit intus illic in illa hirnea. (*aloud*) Quis ego sum saltem, si   70
non sum Sosia?

MERC. Ubi ego Sosia nolim esse, tu esto sane Sosia; nunc, quando ego
sum, vapulabis nisi hinc abis.

Mercury convinces Sosia that he, Mercury, is the real Sosia. In the next act,
Sosia tells Amphitryon that there is another Sosia at their house.

— *Scene 2* —

AMPH. Age i tu secundum.

SOS. Sequor, subsequor te.

AMPH. Scelestissimum te arbitror.

SOS. Nam quam ob rem?

AMPH. Quia id quod neque est neque fuit neque futurum est mihi   5
praedicas.

SOS. Eccere, iam tuatim facis tu, ut tuis nulla apud te fides sit.

AMPH. Quid est? Quo modo? Iam quidem hercule ego tibi istam
scelestam, scelus, linguam abscidam.

SOS. Tuus sum, ut lubet quidque facias. Tamen loquar haec ut facta   10
sunt hic; numquam ullo modo me potes deterrere.

---

66. **implevi hirneam:** *I drew off a jugful.* 68. **vini . . . meri:** *I drained it.* 72. **esto:**
you (can) be: future imperative of sum.

2. 1. **age i secundum:** *Come along—after me.* i is the imperative of eo; age,
the imperative of ago, is often added to the commands of other verbs to
strengthen them, as we say, "Come on and . . ." 7. **Eccere:** *There now;* (ecce +
re—*see in fact*). **tuatim:** *just like you.* -tim is an adverbial suffix, as in statim,
verbatim, etc. **tuis:** dative of possession. **apud te:** *in your eyes.* 9. **scelus:** *you
sinner!* 10. **ut lubet:** *just as you please.* **quidque:** *everything.* **facias:** iussive subjunctive; translate as imperative.

AMPH. Scelestissime, audes mihi praedicare id, domi te esse nunc, qui
hic ades?

sos. Vera dico.

15 AMPH. Tune me, verbero, audes erum ludificare? Tune id dicere audes, quod nemo umquam homo antehac vidit, nec potest fieri,
tempore uno homo idem duobus locis ut simul sit?

sos. Profecto, ut loquor res ita est.

AMPH. Iuppiter te perdat. Homo hic ebrius est, ut opinor.

20 sos. Utinam ita essem.

AMPH. Quid sit hoc hominis?

sos. Equidem decies dixi: domi ego sum, inquam, ecquid audis? et
apud te adsum Sosia idem. Satisne hoc plane, ere, nunc videor
tibi locutus esse?

25 AMPH. Quo pacto potest fieri, ut nunc tu sis et hic et domi? Id dici
volo.

sos. Sum perfecto et hic et illic. Hoc cuivis mirari licet, neque tibi
mirum magis videtur quam mihi.

AMPH. Quo modo?

30 sos. Neque, ita me di ament, credebam primo mihimet Sosia, donec
Sosia illic egomet fecit sibi ut crederem. Ordine omne, ut quique
actum est, dum apud hostes sedimus, edissertavit. Tum formam
una abstulit cum nomine. Neque lac lactis magis est simile quam
ille ego similest mei. Nam ut dudum ante lucem a portu me
35 praemisisti domum,—

AMPH. Quid igitur?

sos. Prius multo ante aedes stabam quam illo adveneram.

AMPH. Cave quicquam, nisi quod rogabo te, mihi responderis. Omnium primum, iste qui sit Sosia, hoc dici volo.

40 sos. Tuus est servus.

AMPH. Mihi quidem uno plus etiam est quam volo, neque postquam

---

15. **verbero:** *scoundrel;* vocative. 16. **nemo homo:** emphatic for nemo. 20.
Utinam essem: *Would that I were;* optative subjunctive, in the imperfect because the wish is one that cannot come true. 21. **Quid . . . hominis?:** *What can
I make of this fellow?* 27. **Hoc . . . licet:** *I don't care who wonders at it.*
30. **ita . . . ament:** *so help me God!* **mihimet:** -met is the emphatic enclitic.
donec = dum. 31. **ut quique** = ut et quo—*as and how.* 32. **apud hostes
sedimus:** *we besieged the enemy.* 33. **lac:** *drop of milk.* 34. **similest** = simile est.
dudum: *a little while ago.* 39. **qui** = quis. 41. **uno:** *one more* (more by one), ablative of degree of difference.

sum natus habui nisi te servum Sosiam. Sed vidistine uxorem
meam?

sos. Quin intro ire in aedes numquam licitum est.

AMPH. Quis te prohibuit?   45

sos. Sosia ille quem iam dudum dico, is qui me contudit.

AMPH. Quis istic Sosia est?

sos. Ego, inquam. Quotiens dicendum est tibi?

*Amphitryon reaches his house soon after Jupiter has left. He, naturally, ex-
pects to be received by his wife with a warm welcome.*

— *Scene 3* —

AMPH. Edepol, me uxori exoptatum credo adventurum domum, quae
me amat, quam contra amo, praesertim re bene gesta, hostibus
victis. Certe enim me illi exspectatum optato venturum scio.

ALC. (*seeing him*) Meus vir hic quidem est.

AMPH. (*to Sosia*) Sequere hac tu me.   5

ALC. (*aside*) Nam quid ille revertitur, qui dudum properare se aiebat?
An ille temptat sciens, atque id se vult experiri, suum abitum ut
desiderem? Magis nunc me meum officium facere si huic eam adversum, arbitror.

AMPH. (*with playful courtliness*) Amphitruo salutat uxorem laetus, 10
quam omnium Thebis vir unam esse optimam iudicat, quamque
cives Thebani vero rumiferant probam. Valuistine? Exspectatum
advenio?

sos. (*aside*) Haud vidi magis. Exspectatum eum salutat magis haud
quicquam quam canem.   15

ALC. Obsecro ecastor, quid tu me ridiculi causa sic salutas, quasi
dudum non videris, quasique nunc primum recipias te domum ex
hostibus.

44. **Quin numquam licitum est:** *Why I was never allowed.*

3. 1. **uxori,** dative of agent. **exoptatum,** *greatly desired, or longed for;* i.e., she
will be very glad to see me. 3. **optato,** used as an adverb. **optato venire** = *to be
welcome.* 6. **quid,** *why?* **dudum,** *recently.* 7. **abitum,** *departure.* **ut,** *how.* 8. **eam,**
subjunctive of eo, *I go.* 11. **Thebis,** locative, *at Thebes.* 12. **rumiferant,** *proclaim.*
16. **ridiculi causa,** *for the sake of a joke.*

AMPH. Immo te nisi nunc nusquam vidi gentium.

20 ALC. Cur negas?

AMPH. Quia vera didici dicere.

ALC. Quid huc vos revertimini tam cito, qui non abiisti ad legiones, ita
    ut dudum dixeras?

AMPH. Dudum? Quam dudum istuc factum est?

25 ALC. Temptas. Iam dudum, modo.

AMPH. (to Sosia) Haec deliramenta loquitur.

SOS. Paulisper mane dum edormiscat unum somnium.

AMPH. Quae vigilans somniat?

ALC. Equidem ecastor vigilo, et vigilans id quod factum est fabulor.

30   Nam dudum ante lucem et istunc et te vidi.

AMPH. Quo in loco?

ALC. Hic in aedibus ubi tu habitas.

AMPH. Nunquam factum est. Alcumena, unum rogare te volo.

ALC. Quid vis roga.

35 AMPH. Num tibi aut stultitia accessit aut superat superbia? Salutare
    advenientem me solebas.

ALC. Ecastor, equidem te certo heri advenientem et salutavi et manum
    prehendi et osculum tetuli tibi.

AMPH. (puzzled) Tu me heri hic vidisti?

40 ALC. Ego, inquam, si vis decies dicere.

AMPH. Ei, misero mihi!

SOS. Quid tibi est?

AMPH. Delirat uxor.

ALC. Equidem ecastor sana et salva sum.

45 AMPH. Cur igitur praedicas te heri me vidisse, qui hac nocte in portum
    advecti sumus? Ibi cenavi atque ibi quievi in nave totam noctem.

ALC. Immo, mecum cenavisti et cubuisti.

AMPH. Quid est?

ALC. Vera dico. Quis igitur nisi vos narravit mihi ut fuerit proelium?

50 AMPH. An id tu scis?

ALC. Quippe ex te audivi, ut urbem maximam expugnavisses, regem-
    que Pterelam tu occideris.

---

19. **gentium,** partitive with nusquam, *in all the world.* 27. **mane,** imperative of
maneo, **edormiscat,** *sleep off.* 30. **istunc,** *that man (Sosia).* 37. **certo,** *for certain.*
38. **tetuli,** *I gave you.* 43. **Delirat,** *is raving.* 45. **qui,** *when we.* 46. **quievi,** *I slept.*
47. **cubuisti,** *you slept.* 49. **ut,** *how.* 50. **an,** when it introduces a question, it in-
dicates indignation or surprise. *What!* 51. **Quippe,** *Indeed.*

AMPH. Egone istuc dixi?

ALC. Tute istuc etiam adstante hoc Sosia.

AMPH. Tune me heri advenisse dicis?   55

ALC. Tune te abisse hodie hinc negas?

AMPH. Nego enim vero, et me advenire nunc primum aio ad te
domum.

ALC. Obsecro, etiamne hoc negabis, te auream pateram mihi dedisse,
qua te illi donatum esse dixeras?   60

AMPH. Neque edepol dedi nec dixi. Sed quis istuc tibi dixit?

ALC. Ego equidem ex te audivi et ex tua accepi manu pateram. Visne
proferri pateram?

AMPH. Proferri volo.

ALC. Fiat. Heus tu, Thessala, pateram profer foras, qua hodie meus vir   65
donavit me.

AMPH. (aside) Secede huc, Sosia; enim vero miror maxime, si haec
habet pateram illam.

SOS. An etiam credis id, qua in hac cistula tuo signo obsignata fertur?

AMPH. Salvum signum est?   70

SOS. Inspice.

AMPH. Recte, ita est ut obsignavi.

Thessala re-enters with the bowl.

ALC. Quid verbis opus est? Em tibi pateram eccam.

AMPH. (dumbfounded) Da mihi.   75

ALC. Age aspice, tu qui quae facta infitiaris.

AMPH. Summe Iuppiter! Quid ego video? Haec est profecto patera.
Perii, Sosia.

Theatre ticket. The number of the section where the seat was is shown by the hand with upraised fingers.

53. **istuc,** *that.* 54. **Tute istuc.** *You did, your very own self.* 65. **Heus, Ho,** *there.*
67. **Secede huc,** *Come over here.* 69. **obsignata,** *sealed.* 74. **opus est,** *is the need of.*
eccam, *Behold.* 76. **facta,** sc. sunt. **infitiaris,** *deny.*

Amphitryon then decides to return to the ship, to bring back a witness, Naucrates, a relative of Alcmena's, to testify that he spent the night on the ship.

A few hours later, Jupiter, still having fun pretending that he is Amphitryon, returns to Alcmena, and apologizes for his actions in the preceding scene. Alcmena, of course, believes him to be her real husband.

— *Scene 4* —

JUP. Te volo, uxor, colloqui. (*She turns her back to him.*) Quo te avertisti?

ALC. Ita ingenium est meum. Inimicos semper osa sum tueri.

JUP. Nimis iracunda es. (*tries to fondle her*)

ALC. Potesne abstinere manum?

5 JUP. Huc reverti ut me purgarem tibi. Numquam quicquam meo animo fuit aegrius, quam postquam audivi te esse iratam mihi. Expediam tibi. Non edepol te esse impudicam credebam; verum periclitatus sum animum tuum, quid faceres et quo pacto id ferre induceres. Equidem ioco illa dixeram dudum tibi, ridiculi causa.

10 ALC. Quin huc adducis meum cognatum Naucratem, testem quem dudum te adducturum dixeras, te huc non venisse?

JUP. Si quid dictum est per iocum, non aequum est id te serio praeverti. Per dexteram tuam te, Alcumena, oro obsecro: da mihi hanc veniam, ignosce, irata ne sis. (*holding her*) Ius iurandum dabo

15 me meam pudicam esse uxorem arbitrari. Id ego si fallo, te, summe Iuppiter, quaeso, Amphitruoni ut semper iratus sis. Nunc irata non es?

ALC. Non sum.

JUP. Bene facis. Nam in hominum aetate multa eveniunt huius modi:

20 capiunt voluptates, capiunt rursum miserias; irae interveniunt, redeunt rursum in gratiam; verum irae si quae forte eveniunt huius modi inter eos, rursum si revertum in gratiam est, bis tanto amici sunt inter se quam prius.

ALC. Primum cavisse oportuit ne diceres, verum eadem si purgas mihi

25 patienda sunt.

---

4. 1. **colloqui,** *speak with.* 2. **osa sum,** *I hate.* 3. **iracunda,** *angry.* 6. **aegrius,** *more disagreeable.* 7. **expediam,** *I will explain.* 8. **periclitatus sum,** *I was testing.* **quo pacto,** *how, in what way.* 9. **induceres,** *you would take it.* 10. **Quin huc adducis,** *Why don't you bring here?* 13. **praeverti,** *to be taken.* **oro obsecro,** *I beg and beseech you.* 14. **veniam,** *forgiveness.*

Sosia enters

sos. Amphitruo, adsum. Si quid opus est, impera.

jup. Sosia, optime advenis.

sos. Iam pax est inter vos duos? Nam quia vos tranquillos video, gaudeo. Iam vos rediistis in concordiam? 30

jup. Derides, qui scis haec dudum me dixisse per iocum. Facta pax est.

Exeunt Alcmena and Sosia

Jupiter then summons Mercury, and orders him to keep Amphitryon away from the house while he carries on his 'affair' with Alcmena inside. In the following scene, Mercury, in the guise of Sosia, much dishevelled, climbs up on the roof, as Amphitryon returns from the harbour.

— *Scene 5* —

AMPH. (*trying the door, which is locked*) Aedes occluserunt! Eugepae, pariter hoc fit atque alia facta sunt. Feriam fores. (*He knocks loudly*) Aperite hoc. Heus, equis hic est? Equis hoc aperit ostium?

MERC. (*on the roof*) Quis ad fores est?

AMPH. Ego sum. 5

MERC. Quid ego sum?

AMPH. Ita loquor.

MERC. Tibi Iuppiter dique omnes irati sunt, qui sic frangas foras.

AMPH. Quo modo?

MERC. Eo modo, ut profecto vivas aetatem miser. 10

AMPH. (*sternly*) Sosia.

MERC. Ita, sum Sosia, nisi me esse oblitum existimas. Quid nunc vis?

AMPH. Sceleste, id tu me rogas quid velim?

MERC. Ita rogo. Paene fregisti, fatue, foribus cardines. Quid me aspectas, stolide? Quid nunc vis tibi? Aut quid tu es homo? 15

AMPH. Verbero, etiam quis ego sim me rogitas?

29. **tranquillos,** *at peace.*

5. 1. **occluserunt,** *they have closed up.* **Eugepae,** *A fine thing!* 2. **pariter atque,** *the same as.* **Feriam fores,** *I'll beat on the door.* 3. **Equis,** *anyone.* 6. **Quid ego sum?,** *What do you mean 'It is I?'* 8. **qui frangas,** *a relative clause of characteristic, because you're breaking.* 13. **Sceleste,** *vocative, You scoundrel.* 14. **fatue,** *vocative, you idiot.* **aspectas,** *you stare at,* 15. **stolide,** *you stupid one.*

— *Scene 6* —

Bromia, maid to Alcmena, comes out of the house in a state of panic.

BROM. Spes atque opes vitae meae iacent sepultae in pectore. Ita mihi
omnia,—mare, terra, caelum, videntur consequi ut opprimar. Me
miseram, quid agam nescio. Tanta mira in aedibus facta sunt. Vae
miserae mihi; aquam velim. Caput dolet; neque audio nec oculis
5   prospicio. Nec me miserior femina est, neque ulla videatur magis.
Ita erae meae hodie contigit. Nam ubi parturit, deos sibi invocat,
strepitus, crepitus, sonitus, tonitrus. Ut subito, ut propere, ut valide tonuit! Ubi quisque steterat, concidit crepitu. Ibi nescio quis
maxima voce exclamat: "Alcumena, adest auxilium, ne time. Et
10   tibi et tuis propitius caeli cultor venit. Exsurgite", inquit, "qui ter-
rore meo occidisti prae metu." Ut iacui, exsurgo. Ardere censui
aedes, ita tum fulgebant. Ibi me inclamat Alcumena; accurro ut
sciam quid velit, atque illam geminos filios pueros peperisse con-
spicor.
15   *She sees Amphitryon, lying prostrate in the street.*
Sed quid hoc? Quis est hic senex qui ante aedes nostras sic iacet?
Num hunc percussit Iuppiter? Ibo ut cognoscam, quisquis est,
Amphitruo hic quidem est meus erus! Amphitruo.
AMPH. Perii.
20 BROM. Surge.
AMPH. Interii.
BROM. Cede manum.
AMPH. Quid me tenet?
BROM. Tua Bromia ancilla.
25 AMPH. Totus timeo, ita me increpuit Iuppiter.
BROM. Tibi omnia exponam; omnium primum,—Alcumena geminos
peperit filios. Postquam peperit, pueros lavare nos iussit. In-
cepimus. Sed puer ille quam ego lavi—ut magnus est et multum
valet! Neque eum quisquam colligare potuit incunabulis.

6. 1. **opes vitae,** *hopes of life;* i.e., *of getting out alive.* 3. **Vae,** *Oh, dear.* 5. **me,**
than me: ablative of comparison. 6. **erae meae,** *to my mistress.* **parturit,** *she
gave birth.* 7. **strepitus, crepitus, sonitus, tonitrus,** *grumbling and rumbling, and
smashing and crashing:* a very dramatic choice of words. 9. **ne time,** *do not fear:* a
common use of the negative imperative, instead of noli timere. 10. **propitius,**
in a kindly fashion. 11. **prae metu,** *because of fear.* 12. **fulgebant,** *it* (the house)
was so lit up. 13. **peperisse,** from pario. 22. **Cede manum,** *Take my hand.* 28.
ut, *how.* 29. **colligare incunabilis,** *to wrap him in his swaddling clothes.*

AMPH. Nimia mira memoras. 30

BROM. Postquam in cunas conditus est, devolant angues duo maximi in impluvium.

AMPH. Ei mihi.

BROM. Ne pave. Sed angues postquam pueros conspicati, pergunt ad cunas citi. Postquam ille alter puer angues conspexit, citus ex 35 cunis exilit, facit recta in angues impetum. Alterum altera prehendit eos manu perniciter.

AMPH. Mira memoras. Quid facit deinde? Loquere.

BROM. Puer ambo angues enicat. Dum haec geruntur, voce clara exclamat uxorem tuam. 40

AMPH. Quis homo?

BROM. Summus Iuppiter, imperator divum atque hominum. Is dixit eum filium suum esse qui angues vicerit, et alterum tuum esse dixit puerum.

AMPH. Pol haud me paenitet si licet boni dimidium mihi dividere cum 45 Iove. (*There is thunder.*) Sed quid hoc? Quam valide tonuit.

Jupiter appears above.

JUP. Bono animo es.; adsum auxilio, Amphitruo, tibi et tuis. Nihil est quod timeas. Tu cum Alcumena uxore antiquam in gratiam redi. Ego in caelum migro. 50

AMPH. Faciam ita ut iubes, et te oro ut serves tua. Ibo intro ad uxorem. Nunc, spectatores, Iovis summi causa, clare plaudite.

Ivory theatre ticket

31. **devolant,** *glide down.* 34. **Ne pave,** *Don't be afraid.* 36. **exilit,** *he jumped out.* **Alterum altera manu,** *one in each hand.* 42. **divum,** genitive plural, *of the gods.* 45. **Pol,** *Well, well.* **haud me paenitet,** *I have no regrets.* 51. **serves tua,** *you keep your word.* 52. **plaudite,** *applaud:* (to the audience).

— *Exercise for Review* —

Complete the following sentences.

1. Amphitryon was the _____ of the Theban army.
2. Jupiter impersonated _____ during his absence.
3. Mercury impersonated the slave _____, who was away with his master.
4. Alcmena believed that Jupiter was _____.
5. Alcmena's twin sons were named _____ and _____.
6. The son of Jupiter was _____.
7. At the end of the play, Jupiter assured _____ that his wife had not been unfaithful.
8. The setting for all of Plautus' plays is in the country of _____.
9. The two famous writers of Latin comedy were named _____ and _____.
10. In the acting of the plays, the actors usually wore _____.

NEPOS

View of the Acropolis overlooking Athens, Greece

Cornelius Nepos was born about 100 B.C. in Cisalpine Gaul, probably at Ticinum (modern Pavia), and died about 25 B.C.

He took up his residence at Rome early in life and seems to have had an independent fortune because he was able to devote his whole attention to literary pursuits. He took no part in politics, which was unusual for a man in his position, but he was on friendly terms with the outstanding politicians as well as with the famous literary men of his day. In fact, the famous poet Catullus dedicated his book of poems to him.

We know through references of other writers that he wrote in several different areas of literature, but unfortunately, most of his work has been lost. The only surviving work is part of a collection of short biographies entitled *Dē Virīs Illūstribus*. This text consisted of at least sixteen books. The biographies were arranged in classes or groups with two books for each group. The first book included distinguished men from foreign nations, mostly Greece, and the second book treated distinguished men from Rome. One book, *Dē Excellentibus Ducibus Exterārum Gentium ("On Outstanding Foreign Military Commanders")* we have in its entirety. It is from this book that we have the biography of Alcibiades, perhaps the most remarkable man of all of Greece.

The style of Nepos is simple and pleasing. His vocabulary is limited, and as a rule he expresses himself in short sentences. Although he was a contemporary of Julius Caesar, his Latin is not so strictly classical as the author of *"The Gallic Wars."* He sometimes has a poetic coloring to his writing that is missing in the writing of Caesar. When Nepos occasionally attempts long sentences, it soon becomes evident that he is not comfortable with a complicated style, and at times he even becomes careless, especially in the omission of pronouns. As a general rule, however, his style is very clear, and thus he is an appropriate author for students who are beginning to read Latin.

Selections from "ALCIBIADES"

Alcibiades

The Outstanding Virtues and Vices of Alcibiades

I. Alcibiadēs, Clīniae fīlius, Athēniēnsis. In hōc nātūra quid efficere possit vidētur experta; cōnstat enim inter omnēs, quī dē eō memoriae prōdidērunt, nihil illō fuisse excellentius vel in vitiīs vel in virtūtibus. Nātus in amplissimā cīvitāte summō genere, omnium aetātis suae
5 multō fōrmōsissimus, ad omnēs rēs aptus cōnsilīque plēnus (namque imperātor fuit summus et marī et terrā) disertus, ut in prīmīs dīcendō valēret, quod tanta erat commendātiō ōris atque ōrātiōnis, ut nēmō eī posset resistere; dīves; cum tempus posceret, labōriōsus, patiēns; līberālis, splendidus nōn minus in vītā quam vīctū; affābilis, blandus,
10 temporibus callidissimē serviēns: īdem, simul ac sē remīserat neque causa suberat quā rē animī labōrem perferret, lūxuriōsus, dissolūtus, intemperāns reperiēbātur, ut omnēs admīrārentur in ūnō homine tantam esse dissimilitūdinem tamque dīversam nātūram.

affābilis, -e *congenial*
commendātiō, -ōnis f. *appeal*
disertus, -a, -um *eloquent*
dissimilitūdō, -inis f. *difference*
dissolūtus, -a, -um *dissolute*

intemperāns, -ntis *intemperate*
līberālis, -e *generous*
lūxuriōsus, -a, -um *self-indulgent*
memoriae prōdere *to relate,*
    record

I. 1. **Clīnias, -ae** m.: *Clinias,* father of Alcibiades. **In hōc:** *In the case of this man.* **nātūra:** subject of both **possit** and **vidētur experta** (esse). 10. **temporibus serviēns:** *adapting to circumstances.* **neque causa suberat:** *and there was no underlying reason.*

(left) Pericles
(right) Socrates

The Youth of Alcibiades

II. Ēducātus est in domō Periclī, ērudītus ā Sōcrate. Socerum habuit Hipponīcum, omnium Graecā linguā loquentium dītissimum, ut, sī ipse fingere vellet, neque plūra bona comminīscī neque māiōra posset cōnsequī, quam vel nātūra vel fortūna tribuerat.

II. 1. in domō Periclī: Alcibiades was born about 450 B.C., and his father died in 447 B.C. Pericles, Alcibiades' cousin, was the greatest Greek statesman of the period 460–430 B.C. ("The Periclean Age"). **ērudītus:** in the informal manner of Socrates, known to us from the dialogues and *Apology* of Plato. **2. sī vellet . . . posset:** subjunctives in a past contrary-to-fact condition, where the imperfect sometimes appears instead of the pluperfect; *If he had wished, he would not have been able . . .* **3. comminīscī:** from **comminīscor** *to invent, think of.*

The Herms were statues usually composed of the head
of the God Hermes placed on a quadrangular pillar,
the height of an average human body.
In mythology, Hermes presided over roads, boundaries,
traffic and journeys. There were many of these
statues at street corners in Athens and
by the sides of the road, especially at crossings or
boundaries, throughout the whole of Greece.

Alcibiades Suspected of Knocking Down the Herms (415 B.C.)

III. Bellō Peloponnēsiō hūius cōnsiliō atque auctōritāte Athēniēnsēs bellum Syrācūsānīs indīxērunt. Ad quod gerendum ipse dux dēlēctus est, duo praetereā collēgae datī, Nīciās et Lāmachus. Id cum parārētur, prius quam classis exīret, accidit ut ūnā nocte omnēs Hermae, quī in
5 oppidō erant Athēnīs, dēicerentur praeter ūnum. Hoc cum appārēret nōn sine magnā multōrum cōnsēnsiōne esse factum, quae nōn ad prīvātam, sed ad pūblicam rem pertinēret, magnus multitūdinī timor est iniectus nē qua repentīna vīs in cīvitāte exsisteret, quae lībertātem opprimeret populī.
10 Hoc maximē convenīre in Alcibiadem vidēbātur, quod et potentior et māior quam prīvātus exīstimābātur; multōs enim līberālitāte dēvinxerat, plūrēs etiam operā forēnsī suōs reddiderat. Quā rē fiēbat ut omnium oculōs, quotiēnscumque in pūblicum prōdīsset, ad sē converteret neque eī pār quisquam in cīvitāte pōnerētur. Itaque nōn
15 sōlum spem in eō habēbant maximam, sed etiam timōrem, quod et obesse plūrimum et prōdesse poterat. Aspergēbātur etiam īnfāmiā, quod in domō suā facere mystēria dīcēbātur—quod nefās erat mōre Athēniēnsium—idque nōn ad religiōnem, sed ad coniūrātiōnem pertinēre exīstimābātur.

III. 2. **Syrācūsānī, -ōrum** m.: *The Syracusans* (in Sicily) 4. **Hermae:** busts of the god Hermes, each resting on a square pillar. 8. **quae . . . opprimeret:** relative characteristic clause, *violence of the sort that would . . .* 10. **convenīre in:** *to point to* (lit. *to suit*). 12. **suōs:** *his friends.* 14. **pōnerētur:** *was considered.* 17. **mystēria:** refers to the Eleusinian Mysteries, secret rites of rebirth and immortality which were said to bring great joy.

aspergō, -ere, -sī, -sum *to
spatter, stain*
dēvinciō, -īre, -nxī, nctum *to put
under obligation*
forēnsis, -e *legal*

līberālitās, -tātis, f. *generosity*
nefās, n. (indecl.) *sacrilege*
obsum, -esse, -fuī *be harmful*
quotiēnscumque *as often as*
reddō, -ere, -idī, -itum *make*

*Ancient Greek
Theatre
in Syracuse*

Alcibiades Accused of Sacrilege

IV. Hōc crīmine in cōntiōne ab inimīcīs compellābātur. Sed īnstābat
tempus ad bellum proficīscendī. Id ille intuēns neque ignōrāns cīvium
suōrum cōnsuētūdinem postulābat ut, sī quid dē sē agī vellent, potius
dē praesente quaestiō habērētur, quam absēns invidiae crīmine
accūsārētur. Inimīcī vērō ēius quiēscendum in praesentia, quia nocērī   5
eī nōn posse intellegēbant, et illud tempus exspectandum dēcrēvērunt
quō exīsset, ut absentem aggrederentur; itaque fēcērunt. Nam postquam in Siciliam eum pervēnisse crēdidērunt, absentem, quod sacra
violāsset, reum fēcērunt.

Quā dē rē cum eī nūntius ā magistrātū in Siciliam missus esset, ut   10
domum ad causam dīcendam redīret, essetque in magnā spē
prōvinciae bene administrandae, nōn pārēre nōluit et in trirēmem,

---

IV. 3. **cōnsuētūdinem:** i.e. their way of humbling the great. **dē (sē) praesente:** *about him in his presence.* 4. **invidiae crīmine:** *on a charge arising from
malice.* 5. **quiēscendum:** supply **sibi esse** (passive periphrastic). **nocērī eī nōn
posse:** *he could not be harmed.* 8. **quod . . . violāsset:** subjunctive because it
shows the enemies' reason, not the author's. 9. **reum fēcērunt:** *they prosecuted
him* (**reus** means *defendant*). 10. **ut . . . redīret:** depends on **nūntius,** *message.*
11. **ad causam dīcendam:** *to plead his case.* 12. **prōvinciae:** *his mission.* **nōn
pārēre:** *to disobey.*

quae ad eum dēportandum erat missa, ascendit. Hāc Thūriōs in
Italiam vectus, multa sēcum reputāns dē immoderātā cīvium suōrum
15 licentiā crūdēlitāteque ergā nōbilēs, ūtilissimum ratus impendentem
vītāre tempestātem, clam sē ab custōdibus subdūxit et inde Thēbās
vēnit. Postquam autem sē capitis damnātum bonīs pūblicātīs audīvit,
et, id quod ūsū vēnerat, Eumolpidās sacerdōtēs ā populō coāctōs ut sē
dēvovērent, ēiusque dēvōtiōnis quō testātior esset memoria, exem-
20 plum in pīlā lapideā incīsum esse positum in pūblicō, Lacedaemonem
dēmigrāvit.

Ibi, ut ipse praedicāre cōnsuērat, nōn adversus patriam, sed
inimīcōs suōs bellum gessit, quī īdem hostēs essent cīvitātī; nam cum
intellegerent sē plūrimum prōdesse posse reī pūblicae, ex eā ēiēcisse
25 plūsque īrae suae quam ūtilitātī commūnī pāruisse. Itaque hūius
cōnsiliō Lacedaemoniī cum Perse rēge amīcitiam fēcērunt, deinde
Deceleām in Atticā mūniērunt praesidiōque ibi perpetuō positō in
obsidiōne Athēnās tenuērunt. Ēiusdem operā Iōniam ā societāte
āvertērunt Athēniēnsium. Quō factō multō superiōrēs bellō esse
30 coepērunt.

compellō, -āre, -āvī, -ātum *to accuse*	pīla, -ae, f. *pillar*
dēvōtiō, -ōnis, f. *curse*	pūblicō, -āre, -āvī, -ātum *to confiscate*
dēvoveō, -ēre, -vōvī, -vōtum *to curse*	trirēmis, -is, f. *trireme, (a warship)*
immoderātus, -a, -um *unrestrained*	ūtilitās, -tātis, f. *usefulness, advantage*
lapideus, -a, -um *of stone*	violō, -āre, -āvī, -ātum *to violate, profane*

13. **Thūriī, -ōrum, m.**: *Thurii,* a town in southern Italy. 14. **sēcum** *to himself* (a common idiom). 17. **capitis** *on a capital charge.* 18. **id quod ūsū vēnerat**: *as had actually happened.* **Eumolpidae, -ārum,** m.: the priests of Demeter. 19. **dēvōtiōnis**: depends on **memoria. testātior** *better attested to.* 20. **Lacedaemōn, -ōnis,** f.: *Sparta.* 24. **sē**: Alcibiades. 24. **ēiēcisse**: the subject is **inimīcōs suōs** (understood). 26. **Perse rēge**: Darius II (423–404 B.C.). 27. **Deceleām:** a town near Marathon, controlling the road by which the grain supply from the north reached Athens. So the maneuver was brilliant and effective. **Attica, -ae,** f.: the district of Greece that included Athens 28. **Iōnia, -ae** f.: *west coast of Asia Minor.*

Alcibiades Goes to Asia Minor

V. Neque vērō hīs rēbus tam amīcī Alcibiadī sunt factī quam timōre ab eō aliēnātī; nam cum ācerrimī virī praestantem prūdentiam in omnibus rēbus cognōscerent, timuērunt nē cāritāte patriae ductus aliquandō ab ipsīs dēficeret et cum suīs in grātiam redīret. Itaque tempus ēius interficiendī quaerere īnstituērunt. Id Alcibiadēs diūtius cēlārī nōn 5 potuit; erat enim eā sagācitāte ut dēcipī nōn posset, praesertim cum animum attendisset ad cavendum. Itaque ad Tissaphernem, prae-fectum rēgis Darīī, sē contulit. Cūius cum in intimam amīcitiam pervēnisset et Athēniēnsium male gestīs in Siciliā rēbus, opēs senēscere, contrā Lacedaemoniōrum crēscere vidēret, initiō cum 10 Pīsandrō praetōre, quī apud Samum exercitum habēbat, per nūntiōs colloquitur et dē reditū suō facit mentiōnem. Is enim erat eōdem quō Alcibiadēs sēnsū, populī potentiae nōn amīcus et optimātium fautor. Ab hōc dēstitūtus prīmum per Thrasybūlum, ab exercitū recipitur praetorque fit apud Samum; post suffrāgante Thērāmene populī scītō 15 restituitur parīque absēns imperiō praeficitur simul cum Thrasybūlō et Thērāmene.

Hōrum in imperiō tanta commūtātiō rērum facta est, ut Lacedaemoniī, quī paulō ante victōrēs viguerant, perterritī pācem peterent. Victī enim erant quīnque proeliīs terrestribus, tribus 20 nāvālibus, in quibus ducentās nāvēs trirēmēs āmīserant, quae captae in hostium vēnerant potestātem. Alcibiadēs simul cum collēgīs

V. 1. **sunt factī:** the subject is the Spartans, as in the last sentence. 2. **virī:** genitive. 5. **cēlārī:** *to be kept ignorant of* (**Cēlō** *conceal from* in the passive may keep one of its two accusatives.) 6. **eā:** *such.* 7. **Tissaphernēs, is,** m.: *Tissaphernes,* a Persian governor. 9. **in Siciliā:** the Sicilian expedition was totally defeated and its leaders put to death in 413 B.C. 10. **contrā:** adverb. **Lacedaemoniōrum:** supply **opēs.** 11. **Pisander, -dri,** m.: *Pisander,* an Athenian general. **Samum:** the island of Samos was the chief naval base of Athens at this time (411 B.C.) 12. **is:** i.e. Pisander. Pisander thought that Alcibiades could arrange for Persian help for the aristocratic party at Athens. **quō:** after **eōdem:** *as.* 14. **hōc:** Pisander. **Thrasybūlum:** Thrasybulus was one of the ten generals for the year. 15. **post:** adverb. **suffrāgante Thērāmene:** *on the motion of Theramenes,* (in the assembly at Athens). 16. **restituitur:** i.e. to citizenship. 19. **pācem peterent:** 409 B.C. They were turned down. 24–30. These victories, somewhat exaggerated by Nepos, made safe the grain route from the Black Sea.

318

recēperat Iōniam, Hellēspontum, multās praetereā urbēs Graecās, quae in ōrā sitae sunt Asiae, quārum expūgnārant complūrēs, in hīs
25 Byzantium, neque minus multās cōnsiliō ad amīcitiam adiūnxerant, quod in captōs clēmentiā fuerant ūsī. Ita praedā onustī, locuplētātō exercitū, maximīs rēbus gestīs Athēnās vēnērunt.

aliēnō, -āre, -āvī, -atum *to alienate*
attendō, -ere, -dī, -tum *to exert, turn*
cāritās, -tātis, f. *love*
fautor, -ōris, m. *supporter*
intimus, -a, -um *intimate*
locuplētō, -āre, -āvī, -ātum *to enrich*

sagācitās, -tātis, f. *shrewdness*
scītum, -ī, n. *decree*
senēscō, -ere, senuī *to become weak*
situs, -a, -um *placed*
terrestris, -e *on land*
vigeō, -ēre, -uī *to be strong*

Alcibiades' Triumphant Return to Athens—407 B.C.

VI. Hīs cum obviam ūniversa cīvitās in Pīraeum dēscendisset, tanta fuit omnium exspectātiō vīsendī Alcibiadis, ut ad ēius trirēmem vulgus cōnflueret, proinde ac sī sōlus advēnisset. Sīc enim populō erat persuāsum, et adversās superiōrēs et praesentēs secundās rēs
5 accidisse ēius operā. Itaque et Siciliae āmissum et Lacedaemoniōrum victōriās culpae suae tribuēbant, quod tālem virum ē cīvitāte expulissent. Neque id sine causā arbitrārī vidēbantur; nam postquam exercituī praeesse coeperat, neque terrā neque marī hostēs parēs esse potuerant. Hic ut ē nāvī ēgressus est, quamquam Thērāmenēs et Thrasybūlus
10 eīsdem rēbus praefuerant simulque vēnerant in Pīraeum, tamen ūnum

23. **recēperat:** notice the force of **re-. Hellēspontus, -ī,** m.: *the Hellespont,* strait north of the Aegean Sea. 25. **Byzantium, -ī,** n.: *Byzantium* (Istanbul) 26. **in:** *towards.*

VI. 1. **hīs:** depends on **obviam. Pīraeus, ī,** m.: *Piraeus,* the port of Athens. 3. **proinde ac sī:** *just as if,* a contrary-to-fact comparison. **Sīc:** *of this,* referring to **adversās (rēs),** etc. in line 4. **populō erat persuāsum:** *the nation was convinced.* 5. **āmissum:** *loss* (a noun).

Port of Piraeus, Athens, Greece

omnēs illum prōsequēbantur, et, id quod numquam anteā ūsū vēnerat nisi Olympiae victōribus, corōnīs laureīs taeniīsque vulgō dōnābātur. Ille lacrimāns tālem benevolentiam cīvium suōrum accipiēbat, reminīscēns prīstinī temporis acerbitātem.

Postquam in urbem vēnit, cōntiōne advocātā sīc verba fēcit ut nēmō 15 tam ferus fuerit quīn ēius cāsum lacrimārit inimīcumque eīs sē ostenderit quōrum operā patriā pulsus fuerat, proinde ac sī alius populus, nōn ille ipse quī tum flēbat, eum sacrilegī damnāsset. Restitūta ergō huic sunt pūblicē bona, eīdemque illī Eumolpidae sacerdōtēs rūrsus resacrāre sunt coāctī, quī eum dēvōverant, pīlaeque illae, in 20 quibus dēvōtiō fuerat scrīpta, in mare praecipitātae.

acerbitās, -tātis, f. *bitterness*
exspectātiō, -ōnis, f. *expectation*
lacrimō, -āre, -āvī, -ātum *to cry, weep (at)*

Olympia, -ae, f. *site of the Olympic Games*
resacrō, -āre, -āvī, -ātum *to free from a curse, reconsecrate*
taenia, -ae, f. *headband*

11. **ūsū vēnerat:** See IV, 18. 16. **quīn (quī + nē):** *that he did not.* **lacrimārit** = **lacrimāverit:** perfect subjunctive. 18. **sacrilegī:** *for sacrilege* (genitive).

New Disfavor for Alcibiades

VII. Haec Alcibiadī laetitia nōn nimis fuit diūturna. Nam cum eī omnēs essent honōrēs dēcrētī tōtaque rēs pūblica domī bellīque trādita, ut ūnīus arbitriō gererētur, et ipse postulāsset ut duo sibi collēgae darentur, Thrasybūlus et Adīmantus, neque id negātum
5 esset, classe in Asiam profectus, quod apud Cȳmēn minus ex sententiā rem gesserat, in invidiam recidit; nihil enim eum nōn efficere posse dūcēbant. Ex quō fīēbat ut omnia minus prōsperē gesta culpae tribuerent, cum aut eum neglegenter aut malitiōsē fēcisse loquerentur, sīcut tum accidit; nam corruptum ā rēge capere Cȳmēn nōluisse
10 arguēbant. Itaque huic maximē putāmus malō fuisse nimiam opīniōnem ingenī atque virtūtis; timēbātur enim nōn minus quam dīligēbātur, nē secundā fortūnā magnīsque opibus ēlātus tyrannidem concupīsceret. Quibus rēbus factum est ut absentī magistrātum abrogārent et alium in ēius locum substituerent.
15 Id ille ut audīvit, domum revertī nōluit et sē Chersonēsum contulit ibique tria castella commūniit manūque collēctā prīmus Graecae cīvitātis in Thrāciam introiit, glōriōsius exīstimāns barbarōrum praedā locuplētārī quam Grāiōrum. Quā ex rē crēverat cum fāmā tum opibus magnamque amīcitiam sibi cum quibusdam rēgibus Thrāciae
20 pepererat.

abrogō, -āre, -āvī, -ātum *to take*
　from
arguō, ere, -uī, -ūtum *to declare,*
　accuse
malitiōsē *treacherously*

neglegenter *carelessly*
substituō, -ere, -uī, ūtum *to*
　substitute
tyrannis, -idis, f. *tyranny,*
　absolute rule

VII. 2. **bellī:** locative. 5. **apud Cȳmēn:** Alcibiades was near Cyme, in Asia Minor, helping Thrasybulus, but his fleet was off Notium near Ephesus. It was engaged in a battle contrary to orders and was defeated (406 B.C.) **minus ex sententiā:** *not as they wished.* 10. **huic . . . malō:** double dative, *a source of trouble to him.* **maximē:** with **huic fuisse.** 13. **magistrātum:** his appointment as general. In fact, it was election time and ten new generals were appointed for the year. 15. **Chersonēsus, -ī** f.: *The Chersonese,* a peninsula in the North Aegean Sea. 16. **prīmus:** supply **civis.** (*Prīmus* in the nominative is usually translated *(was) the first to.*) Others had been to Thrace earlier, but with **introiit** Nepos is probably referring to penetration well into the interior. 18. **locuplētārī:** the middle (reflexive) use of the passive form, *to enrich himself.* **cum . . . tum:** *not only . . . but also.* 20. **pepererat:** from **pariō** *to bear, bring forth, obtain.*

Alcibiades' Advice to the Athenians Is Refused

VIII. Neque tamen ā cāritāte patriae potuit recēdere. Nam cum apud
Aegos flūmen Philoclēs, praetor Athēniēnsium, classem cōnstituisset
suam neque longē abesset Lÿsander, praetor Lacedaemoniōrum, quī
in eō erat occupātus ut bellum quam diūtissimē prōdūceret, quod ipsīs
pecūniā ā rēge suppeditābātur, contrā Athēniēnsibus exhaustīs praeter   5
arma et nāvēs nihil erat super, Alcibiadēs ad exercitum vēnit
Athēniēnsium ibique praesente vulgō agere coepit: sī vellent, sē
coāctūrum Lÿsandrum dīmicāre aut pācem petere; Lacedaemoniōs eō
nōlle classe cōnflīgere, quod pedestribus cōpiīs plūs quam nāvibus
valērent; sibi autem esse facile Seuthem, rēgem Thrācum, addūcere ut   10
eum terrā dēpelleret; quō factō necessāriō aut classe cōnflīctūrum aut
bellum compositūrum. Id etsī vērē dictum Philoclēs animadvertēbat,
tamen postulāta facere nōluit, quod sentiēbat sē Alcibiade receptō
nūllīus mōmentī apud exercitum futūrum et, sī quid secundī
ēvēnisset, nūllam in eā rē suam partem fore, contrā ea, sī quid adversī   15
accidisset, sē ūnum eius dēlīctī futūrum reum. Ab hōc discēdēns Alcibiadēs "Quoniam," inquit, "victōriae patriae repūgnās, illud moneō,
nē iūxtā hostem castra habeās nautica; perīculum est enim nē im-
modestiā mīlitum vestrōrum occāsiō dētur Lÿsandrō vestrī oppri-
mendī exercitūs." Neque ea rēs illum fefellit; nam Lÿsander cum per   20
speculātōrēs comperisset vulgum Athēniēnsium in terram praedātum
exīsse nāvēsque paene inānēs relīctās, tempus reī gerendae nōn
dīmīsit eōque impetū bellum tōtum dēlēvit.

dēlictum, ī, n. *offense*	reus, ī, m. *person accused*
immodestia, -ae, f. *lack of*	suppeditō, -āre, -āvī, ātum *to*
discipline	*supply*

VIII. 1. **patriae:** objective genitive. 2. **Aegos flūmen:** *Aegospotami*, a river in
the Chersonese. 3. **neque longē:** about five miles, at Lampsacus, across the
Hellespont. 4. **in eō erat occupātus ut . . . prōdūceret:** *was intent on prolonging*.
5. **contrā:** (See V. 10.) 6. **erat super** = supererat with dative. 7. **vulgō:** *the
soldiers*. 8. **eō . . . quod:** *for the reason that*. 13. **Alcibiade receptō:** translate with
if an ablative absolute depending on a future verb 14. **quid secundī:** *anything
successful*. 20. **Neque ea rēs illum fefellit:** *and he was not wrong in this*.
21. **praedātum:** supine. 23. **dēlēvit:** *ended*.

Mounted Greek warrior in bronze—about 550 B.C.

Alcibiades Withdraws to Asia Minor Again

IX. At Alcibiadēs, victīs Athēniēnsibus nōn satis tūta eadem loca sibi arbitrāns, penitus in Thrāciam sē suprā Propontidem abdidit, spērāns ibi facillimē suam fortūnam occulī posse. Falsō. Nam Thrācēs, postquam eum cum magnā pecūniā vēnisse sēnsērunt, īnsidiās fēcērunt;
5   ea quae apportārat abstulērunt, ipsum capere nōn potuērunt. Ille cernēns nūllum locum sibi tūtum in Graeciā propter potentiam Lacedaemoniōrum ad Pharnabāzum in Asiam trānsiit, quem quidem adeō suā cēpit hūmānitāte, ut eum nēmō in amīcitiā antecēderet. Namque eī Grȳnium dederat, in Phrygiā castrum, ex quō quīnquāgēna
10 talenta vectīgālis capiēbat. Quā fortūnā Alcibiadēs nōn erat contentus neque Athēnās victās Lacedaemoniīs servīre poterat patī. Itaque ad patriam līberandam omnī ferēbātur cōgitātiōne. Sed vidēbat id sine

IX. 2. **Propontis, idis,** f.: *the Propontis,* a sea northeast of the Aegean.
7. **Pharnabazus, -i,** m.: governor of northwest Asia Minor. 8. **hūmānitāte:** *culture and manners.* 9. **Phrygia, -ae,** f.: district of northwest Asia Minor.
quīnquāgēna talenta: the distributive numeral means 50 each year. A talent was worth several thousand modern dollars. 12. **ferēbātur:** *he was moved.*

rēge Perse nōn posse fierī, ideōque eum amīcum sibi cupiēbat adiungī neque dubitābat facile sē cōnsecūtūrum, sī modo ēius conveniendī habuisset potestātem. Nam Cȳrum frātrem eī bellum clam parāre 15 Lacedaemoniīs adiuvantibus sciēbat; id sī aperuisset, magnam sē initūrum grātiam vidēbat.

adeō *so, to such an extent*	falsō *incorrectly*
apportō, -āre, -āvī, -ātum *to bring*	occulō, -ere, -uī, -tum *to hide*
	penitus adv. *deep(ly)*
cōgitātiō, -ōnis, f. *thought, thinking*	

Plans to Kill Alcibiades—404 B.C.

X. Hoc cum mōlīrētur peteretque ā Pharnabāzō, ut ad rēgem mitterētur, eōdem tempore Critiās cēterīque tyrannī Athēniēnsium certōs hominēs ad Lȳsandrum in Asiam mīserant, quī eum certiōrem facerent, nisi Alcibiadem sustulisset, nihil eārum rērum fore ratum, quās ipse Athēnīs cōnstituisset; quā rē, sī suās rēs gestās manēre vellet, 5 illum persequerētur. Hīs Lacō rēbus commōtus statuit accūrātius sibi agendum cum Pharnabāzō. Huic ergō renūntiat quae rēgī cum Lacedaemoniīs essent, nisi Alcibiadem vīvum aut mortuum sibi trādidisset. Nōn tulit hunc satrapēs et violāre clēmentiam quam rēgis opēs minuī māluit.

Itaque mīsit Susamithrēn et Bagaeum ad Alcibiadem interficiendum, cum ille esset in Phrygiā iterque ad rēgem comparāret. Missī clam vīcīnitātī, in quā tum Alcibiadēs erat, dant negōtium ut eum interficiant. Illī cum ferrō aggredī nōn audērent, noctū līgna contulērunt

13. **rēge:** now Artaxerxes II (404–358 B.C.), son of Darius II. 14. **ēius conveniendī:** *of meeting him.* 15. **frātrem:** (of Artaxerxes). 17. **initūrum:** *would gain.*

X. 2. **Critiās:** principal member of the "Thirty Tyrants," the government set up in Athens by Lysander and the Spartans after the defeat of Athens in 404 B.C. **certōs:** *reliable.* 6. **persequerētur:** indirect command *he should . . .* **Lacō:** *the Spartan,* i.e. Lysander. 7. **renūntiat:** here, *renounced.* **quae:** *the agreement which.* 9. **Nōn tulit hunc:** *did not resist him.* 11. **Susamithres** and **Bagaeus** were Persians. 13. **vīcīnitātī:** *to the (residents of the) neighborhood.* 14. **Illī:** *the residents.*

Thucydides

15 circā casam in quā quiēscēbat eamque succendērunt, ut incendiō
cōnficerent, quem manū superārī posse diffīdēbant. Ille autem ut
sonitū flammae est excitātus, etsī gladius eī erat subductus, familiāris
suī subālāre tēlum ēripuit. Namque erat cum eō quīdam ex Arcadiā
hospes, quī numquam discēdere voluerat. Hunc sequī sē iubet et id
20 quod in praesentiā vestīmentōrum fuit arripuit. Hīs in īgnem coniectīs
flammae vim trānsiit. Quem ut barbarī incendium effūgisse vīdērunt,
tēlīs ēminus missīs interfēcērunt caputque ēius ad Pharnabāzum rettulērunt. At mulier quae cum eō vīvere cōnsuērat muliebrī suā veste
contēctum aedificī incendiō mortuum cremāvit, quod ad vīvum in-
25 terimendum erat comparātum. Sīc Alcibiadēs annōs circiter
quadrāgintā nātus diem obiit suprēmum.

ēminus *from a distance*   ratus, -a, -um *valid*
līgnum, -ī, n. *log*   satrapēs, -is, m. *a satrap* (Persian
mōlior, -īrī, -ītus *to work on*   governor)
muliebris, -e *woman's*

18. **subālāre tēlum:** probably a dagger (**subālāre** means *worn under the arm*).
20. **vestīmentōrum:** partitive with **id quod:** *whatever clothing.* 24. **(eum) con-**
tēctum: *covered him and . . .* 26. **quadrāgintā:** Alcibiades was probably over 45,
since the date was 404 B.C. **diem obiit suprēmum:** *met his final hour.*

The Superlative Abilities of Alcibiades

XI. Hunc īnfāmātum ā plērīsque trēs gravissimī historicī summīs laudibus extulērunt: Thūcȳdidēs, quī ēiusdem aetātis fuit, Theopompus, post aliquantō nātus, et Tīmaeus; quī quidem duo maledicentissimī nesciō quō modō in illō ūnō laudandō cōnsentiunt. Namque ea, quae suprā scrīpsimus, dē eō praedicārunt atque hoc 5 amplius: cum Athēnīs, splendidissimā cīvitāte, nātus esset, omnēs splendōre ac dīgnitāte superāsse vītae; postquam inde expulsus Thēbās vēnerit, adeō studiīs eōrum īnservīsse ut nēmō eum labōre corporisque vīribus posset aequiperāre—omnēs enim Boeōtiī magis fīrmitātī corporis quam ingenī acūminī serviunt;—eundem apud 10 Lacedaemoniōs, quōrum mōribus summa virtūs in patientiā pōnēbātur, sīc dūritiae sē dedisse, ut parsimōniā victūs atque cultūs omnēs Lacedaemoniōs vinceret; fuisse apud Thrācās, hominēs vīnolentōs rēbusque veneriīs dēditōs: hōs quoque in hīs rēbus antecessisse; vēnisse ad Persās, apud quōs summa laus esset fortiter vēnārī, 15 lūxuriōsē vīvere: hōrum sīc imitātum cōnsuētūdinem, ut illī ipsī eum in hīs māximē admīrārentur. Quibus rēbus effēcisse ut, apud quōscumque esset, prīnceps pōnerētur habērēturque cārissimus. Sed satis dē hōc; reliquōs ōrdiāmur.

acūmen, -inis, n. *keenness, sharpness*
aequiperō, -āre, -āvī, ātum *to equal*
fīrmitās, -tātis, f. *strength*
gravis, -e *important*
historicus, -ī m. *historian*

īnserviō, -īre, -īvī, -ītum *to devote oneself to* (with dative)
maledīcēns, -ntis *abusive, critical*
parsimōnia, -ae, f. *thrift, frugality*
splendor, -ōris, m. *splendor*
venerius, -a, -um *of love*
vēnor, -ārī, -ātus *to hunt*
vīnolentus, -a, -um *hard-drinking*

XI. 1. **īnfāmātum:** has concessive force: *although discredited.* 2. **Theopompus, Tīmaeus:** Greek historians, born about 25 and 50 years respectively after the death of Alcibiades. 3. **quī . . . duo:** *these (last) two.* 4. **nesciō quō modō:** *somehow.* 6. **cum** from **cum** to **cārissimus** (line 18) is an indirect statement, of which **Alcibiadem** is the understood subject. 9. **Boeōtiī:** Thebes was in Boeotia, northwest of Athens. The sophisticated Athenians generally considered the Boeotians slow-witted rustics. The subsequent references to the Spartans, Thracians, and Persians also reflect the accepted stereotypes. 16. **imitātum:** infinitive in indirect statement. 19. **hōc:** m. **ōrdiāmur:** hortatory subjunctive.

Exercise for Review

Complete the following sentences.

1. Alcibiades as a speaker was _____ and his life style was _____.
2. Alcibiades was thought responsible for knocking down _____ because he was _____ than the other citizens.
3. Alcibiades' enemies delayed accusing him until _____.
4. The political position of Alcibiades and Pisander was _____ to the people.
5. On his return home Alcibiades was treated as if _____ and was presented with _____ and _____.
6. Alcibiades was feared because he might want _____.
7. At Aegospotami Alcibiades warned the Athenian commander _____.
8. Alcibiades thought that Athens could not free herself from the Spartans without _____.
9. In Phrygia Alcibiades was killed by _____ by means of _____.
10. In Thebes Alcibiades excelled the Boeotians in _____ and _____.

Appendix

Bronze of Alexander the Great on his horse, Bucephalus

Brief Latin Grammar—Forms

— *Nouns* —

FIRST DECLENSION

	SINGULAR	PLURAL
NOM.	puella, *a girl*	puellae, *girls*
GEN.	puellae, *of a girl* or *girl's*	puellārum, *of the girls* or *the girls'*
DAT.	puellae, *to* or *for a girl*	puellīs, *to* or *for the girls*
ACC.	puellam, *a girl*	puellās, *the girls*
ABL.	puellā, *by, with, from a girl*	puellīs, *by, with, from the girls*

notes: Nouns of the first declension are feminine, except nouns denoting males, which are masculine. The dative and ablative plural of **fīlia** is **fīliābus,** and of **dea** is **deābus.**

SECOND DECLENSION

notes: Second declension nouns in **-us, -er,** or **-ir** are masculine; those in **-um** are neuter. **Fīlius,** proper names in **-ius,** and nouns in **-ium** usually, have **-ī** (not **-iī**) in the gen. sing., with the accent on the penult, as **fī'lī, Vale'rī, au-xi'lī.**

SINGULAR

NOM.	amīcus	puer	ager	vir
GEN.	amīcī	puerī	agrī	virī
DAT.	amīcō	puerō	agrō	virō
ACC.	amīcum	puerum	agrum	virum
ABL.	amīcō	puerō	agrō	virō
VOC.	amīce			

PLURAL

NOM.	amīcī	puerī	agrī	virī
GEN.	amīcōrum	puerōrum	agrōrum	virōrum
DAT.	amīcīs	puerīs	agrīs	virīs
ACC.	amīcōs	puerōs	agrōs	virōs
ABL.	amīcīs	puerīs	agrīs	virīs

	SINGULAR	PLURAL	SINGULAR	PLURAL
NOM.	bellum, N.	bella	fīlius, M.	fīliī
GEN.	bellī	bellōrum	fīlī	fīliōrum
DAT.	bellō	bellīs	fīliō	fīliīs
ACC.	bellum	bella	fīlium	fīliōs
ALB.	bellō	bellīs	fīliō	fīliīs
VOC.			fīlī	

VOCATIVE CASE

The vocative is the case of direct address. *Its ending is like the nominative.*

exceptions: In the *singular* of second decl. nouns in **-us** the vocative ends in **-e,** as: **serve,** *O slave.* The vocative sing. of **fīlius** and *proper names* of the second decl. in **-ius** end in **-ī** (not **-ie**) with the accent on the penult, as: **fi'lī,** *O son;* **Vale'rī,** *O Valerius.*

THIRD DECLENSION

CONSONANT STEMS
SINGULAR

NOM.	mīles, M.	pater, M.	dux, M.
GEN.	mīlitis	patris	ducis
DAT.	mīlitī	patrī	ducī
ACC.	mīlitem	patrem	ducem
ABL.	mīlite	patre	duce

PLURAL

NOM.	mīlitēs	patrēs	ducēs
GEN.	mīlitum	patrum	ducum
DAT.	mīlitibus	patribus	ducibus
ACC.	mīlitēs	patrēs	ducēs
ABL.	mīlitibus	patribus	ducibus

	SINGULAR	PLURAL	SINGULAR	PLURAL
NOM.	flūmen, N.	flūmina	corpus, N.	corpora
GEN.	flūminis	flūminum	corporis	corporum
DAT.	flūminī	flūminibus	corporī	corporibus
ACC.	flūmen	flūmina	corpus	corpora
ABL.	flūmine	flūminibus	corpore	corporibus

I STEMS

SINGULAR

NOM.	hostis, M.	caedēs, F.	urbs, F.
GEN.	hostis	caedis	urbis
DAT.	hostī	caedī	urbī
ACC.	hostem	caedem	urbem
ABL.	hoste	caede	urbe

PLURAL

NOM.	hostēs	caedēs	urbēs
GEN.	hostium	caedium	urbium
DAT.	hostibus	caedibus	urbibus
ACC.	hostēs (-īs)	caedēs (-īs)	urbēs (-īs)
ABL.	hostibus	caedibus	urbibus

	SINGULAR	PLURAL	SINGULAR	PLURAL
NOM.	mare, N.	maria	animal, N.	animalia
GEN.	maris	marium	animālis	animālium
DAT.	marī	maribus	animālī	animālibus
ACC.	mare	maria	animal	animālia
ABL.	marī	maribus	animālī	animālibus

notes:

1. To **-i** stems belong:

a. Masculines and feminines in **-is** and **-ēs** not increasing in the genitive, as **nāvis, caedēs.**

b. Neuters in **-e, -al,** and **-ar,** as **mare, animal, calcar.**

c. Monosyllables whose base ends in two consonants, as **pars, part-is; nox, noct-is.**

d. Nouns whose base ends in **-nt** or **-rt,** as **cliēns, client-is; cohors, cohort-is.**

2. **Turris** and some *proper names* in **-is** have **-im** in the acc. sing., as: **turrim, Tiberim.**

Roman warship, relief

FOURTH DECLENSION

SINGULAR

NOM.	frūctus, M.	cornu, N.	domus, F.
GEN.	frūctūs	cornūs	domūs (domī, LOC.)
DAT.	frūctuī	cornū	domuī, domō
ACC.	frūctum	cornū	domum
ABL.	frūctū	cornū	domō, domū

PLURAL

NOM.	frūctūs	cornua	domūs
GEN.	frūctuum	cornuum	domuum, domōrum
DAT.	frūctibus	cornibus	domibus
ACC.	frūctūs	cornua	domōs, domūs
ABL.	frūctibus	cornibus	domibus

note: Fourth declension nouns in **-us** are masculine and those in **ū** are neuter, except **manus** and **domus,** which are feminine.

FIFTH DECLENSION

	SINGULAR	PLURAL	SINGULAR	PLURAL
NOM.	diēs, M.	diēs	rēs, F.	rēs
GEN.	diēī	diērum	reī	rērum
DAT.	diēī	diēbus	reī	rēbus
ACC.	diem	diēs	rem	rēs
ABL.	diē	diēbus	rē	rēbus

notes:—The ending of the gen. and dat. sing. is **-eī,** instead of **-ēī,** when a consonant precedes, as: **reī, fideī, speī.** Fifth declension nouns are feminine, except **diēs,** which is usually masculine in the singular, and always in the plural.

IRREGULAR NOUNS

	SINGULAR	PLURAL	SINGULAR	PLURAL
NOM.	deus, M.	deī, diī, dī	vīs, F.	vīrēs
GEN.	deī	deōrum, deum	vīs	vīrium
DAT.	deō	deīs, diīs, dīs	vī	vīribus
ACC.	deum	deōs	vim	vīrēs (-īs)
ABL.	deō	deīs, diīs, dīs	vī	vīribus

— *Adjectives* —

FIRST AND SECOND DECLENSION

	SINGULAR			PLURAL		
NOM.	malus, M.	mala, F.	malum, N.	malī, M.	malae, F.	mala, N.
GEN.	malī	malae	malī	malōrum	malārum	malōrum
DAT.	malō	malae	malō	malīs	malīs	malīs
ACC.	malum	malam	malum	malōs	malās	mala
ABL.	malō	malā	malō	malīs	malīs	malīs
VOC.	male					

THIRD DECLENSION

THREE ENDINGS

	SINGULAR			PLURAL		
NOM.	celer, M.	celeris, F.	celere, N.	celerēs, M.	celerēs, F.	celeria, N.
GEN.	celeris	celeris	celeris	celerium	celerium	celerium
DAT.	celerī	celerī	celerī	celeribus	celeribus	celeribus
ACC.	celerem	celerem	celere	celerēs (-īs)	celerēs (-īs)	celeria
ABL.	celerī	celerī	celerī	celeribus	celeribus	celeribus

TWO ENDINGS

	SINGULAR		PLURAL	
NOM.	brevis, M. F.	breve, N.	brevēs, M. F.	brevia, N.
GEN.	brevis	brevis	brevium	brevium
DAT.	brevī	brevī	brevibus	brevibus
ACC.	brevem	breve	brevēs (-īs)	brevia
ABL.	brevī	brevī	brevibus	brevibus

ONE ENDING

	SINGULAR		PLURAL	
NOM.	audāx, M. F.	audāx, N.	audācēs, M. F.	audācia, N.
GEN.	audācis	audācis	audācium	audācium
DAT.	audācī	audācī	audācibus	audācibus
ACC.	audācem	audāx	audācēs	audācia
ABL.	audācī	audācī	audācibus	audācibus

IRREGULAR ADJECTIVES

	SINGULAR			PLURAL		
NOM.	sōlus, M.	sōla, F.	sōlum, N.	sōlī, M.	sōlae, F.	sōla, N.
GEN.	sōlīus	sōlīus	sōlīus	sōlōrum	sōlārum	sōlōrum
DAT.	sōlī	sōlī	sōlī	sōlīs	sōlīs	sōlīs
ACC.	sōlum	sōlam	sōlum	sōlōs	sōlās	sōla
ABL.	sōlō	sōlā	sōlō	sōlīs	sōlīs	sōlīs
VOC.	sōle					

PRESENT PARTICIPLE

	M. F.	N.	M.F.	N.
NOM.	regēns	regentēs		regentia
GEN.	regentis		regentium	
DAT.	regentī		regentibus	
ACC.	regentem	regēns	regentēs (-īs)	regentia
ABL.	regente (-ī)		regentibus	

note:—Present participles, when used as participles or substantives, have **-e** in the abl. sing.; when used as adjectives, they have **-ī**.

COMPARISON OF ADJECTIVES

REGULAR

POSITIVE	COMPARATIVE	SUPERLATIVE
lātus, -a, -um	lātior, lātius	lātissimus, -a, -um
fortis, forte	fortior, fortius	fortissimus, -a, -um
miser, -era, erum	miserior, miserius	miserrimus, -a, -um
ācer, ācris, ācre	ācrior, ācrius	ācerrimus, -a, -um
facilis, facile	facilior, facilius	facillimus, -a, -um

notes:—Adjectives in **-er** have **-rimus** in the superlative. Six adjectives in **-lis** have **-limus** in the superlative,—**facilis, difficilis, similis, dissimilis, humilis,** and **gracilis.**

IRREGULAR COMPARISON

POSITIVE	COMPARATIVE	SUPERLATIVE
bonus, *good*	melior, *better*	optimus, *best*
malus, *bad*	peior, *worse*	pessimus, *worst*
magnus, *great*	maior, *greater*	maximus, *greatest*
parvus, *small*	minor, *smaller*	minimus, *smallest*
multus, *much*	——, plus, *more*	plūrimus, *most*
multī, *many*	plūrēs, plūra, *more*	plūrimī, *very many*

IRREGULAR COMPARISON (*continued*)

POSITIVE	COMPARATIVE	SUPERLATIVE
idōneus, *suitable*	magis idōneus	maximē idōneus
exterus, *outer*	exterior	extrēmus *or* extimus
īnferus, *below*	īnferior	īnfimus *or* īmus
posterus, *following*	posterior	postrēmus *or* postumus
superus, *above*	superior	suprēmus *or* summus
(cis, citrā)	citerior, *hither*	citimus
(in, intrā)	interior, *inner*	intimus
(prae, prō)	prior, *former*	prīmus
(prope)	propior, *nearer*	proximus
(ultrā)	ulterior, *farther*	ultimus

COMPARISON OF ADVERBS

POS.	COMP.	SUPERL.	POS.	COMP.	SUPERL.
lātē	lātius	lātissimē	bene	melius	optimē
aegrē	aegrius	aegerrimē	male	peius	pessimē
fortiter	fortius	fortissimē	magnopere	magis	maximē
ācriter	ācrius	ācerrimē	parum	minus	minimē
facile	facilius	facillimē	multum	plūs	plūrimum
			diū	diūtius	diūtissimē

DECLENSION OF COMPARATIVES

SINGULAR

NOM.	lātior, M. F.		lātius, N.	——	plūs, N.
GEN.		lātiōris		——	plūris
DAT.		lātiōrī		——	——
ACC.	lātiōrem		lātius	——	plūs
ABL.		lātiōre		——	plūre

PLURAL

NOM.	lātiōrēs		lātiōra	plūrēs		plūra
GEN.		lātiōrum			plūrium	
DAT.		lātiōribus			plūribus	
ACC.	lātiōrēs		lātiōra	plūrēs		plūra
ABL.		lātiōribus			plūribus	

NUMERALS

	MASC.	FEM.	NEUT.	MASC.	FEM.	NEUT.
NOM.	ūnus	ūna	ūnum	duo	duae	duo
GEN.	ūnīus	ūnīus	ūnīus	duōrum	duārum	duōrum
DAT.	ūnī	ūnī	ūnī	duōbus	duābus	duōbus
ACC.	ūnum	ūnam	ūnum	duōs, duo	duās	duō
ABL.	ūnō	ūna	ūnō	duōbus	duābus	duōbus

				SINGULAR	PLURAL
NOM.	trēs, M.F.		tria, N.	mīlle, ADJ.	mīlia, NOUN, N.
GEN.		trium		mīlle	mīlium
DAT.		tribus		mīlle	mīlibus
ACC.	trēs (trīs)		tria	mīlle	mīlia
ABL.		tribus		mīlle	mīlibus

	ROMAN	CARDINALS	ORDINALS
1	I	ūnus, -a, -um, *one*	prīmus, *first*
2	II	duo, duae, duo, *two*	secundus, *second*
3	III	trēs, tria, *three*	tertius, *third*
4	IIII *or* IV	quattuor	quārtus
5	V	quīnque	quīntus
6	VI	sex	sextus
7	VII	septem	septimus
8	VIII	octō	octāvus
9	VIIII *or* IX	novem	nōnus
10	X	decem	decimus
11	XI	ūndecim	ūndecimus
12	XII	duodecim	duodecimus
13	XIII	tredecim	tertius decimus
14	XIIII *or* XIV	quattuordecim	quārtus decimus
15	XV	quīndecim	quīntus decimus
16	XVI	sēdecim	sextus decimus
17	XVII	septendecim	septimus decimus
18	XVIII	duodēvīgintī	duodēvīcēsimus
19	XVIIII *or* XIX	ūndēvīgintī	ūndēvīcēsimus
20	XX	vīgintī	vīcēsimus
21	XXI	vīgintī ūnus ūnus et vīgintī	vīcēsimus prīmus ūnus et vīcēsimus
30	XXX	trīgintā	trīcēsimus
40	XXXX *or* XL	quadrāgintā	quadrāgēsimus
50	L	quīnquāginta	quīnquāgēsimus
60	LX	sexāgintā	sexāgēsimus
70	LXX	septuāgintā	septuāgēsimus

	ROMAN	CARDINALS	ORDINALS
80	LXXX	octōgintā	octōgēsimus
90	LXXXX *or* XC	nōnāgintā	nōnāgēsimus
100	C	centum	centēsimus
101	CI	centum (et) ūnus	centēsimus (et) prīmus
200	CC	ducentī, -ae, -a	ducentēsimus
300	CCC	trecentī, -ae, -a	trecentēsimus
400	CCCC	quadringentī, -ae, -a	quadringentēsimus
500	D	quīngentī, -ae, -a	quīngentēsimus
600	DC	sescentī, -ae, -a	sescentēsimus
700	DCC	septingentī, -ae, -a	septingentēsimus
800	DCCC	octingentī, -ae, -a	octingentēsimus
900	DCCCC	nōngentī, -ae, -a	nōngentēsimus
1000	M	mīlle	mīllēsimus
2000	MM	duo mīlia	bis mīllēsimus

Imposing Roman ruin found in Roman Africa

—— *Pronouns* ——

	PERSONAL			PERSONAL		REFLEXIVE

SINGULAR

NOM.	ego			tū		——
GEN.	meī			tuī		suī
DAT.	mihi			tibi		sibi
ACC.	mē			tē		sē *or* sēsē
ABL.	mē			tē		sē *or* sēsē

PLURAL

NOM.	nōs			vōs		——
GEN.	nostrum *or* nostrī			vestrum *or* vestrī		suī
DAT.	nōbīs			vōbīs		sibi
ACC.	nōs			vōs		sē *or* sēsē
ABL.	nōbīs			vōbīs		sē *or* sēsē

DEMONSTRATIVE

SINGULAR

NOM.	hic, M.	haec, F.	hoc, N.	ille, M.	illa, F.	illud, N.
GEN.		huius			illīus	
DAT.		huic			illī	
ACC.	hunc	hanc	hoc	illum	illam	illud
ABL.	hōc	hāc	hōc	illō	illā	īllō

PLURAL

NOM.	hī	hae	haec	illī	illae	illa
GEN.	hōrum	hārum	hōrum	illōrum	illārum	illōrum
DAT.		hīs			illīs	
ACC.	hōs	hās	haec	illōs	illās	illa
ABL.		hīs			illīs	

SINGULAR

NOM.	is, M.	ea, F.	id, N.	īdem, M.	eadem, F.	idem, N.
GEN.		eius			eiusdem	
DAT.		eī			eīdem	
ACC.	eum	eam	id	eundem	eandem	idem
ABL.	eō	eā	eō	eōdem	eādem	eōdem

PLURAL

NOM.	eī *or* iī	eae	ea	eīdem iīdem	eaedem	eadem
GEN.	eōrum	eārum	eōrum	eōrundem	eārundem	eōrundem
DAT.		eīs *or* iīs			eīsdem *or* īsdem	
ACC.	eōs	eās	ea	eōsdem	eāsdem	eadem
ABL.		eīs *or* iīs			eīsdem *or* īsdem	

INTENSIVE

	SINGULAR			PLURAL		
NOM.	ipse, M.	ipsa, F.	ipsum, N.	ipsī, M.	ipsae, F.	ipsa, N.
GEN.		ipsīus		ipsōrum	ipsārum	ipsōrum
DAT.		ipsī			ipsīs	
ACC.	ipsum	ipsam	ipsum	ipsōs	ipsās	ipsa
ABL.	ipsō	ipsā	ipsō		ipsīs	

RELATIVE

	SINGULAR			PLURAL		
NOM.	quī, M.	quae, F.	quod, N.	quī, M.	quae, F.	quae, N.
GEN.		cuius		quōrum	quārum	quōrum
DAT.		cui			quibus	
ACC.	quem	quam	quod	quōs	quās	quae
ABL.	quō	quā	quō		quibus	

INTERROGATIVE

SINGULAR

NOM.	quis, M. F.	quid, N.
GEN.	cuius	
DAT.	cui	
ACC.	quem	quid
ABL.	quō	

notes:—The plural of the *interrogative pronoun* **quis** is like the plural of the relative **quī**. The *interrogative adjective* is declined throughout like the relative **quī,** as: **quī deus,** *what god?* **quae via,** *what road?* **quod dōnum,** *what gift?*

INDEFINITE

SINGULAR

NOM.	aliquis, M. F.		aliquid, N.
GEN.		alicuius	
DAT.		alicui	
ACC.	aliquem		aliquid
ABL.		aliquō	

PLURAL

NOM.	aliquī, M.	aliquae, F.	aliqua, N.
GEN.	aliquōrum	aliquārum	aliquōrum
DAT.		aliquibus	
ACC.	aliquōs	aliquās	aliqua
ABL.		aliquibus	

SINGULAR

NOM.	quīdam, M.	quaedam, F.	quiddam, N.
GEN.		cuiusdam	
DAT.		cuidam	
ACC.	quendam	quandam	quiddam
ABL.	quōdam	quādam	quōdam

PLURAL

NOM.	quīdam, M.	quaedam, F.	quaedam, N.
GEN.	quōrundam	quārundam	quōrundam
DAT.		quibusdam	
ACC.	quōsdam	quāsdam	quaedam
ABL.		quibusdam	

note:—The *adjective* form has **quoddam,** *n.*, instead of **quiddam.**

SINGULAR / SINGULAR

NOM.	quisque, M. F.	quidque, N.	quisquam, M. F.	quidquam	
GEN.		cuiusque		cuiusquam	
DAT.		cuique		cuiquam	
ACC.	quemque	quidque	quemquam	quidquam	
ABL.		quōque		quōquam	
	(PLURAL RARE)		(PLURAL LACKING)		

note:—The *adjective* form of **quisque** is **quisque, quaeque, quodque. Quisquam** is used chiefly in *negative* sentences, and in questions implying a *negative* answer.

— *Regular Verbs* —

FIRST CONJUGATION

PRINCIPAL PARTS: portō, portāre, portāvī, portātum
STEMS: portā-, portāv-, portāt-

ACTIVE VOICE   PASSIVE VOICE

INDICATIVE
PRESENT

I carry, am carrying		*I am carried*	
portō	portāmus	portor	portāmur
portās	portātis	portāris	portāminī
portat	portant	portātur	portantur

IMPERFECT

I carried, was carrying		*I was carried*	
portābam	portābāmus	portābar	portābāmur
portābās	portābātis	portābāris	portābāminī
portābat	portābant	portābātur	portābantur

FUTURE

I shall (will) carry		*I shall (will) be carried*	
portābō	portābimus	portābor	portābimur
portābis	portābitis	portāberis	portābiminī
portābit	portābunt	portābitur	portābuntur

PERFECT

I have carried, I carried		*I have been (was) carried*			
portāvī	portāvimus	portātus	sum	portātī	sumus
portāvistī	portāvistis	(-a, -um)	es	(-ae, -a)	estis
portāvit	portāvērunt		est		sunt

PLUPERFECT

I had carried		*I had been carried*			
portāveram	portāverāmus	portātus	eram	portātī	erāmus
portāverās	portāverātis	(-a, -um)	erās	(-ae, -a)	erātis
portāverat	portāverant		erat		erant

FUTURE PERFECT

I shall have carried					
portāverō	portāverimus	portātus	erō	portātī	erimus
portāveris	portāveritis	(-a, -um)	eris	(-ae, -a)	eritis
portāverit	portāverint		erit		erunt

I shall have been carried

SUBJUNCTIVE
PRESENT

portem	portēmus		porter	portēmur
portēs	portētis		portēris	portēminī
portet	portent		portētur	portentur

IMPERFECT

portārem	portārēmus		portarer	portārēmur
portārēs	portārētis		portārēris	portārēminī
portāret	portārent		portārētur	portārentur

PERFECT

portāverim	portāverīmus	portātus	sim	portātī	sīmus
portāverīs	portāverītis	(-a, -um)	sīs	(-ae, -a)	sītis
portāverit	portāverint		sit		sint

PLUPERFECT

portāvissem	portāvissēmus	portātus	essem	portātī	essēmus
portāvissēs	portāvissētis	(-a, -um)	essēs	(-ae, -a)	essētis
portāvisset	portāvissent		esset		essent

IMPERATIVE
PRESENT

Carry		*Be carried*	
portā	portāte	portāre	portāminī

FUTURE

You shall carry		*You shall be carried*	
portātō	portātōte	portātor	——
portātō	portāntō	portātor	portantor

INFINITIVE

PRES.	portāre, *to carry*	portārī, *to be carried*
PERF.	portāvisse, *to have carried*	portātus esse, *to have been carried*
FUT.	portātūrus esse, *to be about to carry*	portātum īrī, *to be about to be carried*

PARTICIPLES

PRES.	portāns, -antis, *carrying*		PERF.	portātus, -a, -um, *having been carried*
FUT.	portātūrus, -a, -um, *about to carry*		FUT.	portandus, -a, -um, *to be carried*, etc.

GERUND

GEN.	portandī, *of carrying*
DAT.	portandō, *for carrying*
ACC.	portandum, *carrying*
ABL.	portandō, *by carrying*

SUPINE

ACC.	portātum, *to carry*
ABL.	portātū, *to carry*

SECOND CONJUGATION

PRINCIPAL PARTS: moneō, monēre, monuī, monitum
STEMS: monē-, monu-, monit-

ACTIVE VOICE   PASSIVE VOICE

INDICATIVE

PRESENT

moneō	monēmus		moneor	monēmur
monēs	monētis		monēris	monēminī
monet	monent		monētur	monentur

IMPERFECT

monēbam	monēbāmus		monēbar	monēbāmur
monēbās	monēbātis		monēbāris	monēbāminī
monēbat	monēbant		monēbātur	monēbantur

FUTURE

monēbō	monēbimus		monēbor	monēbimur
monēbis	monēbitis		monēberis	monēbiminī
monēbit	monēbunt		monēbitur	monēbuntur

PERFECT

monuī	monuimus	monitus	sum	monitī	sumus
monuistī	monuistis	(-a, -um)	es	(-ae, -a)	estis
monuit	monuērunt		est		sunt

PLUPERFECT

monueram	monuerāmus	monitus	eram	monitī	erāmus
monuerās	monuerātis	(-a, -um)	erās	(-ae, -a)	erātis
monuerat	monuerant		erat		erant

FUTURE PERFECT

monuerō	monuerimus	monitus	erō	monitī	erimus
monueris	monueritis	(-a, -um)	eris	(-ae, -a)	eritis
monuerit	monuerint		erit		erunt

SUBJUNCTIVE
PRESENT

moneam	moneāmus		monear	moneāmur
moneās	moneātis		moneāris	moneāminī
moneat	moneant		moneātur	moneantur

IMPERFECT

monērem	monērēmus		monērer	monērēmur
monērēs	monērētis		monērēris	monērēminī
monēret	monērent		monērētur	monērentur

PERFECT

monuerim	monuerīmus	monitus	sim	monitī	sīmus
monuerīs	monuerītis	(-a, -um)	sīs	(-ae, -a)	sītis
monuerit	monuerint		sit		sint

PLUPERFECT

monuissem	monuissēmus	monitus	essem	monitī	essēmus
monuissēs	monuissētis	(-a, -um)	essēs	(-ae, -a)	essētis
monuisset	monuissent		esset		essent

IMPERATIVE
PRESENT

monē	monēte	monēre	monēminī

FUTURE

monētō	monētōte	monētor	——
monētō	monentō	monētor	monentor

INFINITIVE

PRES.	monēre	monērī
PERF.	monuisse	monitus esse
FUT.	monitūrus esse	monitum īrī

PARTICIPLES

PRES.	monēns, -entis	PERF.	monitus, -a, -um
FUT.	monitūrus, -a, -um	FUT.	monendus, -a, -um

	GERUND		SUPINE
GEN.	monendī	ACC.	monitum
DAT.	monendō	ABL.	monitū
ACC.	monendum		
ABL.	monendō		

THIRD CONJUGATION
PRINCIPAL PARTS: dūcō, dūcere, dūxī, ductum
STEMS: dūc-, dūx-, duct-

ACTIVE VOICE		PASSIVE VOICE	

INDICATIVE
PRESENT

dūcō	dūcimus	dūcor	dūcimur
dūcis	dūcitis	dūceris	dūciminī
dūcit	dūcunt	dūcitur	dūcuntur

IMPERFECT

dūcēbam	dūcēbāmus	dūcēbar	dūcēbāmur
dūcēbās	dūcēbātis	dūcēbāris	dūcēbāminī
dūcēbat	dūcēbant	dūcēbātur	dūcēbantur

FUTURE

dūcam	dūcēmus	⌠dūcar	⌠dūcēmur
dūcēs	dūcētis	⎨dūcēris	⎨dūcēminī
dūcet	dūcent	⌡dūcētur	⌡dūcentur

PERFECT

dūxī	dūximus	ductus	⌠sum	ductī	⌠sumus
dūxistī	dūxistis	(-a, -um)	⎨es	(-ae, -a)	⎨estis
dūxit	dūxērunt		⌡est		⌡sunt

PLUPERFECT

dūxeram	dūxerāmus	ductus	⌠eram	ductī	⌠erāmus
dūxerās	dūxerātis	(-a, -um)	⎨erās	(-ae, -a)	⎨erātis
dūxerat	dūxerant		⌡erat		⌡erant

FUTURE PERFECT

dūxerō	dūxerimus	ductus	⌠erō	ductī	⌠erimus
dūxeris	dūxeritis	(-a, -um)	⎨eris	(-ae, -a)	⎨eritis
dūxerit	dūxerint		⌡erit		⌡erunt

SUBJUNCTIVE
PRESENT

dūcam	dūcāmus	dūcar	dūcāmur
dūcās	dūcātis	dūcāris	dūcāminī
dūcat	dūcant	dūcātur	dūcantur

IMPERFECT

dūcerem	dūcerēmus	dūcerer	dūcerēmur
dūcerēs	dūcerētis	dūcerēris	dūcerēminī
dūceret	dūcerent	dūcerētur	dūcerentur

PERFECT

dūxerim	dūxerīmus	ductus	⌠sim	ductī	⌠sīmus
dūxerīs	dūxerītis	(-a, -um)	⎨sīs	(-ae, -a)	⎨sītis
dūxerit	dūxerint		⌡sit		⌡sint

PLUPERFECT

dūxissem	dūxissēmus	ductus	⌠essem	ductī	⌠essēmus
dūxissēs	dūxissētis	(-a, -um)	⎨essēs	(-ae, -a)	⎨essētis
dūxisset	dūxissent		⌡esset		⌡essent

IMPERATIVE
PRESENT

dūc[1]	dūcite	dūcere	dūciminī

FUTURE

dūcitō	dūcitōte	dūcitor	——
dūcitō	dūcuntō	dūcitor	dūcuntor

INFINITIVE

PRES.	dūcere	dūcī
PERF.	dūxisse	ductus esse
FUT.	ductūrus esse	ductum īrī

PARTICIPLES

PRES.	dūcēns, -entis		PERF.	ductus, -a, -um
FUT.	ductūrus, -a, -um		FUT.	dūcendus, -a, -um

	GERUND			SUPINE	
GEN.	dūcendī		ACC.	ductum	
DAT.	dūcendō		ABL.	ductū	
ACC.	dūcendum				
ABL.	dūcendō				

FOURTH CONJUGATION

PRINCIPAL PARTS: audiō, audīre, audīvī, audītum
STEMS: audī-, audīv-, audīt-

ACTIVE VOICE		PASSIVE VOICE	

INDICATIVE
PRESENT

audiō	audīmus	audior	audīmur
audīs	audītis	audīris	audīminī
audit	audiunt	audītur	audiuntur

IMPERFECT

audiēbam	audiēbāmus	audiēbar	audiēbāmur
audiēbās	audiēbātis	audiēbāris	audiēbāminī
audiēbat	audiēbant	audiēbātur	audiēbantur

1. irregular for dūce.

FUTURE

audiam	audiēmus	audiar	audiēmur
audiēs	audiētis	audiēris	audiēminī
audiet	audient	audiētur	audientur

PERFECT

audīvī	audīvimus	audītus, (-a, -um)	sum es est	audītī (-ae, -a)	sumus estis sunt
audīvistī	audīvistis				
audīvit	audīverunt				

PLUPERFECT

audīveram	audīverāmus	audītus, (-a, -um)	eram erās erat	audītī (-ae, -a)	erāmus erātis erant
audīverās	audīverātis				
audīverat	audīverant				

FUTURE PERFECT

audīverō	audīverimus	audītus, (-a, -um)	erō eris erit	audīti, (-ae, -a)	erimus eritis erunt
audīveris	audīveritis				
audīverit	audīverint				

SUBJUNCTIVE
PRESENT

audiam	audiāmus	audiar	audiāmur
audiās	audiātis	audiāris	audiāminī
audiat	audiant	audiātur	audiantur

IMPERFECT

audīrem	audīrēmus	audīrer	audīrēmur
audīrēs	audīrētis	audīrēris	audīrēminī
audīret	audīrent	audīrētur	audīrentur

PERFECT

audīverim	audīverīmus	audītus, (-a, -um)	sim sīs sit	audītī, (-ae, -a)	sīmus sītis sint
audīverīs	audīverītis				
audīverit	audīverint				

PLUPERFECT

audīvissem	audīvissēmus	audītus, (-a, -um)	essem essēs esset	audītī, (-ae, -a)	essēmus essētis essent
audīvissēs	audīvissētis				
audīvisset	audīvissent				

IMPERATIVE

PRESENT

audī	audīte		audīre	audīminī

FUTURE

audītō	audītōte		audītor	——
audītō	audiuntō		audītor	audiuntor

INFINITIVE

PRES.	audīre		audīrī
PERF.	audīvisse		audītus esse
FUT.	audītūrus esse		audītum īrī

PARTICIPLES

PRES.	audiēns, -entis		PERF.	audītus, -a, -um
FUT.	audītūrus, -a, -um		FUT.	audiendus, -a, -um

GERUND · SUPINE

GEN.	audiendī		ACC.	audītum
DAT.	audiendō		ABL.	audītū
ACC.	audiendum			
ABL.	audiendō			

THIRD CONJUGATION VERBS IN -IŌ

PRINCIPAL PARTS: capiō, capere, cēpī, captum
STEMS: capi-, cēp-, capt-

ACTIVE VOICE · PASSIVE VOICE

INDICATIVE

PRESENT

capiō	capimus	capior	capimur
capis	capitis	caperis	capiminī
capit	capiunt	capitur	capiuntur

IMPERFECT

capiēbam, etc.		capiēbar, etc.	

FUTURE

capiam	capiēmus	capiar	capiēmur
capiēs	capiētis	capiēris	capiēminī
capiet	capient	capiētur	capientur

PERFECT

cēpī, etc.	captus sum, etc.

PLUPERFECT

cēperam, etc.	captus eram, etc.

FUTURE PERFECT

cēperō, etc.	captus erō, etc.

SUBJUNCTIVE
PRESENT

capiam	capiāmus	capiar	capiāmur
capiās	capiātis	capiāris	capiāminī
capiat	capiant	capiātur	capiantur

IMPERFECT

caperem, etc.	caperer, etc.

PERFECT

cēperim, etc.	captus sim, etc.

PLUPERFECT

cēpissem, etc.	captus essem, etc.

IMPERATIVE
PRESENT

cape	capite	capere	capiminī

FUTURE

capitō	capitōte	capitor	——
capitō	capiuntō	capitor	capiuntor

INFINITIVE

PRES.	capere	capī
PERF.	cēpisse	captus esse
FUT.	captūrus esse	captum īrī

PARTICIPLES

PRES.	capiēns, -entis	PERF.	captus, -a, -um
FUT.	captūrus, -a, -um	FUT.	capiendus, -a, -um

GERUND		SUPINE	
GEN.	capiendī	ACC.	captum
DAT.	capiendō	ABL.	captū
ACC.	capiendum		
ABL.	capiendō		

— *Deponent Verbs* —

Deponent verbs are *passive* in *form, active* in *meaning*. They are inflected in all conjugations as follows:

FIRST CONJUGATION

PRINCIPAL PARTS: cōnor, cōnārī, cōnātus sum
STEMS: cōnā-, cōnāt-

	INDICATIVE	
PRESENT	IMPERFECT	FUTURE
I try	*I was trying*	*I shall try*
cōnor	cōnābar	cōnābor
cōnāris	cōnābāris	cōnāberis
cōnātur	cōnābātur	cōnābitur
cōnāmur	cōnābāmur	cōnābimur
cōnāminī	cōnābāminī	cōnābiminī
cōnantur	cōnābantur	cōnābuntur

PERFECT		PLUPERFECT		FUTURE PERFECT	
I have tried		*I had tried*		*I shall have tried*	
cōnātus (-a, -um)	sum es est	cōnātus (-a, -um)	eram erās erat	cōnātus (-a, -um)	erō eris erit
cōnātī (-ae, -a)	sumus estis sunt	cōnātī (-ae, -a)	erāmus erātis erant	cōnātī (-ae, -a)	erimus eritis erunt

SUBJUNCTIVE

PRESENT	IMPERFECT
cōner	cōnārer
cōnēris	cōnārēris
cōnētur	cōnārētur
cōnēmur	cōnārēmur
cōnēminī	cōnārēminī
cōnentur	cōnārentur

PERFECT		PLUPERFECT	
cōnātus (-a, -um)	sim sīs sit	cōnātus (-a, -um)	essem essēs esset
cōnātī (-ae, -a)	sīmus sītis sint	cōnātī (-ae, -a)	essēmus essētis essent

PRESENT IMPERATIVE

cōnāre, *try*   cōnāminī, *try*

INFINITIVE		GERUND	
PRES.	cōnārī, *to try*	GEN.	cōnandī, *of trying*
PERF.	cōnātus esse, *to have tried*	DAT.	cōnandō, *for trying*
FUT.	cōnātūrus esse, *to be about to try*	ACC.	cōnandum, *trying*
		ABL.	cōnandō, *by trying*

PARTICIPLES		SUPINE	
PRES.	cōnāns, -antis, *trying*	ACC.	cōnātum, *to try*
FUT. ACT.	cōnātūrus, *about to try*	ABL.	cōnātū, *to try*
PERF.	cōnātus, *having tried*		
FUT. PASS.	cōnandus, *necessary to be tried,* or as Gerundive, *trying*		

CONJ. II.	vereor, verērī, veritus sum
CONJ. III.	sequor, sequī, secūtus sum
-IOR VERB.	patior, patī, passus sum
CONJ. IV.	potior, potīrī, potītus sum

INDICATIVE

PRES.	vereor	sequor	patior	potior
IMP.	verēbar	sequēbar	patiēbar	potiēbar
FUT.	verēbor	sequar	patiar	potiar
PERF.	veritus sum	secūtus sum	passus sum	potītus sum
PLUP.	veritus eram	secūtus eram	passus eram	potītus eram
FUT. P.	veritus erō	secūtus erō	passus erō	potītus erō

SUBJUNCTIVE

PRES.	verear	sequar	patiar	potiar
IMP.	verērer	sequerer	paterer	potīrer
PERF.	veritus sim	secūtus sim	passus sim	potītus sim
PLUP.	veritus essem	secūtus essem	passus essem	potītus essem

PRESENT IMPERATIVE

SING.	verēre	sequere	patere	potire
PL.	verēminī	sequiminī	patimini	potīminī

INFINITIVE

PRES.	verērī	sequī	patī	potīrī
PERF.	veritus esse	secūtus esse	passus esse	potītus esse
FUT.	veritūrus esse	secūtūrus esse	passūrus esse	potītūrus esse

PARTICIPLES

PRES.	verēns, -entis	sequēns, -entis	patiēns, -entis	potiēns, -entis
FUT. ACT.	veritūrus	secūtūrus	passūrus	potītūrus
PERF.	veritus	secūtus	passus	potītus
FUT. PASS.	verendus	sequendus	patiendus	potiendus

GERUND

GEN.	verendī, etc.	sequendī, etc.	patiendī, etc.	potiendī, etc.

SUPINE

ACC.	veritum	secūtum	passum	potītum
ABL.	veritū	secūtū	passū	potītū

note:—Four verbs, which are *active* in the *present system,* become *deponents* in the *perfect system,* and are called *semideponents.* They are:
audeō, audēre, ausus sum, *dare*
fīdō, fīdere, fīsus sum, *trust*
gaudeō, gaudēre, gāvīsus sum, *rejoice*
soleō, solēre, solitus sum, *be accustomed*

— *Irregular Verbs* —

SUM, BE

PRINCIPAL PARTS: sum, esse, fuī, futūrus

INDICATIVE

PRESENT		IMPERFECT		FUTURE	
sum	sumus	eram	erāmus	erō	erimus
es	estis	erās	erātis	eris	eritis
est	sunt	erat	erant	erit	erunt

PERFECT		PLUPERFECT		FUTURE PERFECT	
fuī	fuimus	fueram	fuerāmus	fuerō	fuerimus
fuistī	fuistis	fuerās	fuerātis	fueris	fueritis
fuit	fuērunt	fuerat	fuerant	fuerit	fuerint

SUBJUNCTIVE

PRESENT		IMPERFECT		PERFECT	
sim	sīmus	essem	essēmus	fuerim	fuerīmus
sīs	sītis	essēs	essētis	fuerīs	fuerītis
sit	sint	esset	essent	fuerit	fuerint

PLUPERFECT

fuissem	fuissēmus
fuissēs	fuissētis
fuisset	fuissent

PRESENT IMPERATIVE

es	este

INFINITIVE / PARTICIPLE

	INFINITIVE	PARTICIPLE
PRES.	esse	
PERF.	fuisse	
FUT.	futūrus esse or fore	futūrus

Legionary marker

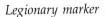

POSSUM, BE ABLE

PRINCIPAL PARTS: possum, posse, potuī, ——

	INDICATIVE		SUBJUNCTIVE	
PRES.	possum	possumus	possim	possīmus
	potes	potestis	possīs	possītis
	potest	possunt	possit	possint
IMP.	poteram		possem	
FUT.	poterō			
PERF.	potuī		potuerim	
PLUP.	potueram		potuissem	
FUT. P.	potuerō			

INFINITIVE

PRES.	posse	PERF.	potuisse

FERŌ, BEAR, BRING

PRINCIPAL PARTS: ferō, ferre, tulī, lātum

ACTIVE VOICE			PASSIVE VOICE	

INDICATIVE

PRES.	ferō	ferimus	feror	ferimur
	fers	fertis	ferris	ferimini
	fert	ferunt	fertur	feruntur
IMP.	ferēbam		ferēbar	
FUT.	feram		ferar	
PERF.	tulī		lātus sum	
PLUP.	tuleram		lātus eram	
FUT. P.	tulerō		lātus erō	

SUBJUNCTIVE

PRES.	feram		ferar	
IMP.	ferrem		ferrer	
PERF.	tulerim		lātus sim	
PLUP.	tulissem		lātus essem	

PRESENT IMPERATIVE

fer	ferte		ferre	feriminī

INFINITIVE

PRES.	ferre		ferrī
PERF.	tulisse		lātus esse
FUT.	lātūrus esse		lātum īrī

PARTICIPLES

PRES.	ferēns, -entis	PERF.	lātus
FUT.	lātūrus	FUT.	ferendus

GERUND		SUPINE	
GEN.	ferendī, etc.	ACC.	lātum
		ABL.	lātū

EŌ, GO

PRINCIPAL PARTS: eō, īre, īvī *or* iī, itum

INDICATIVE			SUBJUNCTIVE	
PRES.	eō	īmus	eam	eāmus
	īs	ītis	eās	eātis
	it	eunt	eat	eant
IMP.	ībam		īrem	
FUT.	ībō			
PERF.	īvī *or* iī		īverim *or* ierim	
PLUP.	īveram *or* ieram		īvissem *or* īssem	
FUT. P.	īverō *or* ierō			

PRESENT IMPERATIVE

ī	īte

INFINITIVE

PRES.	īre
PERF.	īvisse *or* īsse
FUT.	itūrus esse
PASSIVE PRES.	īrī

PARTICIPLES

PRES.	iēns, euntis
FUT.	itūrus
PERF.	itum (impers.)
FUT.	eundus

GERUND	
GEN.	eundī, etc.

(*Passive of Facio*) **FĪŌ, BE MADE**

PRINCIPAL PARTS: fīō, fierī, factus sum

	INDICATIVE		SUBJUNCTIVE	
PRES.	fīō	fīmus	fīam	fīāmus
	fīs	fītīs	fīās	fīatis
	fit	fīunt	fīat	fīant
IMP.	fīēbam		fierem	
FUT.	fīam			
PERF.	factus sum		factus sim	
PLUP.	factus eram		factus essem	
FUT. P.	factus erō			

	PRESENT IMPERATIVE		PARTICIPLES	
	fī	fīte	PERF.	factus
			FUT.	faciendus
	INFINITIVE			
PRES.	fierī			GERUND
PERF.	factus esse		GEN.	faciendi, etc.

VOLŌ, NŌLŌ, MĀLŌ

PRINCIPAL PARTS volō, velle, voluī, *be willing, wish* nōlō, nōlle, nōluī, *be unwilling* mālō, mālle, māluī, *prefer*

		INDICATIVE	
PRES.	volō	nōlō	mālō
	vīs	nōn vīs	māvīs
	vult	nōn vult	māvult
	volumus	nōlumus	mālumus
	vultis	nōn vultis	māvultis
	volunt	nōlunt	mālunt
IMP.	volēbam	nōlēbam	mālēbam
FUT.	volam	nōlam	mālam
PERF.	voluī	nōluī	māluī
PLUP.	volueram	nōlueram	mālueram
FUT. P.	voluerō	nōluerō	māluerō

SUBJUNCTIVE

PRES.	velim	velīmus	nōlim	nōlīmus	mālim	mālīmus
	velīs	velītis	nōlīs	nōlītis	mālīs	mālītis
	velit	velint	nōlit	nōlint	mālit	mālint

IMP.	vellem	nōllem		mallem
PERF.	voluerim	nōluerim		māluerim
PLUP.	voluissem	nōluissem		māluissem

PRESENT IMPERATIVE

——	nōlī	nōlīte	——

INFINITIVE

PRES.	velle	nōlle	mālle
PERF.	voluisse	nōluisse	māluisse

PARTICIPLE

PRES.	volēns, -entis	nōlēns, -entis	——

DEFECTIVE VERBS

Coepī, *I have begun, I began,* is used only in the perfect system. With a *passive* infinitive the passive of **coepī** is used, as: Pōns īnstituī coeptus est. *The bridge began to be built.*

Meminī, *I remember,* and **ōdī,** *I hate,* are used only in the perfect system, but with the meaning of the present.

CONTRACTED FORMS

Perfects in **-āvī** and **-ēvī** (as well as other tenses in the perfect system) are sometimes contracted, losing **-ve-** before **-r,** and **-vi-** before **-s,** as: **oppugnārunt** for **oppugnāvērunt, cōnsuērat** for **cōnsuēverat.**

Perfects in **-īvī** may lose **-vi-** before **-s,** as: **audīssem** for **audīvissem.**

In poetry, the third person plural of the perfect indicative active frequently ends in **-ēre,** instead of **-ērunt.** Also the second person singular passive may end in **-re,** instead of **-ris,** in the present, imperfect and future tenses.

The forms **forem, forēs,** etc., are frequently used in place of **essem, essēs,** etc.

Syntax

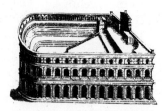

— *Nouns* —

APPOSITION.—An appositive is in the *same case* as the noun it describes.

Ad urbem Rōmam,   *To the city (of) Rome.*

— *Adjectives* —

An adjective agrees with the noun it describes in *gender, number,* and *case.*

Malus nauta,   *a bad sailor.*

a. *An attributive adjective,* used with two or more nouns of *different gender,* agrees with the *nearest* noun.

Summa alacritās et studium,
The highest eagerness and zeal.

b. *A predicate adjective,* used with two or more nouns of different gender, is *plural,* and *masculine* if the nouns denote living beings, *neuter* if they denote things without life.

Et porta et mūrus erant alta.
Both the gate and the wall were high.

Adjectives as Substantives.—Adjectives are often used as substantives:

nostrī, *our men*   sua, *their possessions.*

Partitive Adjectives.—The following adjectives sometimes designate *a part* of that to which they refer: extrēmus, īnfimus (īmus), medius, prīmus, reliquus, summus.

Summus mōns, *the top of the mountain;*
Prīmā nocte, *in the first part of the night.*

— *Pronouns* —

THE RELATIVE PRONOUN

Relative Pronoun.—The relative pronoun agrees with its antecedent in *gender, number,* and *person,* but its *case* depends upon its use in its own clause.

Nihil erat quō famem tolerārent.
There was nothing with which to sustain hunger.

note.—The antecedent of the relative is sometimes omitted.

Quī decimae legiōnis aquilam ferēbat . . .
(He) who bore the eagle of the tenth legion . . .

Connecting Relative.—In Latin a relative pronoun is often used at the beginning of a sentence, where the English idiom requires a connective—*and, but, for, now,* etc.—with a *demonstrative* or *personal* pronoun.

Quā dē causā, *And for this reason.*

Relative with Predicate Noun.—The relative often agrees with a predicate noun in its clause instead of with the antecedent.

Rhēnus, quod est flūmen lātum . . . *The Rhine, which is a wide river . . .*

Relative Clause Preceding.—For the sake of emphasis a relative clause sometimes precedes the clause containing the antecedent.

Quōrum per fīnēs ierant, hīs imperāvit . . .
He commanded those, through whose territory they had gone . . .

REFLEXIVE PRONOUNS

Direct Reflexive.—The reflexive pronoun **sē** and its possessive adjective **suus** usually refer to the subject of the clause in which they stand.

Sē suaque dēdidērunt. *They surrendered themselves and their possessions.*

Indirect Reflexives.—In indirect discourse (statement, command, or question), **sē** and **suus** normally refer to the subject of the principal clause.

Dat negōtium Gallīs utī sē certiōrem faciant.
He directs the Gauls to inform him.

note.—**Sē** and **suus** refer only to the *third person*. The personal pronouns are used as reflexives for the first and second persons.

THE INTENSIVE PRONOUN

Ipse.—The intensive pronoun **ipse,** *self, very,* etc., is used to emphasize the word with which it agrees, or as an emphatic pronoun.

> Ipsī magistrātūs, *The magistrates themselves.*
> In ipsīs rīpīs, *On the very banks.*

— *Cases of Nouns* —

NOMINATIVE

Subject.—The subject of a finite verb is in the nominative case.

> Lēgātī vēnērunt. *The envoys have come.*

Predicate Nominative.—A predicate noun or adjective, describing the subject, is in the nominative.

> Labiēnus erat lēgātus. *Labienus was a lieutenant.*

note.—Predicate nouns and adjectives are used with **sum,** *be;* **fīō,** *become;* **videor,** *seem;* and the passive of certain verbs, like **appellō,** *call.*

> Flūmen appellātur Tamesis. *The river is called the Thames.*

VOCATIVE

Vocative.—The *person* or *thing addressed* is in the vocative. It is usually postpositive.

> Dēsilīte, commīlitōnēs. *Leap down, comrades.*

GENITIVE

Limiting Genitive.—A noun or pronoun used to limit or modify the meaning of another noun (not denoting the same person or thing) is put in the genitive. This general rule covers the three uses of the genitive with nouns that follow.

Possessive Genitive.—The genitive is used to denote *possession*.

> Fīnēs Aeduōrum,   *The territory of the Aedui.*

Genitive of Description.—The genitive *with a modifying adjective* is used to describe a person or thing.

> Vir magnae virtūtis,   *A man of great courage.*

note.—The descriptive genitive is often used in expressions of *measure*.

> Mūrus duodecim pedum,   *A wall of twelve feet* (in height).

Genitive of the Whole.—The genitive is used to denote the whole of which a part is taken.

> Trēs partēs cōpiārum trādūxērunt
> *They led across three quarters of their forces.*

notes.—The genitive of the whole is used not only with nouns, but with pronouns and adjectives.

> Hōrum omnium fortissimī,   *The bravest of all these.*

Instead of the genitive of the whole, the ablative with **ex** or **dē** is regularly used with *cardinal numerals* (except **mīlia**), **paucī,** and **quīdam,** as: **decem ex mīlitibus,** *ten of the soldiers.*

Genitive with Adjectives.—The genitive is used with adjectives denoting *desire, knowledge, memory, fullness, power, sharing, guilt,* and their opposites.

> Reī mīlitāris perītus,   *Skilled in warfare.*

Subjective Genitive.—The genitive is used to designate the *person* or *agent* whose act or feeling is expressed in the noun on which the genitive depends.

> Amor mātris,   *A mother's love.*

Objective Genitive.—The genitive is used to designate the *object* toward which feeling or action is directed.

> Odium bellī,   *hatred of war.*

Genitive with Verbs.—Verbs of *remembering* and *forgetting* may take the genitive; but with words denoting things they may also take the accusative.

> Oblivīscere caedis atque incendiōrum.   *Forget murder and fire.*
> Praeterita meminisse,   *To remember the past.*

Genitive with Impersonal Verbs.—Many impersonal verbs of feeling (**paenitet, piget,** and **pudet**), take the genitive of the cause of the feeling, and the accusative of the person affected.

> Mē meōrum cōnsiliōrum paenitet.　*I repent my plans.*

Predicate Genitive.—The possessive genitive often stands in the predicate, connected with its noun by a verb.

> Haec domus est meī amīcī.　*This is my friend's house.*

DATIVE

Dative of Indirect Object.—The *indirect* object of a verb is put in the dative.

> Mīlitibus signum dat.　*He gives the signal to the soldiers.*

Dative of Indirect Object with Special Verbs.—The following intransitive verbs (generally transitive in English) take the dative of the indirect object in Latin:

> cōnfīdō, crēdō, faveō, ignōscō, imperō,
> indulgeō, invideō, licet, noceō, parcō, pāreō,
> persuādeō, placeō, resistō, serviō, studeō.
> Eī cīvitātī persuāsit . . . *He persuaded this state . . .*

note.—In the passive these verbs become impersonal and retain the dative.

> Eī cīvitātī persuāsum est . . . *This state was persuaded . . .*

Dative of Indirect Object with Compounds.—The dative of the indirect object is used with many verbs compounded with the prepositions **ad, ante, circum, con, in, inter, ob, post, prae, prō, sub,** and **super.**

> Dumnorīx equitātuī praeerat.　*Dumnorix was in command of the cavalry.*
> Fīnitimīs bellum īnferēbant.　*They were making war upon their neighbors.*

Dative of Separation.—Verbs of *taking away*, especially those compounded with **ab, dē,** or **ex,** are followed by the dative of words denoting persons.

> Mīlitī scūtum dētrāxit.　*He snatched a shield from the soldier.*

Dative of Purpose.—The dative is used to denote the *purpose* of an action.

> Locum castrīs dēlēgit.　*He selected a place for a camp.*

Dative of Reference—The dative is used to denote the person to whom an act or state refers or whom it concerns. This is also called the dative of advantage.

Sē Caesarī ad pedēs prōiēcērunt.   *They cast themselves at the feet of Caesar.*

Double Dative.—The dative of reference is often used in combination with a dative of purpose. This is known as the "double dative."

Praesidiō impedīmentīs erant.   *They served as a guard to the baggage.*

Dative of Agent.—The dative is used with the passive periphrastic to denote the agent.

Caesarī omnia erant agenda.   *Everything had to be done by Caesar.*

Dative of Possessor.—The dative is used with the verb **sum** to denote the possessor.

Gladius mihi est.   *I have a sword.*

Dative with Adjectives.—Adjectives denoting *likeness, nearness, fitness, friendliness,* and their *opposites,* take the dative.

Proximī sunt Germānīs.   *They are nearest to the Germans.*

ACCUSATIVE

Direct Object.—The direct object of a transitive verb is in the accusative.

Lēgātōs mīsērunt.   *They sent envoys.*

Two Accusatives.—Verbs of *asking, demanding,* and *teaching* take two accusatives, one of the *person,* and the other of the *thing.*

Caesar Aeduōs frūmentum flagitābat.
Caesar demanded corn of the Aedui.

note:—**Petō** and **postulō** usually take **ab,** and **quaerō, ab, dē,** or **ex,** with the ablative of the person.

Verbs of *naming, making, choosing, showing* may take two accusatives of the *same* person or thing.

Caesar Commium rēgem cōnstituit.   *Caesar made Commius king.*

Trādūcō and **trānsportō** may take two accusatives.

Flūmen exercitum trādūxit.   *He led his army across the river.*

Subject of Infinitive.—The subject of an infinitive is in the accusative.

> Turrim cōnstituī vīdērunt.   *They saw that the tower was built.*

Accusative of Duration or Extent.—*Duration of time* and *extent of space* are expressed by the accusative.

> Rēgnum multōs annōs obtinuerat.   *He had held the throne many years.*
> Fossa quīndecim pedēs lāta . . .   *A trench fifteen feet wide . . .*

Accusative with Prepositions.—The following prepositions govern the accusative.

ad, *to*	ergā, *toward*	praeter, *past*
adversus, *against*	extrā, *outside*	prope, *near*
ante, *before*	īnfrā, *below*	propter, *on account of*
apud, *at, among*	inter, *between*	secundum, *after*
circiter, *about*	intrā, *within*	super, *over*
circum, *around*	iūxtā, *near*	suprā, *above*
cis, *this side of*	ob, *on account of*	trāns, *across*
citrā, *this side of*	per, *through*	ultrā, *beyond*
contrā, *against*	post, *after*	versus, *toward*

note.—Two prepositions, **in,** *in* or *into,* and **sub,** *under,* govern the *accusative* to denote *motion whither,* but the *ablative* to denote *place where.*

> In silvam,   *Into the forest.*   In silvā,   *In the forest.*

Accusative of Place to Which.—Place to which is expressed by the accusative with **ad** or **in.** *Names of towns* and **domum** regularly omit the preposition. When used, the preposition means *to the vicinity of.*

> In Ītaliam,   *To Italy*   Rōmam,   *To Rome*
> Ad Genāvam,   *To the vicinity of Geneva.*

Accusative of Exclamation. The accusative is used in exclamations.

> Ō nōs beātōs!   *How happy we (shall be)!*

Accusative of Specification.—In poetry, the accusative is used to denote the part affected. This is called the accusative of specification.

> nuda genū   *with her knee bare (bare as to the knee)*

Cognate Accusative.—An intransitive verb often takes the accusative of a noun of kindred meaning.

> tūtiōrem vītam vivere   *to live a safer life*

ABLATIVE

The ablative is used to express three different relations:

(1) From   (2) With   (3) Where *or* at

Ablative of Separation.—The ablative with the prepositions **ab, dē,** or **ex** is used to denote *separation*. Certain verbs, as **abstineō, careō, dēiciō, dēsistō, excēdō,** and **līberō,** omit the preposition. With *persons* a preposition is regularly used.

> Hic locus ā castrīs Caesaris aberat.
> *This place was distant from Caesar's camp.*
> Labiēnus proeliō abstinēbat.
> *Labienus was refraining from battle.*
> Gallōs ab Aquitānīs Garumna dīvidit.
> *The Garonne separates the Gauls from the Aquitanians.*

Ablative of Place from Which.—*Place from which* is expressed by the ablative with **ab, dē,** or **ex.**

> Ex oppidō ēgreditur. *He sets forth from the town.*

note.—Names of towns and **domō** regularly omit the preposition. When used, the preposition means *from the vicinity of.*

> Rōmā, *From Rome.*   Ab Ocelō, *From the vicinity of Ocelum.*

Ablative of Source.—The ablative, with or without **ab, dē,** or **ex,** is used to denote *source* or *origin.*

> Amplissimō genere nātus est. *He was born of a most distinguished family.*

Ablative of Agent.—The *personal agent* with passive verbs is expressed by the ablative with **ab.**

> Oppidum ā Caesare expugnātum est. *The town was taken by Caesar.*

Ablative of Means.—The *means* or *instrument* is expressed by the ablative without a preposition.

> Pīlō vulnerātus est. *He was wounded by a javelin.*

Ablative with Deponents.—The ablative is used with **ūtor, fruor, fungor, potior, vescor,** and their compounds.

> Castrīs nostrī potītī sunt. *Our men got possession of the camp.*

Ablative of Cause.—The ablative without a preposition is used to denote *cause,* chiefly with verbs of *emotion.*

> Suā victōriā glōriantur.   *They boast on account of their victory.*

Ablative of Manner.—The ablative with **cum** is used to express the *manner* of an action. When there is a modifying adjective, **cum** *may* be omitted.

> Cum cruciātū necātī sunt.   *They were put to death with torture.*
> Incrēdibilī celeritāte dēcucurrērunt.
> *They ran down with wonderful swiftness.*

note.—The ablative may express *in accordance with* which something is done.
> Institūtō suō,   *In accordance with his custom.*

Ablative of Accompaniment.—The ablative with **cum** is used to denote *accompaniment.* **Cum** is sometimes omitted in *military expressions* containing a modifying adjective (other than a numeral).

> Cum hīs lēgātīs vēnit.   *He came with these ambassadors.*
> Subsequēbātur omnibus cōpiīs.   *He followed with all his forces.*

Ablative of Description.—The ablative *with a modifying adjective* is used to describe a person or thing. For *physical qualities* the ablative is regularly used.

> Hominēs inimīcō animō,   *Men of unfriendly disposition.*

Ablative of Specification.—The Ablative without a preposition is used to specify *in what respect* a statement is true.

> Virtūte praecēdunt.   *They excel in courage.*

note.—The ablative of specification is used with the adjectives **dignus** and **indignus.**
> Nihil ipsīs indignum,   *Nothing unworthy of themselves.*

Ablative of Comparison.—After a *comparative* the ablative may be used instead of **quam,** *than* (but *only when* the first of the things compared is in the *nominative* or *accusative.*)

> Eī sunt hūmāniōrēs { cēterīs. / *quam cēterī.*   *These are more civilized than the rest.*

note.—Occasionally the comparative adverbs **amplius, longius, plūs,** and **minus** do not affect the construction of the noun following.

> Spatium nōn amplius pedum sescentōrum . . .
> *A space of not more than six hundred feet . . .*

Ablative of Degree of Difference.—The *measure* or *degree of difference* is expressed by the ablative without a preposition.

> Paulō longius (lit., *further by a little*), *a little further.*

Ablative of Time.—*Time when* or *within which* is expressed by the ablative without a preposition.

> Diē tertiō, *On the third day*   Paucīs annīs, *Within a few years.*

Ablative Absolute.—The construction consists of a noun or pronoun in the ablative with a participle, adjective, or noun in the same case.

> Signō datō, mīlitēs impetum fēcērunt.
> *When the signal was given, the soldiers charged.*

Ablative with Prepositions.—The following prepositions govern the ablative:

ā, ab, *or* abs., *from, by*	dē, *from, concerning*	prae, *before*
cum, *with*	ē *or* ex, *from, out of*	prō, *in front of, for*
		sine, *without*

notes.—1. **Cum,** when used with the personal and reflexive pronouns, becomes an enclitic; usually also with the relative and interrogative pronouns: **nōbīscum,** *with us;* **sēcum,** *with himself;* **quibuscum,** *with whom.* 2. Two prepositions **in,** *in, into,* and **sub,** *under,* govern the ablative to denote *place where,* but the accusative to denote *motion whither.*

> Sub aquā,   *Under the water.*
> Sub iugum mittere,   *To send under the yoke.*

Ablative of Place Where.—*Place where* is regularly expressed by the ablative with **in,** *in, on.* The preposition is often omitted with certain words, as **locō, locīs, parte, partibus,** when they are modified by an adjective or a genitive. (*Names of towns* and **domus** are put in the locative. See below).

> In eōrum fīnibus, *In their territory.*
> Aliēnō locō, *In an unfavorable place.*

LOCATIVE

With *names of towns* and **domus,** place where is expressed by the *locative case.* This in the *singular* of the *first* and *second* declension is like the genitive; elsewhere it is like the ablative. (The locative of **domus** is **domī,** *at home.*)

Rōmae, *At Rome.*   Athēnīs, *At Athens.*   Carthāgine, *At Carthage.*

— *Verbs* —

AGREEMENT OF VERBS

General Rule.—A finite verb agrees with its subject in person and number.

Helvētiī lēgātōs mittunt.   *The Helvetians send ambassadors.*

Two or More Subjects.—With two or more subjects connected by **et, -que,** or **atque** the verb may be plural, or agree with the nearest subject.

Imperātor et lēgātus commōtī sunt.
The general and the lieutenant were alarmed.
Fīlia et ūnus ē fīliīs captus est.
The daughter and one of the sons were captured.

note.—When two or more subjects form a *single idea,* the verb may be singular.

Matrona et Sēquana dīvidit . . . *The Marne and the Seine separate . . .*

With two or more singular subjects connected by conjunctions meaning *or* or *nor* the verb is in the singular.

Neque imperātor neque lēgātus commōtus est.
Neither the general nor the lieutenant was alarmed.

IMPERSONAL VERBS

Some verbs are used only impersonally, as **oportet,** *it is necessary.* But many personal verbs may be used impersonally in the passive voice, as: **ventum est,** *they came;* **mīlitibus dēsiliendum erat,** *the soldiers had to leap down.*

TENSES OF THE INDICATIVE

Present.—The present tense represents an act as *going on now,* or states something that *applies to all time.*

> Parat—*He prepares; he is preparing; he does prepare.*

Historical present.—In narration the present tense is often used instead of a past tense for the sake of greater vividness.

> Cōnsidius ad eum accurrit, dīcit . . . *Cōnsidius rushed up to him and said . . .*

notes.—When the historical present is vivid enough to be felt as a *real present,* it is followed by a *primary* tense; when it is felt as *past,* it is followed by a *historical* tense.

> Fīnitimīs persuādent, utī proficīscantur.
> *They persuaded the neighbors to set out.*
> Casticō persuādet, ut rēgnum occupāret.
> *He persuaded Casticus to seize royal power.*

Dum, meaning *while,* takes the historical present.

> Dum morātur, lēgātī vēnērunt.   *While he was delaying, envoys came.*

Imperfect.—The imperfect denotes *continued* or *repeated* action in past time.

> Parābat—*He was preparing; he kept preparing.*

Future.—The future denotes action in the future.

> Parābit—*He will prepare.*

Perfect.—The perfect represents an act: (1) as completed *in the past;* (2) as completed *at the time of speaking.*

> Parāvit—(1) *He prepared.* (2) *He has prepared.*

Pluperfect.—The pluperfect denotes an act completed in the past before another was begun.

> Parāverat—*He had prepared.*

Future Perfect.—The future perfect represents an action as completed in the future.

> Parāverit—*He will have prepared.*

INDICATIVE MOOD

The indicative mood is used to express *a fact.*

> Germānī Rhēnum trānsiērunt.   *The Germans crossed the Rhine.*

Temporal Clauses.—Clauses introduced by **postquam,** *after,* **ut** and **ubi,** *when,* **cum prīmum, simul,** and **simul atque,** *as soon as,* take the indicative, usually in the *perfect tense.*

> Postquam Caesar pervēnit, obsidēs poposcit.
> *After Caesar had arrived, he demanded hostages.*

Adversative Clauses.—Clauses introduced by **quamquam** and **etsī,** *although,* take the indicative.

> Etsī castra erant exigua, haec contrāxit.
> *Although the camp was small, he contracted it.*

SUBJUNCTIVE MOOD

INDEPENDENT SENTENCES

Hortatory Subjunctive. The hortatory subjunctive represents an idea as willed. The present subjunctive is used in Latin; the negative is **nē.**

> Fortēs sīmus.   *Let us be brave.*
> Nē ignāvī sint.   *Let them not be cowards.*

Optative Subjunctive. The optative subjunctive is used to express a wish. The present tense denotes a wish as possible, the imperfect as unaccomplished in present time, and the pluperfect as unaccomplished in past time. It is often preceded by the particle **utinam** (negative **utinam nē**).

> Vīvant feliciter.   *May they live happily!*
> Utinam vīveret.   *Would that he were living!*
> Utinam nē mortuus esset.   *Would that he had not died!*

Potential subjunctive. The potential subjunctive is used to suggest an action as possible or conceivable.

> Aliquis dīcat.   *Some one may say.*

SUBORDINATE CLAUSES

Purpose Clauses.—Purpose clauses introduced by **ut** (negative **nē**) take the subjunctive.

> Veniunt ut pācem faciant. *They are coming to make peace.*
> Abiit, nē id accideret. *He went away, that this might not happen.*

Relative Purpose Clauses.—A purpose clause may be introduced by a relative pronoun or adverb.

> Lēgātōs mīsērunt, quī dīcerent . . . *They sent envoys to say . . .*

Purpose Clauses with Quō.—Purpose clauses *containing a comparative* are introduced by **quō** instead of **ut.**

> Castra mūnīvērunt, quō facilius hostium impetūs sustinērent.
> *They fortified the camp in order to withstand the enemy's attacks more easily.*

Indirect Commands.—Verbs meaning to *warn, persuade, request, urge,* and *command* are followed by an object clause with **ut** or **nē** and the subjunctive.

> Cīvibus persuāsit ut exīrent. *He persuaded the citizens to go out.*
> Lēgātō imperat nē id faciat. *He commands the lieutenant not to do this.*

note.—**Iubeō,** *order,* **vetō,** *forbid,* and **cupiō,** *desire* take the infinitive with subject accusative.

> Equitēs proficīscī iussit. *He ordered the cavalry to set out.*

Substantive Clauses with Verbs of Fearing.—Verbs and expressions of *fearing* are followed by the subjunctive introduced by **nē,** *that, lest,* or **ut,** *that not.*

> Verēbatur nē Dīviciācī animum offenderet.
> *He feared that he might hurt the feelings of Diviciacus.*

Clauses with **quōminus** *and* **quīn.**—Verbs and expressions of hindering and refusing govern subordinate clauses in the subjunctive. They are introduced by **nē** or **quōminus** when the main verb is in the affirmative, and by **quīn** or **quōminus** when the main verb is negative. Negative verbs and expressions of doubting are followed by the subjunctive introduced by **quīn.**

> Eōs dēterrēbat nē frūmentum cōnferrent.
> *He was deterring them from collecting grain.*

Retinērī nōn poterant quīn tēla conicerent.
They could not be restrained from hurling darts.

Nōn dubium est quīn plūrimum possint.
There is no doubt that they are the most powerful.

note.—**Prohibeō,** *prevent,* regularly takes the infinitive.

Germānōs trānsīre prohibēbant.
They were preventing the Germans from crossing.

Result Clauses.—Clauses of result introduced by **ut** (negative **ut nōn**) take the subjunctive. The main clause often contains **tantus, tam, ita, adeō,** or a similar word.

Tanta erat caedēs ut perpaucī effugerent.
So great was the slaughter that very few escaped.

Substantive Clauses of Result.—Substantive result clauses (introduced by **ut** or **ut nōn**) with the subjunctive are used as the subject or object of verbs meaning *to happen* or *to cause* or *effect.*

Accidit ut esset lūna plēna.   *It happened that it was full moon.*

Relative Clause of Characteristic.—A relative clause with the subjunctive may be used to *describe* an indefinite antecedent. These clauses of *description* or *characteristic* are used especially after such expressions as **est quī, sunt quī, ūnus quī, sōlus quī, nēmō est quī**

Erant duo itinera quibus exīre possent.
There were two routes by which they could go out.

Cum Circumstantial Clauses.—*In narration,* **cum,** meaning *when,* is used with the imperfect or pluperfect subjunctive to describe the circumstances under which the action took place.

Cum in fugā traherētur, in ipsum Caesarem incidit.
While he was being dragged along in flight, he happened upon Caesar himself.
Cum pervēnisset, ea cognōvit.
When he had arrived, he ascertained these facts.

note.—If the **cum** clause is used merely to denote *the point of time* at which the action occurred, the verb is in the indicative.

Cum Caesar vēnit, prīncipēs erant Aeduī.
At the time when Caesar came, the Aedui were leaders.

Cum Causal.—**Cum,** meaning *since,* takes the subjunctive.

Hīs cum persuādēre nōn possent, lēgātōs ad Dumnorīgem mīsērunt.
Since they could not persuade these, they sent envoys to Dumnorix.

Adversative Clauses with Subjunctive.—An adversative clause introduced by **cum, ut,** or **quamvīs,** *although,* takes the subjunctive.

> Cum prīmī ōrdinēs concidissent, tamen reliquī resistēbant.
> *Although the first ranks had fallen, still the rest kept resisting.*

Clauses of Anticipation.—Temporal clauses introduced by **dum,** *until,* and **antequam** or **priusquam,** *before,* take the subjunctive to denote something *anticipated.* To express *actual fact* they take indicative.

> Priusquam sē hostēs ex terrōre reciperent, in fīnēs Suessiōnum exercitum dūxit.
> *Before the enemy could recover from fright, he led his army into the territory of the Suessiones.*
> Neque prius fugere dēstitērunt quam ad flūmen Rhēnum pervēnērunt.
> *They did not cease fleeing before they came to the river Rhine.*

Indirect Questions.—*Interrogative* clauses used as the object of verbs of *inquiring, knowing, telling* take the subjunctive.

> Eī ostendit unde vēnisset et quis esset.
> *He showed him whence he had come and who he was.*

Double Questions.—Double questions are introduced by **utrum,** *whether . . .* **an,** *or.* In double direct questions, *or not* is expressed by **annōn.** In double indirect questions, *or not* is expressed as **necne.**

Subordinate Clauses in Indirect Discourse.—Verbs of *saying, thinking, knowing,* and *perceiving* (which are followed by the accusative and infinitive in the main clause of the indirect discourse), take the subjunctive in all *subordinate clauses* of the indirect discourse.

> Dīxit Germānōs, quī trāns Rhēnum incolerent, inter sē obsidēs dare.
> *He said that the Germans, who dwelt across the Rhine, were exchanging hostages.*

Quod Causal Clauses.—Causal clauses, introduced by **quod** or **quoniam,** *because, since* **(a)** take the indicative when they give the *writer's* or *speaker's reason,* **(b)** take the *subjunctive* to suggest that it is the reason of *some other person.*

> **(a)** Fortissimī sunt proptereā quod longissimē absunt.
> *They are the bravest, because they are farthest away.*
> **(b)** Aeduī querēbantur, quod Harūdēs eōrum fīnēs populārentur.
> *The Aedui complained, because the Harudes were devastating their borders.*

Conditional Sentences.

INDICATIVE

CONDITIONS OF FACT (Simple Conditions).
PRESENT.—Sī cēdit, ignāvus est.　*If he yields, he is a coward.*
PAST.—Sī cessit, ignāvus fuit.　*If he yielded, he was a coward.*
FUTURE.—Sī cēdet (cesserit), ignāvus erit.　*If he yields* (lit., *shall yield*
or *shall have yielded*), *he will be a coward.*

SUBJUNCTIVE

SHOULD-WOULD CONDITIONS (Less vivid Future).
Sī cēdat, (cesserit) ignāvus sit.　*If he should yield, he would be a coward.*

CONTRARY TO FACT CONDITIONS

PRESENT.—Sī cēderet, ignāvus esset.
　If he were yielding, he would be a coward.
PAST.—Sī cessisset, ignāvus fuisset.
　If he had yielded, he would have been a coward.

Sequence of Tenses.—In the subordinate clause of a complex sentence, the tense of the subjunctive is governed by the following rule, called the "sequence of tenses":

1. If the main verb expresses present or future time, the subordinate subjunctive is in the present or perfect. These tenses are called primary, or principal tenses.

2. If the main verb expresses past time, the subordinate subjunctive is in the imperfect or pluperfect. These tenses are called secondary, or historical tenses.

In primary sequence, the present subjunctive is used to express action going on at the same time as the main verb, or time after the main verb; the perfect is used to express action which is completed at the time of the action of the main verb.

In secondary sequence, the imperfect subjunctive is used to express an action going on at the same time as the main verb, or time after the main verb; the pluperfect is used to express an action which was completed at the time of the action of the main verb.

Exceptional Sequence.—In a clause of result, the perfect subjunctive may be used after a main verb in secondary sequence to emphasize the present result of a past action.

MIDDLE VOICE

The passive voice sometimes has a reflexive meaning, corresponding to the Greek Middle Voice.

Induitur vestem. *He puts on his clothes.*

IMPERATIVES

The imperative is used to express a command.

Dēsilīte. *Leap down.* Nōlīte dēsilīre. *Do not leap down.*

note.—Four verbs drop final **-e** in the imperative singular: **dīc, dūc, fac, fer.**

INFINITIVES

Infinitive as Subject.—As the infinitive is a verbal noun, it may be used as the subject of a verb.

Vidēre est crēdere. *To see is to believe.*

Infinitive as Object.—The infinitive is often used as the object of a verb. When it *completes* the meaning of a verb, it is called the *complementary infinitive.*

Cōpiās parāre coepērunt. *They began to prepare forces.*
Exīre potuērunt. *They were able to go out.*

Infinitive Phrase as Subject or Object.—The infinitive with a subject accusative may be used as the subject or object of a verb.

Oppida incendī oportēbat.
It was necessary that the towns be burned.
Iubet arma trādī. *He ordered the arms to be handed over.*

Infinitive in Indirect Discourse.—After verbs of *saying, thinking, knowing,* and *perceiving,* the *main clause* in the indirect discourse has the infinitive with its subject in the accusative.

Nūntiāvit equitēs pulsōs esse.
He reported that the cavalry had been routed.

When a future passive infinitive is required in indirect discourse, the expression **fore ut** with the subjunctive is generally used. The tense of the verb in the subjunctive depends on the verb of saying.

Spērō fore ut nōn caedātur. *I hope that he will not be killed.*

PARTICIPLES

A participle is a verbal adjective; as a *verb* it may be followed by an object; as an *adjective* it must agree with its noun in gender, number, and case.

Present Participle.—The present participle is used to denote the *same* time as the principal verb.

> Cotta pugnāns occīditur. *Cotta is killed (while) fighting.*

Perfect Participle.—The perfect participle is used to denote time *before* that of the principal verb.

> Caesar, adductus eōrum precibus, bellum suscēpit.
> *Influenced by their entreaties, Caesar undertook the war.*

Future Active Participle.—The future participle is used to denote time *after* that of the principal verb.

> Moritūrī, tē salūtāmus.
> *We (who are) about to die, salute you.*

note.—The future participle is chiefly used in the active periphrastic conjugation.

Future Passive Participle (Gerundive).—The future passive participle has two distinct uses. (1) With the verb **sum** in the passive periphrastic conjugation. When thus used with any part of the verb **sum**—expressed or understood—it is translated *necessary to be, ought to be, must be.*

> Signum tubā dandum erat.
> *The signal had to be given with the trumpet.*

(2) As a gerundive (expressing the leading idea of a phrase) in agreement with a noun, in the sense of *-ing*.

> Cōnsilium cēpērunt legiōnis opprimendae.
> *They formed the plan of crushing the legion.*

note.—Gerundive phrases introduced by **ad** with the accusative, or by **causā** (or **grātiā**) and the genitive, are used to express *purpose*.

> Ad eās rēs cōnficiendās, *For the purpose of accomplishing these things.*
> Bellī īnferendī causā, *For the sake of making war.*

— Gerund —

The gerund is a *verbal noun* of the second declension, used only in the singular. It lacks the nominative case, which is supplied by the infinitive. It may take a direct object, but as a rule it does so only in the genitive or ablative (without a preposition).

> Spēs capiendī urbem, *Hope of taking the city.*

— Supine —

The supine is a *verbal noun* of the fourth declension, used only in the accusative and ablative. The accusative of the supine is used with verbs of motion to express *purpose.*

> Lēgātōs mīsērunt rogātum auxilium.
> *They sent envoys to ask assistance.*

The ablative of the supine is used with a few adjectives.

> Perfacile factū est.   *It is very easy to do.*

"Nullum magnum ingenium sine mixtura dementiae fuit."

Vocabularies

Portrait bust of Roman lady of the early Empire

Latin —English

Direct and indirect derivatives from the Latin which are not definitions are printed in parentheses.

Words which appear on various lists, such as the latest available lists published by the College Entrance Examination Board and the New York State Board of Regents, are marked in the vocabulary by the symbol •, ••, to indicate first-year words, and second-year words, respectively.

— Abbreviations —

abl.	= ablative	imper.	= imperative	p., pp.	= page, pages
abs.	= absolute	impers.	= impersonal	part.	= participle
acc.	= accusative	impf.	= imperfect	pass.	= passive
adj.	= adjective	incep.	= inceptive	pl.	= plural
adv.	= adverb	indecl.	= indeclinable	poss.	= possessive
c.	= common	indic.	= indicative	prep.	= preposition
comp.	= comparative	infin.	= infinitive	pres.	= present
conj.	= conjunction	insep.	= inseparable	pron.	= pronoun
dat.	= dative	inter.	= interrogative	rel.	= relative
decl.	= declension	intens.	= intensive	sc.	= supply
def.	= defective	interj.	= interjection	semidep.	= semideponent
desid.	= desiderative	intr.	= intransitive	sing.	= singular
dim.	= diminutive	lit.	= literally	subst.	= substantive
f.	= feminine	loc.	= locative	sup.	= superlative
freq.	= frequentative	m.	= masculine	trans.	= transitive
fut.	= future	n.	= neuter	voc.	= vocative
gen.	= genitive				

A

A., abbreviation for **Aulus.**

•**ā, ab, abs,** prep. with abl., *from, away from; by;* of time, *since, from, after.* as an adverb, *away.*

abdicō, -āre, -āvī, -ātum, *deny, refuse;* **sē abdicāre,** *resign.* (abdicate)

••**abdō, -ere, -didī, -ditum,** *put away; hide.*

abdūcō, -ere, -dūxī, -ductum, *lead away; withdraw; abduct.*

•**abeō, -īre, -iī [īvī], -itum,** *go away, depart.*

abiciō, -ere, -iēcī, -iectum, [iaciō], *throw away, throw, cast.* (abject)

abiēs, -ietis, f., *fir, spruce.*

abnuō, -ere, -nuī, -nuitum or **nūtum,** [**nuō,** *nod*], *refuse, deny.*

abscēdo, -ere, -cessī, -cessum, *withdraw, depart.*

abscīdō, -ere, -cīdī, -cīsum, [caedō], *cut off.*

absēns, -sentis, [ab-sum], *absent, being absent.*

absimilis, -e, *unlike.*

absistō, -ere, -stitī, —, *withdraw; desist.*

abstergeō, -ēre, -tersī, -tersum, [tergeō, *wipe*], *wipe off.*

abstineō, -ēre, -uī, -tentum, [teneō-], *keep*

back, hold off; keep away, refrain from, abstain.

•**absum, -esse, āfuī, āfutūrus,** *be absent, be distant; be free from, be wanting.*

Absyrtus, -ī, m., *Absyrtus,* Medea's brother.

abundō, -āre, -āvī, -ātum, *have in abundance.*

ac, see **atque.**

Acastus, -ī, m., *Acastus,* son of Pelias.

Acca, -ae, f., *Acca Larentia,* wife of Faustulus.

•**accēdō, -ere, -cessī, -cessum,** *go to, approach, advance; be added, undertake;* (accede)

accelerō, -āre, -āvī, -ātum, [**celerō**], *hasten.* (accelerate)

accendō, -ere, -cendī, -cēnsum, *kindle, set on fire.*

acceptus, -a, -um, [**accipiō**], *acceptable, welcome.*

•**accidō, -ere, -cidī, —,** [**ad + cadō**], *fall, befall, happen; impers.,* **accidit,** *it happens.*

accīdō, -ere, -cīdī, -cīsum, [**caedō**], *cut into.*

accingō, -ere, -cīnxī, -cīnctum, *gird on.*

•**accipiō, -ere, -cēpī, -ceptum,** [**ad + capiō**], *receive, accept; learn, listen.*

acclīvis, -e, [**ad + clīvus**], *sloping upward, rising.*

acclīvitās, -ātis, f., *slope, ascent.* (acclivity)

accommodō, -āre, -āvī -ātum, [**ad + commodus**], *fit to, put on, adjust; accommodate.*

accumbō, -ere, -cubuī, -cubitum, [**ad + cumbō,** *lie*], *recline* (at the table).

accūrātē, adv., *carefully.* (accurate)

accurrō, -ere, -currī, -cursum, *run to, come up.*

•**ācer, ācris, ācre,** *sharp, bitter, keen, fierce.* (acrid)

acervus, -ī, m., *mass, heap, pile.*

•**aciēs, -ēī,** f., *line of battle, battle; edge.*

actūtum, adv., *immediately.*

acūtus, -a, -um, [**acuō,** *sharpen*], *sharp, sharpened, pointed.* (acute)

•**ad,** prep. with acc., *to, toward, up to; at, near; for; approximately* (with numbers).

adaequō, -āre, -āvī, -ātum, *equal.*

adamō, -āre, -āvī, -ātum, *love.*

••**addō, -ere, -didī, -ditum,** *add.*

•**addūcō, -ere, -dūxī, -ductum,** *lead to, bring to; induce, influence.* (adduce)

•**adeō, -īre, -īvī** or **iī, -itum,** *go to, approach.*

•**adferō, adferre, attulī, allātum,** *bring to, bring up, report.*

adglūtinō, -āre, -āvī, -ātum, *glue, pile up, attach.*

adhaerēscō, -ere, -haesī, —, [**haereō**], *cling to.* (adhesive)

adhibeō, -ēre, -uī, -itum, [**habeō**], *summon, invite, offer; use; apply.*

adhortātiō, -ōnis, f., [**hortor**], *exhortation, encouragement.*

adhortor, -ārī, -ātus, *encourage; rally.*

adhūc, adv., *hitherto, as yet, still.*

adiaceō, -ēre, -uī, —, *lie near, be adjacent.*

adiciō, -ere, -iēcī, iectum, [**iaciō**], *throw, add to, join to.*

adigō, -ere, -ēgī, -āctum, [**agō**], *drive to, push to; cast, hurl.*

adimō, -ere, -ēmī, -ēmptum, [**emō**], *take away; cut off.*

adipīscor, -ī, adeptus, *gain, secure, obtain.* (adept)

••**aditus, -ūs,** m., [**eō**], *approach, access, entrance.*

adiungō, -ere, -iūnxī, -iūnctum, *join to, add to, win over.* (adjunct)

adiūtor, -ōris, m., [**iuvō**], *helper, advocate.* (adjutant)

adiuvō, -āre, -iūvī, -iūtum, *help, aid.*

adligō, -āre, -āvī, -ātum, *bind to, fasten.*

Admētē, Admētēs, f., *Admete.*

administer, -trī, m., *assistant; priest, minister.*

••**administrō, -āre, -āvī, -ātum,** *render assistance, manage, administer.*

admīrātiō, -ōnis, f., [**mīror**], *wonder, surprise; admiration.*

••**admīror, -ārī, -ātus,** *wonder at, admire.*

••**admittō, -ere, -mīsī, missum,** *let go; admit, receive; commit.* **equō admissō,** *with his horse at full speed.*

admodum, adv., *very, exceedingly, quite.*

admoneō, -ēre, -uī, -itum, *remind, warn, admonish.*

admonitus, -ūs, m., [admoneō], *advice, admonition.*

admoveō, -ēre, -mōvī, -mōtum, *move to, apply; bring near.*

adoleō, -ēre, -uī, -ultum, *increase, magnify.*

adolēscō, -ere, -olēvī, -ultum, [olēscō, *grow*], *grow up.* (adolescent)

adoperiō, -īre, -uī, -pertum, *cover.*

‥adorior, -īrī, -ortus, *rise against, attack, assail.*

adōrō, -āre, -āvī, -ātum, *honor, worship, adore.*

adspergō, -inis, f., *spray, sprinkling.*

adspiciō, -ere, -spexī, -spectum, *look at, behold, catch sight of.*

adstō, -āre, -stitī, —, *stand near.*

·adsum, -esse, -fuī, *be near, be present; help.*

adsurgō, -ere, -surrēxī, -surrēctum, [sub + rego], *rise, stand.*

Aduatucī, -ōrum, m., *the Aduatuci, a Belgic tribe.*

·adulēscēns, -entis, [adōlēscō], *young.* As noun, c., *a youth, young man.*

‥adulēscentia, -ae, f., [adulēscēns], *youth.* (adolescence)

adulēscentulus, -ī, m., *a very young man.*

aduncus, -a, -um, *bent, curved, hooked.*

adūrō, -ere, -ussī, -ustum, *scorch, singe.*

advehō, -ere, -vexī, -vectum, *carry, pass., sail.*

adveniō, īre, -venī, -ventum, *come to, arrive.*

·adventus, -ūs, m., [adveniō], *coming, arrival.* (advent)

adversārius, -a, -um, [adversus], *opposed.* As noun, adversārius, -ī, m., *enemy, adversary.*

‥adversus, -a, -um, [vertō], *turned toward, facing, opposite; adverse, unfavorable, unsuccessful.* adversō colle, *up the hill.* in adversum ōs, *full in the face.*

adversus and adversum, prep. with acc., *opposite to, against.*

‥advertō, -ere, -vertī, -versum, *turn (to), direct.* (advert)

advocō, -āre, -āvī, -ātum, *call, summon.* (advocate)

advolō, -āre, -āvī, -ātum, *fly to, dash up to.*

Aeacus, -ī, m., *Aeacus,* grandfather of Achilles.

aedēs, see aedis.

·aedificium, -ī, n., [aedificō], *building, house.* (edifice)

‥aedificō, -āre, -āvī, -ātum, [aedis + faciō], *build, construct.*

aedīlicius, -a, -um, [aedīlis], *of aedile rank, ex-aedile.*

aedīlis, -is, m., [aedis], *aedile;* commissioner of buildings, games.

·aedis or aedēs, -is, f., *building, temple;* pl., *house.*

Aeduus, -a, -um, Aeduan. As noun, Aeduus, -ī, m., *an Aeduan;* pl., *Aeduans, the Aedui,* a powerful Gallic tribe.

Aeētēs, -ae, [acc., Aeētem], *Aeetes,* king of Colchis.

·aeger, -gra, -grum, *sick.*

Aegīna, -ae, f., *Aegina,* an island south of Athens.

‥aegrē, adv., *scarcely, with difficulty.* aegrē ferre, *to be annoyed at.*

Aegyptiī, -ōrum, m., *the Egyptians.*

Aemilius, -ī, m., *Aemilius,* a decurion of the Gallic cavalry.

aemulātiō, -ōnis, f., [aemulor, *rival*], *rivalry, emulation.*

Aenēās, -ae, m., *Aeneas,* a Trojan hero.

aēneus, -a, -um, *of copper, bronze.*

aequālis, -e, [aequus], *equal.*

aequāliter, adv., *evenly, uniformly.*

Aequī, -ōrum, m., *the Aequians,* a tribe east of Rome.

aequinoctium, -ī, n., [aequus + nox], *the equinox.*

aequitās, -ātis, f., [aequus], *justice, equity, fairness.* animī aequitās, *calmness, equanimity.*

aequō, -āre, -āvī, -ātum, [aequus], *make equal, equalize.*

aequor, -oris, n., *the sea.*

aequoreus, -a, -um, *of the sea.*

·aequus, -a, -um, *level, even; fair, just; equal; favorable.* aequō animō, *calmly, with equanimity.*

āēr, āeris, [acc., āera], m., *air.*

aes, aeris, n., *copper, bronze; money.* **aes aliēnum,** *debt.*

Aesōn, -ōnis, m., *Aeson,* a prince.

•**aestās, -ātis,** f., *summer.*

aestimātiō, -ōnis, f., [**aestimō**], *valuation.* (estimation)

aestimō, -āre, -āvī, -ātum, [**aes**], *value, estimate.*

aestuārium, -ī, n., [**aestus**], *tidal marsh, march.* (estuary)

aestuō, -āre, -āvī, -ātum, *boil, seethe, roll in waves.*

••**aestus, -ūs,** m., *heat; tide.*

•**aetās, -ātis,** f., *age, lifetime; time.*

aeternus, -a, -um, *everlasting, perpetual, eternal.*

aethēr, -eris, m., *upper air; ether.*

afferō, -ferre, attulī, allātum, *bring to, bring; cause, present; allege, assign.* **vim afferre,** *offer violence.*

afficiō, -ere, -fēcī, -fectum, [**ad + faciō**], *affect, influence, treat, visit with, afflict, weaken.*

affīgō, -ere, -fīxī, -fīxum, *fasten to, affix.*

affinitās, -ātis, f., *relationship by marriage.*

afflictō, -āre, -āvī, -ātum, [intens. of **afflīgō**], *shatter, damage, wreck.*

afflīgō, -ere, -flīxī, flīctum, *overthrow, afflict, damage.*

affore = affutūrus esse, from **adsum.**

Āfrānius, -ī, m., *L. Afranius,* one of Pompey's officers.

•**Āfrica, -ae,** f., *Africa.*

Āfricānus, -a, -um, *African.* Surname of Scipio, the conqueror of Hannibal.

Āfricus, -a, -um, *African;* as noun, **Āfricus, -ī,** m., *the southwest wind.*

•**ager, agrī,** m., *field, territory;* pl., *lands, country.* **agrī cultūra,** *farming, agriculture.*

••**agger, aggeris,** m., [**ad + gerō**], *rampart, material for a rampart, earth.*

•**aggredior, -ī, -gressus,** [**ad + gradior**], *approach; attack; undertake, begin.* (aggressive)

aggregō, -āre, -āvī, -ātum, [**ad + grex**], *collect; join.* (aggregate)

agitābilis, -e, *easily moved.*

agitō, -āre, -āvī, -ātum, *set in motion; discuss.* (agitate)

•**agmen, -inis,** n., [**agō**], *marching column, line of march, army on the march; line, procession.* **agmen claudere,** *to bring up the rear.* **novissimum agmen,** *the rear guard, the rear.* **prīmum agmen,** *the vanguard, the van.*

agnōscō, -ere, -nōvī, -nitum, *recognize, acknowledge.*

agnus, -ī, m., *lamb.*

•**agō, -ere, ēgī, āctum,** *do, drive, lead, conduct, guide; incite, urge; act, perform, accomplish; plead with;* of time, *spend, pass.* **grātiās agere,** *to give thanks, thank.*

•**agricola, -ae,** m., [**ager + colō**], *farmer.*

Agrigentum, -ī, n., *Agrigentum,* on the south coast of Sicily.

Agrippa, -ae, m., *Agrippa.*

aiō, ais, ait, aiunt; imperf. **aiēbam,** def., *say.*

āla, -ae, f., *wing; squadron* (of cavalry).

••**alacer, -cris, -cre,** *eager, spirited.* (alacrity)

alacritās, -ātis, f., [**alacer**], *eagerness, ardor, alacrity.*

ālārius, -a, -um, [**āla**], *of the wing.* As noun, **ālāriī, -ōrum,** m., *auxiliary troops,* posted on the *wings of the army.*

Alba Longa, -ae, f., [**albus**], *Alba Longa,* a town in Latium.

Albānus, -a, -um, *Alban, of Alba.* As noun, **Albānī, -ōrum,** m., *the Albans.*

•**albus, -a, -um,** *white.* (albino)

alcēs, -cis, f., *moose, elk.*

Alcmēna, -ae, f., *Alcmena,* wife of Amphitryon.

ālea, -ae, f., *game of dice; die.*

ālēs, -itis, *winged.* A noun, c., *bird.*

Alesia, -ae, f., *Alesia,* chief city of the Mandubii.

Alexander, -drī, m., *Alexander,* the Great.

Algidus, -ī, m., [**algeō,** *be cold*], Mt. Algidus, s.e. of Rome.

••**aliēnus, -a, -um,** [**alius**], *of another, foreign, strange, alien.* As noun, **aliēnus, -ī,** m., *foreigner, stranger.*

alimentum, -ī, n., *food.*

••**aliō,** adv., *elsewhere, to another place.*

aliquamdiū, adv., *for some time.*

aliquandō, adv., *at some time, once; at last.*

aliquantum, -ī, n., *a little, considerable; something.*

aliquī, aliqua, aliquod, pron. adj., *some, any, some other.*

·**aliquis, aliquid,** indef. pron., *someone, anyone.* Neut., *something, anything.*

aliquot, indecl., *some, several.*

··**aliter,** adv., *otherwise, differently; in any other way.* **aliter ac,** *otherwise than.*

·**alius, -a, -ud,** *another, other, different.* **alius . . . alius,** *one . . . another; the one . . . the other;* pl., **aliī . . . aliī,** *some . . . others.*

Allia, -ae, f., *the Allia,* a tributary of the Tiber.

Allobroges, -um, m., [acc., **Allobrogas**] *The Allobrogians,* a Gallic people.

alloquor, -ī, -locūtus, *speak to, address.*

alō, -ere, aluī, altum, *nourish, sustain; keep, raise.*

Alpēs, -ium, f., *the Alps.*

Alpīnus, -a, -um, *Alpine.*

altē, adv., *high, on high; far.*

·**alter, -era, -erum,** *one of two; the other, another; second;* **alter . . . alter,** *the one . . . the other.*

alteruter, -tra, -trum, *either of two.*

·**altitūdō, -inis,** f., [**altus**], *height, altitude; depth.*

·**altus, -a, -um,** *high, lofty, tall; deep.* As noun, **altum, -ī,** *the deep, the sea.*

amābilis, -e, [**amō**], *worthy to be loved, amiable.*

Amāzonēs, -um, f., *the Amazons.*

ambactus, -ī, m., *vassal, dependent.*

ambāgēs, -is, f., *circuit; a long story, details; riddle, mystery.*

Ambarrī, -ōrum, m., *the Ambarri,* a tribe near the Saone River.

Ambiānī, -ōrum, m., *the Ambiani,* a small state in Belgium.

ambiō, -īre, -iī, -itum, *go around, inspect.*

Ambiorīx, -īgis, m., *Ambiorix,* chief of the Eburones.

ambitiō, -ōnis, f., [**ambiō**], *desire for favor, ambition.*

Ambivaretī, -ōrum, m., *the Ambivareti,* a tribe in central Gaul.

ambō, ambae, ambō, *both.*

ambulātōrius, -a, -um, [**ambulō**], *movable.* (ambulatory)

·**ambulō, -āre, -āvī, -ātum,** *walk.*

āmentia, -ae, f., [**āmēns**], *madness, folly.*

āmentum -ī, n., *thong, strap.*

·**amīcitia, -ae,** f., [**amīcus**], *friendship; alliance.*

amictus, -ūs, m., *cloak, outer garments.*

amīcus, -a, -um, [**amō**], *friendly, amicable.*

·**amīcus, -ī,** m., [**amō**], *friend, ally.*

·**āmittō, -ere, -mīsī, -missum,** *send away; lose, let go.*

amnis, -is, m., *river, stream.*

·**amō -āre, -āvī, -ātum,** *love, like, be fond of.* (amiable)

··**amor, -ōris,** m., [**amō**], *love, affection.*

Amphitrītē, -ēs, f., *Amphitrite,* wife of Neptune.

Amphitruō, -ōnis, m., *Amphitryon,* husband of Alcmena.

amplector, -ī, -plexus, *surround, encircle, embrace.*

amplificō, -āre, -āvī, -ātum, *enlarge, magnify.*

ampliō, -āre, -āvī, -ātum, [**amplus**], *enlarge.* (amplify)

amplitūdō, -inis, f., *greatness, extent; breadth, size; importance.*

amplius, adv., *more, further; besides, more than.*

·**amplus, -a, -um,** *great, large, ample; distinguished.*

Amūlius, -ī, m., *Amulius,* son of Proca.

an, conj., *or, whether.*

Anartēs, -ium, m., *the Anartes,* a tribe in Dacia.

anceps, -cipitis, [**ambō + caput**], *two headed; two-fold; on two fronts.*

Anchīsēs, -ae, m., *Anchises,* father of Aeneas.

ancilla, -ae, f., *maid-servant.*

·**ancora, -ae,** f., *anchor.* **in ancorīs,** *at anchor.*

Andēs, -ium, or **Andī, -ōrum,** m., *the Andes,* a Gallic tribe north of the Loire.

Āndriscus, see **Pseudo-Philippus.**
anguis, -is, m., *snake.*
angulus, -ī, m., *angle, corner.*
··angustiae, -ārum, f., [**angustus**], *narrow place, strait; mountain pass; scarcity; difficulties; narrowness.*
angustus, -a, -um, *narrow, close, steep.* As noun, **angustum, -ī,** n., *crisis.*
anhēlitus, -ūs, m., *panting, breath.*
anima, -ae, f., *breath, life, soul.* (animate)
··animadvertō, or **animum advertō, -ere, -vertī, -versum,** *turn the mind to; notice, observe; punish.*
·animal, -ālis, n., [**anima**], *animal, living being.*
·animus, -ī, m., *soul, life; mind, courage, spirit; purpose; feelings,* **esse in animō,** *to intend.*
Aniō, -ēnis, m., *the Anio,* a tributary of the Tiber.
annōtinus, -a, -um, [**annus**], *of the preceding year.*
·annus, -ī, m., *year.*
annuus, -a, -um, [**annus**], *for a year, annual.*
ānser, -is, m., *goose.*
·ante, adv. and prep., *before.* As adv., *in front; previously.* As prep. with acc., *in front of.*
··anteā, adv., *before this, previously.*
··antecēdō, -ere, -cessī, -cessum, *go before, precede, surpass,* with dat. (antecedent)
antecursor, -ōris, m., [**currō**], *scout, forerunner;* pl., *vanguard.*
anteeō, -ire, -iī, —, *go before, go ahead, precede; surpass.*
anteferō, -ferre, -tulī, -lātum, *place before, prefer.*
antehāc, adv., *before this.*
antemna, -ae, f., *yard* of a ship. (antennae)
antepōnō, -ere, -posuī, -positum, *put before; prefer.*
antequam, conj., *before, sooner than; until.*
antesignānus, -ī, m., [**signum**], *skirmisher.*
Antiochus, -ī, m., *Antiochus III, the Great,* king of Syria.

antīquitus, adv., *in former times, anciently.*
·antīquus, -a, -um, *old, old-time, early.* (antique)
Antōnius, -ī, m., **Marcus Antōnius,** *Mark Antony,* the triumvir.
antrum, -ī, n., *cave.*
anulus, -ī, m., *ring, finger ring.*
anus, -ūs, f., *old woman.*
anxius, -a, -um, *anxious.*
Āonius, -a, -um, *Aonian, of Aonia;* a region in Boeotia.
aper, aprī, m., *boar.*
·aperiō, -ire, -uī, -pertum, *open, uncover; disclose, reveal.*
·apertus, -a, -um, [**aperiō**], *open, uncovered; exposed; clear, manifest.*
Apollō, -inis, m., *Apollo.*
apparātus, -ūs, m., [**parō**], *preparation; equipment, supplies.* (apparatus)
appāreō, -ēre, -uī, -itum, *appear, be plain.* (apparent)
apparō, -āre, -āvī, -ātum, *prepare.*
appellō, -ere, -pulī, -pulsum, *bring to; land.*
·appellō, -āre, -āvī, -ātum, *call, name, address.* (appellation)
Appennīnus, -ī, m., *the Appennines.*
appetītus, -ūs, m., [**ad** + **petō**], *appetite.*
appetō, -ere, -īvī, -ītum, *seek, desire; draw near.* (appetite)
applicō, -āre, -āvī, -ātum, [**ad** + **plicō,** *fold*], *apply to.* **sē applicāre,** *to lean against.* (application)
appōnō, -ere, -posuī, -positum, *place near, set before.* (apposition)
apprehendō, -ere, -dī, -hēnsum, *seize, grasp, apprehend.*
·appropinquō, -āre, -āvī, -ātum, *approach, come near.*
Apr. = **Aprīlis.**
Aprīlis, -e, *of April.*
aptō, -āre, -āvī, -ātum, *fit, adapt; equip; adjust; prepare.*
aptus, -a, -um, *fitted, suitable, apt.*
·apud, prep. with acc., *at, among, near, close to; at the house of; in the presence of.*
Āpūlia, -ae, f., *Apulia,* a district in southeastern Italy.

·aqua, -ae, f., *water.*

aquaeductus, -ūs, m., [aqua + dūcō], *aquaduct.*

Aquae Sextiae, -ārum, f., *Aquae Sextiae,* a town in southern Gaul.

aquārium, -ī, n., [aqua], *watering place.* (aquarium)

··aquila, -ae, f., *eagle;* a silver eagle, carried on a pole as the standard of the legion. (aquiline)

Aquileia, -ae, f., *Aquileia,* a city at the head of the Adriatic.

aquilifer, -ī, m., [aquila + ferō], *standard bearer.*

aquilō, -ōnis, m., *north wind; wind.*

Aquītānia, -ae, f., *Aquitania,* one of the divisions of Gaul.

Aquītānus, -a, -um, *of Aquitania.*

aquor, -ārī, —, [aqua], *get water.*

ara, -ae, f., *altar.*

Arar, -is, (acc., -im), *the Arar,* now *the Saone.*

arātor, -ōris, m., *ploughman.*

arātrum, -ī, n., [arō], *plough.*

arbitrium, -ī, n., [arbiter, *judge*], *choice, judgment, decision; authority.* (arbiter)

·arbitror, -ārī, -ātus, *think, consider, believe.* (arbitrate)

·arbor, -oris, f., *tree* (arbor)

arboreus, -a, -um, *of a tree; branching.*

arbustum, -ī, n., *orchard.*

arca, -ae, f., *chest, box.*

arceō, -ēre, -uī, —, *ward off, keep off; confine.*

Arcadia, -ae, f., *Arcadia,* a district in Greece.

··arcessō, -ere, -īvī, -ītum, *summon, fetch, invite.*

arcus, -ūs, m., *bow, arc, coil.*

Ardea, -ae, f., *Ardea,* a town south of Rome.

ārdeō, -ēre, ārsī, ārsum, *be on fire, burn;* ārdens, -entis, *burning, glowing.* (ardent)

ārdescō, -ere, ārsī, —, *begin to burn.*

ārdor, -ōris, m., [ārdeō], *fire; ardor.*

arduus, -a, -um, *steep, high, tall; arduous.*

Aremoricus, -a, -um, *Aremorican.*

arēna, -ae, f., *sand, seashore; arena.*

argentāria, -ae, f., [argentum], *bank.*

argenteus, -a, -um, [argentum], *of silver.*

argentum, -ī, n., *silver; money.*

argilla, -ae, f., *clay.*

Argolicus, -a, -um, *of Argos,* a region of Greece.

Argonauta, -ae, m., *Argonaut,* one of the crew of the Argo.

Argos, (only nom. and acc.), n., *Argos,* in the Peloponnesus.

argumentum, -ī, n., *proof, evidence.*

Argus, -ī, m., *Argus,* the builder of the Argo.

argutor, -ārī, —, *chatter.*

āridus, -a, -um, *dry, arid.* As noun, āridum, -ī, n., *dry land.*

ariēs, -ietis, m., *ram; battering ram.*

Ariovistus, -ī, m., *Ariovistus,* king of the Germans.

arista, -ae, f., *ear of grain.*

·arma, -ōrum, n., *arms, armor, weapons; implements.*

armāmenta, -ōrum, n., [armō], *rigging, equipment.* (armament)

armātūra, -ae, f., *equipment, armor.* **levis armātūrae peditēs,** *light infantry.*

armātus, -a, -um, [armō], *armed, equipped.* As noun, *armed man.*

Armenia, -ae, f., *Armenia.*

armiger, -a, -um, [arma + gerō], *bearing arms.* As noun, *armor bearer.*

armilla, -ae, f., [armus, *shoulder, arm*], *bracelet, armlet.*

·armō, -āre, -āvī, -ātum, *arm, equip.*

arō, -āre, -avī, -ātum, *plough.* (arable)

arripiō, -ere, -uī, -reptum, [ad + rapiō], *seize, snatch.*

Arrūns, -untis, m., *Arruns,* son of Tarquinius Superbus.

ars, artis, f., *art, skill; knowledge, science.*

articulus, -ī, m., *joint.* (article)

artificium, -ī, n., [ars + faciō], *art, trade; trick.* (artifice)

Arvernus, -a, -um, *Arvernian,* of the Arverni.

arvum, -ī, n., *field.*

arx, arcis, f., *citadel, stronghold; height.*

Ascanius, -ī, m., *Ascanius,* son of Aeneas.

·ascendō, -ere, -scendī, -scēnsum, [ad + scandō, *climb*], ascend, climb, mount; embark.

ascēnsus, -ūs, m., [**ascendō**], *ascent; approach.*

·Asia, -ae, f., *Asia; Asia Minor.*

Asiāticus, -ī, m., surname of *L. Scipio Asiaticus,* conqueror of Antiochus the Great in Asia.

Asina, -ae, m., *Cornelius Asina,* consul in 260 B.C.

aspectus, -ūs, m., [**aspiciō**], *appearance, aspect; sight.*

asper, -a, -um, *rough, harsh, rugged; severe.* (asperity)

āspernor, -ārī, -ātus, *disdain, despise.*

aspiciō, -ere, -spexī, -spectum, [ad + speciō, *look*], *look on, see, behold, regard.* (aspect)

assīdō, -ere, -sēdī, —, [ad + sedeō], *sit down.*

assiduus, -a, -um, *constant, continual ; assiduous.*

assistō, -ere, -astitī, —, *stand near; appear before.* (assist)

assuēfaciō, -ere, -fēcī, -factum, [ad + suētus + faciō], *accustom, train.*

assuēscō, -ere, -suēvī, -suētum, [ad + suēscō], *become accustomed.*

assūmō, -ere, -sūmpsī, -sūmptum, *take to, adopt; assume.*

astrum, -ī, n., *star, constellation.* (astronomy)

asȳlum, -ī, n., *place of refuge, asylum.*

·at, conj., *yet, but yet.*

Atalanta, -ae, f., *Atalanta,* daughter of Schoeneus.

āter, -tra, -trum, *black, dark.*

Athēnae, -ārum, f., *Athens.*

Athēniēnsis, -e, *Athenian, of Athens.*

Atlās, -antis, m., *Atlas.*

·atque, or ac, conj., *and also, and even, and.* simul atque, *as soon as;* aliter atque, *otherwise than.*

Atrebās, -ātis, m., *an Atrebatian.*

ātriolum, -ī, n., *a small hall.*

··ātrium, -ī, n., *the atrium, reception hall.*

Ātrius, -ī, m., *Q. Atrius,* an officer in Caesar's army.

atrōx, -ōcis, *fierce, savage, atrocious.*

attenuō, -āre, āvī, -ātum, [ad + tenuis], *thin out, diminish.* (attenuate)

attexō, -ere, -uī, -textum, *add, join on; weave.*

··attingō, -ere, -tigī, -tāctum, [ad + tangō], *touch upon, touch; reach; border on.*

attollō, -ere, *raise up, lift.*

attonitus, -a, -um, [ad + tonō], *astonished; thunderstruck.*

attribuō, -ere, -uī, -ūtum, *assign, allot.* (attribute)

auctiō, -ōnis, f., [augeō], *auction.*

·auctor, -ōris, m., [augeō], *author, authority; advocate, originator,* (author)

·auctōritās, -ātis, f., [auctor], *authority, power, influence; prestige.*

·audācia, -ae, f., [audāx], *daring, boldness, audacity; rashness.*

audācter, adv., *boldly, courageously.*

·audāx, -ācis, [audeō], *daring, bold, audacious.*

·audeō, -ēre, ausus, semidep., *dare.*

·audiō, -īre, -īvī, -ītum, *hear, listen to.* (audience)

audītōrium, -ī, n., [audiō], *auditorium.*

auferō, -ferre, abstulī, ablātum, *bear away, carry off, steal.*

aufugiō, -ere, -fūgī, —, *flee away, escape.*

Augēās, Augēae, m., *Augeas.*

·augeō, -ēre, auxī, auctum, *increase, enlarge, augment.*

augur, -is, m., [avis], *augur, diviner.*

augurium, -ī, n., [augur], *augury, divination; omen.*

auguror, -ārī, -ātus, *prophesy, predict.*

aula, -ae, f., *pot, jar.*

aura, -ae, f., *air, breeze, open air.*

·aureus, -a, -um, [aurum], *golden.* (oriole)

aurīga, -ae, m., *charioteer, driver.*

·auris, -is, f., [audiō], *ear.* (aural)

aurōra, -ae, f., *dawn.*

·aurum, -ī, n., *gold.*

Aurunculeius, -ī, m., *L. Aurunculeius Cotta,* a lieutenant of Caesar.

auscultō, -āre, -āvī, -ātum, *hear, listen to.*

auspicium, -ī, n., [avis + speciō, look], divination, by the flight of birds. pl., auspices.

ausum, -ī, n., daring deed, attempt.

·aut, conj., or; aut . . . aut, either . . . or.

·autem, conj., but, however; moreover.

autumō, -āre, -āvī, -ātum, say, assert.

autumnus, -ī, m., autumn.

auxiliāris, -e, assisting.

auxilior, -ārī, -ātus, help, aid.

·auxilium, -ī, n., help, aid. pl., auxiliaries, troops.

avāritia, -ae, f., [avārus], greed, avarice.

avārus, -a, -um, avaricious, greedy.

āvehō, -ere, -vexī, vectum, carry off.

āvellō, -ere, -vellī, -vulsum, tear away.

avēna, -ae, f., reed, straw; shepherd's pipe.

Avernus, -a, -um, belonging to Lake Avernus, in the Underworld.

āversus, -a, -um, [avertō], turned away; behind, in the rear. (averse)

āvertō, -ere, -vertī, -versum, turn aside, avert; alienate.

aviārium, -ī, n., [avis], aviary.

avidus, -a, -um, eager, desirous; avid.

·avis, -is, f., bird; sign, omen. (aviation)

avūnculus, -ī, m., uncle.

avus, -ī, m., grandfather.

axis, -is, m., axle, axis, pole; chariot; the sky.

Axona, -ae, f., the Aisne river.

B

Babylōnius, -a, -um, Babylonian.

baculum, -ī, n., staff.

Baculus, -ī, m., P. Sextius Baculus, one of Caesar's centurions.

Baleāris, -e, Belearic; of the Belearic islands.

balteus, -ī, m., belt.

Balventius, -ī, m., T. Balventius, a centurion.

barba, -ae, f., beard.

·barbarus, -a, -um, foreign; barbarous. As noun, foreigner, barbarian.

barbātus, -a, -um, [barba], bearded.

basilica, -ae, f., basilica.

Basilus, -ī, m., L. Minucius Basilus, an officer in Caesar's army.

beātus, -a, -um, blessed, happy.

Belgae, -ārum, m., the Belgians.

Belgium, -ī, n., Belgium.

Bēlides, -um, f., pl., the granddaughters of Belus, Danaides.

bellicōsus, -a, -um, [bellicus], warlike, fierce. (bellicose)

bellō, -āre, -āvī, -ātum, [bellum], wage war, fight.

Bellovacī, -ōrum, m., the Bellovaci, a Belgic tribe.

·bellum, -ī, n., war.

·bene, adv., well, successfully.

beneficiāriī, -ōrum, m., [beneficium], privileged soldiers.

·beneficium, -ī, n., kindness, favor, benefit.

benevolentia, -ae, f., [volō], good will, benevolence.

benignē, adv., kindly, courteously, benignly.

bēstia, -ae, f., beast, animal.

Bēstia, -ae, m., L. Calpurnius Bestia, consul in 111 B.C.

bibliothēca, -ae, f., library.

·bibō, -ere, bibī, —, drink; imbibe.

Bibracte, -is, n., Bibracte, capital of the Aedui.

Bibrax, -actis, n., Bibrax, a town of the Remi.

Bibulus, -ī, m., L. Calpurnius Bibulus, Caesar's colleague in his consulship.

biceps, -ipitis, two-headed.

··bīduum, -ī, n., two days.

biennium, -ī, n., [bis + annus], two years. (biennial)

bifāriam, adv., in two parts.

binī, -ae, -a, two by two; two at a time. (binocular)

bipertītō, adv., in two divisions.

·bis, adv., twice.

Biturigēs, -um, m., the Bituriges, a tribe in central Gaul.

blanditia, -ae, f., caressing; pl., endearments. (blandishments)

blandus, -a, -um, flattering, charming; bland.

Boduognātus, -ī, m., Boduognatus, a leader of the Nervii.

Boiī, -ōrum, m., *the Boii.* (Bohemians)

bonitās, -ātis, f., *goodness, excellence; fertility.*

·bonus, -a, -um, *good, advantageous; friendly.* As noun, **bonum, -ī,** n., *profit, advantage;* pl., *goods, possessions.*

Boōtēs, -ae, m., *Bootes,* the Ploughman.

boreās, -ae, m., *the north wind.* (boreas)

bōs, bovis, gen. pl., **boum,** dat. and abl. pl., **bōbus or būbus,** c., *ox, bull, cow.* (bovine)

bracchium, -ī, n., *arm, forearm.* (brachial)

Brannovīcēs, -um, m., *the Brannovices,* a branch of the Aulerci.

brevī, adv., *in a short time.*

·brevis, -e, *short, brief.*

brevitās, -ātis, f., [**brevis**], *shortness, brevity.*

Britannī, -ōrum, m., *the Britons.*

Britannicus, -a, -um, *British.*

·Britannia, -ae, f., *Britain.*

brūma, -ae, f., *winter solstice, winter; shortest day of the year.*

·Brundisium, -ī, n., *Brundisium;* modern Brindisi.

Bruttiī, -ōrum, m., *the Brutii.*

Bruttium, -ī, n., *Bruttium,* a district in southern Italy.

Brūtus, -ī, m., [**brūtus,** *dull*], (1) *L. Iunius Brutus,* who expelled the Tarquins. (2) *M. Junius Brutus,* one of Caesar's assassins. (3) *Decimus Iunius Brutus Albinus,* one of Caesar's officers.

būcina, -ae, f., *bugle.*

Būsīris, Būsīridis, m., *Busiris.*

bustum, -ī, n., *tomb, mound.*

buxus, -ī, f., *boxwood.*

C

C., abbreviation for **Gaius.**

Cabillōnum, -ī, n., *Cabillonum,* a city of the Aeduans.

cacūmen, -inis, n., *top.*

cadāver, -eris, n., *corpse, cadaver.*

·cadō, -ere, cecidī, cāsum, *fall, die, be slain.*

Cadūrcī, -ōrum, m., *the Cadurci,* a tribe in Aquitania.

cādus, -ī, m., *jar, urn.*

caecus, -a, -um, *blind.*

·caedēs, -is, f., [**caedō**], *murder, slaughter, killing.*

·caedō, -ere, cecīdi, caesum, *cut, cut to pieces; kill.*

caelestis, -e, [**caelum**], *heavenly.* As noun, pl., *the Gods.*

·caelum, -ī, n., *sky, heavens.*

Caepiō, -ōnis, m., *Cn. Servilius Caepio,* consul in 140 B.C.

caerimōnia, -ae, f., *ceremony; sacred rite.*

caeruleus, -a, -um, [**caelum**], *sky blue, dark blue.* (cerulean)

·Caesar, -aris, m., *C. Julius Caesar.*

caespes, -itis, m., *sod, turf.*

Calais, —, m., *Calais,* one of the Argonauts.

·calamitās, -ātis, f., *loss, damage, harm, disaster, defeat.* (calamity)

calceus, -ī, m., *shoe.*

calcō, -āre, -āvī, -ātum, *tread upon.*

caldārium, -ī, n., [**calidus**], *the caldarium,*

Caletī, -ōrum, also **Caletēs, -um,** m., *the Caletes,* a tribe near the mouth of the Seine.

·calidus, -a, -um, *warm, hot.*

caligō, -inis, f., *mist, darkness.*

callidus, -a, -um, *crafty, sly, shrewd.*

cālō, calōnis, m., *camp servant.*

calor, -ōris, m., *heat; passion.*

Calpurnia, -ae, f., *Calpurnia,* wife of Julius Caesar.

calvitium, -ī, n., [**calvus**], *baldness.*

calvus, -a, -um, *bald.*

Calvus, -ī, m., *C. Licinius Macer Calvus,* a Roman orator and poet.

Calymnē, -ēs, f., *Calymne,* an island in the Aegean.

Camillus, -ī, m., *M. Furius Camillus,* who delivered Rome from the Gauls, in 390 B.C.

Campānia, -ae, f., [**campus**], *Campania,* a district in southern Italy.

Campānus, -a, -um, *Campanian, of Campania.*

campester, -tris, -tre, [**campus**], *flat, level, of level ground.*

·**campus, -ī,** m., *plain, level field.* **Campus Mārtius,** *Field of Mars,* a plain in Rome along the Tiber, where the elections were held. (campus)

candēlābrum, -ī, n., *candelabrum.*

candidus, -a, -um, [**candeō,** *shine*], *shining, bright, glittering.* (candid)

candor, -ōris, m., *whiteness; radiance.* (candor)

Canīnius, -ī, m., *C. Caninius Rebilius,* one of Caesar's officers.

·**canis, -is,** c., *dog.* (canine)

Cannae, -ārum, f., *Cannae,* a town in Apulia, where Hannibal defeated the Romans in 216 B.C.

Cannēnsis, -e, *of Cannae, at Cannae.*

canō, -ere, cecinī, —, *sing, tell; prophesy, foretell.*

Cantium, -ī, n., *Cantium, Kent,* in southeastern Britain.

cantō, -āre, -āvī, -ātum, [**canō**], *sing, play, recite.* (incantation)

cantor, -ōris, m., [**canō**], *singer.*

cantus, -ūs, m., [**canō**], *song, chant; singing.*

cānus, -a, -um, *white, hoary.*

capāx, -ācis, *large, capable, fit.* (capacious)

capella, -ae, f., *she-goat.*

capessō, -ere, -īvī, -ītum, [**capiō**], *seize, take.*

capillus, -ī, m., [**caput**], *hair.* (capillary)

·**capiō, -ere, cēpī, captum,** *take, seize, capture; reach; captivate, please; receive.* **cōnsilium capere,** *to form a plan.*

Capitōlium, -ī, n., *the Capitol; the Capitoline Hill in Rome.*

capra, -ae, f., *she-goat.*

captīva, -ae, f., [**capiō**], *prisoner, captive.*

·**captīvus, -a, -um,** [**capiō**], *captive.* As noun, **captīvus, -ī,** m., *captive, prisoner.*

captō, -āre, -āvī, -ātum, [**capiō**], *seize, capture, try to catch.*

·**caput, -itis,** n., *head; person, soul, life; of a river, mouth.* **capitis poena,** *capital punishment.*

carcer, -eris, m., *prison; barrier, starting place* in a race course. (incarcerate)

cardō, -inis, m., *hinge; crisis.*

careō, -ēre, -uī, -itum, *lack, be without, do without,* with abl.

carīna, -ae, f., *keel.*

·**carmen, -inis,** n., [**canō**], *song; charm; prayer, incantation.*

carnifex, -ficis, m., *hangman, scoundrel.*

Carnutēs, -um, m.,˙ *the Carnutes,* a people in central Gaul.

carō, carnis, f., *flesh, meat.* (carnal)

carpentum, -ī, n., *carriage.*

carpō, -ere, carpsī, carptum, *pluck; pursue; enjoy; cleave*

·**carrus, -ī,** m., *cart, wagon.*

Carthāginiēnsis, -e, [**Carthāgō**], *Carthaginian.* As noun, *a Carthaginian.*

Carthāgō, -inis, f., *Carthage.*

cārus, -a, -um, *dear, precious* (charity)

Carvilius, -ī, m., *Carvilius,* a chief of the Britons.

casa, -ae, f., *hut, cottage.*

Casca, -ae, m., *Casca,* one of Caesar's assassins.

cāseus, -ī, m., *cheese.*

Cassius, -ī, m., (1) *C. Cassius Longinus,* one of the conspirators against Caesar. (2) *Lucius Cassius Longinus,* consul in 107 B.C.

Cassivellaunus, -ī, m., *Cassivellaunus,* a chief of the Britons.

cassus, -a, -um, *hollow, empty, devoid of.*

castellum, -ī, n., *redoubt, fortress, stronghold, citadel.* (castle)

Casticus, -ī, m., *Casticus,* a prominent Sequanian.

Castor, -oris, m., *Castor,* a hero, famed for his skill in taming horses.

·**castrum, -ī,** n., *fort, fortress;* pl., *camp, encampment.* **castra pōnere,** *to pitch camp.* **castra movēre,** *to break camp.*

·**cāsus, -ūs,** m., [**cadō**], *fall, accident, calamity; emergency, misfortune; fate.* (casual).

Catamantāloedis, -is, m., *Catamantaloedis,* a leader of the Sequani.

catapulta, -ae, f., *catapult,* an engine which shot large arrows.

catēna, -ae, f., *chain, fetter.*

catēnō, -āre, -āvī, -ātum, [**catēna**], *chain together.*

cathēdra, -ae, f., *chair.*

Catō, -ōnis, m., [catus, *shrewd*], (1) *M. Porcius Cato*, the Censor. (2) *M. Porcius Cato Uticensis*, grandson of Cato the Censor.

Catullus, -ī, m., *C. Valerius Catullus*, a Roman poet.

Catulus, -ī, m., (1) *C. Lutatius Catulus*, who defeated the Carthaginians in the First Punic War. (2) *C. Lutatius Catulus*, who with Marius defeated the Cimbri in 101 B.C.

Caturīgēs, -um, m., *the Caturiges.*

cauda, -ae, f., *tail.*

Caudīnus, -a, -um, *Caudine, of Caudium.*

·causa, -ae, f., *cause, reason; excuse, pretext;* abl. causā, with preceding genitive, *for the sake of.*

causificor, -ārī, -ātus, *pretend.*

cautē, adv., *cautiously.*

caveō, -ēre, cāvī, cautum, *beware, take precautions against.*

Cabenna, -ae, f., *the Cevennes,* a mountain range in Gaul.

·cēdō, -ere, cessī, cessum, *yield, withdraw, go back, go away.* (recede)

celeber, -bris, -bre, *famous, celebrated; crowded.*

·celer, -eris, -ere, *quick, swift, speedy.*

·celeritās, -ātis, f., [celer], *speed, swiftness.* (celerity)

celeriter, adv., *quickly; at once, immediately.*

cella, -ae, f., *storeroom; small room.*

cēlō, -āre, -āvī, -ātum, *conceal, hide.*

celsus, -a, -um, *high, lofty.* (excelsior)

Celtae, -ārum, m., *the Celts,* inhabitants of central Gaul.

·cēna, -ae, f., *dinner.*

Cēnaeum, -ī, n., *Cenaeum.*

cēnō, -āre, -āvī, -ātum, [cēna], *dine.*

Cēnomanī, -ōrum, m., *the Cenomani.*

cēnseō, -ēre, -uī, cēnsum, *think, estimate, judge; decree, vote, determine.*

Cēnsōrīnus, -ī, m., *L. Marcius Censorinus,* consul in 149 B.C.

cēnsus, -ūs, m., [cēnseō], *census, enumeration.*

centaurus, -ī, m., *centaur,* a mythical creature, half man, half horse.

centēnī, -ae, -a, *one hundred each.*

·centum, indecl., *a hundred.* (cent)

centuria, -ae, f., [centum], *a century,* a company of 60 to 100 men in a legion.

·centuriō, -ōnis, m., [centuria], *centurion, captain of a century.*

cēra, -ae, f., *wax.*

cērātus, -a, -um, [cēra], *waxed.* (cerate)

Cerēs, -eris, f., *Ceres,* goddess of agriculture.

cernō, -ere, crēvī, —, *see, discern; separate.*

certāmen, -inis, n., [certō], *contest, battle.*

certō, -āre, -āvī, -ātum, [cernō], *fight, vie with, contend.*

·certus, -a, -um, [cernō], *certain, definite, specified, fixed.* certiōrem facere, *to inform.* certē, *at least, certainly.*

cervīcal, -ālis, n., [cervīx, *neck*], *pillow.*

cervus, -ī, m., *stag; forked branches.*

cessō, -āre, -āvī, -ātum, [cēdō] *delay, be remiss, be inactive.*

·cēterus, -a, -um, *other, the other;* pl., *the rest, the others.* (et cetera)

Ceutronēs, -um, m., *the Ceutrones.* (1) a people in the eastern part of the Province. (2) a Belgic people.

Chaos, abl., Chaō, n., *Chaos, the Lower World; darkness.*

Charōn, Charontis, m., *Charon.*

cibāria, -ōrum, n., [cibus], *provisions.*

·cibus, -ī, m., *food.*

Cicerō, -ōnis, m., [cicer, *chickpea*], (1) *M. Tullius Cicero,* the orator and statesman. (2) *Q. Tullius Cicero,* brother of the orator, and one of Caesar's generals.

Ciconēs, -um, *the Cicones,* a Thracian tribe.

Ciliciēnsis, -e, *Cilician, of Cilicia,* in Asia Minor.

Cimbrī, -ōrum, m., *the Cimbri,* a Germanic tribe.

Cincinnātus, -ī, m., [cincinnus, *curled hair*], *Cincinnatus,* who was called from his plough to be dictator at Rome.

Cineās, -ae, m., *Cineas,* an envoy of Pyrrhus.

Cingetorīx, -īgis, m., *Cingetorix,* a chief among the Britons.

cingō, -ere, cīnxī, cīnctum, *surround, encircle.* (cincture)

cingulum, -ī, n., [cingō], *girdle.*

Cinna, -ae, m., *Cornelius Cinna,* an associate of Marius.

cippus, -ī, m., *stake, boundary post.*

circēnsis, -e, [circus], *of the Circus.*

·circiter, adv., *about;* prep. with acc., *around, about.*

circuitus, -ūs, m., *circuit, way around, circumference.*

·circum, adv. and prep. with acc., *about, around.*

··circumcīdō, -ere, -cīdī, -cīsum, [caedō], *cut around, cut out.*

circumclūdō, -ere, -clūsī, -clūsum, [claudō], *encircle.*

··circumdō, -āre, -dedī, -datum, *surround; border; envelop.*

circumeō, -īre, -iī or īvī, -itum, *surround, go around.*

circumfluus, -a, -um, *flowing around.*

circumfundō, -ere, -fūdī, -fūsum, *pour around; surround.*

circumiciō, -ere, -iēcī, -iectum, *surround.*

circummittō, -ere, -mīsī, -missum, *send around.*

circummūniō, -īre, -īvī, -ītum, *surround with walls; surround, fortify, hem in.*

circumplector, -ī, —, *encompass, embrace, surround.*

··circumsistō, -ere, -stitī or stetī, —, *surround, beset.*

circumspiciō, -ere, -spexī, -spectum, *look around, look over.* (circumspect)

circumstō, -stāre, -stetī, —, *stand around, surround; besiege.*

circumvāllō, -āre, -āvī, -ātum, [vāllum], *surround with a wall; blockade.*

circumveniō, -īre, -vēnī, -ventum, *come around, go around, surround; deceive* (circumvent)

circus, -ī, m., *circus; race course;* **Circus Maximus,** the circus in Rome near the Palatine Hill.

cis, prep. with acc., *on this side of.*

Cisalpīnus, -a, -um, *Cisalpine;* on this side of the Alps.

cistula, -ae, f., *little box; chest.*

··citerior, -ius, [cis], *on this side, hither; nearer, next.*

cithara, -ae, f., *cithara, lyre.*

citharīzō, -āre, *play on the cithara or lyre.* (zither, guitar).

citharoedus, -ī, m., *singer,* to the accompaniment of the cithara.

citō, -āre, -āvī, -ātum, *urge on.*

citō, adv., [citus], *swiftly.*

citrā, prep. with acc., *on this side of, below, inferior to.*

citus, -a, -um, *quick, swift.*

cīvicus, -a, -um, [cīvis], *civil, civic.*

cīvīlis, -e, [cīvis], *civil, civic; courteous, polite.*

·cīvis, -is, c., *citizen.*

·cīvitās, -ātis, f., *state; citizenship.*

clādēs, -is, f., *defeat, destruction.*

clam, adv., *secretly.*

clāmitō, -āre, -āvī, -ātum, *cry aloud, keep shouting.*

·clāmō, -āre, -āvī, -ātum, *cry, shout; proclaim.*

·clāmor, -ōris, m., [clāmō], *shout, din, clamor, noise.*

clandestīnus, -a, -um, *secret, hidden.*

·clārus, -a, -um, *clear, bright; loud; famous.*

·classis, -is, f., *fleet; class; division of the people.*

Claudius, -ī, m., *Appius Claudius,* one of the decemvirs.

·claudō, -ere, clausī, clausum, *shut, close; beseige.* **agmen claudere,** *to bring up the rear.*

clāva, -ae, f., *club.*

clāvus, -ī, m., *nail, spike; a purple stripe on the tunic.*

clēmentia, -ae, f., *clemency.*

cliēns, -entis, m., *client, dependent.*

clientēla, -ae, f., *dependency.*

clipeus, -ī, m., *shield.*

clīvus, -ī, m., *slope.*

cloāca, -ae, f., *sewer.*

Cluentius, -ī, m., *Cluentius,* defeated by Sulla.

Clūsium, -ī, n., *Clusium,* a city of Etruria.

Cn., abbreviation for **Gnaeus.**

coacervō, -āre, -āvī, -ātum, *heap, pile up.*

coartō, -āre, -āvī, -ātum, [artō, *compress*], *crowd together.*

Cocles, -itis, m., *Horatius Cocles,* defended the **Pōns Sublicius.**

coctilis, -e, *burned, of burned bricks.*

cocus, -ī, m., *cook.*

coemō, -ere, -ēmī, -emptum, *buy up.*

coeō, -īre, -iī, or īvī, -itum, *come together, unite.*

·coepī, coepisse, coeptum, def., *begin.*

coerceō, -ēre, -uī, -itum, [arceō], *confine, restrain, check.* (coerce)

cogitō, -āre, -āvī, -ātum, [agitō], *think, consider; plan.* (cogitate)

cognātiō, -ōnis, f., [nascor], *blood relations; kinsmen.*

cognātus, -a, -um, *related.* (cognate)

cognōmen, -inis, n., [nōmen], *surname, family name, name.* (cognomen)

·cognōscō, -ere, -nōvī, -nitum, *learn, become acquainted with;* in perf., *know, recognize.* (cognizance)

·cōgō, -ere, coēgī, coāctum, [agō], *collect, gather; force, compel.* (cogent)

cohibeō, -ēre, -uī, -itum, [habeō], *hold back, restrain.*

·cohors, -hortis, f., *cohort, the tenth part of a legion.*

cohortātiō, -iōnis, f., [cohortor], *encouraging, exhortation.*

··cohortor, -ārī, -ātus, *encourage, exhort, address.*

Colchī, -ōrum, m., *inhabitants of Colchis, Colchians.*

Colchis, -idis, [acc., -ida], f., *Colchis, a province of Asia.*

Collātīnus, -ī, m., *L. Tarquinius Collatinus,* husband of Lucretia, colleague of Brutus.

collaudō, -āre, -āvī, -ātum, *praise highly.*

collēga, -ae, m., *colleague.*

colligō, -āre, -āvī, -ātum, *bind together.*

··colligō, -ere, -lēgī, -lectum, [legō], *collect, assemble; obtain.* **sē colligere,** *to rally, to recover themselves.*

·collis, -is, m., *hill.*

··collocō, -āre, -āvī, -ātum, *place, set, station; arrange.*

·colloquium, -ī, n., [colloquor], *conference, colloquy.*

·colloquor, -ī, -locūtus, *talk with; hold a conference.*

collum, -ī, n., *neck.*

colō, -ere, -uī, cultum, *till, cultivate; live, dwell in, inhabit; honor, worship.*

colōnia, -ae, f., [colōnus], *colony.*

colōnus, -ī, m., *farmer, settler, colonist.*

color, -ōris, m., *color; complexion.*

coluber, -brī, m., *snake; serpent.*

columba, -ae, f., *dove, pigeon.*

columna, -ae, f., *column.*

coma, -ae, f., *hair.*

combūrō, -ere, -bussī, -bustum, [būrō, *burn*], *burn up, consume.* (combustion)

comes, -itis, m., [eō], *comrade, companion, associate.*

comissatiō, -ōnis, f., *drinking.*

comitātus, -a, -um, *accompanied.*

comitātus, -ūs, m., [comitor], *escort, retinue.*

comitia, -ōrum, n.pl., *assembly; elections.*

Comitium, -ī, n., *the comitium,* a place in the Forum where assemblies were held.

comitor, -ārī, -ātus, [comes], *accompany, attend.*

··commeātus, -us, m., *supplies; trip, voyage.*

··commemorō, -āre, -āvī, -ātum, *mention, relate.* (commemorate)

commendō, -āre, -āvī, -ātum, [mandō], *commit, entrust, commend.*

commeō, -āre, -āvī, -ātum, *go to, visit; resort to.*

commereō, -ēre, -uī, -itum, *deserve fully.*

commīlitō, -ōnis, m., [mīles], *fellow-soldier.*

comminus, adv., [manus], *hand to hand.*

commissūra, -ae, f., [committō], *joint.*

·committō, -ere, -mīsī, -missum, *bring together, unite; commit; begin.* **proelium committere,** *to join battle, fight.*

Commius, -ī, m., *Commius,* an Atrebatian, a friend of Caesar.

••commodus, -a, -um, *fitting, easy, suitable, convenient; favorable.* As noun, **commodum, -ī,** n., *convenience, advantage, profit.*

••commoror, -ārī, -ātus, *delay, stay.*

commoveō, -ēre, -mōvī, -mōtum, *disturb, alarm; move, stir up, excite; begin; influence.* (commotion)

••communicō, **-āre,** **-āvī,** **-ātum,** [**commūnis**], *share, communicate.*

commūniō, -īre, -īvī, -ītum, *strongly fortify, entrench.*

•commūnis, -e, *common, general, public.* (community)

commūtātiō, -ōnis, f., [**commūtō**], *change.* (commutation)

commūtō, -āre, -āvī, -ātum, *change, exchange; commute.*

•comparō, -āre, -āvī, -ātum, *prepare, get together; compare; get, secure.* (comparative)

••compellō, -ere, -pulī, -pulsum, *drive together, collect; compel.*

••comperiō, -īre, -perī, -pertum, *learn, discover; find guilty.*

compēscō, -ere, -pescuī, —, *restrain, check; quench.*

complector, -ī, -plexus, [**plectō,** *braid*], *embrace, encircle; include.* (complex)

complementum, -ī, n., [**compleō**], *complement.*

•compleō, -ēre, -plēvī, -plētum, *fill, complete.*

complexus, -ūs, m., [**complector**], *embrace.*

•complūrēs, -a, *several, many.* As noun, **complūrēs, -ium,** m., *several, a great many, many.*

compōnō, -ere, -posuī, -positum, *put together; arrange, compose; settle, conclude.*

••comportō, -āre, -āvī, -ātum, *carry, bring in, convey; collect.*

comprecor, -ārī, -ātus, *implore.*

••comprehendō, **-ere,** **-ī,** **-hēnsum,** [**prehendō**], *catch, seize, arrest; comprehend.*

comprimō, -ere, -pressī, -pressum, *press together, press tightly.*

cōnātus, -ūs, m., [**cōnor**], *attempt.*

••concēdō, -ere, -cessī, -cessum, *withdraw; give up, submit; allow, concede; permit.*

concidō, -ere, -cidī, —, [**cadō**], *fall, perish, be slain.*

••concīdō, -ere, -cīdī, -cīsum, [**caedō**], *cut, kill, destroy.*

conciliō, -āre, -āvī, -ātum, [**concilium**], *win over, conciliate; win, gain, procure.*

••concilium, -ī, n., *meeting, assembly, council.*

concinō, -ere, uī, —, [**canō**], *sound together.*

concipiō, -ere, -cēpī, -ceptum, *conceive, imagine, adopt.*

concitō, -āre, -āvī, -ātum, *arouse, spur on, instigate; urge on.*

concitor, -ōris, m., *instigator, one who stirs up.*

conclāmō, -āre, -āvī, -ātum, *cry aloud, shout.*

conclūdō, -ere, -clūsī, -clūsum, *shut up, confine; include.* (conclusion)

concordia, -ae, f., *harmony, concord.*

concors, -cordis, [**cor,** *heart*], *united, agreeing; peaceful.*

concupīscō, -ere, -cupīvī, -cupītum, [**cupiō**], *greatly desire.*

concurrō, -ere, -cucurrī -cursum, *run together, meet; fight; assemble.* (concur)

concursō, -āre, —, —, [**concurrō**], *rush to and fro, run about.*

concursus, -ūs, m., [**currō**], *running together, collision, meeting; concourse.*

•condiciō, -ōnis, f., [**dīcō**], *condition, situation; terms.*

condō, -ere, -didī, -ditum, *found; put together; store; conceal.*

condūcō, -ere, -dūxī, -ductum, *bring together, collect.* (conduce)

•cōnferō, -ferre, -tulī, collātum, *bring together, collect;* **se cōnferre,** *to go, proceed.*

••cōnfertus, -a, -um, *crowded, dense, compact.*

cōnfestim, adv., *at once, speedily.*

•cōnficiō, -ere, -fēcī, -fectum, [**faciō**], *do thoroughly, perform, finish; compose; wear out, exhaust.* (confection)

·cōnfīdō, -ere, -fīsus, semidep., *trust, have confidence in, rely on, be confident.*

cōnfirmātus, -a, -um, [cōnfirmō], *confident, encouraged.*

·cōnfirmō, -āre, -āvī, -ātum, [firmus], *confirm, assert, declare; encourage.*

cōnflagrō, -āre, -āvī, -ātum, [flagrō, *burn*], *be on fire, burn.* (conflagration)

cōnflīctō, -āre, -āvī, -ātum, [cōnflīgō], *harm, assail.* (conflict)

··cōnflīgō, -ere, -flīxī, -flīctum, *dash together, collide; fight, contend, conflict.*

cōnflō, -āre, -āvī, -ātum, *kindle, arouse; cause; bring together.*

cōnfluō, -ere, -flūxī, —, *flow together, assemble.* (confluence)

cōnfodiō, -ere, -fōdī, -fossum, *stab, assassinate.*

cōnfugio, -ere, -fūgī, —, *flee, take refuge.*

cōnfundō, -ere, -fūdī, -fūsum, *mass together, bring together, confound.*

congeriēs, -ēi, f., *heap, mass.*

congerō, -ere, -gessī, -gestum, *collect, construct.* (congested)

·congredior, -ī, -gressus, [gradior, *step*], *meet, come together.*

congregō, -āre, -āvī, -ātum, [grex], *collect, assemble, congregate.*

congressus, -ūs, m., *meeting, engagement.* (congress)

·coniciō, -ere, -iēcī, -iectum, [iaciō], *throw, hurl, drive, strike; put, place.* **conicere in fugam,** *to put to flight.*

coniugium, -ī, n., *marriage; husband, wife.*

coniūnctim, adv., [coniungō], *jointly, in common.*

·coniungō, -ere, -iūnxī, -iūnctum, *join, unite.* (conjunction)

coniūnx, or coniux, -iugis, [iungō], *husband, wife.* (conjugal)

coniūrātiō, -ōnis, f., [iūrō], *sworn union, conspiracy, plot.*

coniūrātus, -a, -um, [coniūrō], *conspiring.* As noun, *conspirator.*

··coniūrō, -āre, -āvī, -ātum, *swear together, conspire.*

conlibet, -ere, -libuit or -libitum est, *it pleases, it is agreeable.*

·conor, -ārī, -ātus, *try, attempt, undertake.*

conquiēscō, -ere, -quiēvī, -quiētum, [quiēs], *rest, be quiet.*

··conquīrō, -ere, -quīsīvī, -quīsītum, [quaerō], *seek out, hunt up; bring together, collect.*

cōnsalūtō, -āre, -āvī, -ātum, *hail.* (salutation)

cōnsanguineus, -a, -um, [sanguis], *of the same blood; related.* As noun, *kinsman, blood relation.* (consanguinity)

·cōnscendō, -ere, -scendī, -scensum, [scandō, *climb*], *mount, ascend; embark, go on board.*

cōnscius, -a, -um, *conscious, aware of.*

·cōnscrībō, -ere, -scrīpsī, -scrīptum, *write; enroll.* (conscript)

cōnsecrātus, -a, -um, [sacer], *consecrated, holy, sacred.*

cōnsector, -ārī, -ātus, [cōnsequor], *pursue, overtake.*

cōnsenēscō, -ere, -senuī, —, [senex], *grow old.*

cōnsēnsiō, -ōnis, f., [cōnsentiō], *agreement, unity, feeling.*

cōnsēnsus, -ūs, m., [cōnsentiō], *agreement, unanimity; consent.*

··cōnsentiō, -īre, -sēnsī, -sēnsum, *think together, agree, unite; conspire, plot.*

·cōnsequor, -ī, -secūtus, *follow up; overtake; acquire, gain.*

cōnserō, -ere, -uī, -sertum, *connect; join.*

cōnservātōrium, -ī, n., [servō], *greenhouse.*

·cōnservō, -āre, -āvī, -ātum, *preserve, save, spare; keep, observe.*

cōnsīderō, -āre, -āvī, -ātum, *examine; consider, reflect.*

Cōnsidius, -ī, m., P. *Considius*, an officer in Caesar's army.

·cōnsīdō, -ere, -sēdī, cōnsessum, [sedeō], *sit down; encamp; settle.*

·cōnsilium, -ī, n., [cōnsulō], *plan, counsel, advice; council; judgment, consent.*

cōnsimilis, -e, *like, very similar.*

·cōnsistō, -ere, -stitī, —, *stop, stand, halt; take a position; make a stand; stay, remain; settle; consist.*

cōnsobrīnus, -ī, m., *cousin.*

cōnsōlor, -ārī, -ātus, [sōlor, *comfort*], console, *comfort.*

··cōnspectus, -ūs, m., [cōnspiciō], *sight; view.*

··cōnspiciō, -ere, -spexī, -spectum, [speciō, *look*], *observe, see;* pass., *be conspicuous.*

··cōnspicor, -ārī, -ātus, [speciō, *look*], *catch sight of, see.*

cōnstāns, -antis, [cōnstō], *constant.*

cōnstantia, -ae, f., [cōnstāns], *steadiness, firmness; courage; perseverance; constancy.*

cōnsternō, -ere, -strāvī, -strātum, [sternō], *strew, cover; lay.*

cōnstīpō, -āre, -āvī, -ātum, [stīpō, *press*], *crowd together.*

·cōnstituō, -ere, uī, -ūtum, [statuō], *decide, determine; put, place; draw up, arrange; construct; constitute.*

cōnstō, -āre, -stitī, -statum, *agree; stand firm; depend on.* Impers., cōnstat, *it is agreed, it is evident.*

·cōnsuēscō, -ere, -suēvī, -suētum, *accustom; become accustomed.*

·cōnsuētūdō, -inis, f., [suēscō], *habit, custom; practice.*

·cōnsul, -ulis, m., [cōnsulō], *consul.*

cōnsulāris, -e, [cōnsul], *consular, of consular rank.* As noun, m., *ex-consul.*

cōnsulātus, -ūs, m., [cōnsul], *consulship.*

·cōnsulō, -ere, uī, -sultum, *take counsel, consult;* with dat., *have regard for, look out for.*

cōnsultō, adv., [consulō], *purposely, on purpose; advisedly.*

cōnsultō, -āre, -āvī, -ātum, *consult, take counsel.*

cōnsultum, -ī, n., [cōnsulō], *deliberation, decree, decision.*

··cōnsūmō, -ere, -sūmpsī, -sūmptum, *devour, consume; burn up, destroy; spend.*

cōnsurgō, -ere, -surrēxī, -surrēctum, *rise up, stand up.*

contabulō, -āre, -āvī, -ātum, [tabula, *board*], *board over; build.*

contagiō, -ōnis, f., [contingō], *contact; contagion.*

contegō, -ere, -tēxī, -tēctum, *cover.*

contemnō, -ere, -tempsī, -temptum, *hold in contempt, scorn, despise, disdain.*

contemptiō, -ōnis, f., [contemnō], *contempt.*

·contendō, -ere, -tendī, -tentum, *struggle, contend; hasten; demand.*

contentiō, -ōnis, f., [tendō], *effort; struggle, contention; controversy.*

contentus, -a, -um, [contineō], *satisfied, content.*

conterminus, -a, -um, *close by, near.*

contexō, -ere, -uī, -textum, *weave, join, construct.* (context)

contiguus, -a, -um, *side by side, touching, contiguous.*

continens, -entis, [contineō], *bordering, adjacent, continuous.* As noun, f., *the mainland, continent.*

·contineō, -ēre, -uī, -tentum, *hold, contain; shut in; hold back; embrace; bound;* sē continēre, *to remain.*

contingō, -ere, -tigī, -tāctum, [tangō], *touch, be near, border on; reach; happen.*

continuō, adv., *immediately, forthwith.*

··continuus, -a, -um, [contineō], *successive, continuous.*

cōntiō, -ōnis, f., *meeting, assembly.*

contollō, -ere, —, —, with gradum, *go to meet.*

contrā, adv., *opposite, on the contrary;* prep. with acc., *facing, against, contrary to, off; in reply to.*

contrahō, -ere, -trāxī, -trāctum, *bring together, assemble, collect; make smaller, contract.*

contrārius, -a, -um, [contrā], *opposite, contrary.*

··contrōversia, -ae, f., [contrā + vertō], *controversy, dispute.*

contumēlia, -ae, f., *insult.*

contundō, -ere, -tūdī, -tūsum, *subdue.*

cōnūbium, -ī, n., *marriage.*

convalēscō, -ere, -valuī, —, [valeō], *recover, grow strong.* (convalescent)

convallis, -is, f., *valley, ravine.*

convehō, -ere, -vexī, -vectum, *bring together, collect.*

·**conveniō -īre, -vēnī, -ventum,** *come to-gether, assemble, meet, convene.* Impers., **convenit,** *it is agreed; it is right.*

conventus, -ūs, m., [**conveniō**], *assembly, meeting.* **conventūs agere,** *to hold court.* (convention)

··**convertō, -ere, -vertī, -versum,** *turn, direct, wheel about; change.* **conversa signa īnferre,** *to face about and advance.* (convert)

convexus, -a, -um, *arched, vaulted, convex.* As noun, n., *arch.*

convincō, -ere, -vīcī, -victum, *conquer, establish; convince; convict, refute.*

convīva, -ae, c., [**vīvō**], *guest, companion.*

convīvium, -ī, n., [**vīvō**], *feast, banquet.* (convivial)

·**convocō, -āre, -āvī, -ātum,** *call together, convoke, summon.*

coorior, -īrī, -ortus, *arise, appear.*

cophinus, -ī, m., *basket.*

·**cōpia, -ae,** f., *supply, plenty, abundance;* pl., *troops, forces; resources, wealth.*

cōpiōsus, -a, -um, [**cōpia**], *well supplied, wealthy, rich.* (copious)

coquus, -ī, m., *cook.*

cor, cordis, n., *heart.* (cordial)

cōram, adv., [**co + ōs**], *face to face; in person.*

Corinthus, -ī, f., *Corinth,* a city in Greece.

Corinthius, -a, -um, *of Corinth, Corinthian.* As noun, *a Corinthian.*

Coriolānus, -ī, m., *C. Marcius Coriolanus,* who gave up his attack on Rome.

Coriolī, -ōrum, m., *Corioli,* a town southeast of Rome.

Coriosolitēs, -um, m., *the Coriosolites,* a people in northern Gaul.

Cornēlia, -ae, f., *Cornelia,* Caesar's first wife.

cornicen, -inis, m., [**cornū + canō**], *horn blower.*

·**cornū, -ūs,** n., *horn; wing* (of an army). (cornucopia)

corōna, -ae, f., *crown; wreath;* **sub corōnā vēndere,** *to sell as slaves.*

corōnō, -āre, -āvī, -ātum, [**corōna**], *wreath, crown.* (coronate)

corpus, -oris, n., *body.* (corporal)

corrigō, -ere, -rēxī, -rēctum, [**regō**], *correct, set right; improve, restore, calm.*

corripiō, -ere, -ripuī, -reptum, [**rapiō**], *seize, grasp; reproach.*

corrumpō, -ere, -rūpī, -ruptum, *destroy, ruin; corrupt, bribe.*

Corvīnus, -ī, m., [**corvus**], *Corvinus,* who with the help of a raven slew a Gallic champion in single combat.

coss., = **cōnsulibus.**

··**cotīdiānus, -a, -um,** *daily; ordinary, usual.*

·**cotīdiē,** adv., *daily.*

Cotta, -ae, m., *Cotta.*

Cotus, -ī, m., *Cotus,* a prefect of the cavalry.

·**crās,** adv., *tomorrow.*

crassitūdō, -inis, f., [**crassus,** *thick*], *thickness.*

Crassus, -ī, m., [**crassus,** *thick*], (1) *M. Licinius Crassus,* the triumvir with Caesar and Pompey. (2) *P. Licinius Crassus,* son of the triumvir, an officer of Caesar in Gaul. (3) *M. Licinius Crassus,* son of the triumvir, quaestor in Caesar's army in Gaul.

Crāstinus, -ī, m., *Crastinus,* a centurion in Caesar's army.

crātera, -ae, f., *mixing bowl.*

crātēs, -is, f., *wattle, wicker-work; bundle of brush.*

··**crēber, -bra, -brum,** *thick, frequent, numerous, abundant.*

crēbrō, adv., [**crēber**], *frequently.*

crēdibilis, -e, [**crēdō**], *credible.*

·**crēdō, -ere, -didī, -ditum,** *trust, believe; think; entrust,* with dat. (credit)

cremō, -āre, -āvī, -ātum, *burn, cremate.*

creō, -āre, -āvī, -ātum, *elect, appoint; create.*

Creōn, -ontis, m., *Creon,* King of Corinth.

crepitō, -āre, —, —, *rattle, rustle, crackle.*

crepitus, -ūs, m., *rattling, din.*

·**crēscō, -ere, crēvī, crētum,** *grow, increase.*

creta, -ae, f., *chalk, white earth.*

Crēta, -ae, f., *Crete.*

crīmen, -inis, n., *accusation, charge; crime, offense.*

crīnis, -is, m., *hair.*

Critognātus, -ī, m., *Critognatus.*

croceus, -a, -um, *yellow, golden, saffron-colored.*

Croesus, -ī, m., *Croesus,* king of Lydia, famous for his riches.

crotalum, -ī, n., *rattle, clapper.*

cruciātus, -ūs, m., [cruciō], *torture, suffering.* (excruciating)

crūdēlitās, -ātis, f., *cruelty.*

crūdēlis, -e, *cruel.*

cruentātus, -a, -um, *blood-stained.*

cruentus, -a, -um, *bloody, gory.*

cruor -ōris, m., *blood, gore.*

crūs, crūris, n., *leg.*

crux, crucis, f., *cross, gallows.* (crux)

cubiculāris, -e, [cubiculum], *of a bedroom.*

cubiculum, -ī, n., [-cumbō, *recline*], *bedroom.*

cubīle, -is, n., [cubō, *lie down*], *bed, couch.*

culmen, -inis, n., *top, summit, culmination.*

culpa, -ae, f., *fault, blame.* (culpable)

culpō, -āre, -āvī, -ātum, *blame.*

culter, -trī, m., *knife.*

cultor, -ōris, m., *sovereign.*

cultūra -ae, f., [colō], *cultivation.*

cultus, -ūs, m., *care, cultivation; civilization, culture, refinement.*

cum, prep. with abl., *with;* conj., *when; since, although;* cum . . . tum, *both . . . and; not only . . . but also;* cum prīmum, *as soon as.*

cumba [cymba], -ae, f., *boat, skiff.*

cumulātus, -a, -um, *heaped up.*

cūnae, -ārum, f., *cradle.*

cunctor, -ārī, -ātus, *delay, hesitate.*

cūnctus, -a, -um, [coniūnctus], *altogether; all, the whole.*

cupiditās -ātis, f., [cupidus], *eagerness, desire; cupidity.*

cupīdo, -inis, f., *desire, love; Cupid.*

cupidus, -a, -um, [cupiō], *desirous, eager for,* with gen.

cupiō, -ere, -īvī, -ītum, *long for, desire; wish.*

cūr, *why.*

cūra, -ae, f., *care, anxiety, trouble.*

Curēs, -ium, f., *Cures,* a Sabine town.

cūria, -ae, f., *the senate-house, curia.*

Curiātius, -ī, m., *Curiatius;* pl., *the Curiatii,* who fought the Horatii.

cūrō, -āre, -āvī, -ātum, [cūra], *take care, provide for, arrange.* (curative)

currō, -ere, cucurrī, cursum, *run.* (current)

currus, -ūs, m., [currō], *chariot, car.*

cursus -ūs, m., [currō], *running, course; speed.*

curvāmen, -inis, n., *curve, bending.*

curvus, -a, -um, *curved, bent.*

cuspis, -idis, f., *point, spear point.*

custōdia, -ae, f., [custōs], *guard, watch; custody.*

custōdiō, -īre, -īvī, -ītum, [custōs], *watch, guard.*

custōs, -ōdis, c., *guard, keeper, watch.*

Cȳclops, -clōpis, m., *a Cyclops.*

Cynoscephalae, -ārum, f., *Cynoscephalae,* hills in Thessaly, where Flamininus defeated Philip.

Cyprius, -a, -um, *Cyprian, of Cyprus.*

Cȳrus, -ī, m., *Cyrus the Great.*

Cytherēus, -a, -um, *of Cythera,* pertaining to Venus. As noun, f., *Cytherea,* a name of Venus.

Cyzicus, -ī, m., *Cyzicus,* an island in the Propontis.

D

D., abbreviation for Decimus.

Dācī, -ōrum, m., *the Dacians,* living north of the Danube.

Daedalus, -ī, m., *Daedalus.*

damnō, -āre, -āvī, -ātum, *condemn, damn; sentence.*

damnōsus, -a, -um, *harmful.*

damnum, -ī, n., *loss, harm, hurt.*

Dānuvius, -ī, m., *the Danube.*

datīvus, -a, -um, [dō], *pertaining to giving; dative.*

dator, -ōris, m., [dō], *giver, patron.*

dē, prep. with abl., *from, down from; concerning, about; just after, during.*

dea, -ae, f., *goddess.*

·dēbeō, -ēre, -uī, -itum, [habeō], *owe; ought, must.* (debit)

decēdō, -ere, -cessī, -cessum, *go away, retire; die.* (decedent)

·decem, indecl., *ten.* (decimal)

decemvirī, -ōrum, m., *ten men, decemvirs, a board with consular powers.*

dēcernō, -ere, -crēvī, -crētum, *decide; decree; contend; resolve.*

dēcerpō, -ere, -cerpsī, -cerptum, *pluck.*

dēcertō, -āre, -āvī, -ātum, *fight, fight a decisive battle.*

dēcidō, -ere, -cidī, —, [cadō], *fall down.*

deciēs, adv., [decem], *ten times.*

·decimus, -a, -um, [decem], *tenth.*

Decimus, -ī, m., [decimus], *Decimus, a Roman forename.*

dēcipiō, -ere, -cēpī, -ceptum, [capiō], *catch; cheat, deceive.*

Decius, -ī, m., *Decius,* name of a Roman gens.

dēclārō, -āre, -āvī, -ātum, *make clear, declare, announce.*

dēclīnō, -āre, -āvī, -ātum, *bend down; close; lower.*

··dēclīvis, -e, *sloping, descending.* As noun, dēclīvia, -ium, n., *slopes, declivities.*

dēclīvitās, -ātis, f., [dēclīvis], *declivity, slope, descent.*

decor, -ōris, m., *beauty.*

decōrus, -a, -um, *beautiful, fitting; decorated.*

dēcrētum, -ī, n., [dēcernō], *decree, decision.*

decumānus, -a, -um, [decimus], *decuman, of a tenth part; rear.*

decuria, -ae, f., [decem], *decuria, a cavalry squad of ten men.*

decuriō, -ōnis, m., [decem], *decurion, officer in charge of decuria.*

dēcurrō, -ere, -cucurrī or currī, -cursum, *run down, hasten.*

dedecus, -oris, n., *dishonor, disgrace.*

dēditīcius, -a, -um, [dēdō], *surrendered.* As noun, *prisoners of war, captives.*

··dēditiō, -ōnis, f., [dēdō], *surrender.*

··dēdō, -ere, dēdidī, dēditum, *give up, surrender.*

·dēdūcō, -ere, -dūxī, -ductum, *lead down; launch; withdraw, lead away; induce.* (deduce)

dēfatigō, -āre, -āvī, -ātum, *tire out, exhaust.*

dēfectiō, -ōnis, f., [dēficiō], *desertion, revolt; defection.*

·dēfendō -ere, -fendī, -fēnsum, *defend, guard; ward off, repel.*

dēfensiō, -ōnis, f., *defense.*

··dēfēnsor, -ōris, m., [dēfendō], *defender, protector.*

·dēferō, -ferre, -tulī, -lātum, *carry down, remove; bestow on; offer; submit.* (defer)

·dēfessus -a, -um, *wearied, exhausted.*

dēfetīscor, -ī, -fessus, *become exhausted.*

dēficiō, -ere, -fēcī, -fectum, [faciō], *fail, be lacking; revolt; rebel.* (deficient)

dēfīgō, -ere, -fīxī, -fixum, *drive in.*

dēfīniō, -īre, -īvī, -ītum, *define, fix; assign.*

dēfleō, -ēre, -ēvī, -ētum, *weep for.*

dēfodiō, -ere, -fōdī, -fossum, *dig down, bury.*

dēfōrmis, -e, *deformed, loathsome.*

dēfōrmitās, -ātis, f., [fōrma], *ugliness, deformity, blemish.*

dēfraudō, -āre, -āvī, -ātum, *cheat, defraud, deceive.*

dēfrēnātus, -a, -um, *unrestrained.*

dēfugiō, -ere, -fūgī, —, *flee; avoid.*

defungor -ī, -fūnctus, *have done with; finish; die.* (defunct)

Dēianīra -ae, f., *Dejanira.*

··dēiciō, -ere, -iēcī, -iectum, [iaciō], *throw down, lay down; dislodge, rout; drive; kill, destroy; disappoint.* (dejected)

dēiectus, -ūs, m., [dēiciō], *slope, declivity.*

deinceps, adv., *one after another; in succession; continuously.*

·deinde, adv., *then; next; afterwards.*

dēlābor, -ī, -lāpsus, *slip down.*

·dēlectō, -āre, -āvī, -ātum, *delight, please.*

dēlēctus, -a, -um, [dēligō], *picked, chosen.* As noun, pl., *picked men, advisory staff.*

dēleō, -ēre, -ēvī, -ētum, *wipe out, erase, blot out; delete.*

dēlīberō, -āre, -āvī, -ātum, *weigh, consider, deliberate.*

dēlibrō, -āre, -āvī, -ātum, *peel, remove the bark.*

·dēligō, -ere, -lēgī, -lēctum, [legō], *select, pick out, choose.*

dēligō, -āre, -āvī, -ātum, *bind fast, tie, fasten.*

dēlīrāmentum, -ī, n., *nonsense.*

dēlīrō, -āre, -āvī, -ātum, *to be crazy, to rave.*

dēlitēscō, -ere, -lituī, —, [lateō], *hide, lie in wait.*

Dēlos, -ī, f., *Delos, an island in the Aegean Sea.*

Delphī, -ōrum, m., *Delphi, famed for its oracle of Apollo.*

Delphicus, -a, -um, *Delphic, of Delphi.*

delphīn, -īnis, m., *dolphin.*

dēlūdō, ere, -lūsī, -lūsum, *mock*

Dēmarātus, -ī, m., *Demaratus.*

dēmetō, -ere, -messuī, -messum, *reap, cut; gather.*

Dēmētrius, -ī, m., (1) *Demetrius,* father of Philip V of Macedon. (2) *Demetrius,* son of Philip V of Macedon.

dēmigrō, -āre, -āvī, -ātum, *migrate, depart, withdraw.*

dēminuō, -ere, -uī -ūtum, *lessen, diminish, weaken.*

dēmissus, -a, -um, [dēmittō], *dropped; downcast, low.*

dēmittō, -ere, -mīsī, -missum, *send down, let fall, drop, give up.*

dēmō, -ere, dēmpsī, dēmptum, [dē + emō], *take down; cut off.*

·dēmōnstrō, -āre, -āvī, -ātum, *point out, demonstrate; explain.*

dēmum, adv., *finally; at last.*

dēnī, -ae, -a, *ten at a time, ten each.*

dēnique, adv., *at last, finally.*

··dēns, dentis, m., *tooth.* (dentist)

dēnsus, -a, -um, *thick, dense, crowded.*

dēnūntiō, -āre, -āvī, -ātum, *announce, declare; threaten; urge; admonish; order.* (denounce)

dēpellō, -ere, -pulī, -pulsum, *drive out, expel; remove.*

dēpendeō, -ēre, —, *hang from; depend.*

dēpereō, -īre, -iī, -peritum, *perish; be lost.*

dēplorō, -āre, -āvī, -ātum, *weep, lament, cry over; deplore; lose.*

··dēpōnō, -ere, -posuī, -positum, *put down, lay aside, give up; resign* (depose)

dēpopulor, -ārī, -ātus, *lay waste, ravage; pass., be devastated.*

dēportō, -āre, -āvī, -ātum, *carry off; obtain.* (deport)

dēposcō, -ere, -poposcī, —, *demand.*

dēprecātor, -ōris, m., [dēprecor], *intercessor.*

dēprecor, -ārī, -ātus, *plead, pray; intercede.* (deprecate)

dēprehendō, -ere, -hendī, -hēnsum, *seize, catch; surprise.*

dērēctus, -a, um, [dērigō, *lay straight*], *straight, perpendicular.*

dērīdeō, -ēre, -rīsī, -rīsum, *mock, deride, laugh at.*

dēripiō, -ere, -uī, -reptum, [rapiō], *snatch away; tear off.*

dērīvō, -āre, -āvī, -ātum, *draw off.* (derive)

dērogō, -āre, -āvī, -ātum, *withdraw, take away.* (derogatory)

·dēscendō, -ere, -scendī, -scēnsum, [scandō, *climb*], *climb down, descend; march down; dismount.*

dēscrībō, -ere, -scrīpsī, -scrīptum, *divide, distribute; describe.*

dēserō, -ere, -uī, -sertum, *leave, abandon, desert.*

dēsertor, -ōris, m., [dēserō], *deserter.*

dēsertus, -a, -um, [dēserō], *deserted, solitary, lonely.*

dēsīderō, -āre, -āvī, -ātum, *long for, want; miss, lack, need.* (desideratum)

dēsidia, -ae, f., [sedeō], *indolence, idleness.*

dēsignō, -āre, -āvī, -ātum, *point out, indicate, designate.*

dēsiliō, -īre, -uī, -sultum, [saliō, *leap*], *leap down, dismount.*

dēsinō, -ere, -siī, -situm, *leave off, cease.*

·dēsistō, -ere, -stitī, -stitum, *stop, desist; give up.*

dēspectus, -ūs, m., [speciō *look*], *view downward.*

dēspērātiō, -ōnis, f., [dēspērō], *desperation, despair.*

··dēspērō, -āre, -āvī, -ātum, *despair of, give up hope; give up.*

··dēspiciō, -ere, -spexī, -spectum, [**speciō,** *look*], *look down on; disdain.*

dēspondeō, -ēre, -spondī, -spōnsum, *promise in marriage.*

dēstinō, -āre, -āvī, -ātum, *bind, assign, devote.* (destination)

dēstituō, -ere, -uī, -ūtum, [**statuō**], *desert, leave.* (destitute)

dēstringō, -ere, -strīnxī, -strictum, *strip off; scrape; of a sword, draw.*

·dēsum, -esse, -fuī, *be away; lack, be wanting; fail, desert.*

dēsuper, adv., *from above.*

dētegō, -ere, -tēxī, -tēctum, *uncover, expose, reveal.* (detect)

dētendō, -ere, -tendī, -tēnsum, *unstretch; of a tent, strike.*

dēterreō, -ēre, -uī, -itum, *frighten off; deter, prevent.*

dētestābilis, -e, [**testor**], *abominable, detestable.*

dētineō, -ēre, -uī, -tentum, [**teneō**], *hold off, hinder; detain.*

dētrahō, -ere, -trāxī, -trāctum, *draw off, remove; take away; detract.*

··dētrīmentum, -ī, n., [**terō,** *wear away*], *loss, damage, defeat; detriment.*

dēturbō, -āre, -āvī, -ātum, *drive off; dislodge.*

·deus, -ī, m., *god, deity.*

dēvehō, -ere, -vexī, -vectum, *carry away, remove; convey.*

dēveniō, -īre, -vēnī, -ventum, *come to, reach.*

dēvexus, -a, -um, [**dēvehō**], *sloping.* As noun, n., *slopes.*

dēvincō, -ere, -vīcī, -victum, *conquer, subdue.*

dēvolō, -āre, -āvī, -ātum, *slide down.*

dēvorō, -āre, -āvī, -ātum, *gulp down, devour.*

dēvoveō, -ēre, -vōvī, -vōtum, *devote, consecrate.*

·dexter, -tra, -trum, *right; skillful.* (dexterity)

dicō, -āre, -āvī, -ātum, *dedicate, devote.*

·dīcō, -ere, dīxī, dictum, *say, talk; tell, call, name; set, appoint; plead.* (diction)

dictātor, -ōris, m., *dictator.*

dictātūra, -ae, f., [**dictō**], *dictatorship.*

dictō, -āre, -āvī, -ātum, *say repeatedly; dictate.*

·diēs, diēī, m. and f., *day; time.* **multō diē,** *late in the day.* **in diēs,** *every day, from day to day.*

··differō, -ferre, distulī, dīlātum, *put off, delay; differ; spread, scatter.*

·difficilis, -e, [**facilis**], *hard, difficult.*

·difficultās, -ātis, f., [**difficilis**], *difficulty; distress.*

diffīdō, -ere, -fīsus, semidep., *distrust; despair.* (diffident)

diffundō, -ere, -fūdī, -fūsum, *pour out, spread out, diffuse.*

··digitus, -ī, m., *finger; toe; digit.*

··dignitās, -ātis, f., [**dignus**], *worth; dignity, position; rank.*

dignor, -ārī, -ātus, [**dignus**], *deem worthy; deign, condescend.*

dignus, -a, -um, *worthy;* with abl.

dīgredior, -ī, -gressus, *come away, depart; digress.*

dīiūdicō, -āre, -āvī, -ātum, *decide, adjudicate.*

dīlēctus, -ūs, m., [**dīligō**], *levy, enlistment, draft.*

·dīligēns, -entis, *careful, diligent; industrious.*

·dīligentia, -ae, f., [**dīligēns**], *care, diligence; industry.*

dīligō, -ere, dīlēxī, dīlēctum, [**legō**], *love, value, esteem.*

dīlūtus, -a, -um, [**luō,** *wash*], *diluted, weakened.*

dīmētior, -īrī, -mēnsus, *measure;* of work, *lay out.* (dimension)

dīmicātiō, -ōnis, f., [**dīmicō**], *fight, struggle, contest.*

··dīmicō, -āre, -āvī, -ātum, *fight.*

dīmidius, -a, -um, *half;* as noun, **dīmidium, -ī,** n., *half.*

·dīmittō, -ere, -mīsī, -missum, *send away, dismiss; let go, release; lose; leave.*

Diomēdēs, -dis, m., *Diomedes.*

dīrigō, -ere, -rēxī, -rēctum, *direct; steer.*

dīrimō -ere, -ēmī, -emptum, [emō], *divide; interrupt, delay.*

dīripiō, -ere, -uī, -reptum, *tear apart.*

dīruō, -ere, -ruī, -rutum, *overthrow, destroy.*

dīrus, -a, -um, *dire, dreadful.*

Dīs, Ditis, m., *Pluto, Dis, god of the underworld.*

·discēdō, -ere, -cessī, -cessum, *go away, depart, withdraw; give up.* ab armīs discēdere, *to lay down arms.*

discernō, -ere, -crēvī, -crētum, *see, discern; distinguish.*

discessus, -ūs, m., *departure.*

··disciplīna, -ae, f., *teaching, learning; training; discipline.*

discipulus, -ī, m., *scholar, pupil.*

·discō, -ere, didicī, —, *learn.*

discordia, -ae, f., *disagreement, discord.*

discors, -cordis, [cor], *warring, disagreeing.*

discrīmen, -inis, n., *crisis.* (discrimination)

discurrō, -ere, -cucurrī, or -currī, -cursum, *run in different directions.* (discursive)

disiciō, -ere, -iēcī, -iectum, [iaciō], *scatter; rout; drive apart.*

dispār, -paris, *unequal.* (disparity)

··dispergō, -ere, -spersī, -spersum, [spargō, *scatter*], *scatter, disperse.*

dispertiō, īre, —, [pars], *divide.*

displiceō, -ēre, -uī, -itum, [placeō], *displease.*

dispōnō, -ere, -posuī, -positum, *place here and there; dispose; arrange; station, post.*

disputātiō, -ōnis, f., [disputō], *discussion, debate, dispute.*

disputō, -āre, -āvi, -ātum, *argue, dispute; discuss.*

dissaepiō, -ere, -saepsī, -saeptum, *separate, divide.*

dissēnsiō, -ōnis, f., [sentiō], *disagreement, dissension.*

disserō, -ere, —, [serō, *sow*], *plant at intervals.*

·dissimilis, -e, *unlike, dissimilar.*

dissipō, -āre, -āvī, -ātum, *scatter, disperse, dissipate.*

dissociātus -a, -um, *disjointed, separated.*

distendō, -ere, -tendī, -tentum, *stretch, spread out; distend.*

distineō, -ere, -uī, -tentum, [teneō], *keep apart, separate.*

distinguō, -ere, -tīnxī, -tīnctum, *distinguish, separate; adorn.*

disto, -āre, —, *stand apart, be distant.*

distrahō, -ere, -traxi, -tractum, *draw apart; distract.*

··distribuō, -ere, -uī, -ūtum, *divide, distribute, assign.*

·diū, adv., *for a long time;* quam diū, *as long as.*

diurnus, -a, -um, [diēs], *by day, of the day.* (diurnal)

diūtinus, -a, -um, [diū], *long lasting, long.*

diūturnitās, -ātis, f., [diūturnus], *long duration.*

diūturnus, -a, -um, *long lasting.*

dīvellō, -ere, -vellī, -volsum, *tear away, tear to pieces.*

··dīversus, -a, -um, [dīvertō], *opposite; separate, apart; diverse.*

dīvertō, -ere, -vertī, -versum, *separate.* (divert)

dīves, -itis, comp., dītior, sup., dītissimus, *rich.*

··dīvidō, -ere, -vīsī, -vīsum, *divide, separate; share, distribute.*

dīvīnus, -a, -um, [dīvus], *godlike, divine; prophetic.*

dīvitiae, -ārum, f., *riches.*

dīvus, -ī, m., *god.*

·dō, dare, dedī, datum, *give, give up, surrender; grant;* poenās dare, *to suffer punishment.* negōtium dare, *to direct.* in fugam dare, *to put to flight.* (data)

·doceō, -ēre, -uī, doctum, *teach, show, point out.* (doctor)

docilis, -e, [doceō], *easily taught; docile.*

doctor, -ōris, m., [doceō], *teacher; doctor.*

doctrīna, -ae, f., [doceō], *learning, teaching; doctrine.*

documentum, -ī, n., [doceō], *lesson, warning; document.*

·doleō, -ēre, -uī, -itum, *suffer; grieve; be moved.*

·dolor, -ōris, m., [doleō], *grief, pain, sorrow.* (dolorous)

dolus, -ī, m., *trick, fraud, cunning.*

domesticus, -a, -um, [domus], *of the house, domestic, native, civil.*

··domicilium, -ī, n., *dwelling, domicile.*

dominātiō, -ōnis, f., *mastery, power; domination.*

dominor, -ārī, -ātus, *be master, rule over; dominate.*

·dominus, -ī, m., [domō], *master.*

Domitius, -ī, m., *Domitius*, one of Caesar's officers.

domō, -āre, -uī, -itum, *subdue, master, conquer.* (indomitable)

·domus, -ūs, or -ī, f., *house, home.*

dōnec, conj., *as long as, until, while.*

··dōnō, -āre, -āvī, -ātum, *present, bestow; grant, give.* (donor)

donum, -ī, n., *gift.*

·dormiō, -īre, -īvī, -ītum, *sleep.* (dormitory)

dorsum, -ī, n., *back, range, ridge.* (dorsal)

dōs, dōtis, f., [dō], *dowry, dower.*

dracō, -ōnis, m., *dragon.*

Druidēs, -um, m., *Druids.*

dubitātiō, -ōnis, f., *doubt, hesitation.* (dubitation)

·dubitō, -āre, -āvī, -ātum, *doubt, hesitate.* (dubitative)

dubius, -a, -um, *doubtful, dubious.*

ducentī, -ae, -a, [duō + centum], *two hundred.*

·dūcō -ere, dūxī, ductum, *lead, guide; think, consider; prolong, put off;* of a trench, *make, dig;* in mātrimōnium dūcere, *to marry.* (induce)

dūdum, adv., *lately, recently.*

Duīlius, -ī, m., *C. Duilius,* Roman commander.

·dulcis, -e, *sweet, pleasant;* n. pl., dulcia, *sweets.* (dulcet)

··dum, conj., *while, until, as long as.*

dum modo, conj., *provided, if only.*

Dumnorīx, -īgis, m., *Dumnorix,* an Aeduan noble.

·duo, duae, duo, *two.* (dual)

·duodecim, indecl., *twelve.*

duodecimus, -a, -um, [duodecim], *twelfth.*

duodēnī, -ae, -a, [duodecim], *twelve each.* (duodenum)

duodēquadrāgēsimus, -a, -um, *thirty-eighth.*

duodēseptuāgintā, indecl., *sixty-eight.*

·duodēvigintī, indecl., *eighteen.*

·duplex, -icis, [duo + plicō, *fold*], *two-fold, double.* (duplex)

duplicō, -āre, -āvī, -ātum, [duplex], *double; duplicate.*

dūritia, -ae, f., [dūrus], *hardness; hardship*

dūrō, -āre, -āvī, -ātum, [dūrus], *harden; endure, last.*

Dūrus, -ī, m., *Q. Laberius Durus,* a tribune of Caesar.

·dūrus, -a, -um, *hard; harsh, rough; cruel; durable.*

·dux, ducis, m., *leader, guide; commander, general.* (ducal)

Dyrrachīnus, -a, -um, *of or at Dyrrhachium.* (See below)

Dyrrachium, -ī, n., a seaport on the west coast of Illyria.

E

ē, prep., see ex.

eā, adv., *there, on that side; in that way.*

ēbrius, -a, -um, *drunk.*

ebur, -oris, n., *ivory; sheath of a sword, scabbard.*

eburneus, -a, -um, [ebur], *ivory, of ivory.*

Eburōnēs, -um, m., *the Eburones,* a tribe in Belgium.

Eburovīcēs, -um, m., *the Eburovices,* a tribe in central Gaul.

ecce, interj., *behold!*

Ecnomus, -ī, m., *Ecnomus,* a town in Sicily.

ecquid, inter. adv., *at all?*

edepol, interj., *by Pollux!*

ēdīcō, -ere, -dīxī, -dictum, *proclaim, appoint.* (edict)

ēdictum, -ī, n., [ēdīcō], *proclamation; edict.*

ēdiscō, -ere, -didicī, —, *learn by heart; commit to memory.*

ēdissertō, -āre, -āvī, -ātum, *explain.*

ēditus, -a, -um, *high, elevated.*

ēdō, -ere, -didī, -ditum, *put forth, publish; edit; inflict.*

·edō, edere [esse], ēdī, ēsum, *eat.*

ēdormiscō, -ere, —, —, *sleep off.*

ēducō, -āre, -āvī, -ātum, *educate, bring up, rear.*

··ēdūcō, -ere, -dūxī, -ductum, *lead out; draw up; bring up; rear.*

effēminō, -āre, -āvī, -ātum, [fēmina], *weaken, enervate, make effeminate.*

efferō, -ferre, extulī, ēlātum, *carry out; publish; praise, elate.*

effervēscō, -ere, -ferbuī, —, [ferveō], *boil up, effervesce.*

·efficiō, -ere, -fēcī, -fectum, [faciō], *accomplish, effect; bring about; build.*

effigiēs, -ēī, f., *copy, image, likeness.* (effigy)

effingō, -ere, -finxī, -fictum, *fashion, form.*

efflāgitō, -āre, -āvī, -ātum, *request, demand, insist.*

effodiō, -ere, -fōdī, -fossum, *dig out, excavate.*

··effugiō, -ere, -fūgī, -fugitum, *flee; escape.*

effundō, -ere, -fūdī, -fūsum, *pour out; squander, waste.* (effusive)

egeō, -ēre, -uī, —, *need, lack, want.*

Ēgeria, -ae, f., *Egeria.*

egestās, -ātis, f., [egeō], *need, privation, poverty.*

·ego, meī, pers. pron., *I* (ego)

·ēgredior, -ī, -gressus, [gradior, *step]*, *go forth, leave; disembark.*

·ēgregius, -a, -um, [grex], *eminent, outstanding, excellent.*

ēgressus, -ūs, m., [ēgredior], *landing place; egress.*

ēheu, interj., *alas!*

ei, interj., *Ah, woe!*

ēiaculor, -ārī, -ātus, *shoot forth, spout forth.* (ejaculate)

··ēiciō, -ere, -iēcī, -iectum, [iaciō], *cast out; drive out, expel.* **sē ēicere,** *rush out.*

ēiulō, -āre, *wail, bewail, lament.*

ēlābor, -ī, -lāpsus, *slip away; escape; elapse.*

ēlēctus, -a, -um, [ēligō, *pick out]*, *chosen, picked; elect.*

elementum, -ī, n., *element, origin.*

elephantus, -ī, m., *elephant.*

ēliciō, -ere, -uī, -itum, [laciō, *entice]*, *draw out, entice.* (elicit)

Ēlis, Ēlidis, f., *Elis, a district in Greece.*

ēloquor, -ī., -locūtus, *speak out.*

Ēlysius, -a, -um, *Elysian.*

ēmentior, -īrī, -ītus, *lie, feign.*

ēmicō, -āre, -micuī, -micātum, *leap out, spring forth.*

ēmineō, -ēre, -uī, —, *stand out; be prominent.* (eminent)

ēmittō, -ere, -mīsī, -missum, *send forth; let go, set free.* (emit)

·ēmō, -ere, ēmī, ēmptum, *buy; acquire, obtain.* (preempt)

ēnicō, -āre, —, *choke, kill.*

·enim, postpositive conj., *for.*

ēnsis, -is, m., *sword.*

ēnūntiō, -āre, -āvī, -ātum, *speak out, report; reveal.* (enunciate)

·eō, īre, īvī, or iī, itum, *go, move, march, advance.*

·eō, adv., *there, to that place; on this account; to that degree.*

··eōdem, adv., [idem], *to the same place.*

Ēpīrus, -ī, m., *Epirus, on the eastern shore of the Adriatic.*

·epistula, -ae, f., *letter, epistle.*

Eporēdorīx, -īgis, m., *Eporedorix, a prominent Aeduan.*

epulae, -ārum, f., *feast, banquet.*

·eques, -itis, m., *horseman, knight;* pl., *cavalry.*

··equester, -tris, -tre, [eques], *equestrian, of cavalry; of a horseman.*

equidem, adv., *truly, indeed; for my part.*

·equitātus, -ūs, m., [eques], *cavalry.*

equitō, -āre, -āvī, -ātum, [eques], *ride.* (equitation)

·equus, -ī, m., *horse.* (equine)

era, -ae, f., *mistress, lady.*

ērādīcō, -āre, -āvī, -ātum, *root out, eradicate.*

ērēctus, -a, -um, [ērigō], *high, erect.*

ergā, prep. with acc., *towards.*

ergastulum, -ī, n., *dungeon;* pl., *barracks.*

Ergīnus, -ī, m., *Erginus.*

·ergō, adv., *therefore.*

Ēridanus, -ī, m., *Eridanus,* the river Po.

ērigō, -ere, -rēxī, -rēctum, [regō], *raise, erect.*

·ēripiō, -ere, -uī, -reptum, [rapiō], *snatch away, remove, escape;* sē ēripere, *to rescue oneself.*

·errō, -āre, -āvī, -ātum, *wander; make a mistake; err.*

error, -ōris, m., [errō], *wandering; error.*

ērudiō, -īre, -īvī, -ītum, *teach.* (erudite)

ērumpō, -ere, -rupī, -ruptum, *break out, burst forth; erupt.*

··ēruptiō,-ōnis, f., [ērumpō], *sortie, rush.* (eruption)

erus, -ī, m., *master, owner.*

Erymanthius, -a, -um, *Erymanthian.*

Erythēa, -ae, f., *Erythea.*

essedārius, -ī, m., *charioteer.*

essedum, -ī, n., (two-wheeled) *war chariot.*

estō, fut. imper. 3rd sing. of sum, *shall be, so be it.*

·et, conj., *and;* et . . . et, *both . . . and.*

·etiam, adv. and conj., *also, even;* nōn sōlum . . . sed etiam, *not only . . . but also.*

Etrūria, -ae, f., *Etruria,* a country northwest of Rome.

Etrūscus, -a, -um, *Etruscan, of Etruria.* As noun, *an Etruscan.*

··etsī, conj., *although, even if.*

Eucliō, -ōnis, m., *Euclio.*

Eumenides, -um, f., *the Furies.*

Eunomus, -ī, m., *Eunomus.*

Eurōpa, -ae, f., *Europe.*

Eurus, -ī, m., *the east wind.*

Eurydicē, -ēs, f., *Eurydice,* wife of Orpheus.

Eurystheus, -ī, m., *Eurystheus,* king of Tiryns.

Eurytiōn, -ōnis, m., *Eurytion.*

Eurytus, -ī, m., *Eurytus.*

ēvādō, -ere, -vāsī, -vāsum, *evade, escape.*

ēvellō, -ere, -vellī, -vulsum, *pull out.*

ēveniō, -īre, -vēnī, -ventum, *come out; happen.* (event)

··ēventus, -ūs, m., [ēveniō], *outcome, result; event; chance, fate, accident.*

ēvertō, -ere, -vertī, -versum, *overturn; destroy, ruin.*

ēvocātus, -ī, m., [ēvocō], *veteran volunteer.*

ēvocō, -āre, -āvī, -ātum, *call forth, summon, evoke.*

ēvolō, -āre, -āvī, -ātum, *fly away, fly up.*

ēvolvō, -ere, -volvī, -volūtum, *roll out; disclose, unfold.* (evolve)

·ex, or ē before consonants, prep. with abl., *out of, from; according to, by reason of.*

exāminō, -āre, -āvī, -ātum, *weigh, examine.*

exanimō, -āre, -āvī, -ātum, [anima, *breath*], *deprive of life, kill.* Pass., *be exhausted, be out of breath.*

exārdēscō, -ere, -ārsī, -ārsum, [ardeō], *blaze out; break out; rage.*

exaudiō, -īre, -īvī, -ītum, *hear clearly; hear from afar.*

·excēdō, -ere, -cessī, -cessum, *go out, depart; withdraw, leave; surpass, exceed.*

excellēns, -entis, [excellō], *distinguished, excellent.*

excellō, -ere, —, -celsum, *be eminent; excel.*

excelsus, -a, -um, [excellō], *lofty, high.*

excidium, -ī, n., [cadō], *ruin, destruction; overthrow.*

··excipiō, -ere, -cēpī, -ceptum, [capiō], *take out; receive; ward off; capture, take; relieve.*

excitō, -āre, -āvī, -ātum, *call forth, arouse; stir, excite.*

exclāmō, -āre, -āvī, -ātum, *call out, exclaim.*

exclūdō, -ere, -clūsī, -clūsum, [claudō], *shut out, exclude; hinder, prevent.*

excruciō, -āre, -āvī, -ātum, *torture.* (excruciating)

excubitor, -ōris, m., [cubō, *lie down*], *sentinel.*

exculcō, -āre, -āvī, -ātum, [calcō, *trample*], *trample down.*

excursus, -ūs, m., [**currō**], *running forth, onset, charge.*

excūsō, -āre, -āvī, -ātum, [**causa**], *excuse, make excuse for.*

exemplum, -ī, n., [**eximō**], *copy, example; precedent.*

·exeō, -īre, -iī, -itum, *go out, go forth; leave; perish.* (exit)

·exerceō, -ēre, -uī, -itum, [**arceō**], *exercise, train; enforce.*

··exercitātiō, -ōnis, f., [**exerceō**], *exercise, training, discipline.*

exercitātus, -a, -um, [**exerceō**], *trained, disciplined.*

·exercitus, -ūs, m., [**exerceō**], *army.*

exhauriō, -īre, -hausī, -haustum, *empty, exhaust; impoverish.*

exhorrēscō, -ere, -horruī, *shudder.*

exigō, -ere, -ēgī, -āctum, [**agō**], *drive out, expel.* (exact)

exiguitās, -ātis, f., [**exiguus**], *smallness, paucity; shortness.*

exiguus, -a, -um, [**exigō**], *scanty, small, little, short, brief.*

exiliō or **exsiliō, -īre, -uī,** *spring forth, leap up.*

eximius, -a, -um, *select; excellent.*

eximō, -ere, -ēmī, -ēmptum, [**emō**], *take out, remove; free.*

·exīstimō, -āre, -āvī, -ātum, [**aestimō**], *think, suppose; estimate.*

exitium, -ī, n., [**eō**], *destruction, ruin; death.*

·exitus, -ūs, m., [**eō**], *end, mouth (of a river); departure; death.*

exoptō, -āre, -āvī, -ātum, *desire.*

exorior, -īrī, -ortus, *come forth, rise; begin.*

expallēscō, -ere, -palluī, *turn pale.*

··expediō, -īre, -īvī, -ītum, [**pēs**], *disengage, set free; be expedient; procure, obtain.*

expeditio, -ōnis, f., *expedition.* (expedite)

··expedītus, -a, -um, [**expediō**], *unencumbered; without baggage; light-armed.* As noun, m., *light-armed soldier.*

·expellō, -ere, -pulī, -pulsum, *drive out, expel.*

··experior, -īrī, -pertus, *try, prove, test; experience.*

expiō, -āre, -āvī, -ātum, (**piō,** *appease*), *expiate, atone for.*

expleō, -ēre, -plēvī, -plētum, *fill out; complete.*

explicō, -āre, -āvī or **-plicuī, -ātum** or **plicitum,** *unfold, extend; set forth, explain.* (explicit)

·explōrātor, -ōris, m., *spy, scout.* (exploration)

·explōrō, -āre, -āvī, -ātum, *search out, explore; test; gain.*

·expōnō, -ere, -posuī, -positum, *set forth, exhibit; disembark; expose, relate, explain.*

exposcō, -ere, -poposcī, —, *request, demand.*

exprimō, -ere, -pressī, -pressum, [**premō**], *press out; express.*

expugnātiō, -ōnis, f., [**expugnō**], *storming; assault.*

··expugnō, -āre, -āvī, -ātum, *take by storm; capture; storm.*

exquīrō, -ere, -quīsīvī, -quīsītum, [**quaerō**], *seek out, search for, hunt up; inquire into.* (exquisite)

exsanguis, -e, *bloodless, pale; frightened.*

exsequor, -ī, -secūtus, *follow up, maintain, enforce.* (execute)

exsilium, -ī, n., *exile.*

exsistō, -ere, -stitī, —, *stand out, project; arise; exist; be.*

exspatior, -ārī, -ātus, *digress, go from the course.*

·exspectō, -āre, -āvī, -ātum, *look out for, await; expect.*

exspīrō, -āre, -āvī, -ātum, [**spīrō**], *breathe out, exhale; expire.*

exspoliō, -āre, -āvī, -ātum, *pillage, rob, plunder.*

exstinguō, -ere, -stīnxī, -stīnctum, *put out, extinguish; kill.*

exstō, -āre, —, —, *stand forth; exist; be extant.*

··exstruō, -ere, -strūxī, -strūctum, *pile up, build, construct.*

exsurgō, -ere, —, *rise up.*

extendō, -ere, -tendī, -tentum or **tēnsum,** *extend, continue.*

exter or **exterus, -a, -um,** *outward, outer;*

comp., **exterior**, *outer, exterior;* super.,
extrēmus or **extimus**, *farthest, last, at the
end; extreme.* As noun, **extrēmī, -ōrum**,
m., *the rear.*

externus, -a, -um, [**exter**], *outward, external; foreign.*

exterritus, -a, -um, *frightened.*

··extrā, prep. with acc., *outside of, beyond,
without.* (extra)

extrahō, -ere, -trāxī, -trāctum, *draw out,
prolong.* (extract)

exuō, -ere, -uī, -ūtum, *pull off, undress,
take off, strip.*

exūrō, -ere, -ussī, -ūstum, *burn up.*

F

faba, -ae, f., *bean.*

faber, fabrī, m., *workman, artisan.*

Fabius, -ī, m., (1) *Q. Fabius Rullianus*, in
the Second Samnite war. (2) *L. Fabius
Maximus*, called 'Cunctator', who defeated Hannibal by delaying.

fabricātor, -ōris, m., [**fabricō**], *builder.*

Fabricius, -ī, m., *C. Fabricius Luscinus*,
who fought against Pyrrhus.

fabricō, -āre, -āvī, -ātum, [**faber**], *build,
construct.* (fabricate)

·fābula, -ae, f., [**fārī**, *speak*], *story, fable.*

fābulor, -ārī, -ātus, *talk, chat.*

faciēs, -ēī, f., *shape, face, appearance.*

·facile, adv., *easily.* (facile)

·facilis, -e, [**faciō**], *easy; slight, little.*

facinus, -oris, n., [**faciō**], *deed, action; misdeed, crime.*

·faciō, -ere, fēcī, factum, *make; do; cause,
bring about; obtain, accomplish; cause.* **certiōrem facere**, *to inform.* **iter facere**, *to
march.* **vim facere**, *to use violence.* **imperāta facere**, *to obey commands.*

factiō, -ōnis, f., [**faciō**], *party, faction.*

··factum, -ī, n., [**faciō**], *deed, action,
achievement.* (fact)

·facultās, -ātis, f., [**facilis**], *ability; opportunity, chance; supply; pl., resources.* (faculty)

faex, faecis, f., *dregs.*

fāgus, -ī, f., *beech tree.*

Falēriī, -ōrum, m., *Falerii*, a City north of
Rome.

Falernus, -a, -um, *Falernian, of Falerii.* As
noun, n., *Falernian wine.*

Faliscus, -ī, m., *a Faliscan*, an inhabitant
of Falerii.

fallō, -ere, fefellī, falsum, *deceive, cheat;
fail, disappoint.* (fallacious)

falsus, -a, -um, [**fallō**], *false, feigned.*

falsum, -ī, n., [**fallō**], *falsehood.*

falx, falcis, f., *sickle; hook,* for tearing
down walls.

·fāma, -ae, f., [**fārī**, *to speak*], *report, rumor;
fame, reputation.*

··famēs, -is, f., *hunger; famine, want.*

··familia, -ae, f., [**famulus**], *body of slaves;
household; family.* **mātrēs familiae**, *matrons.*

··familiāris, -e, [**familia**], *of the family; familiar, intimate.* **rēs familiāris**, *private property.* As noun, c., *friend.*

familiāritās, -ātis, f., [**familiāris**], *familiarity, friendship.*

fāmōsus, -a, -um, [**fāma**], *famous.*

famulus, -ī, m., and **famula, -ae**, f., *slave,
servant.*

farreus, -a, -um, [**far**, *spelt*], *made, of spelt.*

fās, def., [**fārī**, *to speak*], *right; lawful; fated.*

fascis, -is, m., *bundle, fagot;* pl., *the fasces,*
symbol of authority.

fastī, -ōrum, m., [**fāstī diēs**, *court days*],
calendar.

fastīgium, -ī, n., *peak, summit, top; slope,
descent.*

fātālis, -e, [**fātum**], *fated; fatal; deadly.*

fateor, -ērī, fassus, *confess, admit.*

fatīgō, -āre, -āvī, -ātum, *weary, fatigue.*

fatuus, -a, -um, *foolish.*

faucēs, -ium, f., *jaws, throat; narrow passage.*

Faustulus, -ī, m., *Faustulus*, a shepherd.

faveō, -ēre, fāvī, fautum, *favor,* with dat.

favor, -ōris, m., [**faveō**], *favor, goodwill.*

fax, facis, f., *torch, firebrand.*

febris, -is, f., *fever.*

fēcundus, -a, -um, *fertile.* (fecundity)

·fēlix, -icis, *happy; lucky; successful; fruitful.*

·fēmina, -ae, f., *woman; female.* (feminine)

femur, -oris or **-inis,** n., *thigh.*

fenestra, -ae, f., *window.* (fenestration)

ferax, -ācis, *fruitful, fertile.*

•**ferē,** adv., *almost; about, nearly; generally.*

fēriae, -ārum, f., *holidays.*

•**ferō, ferre, tulī, lātum,** *bear, carry, bring; receive, report; suffer; withstand.*

ferrāmentum, -ī, n., [**ferrum**], *iron tool.*

ferreus, -a, -um, [**ferrum**], *made of iron.*

•**ferrum, -ī,** n., *sword; iron.* (ferrous)

fertilitās, -ātis, f., *fertility.*

ferula, -ae, f., *stick, rod.* (ferule)

•**ferus, -a, -um,** *wild, savage.* As noun, c. *wild beast.*

fervefaciō, -ere, -fēcī, -factum, [**ferveō**], *make hot; heat.*

fervēns, -entis, [**ferveō**], *red-hot.* (fervent)

ferveō, -ēre, —, —, *be hot.*

fervidus, -a, -um, [**ferveō**], *glowing; fervid.*

fēstum, -ī, n., [**fēstus**], *holiday; festival.*

fēstus, -a, -um, *festal.*

fētus, -ūs, m., *offspring, young.* (fetus)

fīctilis, -e, [**fingō**], *of clay; earthen.*

•**fidēlis, -e,** [**fidēs**], *faithful.* (fidelity)

•**fidēs, -eī,** f., *belief, faith; credit; protection; pledge.*

fīdūcia, -ae, f., *trust, confidence; faith, reliance.* (fiduciary)

fīdus, -a, -um, *faithful, trusting, confident.*

fīgō, -ere, fīxī, fīxum, *fasten, fix.*

figūra, -ae, f., [**fingō**], *shape, form.*

•**fīlia -ae,** f., *daughter.*

fīliola, -ae, f., *little daughter.*

fīliolus, -ī, m., *little son.*

•**fīlius, fīlī,** m., *son.* (filial)

findō, -ere, fidī, fissum, *split, cleave.*

fingō, -ere, fīnxī, fīctum, *form, shape, imagine; invent.* (fiction)

••**fīniō, -īre, -īvī, -ītum,** [**fīnis**], *end, finish; bound; define.* (finish)

•**fīnis, -is,** m., *limit, end, boundary;* pl., *territory.*

•**fīnitimus, -a, -um,** [**fīnis**], *neighboring.* Noun, m. pl., *neighbors.*

•**fīō, fierī, factus,** [pass. of **faciō**], *be made, be done; become, happen.* **certior fierī,** *to be informed.*

firmiter, adv., *firmly, strongly.*

•**firmus, -a, -um,** *strong, firm; steadfast, powerful.*

fissus, -a, -um, *split.*

fistula, -ae, f., *shepherd's pipe; water pipe.*

flagellum, -ī, n., *whip, scourge.* (flagellation)

flāgitiōsus, -a, -um, [**flāgitium,** *disgrace*], *disgraceful.*

flāmen, -inis, n., *breeze, wind; blast.*

Flāminīnus, -ī, m., (1) *T. Quinctius Flamininus,* sent against the Gauls in 360 B.C. (2) *T. Quinctius Flamininus,* who defeated Philip, king of Macedon, in 197 B.C.

Flāminius, -ī, m., *C. Flaminius,* defeated at Trasumenus.

flamma, -ae, f., *flame, blaze.*

flammeum, -ī, n., [**flamma**], *flame colored veil.*

flāvus, -a, -um, *yellow, golden.*

flectō, -ere, flexī, flexum, *bend, turn; influence.* (flexible)

fleō, flēre, flēvī, flētum, *weep.*

flētus, -us, m., [**fleō**], *weeping.*

flōreō, -ēre, -uī, —, [**flōs**], *flourish, be prosperous.*

•**flōs, flōris,** m., *flower.* (florist)

•**fluctus, -ūs,** m., [**fluō**], *flood, wave.* (fluctuate)

•**flūmen, -inis,** n., [**fluō**], *river, stream.*

fluō, -ere, flūxī, flūxum, *flow.* (fluent)

fluvius, -ī, m., [**fluō**], *river, stream.* (fluvial)

focus, -ī, m., *fireplace, hearth.* (focus)

fodiō, -ere, fōdī, fossum, *dig.*

foedus, -eris, n., *treaty, agreement, contract.*

follis, -is, m., *bag, purse; handball.*

fōns, fontis, m., *spring, fountain; source.*

forāmen, -inis, n., *hole, fissure.*

forās, adv., *out of doors.*

fore, see **sum.**

foris, -is, f., *door.*

forīs, adv., *out of doors.*

•**fōrma, -ae,** f., *form, figure, appearance; beauty.*

fōrmōsus, -a, -um, *beautiful.*

fors, fortis, f., *chance, accident.*

forsitan, adv., *perhaps, possibly.*

forte, adv., *by chance; perhaps, perchance.*

·fortis, -e, *strong; brave.*

fortiter, adv., *bravely, boldly.*

··fortitūdō, -inis, f., [fortis], *strength, courage, bravery; fortitude.*

·fortūna, -ae, f., [fors], *fortune, chance; lot, rank.*

fortunātus, -a, -um, [fortūna], *lucky, fortunate; wealthy.*

forum, -ī, n., *market place; forum.*

·fossa, -ae, f., [fodiō], *ditch, trench.*

fovea, -ae, f., *pit, pitfall.*

fragor, -ōris, m., *noise, crash.*

·frangō, -ere, frēgī, frāctum, *break; dishearten; subdue.* (fracture)

·frāter, -tris, m., *brother.* (fraternity)

frāternus, -a, -um, [frāter], *brotherly, of a brother.* (fraternal)

fremitus, -ūs, m., [fremō, *roar*], *roar, noise; shouting.*

frequēns, -entis, *in large numbers.*

fretum, ī, n., *sea, straits.*

·frīgidus, -a, -um, *cold; frigid.*

frīgus, -oris, n., *cold; cold weather.*

frōns, frondis, f., *foliage.* (frond)

··frōns, frontis, f., *forehead; front.*

frūctus, -ūs, m., [fruor], *fruit, enjoyment; profit, income; result.*

frūgēs, -um, f., *crops, fruits, produce.* (frugal)

··frūmentārius, -a, -um, [frūmentum], *grain-producing.* rēs frūmentāria, *grain supply.*

frūmentātiō, -ōnis, f., *foraging.*

frūmentor, -ārī, -ātus, [frūmentum], *get grain, forage.*

·frūmentum, -ī, n., [fruor], *grain;* pl., *crops.*

, fruor, -ī, frūctus, *enjoy;* with abl.

·frūstrā, adv., *in vain.*

frux, frūgis, f., *fruits;* frūgī, *honest men.*

·fuga, -ae, f., *flight;* in fugam dare, *to put to flight.*

·fugiō, -ere, fūgī, fugitum, *flee, escape;* fugiēns, *a fugitive.*

fugitīvus, -ī, m., [fugiō], *fugitive.*

fugō, -āre, -āvī, -ātum, [fuga], *put to flight, rout.*

fulgeō, -ēre, fulsī, *shine.*

fulgor or fulgur, -ōris, n., *lightening, brightness.*

fulmen, -inis, n., [fulgeō, *flash*], *flash, lightning, thunderbolt.* (fulminate)

fulvus, -a, -um, *tawny, yellow.*

fūmō, -āre, —, —, [fūmus], *smoke.* (fumes)

fūmus, -ī, m., *smoke, fume.*

fūnāle, -is, n., [fūnis], *torch.*

funda, -ae, f., [fundō], *sling.*

··funditor, -ōris, m., [funda], *slinger.*

fundō, -ere, fūdī, fūsum, *pour; scatter, rout.* (confuse)

fūnebris, -e, [fūnus], *funereal.* As noun, fūnebria, -ium, n., *funeral rites.*

fūnestus, -a, -um, [fūnus], *deadly, fatal.*

fungor, -ī, fūnctus, *perform; be engaged in;* with abl. (function)

fūnis -is, m., *rope;* pl., *halyards.*

fūnus, -eris, n., *funeral.*

fūr, fūris, m., *robber.*

furculae, -ārum, f., *forks; a narrow pass,* esp., *the Caudine Forks.*

furō, -ere, —, —, *rave, rage,* (fury).

furor, -ōris, m., [furō], *rage, fury; madness; furor.*

furtum -ī, n., [fūr], *theft.*

fūsilis, -e, [fundō], *molded.* (fusile)

fūsus, -a, -um, [fundō], *spread out, broad, flowing.* (diffused)

futūrus, -a, -um, *about to be; future.*

G

Gabalī, -ōrum, m., *the Gabali,* a people in southern Gaul.

Gabīnius, -ī, m., *Aulus Gabinius,* consul in 58 B.C.

Gādēs, -ium, f., *Gades,* modern Cadiz, in Spain.

Gaius, [abbreviated C.], -ī, m., *Gaius,* a Roman forename.

Galba, -ae, m., *Galba.*

galea, -ae, f., *helmet.*

Gallia, -ae, f., *Gaul.*

Gallicus, -a, -um, [Gallus], *Gallic, of Gaul.*

gallīna, -ae, f., *hen.*

Gallus, -a, -um, *Gallic.* As noun, Gallī, -ōrum, m., *the Gauls.*

Garumna, -ae, f., *the Garonne River,* in southern France.

gaudeō, -ēre, gāvīsus, semidep., *be glad, rejoice.*

·gaudium, -ī, n., *joy, gladness.*

Geidumnī, -ōrum, m., *the Geidumni,* a Belgic people near the Nervii.

gelidus, -a, -um, *ice cold, icy.*

geminus, -a, -um, *twin.*

gemitus -ūs, m., *groan.*

genae, -ārum, f., *cheeks.*

Genāva, -ae, f., *Geneva.*

gener, -ī, m., *son-in-law.*

generātim, adv., *by tribes.*

genitor, -ōris, m., *father.*

genius, -ī, m., *guardian spirit; genius.*

·gēns, gentis, f., *clan, gens; tribe, people, nation.*

genū, -ūs, n., *knee.*

genuālia, -ium, n., *leggings.*

·genus, -eris, n., *race, birth; kind, class, rank; mode, method; sort, style.* (genus)

Germānī, -ōrum, m., *the Germans.*

Germānia, -ae, f., *Germany.*

·gerō, -ere, gessī, gestum, *bear, carry, carry on; wear; manage;* sē gerere, *to act.* rēs gestae, *exploits.*

Gēryōn, Gēryōnis, m., *Geryon.*

gestiō, -īre, -iī or īvī, -ītum, *be eager.*

gestō, -āre, -āvī, -ātum, [gerō], *bear, carry; wear.*

gignō, -ere, genuī, genitum, *give birth to, bear;* pass., *be born.* (progenitor)

··gladiātor, -ōris, m., *gladiator.*

·gladius, -ī, m., *sword.*

glāns, glandis, f., *acorn; bullet* thrown from a sling.

Glaucē, -ēs, [acc., -en], f., *Glauce,* daughter of King Creon.

globulus, -ī, m., [globus], *globule.*

globus, -ī, *m., ball, globe.*

glomerō, -āre, -āvī, -ātum, *collect, amass.*

·glōria, -ae, f., *glory, fame.*

glōriōsus, -a, -um, [glōria], *glorious, famous; honorable.*

Gnaeus, [abbreviated Cn.], -ī, m., *Gnaeus,* a Roman forename.

gracilis, -e, *slender, thin.*

gradus, -ūs, m., *step; position.* (grade)

Graecia, -ae, f., *Greece.* Magna Graecia, *southern Italy.*

Graecus, -a, -um, *Greek.* As noun, m., *a Greek.*

Graiocelī, -ōrum, m., *the Graioceli,* a Gallic people in the Alps.

grāmen, -inis, n., *grass, turf.*

grammaticus, -ī, m., *grammarian.*

grandis, -e, *large, great; grand.*

grānulum, -ī, n., [grānum], *granule.*

grānum, -ī, n., *grain.*

graphium, -ī, n., *stylus,* a pen used for writing.

·grātia, -ae, f., [grātus], *favor, grace, gratitude, influence.* pl., *thanks.* grātiā, with preceding genitive, *for the sake of* grātiam habēre, *to feel gratitude.* grātiās agere, *to thank.*

grātitūdō, -inis, f., [grātus], *gratitude.*

grātuitus, -a, -um, [grātia], *free, gratuitous; without pay.*

grātulātiō, -ōnis, f., [grātulor], *congratulation; rejoicing.*

·grātus, -a, -um, *pleasing, acceptable; thankful, grateful.*

·gravis, -e, *heavy; severe.* (grave)

gravitās, -ātis, f., [gravis], *weight; importance; dignity.* (gravity)

graviter, adv., *heavily; severely, bitterly.* graviter ferre, *to be annoyed.*

gravō, -āre, -āvī, -ātum, *weigh down, make heavy.*

grex, gregis, m., *flock, herd.* (gregarious)

Grudiī -ōrum, m., *the Grudii,* a Belgic people.

gubernātor, -ōris, m., [gubernō, *steer*], *helmsman.* (gubernatorial)

gula, -ae, f., *throat.*

gurges, -itis, m., *whirlpool, the sea.*

gustō, -āre, -āvī, -ātum, *taste.* (gustatory)

gustus, -ūs, m., *appetizer.* (disgust)

guttur, -uris, n., *throat, mouth.* (guttural)

H

habēna, -ae, f., *thong; whip;* pl., *reins.*

·habeō, -ēre, -uī, -itum, *have, hold, keep; consider, think, reckon,* **cēnsum habēre,** *to take a census.* **ōrātiōnem habēre,** *to deliver a speech.*

habitābilis, -e, [habitō], *habitable.*

habitō, -āre, -āvī, -ātum, *dwell, live, inhabit.*

Haemus, -ī, m., *the Haemus range in* Thrace.

haereō, -ēre, haesī, haesum, *stick, cling to; hesitate.*

Hamilcar, -aris, m., *Hamilcar,* father of Hannibal.

hāmus, -ī, m., *hook; spike.*

Hannō, -ōnis, m., *Hanno,* a Carthaginian general.

harpagātus, -a, -um, *hooked.*

harpagō, -ōnis, m., *hook; grappling-iron.*

Harpȳia, -ae, f., *Harpy,* a mythical creature, half bird and half woman.

Harūdēs, -um, m., *the Harudes,* a German tribe.

harundō, -inis, f., *reed, arrow.*

haruspex, -icis, m., [speciō, *look*], *soothsayer.*

Hasdrubal, -alis, m., *Hasdrubal,* (1) brother of Hannibal; (2) general in command of siege of Carthage.

hasta, -ae, f., *spear.*

haud, adv., *not, not at all.*

hauriō, -īre, hausī, haustum, *drink, drain, exhaust.*

haustus, -ūs, m., *drink; draught.*

heia, excl., *how now!*

Helicē, -es, f., the constellation of *the Great Bear.*

Helvētius, -a, -um, *Helvetian;* as noun, m., *a Helvetian.*

Helviī, -ōrum, m., *The Helvii.*

·herba, -ae, f., *grass.*

hercle, *By Hercules!*

Herculēs, -is, m., *Hercules,* a hero of great strength.

Hercynius, -a, -um, *Hercynian,* of a forest in southern Germany.

hērēditās, -ātis, f., [hērēs, *heir*], *inheritance.* (heredity)

Hērennius, -ī, m., *Herennius,* father of Pontius, the Samnite general.

·herī, adv., *yesterday.*

hērōs, -ōis, m., *hero*

Hesperidēs, -um, f., *the Hesperides,* guardians of the golden apples.

heu, interj., *alas.*

Hibernia, -ae, f., *Hibernia,* Ireland.

·hīberna, -ōrum, n., *winter camp. winter quarters.* (hibernate)

·hic, haec, hoc, *this, the following; he, she, it, the latter.*

··hīc, adv., *here, in this place.*

·hiemō, -āre, -āvī, -ātum, *spend the winter; winter.*

Hiempsal, -alis, m., *Hiempsal,* a Numidian prince.

·hiems, hiemis, f., *winter; storm; stormy weather.*

Hierō, -ōnis, m., *Hiero,* king of Syracuse during First Punic War.

hinc, adv., *from this place, from here, hence;* **hinc . . . hinc,** *on this side . . . on that.*

Hippolytē, -tēs, f., *Hippolyte,* queen of the Amazons.

Hippomenēs, -ae, m., *Hippomenes,* son of Megareus.

hirnea, -ae, f., *jug.*

Hispānī, -ōrum, m., *the Hispani, or Spaniards.*

Hispānia, -ae, f., *Spain.*

Hispāniēnsis, -e, *Spanish.*

·hodiē, adv., [hoc + diē], *today.*

·homō, -inis, m., *man, human being.*

honestās, -ātis, f., [honor], *honor, integrity, honesty.*

honestus, -a, -um, [honor], *honorable, upright; honest.*

honōrificē, adv., [honor], *honorably.*

··honor or honos, -ōris, m., *honor; esteem; public office.*

honōrō, -āre, -āvī, -ātum, [honor], *respect, honor.*

·hōra, -ae, f., *hour,* a twelfth part of the day, from sunrise to sunset.

Horātius, -ī, m., (1) *Horatius Cocles,* who

defended the bridge against the Etruscans. (2) *Q. Horatius Flaccus*, the poet Horace. (3) pl., *the Horatii* triplets, who fought against the Curiatii. (4) *M. Horatius Pulvillus*, consul in 509 B.C.

horreō, -ēre, -uī, —, *tremble at, shudder at, dread.* (horrid)

horribilis, -e, [horreō], *awful, horrible.*

horridus, -a, -um, [horreō], *wild, frightful.*

horrifer, -fera, -ferum, [horreō], *awful, horrible.*

hortāmen, -inis, n., [hortor], *encouragement.*

hortātus, -ūs, m., [hortor], *encouragement, urging.*

·hortor, -ārī, -ātus, *encourage, exhort; urge on.*

·hortus, -ī, m., *garden.* (horticulture)

·hospes, -itis, m., *guest; host.*

hospitium, -ī, n., [hospes], *hospitality; friendship.*

hostia, -ae, f., *victim, sacrifice.*

hostīlis, -e, [hostis], *hostile.*

Hostīlius, -ī, m., *Tullus Hostilius,* third king of Rome.

Hostīlius, -a, -um, *of Hostilius.*

·hostis, -is, m., *enemy, foe;* pl., *the enemy.*

·hūc, adv., *hither; to this place.*

··hūmānitās, -ātis, f., [hūmānus], *humanity; refinement, culture.*

hūmānus, -a, -um, [homō], *human; civilized; refined.*

··humilis, -e, [humus], *low, lowly; humble.*

humus, -ī, f., *ground.* (humus)

Hydra, -ae, f., *the Hydra,* a many-headed snake, slain by Hercules.

Hylās, -ae, m., *Hylas,* one of the Argonauts.

Hymenaeus, -ī, m., *Hymen,* god of marriage; *marriage.*

I

·iaceō, -ēre, -uī, —, *lie; lie dead.* (adjacent)

·iaciō, -ere, iēcī, iactum, *throw, hurl.* (project)

iactō, -āre, -āvī, -ātum, *throw; jerk about.*

iactūra, -ae, f., *loss, expense*

iactus, -ūs, m., *throwing, hurling, cast.*

iaculum, -ī, n., [iaciō], *javelin.*

·iam, adv., *now; already.* **nōn iam,** *no longer.* **iam prīdem,** *long ago.*

Iāniculum, -ī, n., *the Janiculum,* a hill in Rome.

iānitor, -ōris, m., [iānua], *doorkeeper, porter; janitor.*

·iānua, -ae, f., *door; entrance.*

Iāson, -onis, m., *Jason,* leader of the Argonauts.

Ibērus, -ī, m., *the Ebro,* a river in Spain.

·ibi, adv., *there; thereupon.*

Īcarus, -ī, m., *Icarus,* son of Daedalus.

iciō, -ere, īcī, ictum, *hit, strike;* **foedus icere,** *to make a treaty.*

ictus, -ūs, m., [īcō], *blow, stroke.*

Īd., abbreviation for **Īdus.**

Īdē, Īdēs, f., and **Ida, -ae,** f., a mountain near Troy.

·īdem, eadem, idem, *the same.* (identity)

identidem, adv., *repeatedly; again and again.* (identical)

ideō, adv., *for that reason; therefore.*

·idōneus, -a, -um, *suitable, fit, convenient.*

Īdūs, -uum, f., *the Ides,*—the 15th day of March, May, July, and October; the 13th of the other months.

iecur, iecoris, n., *liver.*

ieiūnium, -ī, n., *hunger, leanness.* (jejune)

igitur, adv., and postpositive conj., *therefore.*

ignārus, -a, -um, *ignorant.*

ignāvia, -ae, f., [ignāvus], *idleness, laziness.*

ignāvus, -a, -um, *slothful, lazy, cowardly.*

igneus, -a, -um, [ignis], *fiery, hot.*

·ignis, -is, m., *fire.* (ignite)

ignōbilis, -e, [nōbilis], *ignoble; unknown, obscure.*

ignōminia, -ae, f., [nōmen], *disgrace, ignominy.*

ignōrō, -are, -āvī, ātum, *be ignorant, not know; ignore.*

ignōscō, -ere, -nōvī, -nōtum, [nōscō], *pardon, forgive;* with dat.

··ignōtus, -a, -um, *unknown, strange; unacquainted with.*

īlia, -ōrum, n., *entrails.*

īlico, adv., [in + locō], *on the spot; immediately.*

illāc, adv., *that way.*

·ille, illa, illud, *that; he, she, it; the former.*

illīc, adv., *there, in that place.*

illigō, -āre, -āvī, -ātum, [ligō], *bind, fasten.*

illinc, adv., *thence, from there.*

illō, adv., *there, thither, to that place.*

illūc, adv., *there, thither, to that place.*

illūstris, -e, [in + lūx], *bright; illustrious.*

Illyricum, -ī, n., *Illyricum, on the east coast of the Adriatic.*

imāgo, -inis, f., *likeness, image; statue.*

imbēcillitās, -ātis, f., *weakness.*

imber, imbris, m., *rain.*

imbuō, -ere, -uī, imbūtum, *wet, soak, dip.*

imitātiō, -ōnis, f., [imitor], *imitation.*

imitor, -ārī, -ātus, *imitate, copy.*

immānis, -e, *huge, monstrous.*

immēnsus, -a, -um, [metior], *immense, immeasurable.*

immineō, -ēre, —, —, *threaten; be imminent; with dat.*

immītis, -e, *cruel, rough, harsh.*

immittō, -ere, -mīsī, -missum, *send in; hurl in; let go.*

immō, adv., *no indeed; nay; by no means.*

immolō, -āre, -āvī, -ātum, [mola], *sacrifice; sprinkle with sacred meal; immolate.*

·immortālis, -e, *immortal.*

immūnis, -e, [mūnus], *free from taxes, exempt; immune.*

immūnitās, -ātis, f., [immūnis], *immunity, freedom from taxes.*

impatiēns, -entis, [patior], *impatient, intolerant.*

·impedīmentum, -ī, n., [impediō], *hindrance, impediment; pl., heavy baggage.*

·impediō, -īre, -īvī, -ītum, [pēs], *hinder, impede, obstruct.*

impedītus, -a, -um, [impediō], *hindered, encumbered; difficult; of places, inaccessible.*

··impellō, -ere, -pulī, -pulsum, *urge on, persuade, impel; strike against; set in motion.*

impendeō, -ere, —, *threaten, overhang.*

impēnsa, -ae, f., [pendō], *expense.*

·imperātor, -ōris, m., [imperō], *commander, general; emperor.*

imperātōrius, -a, -um, [imperātor], *of a general.*

··imperātum, -ī, n., [imperō], *command, order.*

imperfectus, -a, -um, *unfinished, incomplete; imperfect.*

imperītus, -a, -um, *unskilled, inexperienced; with gen.*

·imperium, -ī, n., [imperō], *power, authority; command; rule; the state, empire.*

·imperō, -āre, -āvī, -ātum, *command, order; rule; demand; (dat.)*

··impetrō, -āre, -āvī, -ātum, *obtain, procure; gain one's end.*

·impetus, -ūs, m., [petō], *attack, charge; impetus, fury.*

impius, -a, -um, *wicked, impious.*

impleō, -ēre, -ēvī, -ētum, *fill up, complete.*

implicātus, -a, -um, [implicō], *entangled; implicated.*

implicō, -āre, -āvī or uī, -ātum or itum, [plicō, fold], *involve, implicate; interweave.*

implōrō, -āre, -āvī, -ātum, [plōrō, cry out], *beseech, implore.*

impluvium, -ī, n., *a basin for collecting rain water.*

··impōnō, -ere, -posuī, -positum, *place on; put into; impose; mount.*

importō, -āre, -āvī, -ātum, *bring in; import.*

importūnus, -a, -um, *cruel, hard; relentless.*

improbō, -āre, -āvī, -ātum, *disapprove of, reject.*

improbus, -a, -um, *wicked.*

imprōvīsus, -a, -um, [prōvideō], *unforeseen, unexpected.* dē imprōvīsō, *unexpectedly, suddenly.* (improvise)

imprūdēns, -entis, f., *unforeseeing, imprudent; off one's guard.*

imprūdentia, -ae, f., [imprūdēns], *imprudence; ignorance.*

impudīcus, -a, -um, [pudor, shame], shameless.

impulsor, -ōris, m., instigator.

impūnītus, -a, -um, unpunished, secure.

īmus, -a, -um, lowest, bottom of.

·in, prep., (1) with acc., into, to, in, on, upon; against; until; (2) with abl., in, on, within; in relation to.

inamoenus, -a, -um, cheerless.

inānis, -e, empty. (inane)

incēdō, -ere, -cessī, -cessum, advance, march; approach.

incendium, -ī, n., [incendō], fire, burning. (incendiary)

·incendō, -ere, -cendī, -cēnsum, set fire to, burn; rouse, excite; incense.

··incertus, -a, -um, uncertain.

·incidō, -ere, -cidī, —, [cadō], fall in with, happen, occur, meet. (incident)

incīdō, -ere, -cīdī, -cīsum, [caedō], cut into. (incision)

·incipiō, -ere, -cēpī, -ceptum, [capiō], begin, undertake. (incipient)

incitātiō, -ōnis, f., [incitō], ardor, enthusiasm.

·incitō, -āre, -āvī, -ātum, urge on, incite; rouse, spur on.

inclementer, adv., harshly, severely. (inclement)

inclūdō, -ere, -clūsī, -clūsum, [claudō], shut up, imprison, include.

incognitus, -a, -um, [cognōscō], unknown. (incognito)

incohō, -āre, -āvī, -ātum, begin.

··incola, -ae, c., [incolō], native, inhabitant.

·incolō, -ere, -uī, —, live, dwell; inhabit.

··incolumis, -e, safe, unharmed.

incommodē, adv., disastrously, unfortunately.

incommodum, -ī, n., [commodus], disadvantage, inconvenience; defeat; disaster.

incrēdibilis, -e, incredible; extraordinary.

increpitō, -āre, -āvī, -ātum, reproach, chide.

increpō, -āre, -uī, -itum, [crepō, rattle], chide; scold.

incumbō, -ere, -cubuī, -cubitum, press on; attack. (incumbent)

incūnābula, -ōrum, n., swaddling-clothes.

incursō, -āre, -āvī, -ātum, strike against, attack.

incursus, -ūs, m., [currō], assault, attack.

incūsō, -āre, -āvī, -ātum, accuse, blame.

·inde, adv., thence; from that place; thereupon.

indēiectus, -a, -um, [iaciō], not thrown down.

indicātivus, -a, -um, [indicō], indicative.

indicium, -ī, n., [indicō], proof, indication; evidence.

indicō, -āre, -āvī, -ātum, point out, show, indicate.

indīcō, -ere, -dīxī, -dictum, declare; proclaim, announce; appoint. (indict)

indigena, -ae, f., native. (indigenous)

indigestus, -a, -um, disordered, confused.

indignitās, -ātis, f., [indignus], vileness; indignity.

indignor, -ārī, -ātus, deem unworthy, scorn.

indignus, -a, -um, unworthy, unbecoming.

indīligēns, -entis, careless, negligent, remiss.

··indūcō, -ere, -dūxī, -ductum, lead in, induce, influence.

indulgentia, -ae, f., gentleness, kindness.

induō, -ere, -uī, -ūtum, put on, clothe, cover; sē induere, to impale oneself. (indue)

industriē, adv., vigorously, industriously.

·ineō, -īre, -īvī or iī, -itum, begin, go into; undertake; adopt. initā aestāte, at the beginning of summer.

··inermis, -e, [arma], unarmed, defenceless.

iners, -ertis, helpless, inert.

īnfāmia, -ae, f., disgrace, dishonor; infamy.

īnfāmis, -e, [fāma], notorious, infamous.

īnfandus, -a, -um, [fārī, to speak], unspeakable, monstrous.

īnfāns, -fantis, speechless, childish, foolish. As noun, c., infant.

īnfectus, -a, -um, [faciō], unfinished.

··īnfēlix, -icis, unfortunate, unhappy.

·īnferior, -ius, [īnferus], lower, inferior.

·īnferō, -ferre, -tulī, illātum, bring in, import; inflict; obtain. bellum īnferre, to *make war on;* with dat. **signa īnferre,** *to advance.* (inference)

īnferus, -a, -um, *below, underneath.*

īnfestus, -a, -um, *unsafe; hostile; leveled.*

īnficiō, -ere, -fēcī, -fectum, [**faciō**], *stain, dye, anoint.* (infect)

īnfīgō, -ere, -fīxī, -fīxum, *fix in, drive in.*

·īnfimus, -a, -um, [**īnferus**], *lowest, at the bottom.*

īnfīnītus, -a, -um, [**fīniō**], *boundless; endless; infinite.*

infīrmus, -a, -um, *weak, infirm.*

infitior, -ārī, -ātus, *deny.*

īnflātus, -a, -um, [**flō,** *blow*], *inflated.*

īnflectō, -ere, -flexī, -flexum, *bend.*

īnfluō, -ere, -flūxī, -flūxum, *flow into, flow.* (influx)

īnfodiō, -ere, -fōdī, -fossum, *bury.*

īnfrā, adv., and prep. with acc., *below.*

īnfringō, -ere, -frēgī, -frāctum, [**frangō**], *break, break off; lessen; overcome.* (infraction)

īnfula, -ae, f., *band; fillet.*

īnfundō, -ere, -fūdī, -fūsum, *pour on.*

ingemō, -ere, -uī, —, *sigh deeply.*

ingenium, -ī, n., [**gignō**], *genius, talent, ability, character.*

ingēns, -gentis, *huge, vast; mighty; remarkable.*

ingenuus, -a, -um, [**gignō**], *freeborn, noble.* (ingenuous)

ingrātus, -a, -um, *ungrateful, thankless.* (ingrate)

ingredior, -ī, -gressus, [**gradior,** *step*], *advance, enter; undertake.* (ingredient)

inhiō, -āre, -āvī, -ātum, *gape; covet, desire.*

iniciō, -ere, -iēcī, -iectum, [**iaciō**], *throw in, strike in, inject; inspire.*

·inimīcus, -a, -um, [**amīcus**], *hostile, unfriendly.* As noun, m., *personal enemy.* (inimical)

inīquitās, -ātis, f., [**inīquus**], *unfairness, unevenness.* (iniquity)

·inīquus, -a, -um, [**aequus**], *uneven, sloping; unfavorable; unjust.*

·initium, -ī, n., [**ineō**], *beginning.* (initial)

iniungō, -ere, -iūnxī, -iūnctum, *enjoin, charge, bring upon; unite.*

·iniūria, -ae, f., [**iūs**], *wrong, injury; injustice.*

iniūstus, -a, -um, *unjust.*

inliciō, -ere, -lexī, -lectum, *attract, entice, seduce.*

inlocābilis, -e, *unable to be placed* (for marriage).

innābilis, -e, *that cannot be swum in.*

innāscor, -ī, -nātus, *be born in.* (innate)

innītor, -ī, -nīxus, *lean on; rest on.*

innocēns, -centis, *blameless, innocent.*

innoxius, -a, -um, *harmless, unharmed.*

innubus, -a, -um, [**nūbō**], *unmarried.*

innumerābilis, -e, *innumerable.*

·inopia, -ae, f., *want, lack, need, scarcity.*

inopīnāns, -antis, *unaware, off guard; unexpected.*

inopīnātus, -a, -um, *unexpected, surprising.*

inops, -opis, *weak, poor, helpless; lacking.*

·inquam, inquis, inquit, *say.*

inrideō, -ēre, -rīsī, -rīsum, *laugh at, ridicule.*

inritus or **irritus, -a, -um,** *invalid, vain, useless.*

īnsānus, -a, -um, *mad, insane.*

īnsciēns, -entis, [**sciō**], *not knowing.*

īnscius, -a, -um, *not knowing.*

īnscrībō, -ere, -scrīpsī, -scrīptum, *write on; inscribe.*

··īnsequor, -ī, -secūtus, *follow up, pursue.*

īnserō, -ere, -uī, -tus, *plant; insert.*

·īnsidiae, -ārum, f., [**sedeō**], *ambush, trap; plot, stratagem* (insidious)

īnsigne, -is, n., [**signum**], *mark, emblem, badge; ensign, honor.*

īnsignis, -e, [**signum**], *conspicuous, eminent, distinguished, outstanding.*

īnsiliō, -īre, -uī, —, [**saliō**], *leap on.*

īnsinuō, -āre, -āvī, -ātum, [**sinuō,** *curve*], *push in.* (insinuate)

īnsistō, -ere, -stitī, —, *stand upon, stand; press on; pursue.* (insist)

īnsolēns, -entis, [**soleō**], *haughty, arrogant, insolent.*

īnsolitus, -a, -um, *unaccustomed.*

īnspergō, -ere, -spersī, -spersum, [**spargō**], *sprinkle upon.*

īnspiciō, -ere, -spexī, -spectum, [speciō, look], *look into, inspect.*

īnstābilis, -e, *unsteady.*

īnstāns, -stantis, *eager, urgent.*

īnstar, n., indecl., *the equal of.*

·īnstituō, -ere, -uī, -ūtum, [statuō], *build; construct; draw up; begin; establish, institute; teach.*

··īnstitūtum, -ī, n., [īnstituō], *plan, arrangement; institution.*

··īnstō, -āre, -stitī, -stātum, *press forward; be at hand, approach.*

īnstrūmentum, -ī, n., [īnstruō], *tool; equipment; instrument.*

·īnstruō, -ere, -strūxī, -strūctum, *build, construct; draw up, equip.* (instruct)

Īnsubrēs, -ium, m., *the Insubrians,* Gauls dwelling south of the Alps.

īnsuēfactus, -a, -um, *well-trained.*

·īnsula, -ae, f., *island.* (insular)

īnsum, inesse, īnfuī, *be in.*

·integer, -gra, -grum, [tangō], *untouched, whole; fresh; vigorous.* As noun, m. pl., *fresh troops.* (integer)

integō, -ere, -tēxī, -tēctum, *cover over.*

intellegentia, -ae, f., [intellegō], *intelligence.*

·intellegō, -ere, -lēxī, -lēctum, *understand, ascertain.* (intellect)

intemptātus, -a, -um, *untried.*

intendō, -ere, -tendī, -tentum, *hold out; stretch.*

intentus, -a, -um, [tendō], *eager, intent.*

·inter, prep. with acc., *between, among; during, within;* inter sē, *with each other, from each other.*

intercalārius, -a, -um, *intercalary.*

intercalō, -āre, -āvī, -ātum, *insert in the calendar, intercalate.*

··intercēdō, -ere, -cessī, -cessum, *go between; lie, intervene; take place.* (intercede)

intercipiō, -ere, -cēpī, -ceptum, [capiō], *cut off; intercept.*

··interclūdō, -ere, -clūsī, -clūsum, [claudō], *cut off; blockade; hinder, block up.*

interdīcō, -ere, -dīxī, -dictum, *forbid, interdict, prohibit.*

interdiū, adv., *in the daytime.*

interdum, adv., *sometimes.*

·intereā, adv., *meanwhile.*

intereō, -īre, -iī, -itum, *perish, die.*

interfector, -ōris, m., [interficiō], *assassin, killer.*

·interficiō, -ere, -fēcī, -fectum, [faciō], *kill; destroy.*

intericiō, -ere, -iēcī, -iectum, [iaciō], *put between; interpose;* interiectus, *lying between.* (interject)

·interim, adv., *meanwhile.* (interim)

interimō, -ere, -ēmī, -ēmptum, [emō], *take away; kill, destroy.*

·interior, -ius, *inner, interior, middle.* As noun, m. pl., *those within.*

interitus, -ūs, m., [intereō], *death, destruction.*

intermissiō, -ōnis, f., *intermission.*

·intermittō, -ere, -mīsī, -missum, *send between; elapse; interrupt.*

interneciō, -ōnis, f., [necō], *slaughter.*

interpōnō, -ere, -posuī, -positum, *interpose, put between; present; elapse, allow to elapse.*

interpres, -pretis, m., *interpreter.*

interpretor, -ārī, -ātus, *explain, interpret.*

interrēgnum, -ī, n., *interregnum.*

interritus, -a, -um, *unafraid.*

··interrogō, āre, -āvī, -ātum, *ask, question, interrogate.*

interscindō, -ere, -scidī, -scissum, *cut down; cut through.*

intersum, -esse, -fuī, *be between; take part in.* Impers. interest, *it concerns.* (interest)

··intervāllum, -ī, n., *interval, space, distance.*

·interveniō, -īre, -vēnī, -ventum, *come between, intervene.*

interventus, -ūs, m., *intervention.*

intervīsō, -ere, -vīsī, -vīsum, *look at, visit.*

··intrā, adv. and prep. with acc., *within, inside; during.*

intremō, -ere, —, —, *tremble, quake.*

intrō, adv., *within, inside.*

intrō, -āre, -āvī, -ātum, *enter.*

intrōdūcō, -ere, -dūxī, -ductum, [dūcō], *bring in,* (introduce)

introeō, -īre, -īvī, —, *enter, go into.*

introitus, -ūs, m., [eō], *entrance.*

intrōrsus, adv., *within, inside.*

intrōrumpō, -ere, -rūpī, -ruptum, *break in.*

intueor, -ērī, -tuitus, *look on; regard.* (intuition)

intumēscō, -ere, -tumuī, —, [tumeō, *swell*], *swell up, rise.*

intus, adv., *within, on the inside.*

inūsitātus, -a, -um, *unusual, strange, unfamiliar.*

inūtilis, -e, *useless.*

invādō, -ere, -vāsī, -vāsum, *advance, rush upon, attack; invade.*

inveniō, -īre, -vēnī, -ventum, *find, come upon; meet with; invent; learn, discover, find out.*

inventor, -ōris, m., [inveniō], *inventor.*

investigō, -āre, -āvī, -ātum, *discover, investigate.*

inveterāscō, -ere, -veterāvī, —, [vetus], *grow old.* (inveterate)

invicem, adv., *in turn.*

invidia, -ae, f., *hatred, envy.*

invideō, -ēre, -vīdī, -vīsum, *envy*, with dat. (invidious)

invidus, -a, -um, *hateful, envious.*

invīsus, -a, -um, [invideō], *hated.*

invītō, -āre, -āvī, -ātum, *invite; allure, attract.*

·invītus, -a, -um, *unwilling.*

invocō, -āre, -āvī, -ātum, *call upon, invoke.*

Iō! interj., *hurrah!*

iocus, -ī, m., *joke, jest.*

Iolē, Iolēs, f., *Iole.*

Iphiclēs, -lis, m., *Iphicles,* brother of Hercules.

·ipse, ipsa, ipsum, intens. pron., *self; himself; herself, itself.*

·īra, -ae, f., *wrath, anger, rage.* (ire)

īrācundia, -ae, f., *rage, wrath.*

īrātus, -a, -um, [īra], *angered, enraged; irate.*

irritus or inritus, -a, -um, *ineffective, useless, in vain.*

irrumpō, -ere, -rūpī, -ruptum, *break into, rush in.*

irruō, -ere, -ruī, —, *rush upon, attack.*

irruptiō, -ōnis, f., [irrumpō], *attack, sally.* (irruption)

·is, ea, id, adj., *this, that;* pron., *he, she, it.* eō magis, *all the more.*

iste, ista, istud, *that, that of yours; such.*

·ita, adv., *in such a way, thus.*

Ītalia, -ae, f., *Italy.*

Ītalicus, -a, -um, *of Italy, Italian.* As noun, m. pl., *the Italians.*

Ītalus, -a, -um, *of Italy, Italian.* As noun, m., *an Italian.*

·itaque, adv., *and so, accordingly; thus, therefore.*

·item, adv., *also; farther; just so, in like manner, likewise.*

·iter, itineris, n., *journey, march; road, route.* magnum iter, *forced march.* (itinerary)

iterum, adv., *again, a second time.* (iterate)

·iubeō, -ēre, iussī, iussum, *order, command;* with acc. and infin. (jussive)

·iūdex, -icis, m., *judge; juror.*

·iūdicium, -ī, n., [iūdex], *judgment, decision; court; trial.* (judicial)

iūdicō, -āre, -āvī, -ātum, [iūdex], *judge, decide; think, infer; proclaim, declare.* (adjudicate)

iūgerum, -ī, n., *iugerum,* (⅝ of an acre).

iugulō, -āre, -āvī, -ātum, [iugulum], *cut the throat.*

iugulum, -ī, n., *throat, neck.* (jugular)

·iugum, -ī, n., [iungō], *yoke; ridge, summit, chain.*

Iugurtha, -ae, m., *Jugurtha,* king of Numidia.

Iūlia, -ae, f., *Julia,* daughter of Caesar and wife of Pompey.

Iūliī, -ōrum, m., *the Julians,* members of the gens Julia.

iūmentum, -ī, n., [iugum], *pack animal; beast of burden.*

·iungō, -ere, iūnxī, iūnctum, *join, connect; yoke.* (junction)

Iūnō, -ōnis, f., *Juno,* wife of Jupiter.

Iūnōnius, -a, -um, *sacred to Juno; of Juno.*

Iuppiter, Iovis, m., *Jupiter (Jove),* chief of the gods.

Iūra, -ae, f., *Jura mountains*, in eastern France.

··iūrō, -āre, -āvī, -ātum, [iūs], *swear; take oath.* (jury)

·iūs, iūris, n., *right, justice; law.*

··iūs iūrandum, iūris iūrandī, n., [iūrō], *oath.*

iussus, -ūs, m., [iubeō], *order, command.*

iūstitia, -ae, f., [iūstus], *justice.*

·iūstus, -a, -um, [iūs], *just, fair; suitable, proper.*

iuvenāliter, adv., *youthfully, like a youth.*

iuvenis, -is, *youthful.* As noun, m., *youth, young man.*

Iuventius, -ī, m., *P. Iuventius*, Roman general, defeated by Pseudo-Philip.

iuventūs, -tūtis, f., [iuvenis], *youth; young men.*

·iuvō, -āre, iūvī, iūtum, *help, assist, aid.*

iūxtā, adv., and prep. with acc., *near, close to.* (juxtapose)

Ixīōn, -ōnis, m., *Ixion*, king of the Lapithae.

K

Kal., Kalendae.

Kalendae, -ārum, f., *Calends*, the first day of the month. (Calendar)

L

L., abbreviation for Lūcius.

Labiēnus, -ī, m., *Titus Labienus*, one of Caesar's ablest officers.

·labor, -ōris, m., *labor, toil, work; hardship.*

lābor, lābī, lāpsus, *slip, slide, glide.* (lapse)

labōriōsē, adv., [labor], *laboriously.*

·labōrō, -āre, -āvī, -ātum, [labor], *work, toil, labor; strive, struggle; be afflicted; be hard pressed.*

labrum, -ī, n., *lip; rim, edge.* (labial)

lac, lactis, n., *milk.* (lacteal)

Lacedaemoniī, -ōrum, m., *the Lacedaemonians*, Spartans.

lacerō, -āre, -āvī, -ātum, *slander; tear, mangle; lacerate.*

lacertus, -ī, m., *arm, upper arm.*

lacessō, -ere, -īvī, -ītum, *provoke, harass, challenge; attack.*

Lacōnia, -ae, f., *Laconia.*

·lacrima, -ae, f., *tear.*

lacrimōsus, -a, -um, *tearful, causing tears.* (lachrymose)

lacus, -ūs, m., *lake.*

laetificō, -āre, āvī, -ātum, *delight, cheer, gladden.*

laetitia, -ae, f., [laetus], *joy, gladness.*

·laetus, -a, -um, *joyful, happy.*

laevus, -a, -um, *left, on the left hand; unpropitious.*

Laevinus, -ī, m., [laevus], (1) *P. Valerius Laevinus*, consul in 280 B.C. (2) *M. Valerius Laevinus*, Roman commander against Philip V in 215 B.C.

lāna, -ae, f., *wool.*

laniō, -āre, -āvī, -ātum, *tear, mangle, mutilate.*

lanterna, -ae, f., *lantern.*

lapidōsus, -a, -um, [lapis], *stony.*

·lapis, -idis, m., *stone.* (lapidary)

laqueus, -ī, m., *noose.*

Larēs, -um, m., *the Lares*, household gods, deified spirits of the place.

largē, adv., *exceedingly.*

largior, -īrī, -ītus, *give freely, bestow; bribe.* (largess)

lārgītiō, -ōnis, f., [largior], *generosity, lavish giving; bribery.*

Lārīsa, -ae, f., *Larisa*, a city in Thessaly.

lassitūdo, -inis, f., [lassō], *weariness, exhaustion; lassitude.*

lassō, -āre, -āvī, -ātum, *make weary, exhaust.*

lassus, -a, -um, *tired, weary.*

latebra, -ae, f., [lateō], *hiding place, retreat.*

lateō, -ēre, -uī, —, *lie hidden; escape notice.* (latent)

Latīnus, -a, -um, *of Latium, Latin.* As noun, m. pl., *the Latins.*

Latīnus, -ī, m., *Latinus*, king of Latium.

lātitūdō, -inis, f., *width, breadth.* (latitude)

Latium, -ī, n., *Latium*, the region around Rome.

Latobrīgī, -ōrum, m., *the Latobrigi*, a people near the Helvetii.

latrō, -ōnis, m., *robber, brigand.*

latrōcinium, -ī, n., [latrō], *brigandage, robbery.*

·lātus, -a, -um, *broad, wide.*

·latus, -eris, n., *side; flank.* (lateral)

·laudō, -āre, -āvī, -ātum, [laus], *praise, extol, laud.*

laurea, -ae, f., *laurel tree; laurel crown; wreath.*

·laus, laudis, f., *praise, glory; renown.* (laudatory)

Lāvīnia, -ae, f., *Lavinia,* daughter of King Latinus.

Lāvīnium, -ī, n., *Lavinium,* a town in Latium.

·lavō, -āre, lāvī, lautum or lotum, *wash, bathe, lave.*

laxō, -āre, -āvī, -ātum, *loosen, extend.* (relax)

lea, -ae, f., *lioness.*

leaena, -ae, f., *lioness.*

Lebinthus, -ī, f., *Lebinthos,* an island in the Aegean.

·lectus, -ī, m., *couch, bed.*

··lēgātiō, -ōnis, f., [lēgō], *embassy, legation.*

·lēgātus, -ī, m., *ambassador, envoy; lieutenant general; lieutenant, officer.* (legate)

·legiō, -ōnis, f., [legō], *legion;* a division of the army containing 3000–6000 soldiers.

legiōnārius, -a, -um, [legiō], *legionary, of a legion.*

·legō, -ere, lēgī, lēctum, *read; collect, gather; appoint.* (legible)

lēgō, -āre, -āvī, -ātum, [lēx], *leave by will; bequeath.*

Lemannus, -ī, m., *Lake Geneva.*

Lemovīcēs, -um, m., *the Lemovices,* a tribe in central Gaul.

lēnis, -e, *gentle, light; smooth.* (lenient)

lēnitās, -ātis, f., [lēnis], *smoothness; gentleness; lenience.*

Lentulus, -ī, m., *Lentulus,* consul in 49 B.C.

leō, leōnis, m., *lion.*

lepidē, adv., *pleasantly.*

lepus, -oris, m., *hare.*

Lerneaeus, -a, -um, *of Lerna, Lernean.*

lētālis, -e, [lētum], *deadly, fatal; lethal.*

Lēthaea, -ae, f., *Lethea,* wife of Olenos.

Lēthē, -ēs, f., *River Lethe,* in the underworld.

lētum, -ī, n., *death.*

Levācī, -ōrum, m., *the Levaci,* a Belgic tribe.

·levis, -e, *light, slight.*

levitās, -ātis, f., [levis], *levity; lightness.*

levō, -āre, -āvī, -ātum, *lift, raise.*

·lēx, lēgis, f., *law, rule; condition.* (legal)

Lexoviī, -ōrum, m., *the Lexovii,* a tribe on the west coast of the Seine.

libēns, -entis, *willing; glad, with pleasure.*

libenter, adv., *willingly, gladly; with pleasure.*

Līber, -erī, m., [libō], *Liber,* an ancient Italian god of fruits.

·līber, -era, -erum, *free.* (liberal)

·liber, librī, m., *book.*

līberāliter, adv., *graciously, courteously; liberally.*

·līberī, -ōrum, m., *children.*

·līberō, -āre, -āvī, -ātum, [līber], *set free, liberate.*

·lībertās, -ātis, f., [līber], *freedom, liberty.*

lībertus, -ī, m., [līber], *freedman.*

Libō, -ōnis, m., *L. Scribonius Libo,* a partisan of Pompey in the Civil War.

lībō, -āre, -āvī, -ātum, *pour a libation; touch; skim over.*

librārium, -ī, n., [liber], *bookcase; library.*

lībrīlis, -e, [lībra, *pound*], *weighing a pound.*

lībrō, -āre, -āvī, -ātum, *balance, swing; hurl.*

lībum, -ī, n., *cake.*

licentia, -ae, f., *freedom, license.*

·licet, -ēre, -uit and licitum est, impers., *it is allowed, it is permitted.*

Lichās, Lichae, m., *Lichas,* a servant of Hercules.

Licinius, -ī, m., *P. Licinius Crassus,* consul in 171 B.C.

līctor, -ōris, m., *lictor,* an attendant upon a magistrate.

Liger, -eris, m., *the Loire river* in central Gaul.

lignātiō, -ōnis, f., [lignum, *wood*], *getting wood.*

ligneus, -a, -um, [lignum, *wood*], *wooden, of wood.* (lignite)

ligō, -āre, -āvī -ātum, *bind, unite.* (ligament)

Ligurēs, -um, m., *the Ligurians,* a people in northern Italy.

Liguria, -ae, f., *Liguria,* modern Piedmont, in Italy.

līlium, -ī, n., *lily; 'lily'* trap.

Lilybaeum, -ī, n., *Lilybaeum,* a promontory on the west coast of Sicily.

limbus, -ī, m., *border, edge.* (limbo)

līmen, -inis, n., *threshold.*

līmes, -itis, m., *path, track; limit.*

līmus, -ī, m., *mud.*

līnea, -ae, f., *string, line;* **alba līnea,** *white line* at end of race course.

Lingonēs, -um, [acc., ēs or as], m., *the Lingones,* a Gallic state west of the Sequani.

·lingua, -ae, f., *tongue; language.* (linguist)

linter, -tris, f., *boat, skiff.*

linteus, -a, -um, *linen.*

līnum, -ī, n., *flax, linen thread.*

Linus, -ī, m., *Linus,* teacher of Hercules.

liquidus, -a, -um, *clear, flowing; liquid.*

līs, lītis, f., *strife; lawsuit.* (litigation)

·littera, -ae, f., *letter* (of the alphabet). pl., *letter, epistle.* (literature)

litterārius, -a, -um, [littera], *literary; pertaining to writing.* **lūdus litterārius,** *an elementary school.*

·lītus, -oris, n., *shore; coast.* (littoral)

Līvius, -ī, m., *T. Livy,* Roman historian.

··locō, -āre, -āvī -ātum, *place, put; arrange.* (locate)

·locus, -ī, m., *place, position; rank.* pl., **loca, -ōrum,** n., *region, locality.*

Londinium, -ī, n., *London.*

longē, adv., *far, by far; far away.*

longinquus, -a, -um, [longus], *remote, distant; lasting.*

longitūdō, -inis, f., [longus], *length.* (longitude)

longurius, -ī, n., [longus], *long pole.*

·longus, -a, -um, *long; lasting; remote.*

·loquor, -ī, locūtus, *speak, talk; say, tell.* (locution)

lōrīca, -ae, f., *coat of mail; breastwork, fortification.*

lubet = libet.

Lūcānius, -ī, m., *Q. Lucanius,* a centurion.

lucerna, -ae, f., [luceō, *shine*], *lamp.*

Lūcius, -ī, m., *Lucius,* a Roman forename.

Lucrētia, -ae, f., *Lucretia,* wife of Tarquinius Collatinus.

Lucrētius, -ī, m., *Spurius Lucretius,* father of Lucretia.

lūctus, -ūs, m., *grief, mourning.*

lūcus, -ī, m., *grove, sacred grove.*

lūdificō, -āre, -āvī, -ātum, *make fun of.*

lūdo, -ere, lūsī, lūsum, *play.* (prelude)

·lūdus, -ī, m., *game, play; school; sport, jest.*

lūgeō, -ēre, lūxī, lūctum, *grieve, mourn; deplore.* (lugubrious)

Lugotorīx, -īgis, m., *Lugotorix,* a British chief.

lūmen, -inis, n., *light; eye; glory, ornament.* (illumination)

·lūna, -ae, f., *the moon.* (lunatic)

lupus, -ī, m., *wolf;* **lupa, -ae,** f., *she-wolf.*

Lūsītānia -ae, f., *Lusitania,* a province in Spain.

lūstrō, -āre, -āvī, -ātum, *review, inspect.* (illustrate)

lūsus, -ūs, m., *game, sport, play.*

·lūx, lūcis, f., [luceō, *shine*], *light, daylight;* **prīmā lūce,** *at daybreak.*

lūxuria, -ae, f., *luxury*

M

M., abbreviation for **Mārcus.**

Macedonia, -ae, f., *Macedonia,* a country north of Greece.

Macedonicus, -a, -um, *Macedonian.*

māceria, -ae, f., *wall.*

madefactus, -a, -um, *wet, soaked, stained.*

madeō, -ēre, -uī, —, *be wet, be dripping.*

madescō, -ere, maduī, —, *become wet.*

madidus, -a, -um, *wet, moist; dripping.*

maestitia, -ae, f., *sadness.*

maestitūdō, -inis, f., *sadness.*

maestus, -a, -um, *sad, gloomy.*

magicus, -a, -um, *magic.*

·magis, adv., *more; rather; more greatly.*

·magister, -trī, m., *master, teacher;* magister equitum, *Master of the Horse.*

magistrātus, -ūs, m., [magister], *magistrate; magistracy.*

Magnēsia, -ae, f., *Magnesia,* a city in Asia Minor.

magnificus, -a, -um, *splendid, magnificent.*

·magnitūdō, -inis, f., [magnus], *size, magnitude; greatness.*

·magnopere, adv., *greatly, very much, exceedingly.*

·magnus, -a, -um, *great, large; loud; noble;* magnī, gen., *of great importance.*

Magnus, -ī, m., *the Great,* surname of Pompey and Alexander.

maior, -ius, *greater.* As noun, m. pl., *ancestors, forefathers.* maiōrēs nātū, *the elders, the older men.* (majority)

malacia, -ae, f., *calm.*

·male, adv., *badly.* (malefactor)

·maleficium, -ī, n., [male + faciō], *wrongdoing, harm.*

malitia, -ae, f., [malus], *ill-will, malice.*

malleus, -ī, m., *mallet.*

·mālō, malle, maluī, [magis + volō], *prefer.*

malum, -ī, n., *evil, mischief; evil deed.*

mālum, -ī, n., *apple, fruit.*

mālus, -ī, m., *mast.*

malus, -a, -um, *bad, evil, wicked.*

Mancīnus, -ī, m., *C. Hostilius Mancinus,* consul in 137 B.C.

·mandātum, -ī, n., [mandō], *order, command; mandate.*

·mandō, -āre, -āvī, -ātum, [manus + dō], *command, order; commit, consign; direct.*

Mandubiī, -ōrum, m., *the Mandubii,* a Gallic tribe north of the Aedui.

māne, adv., *in the morning.*

·maneō, -ēre, mansī, mānsum, *remain, stay; continue.*

Mānēs, -ium, m., *shades of the dead; departed spirits.*

manicae, -ārum, f., [manus], *sleeves.*

Mānīlius, -ī, m., *M'. Manilius,* consul in 149 B.C.

manipulāris, -is, m., *comrade* (of the same maniple).

manipulus, -ī, m., *maniple, company* of soldiers, one third of a cohort.

Mānlius, -ī, m., (1) *T. Manlius Torquatus,* who slew a Gallic champion in single combat. (2) *Cn. Manlius Volso,* consul in 189 B.C.

mānsuēfaciō, -ere, -fēcī, -factum, *tame.*

mānsuētūdō, -inis, f., *tameness, gentleness.*

mantēle, -is, n., *towel.*

manūmittō, -ere, -mīsī, -missum, *release, set free.* (manumission)

·manus, -ūs, f., *hand; band of men; forces.* (manual)

mappa, -ae, f., *white cloth; napkin; handkerchief.*

Mārcellus, -ī, m., (1) *M. Claudius Marcellus,* who captured Syracuse in 212 B.C. (2) *M. Claudius Marcellus,* consul in 183 B.C.

Mārcius, -ī, m., *Ancus Marcius,* fourth king of Rome.

Marcomanī, -ōrum, m., *the Marcomani,* a German tribe.

Mārcus, -ī, m., *Marcus.*

·mare, maris, n., *sea.* Mare Superum, *the Adriatic.*

margō, -inis, m., *margin, edge; bank.*

marīnus, -a, -um, [mare], *belonging to the sea; marine.*

maritimus, -a, -um, [mare], *of the sea, near the sea; maritime.*

marītus, -a, -um, *of marriage, nuptial.* As noun, m., *husband.* (marital)

Marius, -ī, m., *L. Marius,* who defeated Jugurtha, etc.

marmor, -oris, n., *marble.*

marmoreus, -a, -um, [marmor], *of marble, marble.*

Mārs, Mārtis, m., *Mars,* god of war; *war, battle.*

Mārsī, -ōrum, m., *the Marsi,* a people of Latium.

Mārtius, -a, -um, *of Mars, martial; of March.* (Martian)

mās, maris, m., *male.* (masculine)

Massilia, -ae, f., *Massilia*, modern Marseilles.

Massiliēnsis, -e, [Massilia], *of Massilia; as noun, m. pl., the Massilians.*

matara, -ae, f., *javelin, spear.*

·māter, mātris, f., *mother;* mātrēs familiae, *matrons.* (maternal)

··māteria, -ae, f., *material; timber, wood.*

māterior, -ārī, -ātus, [māteria], *get timber.*

māternus, -a, -um, [māter], *maternal, of a mother.*

Matiscō, -ōnis, m., *Matisco,* a city of the Aeduans, mod. Macon.

mātrimōnium, -ī, n., [māter], *matrimony, marriage.* in mātrimōnium dūcere, *to marry.*

Matrona, -ae, f., *the Marne river.*

mātrōna, -ae, f., [māter], *wife; matron.*

mātūrō, -āre, -āvī, -ātum, *hasten.* (mature)

mātūrus, -a, -um, (superl., mātūrrimus], *early; ripe; mature.*

mātūtinus, -a, -um, *of the morning, early.* (matutinal)

Maurētania, -ae, f., *Mauretania,* in north Africa, modern Morocco.

maximē, adv., *very greatly; especially; most.* (maximum)

maximus, -a, -um, [superl. of magnus], *greatest, largest.*

Mēdēa, -ae, f., *Medea,* wife of Jason.

medicīna, -ae, f., [medicus], *medicine.*

medicus, -ī, m., *doctor.* (medical)

mediocris, -e, [medius], *moderate; ordinary, common; mediocre.*

Mediomatricī, -ōrum, m., *the Mediomatrici,* a Gallic people near the Rhine.

mediterrāneus, -a, -um, [medius + terra], *inland.*

meditor, -ārī, -ātus, *consider, meditate; plan.*

medium, -ī, n., [medius], *middle, center.* (medium)

·medius, -a, -um, *in the middle of; moderate.* in mediō colle, *on the middle of the hill; halfway up the hill.* media nox, *midnight.*

Medūsaeus, -a, -um, *Medusa-like.*

Megadōrus, -ī, m., *Megadorus.*

Megareius, -a, -um, *son of Megareus,* Hippomenes.

Megarēus, -eī, m., *Megareus,* father of Hippomenes.

melior, -ius, comp. of bonus, *better.* (ameliorate)

mel, mellis, n., *honey.*

membrum, -ī, n., *member, limb.*

Memmius, -ī, m., *C. Memmius,* consul in 54 B.C.

memorābilis, -e, [memorō], *memorable; remarkable.*

·memoria, -ae, f., *memory.* memoriā tenēre, *to remember.*

memoriter, adv., *from memory.*

memorō, -āre, -āvī, -ātum, *mention, recount, remember.*

Menapiī, -ōrum, m., *the Menapii,* a Belgic tribe.

mendācium, -ī, n., *lie, falsehood.*

·mēns, mentis, f., *mind, intellect; feeling; plan.* (mental)

·mēnsa, -ae, f., *table; course.* (mesa)

·mēnsis, -is, m., *month.*

mēnsūra, -ae, f., [metior], *measure.*

mentiō, -ōnis, f., *mention.*

mentior, -īrī, -ītus, *lie, pretend.*

·mercātor, -ōris, m., *trader, merchant.*

mercātūra, -ae, f., *trade.*

Mercurius, -ī, m., *Mercury.*

·mereō, -ēre, -uī, -itum, and mereor, -ērī, -itus, *earn, deserve; merit.*

mergō, -ere, mersī, mersum, *dip, plunge; sink; overwhelm.* (submerge)

merīdiānus, -a, -um, [merīdiēs], *of midday.* (meridian)

merīdiātiō, -ōnis, f., [merīdiēs], *midday nap, siesta.*

merīdiēs, -eī, m., *midday; south.*

meritum, -ī, n., [mereō], *merit, service; value.*

merus, -a, -um, *unmixed (wine).*

merx, mercis, f., *merchandise.*

Messāla, -ae, m., *M. Valerius Messala,* consul in 61 B.C.

mēta, -ae, f., *goal.*

Metaurus, -ī, m., *the Metaurus river,* in northern Italy.

Metellus, -ī, m., (1) *Q. Caecilius Metellus Macedonicus,* who defeated Pseudo-Philip in 148 B.C. (2) *Q. Caecilius Metellus Numidicus,* consul in 109 B.C.

··mētior, -īrī, mēnsus, *measure, distribute.* (meter)

Metius, -ī, m., *M. Metius,* an envoy of Caesar to Ariovistus.

metō, -ere, messuī, messum, *reap.*

metuō, -ere, -uī, *fear, dread.*

··metus, -ūs, m., *fear, dread.* (meticulous)

·meus, -a, -um, *my, mine.*

micāns, -antis, [**micō,** *gleam*], *flashing.*

migrō, -āre, -āvī, -ātum, *depart, remove, move.* (migrate)

·mīles, -itis, m., *soldier.* (military)

Mīlētus, -ī, f., *Miletus,* a city in Asia Minor.

·mīlia, -ium, n., [pl. of **mīlle**], *thousands.* **mīlia passuum,** *miles.*

mīliārium, -ī, n., [**mīlle**], *milestone.*

mīliēs, adv., [**mīlle**], *a thousand times.*

·mīlitāris, -e, [**mīles**], *of a soldier; military.* **rēs mīlitāris,** *the art of war.*

mīlitia, -ae, f., [**mīles**], *military service.* (militia)

mīlitō, -āre, -āvī, -ātum, [**mīles**], *be a soldier; fight; serve in the army; make war.* (militant)

·mīlle, indecl. adj., *a thousand.* **mīlle passūs,** *a mile.* See **mīlia.**

minae, -ārum, f., *threats.*

Minerva, -ae, f., *Minerva,* goddess of wisdom and the arts.

minimē, adv., *least, by no means; not at all.*

minimus, -a, -um, [superl. of **parvus**], *smallest, very small.*

minister, -trī, m., *attendant; minister.*

minor, -ārī, -ātus, *threaten;* with dat.

minor, minus. [comp. of **parvus**], *smaller, lesser; minor.*

Mīnōs, -ōis, m., *Minos,* king of Crete; judge in the Lower World.

··minuō, -ere, -uī, -ūtum, *diminish, lessen; settle.* (minute)

minus, adv., *less.*

Minyae, -ārum, m., *the Minyans,* companions of Jason.

mīrābilis, -e, *wonderful, marvellous.*

mīrāculum, -ī, n., [**mīror**], *wonder; miracle.*

·mīror, -ārī, -ātus, [**mīrus**], *wonder at; marvel; admire.*

·mīrus, -a, -um, *wonderful, strange, remarkable.*

misceō, -ēre, miscuī, mixtum, *mix.*

·miser, -era, -erum, *wretched, miserable, poor.* As noun, m. pl., *the wretched.*

miserābilis, -e, *wretched, miserable.*

miserandus, -a, -um, *pitiable, unfortunate.*

miseria, -ae, f., [**miser**], *misery.*

misericordia, -ae, f., [**miser + cor,** *heart*], *compassion, mercy.*

missiō, -ōnis, f., [**mittō**], *mission, sending; dismissal.*

Mithridātēs, -is, m., *Mithridates VI,* king of Pontus.

Mithridāticus, -a, -um, *Mithridatic.*

·mittō, -ere, mīsī, missum, *send, release; dismiss; throw, hurl; push, dispatch, let go.*

mōbilis, -e, [**moveō**], *movable.*

mōbilitās, -ātis, f., [**mōbilis**], *mobility; speed.*

moderātiō, -ōnis, f., [**moderor**], *moderation; self-control.*

moderātus, -a, -um, *controlled, moderate.*

moderor, -ārī, -ātus, [**modus**], *check, slow down, control.* (moderate)

modius, -ī, m., [**modus**], *peck; grain measure.*

··modo, adv., [**modus**], *only, merely; just now,* **nōn modo . . . sed etiam,** *not only . . . but also.*

·modus, -ī, m., *measure, limit; manner.* **quem ad modum,** *how.*

moenia, -ium, n., *city walls, fortifications.*

mola, -ae, f., *meal;* **salsa mola,** *salted meal.*

mōlēs, molis, f., *mass; bulk; difficulty.*

molestia, -ae, f., *trouble, annoyance.*

molestus, -a, -um, *irksome, troublesome.*

mōlior, -īrī, -ītus, [**mōlēs**], *struggle; construct, build.*

molliō, -īre, -īvī, -ītum, [**mollis**], *soften; civilize.* (mollify) mollis, -e, *soft, gentle, smooth.*

mollitia, -ae, f., *softness.*

mōmentum, -ī, n., [moveō], *moment, influence; motion.*

Mona, -ae, f., *Mona,* the isle of Man, in the Irish Sea.

·moneō, -ēre, -uī, -itum, *warn, advise; admonish; foretell.*

monimentum, -ī, n., *monument.*

monitus, -ūs, m., *warning; advice.*

·mōns, montis, m., *mountain.*

mōnstrō, -āre, -āvī, -ātum, *point out, show; demonstrate.*

mōnstrum, -ī, n., *monster.*

montānus, -a, -um, [mōns], *mountainous.*

monumentum, -ī, n., *monument.*

·mora, -ae, f., *delay.*

morbus, -ī, m., *disease, sickness.* (morbid)

Morinī, -ōrum, m., *the Morini,* a Belgic tribe.

·morior, morī, mortuus, [moritūrus], *die.*

·moror, -ārī, -ātus, [mora], *delay.*

·mors, mortis, f., *death.* (mortal)

morsus, -ūs, m., *bite; jaws; teeth.*

mortālis, -e, [mors], *mortal.*

mortifer, -fera, -ferum, [mors], *deadly, death-bringing.*

mortuus, -a, -um, [morior], *dead.*

mōrum, -ī, n., *mulberry.*

mōrus, -ī, f., *mulberry tree.*

·mōs, mōris, m., *habit, custom;* pl., *customs, manners, character.*

mōtus, -ūs, m., [moveō], *motion; movement; uprising, revolt.*

·moveō, -ēre, mōvī, mōtum, *move; stir up; remove; influence.* castra movēre, *to break camp.*

·mox, adv., *soon.*

mucrō, -ōnis, m., *sword, swordpoint.*

·mulier, -is, f., *woman; wife.*

mūliō, -ōnis, m., *muleteer.*

·multitūdō, -inis, f., [multus], *crowd, multitude.*

·multum, adv., multō, adv., *much, greatly.* multum posse *or* valēre, *to be very powerful, to have great influence.*

·multus, -a, -um, *much;* pl., *many.* multō diē, *late in the day.*

Mummius, -ī, m., L. *Mummius Achaicus,* who plundered Corinth in 146 B.C.

mundus, -ī, m., *world.* (mundane)

mūnīmentum, -ī, n., [mūniō], *fortification, defense, barrier.*

·mūniō, -īre, -īvī, -ītum, *fortify; build.*

·mūnītiō, -ōnis, f., [mūniō], *fortification, defenses.* (munitions)

mūnus, -eris, n., *service; gift; exhibition.*

mūrālis, -e, [mūrus], *of a wall; mural.*

murmur, -uris, m., *murmur, whisper.*

·mūrus, -ī, m., *wall; rampart.*

mūs, mūris, c., *mouse.*

Mūs, Mūris, m., *Decius Mus,* who died in battle of Asculum.

musculus, -ī, m., [mūs], *little mouse; military* shed, *'mousie.'*

mūsica, -ae, f., *music.*

mutilus, -a, -um, *broken, mutilated.*

mutō, -āre, -āvī, -ātum, *change.* (mutual)

mūtus, -a, -um, *dumb, silent, mute.*

Mysia, -ae, f., *Mysia,* a country in Asia Minor.

Mytilēnae, -ārum, f., *Mytilene,* chief city of the island of Lesbos.

N

Nābis, -idis, m., *Nabis.*

Nāis, -idos, f., *a Naiad,* water nymph.

·nam, conj., *for.*

namque, conj., *for, and in fact.*

··nancīscor, -ī, nactus *or* nanctus, *obtain, get; find, meet with.*

Narbō, -ōnis, m., *Narbo,* city in the Province, modern Narbonne.

·nārrō, -āre, -āvī, -ātum, *tell; recount, narrate.*

·nāscor, nāscī, nātus, *be born; arise; begin.* (natal)

nātālis, -e, [nāscor], *natal, of birth.*

·nātiō, -ōnis, f., [nāscor], *nation, people; birth; race.*

natō, -āre, -āvī, -ātum, [nō], *swim, float.*

·nātūra, -ae, f., [nāscor], *nature; character.*

nātūrālis, -e, [nātūra], *natural.*

nātus, -a, -um, [nāscor], *born, arisen; old.* As noun, m., *son.*

nātus, -ūs, m., [nāscor], *birth.* minor nātū, *younger;* maior nātū, *older.*

naufragium, -ī, n., [nāvis + frangō], *shipwreck.*

·nauta, -ae, m., *sailor.*

nauticus, -a, -um, *nautical, naval.*

nāvālis, -e, *naval, of ships.*

nāvicula, -ae, f., *small boat, skiff.*

nāvigātiō, -ōnis, f., [nāvigō], *sailing, navigation; trip.*

nāvigium, -ī, n., *vessel, ship.*

·nāvigō, -āre, -āvī, -ātum, [nāvis], *sail; navigate.*

·nāvis, -is, f., *ship.* nāvis longa, *battleship, galley.* nāvis onerāria, *transport.*

nāvō, -āre, -āvī, -ātum, [nāvus, busy], *do with zeal.* operam nāvāre, *to do one's best.*

·nē, adv., *not.* nē . . . quidem, *not even.* conj., *that . . . not, lest.*

·-ne, enclitic interrog. particle, used for asking questions. -ne . . . an, or -ne . . . -ne, *whether . . . or.*

nebula, -ae, f., *mist, fog.*

nec, see neque.

necessāriō, adv., *nescessarily.*

necessārius, -a, -um, [necesse], *necessary, urgent.* As noun, m., *kinsman, relative.*

·necesse, indecl. adj., *necessary;* as noun, n., *necessity.*

necessitās, -ātis, f., *necessity.*

necne, conj., *or not.*

necō, -āre, -āvī, -ātum, *kill.*

nectō, -ere, nexuī, nexum, *tie, bind.* (connect)

nefārius, -a, -um, *wicked; nefarious.*

neglegō, -ere, -lēxī, -lēctum, *neglect, overlook.*

negō, -āre, -āvī, -ātum, *deny, say . . . not; refuse.* (negative)

·negōtium, -ī, n., *business, task.* (negotiation)

Nemeaeus, -a, -um, *of Nemea,* a city of Argolis.

Nemetēs, -um, m., *the Nemetes,* a Germanic tribe.

nēmō, -inis, c., *no one, nobody.*

nempe, conj., *truly, certainly, of course.*

nepōs, -ōtis, m., *grandson.* (nepotism)

Neptūnius, -a, -um, *of Neptune.*

Neptūnus, -ī, m., *Neptune,* god of the sea.

nēquāquam, adv., *by no means.*

·neque or nec, adv., *and not, nor.* neque . . . neque, *neither . . . nor.*

nequeō, -īre, -īvī, -ītum, *be unable.*

nēquīquam, adv., *in vain.*

nē quis, *that no one;* nē quid, *that nothing.*

Nēreis, -idis, f., *daughter of Nereus,* sea nymph; Nereid.

Nervius, -ī, m., *a Nervian;* pl., *the Nervii,* a tribe in Belgium.

nervus, -ī, m., *sinew, muscle, nerve;* pl., *power; strings.*

··nesciō, -īre, -īvī, or iī, —, *not know, be ignorant;* nesciō quis, *some one.*

Nessus, -ī, m., *Nessus,* a centaur.

neu, see nēve.

·neuter, -tra, -trum, *neither.* (neuter)

nēve or neu, conj., *and not, nor; and that . . . not.*

nex, necis, f., [necō], *death; murder.*

nīdus, -ī, m., *nest.*

·niger, -gra, -grum, *black.*

·nihil or nīl, n., def., *nothing; not at all; by no means.*

nihilum, -ī, n., *nothing.* nihilō, *in no way.* nihilō minus, *none the less.*

nimbus, -ī, m., *rainstorm, cloud.*

nimis, adv., *too much, greatly.*

nimium, -ī, n., *too much.*

nimius, -a, -um, *excessive, too great.*

Ninus, -ī, m., *Ninus,* an Assyrian king.

·nisi, conj., *if not, unless, except.*

niteō, -ēre, -uī, *shine.*

nitidus, -a, -um, *shining, bright.*

Nitiobrogēs, -um, m., *the Nitiobroges,* a tribe in Aquitania.

nītor, nītī, nīsus or nīxus, *lean, support oneself; struggle.*

niveus, -a, -um, *snow-white, snowy.*

nix, nivis, f., *snow.*

nō, nāre, nāvī, —, *swim, float.*

·nōbilis, -e, *noble, of high rank; noted, renowned.*

··nōbilitās, -ātis, f., [nōbilis], *nobility; rank; nobles.*

·noceō, -ēre, -uī, nocitum, *harm*, with dat. (noxious)

··noctū, adv., *by night, at night*.

··nocturnus, -a, -um, [nox], *by night, nocturnal*.

nōdus, -ī, m., *knot; node*.

Nōla -ae, f., *Nola*, a town in Campania.

·nōlō, nōlle, nōluī, [nē + volō], *be unwilling; not wish*.

·nōmen, -inis, n., *name, title; fame; account*. (nominal)

nōminātim, adv., *by name*.

nōminātīvus, -a, -um, [nōminō], *nominative*.

nōminō, -āre, -āvī, -ātum, [nōmen], *name, call*. (nominate)

·nōn, adv., *not, no*.

nōnāgēsimus, -a, -um, [nōnāgintā], *ninetieth*.

nōnāgintā, indecl., *ninety*.

·nōndum, adv., *not yet*.

·nōnne, inter. adv., *not? expects the answer 'Yes'*.

··nōn nūllus, -a, -um, *some; several*.

nōn numquam, adv., *sometimes*.

·nōnus, -a, -um, *ninth*. (nones)

Nōreia, -ae, f., *Noreia*, city of the Norici.

Nōricus, -a, -um, *of the Norici*.

nōscō, -ere, nōvī, nōtum, *learn; know*.

·noster, -tra, -trum, *our*. As noun, m. pl., *our men*.

nōtitia, -ae, f., [nōtus], *notice; acquaintance*.

notō, -āre, -āvī, -ātum, *mark; observe, notice; note*.

·nōtus, -a, -um, [nōscō], *well known, familiar*.

·novem, indecl., *nine*. (November)

Noviodūnum, -ī, n., *Noviodunum*.

novitās, -ātis, f., [novus], *newness; novelty*.

novō, -āre, -āvī, -ātum, *renew, repeat; refit*.

·novus, -a, -um, *new; strange; novel*. **novissimum agmen**, *the rear*. **novissimī**, *those at the rear*.

·nox, noctis, f., *night*. **prīmā nocte**, *early in the night*. **multā nocte**, *late at night*. (equinox)

noxia, -ae, f., [noceō], *crime, fault*.

nūbēs, -is, f., *cloud, mist*.

nūbō, -ere, nūpsī, nūptum, *marry*. (nuptial)

·nūdō, -āre, -āvī, -ātum, *lay bare, strip; leave unprotected*.

nūdus, -a, -um, *bare, nude; unprotected*.

nūgae, -ārum, f., *jokes, nonsense*.

·nūllus, -a, -um, *not any, none, no*; as pronoun, m., *no one*.

·num, inter. adv., *expects the answer 'No'*. In indirect questions, *whether, if*.

Numa, -ae, m., *Numa Pompilius*, second king of Rome.

Numantia, -ae, f., *Numantia*, a city in Spain.

Numantīnī, -ōrum, m., *the Numantines*.

nūmen, -inis, n., [nuō], *divine will, divinity; god*.

numerō, -āre, -āvī, ātum, [numerus], *number, count; enumerate*.

·numerus, -ī, m., *number, quantity; position, rank*. (numeral)

Numidia, -ae, f., *Numidia*, a country in north Africa.

Numidae, -ārum, m., *inhabitants of Numidia*. (Nomad)

Numitor, -ōris, m., *Numitor*, elder son of Proca.

nummus, -ī, m., *coin; piece of money*.

·numquam, adv., *never*.

num quis, *anyone? any?*

·nunc, adv., *now*.

nūndinae, -ārum, f., [novem + diēs], *market day* (held every ninth day).

nūntia, -ae, f., *messenger*.

·nūntiō, -āre, -āvī, -ātum, [nūntius], *announce, report*.

·nūntius, -ī, m., *messenger; message*.

nuō, -ere, nuī, nūtum, *nod*.

nūper, adv., *recently; lately*.

nūpta, -ae, f., [nubō], *bride*.

nūptiae, -ārum, f., [nubō], *wedding; nuptials*.

nūsquam, adv., *nowhere*.

nūtriō, -īre, -īvī, -ītum, *nourish, feed*. (nutriment)

nūtrix, -īcis, f., *nurse*.

nūtus, -ūs, m., [nuō], *nod; command;* ad
nūtum, *instantly.*

nux, nucis, f., *nut.*

nympha, -ae, f., *nymph.*

O

•ob, prep., with acc., *on account of.*

obaerātus, -a, -um, [aes], *in debt.* As
noun, m., *debtor.*

obdūcō, -ere, -dūxī, -ductum, *build, dig,
close.*

obeō, -īre, -īvī, -ītum, *go to meet; attend to;
fall; die.* (obituary)

obiciō, -ere, -iēcī, -iectum, [iaciō], *throw
before, cast; object; oppose, upbraid.*

obiectus, -a, -um, [obiciō], *opposite.*

obiurgō, -āre, -āvī, -ātum, *scold, chide, reproach.*

obligō, -āre, -āvī, -ātum, *bind, oblige.*

oblinō, -āre, -āvī, -ātum, *smear over.*

oblīquus, -a, -um, *slanting; oblique.*

oblīvīscor, -ī, oblītus, *forget;* with gen.
(oblivion)

obnoxius, -a, -um, [noceō], *liable; guilty.*
(obnoxious)

oboedentia, -ae, f., [audiō], *obedience.*

oboediō, -īre, -īvī, -ītum, [audiō], *obey;
listen; be subject; be obedient;* with dat.

obruō, -ere, -ruī, -rutum, *overwhelm,
bury, crush.*

obscurus, -a, -um, *obscure.*

obsecrō, -āre, -āvī, -ātum, *beseech, implore.*

obserō, -ere, -sēvī, -situm, *sow, plant;
cover.*

observō, -āre, -āvī, -ātum, *watch, observe;
heed.*

•obses, -idis, c., [sedeō], *hostage; pledge, se-
curity.*

obsessiō, -ōnis, f., [sedeō], *blockade, siege.*
(obsession)

••obsideō, -ēre, -sēdī, -sessum, [sedeō], *besiege, blockade.*

••obsidiō, -ōnis, f., [obsideō], *siege; blockade.*

obsignō, -āre, -āvī, -ātum, *seal.*

obsistō, -ere, -stitī, -stitum, *oppose, resist.*

obsōnium, -ī, n., *provisions, shopping.*

obsōnō, -āre, -āvī, -ātum, *buy food, go
shopping.*

obstipēscō, -ere, -stipuī, *be amazed.*

obstō, -āre, -stitī, *oppose, hinder;* with dat.

obstringō, -ere, -strinxī, -strictum, *bind,
bind by an oath.*

obstruō, -ere, -strūxī, -strūctum, *block up,
barricade.* (obstruct)

obtemperō, -āre, -āvī, -ātum, *obey;* with
dat.

obtestor, -ārī, -ātus, *call to witness; implore.*

•obtineō, -ēre, -uī, -tentum, [teneō], *hold
fast; obtain; prevail, occupy.*

obtingō, -ere, -tigī, —, [tangō], *befall, occur.*

obtrectātor, -ōris, m., [tractō], *critic, dis-
parager.*

obtruncō, -āre, -āvī, -ātum, *kill; cut down.*

obveniō, -īre, -vēnī, -ventum, *meet.*

obviam, adv., *in the way; against, to meet.*

obvolvō, -ere, -volvī, -volūtum, *wrap up,
muffle, cover.*

••occāsiō, -ōnis, f., [ob + cadō], *opportunity, occasion.*

•occāsus, -ūs, m., [occidō], *setting.* sōlis
occāsus, *sunset; west.*

occidēns, -entis, [occidō], *setting.*

occidō, -ere, -cidī, -cāsum, [cadō], *fall;
perish; set.* (occident)

•occīdō, -ere, -cīdī, -cīsum, [caedō], *kill,
slay.*

occiduus, -a, -um, [occidō], *setting; west-
erly.*

occultō, -āre, -āvī, -ātum, *hide; conceal.*

••occultus, -a, -um, [occultō], *hidden, secret.*
(occult)

occupātiō, -ōnis, f., [occupō], *occupation,
employment.*

•occupō, -āre, -āvī, -ātum, [ob + capiō],
seize, capture; occupy; attack.

••occurrō, -ere, -currī, -cursum, *meet, run to
meet; resist, oppose; come to mind, occur;*
with dat.

••Ōceanus, -ī, m., *the Ocean.*

Ocelum, -ī, n., *Ocelum,* a city in northern
Italy.

·octāvus, -a, -um, [octō], eighth. (octave)

octingentī, -ae, -a, eight hundred.

·octō, indecl., eight. (October)

octōgintā, [octō], indecl., eighty.

octōnī, -ae, -a, [octō], eight at a time, eight apiece.

·oculus, -ī, m., eye. (oculist)

ōdī, ōdisse, ōsūrus, def., hate. (odious)

odium, -ī, n., [ōdī], hatred, odium.

odōrātus, -a, -um, perfumed, fragrant.

offendō, -ere, -fendī, -fēnsum, [ob + fendō, ward off], offend, be offensive.

··offerō, -ferre, obtulī, oblātum, offer, present; bestow.

officīna, -ae, f., workshop; office.

·officium, -ī, n., [opus + faciō], duty, service; office.

oleō, -ēre, -uī, smell. (olfactory)

oleum, -ī, n., oil.

·ōlim, adv., formerly; once, once upon a time.

Olympus, -ī, m., Mt. Olympus.

ōmen, -inis, n., sign, omen.

omittō, -ere, -mīsī, -missum, lay aside; omit; let go; disregard.

·omnīnō, adv., [omnis], altogether; after negatives, at all; with numerals, in all.

·omnis, -e, every, all. As noun, pl., m., all men; n., all things.

Onchestius, -a, -um, of Onchestus, grandfather of Hippomenes.

··onerārius, -a, -um, [onus], of burden. nāvis onerāria, transport.

onerō, -āre, -āvī, -ātum, [onus], load, pack; burden; oppress.

onerōsus, -a, -um, [onus], oppressive; burdensome; onerous.

onus, -eris, n., load, burden; cargo.

onustus, -a, -um, [onus], laden.

opācus, -a, -um, dark, shaded; opaque.

··opera, -ae, f., [opus], aid, assistance; service, effort; trouble.

opifex, -ficis, m., workman.

opīmus, -a, -um, rich; spōlia opīma, spoils of honor.

·opīniō, -ōnis, f., [opīnor, think], belief, idea, opinion.

·oportet, -ēre, -uit, impers., it is necessary; ought, must; with acc., and infin.

opperior, -īrī, -pertus, wait.

·oppidānī, -ōrum, m., [oppidium], townspeople.

oppidō, adv., very much.

·oppidum, -ī, n., town.

oppōnō, -ere, -posuī, -positum, place against, place in opposition.

··opportūnus, -a, -um, fit, favorable; advantageous; opportune.

·opprimō, -ere, -pressī, -pressum, [premō], press against; overwhelm, crush; fall upon; oppress.

··oppugnātiō, -ōnis, f., [oppugnō], assault, siege, attack; storming.

·oppugnō, -āre, -āvī, -ātum, attack, assault; storm, besiege.

ops, opis, f., help, power; pl., wealth.

optimās, -ātis, m., [optimus], aristocrat; optimate.

optimus, -a, -um, sup. of bonus, best, very good. (optimist)

optō, -āre, -āvī, -ātum, wish, desire. (option)

opulēns, -entis, [ops], wealthy; opulent.

·opus, -eris, n., work; need; pl., works, fortifications. opus est, there is need.

ōra, -ae, f., shore, coast.

ōrāculum, -ī, n., [ōrō], oracle; prophecy.

·ōrātiō, -ōnis, f., [ōrō], speech, oration; eloquence.

ōrātor, -ōris, m., [ōrō], speaker, orator.

ōrātōrius, -a, -um, [ōrātor], of an orator; oratorical.

Orbilius, -ī, m., Orbilius, teacher of the poet Horace.

·orbis, -is, m., circle, orbit; world. orbis terrae or terrārum, the whole earth.

orbus, -a, -um, bereft, deprived, childless.

Orcus, -ī, m., Orcus, the underworld.

ōrdinārius, -a, -um, [ōrdō], regular, ordinary.

ōrdinō, -āre, -āvī, -ātum, [ōrdō], arrange, set in order.

ōrdior, -īrī, ōrsus, begin.

·ōrdō, -inis, m., row, series, order; class, rank; bank (of oars).

Orgetorix, -īgis, m., Orgetorix, a Helvetian nobleman.

Ōricum, -ī, n., *Oricum,* a seaport on the Adriatic.

oriēns, -entis, [orior], m., *rising, the rising sun; the east.* (orient)

orīgō, -inis, f., *origin, source, race.*

Ōrīōn, -īonis, m., *Orion,* a constellation.

·orior, -īrī, ortus, *rise, arise; spring from; be descended.*

ōrnāmentum, -ī, n., [ōrnō], *decoration, ornament; equipment, trappings.*

ōrnātus, -a, -um, [ōrnō], *equipped, adorned; distinguished.* (ornate)

ōrnō, -āre, -āvī, -ātum, *furnish, equip, adorn; decorate.*

·ōrō, -āre, -āvī, -ātum, [ōs], *beg, beseech; speak; plead.*

Orpheus, -ī, m., *Orpheus,* a Thracian bard.

·ōs, ōris, n., *mouth, face.* (oral)

ōsculum, -ī, n., *kiss; mouth, lip.*

·ostendō, -ere, -tendī, -tentum, *show, point out.* (ostensible)

ostentō, -āre, -āvī, -ātum, [ostendō], *display, exhibit.*

Ōstia, -ae, f., [ōstium], *Ostia,* seaport at the mouth of the Tiber.

ōstium, -ī, n., *mouth, entrance; doorway.*

ōtiōsus, -a, -um, *quiet, at leisure.*

ōtium, -ī, n., *leisure, peace, quiet.*

ovis, ovis, f., *sheep.*

ovō, -āre, -āvī, -ātum, *rejoice.* (ovation)

ōvum, -ī, n., *egg.* (oval)

P

P., abbreviation for **Pūblius.**

pābulatiō, -ōnis, f., *a foraging.*

pābulātor, -ōris, m., [pābulor], *forager.*

··pābulor, -ārī, -ātus, [pābulum], *forage.*

··pābulum, -ī, n., *fodder, forage.*

··pācō, -āre, -āvī, -ātum, [pāx], *pacify, subdue.*

pactiō, -ōnis, f., *bargain, agreement.*

pactus, -a, -um, *agreed upon, appointed.*

pactum, -ī, n., [pacīscor, *bargain*], *agreement; manner.* (compact)

paedagōgus, -ī, m., *slave,* who accompanied children to school; *pedagogue.*

Paelignī, -ōrum, m., *the Paeligni,* a people of central Italy.

·paene, adv., *almost.*

paenitet, -ēre, -uit, impers., *it repents; it grieves.* (penitent)

··pāgus, -ī, m., *district, canton.* (pagan)

palaestra, -ae, f., *palaestra,* wrestling school; *gymnasium.*

palam, adv., *openly, publicly.*

Palātīnus, -a, -um, *Palatine.*

Palātium, -ī, n., *the Palatine hill.*

Pales, -is, f., *Pales,* god of shepherds and cattle.

palla, -ae, f., *the palla,* a lady's outer garment.

pallidus, -a, -um, *pale, pallid.*

palma, -ae, f., *palm of the hand; hand; palm tree, palm branch.*

palmātus, -a, -um, [palma], *embroidered with palm branches.*

palūdāmentum, -ī, n., *general's cloak,* of scarlet color.

·palūs, -ūdis, f., *swamp, marsh.*

pandō, -ere, pandī, passum, *spread out.* **passīs manibus,** *with hands outstretched.* (expand)

·pānis, -is, m., *bread; loaf.*

Papīrius, -ī, m., *L. Papirius Cursor,* general in the second Samnite war.

papȳrus, -ī, f., *papyrus; paper.*

·pār, paris, *equal, like.* (par)

·parātus, -a, -um, [parō], *prepared; equipped, provided.*

·parcō, -ere, pepercī, parsum, *spare;* with dat. (parsimony)

parcus, -a, -um, *sparing, frugal; scanty, slight.*

parēns, -entis, c., [pariō], *parent.*

·pāreō, -ēre, -uī, -itum, *obey, submit to.*

pariēs, -etis, m., *wall, house wall.*

pariō, -ere, peperī, partum, *bear, bring forth; obtain.* (parent)

Parīsiī, -ōrum, m., *the Parisii,* a Gallic tribe on the Seine.

pariter, adv., [pār], *equally; together.* (parity)

·parō, -āre, -āvī, -ātum, *prepare, make ready; equip; obtain.*

Paros, -ī, f., *Paros,* one of the Cyclades islands.

·pars, partis, f., *part, portion; region; party, faction.* in omnēs partēs, *in all directions.* ūnā ex parte, *on one side.*

Parthī, -ōrum, m., *the Parthians,* southeast of the Caspian Sea.

parturiō, -īre, *bring forth.*

··partim, adv., *in part; partly.*

parum, adv., *little; too little; not enough.*

parvulus, -a, -um, *very small, very young; unimportant.* As noun, c., *small child.*

·parvus, -a, -um, *small, little.*

pāscō, -ere, pāvī, pāstum, *feed, feed on; graze.* (pasture)

passim, adv., *here and there; everywhere.*

·passus, -ūs, m., *pace, step.* mille passūs, *mile.*

pāstor, -ōris, m., *shepherd, herdsman.* (pastor)

patefaciō, -ere, -fēcī, -factum, [pateō], *open; disclose.*

patēns, -entis, [pateō], *open, accessible.*

··pateō, -ēre, -uī, —, *lie open; extend, be accessible.*

·pater, -tris, m., *father.* patrēs cōnscrīptī, *senators.*

patera, -ae, f., *bowl; saucer.*

patiēns, -entis, [patior], *patient, enduring.*

patientia, -ae, f., [patior], *endurance, patience.*

·patior, patī, passus, *suffer, endure; allow, permit.* (patient)

·patria, -ae, f., [pater], *fatherland, native land.*

patrimōnium, -ī, n., [pater], *inheritance; patrimony.*

patrius, -a, -um, *native, ancestral.*

patruēlis, -e, *of a cousin.* As noun, m., *a cousin.*

paucitās, -ātis, f., [paucus], *scarcity; paucity.*

·paucus, -a, -um, *little;* pl., *few.*

··paulātim, adv., *little by little; gradually.*

paulisper, adv., *for a short time.*

·paulō or paulum, adv., *a little, somewhat.*

pauper, -eris, *poor.* As noun, m., *poor man; pauper.*

pauperiēs, -ēī, f., *poverty.*

paupertās, -ātis, f., *poverty, need.*

paveō, -ēre, pāvī, *tremble, fear.*

pavor, -ōris, m., *fear, panic.*

·pāx, pācis, f., *peace.*

peccō, -āre, -āvī, -ātum, *sin.*

pectus, -oris, n., *heart, breast.* (pectoral)

·pecūnia, -ae, f., *money, property.* (pecuniary)

pecus, -udis, f., *sheep; animal.*

··pecus, -oris, n., *cattle.*

·pedes, -itis, m., [pēs], *foot soldier;* pl., *infantry.*

··pedester, -tris, -tre, [pēs], *on foot, pedestrian.*

peditātus, -ūs, m., [pedes], *infantry.*

Pedius, -ī, m., *Quintus Pedius.*

·peior, -ius, comp. of malus, *worse.*

pelagus, -ī, n., *sea.*

Pelias, -ae, m., *Pelias.*

pelliciō, -ere, -lexī, -lectum, [per + laciō, *entice*], *allure, entice.*

pellis, -is, f., *skin, hide; pelt.*

pellō, -ere, pepulī, pulsum, *strike; drive away; defeat, rout.* (repel)

Peloponnēsus, -ī, f., *the Peloponnesus,* southern Greece.

Penātēs, -ium, m., *the Penates,* household gods, gods of the family.

pendeō, -ēre, pependī, —, *hang down, hang, depend.*

··pendō, -ere, pependī, pēnsum, *weigh out; pay, pay out.* (expend)

penetrālis, -e, *inner, innermost.* As noun, n. pl., *sanctuary of the household gods.*

penetrō, -āre, -āvī, -ātum, *enter, penetrate.*

penna, -ae, f., *feather, wing.*

·per, prep. with acc., *through; across, among; during; by; by means of; by reason of.* As a prefix, per- adds the force of *very, thoroughly, completely.*

peragō, -ere, -ēgī, -āctum, *carry out, finish; agitate.*

perbene, adv., *very well.*

percipiō, -ere, -cēpī, -ceptum, [capiō], *secure, gain; perceive, feel,* (perception)

percontātiō, -ōnis, f., [percontor], *questioning, inquiry.*

percontor, -ārī, -ātus, *inquire.*

percurrō, -ere, -cucurrī or -currī, -cursum, *run through.*

percussor, -ōris, m., [percutiō], *murderer, assassin.*

percutiō, -ere, -cussī, -cussum, [quatiō], *beat, strike; pierce.* (percussion)

perdiscō, -ere, -didicī, —, *learn thoroughly.*

perdō, -ere, perdidī, perditum, *lose; destroy, ruin.* (perdition)

··perdūcō, -ere, -dūxī, -ductum, *bring through, lead, conduct; construct.*

peregrē, adv., *to or from abroad.*

peregrīnus, -a, -um, [ager], *foreign.*

perendinus, -a, -um, *after tomorrow;* perendinō diē, *the day after tomorrow.*

perennis, -e, [annus], *perennial; lasting; perpetual.*

··pereō, -īre, -īvī, or -iī, -itum, *perish; be lost.*

perequitō, -āre, -āvī, -ātum, *ride through; ride around.*

perexiguus, -a, -um, *very small.*

perfacilis, -e, *very easy.*

perfectus, -a, -um, [faciō], *finished; complete; perfect.*

··perferō, -ferre, -tulī, -lātum, *carry through; endure, suffer; report.*

·perficiō, -ere, -fēcī, -fectum, [faciō], *do thoroughly, finish.*

··perfidia, -ae, f., *faithlessness, treachery, perfidy.*

perfringō, -ere, -frēgī, -frāctum, [frangō], *break through.*

perfuga, -ae, m., [perfugiō], *deserter.*

··perfugiō, -ere, -fūgī, —, *flee, desert; take refuge.*

pergō, -ere, perrēxī, perrēctum, [regō], *go on, proceed.*

perīclitor, -ārī, -ātus, *risk, try, put in peril.*

perīculōsus, -a, -um, [perīculum], *dangerous, perilous.*

·perīculum, -ī, n., *danger, peril; trial; risk.*

perimō, -ere, -ēmī, -ēmptum, *kill, destroy.*

··perītus, -a, -um, *skilled, skillful; experienced; with gen.*

perlegō, -ere, -lēgī, -lēctum, *read through.*

··permaneō, -ēre, -mānsī, -mānsum, *remain.* (permanent)

permātūrēscō, -ere, -mātūruī, *ripen thoroughly.*

permittō, -ere, -mīsī, -missum, *let pass; entrust; permit, allow.*

permoveō, -ēre, -mōvī, -mōtum, *move deeply, alarm; influence.*

permultus, -a, -um, *very much;* pl., *very many.*

permūtātiō, -ōnis, f., [mūtō], *change, exchange.* (permutation)

pernegō, -āre, -āvī, -ātum, *deny altogether.*

perniciēs, -ēī, f., [nex], *destruction.*

perniciōsus, -a, -um, [perniciēs], *destructive, dangerous, pernicious.*

pernīciter, adv., *swiftly, briskly.*

perōdī, -ōdisse, -ōsum, *hate.*

perpaucī, -ae, -a, *very few;* as noun, m., *very few.*

perpetuō, adv., *continually.*

··perpetuus, -a, -um, *perpetual, continuous.*

perrumpō, -ere, -rūpī, -ruptum, *break through.*

Persae, -ārum, m., *the Persians.*

persaepe, adv., *very often.*

perscrībō, -ere, -scrīpsī, -scrīptum, *write fully; report.*

Persephōnē, -ēs, f., *Proserpine,* goddess of the Lower World.

··persequor, -ī, -secūtus, *follow up; overtake; attack; accomplish.* (persecute)

Perseus, -ī, m., *Perseus.*

persevērō, -āre, -āvī, -ātum, [sevērus], *persist, persevere.*

Persicus, -a, -um, *Persian.*

persolvō, -ere, -solvī, -solūtum, *pay.*

··perspiciō, -ere, -spexī, -spectum, [speciō, *look*], *perceive, see; observe.* (perspective)

perspicuē, adv., *clearly, evidently.*

·persuādeō, -ere, -suāsī, -suāsum, *persuade;* with dat.

·perterreō, -ēre, -uī, -itum, *frighten thoroughly; terrify.*

pertinācia, -ae, f., *perseverance; obstinacy; pertinacity.*

pertināx, -ācis, [tenāx], *persevering, obstinate; pertinacious.*

•pertineō, -ēre, -uī, —, [teneō], *pertain, concern; extend; reach.*

perturbātiō, -ōnis, f., [perturbō], *disturbance; commotion.*

•perturbō, -āre, -āvī, ātum, *disturb, confuse.* (perturbation)

•perveniō, -īre, -vēnī, -ventum, *reach, arrive; attain.*

•pēs, pedis, m., *foot;* pedem referre, *to retreat.* (pedal)

pessimus, -a, -um, superl. of malus, *worst, very bad.* (pessimist)

pestilentia, -ae, f., *plague; fever.*

petītiō, -ōnis, f., [petō], *candidacy; petition.*

•petō, -ere, -īvī, -ītum, *seek; attack; ask, demand; get, secure.*

Petrocoriī, -ōrum, m., *the Petrocorii, a Gallic tribe north of the Garonne River.*

Petrosidius, -ī, m., *L. Petrosidius, a brave standard-bearer.*

phalanx, -angis, [acc., phalanga], f., *phalanx; close formation.*

Pharnacēs, -is, m., *Pharnaces, son of King Mithridates.*

Pharsālicus, -a, -um, *of Pharsalus, a town in Thessaly.*

Phāsis, -idos, [acc., Phasim], *the Phasis, a river of Colchis.*

Philippus, -ī, m., *Philip V. king of Macedon.*

Phīneus, -ī, [acc., Phīnea], m., *Phineus, a king in Thrace.*

phoca, -ae, f., *seal.*

Phoebe, -ēs, f., *Diana.*

Phrixus, -ī, m., *Phrixus, son of Athamas.*

Picentēs, -ium, m., *the Picenes, from Picenum, in central Italy.*

piceus, -a, -um, *pitch-black.*

Pictonēs, -um, m., *the Pictones, a Gallic tribe south of the Loire.*

pictūra, -ae, f., [pingō], *painting, picture.*

pictus, -a, -um, [pingō], *decorated, embroidered.* (depict)

pietās, -ātis, f., [pius], *dutiful conduct, devotion; piety.*

piget, -ēre, -uit, *it pains, it grieves.*

pigmentum, -ī, n., [pingō], *color, paint.*

pilleus, -ī, m., *cap.*

•pīlum, -ī, n., *javelin, pike.*

pīlus, -ī, m., *maniple,* in the army; prīmī pīlī centūriō, *first centurion of the first maniple*—i.e., first centurion of the legion in rank; prīmum pīlum dūcere, *to hold the rank of first centurion.*

pingō, -ere, pīnxī, pīctum, *paint; depict.*

pinguis, -e, *fat, rich, fertile; dull, stupid.*

pinna, -ae, f., *feather; battlement.* (pen)

pirāta, -ae, m., *pirate.*

piscīna, -ae, f., [piscis], *pool.*

piscis, -is, m., *fish.* (piscatorial)

Pīsō, -ōnis, m., (1) *L. Calpurnius Piso, consul in 58 B.C.* (2) *L. Calpurnius Piso, consul in 112 B.C.* (3) *M. Pupius Piso, consul in 61 B.C.*

pius, -a, -um, *dutiful, pious.*

•placeō, -ēre, -uī, -itum, *please;* with dat.

plācō, -āre, -āvī, -ātum, [placeō], *appease; placate.*

plāga, -ae, f., *stroke, blow; tract, region.*

plangor, -ōris, m., *outcry, shriek.*

••plānitiēs, -ēī, f., [plānus], *plain.*

planta, -ae, f., *sole, foot.*

plānus, -a, -um, *level, flat.* (plain)

plaudō, -ere, plausī, plausum, *applaud.*

plausus, -ūs, m., *applause.*

plēbēius, -a, -um, [plēbs], *plebeian.*

•plēbs, plēbis, and plēbēs, -ēī, or is, f., *plebeians,* common people.

plēnus, -a, -um, *full, filled.*

plērumque, adv., *generally, for the most part.*

••plērusque, -aque, -umque, *very many, most;* as noun, m. pl., *the majority.*

Pleumoxiī, -ōrum, m., *a Belgic tribe near the Nervii.*

Plīnius, -ī, m., *Pliny the Elder,* Roman scientist and writer.

plorō, -āre, -āvī, -ātum, *lament, weep.*

plūma, -ae, f., *feather; plume.*

plumbum, -ī, n., *lead;* plumbum album, *tin.* (plumber)

plūrēs, plūra, gen., -ium, *more, several, many.* (plural)

plūrimum, adv., *most, very much, especially.*

·plūrimus, -a, -um, superl. of multus, *most;* pl., *very many.*

·plūs, plūris, n., *more;* plūs valēre, *to have more power.* (plurality)

pluteus, -ī, m., *movable screen; breastwork, shed.*

Plutōn, -ōnis, m., *Pluto.*

pluvia, -ae, f., *rain, shower.*

pluviālis, -e, [pluvia], *rain-bringing, rainy.*

pōculum, -ī, n., *cup.*

·poena, -ae, f., *punishment, penalty;* poenās dare, *to pay the penalty.*

Poenī, -ōrum, m., *the Carthaginians.*

Poenus, -ī, m., *T. Quinctius Poenus,* dictator in 360 B.C.

poēta, -ae, m., *poet.*

pol, interj., *by Pollux; truly; really.*

pollex, -icis, m., *thumb.*

·polliceor, -ērī, -itus, *promise.*

pollicitātiō, -ōnis, f., *promise.*

Polyphemus, -ī, m., *Polyphemus,* one-eyed Cyclops.

Pompeiānus, -a, -um, *of Pompey.* As noun, pl., m., *Pompey's men.*

Pompeius, -ī, m., *Cn. Pompeius Magnus,* Pompey the Great.

Pomptīnus, -a, -um, *Pomptine; of the Pomptine marshes.*

pōmum, -ī, n., *apple, fruit.*

pondus, -eris, n., *weight.* (ponderous)

·pōnō, -ere, posuī, positum, *put, place;* castra pōnere, *to pitch camp.*

·pōns, pontis, m., *bridge.* (pontoon)

ponticulus, -ī, m., *little bridge.*

Ponticus, -a, -um, [Pontus], *of Pontus.*

pontifex, -icis, m., *high priest; pontiff.*

Pontius, -ī, m., *C. Pontius,* general in Second Samnite war.

pontus, -ī, m., *the sea.*

Pontus, -ī, m., *Pontus,* a country north of the Black Sea.

poples, -itis, m., *knee.*

populāris, -e, [populus], *of the people, popular.*

··populor, -ārī, -ātus, *lay waste, devastate.* (depopulate)

·populus, -ī, m., *people, nation; populace.*

porrigō, -ere, porrēxī, porrēctum, [regō], *stretch out, extend.*

Porsena, -ae, m., *Lars Porsena,* king of Clusium.

·porta -ae, f., *gate, entrance; door.* (portal)

portendō, -ere, -tendī, -tentum, [tendō], *predict, foretell; point out.* (portend)

portentum, -ī, n., [portendō], *omen, portent.*

porticus, -ūs, f., [porta], *colonnade, portico.*

portitor, -ōris, m., *ferryman.*

·portō, -āre, -āvī, -ātum, *carry, bear, bring.* (porter)

portōrium, -ī, n., [portō], *tax, duty.*

·portus, -ūs, m., *harbor, port.*

··poscō, -ere, poposcī, —, *ask, demand, beg.*

possessiō, -iōnis, f., [possideō], *possession.*

··possideō, -ēre, -sēdī, -sessum, [sedeō], *hold, occupy, possess.*

possīdō, -ēre, -sēdī, -sessum, [sīdo], *occupy, seize.*

·possum, posse, potuī, —, *can, be able;* multum posse, *to be very powerful.*

·post, adv., *afterwards, after; later;* prep. with acc., *after, behind.*

·posteā, adv., *afterwards.*

posteāquam, conj., *after.*

posterior, -ius, *later.*

·posterus, -a, -um, [post], *following, next.* in posterum, *for the future.* As noun, m., *descendant.* (posterity)

posthāc, adv., *after this, in the future.*

postis, -is, m., *doorpost.*

·postquam, conj., *after.*

postrēmō, adv., *at last, finally.*

postrēmus, -a, -um, *last;* ad postrēmum, *finally.*

··postrīdiē, adv., [posterō diē], *on the next day;* postrīdiē eius diēī, *on the following day.*

·postulō, -āre, -āvī, -ātum, *demand; ask; require.* (postulate)

Postumius, -ī, m., (1) *A. Postumius,* Roman commander at the battle of Lake Regillus. (2) *Sp. Postumius,* consul in 321 B.C. (3) *A. Postumius,* consul in 242 B.C.

·**potēns, -entis,** *powerful.* (potent)

potentia, -ae, f., [**potēns**], *power; influence.* (potential)

·**potestās, -ātis,** f., [**potis,** *able*], *power, strength; ability, chance, opportunity.*

·**potior, -īrī, -ītus,** *gain possession of, acquire, obtain;* with abl.

potitō, -āre, -āvī, -ātum, *drink.*

·**potius,** adv., *rather, more, preferably.*

prae, prep. with abl., *before, in front of; in comparison with.*

praeacūtus, -a, -um, [**acuō,** *sharpen*], *sharpened, pointed.*

praebeō, -ēre, -uī, -itum, [**habeō**], *furnish, provide; offer, show, exhibit.*

praecēdō, -ere, -cessī, -cessum, *go before, precede; surpass, excel.*

praeceps, -cipitis, [**caput**], *headlong; steep, precipitous.*

praeceptum, -ī, n., [**praecipiō**], *teaching, precept; order, command.*

··**praecipiō, -ere, -cēpī, -ceptum,** [**capiō**], *instruct; order, teach, anticipate.*

praecipitō, -āre, -āvī, -ātum, [**praeceps**], *throw headlong, cast down.* (precipitate)

praecipuus, -a, -um, [**capiō**], *particular, especial.*

praeclārus, -a, -um, *bright, illustrious, excellent.*

praeclūdō, -ere, -clūsī, -clūsum, [**claudō**], *close, block.* (preclude)

praecō, -ōnis, m., *herald, crier.*

·**praeda, -ae,** f., *booty, spoil, plunder.*

praedicātiō, -ōnis, f., *praise; boast; assertion, statement.* (predication)

praedicō, -āre, -āvī, -ātum, *announce, declare.* (predicate)

praedīcō, -ere, -dīxī, -dictum, *say beforehand, warn; predict.*

praedō -ōnis, m., [**praeda**], *robber, pirate.*

praedor, -ārī, -ātus, [**praeda**], *pillage, plunder.* (depredation)

praedūcō, -ere, -dūxī, -ductum, *extend; construct.*

··**praefectus, -ī,** m., [**praeficiō**], *commander; prefect.*

praeferō, -ferre, -tulī, -lātum, *carry before; display; prefer.*

·**praeficiō, -ere, -fēcī, -fectum,** [**faciō**], *place in command; put in charge;* with acc. and dat.

praefīgō, -ere, -fīxī, -fīxum, *set in front.* (prefix)

praelātus, -a, -um, *outstanding.*

··**praemittō, -ere, -mīsī, -missum,** *send ahead.*

·**praemium, -ī,** n., *reward; premium.*

praemoneō, -ēre, -uī, -itum, *forewarn.* (premonition)

Praeneste, -is, n., *Praeneste, a town east of Rome.*

praeoptō, -āre, -āvī, -ātum, *prefer.*

praeparō, -āre, -āvī, -ātum, *prepare.*

praepōnō, -ere, -posuī, -positum, *place in command; set over; prefer;* with acc. and dat.

praerumpō, -ere, -rūpī, -ruptum, *break off.*

praeruptus, -a, -um, [**praerumpō**], *steep.*

praesaeptus, -a, -um, *blocked.*

praescrībō, -ere, -scrīpsī, -scrīptum, *direct; prescribe.*

praesegmen, -inis, n., *paring.*

praesēns, -entis, *present, at hand; in person; propitious;* **in praesentia,** *for the present.*

praesentia, -ae, f., [**praesēns**], *present time; presence.*

··**praesertim,** adv., *especially.*

·**praesidium, -ī,** n., [**sedeō**], *defense, guard, protection; garrison.*

praestāns, -antis, [**stō**], *excellent, outstanding.*

··**praestō, -āre, -stitī, -stitum,** *stand before, excel, be superior; show; furnish, give;* **praestat,** *it is better.*

·**praesum, -esse, -fui,** *be in command, be in charge;* with dat.

·**praeter,** prep. with acc., *beyond, more than; except, besides.*

·**praetereā,** adv., *further, besides.*

praetereō, -īre, -īvī, -itum, *pass by; disregard; surpass.*

praetermittō, -ere, -mīsī, -missum, *pass over, overlook; let go.*

praeterquam, adv., *except, besides.*

praetervehor, -ī, -vectus, *sail by.*

praetextus, -a, -um, [texō, *weave*], *bordered;* **toga praetexta,** *purple-bordered toga,* worn only by high magistrates.

··praetor, -ōris, m., *praetor; judge; leader, commander.*

praetōrium, -ī, n., [**praetor**], *general's tent; headquarters.*

praetōrius, -a, -um, [**praetor**], *praetorian;* **porta praetōria,** *the praetorian gate,* front gate of the camp.

praeūstus, -a, -um, [**ūrō**], *burnt at the end; hardened by burning.*

praeveniō, -īre, -vēnī, -ventum, *come before, outstrip.*

prandium, -ī, n., *lunch.*

prātum, -ī, n., *meadow.*

prehendō, -ere, -hendī, -hēnsum, *take, grasp.* (apprehend)

·premō, -ere, pressī, pressum, *press; oppress; overwhelm.*

prēndō, -ere, prēndī, prēnsum, *seize, grasp.*

··pretium, -ī, n., *price, value; reward.* (precious)

prex, precis, f., *prayer, entreaty; curse, imprecation.*

·prīdem, see **iam.**

··prīdiē, adv., *the day before.*

prīmīpīlus, -ī, m., *first centurion.* (See **pīlus.**)

·prīmō or **prīmum,** adv., *first, at first, for the first time;* **cum prīmum,** *as soon as;* **quam prīmum,** *as soon as possible.*

prīmus, -a, -um, *first; earliest; foremost;* as noun, m., *chiefs, nobles;* **in prīmīs,** *especially.*

·prīnceps, -ipis, *leading, chief.* As noun, m., *chief, prince.*

prīncipālis, -e, [**prīnceps**], *chief, principal.*

··prīncipātus, -ūs, m., [**prīnceps**], *leadership, supremacy; chief command.* (principate)

prīncipium, -ī, n., *beginning.*

·prior, prius, *former, prior, first.* As noun, m. pl., *those in advance.*

prīscus, -a, -um, *ancient, early, former.*

··prīstinus, -a, -um, *former, old-time, original; pristine.*

prius, adv., *before, earlier; first, rather.*

·priusquam, conj., *before, until; sooner than.*

·prīvātus, -a, -um, [**prīvō**], *private, personal.* As noun, m., *private citizen.*

prīvō, -āre, -āvī, -ātum, *deprive, rob.* (privation)

·prō, prep. with abl., *in front of, before; for, in behalf of; instead of; in return for; in proportion to.*

probē, adv., *properly, rightly.*

·probō, -āre, -āvī, -ātum, [**probus,** *honest*], *prove; approve; try, test.* (probation)

probus, -a, -um, *upright, honest.*

··prōcēdō, -ere, -cessī, -cessum, *go forward, proceed; advance.*

Procillus, -ī, m., *G. Valerius Procillus,* an envoy of Caesar.

·procul, adv., *at a distance, far off.*

prōcumbō, -ere, -cubuī, -cubitum, [**cumbō,** *lie*], *sink down, lie down, lean forward.*

prōcūrō, -āre, -āvī, -ātum, *take care of, attend to.* (procure)

··prōcurrō, -ere, -cucurrī or **-currī, -cursum,** *run forward, advance.*

procus, -ī, m., *suitor.*

prodeō, -īre, -īvī or **-iī, -itum,** [**prō** + **eō**], *go forth, appear; advance.*

prōdigium, -ī, n., *omen, portent; prodigy, wonder.*

prōditiō, -ōnis, f., [**prōdō**], *treason, betrayal.*

prōditor, -ōris, m., [**prōdō**], *traitor.*

prōdō, -ere, prodidī, proditum, *put forth; reveal, betray; hand down.*

prōdūcō, -ere, -dūxī, -ductum, *lead forth; prolong, extend; produce.*

proelior, -ārī, -ātus, [**proelium**], *fight.*

·proelium, -ī, n., *battle.*

··profectiō, -ōnis, f., [**proficīscor**], *departure, setting out.*

profectō, adv., *surely, certainly.*

prōferō, -ferre, -tulī, -lātum, *bring forth, put forth; mention.*

prōficiō, -ere, -fēcī, -fectum, [**faciō**], *make, accomplish, effect.* (proficient)

·proficīscor, -ī, -fectus, *set out, start; proceed.*

••**profiteor, -ērī, -fessus,** *declare; profess.*

prōflīgō, -āre, -āvī, -ātum, [**flīgō,** *dash*], *overthrow, rout.* (profligate)

profugiō, -ere, -fūgī, —, *flee, escape; take refuge.*

prōfundō, -ere, -fūdī, -fūsum, *pour forth; rush.* (profuse)

prōgnātus, -a, -um, [**nāscor**], *sprung from; descended.*

•**prōgredior, -ī, -gressus,** [**gradior,** *step*], *go forward; progress, proceed.*

•**prohibeō, -ēre, -uī, itum,** [**habeō**], *prevent, prohibit, stop.*

prōiciō, -ere, -iēcī, -iectum, [**iaciō**], *throw forward, throw down.* (project)

proinde, adv., *hence, then.*

prōlēs, -is, f., *offspring, descendant.*

prōloquor, -ī, -locūtus, *speak out.*

prōmissus, -a, -um [**prōmittō**], *flowing, hanging down.*

prōmittō, -ere, -mīsī, -missum, *put forth; promise.*

prōmoveō, -ēre, -mōvī, -mōtum, *move forward.* (promote)

prōmontorium, -ī, n., [**mōns**], *promontory, headland, cape.*

pronepōs, -ōtis, m., *great-grandson.*

prōnūntiō, -āre, -āvī, -ātum, *announce, declare.* (pronounce)

prōnus, -a, -um, *leaning forward; prone.*

•**prope,** adv., *nearly, almost;* prep. with acc., *near.*

prōpellō, -ere, -pulī, -pulsum, *drive forward; drive away, defeat.* (propel)

properē, adv., *speedily.*

••**properō, -āre, -āvī, -ātum,** *hurry, hasten.*

propinquitās, -ātis, f., *nearness, vicinity; propinquity; relationship.*

•**propinquus, -a, -um,** [**prope**], *near, neighboring.* As noun, m., *relative.*

propior, -ius, *nearer.*

propitius, -a, -um, *favorable.*

prōpōnō, -ere, -posuī, -positum, *set forth, put forward; propose.*

prōpositum, -ī, n., [**prōpōnō**], *plan; purpose; proposition.*

proprius, -a, -um, [**prope**], *one's own, characteristic.*

•**propter,** prep. with acc., *on account of, because of.*

••**proptereā,** adv., *therefore, for this reason;* **proptereā quod,** *because.*

prōpugnō, -āre, -āvī, -ātum, *fight* (on the defensive); *take the offensive.*

prōpulsō, -āre, -āvī, -ātum, *drive off; drive back; repel.*

prōra, -ae, f., *prow.*

prōscrībō, -ere, -scrīpsī, -scrīptum, *make public; post, proscribe.*

••**prōsequor, -ī, -secūtus,** *follow after, pursue.* (prosecute)

Proserpina, -ae, f., *Proserpina,* wife of Pluto.

prōspectus, -ūs, m., [**prōspiciō**], *view, sight.* (prospect)

prōsperus, -a, -um, [**spēs**], *prosperous; favorable; propitious.*

prōspiciō, -ere, -spexī, -spectum, [**speciō,** *look*], *look forward, provide.*

prōsternō, -āre, -āvī, -ātum, *throw to the ground; prostrate.*

prōsum, prōdesse, prōfuī, *benefit, profit.*

prōtegō, -ere, -tēxī, -tēctum, *cover, protect.*

prōterreō, -ēre, -uī, -itum, *frighten off.*

prōtinus, adv., *immediately, at once.*

prōtrahō, -ere, -trāxī, -trāctum, *produce; protract, prolong.*

prōturbō, -āre, -āvī, -ātum, *drive away; repulse.*

prōvehō, -ere, -vexī, -vectum, *carry;* pass., *be carried, ride, sail.*

prōventus, -ūs, m., [**prōveniō**], *outcome, result; success.*

•**prōvideō, -ēre, -vīdī, -vīsum,** *foresee; provide for;* with dat.

•**prōvincia, -ae,** f., *province.*

prōvocātiō, -ōnis, f., *challenge.* (provocation)

prōvocō, -āre, -āvī, -ātum, *call forth; challenge; provoke.*

prōvolō, -āre, -āvī, -ātum, *fly forward; dash forth.*

•**proximus, -a, -um,** *nearest, next, last.*

•**prūdēns -entis,** [**prōvidēns**], *foreseeing; experienced.* (prudent)

prūdentia, -ae, f., [prūdēns], *foresight; wisdom, prudence.*

pruinōsus, -a, -um, *frosty.*

Pseudo-Philippus, -ī, m., *Pseudo-Philip, the False Philip who claimed the throne of Macedonia.*

pūblicō, -āre, -āvī, -ātum, [pūblicus], *make public; publish.*

Pūblicola, -ae, m., *Valerius Publicola,* consul in 509 B.C.

·pūblicus, -a, -um, *of the people, common, public.*

Pūblius, -ī, m., *Publius,* a Roman forename.

pudet, -ere, -uit, *be ashamed.*

pudīcus, -a, -um, *modest, virtuous.*

·puella, -ae, f., *girl.*

puellāris, -e, *girlish.*

·puer, puerī, m., *boy; child;* ā puerō, *from boyhood.*

puerīlis, -e, [puer], *boyish, puerile.*

pueritia, -ae, f., [puer], *boyhood, childhood.*

puerulus, -ī, m., *little boy.*

·pugna, -ae, f., *fight, battle.*

pugnāx, -ācis, [pugnō], *pugnacious.*

·pugnō, -āre, -āvī, -ātum, *fight;* pugnātum est, *the battle raged.* (pugnacious)

pugnus, -ī, m., *fist.*

·pulcher, -chra, -chrum, *beautiful; noble, illustrious.* (pulchritude)

Pullō, -ōnis, m., *Pullo,* a centurion of Caesar.

pullus, -a, -um, *blackish, dark colored.*

pullus, -ī, m., *chicken, young hen.*

puls, pultis, f., *meal, pulse.*

pulsō, -āre, -avī, -ātum, *beat; pulsate.*

Pulvīllus, -ī, m., *Horatius Pulvillus,* consul in 509 B.C.

··pulvis, -eris, m., *dust.* (pulverize)

pūmex, -icis, m., *pumice stone.*

Pūnicus, -a, -um, *Punic,* Carthaginian.

pūniō, -īre, -īvī, -ītum, [poena], *punish.* (punitive)

pūpillus, -ī, m., *orphan, ward.* (pupil)

puppis, -is, f., *stern; ship.*

pūrgō, -āre, -āvī, -ātum, [pūrus + agō], *make clean, excuse.* (purge)

purpureus, -a, -um, *purple, dark red.*

·putō, -āre, -āvī, -ātum, *think, consider, believe.* (putative)

Pydna, -ae, f., *Pydna,* a town in Macedonia.

Pȳramus, -ī, m., *Pyramus,* lover of Thisbe.

Pyrēnaeī [montēs], *the Pyrenees Mountains.*

Pyrrhus, -ī, m., *Pyrrhus,* king of Epirus.

Pȳthia, -ae, f., *Pythia,* a priestess of Apollo.

Q

Q., abbreviation for Quintus.

quā, adv., *where.*

quadra, -ae, f., *square table.* (quadratic)

quadrāgēsimus, -a, -um, *fortieth.*

quadrāgintā, indecl., *forty.*

quadrāns, -antis, m., [quattuor], *a fourth part, a quarter; a coin worth less than a cent.*

quadrīgae, -ārum, f., *four horse chariot.*

quadrilībris, -e, *that weighs four pounds.*

quadringentēsimus, -a, -um, *four hundredth.*

quadringentī, -ae, -a, *four hundred.*

·quaerō, -ere, quaesīvī, quaesītum, *seek, ask, inquire.* (query)

quaestiō, -ōnis, f., [quaerō], *questioning, inquiry; investigation.*

··quaestor, -ōris, m., [quaerō], *quaestor; state-treasurer; quartermaster general.*

quaestus, -ūs, m., *gain, profit.*

quālis, -e, inter., *of what kind?* rel., *of such a kind.* (quality)

·quam, adv., *how much, how;* with superl., *as . . . as possible;* tam . . . quam, *as . . . as;* quam diū, *as long as; how long.*

quam ob rem, inter., *why, for which reason.*

quam prīmum, *as soon as possible.*

quamquam, conj., *although.*

quamvīs, conj., *however much; although.*

quandō, inter. adv., *when, at what time;* indef. adv., *at any time;* conj., *when, since.*

quantum, adv., *so much as; how much; how far.*

·**quantus, -a, -um,** inter., *how much, how great;* **quantō opere,** *how much, how greatly.* (quantity)

quā rē or **quārē,** *why, wherefore.*

quārtānus, -a, -um, *of the fourth.*

·**quārtus, -a, -um,** *fourth.*

quāsi, adv. and conj., *as if.* (quasi)

quatiō, -ere, —, quassum, *shake.*

·**quattuor,** indecl., *four.* (quadruped)

·**quattuordecim,** indecl., *fourteen.*

·**-que,** enclitic conj., *and.*

quem ad modum, *how, in what way.*

queō, quīre, quīvī, quītum, *be able.*

··**queror, -ī, questus,** *complain, lament.* (querelous)

·**quī, quae, quod,** inter. adj., *which, what;* rel. pron., *who, which, what;* indef. pron., *anyone, anything.*

quia, conj., *because.*

··**quīcumque, quaecumque, quodcumque,** indef. pron., *whoever, whatever.*

quid, inter. pron., *what.*

·**quīdam, quaedam, quoddam** and **quiddam,** indef. pron., *a certain one.* As adj., *(a) certain some.*

·**quidem,** adv., *indeed, at least;* **nē . . . quidem,** *not even.*

·**quiēs, -ētis,** f., *rest, quiet; sleep.*

quiescō, -ere, -ēvī, -ētum, *rest, repose, keep quiet.*

··**quiētus, -a, -um,** [**quiēscō,** *rest*], *at rest, quiet; inactive.*

quīn, conj., *that not, but that; that;* **quīn etiam,** *moreover.*

Quinctius, -ī, m., *Titus Quinctius,* a Roman general.

quīncūnx, -uncis, *quincunx; the five-spot on dice.*

·**quīndecim,** indecl., *fifteen.*

quīngentēsimus, -a, -um, *five hundredth.*

quīngentī, -ae, -a, *five hundred.*

quīnī, -ae, -a, *five each, five at a time.*

quīnquāgēsimus, -a, -um, *fiftieth.*

quīnquāgintā, indecl., *fifty.*

·**quīnque,** indecl., *five.*

quīntum, adv., *for the fifth time.*

·**quīntus, -a, -um,** *fifth.*

Quīntus, -ī, m., *Quintus.*

quippe, adv., *surely, indeed.*

·**quis, quid,** inter. pron., *who, what;* indef. pron., *anyone, anything;* **sī quis,** *if anyone;* **nē quis,** *that no one.*

quisnam, quidnam, inter. pron., *who, pray? what, pray?*

quispiam, quaepiam, quidpiam or **quodpiam,** indef. pron., *anyone, anything;* as adj., *any.*

·**quisquam, quicquam,** indef., pron., *anyone, anything.*

·**quisque, quidque,** indef. pron., *each one, each;* as adj., **quisque, quaeque, quodque,** *each, every.*

quisquis, quidquid, indef. rel. pron., *whoever, whatever.*

quīvīs, quaevīs, quidvīs, indef. pron., *anyone;* as adj., *any.*

·**quō,** adv. and conj., *whither, in what place, where.*

quoad, conj., *as long as, until.*

·**quod,** conj., *because, in that;* **quod sī,** *but if;* adv., *with respect to which.*

quōmodo or **quō modo,** inter. adv., *how, in what way.*

quondam, adv., *formerly, at one time; some day, hereafter; sometimes.*

quoniam, conj., *since, whereas, because.*

·**quoque,** adv., *also, too.*

quōrsum, adv., *to what place, whither.*

quot, indecl., *how many.*

quotannīs, adv., *every year, yearly.*

quotiēs or **quotiēns,** adv., *how often; as often as.*

quotus, -a, -um, *of what number, what.*

R

rabiēs, -ēī, f., *madness.*

radius, -ī, m., *ray; rod, staff.*

rādīx, -īcis, f., *root; base.* (radical)

rādō, -ere, rāsī, rāsum, *scrape, shave; coast by.* (erase)

raeda, -ae, f., *four-wheeled wagon.*

rāmus, -ī, m., *branch, bough.* (ramification)

rapāx, -ācis, [rapiō], *grasping, rapacious.*

rapidus, -a, -um, *rapid, swift.*

rapīna, -ae, f., *robbery, plunder, booty; rape.*

rapiō, -ere, -uī, raptum, *seize, snatch, carry off; pillage.* (rape)

raptor, -ōris, m., [rapiō], *robber; plunderer.*

rārus, -a, -um, *rare, thin, few; scattered, in small groups.*

ratiō, -ōnis, f., [reor], *plan, method; account; reason; manner; consideration.* (rational)

ratis, -is, f., *raft; ship, boat.*

Rauracī, -ōrum, m., *the Rauraci,* a Celtic people in Gaul.

re-, red-, inseparable particle, *again, back.*

rebelliō, -ōnis, f., [bellum], *rebellion.*

rebellō, -āre, -āvī, -ātum, *rebel, revolt.*

recēdō, -ere, -cessī, -cessum, *recede, withdraw; retreat.*

recēns, -entis, *fresh; recent; late.*

recēnseō, -ēre, -uī, —, *review, muster; examine.*

receptus, -ūs, m., [recipiō], *retreat.*

recessus, -ūs, m., [recēdō], *retreat; recess.*

recidō, -ere, recidī, [cadō], *fall back.*

recipiō, -ere, -cēpī, -ceptum, [capiō], *take back, receive,* sē recipere, *retreat, recover.*

recitō, -āre, -āvī, -ātum, *read aloud, recite.*

reclīnō, -āre, -āvī, -ātum, *bend back;* sē reclīnāre, *lean back, recline.*

recondō, -ere, -condidī, -conditum, *hide, conceal; put away.*

rēctus, -a, -um, [regō], *right, proper; straight; honest.*

recuperō, -āre, -āvī, -ātum, [capiō], *recover, regain; recuperate.*

recūsātiō, -ōnis, f., [recūsō], *refusal.*

recūsō, -āre, -āvī, -ātum, [causa], *refuse, decline; object.*

reddō, -ere, reddidī, redditum, *give back, restore; pay back; hand over; render.*

redeō, -īre, -iī, -itum, *go back, return.*

redigō, -ere, -ēgī, -āctum, [agō], *drive back; reduce; render.*

redimō, -ere, -ēmī, -ēmptum, [emō], *buy back, redeem; ransom.*

redintegrō, -āre, -āvī, -ātum, [integer], *renew; revive.*

reditiō, -ōnis, f., [eō], *returning; going back.*

reditus, -ūs, m., [eō], *return.*

Redonēs, -um, m., *the Redones,* a people in northern Gaul.

redūcō, -ere, -dūxī, -ductum, *lead back, bring back; restore; reduce.*

referō, -ferre, rettulī, relātum, *carry back, return; pay back; refer, relate.* sē referre, *go back.* pedem referre, *retreat.*

reficiō, -ere, -fēcī, -fectum, [faciō], *rebuild, repair, restore.*

refluō, -ere, —, —, *flow back, recede.*

refoveō, -ēre, -fōvī, -fōtum, *warm again; refresh, revive.*

refugiō, -ere, -fūgī, —, *flee back; escape.* (refuge)

refugus, -a, -um, *fleeing, receding.*

refulgeō, -ēre, -fulsī, —, *flash back, glitter.*

rēgālis, -e, [rēx], *royal, regal.*

rēgia, -ae, f., *palace.*

rēgīna, -ae, f., *queen.*

Rēgīnus, -ī, m., *C. Antistius Reginus,* one of Caesar's officers.

regiō, -ōnis, f., [regō], *region, country, district; direction.*

rēgius, -a, -um, [rēx], *of a king, royal, regal.*

rēgnō, -āre, -āvī, -ātum, *reign, rule.*

rēgnum, -ī, n., [rēx], *kingdom, throne; power, dominion.* (reign)

regō, -ere, rēxī, rēctum, *rule; direct, guide.*

regredior, -ī, -gressus, [gradior, *step*], *go back, return, retreat.* (regression)

rēgulus, -ī, m., [rēx], *petty king, prince.*

Rēgulus, -ī, m. [rēx], *M. Atilius Regulus,* Roman general in the First Punic War.

reiciō, -ere, -iēcī, -iectum, [iaciō], *throw back; drive back; repulse; refuse, reject.*

relābor, -lābī, -lāpsus, *fall back, vanish.* (relapse)

relanguēscō, -ere, -languī, *become faint, become weak; sink down.*

relaxō, -āre, -āvī, -ātum, *loosen, widen; relax.*

relēgō, -āre, -āvī, -ātum, *banish, remove; relegate.*

religiō, -ōnis, f., [legō], *religion; scruple; respect.*

·relinquō, -ere, -līquī, -lictum, *leave; give up, abandon.*

reliquiae, -ārum, f., [relinquō], *remnants, remains.*

·reliquus, -a, -um, [relinquō], *remaining, rest of.* As noun, m. pl., *the rest.*

··remaneō, -ēre, -mānsī, -mānsum, *remain.*

rēmex, -igis, m., [rēmus + agō], *oarsman, rower.*

Rēmī, -ōrum, m., *the Remi,* a Gallic tribe, near modern Rheims.

rēmigium, -ī, n., *rowing, oarage.*

rēmigō, -āre, —, —, *row.*

remigrō, -āre, -āvī, -ātum, *move back, go back.* (remigrate)

reminīscor, -ī, *call to mind, recollect.*

remissus, -a, -um, [remittō], *relaxed; remiss; mild.*

remittō, -ere, -mīsī, -missum, *send back, remit; throw back, relax, diminish.*

remoror, -ārī, -ātus, *delay.*

remōtus, -a, -um, [removeō], *far off, remote.*

removeō, -ēre, -mōvī, -mōtum, *move back, remove; move away.*

Remus, -ī, m., *Remus,* twin brother of Romulus.

Rēmus, -ī, m., *one of the Remi.*

·rēmus, -ī, m., *oar.* (bireme)

renīdēns, -entis, *shining, gleaming.*

renovō, -āre, -āvī, -ātum, [novus], *renew, restore; revive.* (renovate)

renūntiō, -āre, -āvī, -ātum, *report, announce.*(renounce)

reor, rērī, ratus, *think, believe; reckon.*

reparō, -āre, -āvī, -ātum, *prepare again; renew, revive.* (reparation)

·repellō, -ere, reppulī, repulsum, *repulse, drive back, repel; reject.*

repēns, -entis, *sudden, unexpected.*

·repente, adv., *suddenly.*

··repentīnus, -a, -um, *sudden, unexpected.*

·reperiō, -īre, repperī, repertum, *find, learn; discover.*

repetō, -ere, -īvī, -ītum, *seek again; demand.* (repetition)

repleō, -ēre, -ēvī, -ētum, *fill again; complete, fill.* (replete)

repōnō, -ere, -posuī, -positum, *put back, restore, renew.* (repose)

reportō, -āre, -āvī, -ātum, *carry back; report.*

reposcō, -ere, —, *demand back, ask for again.*

reprehendō, -ere, -hendī, -hēnsum, *seize, catch; reprove, blame; reprehend.*

reprimō, -ere, -pressī, -pressum, [premō], *press back, repress; check, prevent, restrain.*

repudiō, -āre, -āvī, -ātum, [pudet], *reject; repudiate; scorn.*

repugnō, -āre, -āvī, -ātum, *fight back, oppose; resist.* (repugnant)

reputō, -āre, -āvī, -ātum, *think over, reflect.* (repute)

requiēs, -ētis, f., *rest.* (requiem)

requiēscō, -ere, -quiēvī, -quiētum, *rest.*

requīrō, -ere, -quīsīvī, -quīsītum, [quaerō], *require, miss.*

·rēs, reī, f., *thing, object; matter, event.* **rēs pūblica**, *state, republic.* **rēs frūmentāria**, *grain supply.* **rēs mīlitāris**, *military science.* **rēs novae**, *a revolution.* **rē vērā**, *indeed, in truth.*

rescindō, -ere, -scidī, -scissum, *cut off, cut down, destroy; annul; rescind.*

rescīscō, -ere, -scīvī, -scītum, [scīscō, *inquire*], *learn, find out.*

reservō, -āre, -āvī, -ātum, *keep back, reserve.*

resideō, -ēre, -sēdī, —, *reside, stay, remain.*

·resistō, -ere, -stitī, —, *stop, stand; withstand, resist;* with dat.

resonō, -āre, -āvī, —, *resound.*

respiciō, -ere, -spexī, -spectum, [speciō, *look*], *look back, gaze at; consider; respect.*

·respondeō, -ēre, -spondī, -spōnsum, *answer, reply, respond.*

··respōnsum, -ī, n., *answer, reply; response.*

rēs pūblica, reī pūblicae, f., *state, republic; government.*

··restituō, -ere, -uī, -ūtum, [statuō], *replace, rebuild, restore; revive.* (restitution)

restō, -āre, -stitī, —, *remain, be left.*

resupīnus, -a, -um, *lying on one's back.*

rēte, -is, n., *net, snare.*

retexō, -ere, -uī, -textum, *reverse, cancel.*

rēticulum, -ī, n., [**rēte**], *little net.* (reticule)

·**retineō, -ēre, -uī, -tentum,** [**teneō**], *hold back, retain; restrain; maintain.*

retrō, adv., *backwards.*

revellō, -ere, -vellī, -vulsum, *pull back, tear away.* (revulsion)

reverentia, -ae, f., [**vereor**], *respect, reverence.*

·**revertō, -ere, -vertī,** and **revertor, -ī, -versus,** *return, come back, go back; revert.*

revinciō, -īre, -vinxī, -vinctum, *bind fast, fasten.*

revocō, -āre, -āvī, -ātum, *recall, call back; take back.* (revoke)

revolvō, -ere, -volvī, -volūtum, *throw back, roll back.* (revolve)

·**rēx, rēgis,** m., *king.*

Rhadamanthus, -ī, m., *Rhadamanthus, judge in the Lower World.*

Rhea, -ae, f., *Rhea Silvia.*

Rhēnus, -ī, m., *the Rhine river.*

Rhodanus, -ī, m., *the Rhone river.*

Rhodopēius, -a, -um, *Rhodopeian, Thracian.*

Rhodus, -ī, f., *Rhodes.*

rictus, -ūs, m., *jaws; open mouth.*

·**rīdeō, -ēre, rīsī, rīsum,** *laugh; mock, deride.* (ridiculous)

rīdiculum, -ī, n., *joke.*

rīma, -ae, f., *crack, chink; cleft.*

·**rīpa, -ae,** f., *bank.*

rītus, -ūs, m., *rite; ceremony.*

rīvus, -ī, m., *stream.* (rivulet)

rōbur or **rōbor, -oris,** n., *oak; strength.*

rōdō, -ere, rōsī, rōsum, *gnaw, peck.*

rogitō, -āre, -āvī, —, [**rogō**], *ask, inquire.*

·**rogō, -āre, -āvī, -ātum,** *ask, request; question.* (interrogate)

rogus, -ī, m., *funeral pyre.*

Rōma, -ae, f., *Rome.*

Rōmānus, -a, -um, *Roman.* As noun, m., *Roman;* pl., *the Romans.*

Rōmulus, -ī, m., *Romulus,* first king of Rome.

rōrō, -āre, -āvī, -ātum, *cause dew, drip; be moist.*

rōstrum, -ī, n., *beak, bill; ship's prow;* pl., *the Rostra, the speakers' platform in the forum.*

rota, -ae, f., *wheel.* (rotate)

Rubicō, -ōnis, m., *the Rubicon river,* the boundary between Caesar's province and Italy.

rubor, -ōris, m., *redness, flush.*

rubus, -ī, m., *bramble, brier.*

rudis, -e, *rough, crude, unskilled.*

Rūfus, -ī, m., *P. Sulpicius Rufus,* one of Caesar's officers.

ruīna, -ae, f., [**ruō**], *ruin, destruction.*

·**rūmor, -ōris,** m., *rumor, report.*

·**rumpō, -ere, rūpī, ruptum,** *break; destroy.* (rupture)

ruō, -ere, ruī, ruitum, *fall, ruin; rush; overthrow.*

rūpēs, -is, f., [**rumpō**], *cliff, rock.*

·**rūrsus** or **rūrsum,** adv., *again; on the contrary.*

·**rūs, rūris,** n., *the country; fields.* (rural)

rūsticus, -a, -um, [**rūs**], *of the country, rural.* As noun, m., *a countryman, rustic.*

Rutēnī, -ōrum, m., *the Ruteni,* a Gallic tribe west of the Cevennes.

Rutīlius, -ī, m., *P. Rutilius Lupus,* consul in 90 B.C.

Rutilus, -ī, m., *M. Sempronius Rutilus,* one of Caesar's officers.

S

Sabīnus, -a, -um, *of the Sabines.* As noun, m., *a Sabine.*

Sabīnus, see **Titurius.**

Sabis, -is, m., *the Sabis,* or *Sambre River,* in Belgium.

·**sacer, -cra, -crum,** *sacred; consecrated; accursed.*

sacerdōs, -dōtis, c., [**sacer**], *priest, priestess.* (sacerdotal)

sacerdōtium, -ī, n., [**sacerdōs**], *priesthood.*

sacrārium, -ī, n., [**sacer**], *shrine, sanctuary.*

sacrificium, -ī, n., *sacrifice.*

sacrificō, -āre, -āvī, -ātum, [**sacrum + faciō**], *consecrate, make sacred, dedicate.*

sacrum, -ī, n., *sacrifice; sacred vessel;* pl., *religious rites.*

saeculum, -ī, n., *age, generation.*

•**saepe**, adv., *often.* **saepe numerō**, *repeatedly, oftentimes.*

saepēs, -is, f., *hedge.*

saeviō, -īre, -iī, -ītum, [**saevus**], *rage, rave, be angry.*

saevus, -a, -um, *fierce, savage, raging, cruel, harsh.*

•**sagitta, -ae**, f., *arrow.*

••**sagittārius, -ī**, m., [**sagitta**], *bowman.*

sagulum, -ī, n., *cloak, traveling cloak.*

sagum, -ī, n., *cloak.*

Saguntīnī, -ōrum, m., *the Saguntines.*

Saguntīnus, -a, -um, *of Saguntum.*

Saguntum, -ī, n., *Saguntum,* a town on the east coast of Spain.

saliō, -īre, saluī, saltum, *leap, jump.*

Salmydessus, -ī, m., *Salmydessus,* a town in Thrace.

salsus, -a, -um, *salted.*

saltātrīx, -īcis, f., *dancing girl.*

saltem, adv., *at least, even.*

•**salūs, -ūtis**, f., [**salvus**], *health, welfare; safety.*

salūtāris, -e, [**salūs**], *healthful, salutary.*

salūtō, -āre, -āvī, -ātum, [**salūs**], *greet, hail, salute.*

Salvē, [imper. of **salveō**, *be well*], *Hail, welcome.*

••**salvus, -a, -um**, *safe, sound, well.* (salvation)

Samarobrīva, -ae, f., *Samarobriva,* a city of the Ambiani, modern Amiens.

Samnītēs, -ium, m., *the Samnites,* a people south of Latium.

Samos, -ī, f., *Samos,* an island in the Aegean Sea.

sanciō, -īre, sānxī, sānctum, *make sacred, confirm; sanctify.*

sānctus, -a, -um, [**sanciō**], *sacred, solemn; ordained.*

sānē, adv., *certainly, of course.*

•**sanguis, -inis**, m., *blood, bloodshed.* (sanguinary)

sānitās, -ātis, f., [**sānus**], *sanity, reason.*

Santonēs, -um, or **Santonī, -ōrum**, m.,

the Santones, a tribe on seacoast, n. of Garonne.

sānus, -a, -um, *sane, sober, healthy.*

sapiēns, -entis, [**sapiō**], *wise, discreet.* As noun, m., *wise man, sage, philosopher.*

sapiō, -ere, -īvī, —, *be sensible, understand; taste.*

sarcinae, -ārum, f., *baggage, pack.*

Sardinia, -ae, f., *Sardinia.*

satelles, -itis, c., *attendant; courtier.* (satellite)

•**satis**, adv., def. n., *enough.* As noun, *enough,* often used with genitive of the whole.

••**satisfaciō, -ere, -fēcī, -factum**, *satisfy.*

Sāturnia, -ae, f., *Saturnia,* citadel built by Saturn.

Sāturnus, -ī, m., *Saturn,* an old Latin god.

saucius, -a, -um, *wounded; ill, sick.*

•**saxum, -ī**, n., *stone.*

Scaevola, -ae, m., [**scaevus**, *left*], C. Mucius Scaevola, who burned off his right hand.

scālae, -ārum, f., *ladder.*

scapha, -ae, f., *skiff; light boat.*

scelerātus, -a, -um, [**scelus**], *wicked.* As noun, m., *a criminal.*

scelestus, -a, -um, [**scelus**], *infamous, wicked.*

scelus, -eris, n., *crime, sin.*

scēptrum, -ī, n., *scepter.*

Schoenēius, -a, -um, *of Schoeneus,* father of Atalanta.

schola, -ae, f., *school.*

sciēns, -entis, [**sciō**], *knowing, understanding; skilled, expert.*

••**scientia, -ae**, f., *knowledge, science.*

scīlicet, adv., [**scīre licet**], *one may know, certainly; of course.*

scindō, -ere, scidī, scissum, *tear, split, divide.*

•**sciō, -īre, -īvī, -ītum**, *know, understand; perceive.*

Scīpiō, -ōnis, m., name of a celebrated Roman gens. **Scīpiō Āfricānus Maior** defeated Hannibal at Zama, 201 B.C.; **Āfricānus Minor** destroyed Carthage in 146 B.C.

scitor, -ārī, -ātus, *ask, inquire.*

scorpiō, -ōnis, m., *scorpion, a small catapult.*

scrība, -ae, m., [scrībō], *scribe, clerk.*

·scrībō, -ere, scrīpsī, scrīptum, *write.* (script)

scrīnium, -ī, n., *box, case.*

scrīptor, -ōris, m., *writer, author; scribe.*

scrīptūra, -ae, f., [scrībō], *writing; composition.* (scripture)

scrobis, -is, c., *ditch.*

scrūpulōsus, -a, -um, *careful, accurate, scrupulous.*

scurra, -ae, m., *jester, buffoon.*

·scūtum, -ī, n., *shield.*

Scythicus, -a, -um, *Scythian.*

sēcēdō, -ere, -cessī, -cessum, *withdraw; rebel; secede.*

sēcernō, -ere, -crēvī, -crētum, [cernō], *separate.*

sēcessiō, -ōnis, f., [sēcēdō], *revolt, secession.*

secius, adv., *otherwise, none the less.*

sēclūdō, -ere, -clusī, -clūsum, [claudō], *shut off.* (seclude)

secō, -āre, secuī, sectum, *cut, divide.* (sector)

secundum, prep. with acc., *along, next to, following after.*

·secundus, -a, -um, [sequor], *second; favorable, following.*

secūris, -is, f., [secō], *axe, hatchet; authority.*

sēcūrus, -a, -um, [cūra], *careless, secure.*

·sed, conj., *but; yet.*

·sēdecim, indecl., *sixteen.*

·sedeō, -ēre, sēdī, sessum, *sit, settle; encamp.* (session)

sēdēs, -is, f., [sedeō], *seat, chair; habitation, settlement.*

sedīle, -is, n., *seat, chair.*

sēditiō, -ōnis, f., *sedition, riot, strife, rebellion.*

sēdūcō, -ere, -dūxī, -ductum, *lead away, lead apart; seduce.*

Sedulius, -ī, m., *Sedulius, a chief of the Lemovices.*

sēdulō, adv., *carefully.*

Sedusiī, -ōrum, m., *the Sedusii, a German tribe.*

seges, -etis, f., *crop; field of grain.*

Segovax, -actis, m., *Segovax, a British chieftain.*

sēgregō, -āre, -āvī, -ātum, [grex], *remove, separate.* (segregate)

Segusiāvī, -ōrum, m., *the Segusiavi, a Gallic tribe.*

·sella, -ae, f., *seat, chair.*

semel, adv., *once.*

sēmen, -inis, m., [serō], *seed.* (disseminate)

sēmentis, -is, f., [sēmen], *sowing; seeding.*

sēminārium, -ī, n., [sēmen], *seminary.*

Semīramis, -idis, *Semiramis,* queen of Assyria.

sēmita, -ae, f., *path.*

·semper, adv., *always.*

Semprōnius, -ī, m., *M. Sempronius, Rutilus,* one of Caesar's officers.

Sēna, -ae, f., *Sena,* a town in northern Italy.

·senātor, -ōris, m., *senator.*

senātōrius, -a, -um, *of a senator, senatorial.*

·senātus, -ūs, m., *senate.*

senectūs, -ūtis, f., [senex], *old age.*

seneō, -ēre, —, —, *be old.*

·senex, senis, *old.* As noun, m., *old man.*

sēnī, -ae, -a, [sex], *six each.*

senīlis, -e, *senile, aged.*

Senonēs, -um, m., *the Senones,* a people of central Gaul.

sēnsūs, -ūs, m., [sentiō], *feeling, sense.*

·sententia, -ae, f., [sentiō], *opinion, feeling; sentence, thought.*

·sentiō, -īre, sēnsī, sēnsum, *feel, think, realize; see, understand.* (sense)

sentis, -is, m., *thorn, brier.*

sēparātim, adv., *separately, apart.*

sēparō, -āre, āvī, -ātum, *separate, divide.*

sepeliō, -īre, -īvī, -pultum, *bury.*

·septem, indecl., *seven.*

·septendecim, indecl., *seventeen.*

septentriō, -ōnis, m., [septem + triō, *plow-ox*], *north, the seven stars forming the Big Dipper.*

septicollis, -e, *seven -hilled.*

septiēs, adv., *seven times.*

·septimus, -a, -um, *seventh.*

septingentēsimus, -a, -um, *seven hundredth.*

septingentī, -ae, -a, *seven hundred.*

septuāgēsimus, -a, -um, *seventieth.*

septuāgintā, indecl., *seventy.*

sepulcrum, -ī, n., [**sepeliō**], *sepulcher, tomb, grave.*

sepultūra, -ae, f., [**sepeliō**], *burial; funeral*

Sēquana, -ae, f., *the Seine river.*

Sēquanī, -ōrum, m., *the Sequanians,* a Gallic people w. of Jura.

Sēquanus, -a, -um, *Sequanian.* As noun, m., *a Sequanian.*

sequentia, -ae, f., [**sequor**], *sequence.*

·sequor, -ī, secūtus, *follow, pursue; conform to.* (sequence)

Ser., *Servius,* a Roman forename.

seriēs, gen. lacking, f., *row, series.*

sēriō, adv., *seriously, in earnest.*

sērius, adv., *later, too late.*

sermō, -ōnis, m., *speech, talk, conversation.* (sermon)

serō, -ere, sēvī, satum, *sow, plant.*

serpēns, -entis, c., [**serpō,** *crawl*], *serpent, snake.*

servīlis, -e, [**servus**], *servile, of slaves.*

serviō, -īre, -īvī, -ītum, *serve;* with dat.

··servitūs, -ūtis, f., [**servus**], *slavery, servitude.*

Servius, -ī, m., *Servius.* See **Tullius.**

·servō, -āre, -āvī, -ātum, *save, keep, watch, preserve, guard.*

·servus, -ī, m., *slave, servant.*

sescentēsimus, -a, -um, [**sex + centum**], *six hundredth.*

sescentī, -ae, -a, [**sex + centum**], *six hundred.*

sessiō, -ōnis, f., [**sedeō**], *sitting; session.*

sēstertius, -ī, m., *sesterce,* a small coin, worth about 5 cents.

sētius, adv., *less.* **nihilō sētius,** *none the less, nevertheless.*

seu, see **sīve,**

sevērus, -a, -um, *serious, severe, stern, grave.*

·sex, indecl., *six.*

sexāgēsimus, -a, -um, [**sexāgintā**], *sixtieth.*

sexāgintā, indecl., *sixty.*

Sextius, -ī, m., *T. Sextius Baculus,* one of Caesar's officers.

·sextus, -a, -um, [**sex**], *sixth.*

·sī, conj., *if, whether.* **quod sī,** *but if.* **sī quis,** *if anyone.*

·sīc, adv., *thus, in this way, so, in such a way.*

siccitās, -ātis, f., *dryness.*

siccō, -āre, -āvī, -ātum, [**siccus**], *dry, drain; exhaust,* (desiccate)

siccus, -a, -um, *dry.* As noun, **siccum, -ī,** n., *dry land.*

Sicilia, -ae, f., *Sicily.*

Siculus, -a, -um, *Sicilian.* As noun, m., *a Sicilian.*

sīcut or **sīcutī,** adv., *just as, as, as if.*

sīdus, -eris, n., *star; constellation.*

signifer, -ferī, m., [**signum + ferō**], *standard-bearer.*

significātiō, -ōnis, f., [**significō**], *sign, signal,* (signification)

··significō, -āre, -āvī, -ātum, [**signum + faciō**], *signify, indicate, show.*

signō, -āre, -āvī, -ātum, [**signum**], *mark, stamp, designate, sign; seal.*

·signum, -ī, n., *mark, sign; signal; standard; image, statue, seal.*

silēns, -entis, *silent, still.*

··silentium, -ī, n., *silence.*

·silva, -ae, f., *wood, forest,* (sylvan)

silvestris, -e, [**silva**], *wooded.*

Silvia, -ae, f., *Silvia; Rhea Silvia.*

Silvius, -ī, m., *Silvius.*

·similis, -e, *like, similar.*

similitūdō, -inis, f., [**similis**], *similarity, resemblance.* (similitude)

·simul, adv., *at the same time, at once;* **simul atque,** *as soon as.*

simulācrum, -ī, n., [**simulō**], *likeness, image, statue.*

simulātiō, -ōnis, f., [**simulō**], *pretense, deceit.* (simulation)

simulō, -āre, -āvī, -ātum, [**similis**], *copy, pretend; simulate.*

simultās, -ātis, f., *enmity, rivalry; hatred.*

sīn, conj., *but if, if on the contrary.*

·sine, prep. with abl., *without.*

singillātim, adv., *one by one, singly.*

··singulāris, -e, *one by one, single; singular; remarkable.*

··singulī, -ae, -a, *one each, single, separate, one at a time.*

·sinister, -tra, -trum, *left, improper, adverse; inauspicious.*

sinistra, -ae, f., *left hand.*

sinistrōrsus, adv., *to the left.*

sinō, -ere, sīvī, situm, *allow, permit.*

sinus, -ūs, m., *bay, fold, curve, bosom.*

··sī quis, sī quid, *if anyone, if anything.*

sistō, -ere, stitī, statum, *stop, check; cause to stand; set up.*

Sisyphus, -ī, m., *Sisyphus,* a king of Corinth.

sitis, -is, f., *thirst.*

situs, -ūs, m., *situation, site.*

sīve or **seu,** conj., *or if.* **sīve . . . sīve,** *whether . . . or, either . . . or.*

sōbrius, -a, -um, [**sē + ebrius**], *sober.*

socer, -erī, m., *father-in-law.*

sociālis, -e, [**socius**], *allied, confederate.* (social)

societās, -ātis, f., [**socius**], *society; alliance.*

sociō, -āre, -āvī, -ātum, *unite, join.*

·socius, -ī, m., *comrade, ally, companion.* (associate)

·sōl, sōlis, m., *the sun.* (solar)

solea, -ae, f., *sandal.* (sole)

soleō, -ēre, -itus, semidep., *be accustomed.*

solidus, -ī, m., *solidus,* a gold coin.

sōlitūdō, -inis, f., [**sōlus**], *solitude, loneliness, wilderness.*

solium, -ī, n., *throne, seat.*

sollemnis, -e, *solemn, sacred; appointed; joyful.*

sollicitō, -āre, -āvī, -ātum, *disturb, stir; agitate, incite; solicit, tempt.*

sollicitus, -a, -um, *disturbed.*

solum, -ī, n., *ground.*

··sōlum, adv., *only, alone.* **nōn sōlum . . . sed etiam,** *not only . . . but also.*

·sōlus, -a, -um, *alone, only, sole.*

·solvō, -ere, solvī, solūtum, *loose, set free; pay.* **nāvem solvere,** *set sail.* (solve)

somniō, -āre, -āvī, -ātum, *dream.*

somnium, -ī, n., *dream.*

··somnus, -ī, m., *sleep.* (somnambulist)

sonitus, -ūs, m., *noise, din.*

sonus, -ī, m., *noise, sound.*

sorbeō, -ēre, -uī, *drink, absorb.*

·soror, -ōris, f., *sister.* (sorority)

sors, sortis, f., *lot, fate; oracular response.*

Sosia, -ae, m., *Sosia.*

Sp., Spurius, a Roman forename.

spargō, -ere, sparsī, sparsum, *sprinkle, scatter, strew.* (sparse)

spatior, -ārī, -ātus, [**spatium**], *take a walk, promenade.*

·spatium, -ī, n., *space, distance, interval, time, extent.*

·speciēs, -ēī, f., [**speciō,** *look*], *sight, appearance, show, splendor.* (species)

spectāculum, -ī, n., [**spectō**], *show, spectacle; pl., spectators' seats.*

spectātor, -ōris, m., *spectator.*

·spectō, -āre, -āvī, -ātum, *look at, regard, watch, see.* (spectacle)

speculātor -ōris, m., [**speculor**], *spy, scout.* (speculate)

speculātōrius, -a, -um, *spying, scouting.*

spēlunca, -ae, f., *cave.*

·spērō, -āre, -āvī, -ātum, *hope, expect.*

·spēs, -eī, f., *hope, expectation.*

spīritus, -ūs, m., *breath, air, soul, life.*

spissus, -a, -um, *thick, dense, crowded.*

splendidus, -a, -um, [**splendeō,** *shine*], *splendid, glittering.*

spoliō, -āre, -āvī, -ātum, [**spolium**], *rob, strip, despoil, plunder.*

spolium, -ī, n., *spoils, booty; skin, hide.*

sponda, -ae, f., *bedstead.*

spondeō, -ēre, spopondī, spōnsum, *promise.* (sponsor)

spōnsa, -ae, f., *bride.*

spōnsus, -ī, m., *bridegroom.*

··sponte, abl., f., *free will;* with **suā,** *voluntarily; of one's own accord, spontaneously.*

spūmāns, -antis, *foaming.*

Spūrinna, -ae, m., *Spurinna,* a soothsayer.

Spurius, -ī, m., *Spurius,* a Roman forename.

squālidus, -a, -um, *squalid, filthy.*

squālor, -ōris, m., *squalor, filth.*

stabiliō, -īre, -īvī, -ītum, [stabilis], *make firm, establish.*

stabilis, -e, *firm, stable.*

stabilitās, -ātis, f., [stabilis], *stability, steadiness.*

stabulum, -ī, n., *stall, stable.*

stadium, -ī, n., *stade, a measure of distance, 607 feet.*

stagnum, -ī, n., *pool, lake.* (stagnant)

·statim, adv., *immediately, at once.*

··statiō, -ōnis, f., [stō], *outpost, picket; station; watch.*

statua, -ae, f., *statue, image.*

··statuō, -ere, -uī, -ūtum, *set, place; build; decide, think.* (statute)

statūra, -ae, f., *height, stature.*

status, -ūs, m., [stō], *standing, position; rank, status.*

·stella, -ae, f., *star.* (stellar)

stellātus, -a, -um, [stella], *starry.*

stercus, -ōris, m., *filth, manure.*

sternō, -ere, strāvī, strātum, *spread, strew, scatter, lay low.*

stilus, -ī, m., *stilus, pencil, iron pen; column, pillar.*

stimulus, -ī, m., *goad, trap.* (stimulus)

··stīpendium, -ī, n., [stips + pendo], *tribute, stipend; pay, wages; military service.*

stīpes, -itis, m., *post, stake.*

stīva, -ae, f., *plough handle.*

·stō, stāre, stetī, statum, *stand, be fixed, remain.*

stola, -ae, f., *stola, a Roman matron's outer garment.*

stolidus, -a, -um, *dull, stupid.*

strāgulus, -a, -um, *covering.* As noun, n., *rug, covering.*

strāmentum, -ī, n., [sternō], *thatch.*

strangulō, -āre, -āvī, -ātum, *strangle.*

strēnuus, -a, -um, *active, vigorous, strenuous.*

strepitus, -ūs, m., *din, noise, crash, uproar.*

strīdeō, -ēre, strīdī, —, *creak, roar, howl.*

strīdulus, -a, -um, *whizzing, hissing.*

strigilis, -is, f., *strigil, an instrument used to scrape the skin.*

stringō, -ere, strīnxī, strictum, *draw tight; draw; graze; strip off.* (strict)

struō, -ere, strūxī, strūctum, *build, construct.*

·studeō, -ēre, -uī, *be eager, study; strive.*

studiōsus, -a, -um, [studium], *eager, studious.* (student)

·studium, -ī, n., [studeō], *zeal, eagerness; study, pursuit.*

stultitia, -ae, f., [stultus, *foolish*], *folly, stupidity.* (stultify)

stupeō, -ēre, -uī, *be astounded.*

Stymphalis, -idis, *Stymphalian.*

Stymphalus, -ī, m., *Stymphalus, a lake in Arcadia.*

Styx, Stygis, f., *the river Styx in the Lower World.*

suādeō, -ēre, suāsī, suāsum, *persuade, advise.*

·sub, prep. with acc., *under, close to, up to; until.* with abl., *under, beneath; during.*

subacidus, -a, -um, *slightly acid.*

subdō, -ere, -didī, -ditum, [dō], *place under, apply; supply.*

··subdūcō, -ere, -dūxī, -ductum, *lead up, carry off, transfer; haul.*

subeō, -īre, -iī, -itum, *go under, come up; approach, enter; undergo, submit to.*

subiciō, -ere, -iēcī, -iectum, [iaciō], *throw under, place under; make subject; expose.*

subiectus, -a, -um, [subiciō], *lying near, adjacent.* (subject)

subigō, -ere, -ēgī, -āctum, [agō], *conquer, subjugate; compel.*

·subitō, adv., *suddenly.*

subitus, -a, -um, *sudden, unexpected.*

subiungō, -ere, -iūnxī, -iūnctum, *join with, unite; subdue.* (subjunctive)

sublevō, -āre, -āvī, -ātum, *lift, lighten; support, assist.*

sublicius, -a, -um, [sublica, *pile*], *resting on piles;* Pons Sublicius, *the Pile Bridge, across the Tiber.*

sublīmis, -e, *high, lofty, eminent.*

subluō, -ere, -luī, -lūtum, *wash, flow at the base of.*

submergō, -ere, -mersī, -mersum, *plunge under, submerge.*

submittō, -ere, -mīsī, -missum, *send under, submit.*

subrideō, -ēre, -rīsī, —, *smile.*

subripiō, -ere, -uī, -reptum, [**rapiō**], *snatch away, steal.* (surreptitious)

subruō, -ere, -ruī, -rutum, *undermine.*

subrūsticus, -a, -um, *clownish.*

subscrībō, -ere, -scrīpsī, -scrīptum, *write below, subscribe.*

subsequor, -ī, -secūtus, *follow close upon, follow after.* (subsequent)

subsidium, -ī, n., [**subsīdō**], *help, relief; reinforcement.* (subsidy)

subsīdō, -ere, -sēdī, -sessum, *settle, sink, subside.*

subsistō, -ere, -stitī, —, *halt, stand; cause to stop.*

subsum, -esse, -fuī, —, *be near, be at hand.*

subtendō, -ere, —, -tentum, *extend beneath, subtend.*

subter, prep. with acc., *beneath;* with abl., *underneath.*

subtrahō, -ere, -trāxī, -trāctum, *carry off; take away; subtract.*

subveniō, -īre, -vēnī, -ventum, *come to help, assist; rescue.*

succēdō, -ere, -cessī, -cessum, *come up; succeed, come after.*

succendō, -ere, -cendī, -cēnsum, [**candeō,** *glow*], *set on fire.*

succīdō, -ere, -cīdī, -cīsum, [**caedō**], *cut down.*

succumbō, -ere, -cubuī, —, *lie down, succumb, submit.*

succurrō, -ere, -currī, -cursum, *run to the aid of, help.* (succor)

sucus, -ī, m., *juice.* (succulent)

sudis, -is, f., *stake, log.*

sūdō, -āre, -āvī, -ātum, *sweat, perspire.*

sūdor, -ōris, m., *sweat; hard labor.*

Suebī, -ōrum, m. *the Swabians,* a German tribe.

Suessiōnēs, -um, m., *the Suessiones,* a Belgic tribe; modern Soissons.

sufferō, -ferre, sustulī, sublātum, *bear, endure, suffer.*

suffigō, -ere, —, fīxum, *fasten, attach, affix.* (suffix)

suffrāgātor, -ōris, m., [**suffrāgium**], *supporter.*

suffrāgium, -ī, n., *vote; suffrage.*

suggerō, -ere, -gessī, -gestum, *suggest, furnish.*

suī, sibī, sē or **sēsē,** reflex. pron., *himself, herself, itself, themselves.*

Sulla, -ae, m., name of a patrician family of the Cornelian gens; *L. Cornelius Sulla,* dictator 82–79 B.C. *P. Cornelius Sulla,* nephew of the dictator, one of Caesar's officers.

Sulpicius, -ī, m., *P. Sulpicius,* consul in 279 B.C.

sum, esse, fuī, futūrus, *be, exist.*

summa, -ae, f., [**summus**], *total, whole, sum; supremacy, control;* **summa imperī,** *the chief command.*

sumministrō, -āre, -āvī, -ātum, *supply, provide, furnish.*

summittō, -ere, -mīsī, -missum, *furnish, supply; send.*

summoveō, -ēre, -mōvī, -mōtum, *force back, dislodge.*

summus, -a, -um, *highest; top of, greatest.* As noun, n., *top; summit, end.*

sūmō, -ere, sūmpsī, sūmptum, *take, assume;* **supplicium sūmere,** *to inflict punishment.*

sūmptuārius, -a, -um, [**sūmptus,** *cost*], *relating to expense, sumptuary.*

sūmptuōsus, -a, -um, [**sūmptus,** *cost*], *expensive, costly; sumptuous.*

supellex, -lectilis, f., *furniture.*

super, prep. with acc., *over, above, upon;* with abl., *over, upon, in addition to.*

superbia, -ae, f., *arrogance, pride.*

superbus, -a, -um, [**super**], *proud, haughty.* (superb)

Superbus, -ī, m., *Tarquinius Superbus,* seventh and last king of Rome.

superior, -ius, *higher; former; superior.*

superō, -āre, -āvī, -ātum, *conquer, defeat; surpass; be left over.*

supersum, -esse, -fuī, —, *be left, remain; survive.*

superus, -a, -um, *above, upper, higher.* **Mare Superum,** *the Adriatic.*

superveniō, -īre, -vēnī, -ventum, *come up, arrive.*

supervīvō, -ere, -vīxī, —, *survive, outlive.*

suppetō, -ere, -īvī, -ītum, *be at hand; hold out.*

suppleō, -ēre, -plēvī, -plētum, *fill, supply.*

supplex, -icis, [**plicō,** *fold*], *suppliant, kneeling, begging.*

supplicātiō, -ōnis, f., [**supplex**], *thanksgiving; supplication.*

··supplicium, -ī, n., *punishment, torture.*

supplicō, -āre, -āvī, -ātum, [**supplex**], *pray, supplicate.*

suppōnō, -ere, -posuī, -positum, *place under; substitute; suppose.*

··supportō, -āre, -āvī, —, *carry up, transport.* (support)

·suprā, adv., *above, before, formerly;* prep. with acc., *above, over, beyond, more than.*

suprēmus, sup. of **superus.**

·surgō, -ere, surrēxī, surrēctum, [**regō**], *rise, lift; grow.* (surge)

surripiō, -ere, -ripuī, -reptum, *rob, take away, filch.*

·suscipiō, -ere, -cēpī, -ceptum, [**capiō**], *undertake, begin; suffer.*

suscitō, -āre, -āvī, -ātum, *rouse, stir up, awaken, kindle.*

suspectus, -a, -um, [**suspiciō**], *suspected mistrusted.*

suspendō, -ere, -pendī, -pēnsum, *hang up, suspend.*

suspiciō, -ere, -spexī, -spectum, *look up to; admire.*

··suspīciō, -ōnis, f., [**speciō,** *look*], *mistrust, suspicion.*

··suspicor, -ārī, -ātus, [**speciō,** *look*], *suspect, mistrust.*

sustentō, -āre, -āvī, -ātum, [**sustineō**], *endure, hold out.*

·sustineō, -ēre, -uī, -tentum, [**teneō**], *hold up, support; sustain; restrain, hold in check, withstand.*

sustulī, see **tollō.**

suus, -a, -um, reflex. adj., *his, her, its, their; characteristic;* as noun, m. pl., *his men, his friends;* n. pl., *his property.* **sē suaque,** *themselves and their possessions.*

Symplēgades, -um, f., *the Symplegades, two rocky islands in the Black Sea.*

Syphāx, -ācis, m., *Syphax,* king of Numidia.

Syrācūsae, -ārum, f., *Syracuse,* city in Sicily.

Syria, -ae, f., *Syria,* a country in Asia at the eastern end of the Mediterranean.

Syriacus, -a, -um, *Syrian.*

Syrius, -a, -um, *Syrian.*

T

T,. abbreviation for **Titus,** a Roman forename.

taberna, -ae, f., *shop.* (tavern)

tabernāculum, -ī, n., [**taberna**], *tent.* (tabernacle)

tābēscō, -ere, -uī, —, *melt; waste away.*

tabula, -ae, f., *writing tablet; record; document.* **pīcta tabula,** *painted tablet, painting.*

·taceō, -ēre, -uī, -itum, *be silent.* (taciturn)

tacitus, -a, -um, [**taceō**], *silent, tacit.*

taeda, -ae, f., *pine torch; marriage.*

taedium, -ī, n., *weariness; tedium.*

Taenarius, -a, -um, *of Taenarum.*

Taenarum or **Taenarus, -ī,** m., *Taenarus,* a city in Greece.

tālāris, -e, *of the heel;* n. pl., *talaria, winged sandals of Mercury.*

tālea, -ae, f., *block; bar.*

talentum, -ī, n., *talent,* equal to about $1200 in gold.

·tālis, -e, *of such a kind;* **tālis . . . quālis,** *such . . . as.*

tālus, -ī, m., *heel.*

·tam, adv., *so, so much.*

Tamasēnus, -a, -um, *of Tamasos,* a city in Cyprus.

·tamen, conj., *nevertheless, however, but, still.*

Tamesis, -is, m., *the Thames.*

tametsī, conj., *although, though.*

Tanaquil, -is, f., *Tanaquil,* wife of Tarquinius Priscus.

·tandem, adv., *finally, at last.*

449

·tangō, -ere, tetigī, tāctum, *touch; strike; influence.* (tangible)

Tantalus, -ī, m., *Tantalus,* father of Pelops and Niobe.

tantopere, adv., [tantō + opere], *so greatly, so much.*

tantulus, -a, -um, *so very small, so trifling.*

tantum, adv., *so much, only, merely.*

tantundem, adv., *just as much.*

·tantus, -a, -um, *so great, so much;* tantus . . . quantus, *as great as;* tantī est, *it is worth while.*

··tardō, -āre, -āvī, -ātum, [tardus], *check, retard; hinder.*

··tardus, -a, -um, *slow, tardy, late; lame.*

Tarentīnī, -ōrum, m., *Tarentines,* citizens of Tarentum.

Tarentum, -ī, n., *Tarentum,* a city in southern Italy.

Tarpeia, -ae, f., *Tarpeia,* daughter of a Roman commander.

Tarpeius, -a, -um, *of Tarpeia, Tarpeian.*

Tarquinius, -ī, m., (1) *Tarquinius Priscus,* fifth king of Rome; (2) *Tarquinius Superbus,* seventh king of Rome.

Tarquiniī, -ōrum, m., *Tarquinii,* a town in Etruria.

Tartarus, -ī, m., *Tartarus;* the underworld.

taurus, -ī, m., *bull.*

Taurus, -ī, m., *the Taurus Mts.* in Asia Minor.

Taximagulus, ī, m., *Taximagulus,* a British chieftain.

Tectosagēs, -um, m., *the Tectosages,* a tribe near the Hercynian forest.

tēctum, -ī, n., *roof, covering; building, house.*

tegimentum, -ī, n., *covering.*

·tegō, -ere, tēxī, tēctum, *cover, hide, conceal; defend, protect.*

tellūs, -ūris, f., *earth.*

·tēlum, -ī, n., *dart, spear; weapon, javelin.*

temerārius, [temerē], *rash, reckless.*

temerē, adv., *rashly, blindly.*

temeritās, -ātis, f., [temerē], *rashness; temerity.*

tēmō, -ōnis, m., *pole, of a chariot.*

temperantia, -ae, f., *moderation, self-control; temperance.*

temperātus, -a, -um, [temperō], *temperate, mild.*

temperiēs, -ēī, f., *proper mixture, temper.*

temperō, -āre, -āvī, -ātum, [tempus], *control oneself; restrain.*

·tempestās, -ātis, f., [tempus], *weather; storm, tempest.*

··templum, -ī, n., *temple; shrine.*

·temptō, -āre, -āvī, -ātum, [tendō], *try, attempt; tempt, bribe.*

·tempus, -oris, n., *time, season; necessity; occasion.* (temporal)

tenāx, -ācis, [teneō], *holding fast; tenacious.*

tendō, -ere, tetendī, tentum, *stretch, extend; tend.*

tenebrae, -ārum, f., *darkness, gloom.*

·teneō, -ēre, -uī, tentum, *hold, maintain, keep, retain; occupy.*

tener, -era, -erum, *tender, young.*

tenuis, -e, *thin, feeble, weak.* (tenuous)

tepeō, -ēre —, —, *be warm.*

tepescō, -ere, -uī, *grow warm.*

tepidārium, -ī, n., [tepidus], *warm bathing room; tepidarium.*

tepidus, -a, -um, [tepeō], *warm.*

ter, adv., *three times.*

teres, -etis, *smooth; tapering.*

tergeō, or tergō, -ere, tersī, tersum, *rub, wipe.*

·tergum, -ī, n., *back.* ā tergō, *from the rear.* terga vertere, *to flee.*

terminus, -ī, m., *boundary, limit, end; terminus.*

ternī, -ae, -a, [ter], *three each, three at a time.*

terō, -ere, trīvī, trītum, *rub, wear away; tread.*

·terra, -ae, f., *earth, land, ground, country.* (terrace)

terrēnus, -a, -um, [terra], *of earth, earthy; terrestrial.*

·terreō, -ēre, -uī, -itum, *frighten, alarm, terrify.*

terribilis, -e, [terreō], *frightful, terrible.*

territō, -āre, —, *terrify.*

territōrium, -ī, n., [terra], *territory.*

terror, -ōris, m., [**terreō**], *terror, panic, alarm, fear.*

tertius, -a, -um, [**ter**], *third.* (tertiary)

tessellātus, -a, -um, [**tessella,** *small cube*], *mosaic.* (tessellated)

testimōnium, -ī, n., [**testis**], *witness, proof, testimony.*

testis, -is, c., *witness.*

testor, -ārī, -ātus, [**testis**], *bear witness; testify.*

testūdō, -inis, f., [**testa,** *potsherd*], *tortoise; testudo; movable shed.*

tetulī, for **tulī,** from **ferō.**

Teutobodus, -ī, m., *Teutobodus,* king of the Teutones.

Teutonēs, -um, or **Teutonī, -ōrum,** m., *the Teutones,* a powerful German tribe.

textrīnus, -a, -um, *related to weaving.*

thalamus, -ī, m., *bedroom; marriage.*

Thēbae, -ārum, f., *Thebes.*

Thēbānī, -ōrum, m. *Thebans.*

thermae, -ārum, f., *warm baths; baths.* (thermometer)

Thermōdōn, -dontis, m., *Thermodon,* a river in Pontus.

Theseus, -ī, m., *Theseus,* most famous hero of Athens.

Thessalia, -ae, f., *Thessaly,* in northeastern Greece.

Thisbē, -ēs, f., *Thisbe,* Babylonian maiden, loved by Pyramus.

Thrācēs, -um, m., *Thracians.*

Thrācia, -ae, f., *Thrace,* a country in northern Greece.

Ti., *Tiberius,* a Roman forename.

Tiberis, -is, m., *the Tiber.*

tibia, -ae, f., *flute, pipe.*

tībicen, -inis, c., [**tibia + canō**], *flute player.*

Tīcīnus, -ī, m., *the Ticinus river.*

tigillum, -ī, n., *small beam; cottage.*

tigris, tigridis, c., *tiger.*

Tigurīnus, -ī, m., *Tigurian,* of one of the four divisions of the Helvetians.

timeō, -ēre, -uī, —, *fear, be afraid.*

timidus, -a, -um, [**timeō**], *timid, cowardly.*

timor, -ōris, m., [**timeō**], *fear, dread.* (timorous)

tingō or **tinguō, -ere, tīnxī, tīnctum,** *dye, wet, moisten.*

Tīrȳns, Tīrynthis, f., *Tiryns.*

Titūrius, -ī, m., *Q. Titurius Sabinus,* one of Caesar's officers.

titulus, -ī, m., *title, inscription.*

Tītan, -ānis, m., *Titan,* the Sun.

Titus, -ī, m., *Titus,* a Roman forename.

togātus, -a, -um, [**toga**], *wearing the toga*—i.e., civilian dress.

tolerō, -āre, -āvī, -ātum, *bear, endure, tolerate.*

tollō, -ere, sustulī, sublātum, *lift, carry up, raise; steal, remove; extol.*

Tolōsātēs, -ium, m., *the Tolosates,* a tribe near modern Toulouse.

tondeō, -ēre, totondī, tōnsum, *cut, shear.* (tonsorial)

tonitrus, -ūs, m., and **tonitrum, -ī,** n., *thunder.*

tonō, -āre, -uī, —, *thunder.*

tōnsor, -ōris, m., [**tondeō**], *barber.*

tōnstrīna, -ae, f., [**tondeō**], *barber's shop.*

tōnsūra, -ae, f., [**tondeō**], *clipping, shearing; pruning; tonsure.*

tormentum, -ī, n., [**torqueō,** *twist*], *windlass; missile; war engine* for hurling stones.

Torquātus, -ī, m., surname of *T. Manlius.*

torquis, -is, m., *collar, necklace.*

torreō, -ēre, -uī, tostum, *roast, burn; toast.*

torus, -ī, m., *bed, couch.*

tot, indecl., *so many.*

totidem, indecl., *just as many.*

tōtus, -a, -um, *all, entire, whole, total.*

tractō, -āre, -āvī, -ātum, [**trahō**], *draw, haul, pull; handle, manage, treat.*

tractus, -ūs, m., *territory.*

trādō, -ere, trādidī, trāditum, [**dō**], *hand over, deliver; hand down; relate, teach.*

trādūcō, -ere, -dūxī, -ductum, *lead across, transfer.*

trāgula, -ae, f., *dart, javelin.*

trahō, -ere, trāxī, trāctum, *draw, drag.* (traction)

trāiciō, -ere, -iēcī, -iectum, [**trāns + iaciō**], *throw across, lead across; transfix, pierce.* (trajectory)

trāiectus, -ūs, m., [**trāiciō**], *crossing, passage.*

trāmes, -itis, m., *path.*

trānō, -āre, -āvī, —, *swim across.*

tranquillitās, -ātis, f., *calm, stillness; tranquillity.*

tranquillus, -a, -um, *calm, still.*

•**trāns,** prep. with acc., *across, over; beyond.*

Trānsalpinus, -a, -um, *Transalpine, beyond the Alps.*

trānscendō, -ere, -scendī, —, [**trāns + scandō**], *climb*], *climb across; board.* (transcend)

•**trānseō, -īre, -iī** or **īvī, -itum,** *go over, cross.* (transit)

trānsferō, -ferre, -tulī, -lātum, *transfer; bear across.* (translate)

trānsfigō, -ere, -fīxī, -fīxum, *transfix, pierce through.*

trānsfodiō, -ere, -fōdī, -fossum, *transfix, pierce, impale.*

trānsfuga, -ae, m., *deserter.*

trānsgredior, -ī, -gressus, [**gradior,** *step*], *cross, go over.* (transgress)

trānsigō, -ere, -ēgī, -āctum, [**agō**], *transact, finish, perform; pass, spend.*

trānsiliō, -īre, -uī, —, [**trāns + saliō**], *jump across, leap over.*

trānsitus, -ūs, m., *passage.* (transit)

trānsmarīnus, -a, -um, [**mare**], *transmarine, across the sea.*

trānsmissus, -ūs, m., [**trānsmittō**], *crossing, passage.*

trānsmittō, -ere, -mīsī, -missum, *send across; go across; transmit.*

••**trānsportō, -āre, -āvī, -ātum,** *carry across, transport.*

trānsversus, -a, -um, *cross-wise, obliquely.*

Trasumēnus, -ī, m., *Trasumenus,* a lake in Etruria.

Trebia, -ae, m., *the Trebia river.*

Trebōnius, -ī, m., *C. Trebonius,* an officer of Caesar.

trecentēsimus, -a, -um, *three hundredth.*

trecentī, -ae, -a, *three hundred.*

•**tredecim,** indecl., *thirteen.*

tremebundus, -a, -um, *trembling.*

tremō, -ere, -uī,—, *tremble, shake, shudder.*

tremulus, -a, -um, *trembling.*

trepidātiō, -ōnis, f., [**trepidō**], *fear, alarm, trepidation.*

trepidō, -āre, -āvī, -ātum, *tremble, be afraid, waver.* (intrepid)

trepidus, -a, -um, *frightened.*

•**trēs, tria,** *three.*

Trēverī, ōrum, m., *the Treveri,* a Belgic people near the Rhine.

Trēverūs, -a, -um, *Treveran,* of the Treveri.

Triārius, -ī, m., *C. Triarius,* one of Pompey's officers.

Tribocēs, -um, or **Tribocī, -ōrum,** m., *the Triboces,* a German tribe near the Rhine.

tribūnal, -ālis, n., [**tribūnus**], *tribunal, judgment seat.*

tribūnātus, -ūs, m., [**tribūnus**], *tribuneship.*

•**tribūnus, -ī,** m., *tribune;* **tribūnus plēbis,** *tribune of the people;* **tribūnus mīlitum,** *tribune of the soldiers.*

•**tribuō, -ere, -uī, -ūtum,** *assign, allot, bestow; attribute.*

tribūtum, -ī, n., *tax, tribute.*

tricēsimus, -a, -um, [**trīgintā**], *thirtieth.*

trichila, -ae, f., *arbor, bower.*

trīclīnium, -ī, n., *dining room.*

tridēns, -dentis, *with three teeth;* as noun, m., *trident.*

••**trīduum, -ī,** n., *three days.*

triennium, -ī, n., *three years.* (triennial)

trigeminus, -a, -um, *triplet.*

trīgintā, indecl., *thirty.*

trīnī, -ae, -a, [**trēs**], *three each, triple, threefold.*

Trinobantēs, -um, m., *the Trinobantes,* a tribe in Britain.

tripertītō, adv., *in three parts.*

triplex, -icis, *threefold, triple.*

triquetrus, -a, -um, *three-cornered, triangular.*

•**trīstis, -e,** *sad, sorrowful.*

trīstitia, -ae, f., [**trīstis**], *sadness.*

triumphō, -āre, -āvī, -ātum, *triumph, celebrate a triumph.*

triumphus, -ī, m., *triumph, triumphal procession.*

triumvir, -ī, m., *triumvir,* one of three men associated together.

Trōia, -ae, f., *Troy,* a city in Asia Minor.

Trōiānus, -a, -um, *Trojan.*

truncus, -ī, m., *trunk* (of a tree).

trux, trucis, *wild, savage, fierce.*

·tū, tuī, pers. pron., *you, thou.*

tuātim, adv., *after your manner.*

tuba, -ae, f., *trumpet.*

··tueor, -ērī, tūtus, *guard, protect; watch over, gaze upon.*

tugurium, -ī, n., *cottage.*

tulī, see ferō.

Tulingī, -ōrum, m., *the Tulingi,* a German tribe north of the Helvetians.

Tullia, -ae, f., *Tullia,* daughter of Servius Tullius, and wife of Tarquin the Proud.

Tullius, -ī, m., *Servius Tullius,* sixth king of Rome.

Tullus, -ī, m., *Tullus Hostilius,* third king of Rome.

·tum, adv., *then, at that time;* cum . . . tum, *not only . . . but also.*

tumescō, -ere, -uī, *swell up.*

tumultus, -ūs, m., *uproar, stir.* (tumult)

··tumulus, -ī, m., [tumeō, swell], *mound, hillock.* (tumulus)

··tunc, adv., *then, at that time.*

tunica, -ae, f., *undergarment, shirt, tunic.*

turba, -ae, f., *crowd, throng; commotion.* (turbulent)

turbō, -āre, -āvī, -ātum, [turba], *disturb, agitate, throw into confusion.*

turma, -ae, f., *troop* (of 30 horsemen), *squadron.*

turmātim, adv., *by squadrons.*

·turpis, -e, *ugly, base; shameful.*

turpitūdō, -inis, f., [turpis], *baseness, disgrace; turpitude.*

·turris, -is, f., *tower.*

Tusculum, -ī, n., *Tusculum,* a town southeast of Rome.

tūtēla, -ae, f., [tueor], *tutelage, guardianship.*

tūtor, -ōris, m., [tueor], *guardian, tutor.*

·tūtus, -a, -um, [tueor], *safe, protected.*

·tuus, -a, -um, *your.*

tyrannus, -ī, m., *monarch; tyrant, despot.*

U

über, überis, *fertile, rich, abundant.*

·ubi, adv., *where; when.*

Ubiī -ōrum, m., *the Ubii,* a German tribe.

ubīque, adv., *anywhere, everywhere.* (ubiquitous)

ulcīscor, -ī, ultus, *avenge; punish.*

·ūllus, -a, -um, *any.*

ulmus, -ī, f., *elm tree.*

·ulterior, -ius, [ultrā], *farther, beyond.*

·ultimus, -a, -um, *farthest, last.* (ultimate)

ultrā, adv., and prep. with acc., *beyond, more than, besides.*

··ultrō, adv., *besides, beyond; voluntarily.*

ululātus, -ūs, m., *yell, shout.*

umbō, -ōnis, m., *boss* (of a shield).

umbra, -ae, f., *shade, shadow.* (umbrella)

ūmēns, ūmentis, *moist, wet.*

umerus, -ī, m., *upper arm, shoulder.* (humerus)

ūmidus, -a, -um, *damp, moist.* (humid)

ūmor, -ōris, m., *moisture, liquid.*

·umquam, adv., *at any time, ever.*

··ūnā, adv., *at the same time, together, along.*

unda, -ae, f., *wave.*

·unde, adv., *whence, from what place.*

·ūndecim, indecl., *eleven.*

ūndecimus, -a, -um, *eleventh.*

ūndēquīnquāgintā, indecl., *forty-nine.*

ūndētrīcēsimus, -a, -um, *twenty-ninth.*

ūndēvīcēsimus, -a, -um, *nineteenth.*

·ūndēvīgintī, indecl., *nineteen.*

·undique, adv., *from all sides.*

unguentum, -ī, n., *ointment.*

unguis, -is, m., *nail, claw, talon.*

unguō, -ere, ūnxī, ūnctum, *annoint.*

··ūniversus, -a, -um, *entire, whole, universal.*

·ūnus, -a, -um, *one, sole, single, only.*

urbānus, -a, -um, [urbs], *of the city, urban, urbane.* As noun, m., *city wit, urbane man.*

·urbs, urbis, f., *city; City* (of Rome).

urgeō, -ēre, ursī, —, *press hard; urge.*

urna, -ae, f., *urn, jar.*

urō, -ere, ūssī, ūstum, *burn.*

ūrus, -ī, m., *wild ox.*

ūsitātus, -a, -um, [ūtor], *usual, customary, ordinary.*

·**ūsque,** adv., *as far as, up to.*

ūsūrpō, -āre, -āvī, -ātum, [ūsus + rapiō], *seize upon, usurp; use.*

·**ūsus, -ūs,** m., [ūtor], *use, skill, advantage; experience.*

·**ut** or **utī,** conj., *in order that; that, so that; as, when;* **ut prīmum,** *as soon as.*

utcumque, adv., *somehow; however.*

ūter, ūtris, m., *skin.*

·**uter, utra, utrum,** *which, (of two).*

·**uterque, -traque, -trumque,** *each, both;* pl., *both sides.*

·**ūtilis, -e,** [ūtor], *useful; advantageous.* (utility)

utinam, interj., *Would that!*

·**ūtor, ūtī, ūsus,** *use, employ, make use of; enjoy;* with abl.

utrimque, adv., *on both sides, from both sides.*

utrum, adv., *whether;* **utrum . . . necne,** *whether . . . or not.*

ūva, -ae, f., *grape.*

·**uxor, -ōris,** f., *wife.* (uxorious)

V

vacātiō, -ōnis, f., [vacō], *exemption.* (vacation)

vacō, -āre, -āvī, -ātum, *be empty; be vacant; be idle.*

··**vacuus, -a, -um,** [vacō], *empty, vacant, unoccupied.*

·**vadum, -ī,** n., *ford, shoal; channel.*

vae, interj., *alas.*

vāgīna, -ae, f., *sheath, scabbard.*

vāgītus, -ūs, m., *crying.*

··**vagor, -ārī, -ātus,** *wander, roam.* (vagrant)

vagus, -a, -um, *roving, wandering.*

valē, *farewell, good-by.* (valedictorian)

·**valeō, -ēre, -uī, -itum,** *be strong; be well; prevail; be worth.*

Valerius, -ī, m., *Valerius,* name of a Roman gens.

valētūdō, -inis, f., [valeō], *health; ill health; illness.*

·**validus, -a, -um,** [valeō], *strong, powerful.*

·**vallēs** or **vallis, -is,** f., *valley.*

·**vāllum, -ī,** n., *wall, rampart; intrenchment.*

vallus, -ī, m., *stake.*

valor, -ōris, m., [valeō], *valor.*

Vangiōnēs, -um, m., *the Vangiones,* a German tribe.

vaniloquor, -ī, -locūtus, *talk idly.*

vānus, -a, -um, *empty, vain; false, untrustworthy.*

vapulō, -āre, -āvī, -ātum, *be beaten.*

varietās, -ātis, f., *variety, difference; mottled appearance.*

varius, -a, -um, *different, various, diverse.*

Varrō, -ōnis, m., *C. Terentius Varro,* consul defeated by Hannibal at Cannae.

vās, vāsis, n., *vessel, dish; vase.*

·**vāstō, -āre, -āvī, -ātum,** *lay waste, ravage, devastate.*

vāstus, -a, -um, *huge, vast; monstrous.*

vātēs, -is, c., *soothsayer, prophet.*

vāticinātiō, -ōnis, f., [vāticinor, *predict*], *prophecy, prediction.* (vaticination)

Vatinius, -ī, m., *P. Vatinius,* a supporter of Caesar.

-ve, enclitic conj., *or.*

vectīgal, -ālis, n., *tax, tribute, revenue.*

vectōrius, -a, -um, [vehō], *for carrying;* **vectorium navigium,** *transport.*

vegetus, -a, -um, [vegeō, *move*], *lively, bright, quick.*

·**vehemēns, -entis,** *violent, severe; vehement.*

vehementer, adv., *vehemently, vigorously; exceedingly, very much.*

vehiculum, -ī, n., [vehō], *carriage, vehicle.*

·**vehō, -ere, vexī, vectum,** *bear, carry;* pass., *ride, sail.*

Veiēns, -entis, *of Veii.*

Veientānus, -a, -um, *of Veii, Veientian.*

Veiī, -ōrum, m., *Veii,* a city of Etruria.

·**vel,** adv., *or, or even, indeed;* **vel . . . vel,** *either . . . or.*

vēlāmen, -inis, n., *veil, covering.*

Veliocassēs, -ium, m., *the Veliocasses,* a state north of the Sequana.

Vellaviī, -ōrum, m., *the Vellavii,* a people of central Gaul.

vellus, -eris, n., *fleece.*

vēlō, -āre, -āvī, -ātum, *veil, cover.*

vēlōcitās, -ātis, f., [vēlōx], *speed, swiftness; velocity.*

vēlōx, -ōcis, *swift.*

vēlum, -ī, n., *sail; curtain;* vēla ventīs dare; *to sail away.*

velut or velutī, adv., *just as, as if.*

vēnātiō, -ōnis, f., [vēnor, hunt], *hunting; the chase.*

vēnātor, -ōris, m., [vēnor, hunt], *hunter.*

·vēndō, -ere, vendidī, venditum, *sell.*

Venellī, -ōrum, m., *the Venelli, a Gallic people on the northeast coast.*

venēnum, -ī, n., *poison; drug.*

venerātiō, -ōnis, f., [veneror], *veneration, reverence, worship.*

Venetī, -ōrum, m., *the Veneti, a Gallic tribe on the west coast.*

Veneticus, -a, -um, *Venetan, of the Veneti.*

venia, -ae, f., *favor, pardon; permission.*

·veniō, -īre, vēnī, ventum, *come.*

venter, -tris, m., *belly.* (ventral)

ventitō, -āre, -āvī, -ātum, *keep coming.*

·ventus, -ī, m., *wind.* (ventilate)

Venus, -eris, f., *Venus.*

verber, -eris, n., *lash, whip; flogging.*

verberō, -ōnis, m., *scoundrel, rascal.*

Verbigenus, -ī, m., *Verbigen, a canton of the Helvetians.*

verbōsus, -a, -um, [verbum], *verbose; copious.*

·verbum, -ī, n., *word.* (verbal)

Vercassivellaunus, -ī, m., *Vercassivellaunus, a chief of the Arverni.*

Vercellae, -ārum, f., *Vercellae, a town in northern Italy.*

Vercingetorīx, -orīgis, m., *Vercingetorix, chief of the Arverni.*

verēcundia, -ae, f., [vereor], *shame; respect; modesty.*

·vereor, -ērī, -itus, *fear, dread; revere; respect.*

Vergilius, -ī, m., *Vergil, the Roman poet.*

Verginia, -ae, f., *Verginia, daughter of the centurion Verginius.*

Verginius, -ī, m., *Verginius, a centurion.*

vergō, -ere, —, *incline, lie, slope.* (verge)

vēritās, -ātis, f., [vērus], *truth.*

vērō, adv., *truly, in truth.*

versiculus, -ī, m., *verse.*

versō, -āre, -āvī, -ātum, [vertō], *turn often; shift, change.*

versor, -ārī, -ātus, [vertō], *move about; live, dwell; be.*

versus, adv. and prep. with acc., *toward, in the direction of.*

versus, -ūs, m., [vertō], *line, row; verse.*

Verticō, -ōnis, m., *Vertico, one of the Nervii.*

·vertō, -ere, vertī, versum, *turn, direct, change;* terga vertere, *turn and flee; flee.*

vērum, -ī, n., *truth.*

·vērus, -a, -um, *true.*

verūtum, -ī, n., *dart.*

vescor, -ī, —, *feed on, eat; with abl.*

··vesper, -erī and -eris, m., *evening.* (vespers)

vesperī, adv., *in the evening.*

Vesta, -ae, f., *Vesta, goddess of the hearth.*

Vestālis, -e, *Vestal, of Vesta.*

·vester, -tra, -trum, *your, yours.*

vestibulum, -ī, n., *entrance, court; vestibule.*

vēstigium, -ī, n., *footstep, track; trace; vestige.*

vestiō, -īre, -īvī, -ītum, [vestis], *clothe.*

·vestis, -is, f., *clothes, clothing, garment, robe.* (vestment)

vestītus, -ūs, m., [vestiō], *clothing.*

veterānus, -a, -um, [vetus], *old, veteran.*

vetō, -āre, -uī, -itum, *forbid.* (veto)

Veturia, -ae, f., *Veturia, mother of Coriolanus.*

Veturius, -ī, m., *T. Veturius, consul in 321 B.C.*

·vetus, -eris, *old, former, ancient.*

vēxillum, -ī, n., *flag, banner.*

vexō, -āre, -āvī, -ātum, *abuse, vex, molest.*

·via, -ae, f., *way, road, street; journey.* (via)

viātor, -ōris, m., [via], *traveller.*

vīcēnī, -ae, -a, [vīgintī], *twenty each.*

vīcēsimus, -a, -um, [vīgintī], *twentieth.*

vīciēs, adv., *twenty times.*

vīcīnia, -ae, f., *neighborhood; proximity.*

··vīcīnus, -a, -um, *neighboring;* as noun, m., *neighbor.* (vicinity)

vicis -is, f., *turn, change;* in vicem, *in turn.* (vice versa)

victima, -ae, f., *victim; animal for sacrifice.*

··victor, -ōris, m., [vincō], *victor, conqueror.* As adj., *triumphant.*

·victōria, -ae, f., *victory.*

victrix, -īcis, f., *victress, conqueress.*

vīctus, -ūs, m., [vīvō], *food, provisions; way of life.*

··vīcus, -ī, m., *village, hamlet; street, row of houses.*

·videō, -ēre, vīdī, vīsum, *see, perceive; observe, understand;* pass., *seem, seem best.*

vigil, -ilis, m., *watchman.*

·vigilia, -ae, f., *watch* (a fourth part of the night), *vigil, wakefulness.*

··vigilō, -āre, -āvī, -ātum, *watch; keep awake.* (vigilant)

·vīgintī, indecl., *twenty.*

vīlis, -e, *cheap, of small price.*

·vīlla, -ae, f., *farmhouse, villa.*

villōsus, -a, -um, *shaggy.*

vīmen -inis, n., *twig, shoot.*

vinciō, -īre, vinxī, vinctum, *bind, fetter; restrain.*

·vincō, -ere, vīcī, victum, *conquer, defeat; surpass, exceed.*

··vinculum or vinclum, -ī, n., [vinciō], *bond, fetter, chains;* pl., *imprisonment.*

vindex, -icis, m., *defender, protector.*

vindicō, -āre, -āvī, -ātum, *claim, vindicate; punish, avenge.*

vīnea, -ae, f., *vinea, movable shed.*

vīnētum, -ī, n., *vineyard.*

·vīnum, -ī, n., *wine.*

violēns, -entis, and violentus, -a, -um, *violent.*

vīpera, -ae, f., *viper, serpent.*

·vir, virī, m., *man; husband.* (virile)

·vīrēs, -ium, f., [vīs], *strength.*

virga, -ae, f., *twig, switch, rod.*

virgineus, -a, -um, *maidenly.*

virgō, -inis, f., *maiden; virgin.*

virgultum, -ī, n., [virga], *brushwood.*

Viriāthus, -ī, m., *Viriathus,* leader of the Lusitanians.

Viridomārus, -ī, *Viridomarus,* an Aeduan leader.

viridis, -e, *fresh, green; blooming, youthful.*

virīlis, -e, [vir], *manly, virile; mature.*

virītim, adv., *man by man; individually.*

Viromanduī, -ōrum, m., *the Viromandui,* a Belgic people.

·virtūs, -ūtis, f., [vir], *manliness, courage, bravery, virtue.*

·vīs, vīs, f., *force, violence, power;* pl., vīrēs, -ium, *strength.*

viscus, -eris, n., *entrails, vitals.*

vīsō, -ere, vīsī, vīsum, *go to see, visit, look at.*

vīsus, -ūs, m., [videō], *look, sight, appearance; vision.*

·vīta, -ae, f., *life.* (vital)

vitiō, -āre, -āvī, -ātum, *make faulty, spoil, damage; vitiate.*

vitium, -ī, n., *fault, defect, vice.*

··vītō, -āre, -āvī, -ātum, *shun, avoid.*

vitrum, -ī, n., *woad,* a blue dye used by the Britons.

vitta, -ae, f., *band, ribbon; fillet.*

·vīvō, -ere, vīxī, victum, *live, dwell.*

··vīvus, -a, -um, *alive, living.* (vivacity)

·vix, adv., *scarcely, hardly; with difficulty.*

vocābulum, -ī, n., [vocō], *name, word.* (vocabulary)

vocātiō, -ōnis, f., [vocō], *calling; vocation.*

·vocō, -āre, -āvī, -ātum, *call, summon, invoke.* (vocation)

Vocontiī, -ōrum, m., *the Vocontii,* a Gallic tribe.

volātus, -ūs, m., [volō], *flight.*

Volcae, -ārum, m., *the Volcae,* a Gallic tribe in the Province.

Volcānus, -ī, m., *Vulcan.*

volitō, -āre, -āvī, -ātum, [volō], *fly about, hover over.*

·volō, -āre, -āvī, -ātum, *fly.*

·volō, velle, voluī, —, *wish, be willing, want; mean.* (voluntary)

Volscī, -ōrum, m., *the Volscians,* a highland tribe southeast of Rome.

volubilis, -e, *winding, twisting.*

volucer, -cris, -cre, *winged, flying.* As noun, m., *bird.*

Volumnia, -ae, f., *Volumnia,* wife of Coriolanus.

voluntārius, -a, -um, [**voluntās**], *willing, voluntary.* As noun, m., *volunteer.*

·**voluntās, -ātis,** f., [**volō**], *will, wish, desire; favor, consent.*

voluptās, -ātis, f., [**volō**], *pleasure, delight, enjoyment.*

Volusēnus, -ī, m., *C. Volusenus,* a tribune in Caesar's army.

volvō, -ere, volvī, volūtum, *roll, revolve.*

Vorēnus, -ī, m., *Vorenus,* a centurion in Caesar's army.

vōtum, -ī, n., [**voveō**], *vow, prayer.*

voveō, -ēre, vōvī, vōtum, *vow, dedicate, consecrate.*

vōx, vōcis, f., *voice; utterance, sound.*

Vulcānus, -ī, m., *Vulcan,* god of fire.

vulgō, adv., *commonly, generally, usually.*

vulgus, -ī, n., *common people, crowd, rabble, mob.* (vulgar)

·**vulnerō, -āre, -āvī, -ātum,** *wound, injure, harm, pain.* (vulnerable)

·**vulnus, -eris,** n., *wound.*

vultus, -ūs, m., *face, expression.*

X

Xanthippus, -ī, m., *Xanthippus,* a general of the Lacedaemonians.

Xenophōn, -ōntis, m., *Xenophon,* a Greek historian.

Z

Zama, -ae, f., *Zama,* a town in Numidia, scene of the victory of Scipio over Hannibal.

Zētēs, -ae, m., *Zetes,* one of the Argonauts.

zōna, -ae, f., *zone.*

A statue of Thalia, muse of comedy and bucolic poetry

English—Latin

Regular verbs of the first conjugation are indicated by (1).

A

able, be able, *possum, posse, potuī.*

about, (prep.), *dē,* with abl.; (adv. with numerals), *circiter.*

absent, be absent, *absum, abesse, āfuī.*

across, *trāns,* with acc.

advance, *prōcēdō, -ere, -cessī, -cessum; prō-gredior, -ī, -gressus.*

afraid, be afraid, *timeō, -ēre, -uī.*

Africa, *Āfrica, -ae, f.*

after, *(prep.), post,* with acc.; (conj.) *post-quam.*

afterwards, *posteā.*

against, *in, contrā,* with acc.

aid, *auxilium, -ī,* n.

all, *omnis, -e; tōtus, -a, -um.*

allow, *patior, patī, passus.*

allowed, it is allowed, *licet, -ēre, licuit,* with dat. and infin.

ally, *socius, -ī,* m.

already, *iam.*

although, *quamquam,* with indic; *cum* with subj.

always, *semper.*

ambush, *īnsidiae, -ārum,* f.

among, *apud* or *inter,* with acc.

and, *et, atque, -que.*

animal, *animal, -ālis,* n.

announce, *nūntiō,* (1).

another, *alius, alia, aliud.*

any, *ūllus, -a, -um.*

approach, *appropinquō,* (1); *accēdō, -ere, -cessī, -cessum.*

approve, *probō* (1)

arise, *orior, -īrī, ortus.*

arms, *arma, -ōrum,* n.

army, *exercitus, -ūs,* m.

around, *circum,* with acc.

arouse, *incitō,* (1).

arrive, *perveniō, -īre, -vēnī, -ventum,* with ad and acc.

arrow, *sagitta, -ae, f.*

as soon as, *simul atque, simul ac,* with indic.

ask, *rogō,* (1) with acc., *ut* or *nē,* and subj.

at, (place where), *in* with abl; *apud* with acc.

at once, *statim.*

attack, *impetus, -ūs,* m.

attack, *oppugnō,* (1); *impetum facere in.*

at that time, then, *tum.*

await, *exspectō,* (1).

away from, *ab,* with abl.

B

bad, *malus, -a, -um.*

band, *manus, -ūs,* f.

bank, *rīpa, -ae,* f.

battle, *proelium, -ī,* n.

be, *sum, esse, fuī.*

be absent, be away, *absum, abesse, āfuī.*

be in command of, *praesum, -esse, -fuī,* with dat.

be near, be present, *adsum, adesse, adfuī.*

bear, *ferō, ferre, tulī, lātum.*

beautiful, *pulcher, -chra, -chrum.*

because, *quod.*

because of, *ob* or *propter* with acc.

become, *fiō, fierī, factus.*

befall, *obtingō, -ere, -tigī, —; accidō, -ere, cidī.*

before, (prep.), *ante* with acc.; (conj.), *antequam.*

beg, *ōrō,* (1); *petō, -ere, petīvī, petītum,* with ā or ab and abl.; *ut* or *nē* and subj.

begin, *incipiō, -ere, -cēpī, -ceptum;* **begin battle,** *proelium committō, -ere, -mīsī, -missum.*

behind, *post,* with acc.

believe, *crēdō, -ere, credidī, creditum,* with dat.

besiege, *obsideō, -ēre, -sēdī, -sessum.*

best, *optimus, -a, -um.*

better, *melior, melius.*

between, *inter,* with acc.

bird, *avis, -is,* f.

blood, *sanguis, sanguinis,* m.

body, *corpus, -oris,* n.

book, *liber, librī,* m.

booty, *praeda, -ae,* f.

both . . . and, *et . . . et.*

boundary, *fīnis, -is,* m.

boy, *puer, puerī,* m.

brave, *fortis, -e;* **bravely,** *fortiter.*

bravery, *virtūs, virtūtis,* f.

bread, *pānis, -is,* m.

break, *frangō, -ere, frēgī, frāctum.*

break camp, *castra moveō, -ēre, mōvī, mōtum.*

bridge, *pōns, pontis,* m.

bring, *ferō, ferre, tulī, lātum.*

Britain, *Britannia, -ae,* f.

brother, *frāter, frātris,* m.

build, *aedificō,* (1).

building, *aedificium, -ī,* n.

burn, *incendō, -ere, -cendī, -cēnsum.*

business, *negōtium, negōtī,* n.

but, *sed.*

buy, *emō, -ere, ēmī, ēmptum.*

by, (means), abl. with no prep.; (agent), abl. with *ā, ab.*

C

Caesar, *Caesar, -aris,* m.

call, *appellō,* (1); *vocō,* (1).

call together, *convocō,* (1).

camp, *castra, -ōrum,* n.

can, *possum, posse, potuī.*

captive, *captīvus, -ī,* m.

capture, *capiō, -ere, cēpī, captum.*

care, *dīligentia, -ae,* f.; *cūra, -ae,* f.

carry, *portō,* (1); **carry off,** *rapiō, -ere, rapuī, raptum.*

cart, *carrus, -ī,* m.

Carthage, *Carthāgō, -inis,* f.

catch, *capiō, -ere, cēpī, captum.*

cavalry, *equitēs, -um,* m.; *equitātus, -ūs,* m.

celebrate a triumph, *triumphō,* (1).

centurion, *centuriō, -ōnis,* m.

certain, *quīdam, quaedam, quoddam; certus, -a, -um.*

charge, be in charge of, *praesum, -esse, -fuī,* with dat.; **put in charge of,** *praeficiō, -ere, -fēcī, -fectum,* with acc. and dat.

chief, *prīnceps, prīncipis,* m.

children, *līberī, -ōrum,* m.

citizen, *cīvis, -is,* m.

citizenship, *cīvitās, -ātis,* f.

city, *urbs, urbis,* f.

climb, *ascendō, -ere, -cendī, -cēnsum.*

close, *claudō, -ere, clausī, clausum.*

collect, *cōgō, -ere, coēgī, coāctum.*

come, *veniō, -īre, vēnī, ventum;* **come together,** *conveniō.*

command, *imperātum, -ī,* n.

command, *imperō,* (1), with dat., and *ut* or *nē* and subj.; *iubeō, -ēre, iussī, iussum,* with acc. and infin.; **be in command,** *praesum, -esse, -fuī,* with dat.

commander, *imperātor, -ōris,* m.

common people, *plēbs, plēbis,* f.

compel, *cōgō, -ere, coēgī, coāctum.*

comrade, *socius, socī,* m.

confer, *colloquor, -ī, -locūtus.*

conquer, *superō,* (1); *vincō, -ere, vīcī, victum.*

considering, *prō,* with abl.

consul, *cōnsul, consulis,* m.

country, *patria, -ae,* f.; *fīnēs, -ium,* m.; *rūs, rūris,* n.

courage, *virtūs, -ūtis,* f.

cross, *trānseō, -īre, iī,* or *īvī, itum.*

cruel, *crūdēlis, -e.*

D

daily, (adj.); *cotīdiānus, -a, -um;* (adv.); *cotīdiē.*

danger, *perīculum, -i,* n.

dangerous, *perīculōsus, -a, -um.*

dare, *audeō, -ēre, ausus.*

daughter, *fīlia, -ae,* f.

day, *diēs, diēī,* m.

death, *mors, mortis,* f.

decide, cōnstituō, -ere, -uī, -ūtum.
declare, cōnfirmō, (1).
deed, factum, -ī, n.
deep, altus, -a, -um.
defeat, superō, (1); vincō, -ere, vīcī, victum.
defend, dēfendō, -ere, -fendī, -fēnsum.
delay, moror, (1).
depart, discēdō, -ere, -cessī, -cessum.
depth, altitūdō, -inis, f.
desire, cupiō, -ere, cupīvī, cupītum.
destroy, dēleō, ēre, dēlēvī, dēlētum.
devastate, vāstō, (1).
die, morior, morī, mortuus.
difficult, difficilis, -e.
dignity, dignitās, -ātis, f.
diligent, dīligēns, diligentis.
divide, dīvidō, -ere, -vīsī, -vīsum.
do, faciō, -ere, fēcī, factum.
dog, canis, -is, c.
door, porta, -ae, f.
down from, dē, with abl.
drink, bibō, -ere, bibī.
drive, agō, -ere, ēgī, āctum

E

each, quisque, quidque.
easy, facilis, -e; easily, facile.
end, fīnis, -is, m.
end, fīniō, -īre, -īvī, -ītum.
enemy, hostis, -is, m.; hostēs, -ium, m.
enough, satis.
equal, aequus, -a, -um.
escape, effugiō, -ere, -fugī.
every, omnis, -e.
exercise, exerceō, -ēre, uī, -itum.
explore, explōrō, (1).
extend, pateō, -ēre, -uī.

F

faithful, fīdus, -a, -um; fidēlis, -e.
fall, cadō, -ere, cecidī, cāsum.
famous, clārus, -a, -um.
far, longē; procul.
farmer, agricola, -ae, m.

farmhouse, vīlla, -ae, f.
fast, celer, celeris, celere.
father, pater, patris, m.
fatherland, patria, -ae, f.
fear, timor, -ōris, m.
fear, timeō, -ēre, -uī, with nē or ut and subj.
few, paucī, -ae, -a.
field, ager, agrī, m.
fierce, ācer, ācris, ācre; fiercely, ācriter.
fight, pugnō, (1)
fill, compleō, -ēre, -plēvī, -plētum.
find, inveniō, -īre, -vēnī, -ventum.
find out, cognoscō, -ere, -nōvī, -nitum; comperiō, -īre, -perī, -pertum.
finish, fīniō, -īre, -īvī, -ītum; perficiō, -ere, -fēcī, -fectum.
fire, ignis, -is, m.
first, prīmus, -a, -um; at first, prīmō.
flee, fugiō, -ere, fūgī, —
fleet, classis, -is, f.
flight, fuga, -ae, f.
flower, flōs, flōris, m.
fly, volō, (1).
follow, sequor, -ī, secūtus.
following, posterus, -a, -um.
food, cibus, -ī, m.
foot, pēs, pedis, m.
foot soldier, pedes, peditis, m.
force, cōgō, -ere, coēgī, coāctum, with acc. and infin.
forces, cōpiae, -ārum, f.
ford, vadum, -ī, n.
forest, silva, -ae, f.
for the sake of, causā or grātiā, with preceding genitive.
fortification, mūnītiō, -ōnis, f.
fortify, mūniō, -īre, -īvī, -ītum.
fortress, castellum, -ī, n.
forum, forum, -ī, n.
free, līber, lībera, līberum.
free, līberō, (1).
friend, amīcus, -ī, m.
friendly, amīcus, -a, -um.
friendship, amīcitia, -ae, f.
frighten, terreō, -ēre, -uī, -itum.
from, ab, dē, or ex, with abl.
front, in front of, prō, with abl.

G

game, *lūdus, -ī,* m.
garrison, *praesidium, -ī,* n.
gate, *porta, -ae,* f.
Gaul, *Gallia, -ae,* f.
Gauls, *Gallī, -ōrum,* m.
general, *dux, ducis,* m; *imperātor, -ōris,* m.
German, *Germānus, -a, -um.*
Germans, *Germānī, -ōrum,* m.
Germany, *Germānia, -ae,* f.
get possession of, *potior, -īrī, potītus,* with abl.
gift, *dōnum, -ī,* n.; *mūnus, -eris,* n.
girl, *puella, -ae,* f.
give, *dō, dare, dedī, datum.*
go, *eō, īre, īvī* or *iī, itum;* **go across,** *trānseō;* **go out,** *exeō.*
god, *deus, deī,* m.
goddess, *dea, -ae,* f.
gold, *aurum, -ī,* n.
good, *bonus, -a, -um.*
grain, *frūmentum, -ī,* n.
grass, *herba, -ae,* f.
great, *magnus, -a, -um;* **greatly,** *magnopere.*
greed, *avāritia, -ae,* f.
grow, *crescō, -ere, crēvī, crētum.*
guard, *praesidium, -ī,* n.; *custōs, custōdis,* m.
guard, *custōdiō, -īre, -īvī, ītum.*
guest, *hospes, hospitis,* m.

H

hand, *manus, -ūs,* f.
happen, *accidō, -ere, accidī; fīō, fīerī, factus.*
happy, *fēlix, fēlicis.*
harbor, *portus, -ūs,* m.
harm, *noceō, -ēre, -uī, -itum;* dat.
hasten, *properō, (1); contendō, -ere, contendī, contentum.*
have, *habeō, -ēre, -uī, -itum.*
he, *is; hic; ille.*
hear, *audiō, -īre, -īvī, -ītum.*
heavy, *gravis, -e.*
help, *iuvō, -āre, iūvī, iūtum.*
here, *hīc.*

hesitate, *dubitō,* (1), with infin.
high, *altus, -a, -um;* **highest,** *summus, -a, -um.*
hill, *collis, -is,* m.; *mōns, montis,* m.
himself, *ipse, ipsa, ipsum,* (intensive); *suī,* (reflexive).
his, *eius; suus -a, -um,* (reflexive).
hold, *teneō, -ēre, -uī, tentum.*
home, *domus, -ūs,* f.
hope, *spēs, speī,* f.
hope, *spērō* (1).
horse, *equus, -ī,* m.
horseman, *eques, -itis,* m.
hostage, *obses, obsidis,* c.
hour, *hora, -ae,* f.
house, *domus, -ūs,* f.
how, *quō modo.*
how much, how large, *quantus, -a, -um.*
how many, *quot* (indeclin.).
huge, *ingēns, -entis.*

I

I, *ego.*
if, *sī.*
immortal, *immortālis, -e.*
in, *in,* with abl.
increase, *augeō, -ēre, auxī, auctum.*
infantry, *peditēs, -um,* m.; *peditātus, ūs,* m.
inform, *certiōrem facere.*
in order that, *ut,* neg. *nē,* with subj.
interrupt. *intermittō, -ere, -mīsī, -missum.*
into, *in* with acc.
island, *īnsula, -ae,* f.
Italy, *Ītalia, -ae,* f.

J

javelin, *pīlum, -ī,* n.
join, *iungō, -ere, iūnxī, iūnctum;* **join battle,** *proelium committō, -ere, -mīsī, -missum.*
journey, *iter, itineris,* n.
judge, *iūdex, iūdicis,* m.
judge, *iūdicō,* (1).

K

kill, *interficiō, -ere, -fēcī, -fectum; occīdō, -ere, -cīdī, -cīsum.*

kind, *genus, -eris,* n.

king, *rēx, rēgis,* m.

kingdom, *regnum, -ī,* n.

know, *sciō, scīre, scīvī, scītum.*

L

lands, *fīnēs, -ium,* m.

large, *magnus, -a, -um.*

late, *tardus, -a, -um.*

laugh, *rideō, -ēre, -rīsī, -rīsum.*

law, *lēx, lēgis,* f.

lead, *ducō, -ere, dūxī, ductum;* **lead across,** *trādūcō;* **lead back,** *redūcō;* **lead out,** *ēdūcō.*

leader, *dux, ducis,* m.

learn, *cognōscō, -ere, cognōvī, cognitum.*

leave, *relinquō, -ere, relīquī, relictum; excēdō, -ere, -cessī, cessum.*

legion, *legiō, -ōnis,* f.

less, *minor, minus* (adj.); *minus* (adv.).

letter, *epistula, -ae,* f.; *littera, -ae,* f.

lie, *iaceō, -ēre, -uī.*

lieutenant, *lēgātus, -ī,* m.

life, *vīta, ae,* f.

light, *levis, -e.*

line of battle, *aciēs, -ēī,* f.

listen to, *audiō, īre, -īvī, -ītum.*

little, *parvus, -a, -um;* **a little,** *paulō;* **little by little,** *paulātim.*

live, *vīvō, -ere, vīxī, vīctum; habitō,* (1); *incolō, -ere, -uī, -cultum.*

long, *longus, -a, -um.*

look at, *spectō,* (1).

lose, *āmittō, -ere, -mīsī, -missum*

love, *amō,* (1)

M

magistrate, *magistrātus, -ūs,* m.

make, *faciō, -ere, fēcī, factum;* **make war on,** *bellum īnferō, -ferre, intulī, illātum.*

man, *vir, virī,* m.; *homō, hominis,* m.

many, *multī, -ae, -a.*

march, *iter, itineris,* n.

march, *iter faciō, -ere, fēcī, factum.*

Marcus, *Mārcus, -ī,* m.

matter, *rēs, reī,* f.

meanwhile, *interim; intereā.*

meet, *occurrō, -ere, -currī, -cursum;* with dat.

merchant, *mercātor, -ōris,* m.

messenger, *nūntius, nūntī,* m.

middle of, *medius, -a, -um.*

mile, *mīlle passūs;* **miles,** *mīlia passuum.*

miserable, *miser, misera, miserum.*

money, *pecūnia, -ae,* f.

month, *mēnsis, -is,* m.

more, *plūs, pluris,* n.; with gen.; pl., *plūrēs, plūra;* adv., *magis.*

most, *plūrimus, -a, -um.*

mother, *māter, mātris,* f.

mountain, *mōns, montis,* m.

move, *moveō, -ēre, mōvī, mōtum.*

much, *multus, -a, um.*

multitude, *multitūdō, -inis,* f.

N

name, *nōmen, -inis,* n.

nation, *gēns, gentis,* f.

natural, *naturalis, -e.*

near, *ad,* with acc.

nearest, *proximus, -a, -um.*

neighboring, *fīnitimus, -a, -um.*

never, *numquam.*

nevertheless, *tamen.*

new, *novus, -a, -um.*

night, *nox, noctis,* f.

no, *nūllus, -a, -um.*

no one, *nēmō, -inis,* c.; *nūllus, -ī,* m.

nobility, *nōbilitās, -ātis,* f.

noble, *nōbilis, -e.*

noise, *clāmor, -ōris,* m.

noon, *merīdiēs, -ēī,* m.

not, *nōn.*

nothing, *nihil,* def.

now, *nunc; iam.*

number, *numerus, -ī,* m.

O

obey, *pareō, -ēre, -uī, itum,* with dat.
often, *saepe.*
on, *in,* with abl.
on account of, *ob* or *propter,* with acc.
one, *ūnus, -a, -um;* **the one . . . the other,**
   alter . . . alter.
only, *sōlus, -a, -um.*
open, *apertus -a, -um.*
open, *aperiō, -īre, -uī, -pertum.*
oppose, *obsistō, -ere, -stitī,* with dat.
order, *imperātum, -ī, n.*
order, *iubeō, -ēre, iussī, iussum,* with acc.
   and infin.; *imperō,* (1), with dat., and *ut*
   or *nē* and subj.
order, in order that, *ut,* (negative *nē*),
   with subj.
other, *alius, -a, -ud;* **the other of two,** *alter,*
   -era, -erum; **the others,** *cēterī, -ae, -a.*
ought, *dēbeō, -ēre, -uī,* with infin; *oportet,*
   impers., with acc. and infin.
our, *noster, -tra, -trum;* **our men,** *nostrī,*
   -ōrum, m.
out of, *ex,* with abl.
own, his own, *suus, -a, -um.*

P

part, *pars, partis, f.*
peace, *pāx, pācis, f.*
people, *populus, -ī, m.;* **common people,**
   plēbs, plēbis, f.
perish, *pereō, -īre, -iī, -itum.*
permit, *licet, -ēre, -uit;* impers., with dat.
   and infin.
persuade, *persuadeō, -ēre, -suāsī, -suāsum,*
   with dat., and *ut* or *nē* and subj.
pike, *pīlum, -ī, n.*
pitch camp, *castra pōnō, -ere, posuī, po-*
   situm.
place, *locus, -ī, m. and n.*
place, *pōnō, -ere, posuī, positum.*
place in command, place in charge,
   praeficiō, -ere, -fēcī, fectum, with acc. and
   dat.
plan, *cōnsilium, -ī, n.*
play, *lūdō, -ere, lūsī, lūsum.*

please, *placeō, -ēre, -uī, -itum,* with dat.
pleasing, *grātus, -a, -um.*
plebeians, *plēbs, plēbis, f.*
poet, *poēta -ae, m.*
power, *potestās, -ātis, f.; imperium, -ī, n.*
powerful, *potēns, potentis.*
praise, *laudō,* (1).
prefer, *mālō, mālle, māluī.*
prepare, *parō,* (1).
prevent, *prohibeō, -ēre, -uī, -itum,* with
   acc. and infin.
proceed, *prōgredior, -ī, -gressus; prōcēdō,*
   -ere, -cessī, -cessum.
prohibit, *prohibeō, -ēre, -uī, -itum,* with
   acc. and infin.
promise, *polliceor, -ērī, -itus.*
province, *prōvincia, -ae, f.*
punishment, *poena, -ae, f.*
put in command, put in charge, *praeficiō,*
   -ere, -fēcī, -fectum, with acc. and dat.

Q

queen, *rēgīna, -ae, f.*
quick, *celer, celeris, celere;* **as quickly as**
   possible, *quam celerrimē.*

R

rampart, *vāllum, -ī, n.*
rather, *potius.*
reach, *perveniō, -īre, -vēnī, -ventum,* with
   ad and acc.
read, *legō, -ere, lēgī, lēctum.*
ready, *parātus, -a, -um.*
realize, *sentiō, -īre, sēnsī, sēnsum.*
recall, *revocō,* (1).
receive, *accipiō,* or *recipiō, -ere, -cēpī, -cep-*
   tum.
remain, *maneō, -ēre, mānsī, mānsum.*
remaining, *reliquus, -a, -um.*
report, *nūntiō,* (1).
republic, *rēs pūblica, reī pūblicae, f.*
resist, *resistō, -ere, stitī,* with dat.
rest, the rest, *reliquī, -ae, -a.*
retreat, *sē recipiō, -ere, -cēpī, -ceptum.*
return, give back, *reddō, -ere, -didī, -di-*
   tum; **go back,** *redeō, -īre, -iī, -itum.*

reward, *praemium, -ī,* n.
river, *flūmen, -inis,* n.
road, *via, viae,* f.; *iter, itineris,* n.
Roman, *Rōmānus, -a, -um.*
Rome, *Rōma, -ae,* f.; **at Rome,** *Rōmae.*
route, *iter, itineris,* n.
rule, *regō, -ere, rēxī, -rēctum; rēgnō,* (1).
run, *currō, -ere, cucurrī, cursum.*

S

sail, *nāvigō,* (1).
sailor, *nauta, -ae,* m.
same, *īdem, eadem, idem.*
save, *servō,* (1).
say, *dīcō, -ere, dīxī, dictum.*
school, *lūdus, -ī,* m.
scout, *explōrātor, -ōris,* m.
sea, *mare, maris,* n.
see, *videō, -ēre, vīdī, vīsum; conspiciō, -ere, -spexī, -spectum.*
seek, *petō, -ere, petīvī, petītum,* with *ā* or *ab* and abl., and *ut* or *nē* and subj.
seem, *videor, -ērī, -vīsus.*
seize, *rapiō, -ere, -uī, raptum; occupō,* (1).
senate, *senātus, -ūs,* m.
senator, *senātor, -ōris,* m.
send, *mittō, -ere, mīsī, missum;* **send ahead,** *praemittō;* **send back,** *remittō.*
set out, *proficīscor, -ī, profectus.*
seven, *septem.*
seventh, *septimus, -a, -um.*
several, *complūrēs, -plūra.*
severe, *sevērus, -a, -um; gravis, -e.*
shield, *scūtum, -ī,* n.
ship, *nāvis, -is,* f.
shore, *lītus, -oris,* n.
short, *brevis, -e.*
shout, *clāmor, -ōris,* m.
show, *doceō, -ēre, -uī, doctum; ostendī, -ere, -tendī, -tentum.*
sick, *aeger, -gra, -grum.*
signal, *signum, -ī,* n.
silent, be silent, *taceō, -ēre, -uī, -itum.*
since, *quoniam,* with indic.; *cum,* with subj.
sister, *soror, -ōris,* f.
sit, *sedeō, -ēre, sēdī, sessum.*

six, *sex.*
sixth, *sextus, -a, -um.*
size, *magnitūdō, inis,* f.
slaughter, *caedēs, -is,* f.
slaughter, *caedō, -ere, cecīdī, caesum.*
slave, *servus, -ī,* m.
slavery, *servitūs, -tūtis,* f.
slay, *caedō, -ere, cecīdī, caesum.*
small, *parvus, -a, -um;* **smaller,** *minor, minus.*
so, with adjs. and advs., *tam, ita;* with verbs, *sīc, ita.*
so great, *tantus, -a, -um.*
so many, *tot,* indecl.
soldier, *mīles, mīlitis,* m.
some one, *aliquis, aliquid;* **some . . . others,** *aliī . . . aliī.*
son, *fīlius, fīlī,* m.
soon, *mox; brevī tempore;* **as soon as,** *simul atque,* with indic.
spare, *parcō, -ere, pepercī, parsum,* with dat.
spear, *hasta, -ae,* f.
speed, *celeritās, -ātis,* f.
stand, *stō, -āre, stetī, statum.*
state, *cīvitās, -tātis,* f.; *rēs pūblica, reī pūblicae,* f.
stay, *maneō, -ēre, mānsī, mānsum.*
still, *etiam; adhūc; tamen.*
stone, *saxum, -ī,* n.; *lapis, lapidis,* m.
stop, *prohibeō, -ēre, -uī, -itum,* with acc. and infin.; *cōnsistō, -ere, -stitī.*
storm, *tempestās, -ātis,* f.
strong, *fortis, -e.*
such, of such a kind, *tālis, -e;* **in such a way,** *sīc, ita.*
suffer, *patior, -ī, passus.*
suitable, *idōneus, -a, -um,* with dat.
summer, *aestās, -ātis,* f.
sun, *sōl, sōlis,* m.; **at sunset,** *sōlis occāsū.*
supply, *cōpia, -ae,* f.
surrender, *dēditiō, -ōnis,* f.
surrender, *dēdō, -ere, dēdidī, dēditum.*
surround, *circumveniō, -īre, -vēnī, -ventum.*
survive, *supersum, -esse, -fuī.*
sustain, *sustineō, -ēre, -uī, -tentum.*
swamp, *palūs, -ūdis,* f.

swift, *celer, celeris, celere.*
swim, *nō*, (1); swim across, *trānō*, (1).
sword, *gladius, gladī,* m.

T

table, *mēnsa, -ae,* f.
talk, *loquor, loquī, locūtus.*
take, *capiō, -ere, cēpī, captum;* take away,
    tollō, -ere, sustulī, sublātum.
teach, *doceō, -ēre, -uī, doctum.*
teacher, *magister, -trī,* m.
tell, *nārrō,* (1); *dīcō, -ere, dīxī, dictum.*
ten, *decem.*
tenth, *decimus, -a, -um.*
terrify, *terreō, -ēre, -uī, -itum.*
territory, *fīnēs, -ium,* m.
than, *quam.*
that, *ille; is.*
that, conj., *ut;* that . . . not, *nē,* purpose,
    ut . . . nōn, result.
their, *eōrum;* reflexive, *suus, -a, -um.*
then, *tum.*
there, *ibi.*
thing, *rēs, reī,* f.
think, *putō,* (1); *existimō,* (1); *arbitror,* (1).
this, *hic; is.*
thousand, *mīlle;* thousands, *mīlia, -ium,*
    n., with gen.
three, *trēs, tria.*
through, *per,* with acc.
throw, *iaciō, -ere, iēcī, iactum;* throw back,
    reiciō.
thus, *sīc, ita.*
time, *tempus, -oris,* n.; at that time, *tum, eō*
    tempore; at one time, *ōlim.*
tired, *dēfessus, -a, -um.*
to, *ad* or *in,* with acc.
today, *hodiē.*
tomorrow, *crās.*
top of, *summus, -a, -um.*
touch, *tangō, -ere, tetigī, tāctum.*
toward, *ad,* with acc.
tower, *turris, -is,* f.
town, *oppidum, -ī,* n.
tree, *arbor, -oris,* f.
tribune, *tribūnus, -ī,* m.
troops, *cōpiae, -ārum,* f.

trumpet, *tuba, -ae,* f.
trust, *cōnfīdō, -ere, cōnfīsus,* noun, *fidēs,*
    -eī, f.
try, *cōnor,* (1).
turn, *vertō, -ere, vertī, versum.*
twelve, *duodecim.*
twenty, *vīgintī.*
two, *duo, duae, duo.*

U

unable, be unable, *nōn possum, posse,*
    potuī.
under, *sub,* with motion, acc.; place
    where, abl.
understand, *intellegō, -ere, -lēxī, -lēctum.*
undertake, *suscipiō, -ere, -cēpī, -ceptum.*
unless, *nisi.*
until, *dum.*
unwilling, be unwilling, *nōlō, nōlle,*
    nōluī, with infin.
urge, *hortor,* (1), with acc., and *ut* or *nē*
    and subj.
use, *ūtor, ūtī, ūsus,* with abl.
useful, *ūtilis, -e.*

V

vain, in vain, *frūstrā.*
valley, *vallēs, -is,* f.
victory, *victōria, -ae,* f.
village, *vīcus, -ī,* m.

W

wage [war], *(bellum) gerō, -ere, gessī, ges-*
    tum.
wait, *exspectō,* (1).
wall, *mūrus, -ī,* m.; city walls, *moenia,*
    -ium, n.
walk, *ambulō,* (1).
wander, *errō,* (1).
want, *volō, velle, voluī; cupiō, -ere, cupīvī,*
    cupītum.
war, *bellum, -ī,* n.
warn, *moneō, -ēre, -uī, -itum.*
watch [of the night], *vigilia, -ae,* f.
watch, *spectō,* (1).

water, *aqua, -ae,* f.
weapon, *tēlum, -ī,* n.
well, *bene.*
what, *quid,* pron.; *quī,* adj.
when, *ubi,* with indic.
where, *ubi;* **whither,** *quō.*
which, *quī, quae, quod.*
which of two, *uter, utra, utrum.*
while, *dum,* with pres. indic.
white, *albus, -a, -um.*
who, rel., *quī, quae, quod;* inter., *quis, quid.*
whole, *tōtus, -a, -um.*
whose, *cuius; quōrum.*
why, *cūr.*
wide, *lātus, -a, -um.*
width, *lātitūdō, -inis,* f.
wife, *coniūnx, -iugis,* f.; *uxor, -ōris,* f.
wild, *ferus, -a, -um.*
willing, be willing, *volō, velle, voluī.*
window, *fenestra, -ae,* f.
wine, *vīnum, -ī,* n.
wing, [**of an army**], *cornū, cornūs,* n.
winter, *hiems, hiemis,* f.

winter camp, winter quarters, *hīberna, -ōrum,* n.
wisely, *prūdenter, sapienter.*
wish, *volō, velle, voluī.*
with, *cum,* with abl.
without, *sine,* with abl.
woman, *mulier, -is,* f.; *fēmina, -ae,* f.
woods, *silva, -ae,* f.
work, *opus, -eris,* n.; *labor, -ōris,* m.
work, *labōrō,* (1).
wound, *vulnus, -eris,* n.
wound, *vulnerō,* (1).
wretched, *miser, -era, -erum.*
write, *scrībō, -ere, scrīpsī, scrīptum.*

Y

year, *annus, -ī,* m.
yesterday, *herī.*
yield, *cēdō, -ere, cessī, cessum.*
you, *tū.*
your, *tuus, -a, -um.*

Quidquid pertinacia impedimentum omne transcendit.

Acknowledgments

Alan Band Associates 271 (bottom right)

Alinari/Editorial Photocolor Archives 56, 79, 91, 97, 103, 108, 110, 145, 163 (right), 196, 212, 227, 234, 298

Allyn and Bacon Collection 39 (top and bottom), 224, 315, 330, 336

Allyn and Bacon Staff Photographer, Talbot D. Lovering 171, 172 (top and bottom), 173 (top and bottom)

Anderson/Editorial Photocolor Archives vi

BBC Copyright Photograph i

Bibliothèque Nationale, Paris 8, 284, 286, 290, 305, 309

Reproduced by Courtesy of the Trustees of the British Museum 14, 40, 85, 322, 353

The Brooklyn Museum, Charles Edwin Wilbour Fund 21, 32

The Brooklyn Museum, Museum Collection Fund 66

Photo by Charles Phelps Cushing 465

Leo De Wys, Inc./Ken Lambert 311

Deutschen Archaeologischen Instituts 283, 377

Editorial Photocolor Archives 178 (top and bottom), 179 (top and bottom), 270 (top right), 271 (top), 313 (left)

Fototeca Unione 295

Gabinetto Fotografico Nazionale 93

Giraudon 48, 64, 76, 230, 233, 245, 248, 269, 274, 279, 297, 324, 327, 350

Greek Embassy, Press and Information Department 319

Madeline Grimoldi 270 (top left)

Hirmer Fotoarchiv München 1, 81

Historical Pictures Service, Inc. 119

Johnson Collection, Philadelphia 265

Macmillan Press Ltd. 312

From the MGM release Ben Hur © 1959 Loew's Incorporated cover

The Metropolitan Museum of Art 70

Museo della Civiltà Roman 163 (left), 206, 217, 282

Museo Nazionale, Naples 106, 253, 256, 270 (bottom), 271 (bottom, left), 313 (right)

Museo Vaticano 117, 456

Courtesy Museum of Fine Arts, Boston 22, 26, 33, 45

Radio Times Hulton Picture Library 52, 186, 195

SCALA/Editorial Photocolor Archives ii–iii, 120, 126, 127, 170, 271 (top)

Service de Documentation Photographique de la Réunion des Musées Nationaux 5

Staatliche Museum, Berlin 54, 65, 89

The University and the Society of Antiquaries of Newcastle upon Tyne 71

Worcester Art Museum, Worcester, Massachusetts 379

INDEX

A

abbreviations, 380

ablative case, 16, 20, 365; absolute, 35, 367; accompaniment, 366; agent, 365; cause, 366; comparison, 366; degree of difference, 367; description, 366; manner, 366; means, 365; place from which, 365; place where, 367; separation, 365; source, 365; specification, (respect), 366; time, 367; with deponents, 365; with prep., 367

absolute, ablative, 35, 367

accompaniment, ablative of, 366

accusative case, 2, 20; cognate accusative, 364; direct object, 2, 363; duration, 2, 364; extent, 3, 364; exclamation, 364; place to which, 3, 364; specification, 364; subject of infinitive, 364; two accusatives, 363; with prepositions, 3, 364

adjectives, 9; first and second declensions, 332; third declension, 332; irregular, 9, 333; partitive, 358; comparison, 9, 333; agreement of, 10, 358; dative with, 363; genitive with, 361

adverbs, 9; comparison of, 334

Aeneas, 92

agent, ablative of, 365; dative of, 363

agreement, of adjectives, 10, 358; of nouns, 358; of pronouns, 359; of verbs, 368

Aisne, 154, 157

Alesia, 236, 242

aliquis, 339

Allia, 102

Allobroges, 134

Ambiorix, 202

Amphitryon, 298

Amulius, 93

Anchises, 92

Ancus Marcius, 96

anticipatory subjunctive, 61, 373

Antiochus the Great, 112

Appius Claudius, 101

apposition, 358

Argonauts, 77

Ariovistus, 146, 147

arms, defensive and offensive, 125

army, Caesar's, 124

Ascanius, 92

Atalanta, 260

Aulularia, 286

B

Belgae, 151

bridge over Rhine, 181

Britain, 180, 193

Brutus, L. Junius, 99

C

Caesar, biography, 121

Camillus, 102

camp, Roman, 125

Cannae, 109

Carthage, destruction of, 113

cases, 1, 8, 14, 360

Cassivellaunus, 197, 200

Cato, 113

Caudine Forks, 103

causa, in gerundive phrases, 36, 376

cause, ablative of, 366

characteristic clauses, 372

Cicero, Quintus, 202

Cimbri, 115

Cincinnatus, 101

Cineas, 105

cloaca, 97

cognate, accusative, 364

Collatinus, 98

Commius, 182

comparison, ablative of, 366; of adjectives, 9, 333; of adverbs, 334; declension of, 334

complementary infinitive, 28, 32, 375

compound verbs, dative with, 11, 362

conditional sentences, 72, 374

connecting relative, 359

Considius, 140

contracted forms, 357

Coriolanus, 100